AF545999

 MARCO POLO HIGHLIGHTS 2-5

EUROPE MAP 1 : 4 500 000 6–21

Europe · Europa · Evropa · Európa

ROAD MAP 1 : 300 000 22–137

Italy · Italien · Italie · Italia
Itália · Italië · Włochy
Itálie · Taliansko · Italija

FERRY LINES 32

Fährverbindungen · Collegamenti con traghetti · Liaisons par ferries · Ligações por ferry-boat
Enlaces de transbordadores · Veerverbindingen · Połączenia promowe · Trajektové spoje
Trajektové spojenia · Trajektne povezave · Trajekt spojevoi

TRANSIT MAPS 1 : 150 000 138–149

Bologna, Firenze, Genova, Milano, Napoli, Palermo, Roma, Torino, Trieste, Venezia

CITY MAPS 1 : 20 000 150–164

Bari, Bologna, Cagliari, Firenze, Genova, Napoli, Milano, Padova, Palermo, Pescara, Perugia, Roma, Torino, Trieste, Verona, Venezia

i 165-168

Travel information · Reiseinformationen · Informations voyageurs - Informazioni utili per il viaggio
Informações de viagem · Información turística · Reisinformatie · Informacje dla podróżujących
Cestovní informace · Cestovné informácie · Potovalne informacije · Informacije za putnike

A-Z 169-207

Index of place names · Ortsnamenverzeichnis · Index des localités - Elenco dei nomi di località
Índice dos toponímicos · Índice de topónimos · Register van plaatsnamen · Skorowidz miejscowości
Rejstřík sídel · Register sídiel · Kazalo naselij · Rječnik gradski imena

PROVINCES 170

Provinzen · Provinces · Provincie
Províncias · Provincies · Prowincje
Province · Prokrájina · Provincija

★ MARCO POLO Highlights

BOLZANO

UK Visitors are drawn to Bolzano to see its arcades and 'Otzi' the iceman mummy who was found in the Otzal Alps and is exposed in the South Tyrol museum of archaeology.

D „Ötzi" im Südtiroler Archäologiemuseum und die berühmten Lauben locken Besucher in die Stadt.

F A Bolzano, les visiteurs sont attirés par les célèbres arcades et par »Ötzi«, la momie trouvée dans les Alpes de l'Ötztal et exposée au musée archéologique du Tyrol du Sud.

I A Bolzano vi aspettano i famosi porticied anche „Ötzi" – l'uomo venuto dal ghiaccio – esposto al museo archeologico dell'Alto Adige.

TORINO

UK Markets, museums and the Basilica di Superga set on a hill above the city are all worth a visit.

D Märkte und Museen lohnen eine Stippvisite, ebenso die Basilica di Superga oberhalb der Stadt.

F Des marchés et des musées ainsi que la »Basilica di Superga« au-dessus de la ville méritent une visite.

I I magnifici musei e i colorati mercati rionali di Torino meritano una visita. E non perdete la Basilica di Superga per vedere la città dall'alto.

MILANO

UK The cathedral is a Gothic masterpiece. Visitors can climb up into the roof and view the elegant city.

D Der Dom ist ein Meisterwerk der Gotik – vom begehbaren Dach blickt man auf die elegante Stadt.

F La cathédrale est un chef-d'oeuvre gothique – on peut se promener sur son toit et jouir d'une belle vue sur cette ville élégante.

I Il Duomo è un capolavoro dell'epoca gotica: salite sulle sue terrazze e godete di un panorama mozzafiato sull'elegante città.

LAGO DI GARDA

UK There's something for you here no matter if you are looking for an active holiday or want to simply relax.

D Hier sind Aktivurlauber wie Entspannungs- und Erholungssuchende gleichermaßen glücklich.

F Ici tout le monde sera heureux: les vacanciers cherchant des activités et ceux voulant se reposer.

I Rende felice sia chi cerca riposo e tranquillità sia chi desidera passare vacanze attive.

VENEZIA

UK The city of canals is one of the most beautiful, stunning places in the world.

D Diese Stadt auf dem Wasser ist eine der schönsten und eigentümlichsten der Welt.

F Cette ville sur l'eau est une des plus belles et des plus spéciales villes au monde.

I Questa città costruita sull'acqua è unica al mondo e sicuramente una delle più belle.

6 AQUILEIA

UK Formerly a legendary port on the Adriatic, today the small town is known for its basilica.

D Einst legendärer Adriahafen, ist das Städtchen heute vor allem wegen seiner Basilika bekannt.

F Jadis un port légendaire sur l'Adria, la petite ville est aujourd'hui surtout connue pour sa basilique.

I Famoso porto fluviale di una volta, oggi la cittadina è famosa soprattutto grazie alla sua Basilica.

7 FERRARA

UK With its mighty castle and palace, Ferrara is one of the most beautiful cities of the Po plain.

D Mit dem gewaltigen Kastell und den Palazzi eine der schönsten Städte in der Po-Ebene.

F Avec son château impressionnant et ses »palazzi«, Ferrara est une des plus belles villes de la plaine du Po.

I L'imponente fortezza e i palazzi la rendono una delle più belle città della Pianura Padana.

8 BOLOGNA

UK A unique shopping experience awaits in the 35 kilometres (20 miles) of covered arcades in the old city centre.

D Unter den 35 km Arkaden in der Altstadt lässt es sich herrlich schlendern und shoppen.

F Ici c'est un vrai plaisir de flâner et faire du shopping sous les 35 km d'arcades de la vieille-ville.

I Il centro storico con 35 km di portici è il posto ideale per lunghe passeggiate e shopping.

9 RIVIERA

UK The Ligurian coast is known for its numerous spas, mild climate, and flower meadows.

D Zahllose Badeorte, mildes Klima, Blumenfelder – das zeichnet die ligurische Küste aus.

F De multiples stations balnéaires, un climat doux, des champs de fleurs – les caractéristiques de la côte ligurienne.

I Innumerevoli località balneari, clima mite e campi di fiori – sono queste le caratteristiche della Riviera Ligure.

10 CINQUE TERRE

UK A rugged section of coastline with five idyllic fishermen's villages clinging to the rocks.

D Ein wunderbarer Küstenfleck: fünf idyllische Fischerdörfer an einer Felsenküste.

F Un endroit magnifique sur la côte: 5 villages de pêcheurs idylliques accrochés aux falaises.

I Un posto meraviglioso: cinque piccoli paesi arroccati sulla costa rocciosa.

11 FIRENZE

UK This town on the banks of the Arno river will delight art enthusiasts with its treasury of great Renaissance art works.

D Die Stadt der grandiosen Kunstwerke der Renaissance am Arno begeistert Kunstliebhaber.

F La ville des chefs-d'oeuvre d'art époustouflants de la Renaissance au bord de la rivière Arno enthousiasme les amateurs-d'art.

I La città che custodisce gran dise opere del Rinascimento con quista tutti gli appassionati-d'arte.

12 SAN MARINO

UK The capital of the smallest and oldest republic in the world has a charming historical centre.

D Die Hauptstadt der kleinsten und ältesten Republik der Welt hat einen reizvollen historischen Kern.

F La capitale de la plus petite et la plus ancienne république du monde a un centre historique charmant.

I La capitale della più piccola e più antica repubblica del mondo ha un centro storico affascinante.

13 SIENA

UK The highlights of Siena are the black and white cathedral and the shell-shaped town square.

D Der schwarz-weiße Dom und die muschelförmige Piazza sind hier die Highlights.

Ⓕ Ici les attraits sont la cathédrale de marbre noir et blanc et la place centrale en forme de coquillage.

Ⓘ Da non perdere: il Duomo e Piazza del Campo con la sua curiosa forma di conchiglia.

14 ASSISI

Ⓤⓚ A captivating landscape and Giotto di Bondone's world famous frescoes in San Francesco.

Ⓓ Bezaubernde Landschaft, weltberühmte Fresken Giottos in San Francesco.

Ⓕ Les fresques de Giotto à San Francesco dans un paysage charmant sont mondialement connues.

Ⓘ Paesaggio incantevole e i celeberrimi affreschi di Giotto dedicati a San Francesco.

15 GRAN SASSO D'ITALIA

Ⓤⓚ This awesome mountain massif in the Abruzzo Apennines is an eldorado for fans of mountaineering.

Ⓓ Das eindrucksvolle Gebirgsmassiv im Abruzzischen Apennin ist ein Eldorado für Bergsportler.

Ⓕ Cet impressionnant massif montagneux des Apennins des Abruzzes est un eldorado pour montagnards sportifs.

Ⓘ Il massiccio montuoso più alto degli Appennini, situato interamente in Abruzzo, è un paradiso per gli alpinisti.

16 ROMA

Ⓤⓚ The 'Eternal City' with the world's smallest state, the world's largest cathedral, and so much more.

Ⓓ Die „Ewige Stadt" mit dem größten Dom, dem kleinsten Staat und vielem mehr.

Ⓕ La »Ville éternelle« avec la plus grande cathédrale, le plus petit état et tant d'autres choses à voir.

Ⓘ La Città eterna con la Basilica di San Pietro, Città del Vaticano e le sue mille meraviglie conquista ogni viaggiatore.

17 PARCO NAZIONALE D'ABRUZZO, LAZIO E MOLISE

Ⓤⓚ Fascinating wild landscape with forests, lakes and rare animals such as wolves and brown bears.

Ⓓ Faszinierende, wilde Natur mit Wäldern und Seen und seltenen Tieren wie Wölfen und Braunbären.

Ⓕ Une nature sauvage fascinante avec forêts, lacs et animaux rares comme loups et ours bruns.

Ⓘ Vi aspetta una natura selvaggia ed affascinante, con boschi, laghi ed animali rari come lupi ed orsi.

18 PARCO NAZIONALE DEL GARGANO

Ⓤⓚ The mighty trees of the Umbra forest form the only deciduous forest of Apulia.

Ⓓ Die mächtigen Bäume des Foresta Umbra bilden den einzigen Laubwald Apuliens.

Ⓕ Les arbres gigantesques de la forêt »Umbra« forment la seule forêt de feuillus des Pouilles.

Ⓘ Il bosco più esteso della Puglia è la Foresta Umbra sul Gargano.

19 CASTEL DEL MONTE

Ⓤⓚ The most fascinating castle buildings in Italy, built by Frederick II of the Staufer dynasty.

Ⓓ Die eigentümlichste Burganlage Italiens in der Idealarchitektur des Staufers Friedrich II.

Ⓕ C'est la construction de château la plus étrange de toute l'Italie, construite d'après le concept archi tectural de Frédéric II de la dynastie des Staufer.

Ⓘ La fortezza più particolare d'Italia, voluta dall'Imperatore Federico II.

20 LECCE

Ⓤⓚ This abundantly decorated global Baroque work of art was created with unbridled joy in design and creativity.

Ⓓ Ungehemmte Gestaltungsfreude schuf dieses üppig verzierte Gesamtkunstwerk des Barock.

Ⓕ Cette oeuvre d'art global du baroque abondamment décorée a été réalisée dans une joie de créer sans retenue.

Ⓘ Capolavoro dell'architettura barocca.

21 ERCOLANO, POMPEI

Ⓤⓚ In the most important ancient ruins in Italy you can experience ancient history up close.

Ⓓ In den bedeutendsten Ruinenstädten Italiens erlebt man die Antike hautnah.

Ⓕ Dans ces villes en ruines les plus importantes d'Italie on peut découvrir l'Antiquité au plus près.

Ⓘ Nel complesso di rovine più importante d'Italia si può scoprire in prima persona il mondo antico.

22 COSTIERA AMALFITANA

Ⓤⓚ A wonderful region of picturesque villages dwarfed by mountains and high sea cliffs.

Ⓓ Steil zum Meer hinabfallende Gebirge, pittoreske Orte – wunderbar!

Ⓕ Des montagnes escarpées, des endroits pittoresques – magnifique!

Ⓘ Strade a strapiombo sul mare, paesini incantevoli – fantastico!

23 PAESTUM

ⓊⓀ The most significant Greek monument in continental Italy.

Ⓓ Das bedeutendste Monument griechischer Baukunst auf dem italienischen Festland.

Ⓕ Le monument le plus important d'origine grecque en Italie continentale.

Ⓘ Antica città della Magna Grecia,Paestum oggi è il complesso archeologico di origine greca più importante in Italia.

21

24 TORRENTE RAGANELLO

ⓊⓀ By taking a path dug out from the rocks and overgrown with brambles you will get to the deepest gorge in this grandiose landcape.

Ⓓ Auf einem überwucherten Felspfad geht es zur tiefsten Schlucht dieser grandiosen Landschaft.

Ⓕ Empruntant un sentier taillé dans la roche et envahi par les ronces, on atteint la gorge la plus profonde de ce paysage grandiose.

Ⓘ Seguite il sentiero scavato nella roccia per arrivare alla gola più profonda di questo stupendo paesaggio.

25 COSENZA

ⓊⓀ A lively atmosphere and many historical treasures – Cosenza is the secret capital of Calabria.

Ⓓ Lebhaftes Flair und viel historische Substanz – Cosenza ist die heimliche Hauptstadt Kalabriens.

Ⓕ Une ambiance animée et beaucoup de trésors historiques – Cosenza est la capitale secrète de la Calabre.

Ⓘ Grazie all' atmosfera vivace e una forte tradizione culturale ed artistica, Cosenza viene considerata anche la capitale segreta della Calabria.

26 STROMBOLI

ⓊⓀ The nightly fireworks display created by volcanic eruptions will ensure you feel the full force of nature.

Ⓓ Das nächtliche Feuerwerk des Vulkans lässt Sie Naturgewalten aus nächster Nähe erleben.

Ⓕ Le feu d'artifice nocturne des éruptions volcaniques vous fait ressentir de près la force de la nature.

Ⓘ Da non perdere: lo spettacolo notturno delle eruzioni!

27 LE MADONIE

ⓊⓀ Genuine Sicily: beautiful nature and wonderful mountain villages.

Ⓓ Großartige Natur und wunder schöne Bergdörfer – hier zeigt sich Sizilien ganz unverfälscht.

Ⓕ La Sicile authentique: nature extraordinaire ct magnifiques villages de montagne.

Ⓘ Natura imponente e deliziosi borghi montani – qui scoprirete la Sicilia e la sua natura.

19

28 VALLE DEI TEMPLI

ⓊⓀ The temples of this valley ridge, between almond orchards and olive groves, are probably amongst the most beautiful of Antiquity.

Ⓓ Das Tal zwischen Mandel- und Olivenhainen birgt die vielleicht schönsten Tempel der Antike.

Ⓕ Les temples de cette vallée entre vergers d'amandiers et oliveraies comptent probablement parmi les plus beaux temples de l'antiquité.

Ⓘ Questa valle disseminata di mandorli ed ulivi nasconde uno die templi più belli dell'antichità.

29 CENTRO STORICO DI BOSA

ⓊⓀ Winding lanes and coloured houses surrounded by flat mountains – a scene from a fairy tale.

Ⓓ Verwinkelte Gassen und bunte Häuser umgeben von Tafelbergen – eine Szene wie aus dem Bilderbuch.

Ⓕ Des ruelles tortueuses et des maisons colorées entourées de montagnes plates – un décor de conte de fées.

Ⓘ Stradine acciottolate e case colorate: sembra quasi di passeggiare in quadro!

30 COSTA REI

ⓊⓀ Cristal clear waters and several kilometers long white beaches enchant visitors with their Caribbean atmosphere.

Ⓓ Kristallklares Wasser und kilometerlange, weiße Strände versprühen karibisches Flair.

Ⓕ Des eaux limpides et des plages blanches longues de plusieurs kilomètres enchantent le visiteur avec leur ambiance caribéenne.

Ⓘ Un vero e proprio paradiso di acqua cristallina e chilometri di spiagge di candida sabbia.

26

1 : 4 500 000

QUADRO D'UNIONE
ÍNDICE DE MAPA
KLAD MAPOVÝCH LISTŮ

BLATTÜBERSICHT
CARTE D'ASSEMBLAGE
KLAD MAPOVÝCH LISTOR

KEY MAP
OVERZICHTSKAART
PREGLED LEAF

MAPA ÍNDICE
SKOROWIDZ ARKUSZY
PREGLED LIST

1 : 4 500 000

Segni convenzionali Legenda	Zeichenerklärung Objaśnienia znaków	Legend Vysvětlivky		Légende Legenda	Sinais convencionais Legenda	Signos convencionales Tumač znakova
I	D	UK		F	P	E
Autostrada e doppio carreggiata di tipo autostradale con stazione	Autobahn und autobahnähnliche Schnellstraße mit Anschlussstelle	Motorway and dual carriageway with motorway characteristics		Autoroute et chaussée double de typeautoroutier avec point de jonction	Auto-estrada e via rápida de faixas separadas com ramal de acesso	Autopista y autovía con enlace
Strada di grande comunicazione	Fernverkehrsstraße	Trunk road		Route à grande circulation	Estrada nacional principal	Ruta de larga distancia
Strada di attraversamento	Durchgangsstraße	Thoroughfare		Route de transit	Estrada de trânsito	Carretera de tránsito
Strada principale	Hauptstraße	Main road		Route principale	Estrada principal	Carretera principal
Strada di collegamento	Verbindungsstraße	Connecting road		Route de communication	Estrada de ligação	Carretera de enlace
Numero di strada europea	Europastraßennummer	European road number	E20	Numéro de route européenne	Número de estrada europeia	Número de carretera europea
Traghetto per automobili	Autofähre	Car ferry		Bac pour automobiles	Balsa para viaturas	Ferry
Linea marittima	Schifffahrtslinie	Shipping route		Ligne de navigation	Linha de navegação	Ruta marítima
Aeroporto	Verkehrsflughafen	Airport		Aéroport	Aeroporto	Aeroporto
Capitale di Stato	Hauptstadt	Capital	ROMA	Capitale	Capital	Capital
Confine di Stato, Punto di controllo	Staatsgrenze, Grenzkontrollstelle	National boundary, Check-point		Frontière d'État, Point de contrôle	Fronteira nacional, Posto de controlo	Frontera de Estado, Control
Confine di stato contestato	Umstrittene Staatsgrenze	Disputed international boundary		Frontière d'État contestée	Fronteira nacional disputável	Frontera estatal discutida

NL	PL	CZ		SK	SLO	HR
Autosnelweg en autoweg met gescheiden rijbanen met aansluiting	Autostrada i autostradopodobna droga szybkiego ruchu z rozjazdami	Dálnice a dvouproudá silnice dálnicového typu se čtyřmi jízdními pruhy s nájezdem		Diaľnica a štvorprúdová cesta pre motorové vozidlá s prípojkou	Avtocesta in hitra cesta s priključkom	Autocesta a Četverotračna brza cesta sa prilazom
Weg voor interlokaal verkeer	Droga dalekobieżna	Dálková komunikace		Hlavná diaľková cesta	Magistralna cesta	Glavna tranzitna cesta
Weg voor doorgaand verkeer	Droga przelotowa	Průjezdní silnice		Priechodná cesta	Tranzitna cesta	Glavna cesta s imena
Hoofdweg	Droga główna	Hlavní silnice		Hlavná cesta	Glavna cesta	Glavna cesta
Verbindingsweg	Droga łącząca	Spojovací silnice		Spájacia cesta	Spojna cesta	Glavna veza cesta s imena
Europees wegnummer	Numer drogi europejskiej	Číslo evropské silnice	E20	Číslo európskej cesty	Številka evropske ceste	Broj evropske ceste
Autoveer	Prom samochodowy	Trajekt pro auta		Trajekt pre automobily	Trajekt za avtomobile	Trajekt za automobile
Scheepvaartroute	Linia żeglugowa	Lodní linka		Lodná linka	Ladijska proga	Brodska pruga
Luchthaven	Port lotniczy	Dopravní letiště		Dopravné letisko	Mednarodno letališče	Zračna luka
Hoofdstad	Stolica	Hlavní město	ROMA	Hlavné mesto	Glavno mesto	Glavni Grad
Rijksgrens, Grenspost	Granica państwa, Placówka celna	Státní hranice, Celnice		Štátna hranica s hraničnom priechodom	Državna meja, Mejna kontrolna točka	Državna granica, Granični prijelaz
Betwiste staatsgrens	Sporna granica państw	Sporná statní hranice		Kontroverzné štátne hranice	Mejna kontrolna točka	Kontroverzna državna granica

ÍSLAND
REYKJAVÍK
Akureyri
Hafnarfjörður
Keflavík
Vestmannaeyjar
Heimaey
Surtsey
Grímsey
Breiðafjörður
Faxaflói
Húnaflói
Langjökull
Hofsjökull
Vatnajökull
Mýrdals-jökull
Sprengisandur
Ísafjörður
Patreksfjörður
Borgarnes
Akranes
Selfoss
Hvolsvöllur
Vík í Mýrdal
Kirkjubæjarklaustur
Höfn
Egilsstaðir
Seyðisfjörður
Neskaupstaður
Eskifjörður
Reyðarfjörður
Djúpivogur
Vopnafjörður
Bakkafjörður
Þórshöfn
Raufarhöfn
Kópasker
Húsavík
Dalvík
Ólafsfjörður
Siglufjörður
Sauðárkrókur
Blönduós
Hólmavík
Grindavík
Þingvellir
Hekla
Askja
NORSKEHAVET
NORWEGIAN
SEA
Arctic circle
Lofoten
Vesterålen
Vestfjorden
Tromsø
Kvaløya
Ringvassøy
Senja
Andøy
Hinnøy
Langøya
Narvik
Harstad
Svolvær
Bodø
Fauske
Mo i Rana
Mosjøen
Brønnøysund
Vega
Træna
Vikna
Folda
Namsos
Grong
Steinkjer
Levanger
Stjørdal
TRONDHEIM
Orkanger
Hitra
Frøya
Frohavet
Kristiansund
Molde
Ålesund
Runde
Vestkapp
Måløy
Florø
Førde
Sunndalsøra
Oppdal
Røros
Tynset
Dombås
Otta
Lom
Jotunheimen
Jostedalsbreen
Sognefjorden
Lillehammer
Hamar
Rena
Storuman
Östersund
Jämtland
Sollefteå
Kramfors
Hudik
Bollnäs
Ljusdal
Mora
Rättvik
Dalarna
Sveg
Sorsele
Arjeplog
Jäckvik
Vilhelmina
Kvikkjokk
Abisko
Kebnekaise 2111
Bergen
Oslo
Borlänge
Stockholm
1680
E06
E10
E12
E14
E39
E45
E136

B A R E N T S   S E A
B A R E N C E V O   M O R E
Nordkapp
Magerøya
Havøysund
Honningsvåg
Mehamn
Berlevåg
Kjøllefjord
Båtsfjord
Vardø
Varanger-halvøya
Varangerfjorden
Vadsø
Sørøya
Kvaløy
Hammerfest
Russenes
Skaidi
Børselv
Kunes
Lakselv
Tana
Gandvik
Kirkenes
Neiden
Grense Jakobselv
Liinahamari
Pečenga
Poljarnyj
Severomorsk
MURMANSK
Kola
Murmaši
Nikel'
Alta
Talvik
Øksfjord
Skjervøy
Arnøy
Storslett/Nordreisa
Olderdalen
Kvænangsbotn
Karasjok
Karigasniemi
Levajok
Skoganvarre
Valjok
Utsjoki
Nuorgam
Sevettijärvi
Inarijärvi
Nyrud
Kaamanen
Virtaniemi
Inari
Ivalo
Raja-Jooseppi
Svetlyj
Finnmarksvidda
Kautokeino
Kilpisjärvi
Skibotn
Halti
Bilto
Itto
Kaaresuvanto
Karesuando
Enontekiö
Peltovuoma
Palojoensuu
Pallastunturi
Muonio
Sirkka
Kittilä
Kiistala
Pokka
Vuotso
Lokka
Kovdor
Sodankylä
Savukoski
Kiruna
Jukkasjärvi
Nedre Soppero
Muodoslompolo
Vittangi
Svappavaara
Junosuando
Kolari
Lohiniva
Unari
Pelkosenniemi
Kelloselkä
Kuolajärvi
Salla
Alakurtti
Kovdozero
Zarečensk
Kandalakša
Kolvica
Poljarnye Zori
Apatity
Kirovsk
Olenegorsk
Revda
Lovozero
Mončegorsk
Umba
Olenica
Kuzomen'
Kovda
Zelenoborskij
Kandalakšskaja guba
Čupa
Louhi
Zašeek
Kestenʼga
Topozero
Tungozero
Kalevala
Kem'
Belomorsk
Onežskij-ov
Onežskaja guba
Solovetskij
Solovecкie ostrova
B E L O E   M O R E
Arhangel'sk
Malmberget
Gällivare
Porjus
Harsprånget
Jokkmokk
Vuollerim
Pajala
Pello
Svanstein
Turtola
Rovaniemi
Kemijärvi
Vuojärvi
Joutsijärvi
Kuusamo
Posio
Ranua
Kiikta
Vuotas
Överkalix
Övertorneå
Aavasaksa
Tervola
Alaniemi
Haparanda
Tornio
Kemi
Simo
Kalix
Morjärv
Boden
Luleå
Piteå
Älvsbyn
Arvidsjaur
Moskosel
Pudasjärvi
Taivalkoski
Suomussalmi
Ämmänsaari
Puolanka
Hyrynsalmi
Kostomukša
Kiiminki
Oulu (Uleåborg)
Hailuoto
Liminka
Muhos
Utajärvi
Raahe (Brahestad)
Rantsila
Vaala
Paltamo
Kajaani
Sotkamo
Kuhmo
Lentiira
Pulkkila
Oulujärvi
Suomenselkä
Nurmes
Lieksa
Valtimo
Juuka
Rautavaara
Iisalmi
Pyhäjärvi
Haapajärvi
Nivala
Ylivieska
Oulainen
Kalajoki
Kokkola Karleby
Pietarsaari Jakobstad
Kaustinen
Skellefteå
Skelleftehamn
Burträsk
Lövånger
Bygdeå
Umeå
Holmsund
Vännäs
Nordmaling
Örnsköldsvik
Härnösand
Sundsvall
Vaasa Vasa
Laihia
Seinäjoki
Kurikka
Kauhajoki
Kristiinankaupunki Kristinestad
Närpiö Närpes
Kaskinen Kaskö
Lapua
Alajärvi
Kuortane
Ähtäri
Alavus
Pieksämäki
Jyväskylä
Äänekoski
Saarijärvi
Keuruu
Virrat
Parkano
Mänttä
Jämsä
Kuopio
Suonenjoki
Varkaus
Savonlinna
Punkaharju
Mikkeli
Juva
Joensuu
Kontiolahti
Outokumpu
Kiihtelysvaara
Tohmajärvi
Sortavala
Pitkjaranta
Salmi
PETROZAVODSK
Kondopoga
Medvež'egorsk
Segeža
Nadvoicy
Lodejnoe Pole
Olonec
Ladožskoe ozero
ostrov Valaam
Priozersk
Imatra
Svetogorsk
Lappeenranta
Vyborg
Kouvola
Kotka
Hamina
Lahti
Heinola
Hämeenlinna
Riihimäki
Hyvinkää
Järvenpää
Porvoo Borgå
Loviisa
HELSINKI/HELSINGFORS
Tampere Tammerfors
Nokia
Valkeakoski
Pori
Rauma
Uusikaupunki
Huittinen
Forssa
Loimaa
Orivesi
Kuhmoinen
Kangasniemi
Savitaipale
Sankt-Peterburg
Kolpino
Puškin
Kronštadt
Petrodvorec
Zelenogorsk
Primorsk
Sosnovyj Bor
Kiriši
Volhov
Nazija
Novaja Ladoga
Sosnovo
Zaporožskoe
FINSKIJ ZALIV
ROSSIJA
SUOMI
FINLAND
BOTTENVIKEN
PERÄMERI
BOTTENHAVET
SELKÄMERI
Turku/Åbo
Tallinn
Vologda

12

ATLANTIC
OCEAN
Rockall (U.K.)
St. Kilda
Føroyar Færøerne (Danmark)
Streymoy
Vestmanna
Eiði
Fuglafjørður
Norðoyar
Klaksvík
Eysturoy
Vágar
Tórshavn Thorshavn
Sandoy
Tvøroyri
Suðuroy
Hirtshals
Seyðisfj.
Shetland Islands
Norwick
Unst
North Roe
Yell
Foula
Mainland
Lerwick
Grutness
Fair Isle
Westray
Sanday
Mainland
Skara Brae
Stromness
Hoy
Kirkwall
Orkney Islands
John o'Groat's
Thurso
Wick
Durness
Cape Wrath
Tongue
Port of Ness Port Nis
Stornoway Steornabhagh
Lewis Leòdhais
Harris Na Hearadh
Tarbert Tairbeart
Rodel/Roghadal
North Uist
Uibhist a Tuath
Lochmaddy
Loch Na Madadh
South Uist Uibhist a Deas
Lochboisdale Loch Baghasdail
Castlebay Bagh a Chaisteil
Outer Hebrides
Nah-Eileanan Siar
Inner Hebrides
Sea of the Hebrides
Skye
Uig
Portree
Kyle of Lochalsh
Dunvegan
Rum Rhum
Scarinish
Tiree
Mull
Oban
Colonsay
Scalasaig
Jura
Islay
Port Askaig
Port Ellen
Scourie
Ullapool
Gairloch
Achnasheen
Bonar Br.
Dornoch
Tain
Helmsdale
Invergordon
Dingwall
Inverness
Moray Firth
Elgin
Nairn
Fochabers
Banff
Fraserburgh
Peterhead
Huntly
ABERDEEN
Stonehaven
Banchory
Ballater
Braemar
Kingussie
Fort Augustus
Mallaig
Fort William
Ben Nevis
Grampian Mountains
North West Highlands
Rannoch Station
Pitlochry
Tyndrum
Killin
Dalmally
Inveraray
Lochgilphead
Montrose
Arbroath
DUNDEE
Perth
Glamis
Brechin
Dunblane
Stirling
Kirkcaldy
Crail
Firth of Forth
North Berwick
EDINBURGH
Greenock
Rothesay
GLASGOW
Brodick
Arran
Campbeltown
Ayr
Kilmarnock
Cumnock
Abington
Galashiels
Kelso
Melrose
Hawick
Jedburgh
Berwick
Moffat
Dumfries
Stranraer
Kirkcudbright
Carlisle
UNITED KINGDOM
Alnwick
Warkworth
NEWCASTLE UPON TYNE
SOUTH SHIELDS
SUNDERLAND
Hartlepool
Stockton-on-Tees
MIDDLESBROUGH
Whitby
Durham
Penrith
Keswick
Kendal
Workington
Barrow-in-Furness
Lancaster
Darlington
Northallerton
Thirsk
Scarborough
YORK
Bridlington
Beverley
KINGSTON UPON HULL
Grimsby
Scunthorpe
LEEDS
BRADFORD
HUDDERSFIELD
Burnley
BLACKPOOL
PRESTON
Southport
BOLTON
MANCHESTER
LIVERPOOL
Chester
STOCKPORT
SHEFFIELD
Doncaster
Lincoln
Chesterfield
STOKE-ON-TRENT
NOTTINGHAM
DERBY
Crewe
Great Britain
Isle of Man
Douglas
Peel
IRISH SEA
Malin Head
Malin
Portrush
Coleraine
Giant's Causeway
Londonderry Derry
Letterkenny
Ballymena
Larne
North Channel
Omagh
Enniskillen
Bangor
BELFAST
Lisburn
Armagh
Newcastle
Northern Ireland
Donegal
Sligo Sligeach
Ballyshannon
Béal an Mhuirthead
Bangor
Achill Island
Ballina
Westport
Castlebar
Claremorris
Boyle
Carrick-on-Shannon
Cavan
Monaghan
Longford
Kells
Dundalk Dún Dealgan
Drogheda Droichead Átha
Mullingar
Kinnegad
BAILE ÁTHA CLIATH
DUBLIN
Dún Laoghaire
Naas
Wicklow
Arklow
Ireland Éire
IRELAND
ÉIRE
Clifden
Cong
Roscommon
Athlone
Galway Gaillimh
Loughrea
Tullamore
Portlaoise
Aran Islands Oileáin Árainn
Ennis
Nenagh
Roscrea
Kilkee
Loop Head
Limerick Luimneach
Kilkenny Cill Chainnigh
Carlow
Cashel
Tralee Trá Lí
Dingle An Daingean
Killarney Cill Airne
Cahirciveen
Kenmare
Mallow
Fermoy
Clonmel Cluain Meala
Thomastown
Enniscorthy
Wexford Loch Garman
New Ross
Rosslare Harbour
Waterford Port Láirge
Dungarvan
CORK CORCAIGH
Bantry
Skibbereen
Kinsale
Mizen Head
CELTIC SEA
St. George's Channel
Holyhead
Anglesey
Bangor
Caernarfon
Colwyn Bay
Snowdon
Harlech
Dolgellau
Aberystwyth
Aberaeron
Fishguard
St. David's
Haverfordwest
Pembroke Dock
Carmarthen
SWANSEA
Neath
Port Talbot
Bristol Channel
CARDIFF
NEWPORT
Brecon
Merthyr Tydfil
Builth Wells
Newtown
Shrewsbury
Telford
WOLVERHAMPTON
BIRMINGHAM
WALSALL
Burton up. Tr.
Worcester
Hereford
Gloucester
Cheltenham
Stratford-up.-Avon
COVENTRY
LEICESTER
Newark-o.-Tr.
Sleaford
Boston
Skegness
Wells-next-the-Sea
Cromer
King's Lynn
Peterborough
Kettering
NORTHAMPTON
Thetford
CAMBRIDGE
Newmarket
IPSWICH
Felixstowe
Harwich
Bedford
LUTON
Bishop's Stortford
St. Albans
LONDON
COLCHESTER
SOUTHEND-ON-SEA
Rochester
OXFORD
SWINDON
READING
Windsor
Guildford
Maidstone
Canterbury
Ramsgate
Dover
Folkestone
Ashford
Hastings
Eastbourne
Newhaven
BRIGHTON
Worthing
Chichester
PORTSMOUTH
SOUTHAMPTON
Gosport
Isle of Wight
Winchester
Salisbury
BOURNEMOUTH
POOLE
Dorchester
Weymouth
Yeovil
Newbury
Bath
BRISTOL
Wells
Taunton
Ilfracombe
Barnstaple
Clovelly
Stratton
King Arthur's Castle
Okehampton
Exeter
Torquay
PLYMOUTH
Totnes
Salcombe
Bodmin
Truro
Falmouth
Penzance
Land's End
Lizard
Isles of Scilly
Hugh Town
English Channel
La Manche
Calais
Boulogne-sur-Mer
le Touquet-Paris-Plage
Paris
FRANCE
0° Greenwich
In Great Britain and Northern Ireland distances in miles
Roscoff
Cherbourg-en-Cot.
Santander
St. Malo
Bilbao
Caen
Le Havre
Dieppe
Eurotunnel
0 25 50 100 150 km
0 25 50 100 miles

14

0° Greenwich
Ålesund
8
Trondheim
NORTH SEA
NORDSEE
NORGE
SVERIGE
DANMARK
DEUTSCHLAND
NEDERLAND
BELGIË
BELGIQUE
POLSKA
Skagerrak
Kattegat
OSTSEE
Deutsche Bucht
Nord-friesische Inseln
Ostfriesische Inseln
Waddeneilanden
Pommersche Bucht
Mecklenburger Bucht
BERGEN
Haugesund
Stavanger
Egersund
Flekkefjord
Mandal
Kristiansand
Arendal
Grimstad
Porsgrunn-Skien
Larvik
Tønsberg
Horten
Drammen
Kongsberg
OSLO
Moss
Sarpsborg
Fredrikstad
Halden
Hønefoss
Hamar
Lillehammer
Gjøvik
Elverum
Kongsvinger
Skien
Karlstad
Kristinehamn
Karlskoga
ÖREBRO
Arvika
Mora
Rättvik
Falun
Borlänge
Ludvika
Fagersta
Kopparberg
Mariestad
Motala
Linköping
Mjölby
Skövde
Lidköping
Vänersborg
Uddevalla
Trollhättan
Alingsås
Jönköping
Huskvarna
Eksjö
GÖTEBORG
Borås
Vetlanda
Värnamo
Växjö
Ljungby
Varberg
Falkenberg
Halmstad
Ängelholm
Hässleholm
Kristianstad
Karlshamn
Sölvesborg
HELSINGBORG
Landskrona
Lund
MALMÖ
Trelleborg
Ystad
Simrishamn
Bornholm
Rønne
Skagen
Frederikshavn
Hjørring
AALBORG
Hobro
Randers
Grenaa
Viborg
Skive
Holstebro
Herning
Silkeborg
AARHUS
Ringkøbing
Horsens
Vejle
Fredericia
Kolding
Esbjerg
ODENSE
Nyborg
Svendborg
Slagelse
Roskilde
Helsingør
Hillerød
KØBENHAVN
Næstved
Sjælland
Haderslev
Sønderborg
Flensburg
Schleswig
Husum
Rendsburg
KIEL
Neumünster
Heide
Itzehoe
Helgoland
Cuxhaven
Bremerhaven
Wilhelmshaven
HAMBURG
Stade
LÜBECK
Wismar
ROSTOCK
Stralsund
Rügen
Greifswald
Sassnitz
Anklam
Neubrandenburg
Neustrelitz
Prenzlau
SZCZECIN
Stargard Szczeciński
Schwerin
Güstrow
Lüneburg
Uelzen
Soltau
BREMEN
OLDENBURG
Emden
Leer
GRONINGEN
Assen
Emmen
Drachten
Heerenveen
Den Helder
Alkmaar
HAARLEM
AMSTERDAM
Lelystad
Zwolle
APELDOORN
Hengelo
ENSCHEDE
UTRECHT
DEN HAAG
'S-GRAVENHAGE
Hoek van Holland
ROTTERDAM
BREDA
TILBURG
EINDHOVEN
NIJMEGEN
ARNHEM
MÜNSTER
OSNABRÜCK
Lingen
Rheine
BIELEFELD
Minden
HANNOVER
Celle
WOLFSBURG
BRAUNSCHWEIG
SALZGITTER
HILDESHEIM
MAGDEBURG
Dessau-Roßlau
Lutherstadt Wittenberg
BERLIN
POTSDAM
Brandenburg a.d.H.
Frankfurt (Oder)
Cottbus
HALLE (SAALE)
LEIPZIG
DRESDEN
CHEMNITZ
Zwickau
Gera
JENA
Weimar
ERFURT
Gotha
Eisenach
Göttingen
KASSEL
Marburg
Siegen
KÖLN
BONN
AACHEN
DÜSSELDORF
DUISBURG
ESSEN
DORTMUND
WUPPERTAL
SOLINGEN
KREFELD
Venlo
RECKLINGHAUSEN
GELSENKIRCHEN
HAMM
PADERBORN
Detmold
Höxter
Nordhausen
ANTWERPEN
GENT
BRUGGE
Oostende
LILLE
BRUSSEL
BRUXELLES
Leuven
Hasselt
Maastricht
Tournai
Roubaix
Arras
Reims
Mons
Luxembourg
Trier
Koblenz
Frankfurt a. M.
15
Würzburg
Nürnberg
Hof
Gävle
Stockholm
Västervik
Oskarshamn
Kalmar
Koszalin
Wałcz
Gorzów Wlkp.
Poznań
Legnica
Görlitz
ČESKO
Děčín
Zittau
Bautzen

Sundsvall
Pori
9
Tampere
Jyväskylä, Mikkeli
Lappeenranta
Vyborg
Sortavala
BOTTENHAVET
SELKÄMERI
SUOMI
FINLAND
Åland
Ahvenanmaa
TURKU
ÅBO
HELSINKI
HELSINGFORS
Kotka
FINSKIJ ZALIV
SUOMENLAHTI
TALLINN
Narva
UPPSALA
VÄSTERÅS
STOCKHOLM
Södertälje
Norrköping
Linköping
SVERIGE
ÖSTERSJÖN
Gotland
Visby
Öland
Kalmar
Karlskrona
BALTIC SEA
Hiiumaa
Saaremaa
EESTI
Tartu
Pärnu
PSKOV
Liivi laht
Rīgas līcis
Ventspils
RĪGA
LATVIJA
Liepāja
Daugavpils
Jelgava
Šiauliai
Panevėžys
LIETUVA
(LITHUANIA)
Klaipėda
KAUNAS
VILNIUS
MORZE BAŁTYCKIE
KALININGRAD
ROSSIJA
Sovetsk
MINSK
BARYSAŬ
BELARUS'
Hrodna
Lida
Baranavičy
Pinsk
Brest
GDYNIA
GDAŃSK
ELBLĄG
OLSZTYN
KOSZALIN
Słupsk
BYDGOSZCZ
TORUŃ
Grudziądz
BIAŁYSTOK
WŁOCŁAWEK
PŁOCK
WARSZAWA
POZNAŃ
GORZÓW WLKP.
ZIELONA GÓRA
ŁÓDŹ
POLSKA
RADOM
LUBLIN
KIELCE
CZĘSTOCHOWA
WROCŁAW
Legnica
OPOLE
WAŁBRZYCH
Siedlce
Chełm
Zamość
Kovel'
Luc'k
Rivne
UKRAJINA
Praha
Katowice
Gliwice
Katowice
Kraków
16
Rzeszów
L'viv
Ternopil'

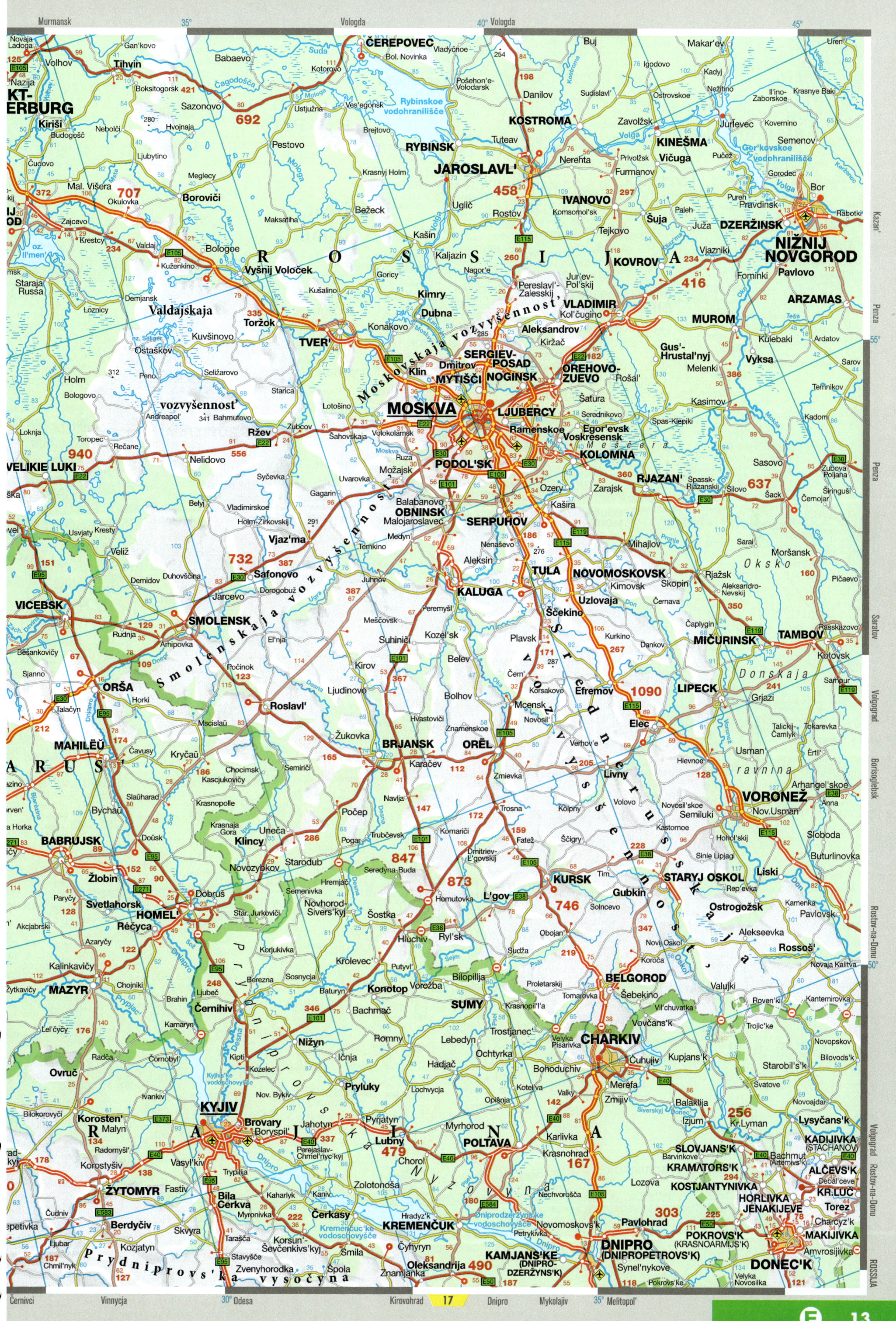

Murmansk
Vologda
Vologda
ČEREPOVEC
Rybinskoe vodohranilišče
KOSTROMA
RYBINSK
JAROSLAVL'
IVANOVO
KINEŠMA
Vičuga
NIŽNIJ NOVGOROD
DZERŽINSK
Bor
Pavlovo
ARZAMAS
MUROM
Vyksa
Kulebaki
Tihvin
Volhov
Kiriši
Babaevo
Ustjužna
Pestovo
Boroviči
Okulovka
Valdaj
Bologoe
Vyšnij Voloček
Staraja Russa
Valdajskaja vozvyšennost'
Toržok
TVER'
Ostaškov
Kimry
Dubna
Uglič
Rostov
Pereslavl'-Zalesskij
VLADIMIR
Aleksandrov
Kovrov
Gus'-Hrustal'nyj
Sergiev Posad
Dmitrov
Klin
MYTIŠČI
NOGINSK
OREHOVO-ZUEVO
MOSKVA
LJUBERCY
Ramenskoe
Egor'evsk
Voskresensk
KOLOMNA
PODOL'SK
RJAZAN'
Sasovo
Moskovskaja vozvyšennost'
Ržev
Velikie Luki
Nelidovo
Toropec
Andreapol'
Možajsk
OBNINSK
Malojaroslavec
SERPUHOV
Kašira
Ozery
Zarajsk
Vjaz'ma
Safonovo
Jarcevo
SMOLENSK
Smolenskaja vozvyšennost'
VICEBSK
ORŠA
Roslavl'
KALUGA
Aleksin
TULA
NOVOMOSKOVSK
Kimovsk
Skopin
Uzlovaja
Ščekino
Rjažsk
MIČURINSK
TAMBOV
Kotovsk
Efremov
LIPECK
Grjazi
Elec
Mcensk
Bolhov
Kirov
Ljudinovo
BRJANSK
OREL
Karačev
Livny
Sredne-russkaja vozvyšennost'
MAHILËŮ
BABRUJSK
Žlobin
Svetlahorsk
HOMEL'
Rėčyca
Klincy
Novozybkov
Unecha
Počep
Trubčevsk
Starodub
Šostka
Hluchiv
Kursk
L'gov
Ryl'sk
Železnogorsk
Fatež
Ščigry
STARYJ OSKOL
Gubkin
Ostrogožsk
Rossoš'
VORONEŽ
Nov.Usman
Liski
Alekseevka
Valujki
Šebekino
BELGOROD
CHARKIV
Čuhujiv
Kupjans'k
Izjum
Lysyčans'k
SLOVJANS'K
KRAMATORS'K
KOSTJANTYNIVKA
HORLIVKA
JENAKIJEVE
MAKIJIVKA
DONEC'K
Pavlohrad
DNIPRO
Novomoskovs'k
KAMJANS'KE
POLTAVA
Kremenčuk
Oleksandrija
Čerkasy
Smila
Zolotonoša
Lubny
Myrhorod
Pryluky
Romny
Konotop
SUMY
Ochtyrka
Lebedyn
Bachmač
Nižyn
Černihiv
KYJIV
Brovary
Boryspil'
Bila Cerkva
ŽYTOMYR
Berdyčiv
Korosten'
MAZYR
Kalinkavičy
Ovruč
Prydniprovs'ka nyzovyna
Prydniprovs'ka vysočyna
Černivci
Vinnycja
Odesa
Kirovohrad
Dnipro
Mykolajiv
Melitopol'
Kazan'
Penza
Saratov
Volgograd
Borisoglebsk
Rostov-na-Donu
ROSSIJA

17

Glasgow
10
Newcastle
0° Greenwich
UNITED KINGDOM
In Great Britain and Northern Ireland distances in miles
NORTH SEA
NORDSEE
Great Britain
IRISH SEA
ÉIRE IRELAND
BAILE ÁTHA CLIATH
DUBLIN
Isle of Man
LIVERPOOL
MANCHESTER
LEEDS
SHEFFIELD
NOTTINGHAM
BIRMINGHAM
CARDIFF
BRISTOL
LONDON
SOUTHAMPTON
BRIGHTON
PLYMOUTH
English Channel
La Manche
Channel Islands
NEDERLAND
AMSTERDAM
ROTTERDAM
BELGIQUE
ANTWERPEN
BRUSSEL
BRUXELLES
LILLE
PARIS
ROUEN
LE HAVRE
CAEN
RENNES
NANTES
TOURS
ORLÉANS
LE MANS
REIMS
DIJON
BESANÇON
LYON
ST-ÉTIENNE
GRENOBLE
GENÈVE
LAUSANNE
CLERMONT-FERRAND
LIMOGES
BORDEAUX
ATLANTIC OCEAN
Golfe de Gascogne
Golfo de Vizcaya
26-137
Bilbao
Pau
Toulouse
19
Albi
Narbonne
Marseille
0 25 50 100 150 km
0 25 50 100 miles

MORZE BAŁTYCKIE
OSTSEE
DANMARK
POLSKA
ČESKO
SLOVENSKO
ÖSTERREICH
SCHWEIZ
ITALIA
SLOVENIJA
HRVATSKA (CROATIA)
MAGYARORSZÁG (HUNGARY)
BOSNA I HERCEGOVINA
ODENSE
Sjælland
Bornholm
Rønne
Rügen
HAMBURG
BREMEN
BREMERHAVEN
KIEL
LÜBECK
ROSTOCK
Stralsund
Greifswald
Schwerin
Wismar
SZCZECIN
KOSZALIN
GDYNIA
GDAŃSK
ELBLĄG
Słupsk
BYDGOSZCZ
TORUŃ
WŁOCŁAWEK
PŁOCK
GORZÓW WLKP.
POZNAŃ
BERLIN
POTSDAM
Frankfurt (Oder)
HANNOVER
BRAUNSCHWEIG
WOLFSBG.
MAGDEBURG
OLDENBURG
OSNABRÜCK
BIELEFELD
MÜNSTER
DORTMUND
ESSEN
WUPPERTAL
SOLINGEN
KÖLN
BONN
KASSEL
GÖTTINGEN
HALLE (SAALE)
LEIPZIG
DRESDEN
CHEMNITZ
ERFURT
JENA
Cottbus
ZIELONA GÓRA
WROCŁAW
ŁÓDŹ
CZĘSTOCHOWA
OPOLE
KATOWICE
GLIWICE
ZABRZE
BYTOM
BIELSKO-BIAŁA
OSTRAVA
OLOMOUC
BRNO
PRAHA
PLZEŇ
WAŁBRZYCH
FRANKFURT A.M.
WIESBADEN
MAINZ
DARMSTADT
MANNHEIM
HEIDELBERG
WÜRZBURG
NÜRNBERG
FÜRTH
ERLANGEN
REGENSBURG
STUTTGART
KARLSRUHE
INGOLSTADT
AUGSBURG
MÜNCHEN
ULM
FREIBURG I.BR.
BASEL
ZÜRICH
BERN
INNSBRUCK
SALZBURG
LINZ
WIEN
BRATISLAVA
GRAZ
MARIBOR
LJUBLJANA
ZAGREB
RIJEKA
TRIESTE
VENEZIA
PADOVA
VICENZA
VERONA
BRESCIA
BERGAMO
MILANO
TORINO
PARMA
MODENA
REGGIO NELL'EMILIA
BOLOGNA
FERRARA
GYŐR
PÉCS
BANJA LUKA
MARE ADRIATICO
JADRANSKO MORE
RUSSIJA
Warszawa
Piotrków Trybunalski
Kraków
Ružomberok
Zvolen
Budapest
Mohács
Beograd
Doboj

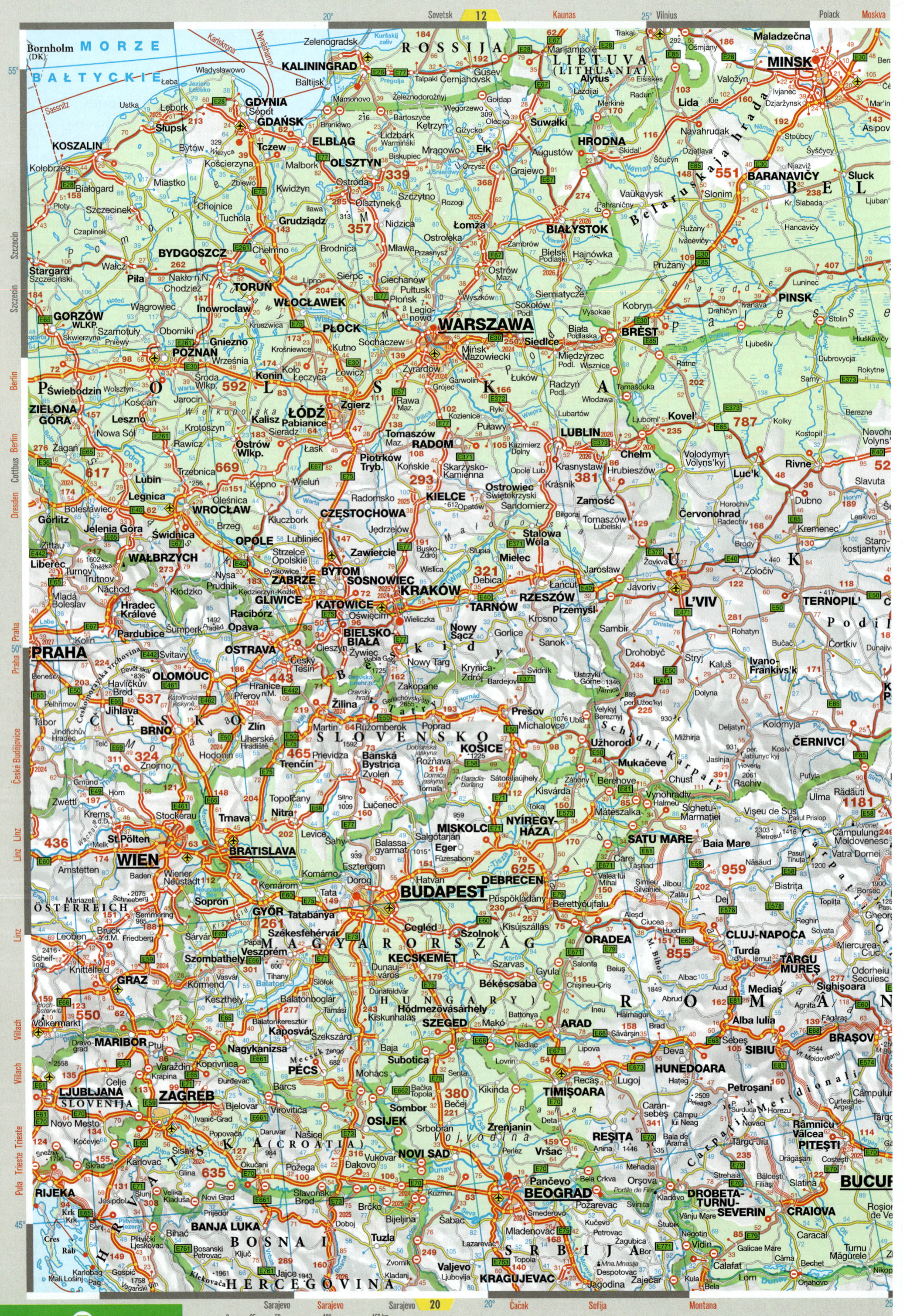
MORZE BAŁTYCKIE
Bornholm (DK)
ROSSIJA
LIETUVA (LITHUANIA)
KALININGRAD
GDYNIA
GDAŃSK
KOSZALIN
ELBLĄG
OLSZTYN
Suwałki
HRODNA
MINSK
Lida
BARANAVIČY
BYDGOSZCZ
TORUŃ
Grudziądz
WŁOCŁAWEK
BIAŁYSTOK
GORZÓW WLKP.
POZNAŃ
PŁOCK
WARSZAWA
Siedlce
BREST
PINSK
ZIELONA GÓRA
ŁÓDŹ
RADOM
LUBLIN
Chełm
Kovel'
Rivne
Lutsk
WROCŁAW
OPOLE
CZĘSTOCHOWA
KIELCE
Legnica
WAŁBRZYCH
KATOWICE
KRAKÓW
RZESZÓW
L'VIV
TERNOPIL'
PRAHA
Hradec Králové
Pardubice
OSTRAVA
OLOMOUC
BIELSKO-BIAŁA
Tarnów
Przemyśl
Ivano-Frankivs'k
Jihlava
BRNO
Zlín
Žilina
Prešov
KOŠICE
Užhorod
ČERNIVCI
SLOVENSKO
ČESKO
Trenčín
Banská Bystrica
Nitra
Trnava
BRATISLAVA
WIEN
St. Pölten
ÖSTERREICH
Sopron
GYŐR
MISKOLC
NYÍREGYHÁZA
DEBRECEN
BUDAPEST
SATU MARE
Baia Mare
CLUJ-NAPOCA
ORADEA
GRAZ
Székesfehérvár
Szombathely
Kecskemét
MAGYARORSZÁG
HUNGARY
Szolnok
Békéscsaba
SZEGED
ARAD
TÂRGU MUREȘ
SIBIU
BRAȘOV
ROMÂNIA
MARIBOR
Kaposvár
PÉCS
Subotica
TIMIȘOARA
HUNEDOARA
LJUBLJANA
SLOVENIJA
ZAGREB
HRVATSKA (CROATIA)
OSIJEK
NOVI SAD
REȘIȚA
PITEȘTI
RIJEKA
BANJA LUKA
BEOGRAD
DROBETA-TURNU-SEVERIN
CRAIOVA
BUCUREȘTI
BOSNA I HERCEGOVINA
Tuzla
SRBIJA
Valjevo
KRAGUJEVAC
Jagodina

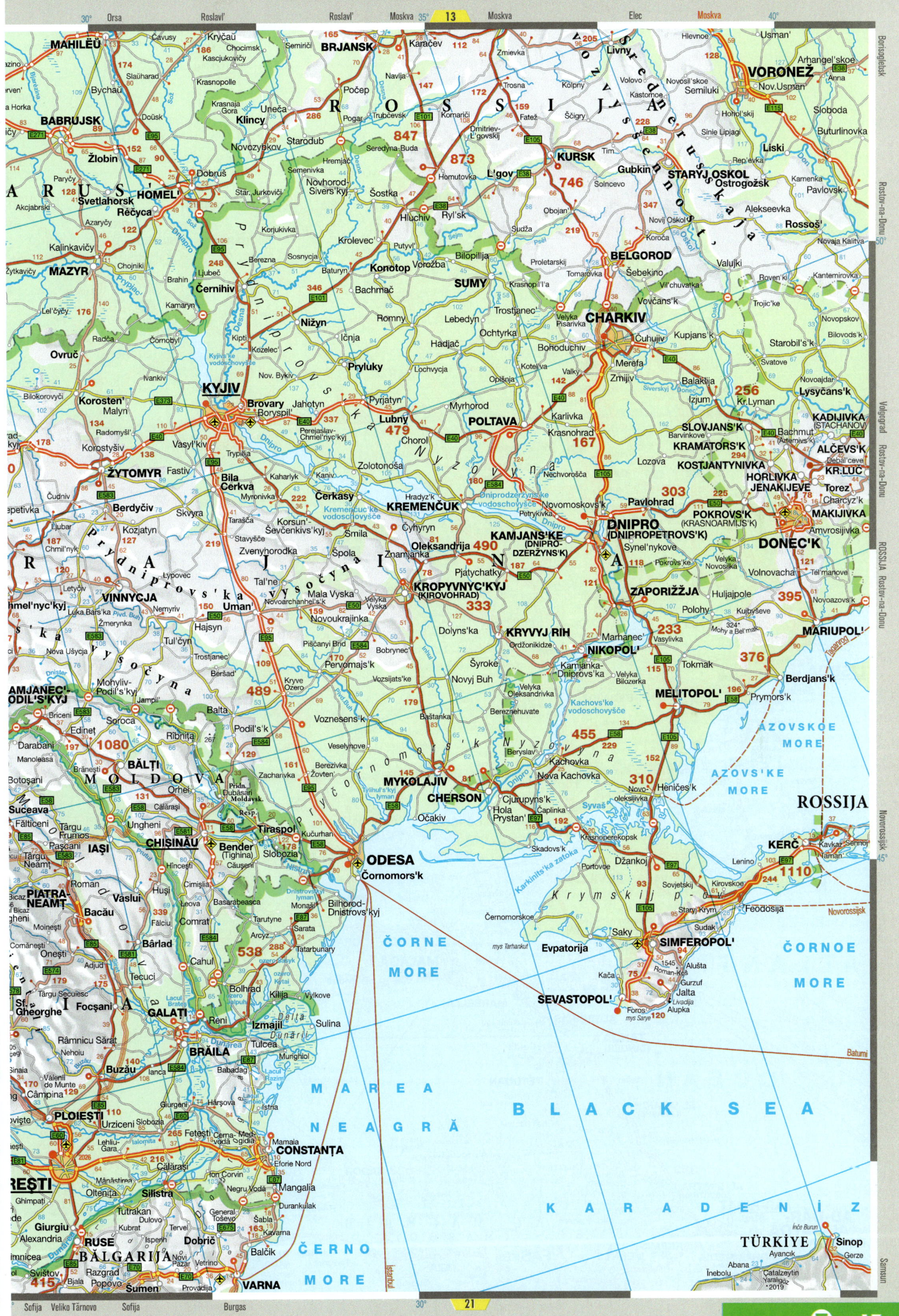
ROSSIJA
MOLDOVA
BĂLGARIJA
TÜRKIYE
BLACK SEA
MAREA NEAGRĂ
ČORNE MORE
ČORNOE MORE
ČERNO MORE
KARADENİZ
AZOVSKOE MORE
AZOVS'KE MORE
Prydniprovs'ka vysočyna
Podil's'ka vysočyna
Prydniprovs'ka nyzovyna
Pryčornomors'ka nyzovyna
Srednerusskaja vozvyšennost'
Krymskij p-ov
MAHILËU
BABRUJSK
HOMEL'
MAZYR
BRJANSK
KURSK
BELGOROD
VORONEŽ
STARYJ OSKOL
CHARKIV
SUMY
Konotop
Černihiv
KYJIV
ŽYTOMYR
VINNYCJA
POLTAVA
KREMENČUK
KROPYVNYC'KYJ (KIROVOHRAD)
DNIPRO (DNIPROPETROVS'K)
ZAPORIŽŽJA
DONEC'K
MARIUPOL'
MELITOPOL'
KRYVYJ RIH
NIKOPOL'
MYKOLAJIV
CHERSON
ODESA
CHIŞINĂU
BĂLŢI
Tiraspol
IAŞI
GALAŢI
BRĂILA
CONSTANŢA
PLOIEŞTI
VARNA
RUSE
SIMFEROPOL'
SEVASTOPOL'
KERČ
Sinop
Samsun
Sofija
Veliko Tărnovo
Burgas
Novorossijsk
Rostov-na-Donu
Volgograd
Borisoglebsk

ATLANTIC OCEAN
Golfe de Gascogne
Golfo de Vizcaya
Golfo de Cádiz
ATLANTIC OCEAN
A CORUÑA
Ferrol
SANTIAGO D.C.
Lugo
OVIEDO
GIJÓN
SANTANDER
BILBAO
DONOSTIA SAN SEBASTIÁN
VITORIA-GASTEIZ
PAMPLONA IRUÑEA
LOGROÑO
BURGOS
LEÓN
Ponferrada
OURENSE
VIGO
Pontevedra
BRAGA
PORTO
Aveiro
Viseu
COIMBRA
Zamora
VALLADOLID
Palencia
Segovia
SALAMANCA
Ávila
MADRID
Guadalajara
ALCALÁ D.H.
Toledo
Aranjuez
Cuenca
ZARAGOZA
Soria
Tudela
Talavera de la Reina
Plasencia
Cáceres
Trujillo
Mérida
BADAJOZ
Elvas
Évora
LISBOA
Setúbal
Almada
Sintra
Cascais
Santarém
Leiria
Ciudad Real
Puertollano
Valdepeñas
ALBACETE
Linares
JAÉN
CÓRDOBA
SEVILLA
HUELVA
Faro
Portimão
Lagos
Sagres
JEREZ DE LA FRONTERA
CÁDIZ
San Fernando
ALGECIRAS
Tarifa
La Línea d.l.C.
Gibraltar (UK)
MARBELLA
MÁLAGA
GRANADA
Motril
ALMERÍA
Lorca
MURCIA
CARTAGENA
Orihuela
ELX
ALACANT ALICANTE
Costa Blanca
Costa Cálida
Costa del Sol
Sierra Nevada
Sierra Morena
Cordillera Cantábrica
Cordillera Central
PORTUGAL
ESPAÑA
TANJA (TANGER)
Ceuta (Esp.)
TÉTOUAN
EL-'ARÂICH (LARACHE)
Chefchaouen
Al-Hoceima
Melilla (Esp.)
NADOR
Berkane
UJDA (OUJDA)
TLEMCEN
SIDI-BEL-ABBES
WAHRĀN (ORAN)
Mostaganem
AL-Q'NITRA (KÉNITRA)
AR-RIBĀT (RABAT)
AD-DĀR-AL-BAYDĀ (CASABLANCA)
MOHAMMEDIA
MEKNES
FĀS (FÈS)
TAZA
KHEMISSET
AL-MAGHRIB (MAROC)
Isla del Alborán (Esp.)
Greenwich
0 25 50 100 150 km
0 25 50 100 miles

CLERMONT-FERRAND
LYON
ST-ÉTIENNE
GRENOBLE
Valence
Chambéry
Annecy
Aix-les-B.
Albertville
Aosta
Biella
Ivrea
Varese
Como
Lecco
BERGAMO
MILANO
Novara
Vercelli
Pavia
Cremona
TORINO
Alessandria
Asti
Piacenza
Tortona
Pinerolo
Cuneo
Mondovì
GENOVA
Savona
Rapallo
Pontremoli
LA SPEZIA
MARE LIGURE
ITALIA
Périgueux
Brive-la-Gaillarde
Tulle
Bergerac
Libourne
Marmande
Agen
Cahors
Figeac
Rodez
Montauban
Albi
TOULOUSE
Castres
Tarbes
Pau
Lourdes
Carcassonne
Béziers
Narbonne
MONTPELLIER
NÎMES
Arles
Avignon
Orange
Carpentras
Montélimar
Alès
Millau
Mende
Le Puy-en-Velay
AIX-EN-PROV.
MARSEILLE
TOULON
Hyères
Îles d'Hyères
Fréjus
St-Tropez
Cannes
NICE
Monaco
Sanremo
Imperia
Albenga
Digne-les-Bains
Gap
Briançon
FRANCE
Provence
Côte d'Azur
Riviera di Ponente
Golfe du Lion
Sète
Perpignan
PERPIGNAN
Port-Vendres
Cerbère
Figueres
Girona
Pyrénées
Andorra la Vella
Huesca
Barbastro
LLEIDA
Manresa
TERRASSA
SABADELL
MATARÓ
BARCELONA
Vilanova i la Geltrú
Valls
REUS
TARRAGONA
Tortosa
Amposta
Vinaròs
Costa Daurada
Costa Brava
CASTELLÓ DE LA PLANA
VALÈNCIA
Golf de València
Mallorca
PALMA
Manacor
Pollença
Alcúdia
Ciutadella
Menorca
Maó
Eivissa Ibiza
Formentera
Cabrera
Illes Balears
MAR MEDITERRÁNEO
MEDITERRANEAN SEA
Corse (France)
Calvi
L'Île-Rousse
Bastia
Corte
Ajaccio
Propriano
Sartène
Porto-Vecchio
Bonifacio
Aléria
Sardegna (Italia)
La Maddalena
Santa Teresa di Gallura
Palau
Olbia
Tempio Pausania
SASSARI
Porto Torres
Alghero
Asinara
Nuoro
Siniscola
Orosei
Macomer
Oristano
Tortolì
Arbatax
Sanluri
Iglesias
Carbonia
CAGLIARI
Sant'Antioco
Carloforte
C. Teulada
Elba
Gorgona
Capraia
Pianosa
Galite
26-137
AL-JAZĀ'IR (ALGER)
El-Harrach
Dellys
Tizi-Ouzou
Béjaïa
Jijel
SKIKDA
ANNABA
El-Kala
Tabarka
BINZART (BIZERTE)
Menzel Bourguiba
TŪNIS
Béja
Jendouba
Le Kef
KAIROUAN
Ténès
Cherchell
CHLEF
Aïn-Defla
Khemis Miliana
El-Boulaida (Blida)
Bouira
Sétif
QACENTINA (CONSTANTINE)
GUELMA
SOUK AHRAS
AÏN-BEÏDA
TÉBESSA
KENCHELA
Batna
Bordj-Bou-Arreridj
M'Sila
Relizane
Tiaret
Bou-Saada
AL-JAZĀ'IR
TŪNIS

0 25 50 100 150 km
0 25 50 100 miles

Timişoara
Petroşani
Sibiu
Braşov
Buzău
17
ROMANIA
BUCUREŞTI
PLOIEŞTI
PITEŞTI
CRAIOVA
DROBETA-TURNU-SEVERIN
REŞIŢA
CONSTANŢA
MAREA NEAGRĂ
ČERNO MORE
BLACK SEA
KARADENİZ
VARNA
BURGAS
RUSE
Pleven
Veliko Tărnovo
STARA ZAGORA
BĂLGARIJA
SOFIJA
PLOVDIV
Haskovo
Blagoevgrad
Edirne
İSTANBUL
İZMİT
ADAPAZARI
BURSA
BALIKESİR
KÜTAHYA
TÜRKİYE
MANİSA
İZMİR
AYDIN
DENİZLİ
UŞAK
Marmara Denizi
NIŠ
Leskovac
PRIŠTINA
PRISHTINË
SKOPJE
SEVERNA MAKEDONIJA
Tetovo
Bitola
THESSALONÍKI
Kavála
Sérres
Dráma
Xánthi
Komotiní
Alexandroúpoli
LÁRISA
Vólos
Ioánnina
Trikala
Kozáni
Kateríni
Lamía
PÁTRA
ATHÍNA
PIREÁS
Kórinthos
Kefalloniá
Zákinthos
Kalamáta
Spárti
Évvia
Vóries Sporádes
Límnos
Lésvos
Híos
Sámos
Ándros
Náxos
Kikládes
Ródos
BODRUM
IRÁKLIO
Kríti
Haniá
Ikárion Pélagos
Mirtóo Pélagos
Karpáthio Pélagos
Kritikón Pélagos
Thrakikó Pélagos
EGEO PÉLAGOS
Nótioi Sporádes
NEO
TERRANEAN SEA

1:300 000

QUADRO D' UNIONE
ÍNDICE DE MAPA
KLAD MAPOVÝCH LISTOV
BLATTÜBERSICHT
MAPA ÍNDICE
KLAD MAPOVÝCH LISTOV
KEY MAP
OVERZICHTSKAART
PREGLED LEAF
CARTE D'ASSEMBLAGE
SKOROWIDZ ARKUSZY
PREGLED LIST

1 : 300 000

Segni convenzionali / Zeichenerklärung / Legend / Légende

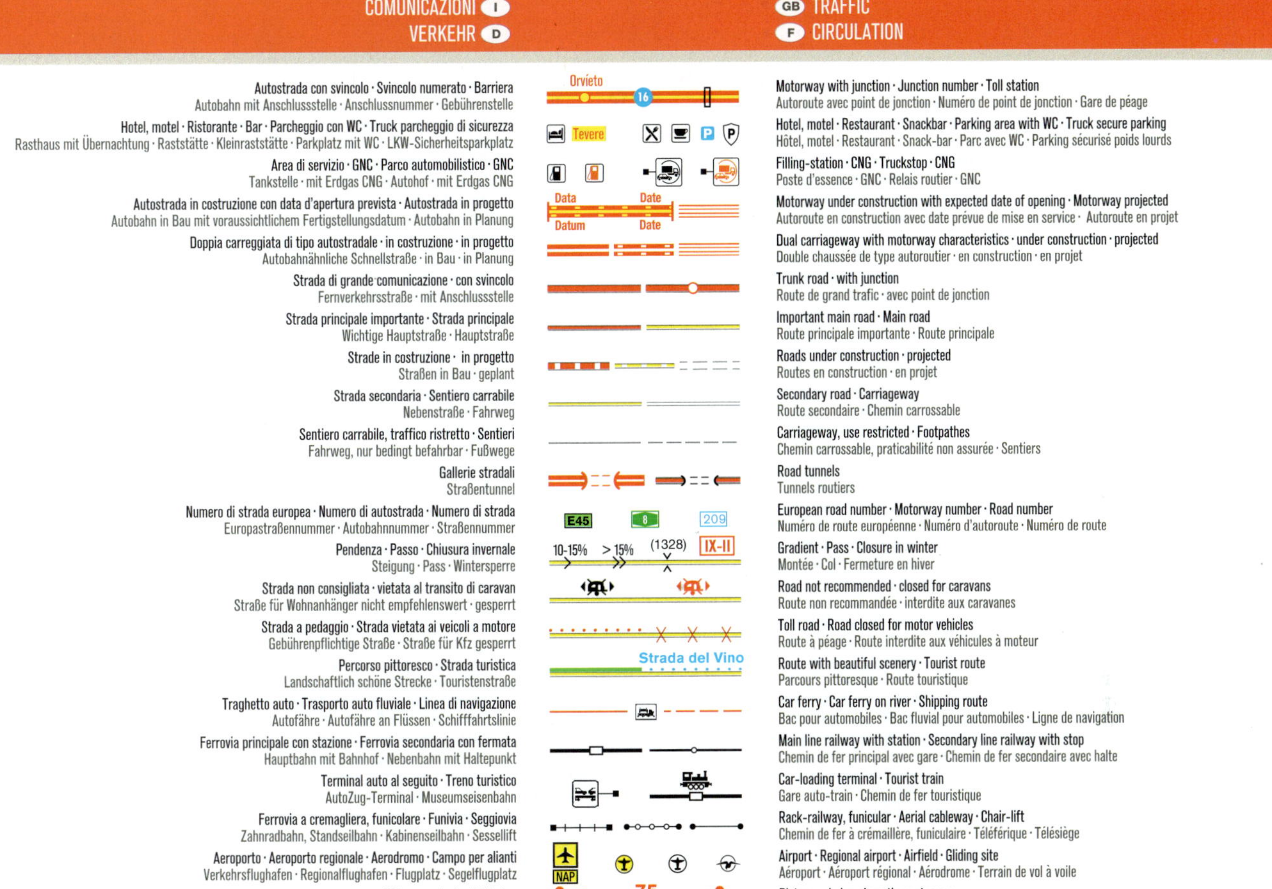

COMUNICAZIONI (I) · VERKEHR (D) · TRAFFIC (GB) · CIRCULATION (F)

Italiano · Deutsch	English · Français
Autostrada con svincolo · Svincolo numerato · Barriera Autobahn mit Anschlussstelle · Anschlussnummer · Gebührenstelle	Motorway with junction · Junction number · Toll station Autoroute avec point de jonction · Numéro de point de jonction · Gare de péage
Hotel, motel · Ristorante · Bar · Parcheggio con WC · Truck parcheggio di sicurezza Rasthaus mit Übernachtung · Raststätte · Kleinraststätte · Parkplatz mit WC · LKW-Sicherheitsparkplatz	Hotel, motel · Restaurant · Snackbar · Parking area with WC · Truck secure parking Hôtel, motel · Restaurant · Snack-bar · Parc avec WC · Parking sécurisé poids lourds
Area di servizio · GNC · Parco automobilistico · GNC Tankstelle · mit Erdgas CNG · Autohof · mit Erdgas CNG	Filling-station · CNG · Truckstop · CNG Poste d'essence · GNC · Relais routier · GNC
Autostrada in costruzione con data d'apertura prevista · Autostrada in progetto Autobahn in Bau mit voraussichtlichem Fertigstellungsdatum · Autobahn in Planung	Motorway under construction with expected date of opening · Motorway projected Autoroute en construction avec date prévue de mise en service · Autoroute en projet
Doppia carreggiata di tipo autostradale · in costruzione · in progetto Autobahnähnliche Schnellstraße · in Bau · in Planung	Dual carriageway with motorway characteristics · under construction · projected Double chaussée de type autoroutier · en construction · en projet
Strada di grande comunicazione · con svincolo Fernverkehrsstraße · mit Anschlussstelle	Trunk road · with junction Route de grand trafic · avec point de jonction
Strada principale importante · Strada principale Wichtige Hauptstraße · Hauptstraße	Important main road · Main road Route principale importante · Route principale
Strade in costruzione · in progetto Straßen in Bau · geplant	Roads under construction · projected Routes en construction · en projet
Strada secondaria · Sentiero carrabile Nebenstraße · Fahrweg	Secondary road · Carriageway Route secondaire · Chemin carrossable
Sentiero carrabile, traffico ristretto · Sentieri Fahrweg, nur bedingt befahrbar · Fußwege	Carriageway, use restricted · Footpathes Chemin carrossable, praticabilité non assurée · Sentiers
Gallerie stradali Straßentunnel	Road tunnels Tunnels routiers
Numero di strada europea · Numero di autostrada · Numero di strada Europastraßennummer · Autobahnnummer · Straßennummer	European road number · Motorway number · Road number Numéro de route européenne · Numéro d'autoroute · Numéro de route
Pendenza · Passo · Chiusura invernale Steigung · Pass · Wintersperre	Gradient · Pass · Closure in winter Montée · Col · Fermeture en hiver
Strada non consigliata · vietata al transito di caravan Straße für Wohnanhänger nicht empfehlenswert · gesperrt	Road not recommended · closed for caravans Route non recommandée · interdite aux caravanes
Strada a pedaggio · Strada vietata ai veicoli a motore Gebührenpflichtige Straße · Straße für Kfz gesperrt	Toll road · Road closed for motor vehicles Route à péage · Route interdite aux véhicules à moteur
Percorso pittoresco · Strada turistica Landschaftlich schöne Strecke · Touristenstraße	Route with beautiful scenery · Tourist route Parcours pittoresque · Route touristique
Traghetto auto · Trasporto auto fluviale · Linea di navigazione Autofähre · Autofähre an Flüssen · Schifffahrtslinie	Car ferry · Car ferry on river · Shipping route Bac pour automobiles · Bac fluvial pour automobiles · Ligne de navigation
Ferrovia principale con stazione · Ferrovia secondaria con fermata Hauptbahn mit Bahnhof · Nebenbahn mit Haltepunkt	Main line railway with station · Secondary line railway with stop Chemin de fer principal avec gare · Chemin de fer secondaire avec halte
Terminal auto al seguito · Treno turistico AutoZug-Terminal · Museumseisenbahn	Car-loading terminal · Tourist train Gare auto-train · Chemin de fer touristique
Ferrovia a cremagliera, funicolare · Funivia · Seggiovia Zahnradbahn, Standseilbahn · Kabinenseilbahn · Sessellift	Rack-railway, funicular · Aerial cableway · Chair-lift Chemin de fer à crémaillère, funiculaire · Téléférique · Télésiège
Aeroporto · Aeroporto regionale · Aerodromo · Campo per alianti Verkehrsflughafen · Regionalflughafen · Flugplatz · Segelflugplatz	Airport · Regional airport · Airfield · Gliding site Aéroport · Aéroport régional · Aérodrome · Terrain de vol à voile
Distanze autostradali in km Entfernungen in km an Autobahnen	Distances in km along the motorway Distances en km sur autoroutes
Distanze stradali in km Entfernungen in km an Straßen	Distances in km along the other roads Distances en km sur routes

INTERESSE TURISTICO · SEHENSWÜRDIGKEITEN · PLACES OF INTEREST · CURIOSITÉS

Italiano · Deutsch	English · Français
Località di particolare interesse Besonders sehenswerter Ort	Place of particular interest Localité particulièrement intéressante
Località molto interessante Sehr sehenswerter Ort	Very interesting city Ville très recommandée
Monumento di particolare interesse · Monumento molto interessante Besonders sehenswertes kulturelles Objekt · Sehr sehenswertes kulturelles Objekt	Cultural monument of particular interest · Very interesting cultural monument Monument culturel particulièrement intéressant · Monument culturel très recommandé
Monumento naturale di particolare interesse · Monumento naturale molto interessante Besondere Natursehenswürdigkeit · Natursehenswürdigkeit	Natural object of particular interest · Very interesting natural monument Monument naturel particulièrement intéressant · Monument naturel très recommandé
Altre curiosità: cultura - natura Sonstige Sehenswürdigkeiten: Kultur - Natur	Other objects of interest: culture - nature Autres curiosités: culture - nature
Giardino botanico, parco interessante · Giardino zoologico Botanischer Garten, sehenswerter Park · Zoologischer Garten	Botanical gardens, interesting park · Zoological gardens Jardin botanique, parc intéressant · Jardin zoologique
MARCO POLO Highlight MARCO POLO Highlight	MARCO POLO Highlight MARCO POLO Highlight
Parco nazionale, parco naturale · Punto panoramico Nationalpark, Naturpark · Aussichtspunkt	National park, nature park · Scenic view Parc national, parc naturel · Point de vue
Chiesa · Cappella · Rovine di chiesa · Monastero · Rovine di monastero Kirche · Kapelle · Kirchenruine · Kloster · Klosterruine	Church · Chapel · Church ruin · Monastery · Monastery ruin Église · Chapelle · Église en ruines · Monastère · Monastère en ruines
Castello, fortezza · Rovine di fortezza · Monumento · Mulino a vento · Grotta Schloss, Burg · Burgruine · Denkmal · Windmühle · Höhle	Palace, castle · Castle ruin · Monument · Windmill · Cave Château, château fort · Château fort en ruines · Monument · Moulin à vent · Grotte

ALTRI SEGNI · SONSTIGES · OTHER INFORMATION · AUTRES INDICATIONS

Italiano · Deutsch	English · Français
Campeggio tutto l'anno · stagionale · Ostello della gioventù · Hotel, motel, albergo, rifugio, villaggio turistico Campingplatz ganzjährig · saisonal · Jugendherberge · Hotel, Motel, Gasthaus, Berghütte, Feriendorf	Camping site permanent · seasonal · Youth hostel · Hotel, motel, inn, refuge, tourist colony Terrain de camping permanent · saisonniers · Auberge de jeunesse · Hôtel, motel, auberge, refuge, village touristique
Campo da golf · Porto turistico · Cascata Golfplatz · Jachthafen · Wasserfall	Golf-course · Marina · Waterfall Terrain de golf · Marina · Cascade
Piscina · Terme · Spiaggia raccomandabile Schwimmbad · Heilbad · Empfehlenswerter Badestrand	Swimming pool · Spa · Recommended beach Piscine · Station balnéaire · Plage recommandée
Torre · Torre radio o televisiva · Faro · Edificio isolato Turm · Funk-, Fernsehturm · Leuchtturm · Einzelgebäude	Tower · Radio or TV tower · Lighthouse · Isolated building Tour · Tour radio, tour de télévision · Phare · Bâtiment isolé
Moschea · Antica moschea · Chiesa ortodossa russa · Cimitero militare Moschee · Ehemalige Moschee · Russisch-orthodoxe Kirche · Soldatenfriedhof	Mosque · Former mosque · Russian orthodox church · Military cemetery Mosquée · Ancienne mosquée · Église russe orthodoxe · Cimetière militaire
Confine di Stato · Punto di controllo internazionale · Punto di controllo con restrizioni Staatsgrenze · Internationale Grenzkontrollstelle · Grenzkontrollstelle mit Beschränkung	National boundary · International check-point · Check-point with restrictions Frontière d'État · Point de contrôle international · Point de contrôle avec restrictions
Confine amministrativo · Zona vietata Verwaltungsgrenze · Sperrgebiet	Administrative boundary · Prohibited area Limite administrative · Zone interdite
Foresta · Landa Wald · Heide	Forest · Heath Forêt · Lande
Sabbia e dune · Barena Sand und Dünen · Wattenmeer	Sand and dunes · Tidal flat Sable et dunes · Mer recouvrant les hauts-fonds

1 : 300 000

Sinais convencionais
Signos convencionales

Legenda
Objaśnienia znaków

TRÂNSITO (P) / TRÁFICO (E) — (NL) VERKEER / (PL) KOMUNIKACJA

P / E	NL / PL
Auto-estrada com ramal de acesso · Número de acesso · Portagem Autopista con acceso · Número de acceso · Peaje	Autosnelweg met aansluiting · Aansluiting met nummer · Tolkantoor Autostrada z węzłem · Węzeł z numerem · Płatna rogatka
Hotel, motel · Restaurante · Snack-bar · Parque de estacionamento com retrete · Truck Parqueamento Segurança Hotel, motel · Restaurante · Bar · Aparcamiento con retrete · Truck seguridad parking	Motel · Restaurant · Snackbar · Parkeerplaats met WC · Beveiligde parkeerplaats voor vrachtwagens Motel · Restauracja · Bufet · Parking i WC · Bezpieczeństwo parkowanie ciężarówka
Posto de abastecimento · GNC · Área de serviço para camiãos · GNC Estación de servicio · GNC · Área de servicio y descanso · GNC	Tankstation · CNG · Truckstop · CNG Stacja benzynowa · CNG · Postój ciężarówek i noclegi dla kierowców · CNG
Auto-estrada em construção com data de conclusão · Auto-estrada projectada Autopista en construcción con fecha de apertura al tráfico · Autopista en proyecto	Autosnelweg in aanleg met geplande openingsdatum · Autosnelweg in ontwerp Autostrada w budowie z datą oddania do użytku · Autostrada projektowana
Via rápida de faixas separadas · em construção · projectada Autovía · en construcción · en proyecto	Autoweg met gescheiden rijbanen · in aanleg · in ontwerp Droga szybkiego ruchu · w budowie · projektowana
Itinerário principal · com ramal de acesso Carretera de tránsito · con acceso	Weg voor doorgaand verkeer · met aansluiting Droga przelotowa · z węzłem
Estrada de ligação principal · Estrada regional Carretera principal importante · Carretera principal	Belangrijke hoofdweg · Hoofdweg Ważna droga główna · Droga główna
Estradas em construção · projectadas Carreteras en construcción · en proyecto	Wegen in aanleg · in ontwerp Drogi w budowie · Drogi projektowane
Estrada secundária · Caminho Carretera secundaria · Camino	Secundaire weg · Rijweg Droga drugorzędna · Droga bita
Caminho a trânsito limitado · Trilho Camino, tránsito restringido · Sendas	Rijweg, beperkt berijdbaar · Voetpaden Droga bita (o ograniczonej przejezdności) · Drogi dla pieszych
Túneis de estrada Túneles de carreteras	Wegtunnels Tunele drogowe
Número de estrada europeia · Número de auto-estrada · Número de estrada Número de carretera europea · Número de autopista · Número de carretera	Europees wegnummer · Nummer van autosnelweg · Wegnummer Numer drogi europejskiej · Numer autostrady · Numer drogi
Subida · Passagem · Estrada fechada ao trânsito no inverno Pendiente · Puerto · Cerrado en invierno	Stijging · Bergpas · Winterafsluiting Strome podjazd · Przełęcz · Zamknięte zimą
Estrada não aconselhável · interdita a autocaravanas Carretera no recomendada · Cerrada para caravanas	Voor caravans niet aan te bevelen · verboden Wjazd z przyczepą kempingową niezalecany · zakazany
Estrada com portagem · Estrada fechada ao trânsito Carretera de peaje · Carretera cerrada para automóviles	Tolweg · Gesloten voor motorvoertuigen Droga płatna · Droga zamknięta dla ruchu samochodowego
Itinerário pitoresco · Rota turística Ruta pintoresca · Ruta turística	Landschappelijk mooie route · Toeristische route Piękna droga widokowa · Droga turystyczna
Barca para viaturas · Batelãos para viaturas nos rios · Linha de navegação Transbordador para automóviles · Paso de automóviles en barca · Línea marítima	Autoveer · Autoveer over rivieren · Scheepvaartroute Prom samochodowy · Prom rzeczny samochodowy · Linia okrętowa
Linha ferroviária principal com estação · Linha secundária com apeadeiro Línea principal de ferrocarril con estación · Línea secundaria con apeadero	Hoofdspoorlijn met station · Spoorlijn met halte Kolej główna z dworcem · Kolej drugorzędna z przystankiem
Estação com carregação de viaturas · Comboio turístico Terminal autoexpreso · Tren turístico	Autotrein-terminal · Toeristische stoomtrein Stacja przeładunkowa dla samochodu · Kolej zabytkowa
Via férrea de cremalheira, funicular · Teleférico · Telecadeira Ferrocarril de cremallera, funicular · Teleférico · Telesilla	Tandradbaan, kabelspoorweg · Kabelbaan · Stoeltjeslift Kolej zębata, kolej linowa szynowa · Kolej linowa napowietrzna · Wyciąg krzesełkowy
Aeroporto · Aeroporto regional · Aeródromo · Aeródromo para planadores Aeropuerto · Aeropuerto regional · Aeródromo · Campo de aviación sin motor	Luchthaven · Regionaal vliegveld · Vliegveld · Zweefvliegveld Port lotniczy · Lotnisko regionalne · Lotnisko · Teren dla szybowców
Distâncias em quilómetros na auto-estrada Distancias en km en la autopista	Afstanden in km aan autosnelwegen Odległości w kilometrach na autostradach
Distâncias em quilómetros na estrada Distancias en km en carreteras	Afstanden in km aan wegen Odległości w kilometrach na innych drogach

PONTOS DE INTERESSE / PUNTOS DE INTERÉS — BEZIENSWAARDIGHEDEN / INTERESUJĄCE OBIEKTY

P / E		NL / PL
Povoação de interesse especial Población de interés especial	FIRENZE	Bijzonder bezienswaardige plaats Szczególnie interesująca miejscowość
Povoação muito interessante Localidad de mucho interés	COMO	Zeer bezienswaardige plaats Bardzo interesująca miejscowość
Monumento cultural de interesse especial · Monumento cultural de muito interesse Monumento cultural de interés especial · Monumento cultural de mucho interés	Duomo · Castello	Bijzonder bezienswaardig cultuurmonument · Zeer bezienswaardig cultuurmonument Szczególnie Interesujący zabytek · Bardzo interesujący zabytek
Monumento natural de interesse especial · Monumento natural de muito interesse Curiosidad natural de interés · Curiosidad natural	Grotta · Fossa	Bijzonder bezienswaardig natuurmonument · Zeer bezienswaardig natuurmonument Szczególnie interesujący pomnik przyrody · Bardzo interesujący pomnik przyrody
Outros pontos de interesse: cultura - natureza Otras curiosidades: cultura - naturaleza	Arena · Piramidi	Overige bezienswaardigheden: cultuur - natuur Inne interesujące obiekty: kulturlny - przyrodniczy
Jardim botânico, parque interessante · Jardim zoológico Jardín botánico, parque de interés · Jardín zoológico		Botanische tuin, bezienswaardig park · Dierentuin Ogród botaniczny, interesujący park · Ogród zoologiczny
MARCO POLO Highlight MARCO POLO Highlight	1	MARCO POLO Highlight MARCO POLO Highlight
Parque nacional, parque natural · Vista panorâmica Parque nacional, parque natural · Vista pintoresca		Nationaal park, natuurpark · Mooi uitzicht Park narodowy, park krajobrazowy · Punkt widokowy
Igreja · Capela · Ruína de igreja · Mosteiro · Ruína de mosteiro Iglesia · Ermita · Iglesia en ruinas · Monasterio · Ruina de monasterio		Kerk · Kapel · Kerkruïne · Klooster · Kloosterruïne Kościół · Kaplica · Ruiny kościoła · Klasztor · Ruiny klasztoru
Palácio, castelo · Ruínas castelo · Monumento · Moinho de vento · Gruta Palacio, castillo · Ruina de castillo · Monumento · Molino de viento · Cueva		Kasteel, burcht · Burchtruïne · Monument · Windmolen · Grot Pałac, zamek · Ruiny zamku · Pomnik · Wiatrak · Jaskinia

DIVERSOS / OTROS DATOS — OVERIGE INFORMATIE / INNE INFORMACJE

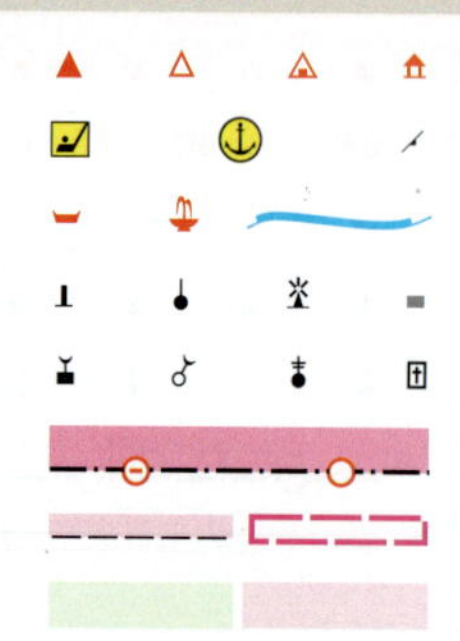

P / E	NL / PL
Parque de campismo durante todo o ano · sazonal · Pousada da juventude · Hotel, motel, restaurante, abrigo de montanha, aldeia turística Camping todo el año · estacionales · Albergue juvenil · Hotel, motel, restaurante, refugio, aldea de vacaciones	Kampeerterrein het gehele jaar · seizoensgebonden · Jeugdherberg · Hotel, motel, restaurant, berghut, vakantiekolonie Kemping przez cały rok · sezonowy · Schronisko młodzieżowe · Hotel, motel, restauracja, schronisko górskie, wieś letniskowa
Área de golfe · Porto de abrigo · Cascata Campo de golf · Puerto deportivo · Cascada	Golfterrein · Jachthaven · Waterval Pole golfowe · Port jachtowy · Wodospad
Piscina · Termas · Praia recomendável Piscina · Baño medicinal · Playa recomendable	Zwembad · Badplaats · Mooi badstrand Pływalnia · Uzdrowisko · Plaża rekomendowana
Torre · Torre de telecomunicação · Farol · Edifício isolado Torre · Torre de radio o televisión · Faro · Edificio aislado	Toren · Radio of T.V. mast · Vuurtoren · Geïsoleerd gebouw Wieża · Wieża stacji radiowej, telewizyjnej · Latarnia morska · Budynek odosobniony
Mesquita · Mesquita antiga · Igreja russa ortodoxa · Cemitério militar Mezquita · Antigua mezquita · Iglesia rusa-ortodoxa · Cementerio militar	Moskee · Voormalig moskee · Russisch orthodox kerk · Militaire begraafplaats Meczet · Dawny meczet · Cerkiew prawosławna · Cmentarz wojskowy
Fronteira nacional · Posto de controlo internacional · Posto de controlo com restrição Frontera nacional · Control internacional · Control con restricciones	Rijksgrens · Internationaal grenspost · Grenspost met restrictie Granica państwa · Międzynarodowe przejście graniczne · z ograniczeniami
Limite administrativo · Área proibida Frontera administrativa · Zona prohibida	Administratieve grens · Afgesloten gebied Granica administracyjna · Obszar zamknięty
Floresta · Charneca Bosque · Landa	Bos · Heide Las · Wrzosowisko
Areia e dunas · Baixio Arena y dunas · Aguas bajas	Zand en duinen · Bij eb droogvallende gronden Piasek i wydmy · Watty

1 : 300 000

Vysvětlivky Vysvetlivky	Legenda Objasit znakova

DOPRAVA (CZ) / DOPRAVA (SK) — (SLO) PROMET / (HR) PROMETNICE

CZ / SK	SLO / HR
Dálnice s přípojkou · Přípojka s číslem · Místo výběru poplatků Dial'nica s prípojkami · Prípojkami · Miesto výběru poplatkov	Avtocesta s priključkom · Izvoz-številka · Cestninska postaja Autocesta sa prilazom · Izlaz-broj · Pristojba
Motel · Motorest · Občerstvení · Parkoviště s WC · Truck parkování bezpečnosti Motel · Raststätte · Občerstvenie · Parkovisko s WC · Truck Parkovisko zabezpečenia	Motel · Restavracija · Počivališče · Tovornjak parkiranje varnost Odmorište s prenoćištem · Restoran · Bife · Parkiralište sa WC-om · Kamion parking sigurnost
Čerpací stanice · CNG · Parkoviště pro TIR · CNG Čerpacia stanica · CNG · Parkovisko pre nákladné autá · CNG	Bencinska črpalka · CNG · Parkirišče za voznike tovornj. · CNG Benzinska crpka · SPP · Benzinska crpka, restoran za kamione · SPP
Dálnice ve stavbě s termínem uvedení do provozu · Dálnice plánovaná Dial'nica vo výstavbe s termínom uvedenia do prevádzky · Dial'nica plánovaná	Avtocesta v gradnji in izdelavni termin · Avtocesta v načrtu Autocesta u gradnji sa datumom otvoranja · Autocesta u planu
Dvouproudá silnice dálnicového typu se čtyřmi jízdními pruhy · ve stavbě · plánovaná Čtvorprúdová cesta pre motorové vozidlá · vo výstavbe · plánovaná	Hitra cesta · v gradnji · v načrtu Četverotračna brza cesta · u gradnji · u planu
Dálková silnice · s přípojkou Hlavná dial'ková cesta · s prípojkou	Magistralna cesta · s priključkom Glavna tranzitna cesta · sa prilazom
Důležitá hlavní silnice · Hlavní silnice Dôležité hlavné cesty · Hlavné cesty	Pomembna glavna cesta · Glavna cesta Regionalna cesta · Glavna cesta
Silnice ve stavbě · plánované Cesty vo výstavbe · plánovaná	Ceste v gradnji · v načrtu Ceste u gradnji · u planu
Vedlejší silnice · Zpevněná cesta Vedl'ajšia cesta · Spevnená cesta	Stranska cesta · Vozna pot Lokalna cesta · Provozni put
Zpevněná cesta, sjízdná podmíněně · Stezky Spevnená cesta, zjazdné podmienene · Chodníky	Vozna pot, pogojno prevozna · Steze Provozni put, uslovno prohodan · Staze
Silniční tunely Cestný tunel	Cestni predori Ulični tuneli
Číslo evropské silnice · Číslo dálnice · Číslo silnice Číslo európskej cesty · Číslom dia nica · Číslo cesty	Številka evropske ceste · Oznaka avtoceste · Oznaka ceste Broj europske ceste · Broj autoceste · Broj ceste
Stoupání · Průsmyk · Silnice uzavřená v zimě Stúpanie · Pries · Terén pre vetrone	Vzpon · Prelaz · Zimska zapora Uspon · Prijevoj · Zabrana prometa zimi
Silnice nedoporučena · uzavřena pro přívěsy Cesta uzavretá pre karavany · neodporúčaná	Ni priporočljivo za stanovanjske prikolice · prepovedano Ne preporuča se za kamp prikolice · zabranjeno
Silnice s placením mýtného · Silnice uzavřená pro motorová vozidla Cesta s povinným poplatkom · Cesta uzavretá pre motorové vozidlá	Cesta s plačilom cestnine · Cesta zaprta za motorni promet Cesta s plaćanjem pristojbe · Cesta zabranjena
Úsek silnice s pěknou scenérií · Turistická silnice Cesta s malebnou krajinou · Turistická cesta	Slikovita cesta · Turistična cesta Cesta u lijepom krajoliku · Turistička cesta
Prám pro auta · Říční přívoz pro auta · Trasa lodní dopravy Trajekt pre automobily · Riečny prievoz pre automobily · Lodná linka	Trajekt za avtomobile · Rečna trajektna proga · Ladijska proga Trajekt za automobile · Riječna trajektna pruga · Brodska pruga
Hlavní železniční trať se stanicí · Místní železniční trať se zastávkou Hlavná železnica so stanicou · Vedl'ajšia železnica so zastávkou	Glavna železniška proga z železniško postajo · Stranska železniška proga z postajališčem Glavna željeznička pruga sa kolodvorom · Lokalna željeznička pruga s postajom
Terminál autovlaků · Historická železnice Železničný terminál · Historická železnica	Železniški avtoprevoz · Muzejska železniška proga Utovar automobila na vlak · Istorijska željeznica
Ozubnicová lanovka, kabinová lanovka · Kabinová visutá lanovka · Sedačková lanovka Ozubnicová dráha, Pozemní lanovka · Kabínková visutá lanovka · Sedačková lanovka	Proga zobate železnice, Vzpenjača · Gondolska žičnica · Sedežnica Zupčana željeznica, žičara bez sjedišta · Žičara · Uspinjača
Dopravní letiště · Regionální letiště · Přistávací plocha · Terén pro větroně Dopravné letisko · Regionálne letisko · Pristávacia plocha · Terén pre vetrone	Mednarodno letališče · Lokalno letališče · Letališče · Letališče za jadralna letala Zračna luka · Regionalna zračna luka · Uzletište · Površina za jedriličarenje
Vzdálenosti v kilometrech na dálnici Vzdialenosti na dial'niciach v kilometroch	Razdalje v km na avtocestah Udaljenosti u kilometrima na autocesti
Vzdálenosti v kilometrech na silnici Vzdialenosti na cestách v kilometroch	Razdalje v km na cestah Udaljenosti u kilometrima na cestama

ZAJÍMAVOSTI / ZAUJÍMAVOST — ZAMINIVOSTI / ZANIMLJIVOSTI

CZ / SK	SLO / HR
Turisticky pozoruhodná lokalita Mimoriadne pozoruhodné miesto	Posebej zanimivo naselje Vrlo znamenito naselje
Velmi zajímave místo Vel'mi pozoruhodnév miesto	Zelo zanimivo naselje Znamenito naselje
Turistická pozoruhodná kulturní památka · Velmi zajímavý kulturní památka Mimoriadne pozoruhodné kultúra objekt · Vel'mi pozoruhodnév kultúra objekt	Posebej zanimiva kulturna znamenitost · Zanimiva kulturna znamenitost Vrlo zanimljiva građevina · Zanimljiva građevina
Turistická pozoruhodná přírodní památka · Velmi zajímavý přírodní památka Mimoriadna prírodná zaujímavost' · Zaujímavost'	Posebej zanimiva naravna znamenitost · Zanimiva naravna znamenitost Posebna prirodna znamenitost · Prirodna znamenitost
Jiné zajímavosti: kultura - příroda Iná pozoruhodnosti: kultúra - príroda	Druge znamenitosti: kultura - priroda Ostale znamenitosti: kultura - priroda
Botanická zahrada, pozoruhodný park · Zoologická zahrada Botanická záhrada, Pozoruhodný park · Zoologická záhrada	Botanični vrt, zanimiv park · Živalski vrt Botanički vrt, znamenit perivoj · Zoološki vrt
MARCO POLO Highlight MARCO POLO Highlight	MARCO POLO Highlight MARCO POLO Highlight
Národní park, přírodní park · Krásný výhled Národný park, Prírodný park · Vyhliadka	Narodni park, naravni park · Razgledišče Nacionalni park, prirodni park · Vidikovac
Kostel · Kaple · Zřícenina kostela · Klášter · Zřícenina kláštera Kostol · Kaplnka · Zrúcanina kostola · Kláštor · Zrúcanina kláštora	Cerkev · Kapela · Razvalina cerkve · Samostan · Samostanska razvalina Crkva · Kapela · Crkvena ruševina · Samostan · Samostanska ruševina
Zámek, hrad · Zřícenina hradu · Pomník · Větrný mlýn · Jeskyně Zámok, Hrad · Zrúcanina hradu · Pomník · Veterný mlyn · Jaskyňa	Graščina, grad · Razvalina grada · Spomenik · Mlin na veter · Jama Utvrda, grad · Gradina · Spomenik · Vjetrenjača · Spilja

Symbol labels: FIRENZE · COMO · Duomo · Castello · Grotta · Fossa · Arena · Piramidi

JINÉ ZNAČKY / INÉ ZNAČKY — DRUGI ZNAKI / OSTALE OZNAKE

CZ / SK	SLO / HR
Kempink s celoročním provozem · sezónní · Ubytovna mládeže · Hotel, motel, hostinec, horská bouda, rekreační středisko Kemping celoročný · sezónne · Mládežnícká ubytovňa · Hotel, motel, hostinec, horská chata, rekreačné stredisko	Kamp celo leto · sezonske · Mladinski hotel · Hotel, motel, gostišče, planinska koča, počitniško naselje Kamp cijele godine · sezonski · Omladinski hotel · Hotel, motel, gostionica, planinarska kuća, ferijalna kolonija
Golfové hřiště · Jachtařský přístav · Vodopád Golfové ihrisko · Prístav pre plachetnice · Vodopád	Igrišče za golf · Marina · Slap Igralište golfa · Marina · Vodopad
Plovárna · Lázně · Doporučená pláž Kúpalisko · Kúpele · Pláž vhodná na kúpanie	Bazen · Toplice · Obala primerna za kopanje Bazen · Toplice · Obala pogodna za kupanje
Věž · Rozhlasová, televizní věž · Maják · Jednotlivá budova Veža · Rozhlasový, televízny stožiar · Maják · Osamote stojacá budova	Stolp · Radijski ali televizijski stolp · Svetilnik · Posamezno poslopje Toranj · Radio-, televizijski toranj · Svjetionik · Pojedinačna zgrada
Mešita · Dřívější mešita · Ruský ortodoxní kostel · Vojenský hřbitov Mešita · Ehemalige Moschee · Ruský ortodoxný kostol · Vojenský cintorín	Džamija · Nekdanja džamija · Rusko-pravoslavna cerkev · Vojaško pokopališče Džamija · Prijasnja džamija · Rusko-ortodoksna crkva · vojnivojničko groblje
Státní hranice · Hraniční přechod · Hraniční přechod se zvláštními předpisy Štátna hranica · Medzinárodný hraničný priechod · Hraničný priechod s obmedzením	Državna meja · Mednarodni mejni prehod · Mejna kontrolna točka z omejitvijo Državna granica · Međunarodni granični prijelaz · Međudržavni granični prijelaz
Správní hranice · Zakázaný prostor Administratívna hranica · Zakázaná oblast'	Upravna meja · Zaprto območje Upravna granica · Zabranjeno područje
Les · Vřesoviště Les · Pustatina	Gozd · Goljava Suma · Pustara
Písek a duny · Mělké moře Piesok a duny · Plytčina	Pesek in sipine · Bibavični pas Pijesak i prudi · Plitko more

36
Bellinzona
Chiavenna
37

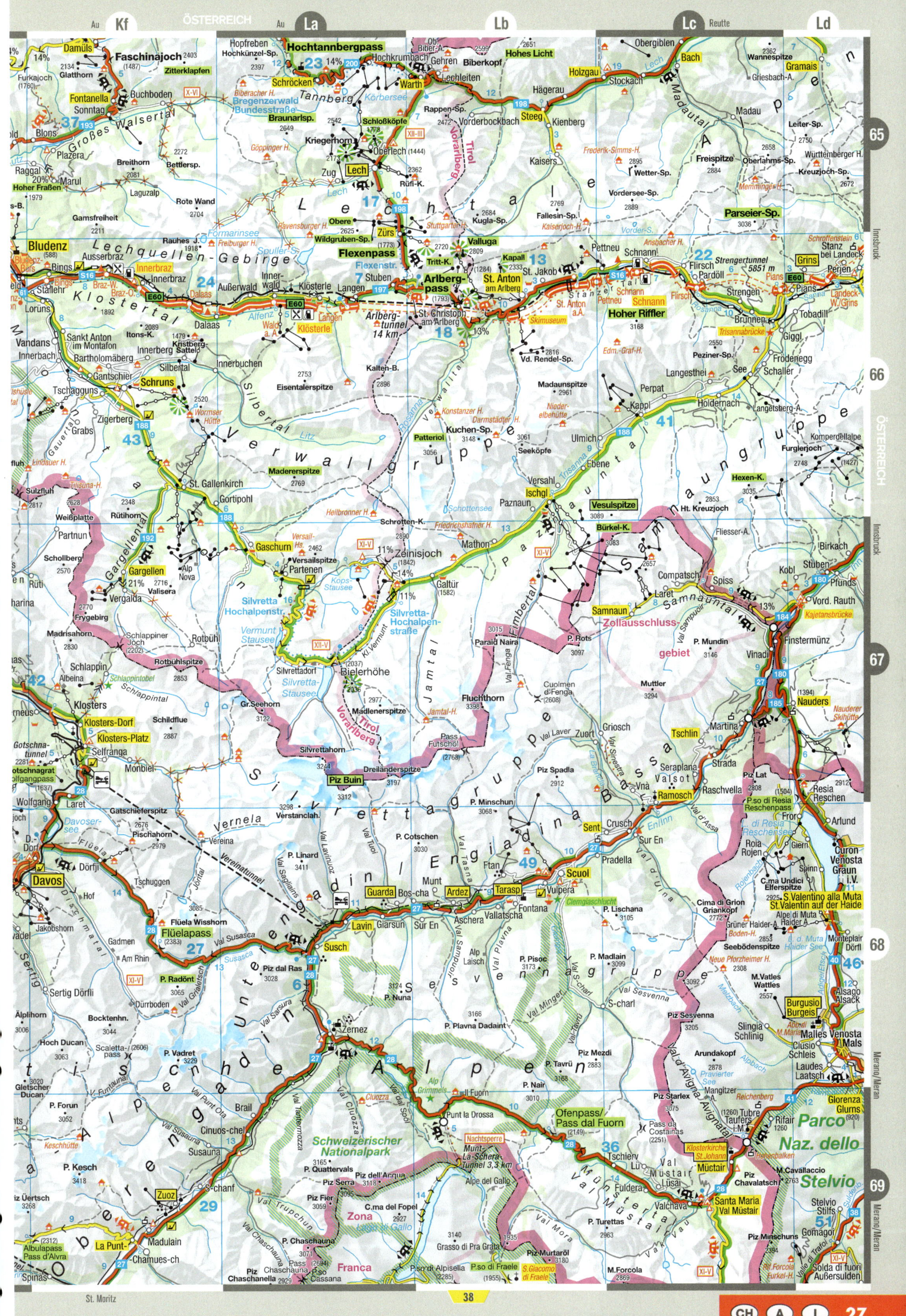

Damüls
Faschinajoch
Hochtannbergpass
Schröcken
Warth
Lechleiten
Hohes Licht
Bach
Holzgau
Stockach
Gramais
Fontanella
Sonntag
Großes Walsertal
Bregenzerwald Bundesstraße
Braunarlsp.
Schloßkopfe
Steeg
Kaisers
Lech
Zürs
Flexenpass
Arlbergpass
St. Anton am Arlberg
St. Christoph am Arlberg
Arlbergtunnel 14 km
Valluga
Kapall
Pettneu
Schnann
Strengertunnel 5851 m
Flirsch
Pians
Grins
Landeck
Bludenz
Lechquellen-Gebirge
Klostertal
Innerbraz
Dalaas
Klösterle
Stuben
Langen
Hoher Riffler
Parseier-Sp.
Lechtaler Alpen
Schruns
Tschagguns
Silbertal
Verwallgruppe
Montafon
Gaschurn
Partenen
Gargellen
St. Gallenkirch
Ischgl
Paznaun
Galtür
Vesulspitze
Samnaungruppe
Samnaun
Zollausschluss gebiet
Silvretta Hochalpenstraße
Bielerhöhe
Silvretta-Stausee
Piz Buin
Silvrettagruppe
Klosters-Dorf
Klosters-Platz
Davos
Flüelapass
Vereinatunnel
Unterengadin
Engiadina Bassa
Guarda
Ardez
Tarasp
Scuol
Lavin
Susch
Zernez
Sesvennagruppe
Nauders
Tschlin
Ramosch
Sent
Reschenpass
S.Valentino alla Muta St.Valentin auf der Haide
Burgusio Burgeis
Malles Venosta Mals
Glorenza Glurns
Parco Naz. dello Stelvio
Müstair
Santa Maria Val Müstair
Ofenpass/ Pass dal Fuorn
Schweizerischer Nationalpark
Zuoz
La Punt
Zona Franca
Albula Alpen
Finstermünz
Pfunds
Österreich
Tirol
Vorarlberg

Ld
Le
Lf
Ma
Nassereith
ÖSTERREICH
Telfs
Seefeld
65
66
67
68
69
Bludenz
Davos
Zernez
Landeck
Imst
Tarrenz
Mils
Silz
Stams
Oetz
Kühtai
Sellrain
St. Sigmund im Sellrain
Umhausen
Längenfeld
Sölden
Obergurgl
Vent
Zams
Grins
Fließ
Prutz
Ried im Oberinntal
Serfaus
Fiss
Ladis
Pfunds
Nauders
Wenns
Jerzens
Mittelberg
Sankt Leonhard im Pitztal
Kaunertaler Gletscherpanoramastr.
Ötztaler
Alpen
Naturpark Ötztal
Kaunergrat
Wildspitze
Weißkugel
Zuckerhütl
Timmelsjoch
Reschenpass
Resia Reschen
Curon Venosta Graun im Vinschgau
S.Valentino alla Muta St.Valentin auf der Haide
Burgusio Burgeis
Malles Venosta Mals
Glorenza Glurns
Sluderno Schluderns
Lasa Laas
Silandro Schlanders
Laces Latsch
Corzes Kortsch
Morter
Naturns
Certosa Karthaus
Similaun
Parco del Gruppo di Tessa
Parco Nazionale dello Stelvio
Val Senales
Merano Meran
Lana
S.Vigilio St.Vigil
Scena Schenna
Lagundo Algund
Tirolo Dorf Tirol
Plars
Parcines Partschins
Rablà Rabland
Stelvio Stilfs
Prato a.St. Prad a.St.
Montechiaro Lichtenberg
Pirchkogel
Glockturm
Muttekopf
Gramais
Sonklarspitze
M.Altacroce Hohe Kreuz-Sp.
Fondo
Bolzano/Bozen
38
39

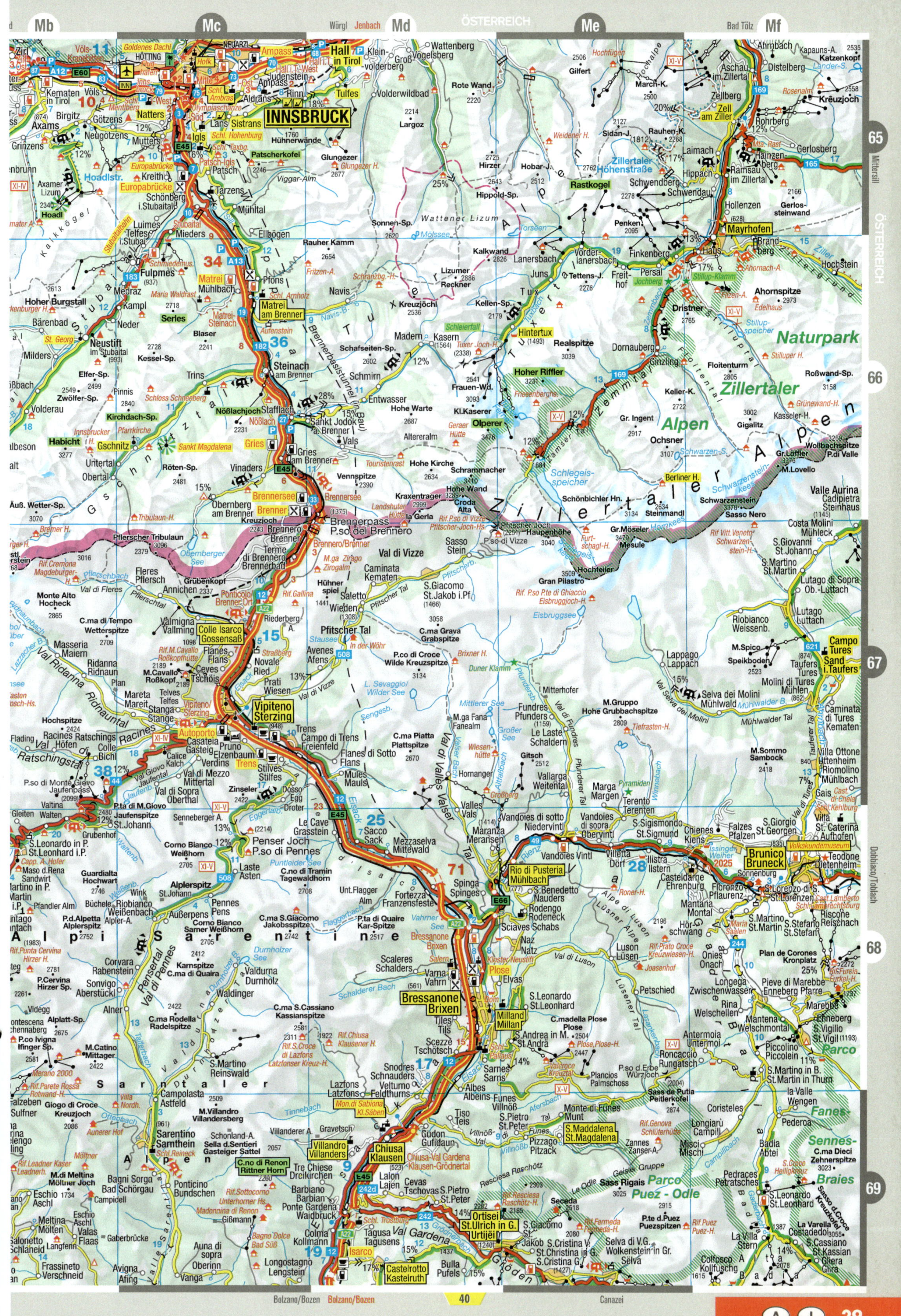
INNSBRUCK
Hall in Tirol
Tulfes
Natters
Axams
Götzens
Mutters
Igls
Sistrans
Patscherkofel
Europabrücke
Schönberg i.Stubaital
Fulpmes
Neustift im Stubaital
Matrei am Brenner
Steinach am Brenner
Gries am Brenner
Brennersee
Brennerpass
P.so del Brennero
Brenner Brennero
Pflerscher Tribulaun
Colle Isarco Gossensaß
Vipiteno Sterzing
Val di Vizze
Pfitscher Tal
Wattener Lizum
Rastkogel
Zillertaler Höhenstraße
Zell am Ziller
Mayrhofen
Hintertux
Hoher Riffler
Olperer
Naturpark
Zillertaler
Alpen
Zillertaler Alpen
Campo Tures Sand i.Taufers
Brunico Bruneck
Rio di Pusteria Mühlbach
Bressanone Brixen
Millan Millan
Chiusa Klausen
Villandro Villanders
S.Maddalena St.Magdalena
Parco Puez - Odle
Ortisei St.Ulrich in G. Urtijëi
Castelrotto Kastelruth
Val Gardena
Fanes-Sennes-Braies
Alpi Sarentine
Sarntaler Alpen
Penser Joch P.so di Pennes
Sarentino Sarnthein
Campo di Trens Freienfeld
Fortezza Franzensfeste
Vandoies Vintl
Val di Luson
Mittersill
ÖSTERREICH
Dobbiaco/Toblach
65
66
67
68
69
Bolzano/Bozen
40
Canazei

Mf
Na
Nb
ÖSTERREICH
Nc
Nd
Schüttdorf
St. Johann i. Tirol
65
66
67
68
69
Zell a. Z.
ÖSTERREICH
Vipiteno/Sterzing
Kapauns-A.
Katzenkopf
Kastenwenden-K.
Königsleiten-Sp.
Königsleiten
Gerlos-pass
Gernkogel
Neukirchen am Großvenediger
Bramberg am Wildkogel
Wildkogel-Hs.
Hohenbramberg
Mühlbach
Wenns
Hollersbach im Pinzgau
Mittersill
Klausen
Felben
Wilhelmsdorf
Schwarzenbach
Aisdorf
Nationalparkbahn
Roßalpe
Kreuzjoch
Rohrberg
Gerlosberg
Gmünd
Gerlos
Gerlostal
Platten-Kg.
Krimml
Wald im Pinzgau
Sulzau
Rosental
Schönbach
Habachtal
Hollersbachtal
Felbertal
Pihapper-Sp.
Felbertauern-straße
Lerchwand
Hainzen-berg
Gerlos-steinwand
Speicher Gmünd
Wimmertal-A.
Speicher Durlaßboden
Krimmler Wasserfälle
Kraut-garten
Obersulzbachtal
Untersulzbachtal
Breitkopf
Breitfuß
Enzianhütte
Schrottkopf
Wechsel-Sp.
Sendel-Sp.
Wildkar-Sp.
Zittauer H.
Hütteltal-K.
Seebach-see
Berndl-A.
Leiter-Kg.
Alpen-rose
Blessach-K.
Tauernhaus Spital
Gamsblick
Glanzsee
Enzinger Boden
Hochstein
Fläche
Zillerkopf
Rotkopf
Reichen-Sp.
Rainbach-Kg.
Foiskar-Kg.
Venediger
Salzburg
Tirol
Tauernkogel
St. Pöltner H.
Felber Tauern
Kitzkar-Kg.
Habach Kees
Hohe Fürleg
Ahornspitze
Aukar-A.
Kuchelmooseck
Richter-H.
Plauener H.
Naturpark
Zillertaler
Alpen
Nationalpark
Keeskogel
Schlieferspitze
Kürsinger H.
Neue Prager H.
Innergschlöß
Felbertauern-tunnel 5304m
Glocken-Kg.
Sonnblick
Hochschobl
Kaiser Tauern
Zillertaler Alpen
Zillerplatten-Sp.
Kleinvenediger
Alte Prager H.
Matreier Tauernhaus
Löbben-Törl
Wilden-Kg.
Gamsspitzl
Großvenediger
Großer Geiger
Glockenkarkopf
Vetta d'Italia
Krimmler Tauern
Birnlücke
Warnsdorfer H.
Schlatenkees
Mullwitzkees
Eiskögele
Roßwand-Sp.
Grünewand-H.
Hohe Warte
Napfspitz
Rauchkofel
Hollenzkopf
Lenkjöchl
Pratomagno
Prastmann
Casere
Kasern
Dreiherrnspitze
P.zo dei Tre Signori
Roßhuf
Defregger H.
Weiß-Sp.
Badener H.
Muntanitz
Fonte alla Roccia
Trinkstein
Kasseler H.
Wollbachspitze
Gr. Löffler
P.di Valle
M.Lovello
Predoi
Prettau
S.Pietro
St.Peter
S.Giacomo
St.Jakob i.Ahrn
Canova
Neuhaus
Parco
Rif.Giogo Lungo
Lenkjöchl-H.
Essen-Rostocker H.
Schlüssel-Sp.
Hoher Eichham
Säul-Sp.
Sajat H.
Nussing-Kg.
Kendl-Sp.
Gruben
Hohe
Quirl
Rosso di Predoi
Rötspitze
Umbaltalle (Gumpachfall)
Kristallkopf
Hinteregg
Prossegklamm
Glanz
Großdorf
Burg
Kals am Gr.
Valle Aurina
Cadipietra
Steinhaus
Ahrntal
Costa Molini
Mühleck
S.Giovanni
St.Johann
Gabelspitze
Cucchiaio
Löffelspitze
Clara-H.
Bichl
Prägraten a. Großven.
Allerheiligen-H.
Hinterbichl
Obermauern
Virgen
Welzelach
Zedlach
Matrei in Osttirol
Goldried
Rotenkogel
Lesach
Vedrette
M.ga dei Dossi
Knutten-Alm
Klammljoch
P.so di Gola
Hohes Kreuz
Berger-Kg.
Bergersee-H.
Guggenberg
S.Martino
St.Martin
Valle Aurina
C.ma Dura
Durreck
di
Totenkar-Sp.
Tauern
Stadler-H.
Feld
Lutago di Sopra
Ob.-Luttach
Lutago
Luttach
Riva di Tures
Rein-Taufers
Triangolo di Riva
Dreieckspitze
Seebach
Alpes-Sp.
Oberhausalm
Donnerstein
Stanzling
Campo Tures
Sand i.Taufers
Taufers
Tures/Taufers
Molini di Tures
Mühlen
Sasso Lungo di Collato
Lenkstein
Hochgall-H.
Ries
Rieserfernergruppe
Vedrette di Ries
Barmer Hütte
Erlsbach
Sankt Jakob in Defereggen
Defereggental
Sankt Veit in Defereggen
Moos
Hof
Huben
Oberpeischlach
Unterpeischlach
Oberleibnig
Unterleibnig
Collato
Hochgall
Weitlahn-wald
Staller Alm
St. Leonhard
Hopfgarten in Defereggen
Mittelbach
Rudnig
St. Johann i. Walde
Caminata di Tures
Kematen
Croda Nera
Schwarze Wand
- Aurina
Biathlonzentrum
Passo Stalle
Staller Sattel
Gsieser Törl
F.lla di Casies
Blindisalm
Jesachalm
Brugger Alm
Degenhorn
Lepperalm
Hochwand
Zwenewaldalm
Göriach
Schlaiten
Felbertauernstr.
Kloster-frauenalm
Villa Ottone
Uttenheim
Riomolino
Mühlbach
Bagni di Riomolino
Anterselva di Mezzo
Antholz-Mittertal
Anterselva di Sopra
Antholz Obertal
M.ga Pudio
Pidigalm
Croda Rossa
Rote Wand
Defregger
Weiße Sp.
Unterstalleralm
Volkzeiner H.
Regenstein
Schneideck
Rotsteinberg
Villa Dörfl
di Anterselva Sotto
Antholz Niedertal
M.ga Campobove
Ochsenfelder A.
S.ta Maddalena Vallalta
St.Magdalena i.G.
Riepensp.
Hochgrabe
Gebirge
Mooshofalm
Göllner
Böses Weibele
Gais
Cast.di Chela
Schl.Kehlburg
S.Giorgio
St.Georgen
Villa S.Caterina
Brunico
Bruneck
Teodone
Dietenheim
Perca
Vila di sopra
Oberwielenbach
Rasun
Anterselva
Taistner A.
Rasen
Antholz
M.Novale di fuori
Eisatz
S.Martino in Casies
Kärlsspitze
St.Martin i. Gsies
Valle di Casies
Gsies
Liperalm
Inner-villgraten
Villgratental
Gabesitten
Bichler
Raucheck
Pustertaler Höhenstr.
Thulnkogel
Vergein
Burg
Penzendorf
Assling
Rasun di Sopra
Ob.Rasen
Rasun di Sotto
Nd.-Rasen
Tesido
Taisten
Prati di Tesido
Wiesen
Colle-Inner
Planca di Sopra
Oberplanken
Kalkstein
Ruschletalm
Markinkele
Außervillgraten
C.no di Fana
Pfannhorn
St. Justina
Anras
Wiesen
Unterkosten
Riscone
Reischach
Valdaora
Olang
Mitter
Monguelfo-Tesido
Welsberg-Taisten
Planca di Sotto
Unterplanken
Durna di Selva
Durnwald
Kurterhof
Pausa Alta
Hochrast
S.Silvestro
St.Silvester
Tessen-berg
Heinfels
Gesel-haus
Winkl
Asch
Rain
Mittewald a.d.Drau
Strassen
Abfaltersbach
Tamerlanhöhe
S.Stefano
St.Stefan
Plan de Corones
Kronplatz
Sorafurcia
Geiselsberg
Novale
Ried
Villabassa
Niederdorf
Dobbiaco
Toblach
S.Candido
Innichen
Valle S.Silvestro
Wahlen
Prato alla Drava
Winnebach
Sillian
Kockberg
Rabland
Arnbach
Erlach
Hollbruck
Tassenbach
Hof
St. Oswald
Kartitsch
Kartitscher Sattel
Lienzer
Karnische Dolomitenstr.
Pieve di Marebbe
Enneberg
Pfarre
Marebbe
Enneberg
S.Vigilio
St.Vigil
Bagni di Pervalle
Bad Bergfall
Parco
Braies di dentro
Innerprags
Unter-gasse
S.Vito
St.Veit
Vallone
Pflung
Ferrara
Schmieden
Braies
Prags
Bagno di Braies
Bad Maistatt
Pian di Maia
Sella di Dobbiaco
Dobbiaco Nuovo
Neu Toblach
di Sopra
Versciaco
Vierschach
di Sotto
Sesto
Sexten
Helm-H.
M.Elmo
Helm
Obertilliach
Rodarm
Leiten
Gailtal
Bergen
Alter Kaser
Bagni di Braies vecchia
Altprags
L. di Braies
Pragser Wildsee
Seekofel
Croda del Becco
Fanes-
Parco Naturale
Tre Cime
Croda dei Baranci
Birkenkofel
S.Giuseppe
Moos
Bagni di S.Giuseppe
Bad Moos
Pian di Mazzes
Matzenboden
Eisenreich
Obstansersee-Hütte
Pfannspitze
Großer Kinigat
Tiroler
Karnischer
Oberilliacher Tal
Reiterkarspitz
la Valle
Wengen
Rif.Senes
Sennes-H.
Tamores
Tamers
Bolzano
Belluno
Ponticello
Brückele
Rif.Tre Scarperi
Dreischuster-H.
Grande Giro delle Dolomiti
C.ma Tre Scarperi
Dreischusterspi.
Naturpark
Drei Zinnen
P.so di M.Croce di Comelico
Kreuzberg-Pass
Porze-scharte
M.ga di Londo
Crode dei Longerin
C.ma Dieci
Zehnerspitze
Sennes-
Prato Piazza
Plätzwiesen
L. di Landro
Dürrensee
Landro
Höhlenstein
Carbonin
Schluderbach
Tre Cime di Lavaredo
Drei Zinnen
Rif. Comici
Zsigmondy-H.
C.ma Undici
Elferkofel
Rif.Berti
Bagni di Valgrande
Strada delle Dolomiti Carniche
Alp
S.Croce
Heiligkreuz
Rif.la Varella
Rif.Fanes
Fanes H.
Alpe Fanes piccola
Kl.Fanesalpe
P.so di Limo
Limajoch
Croda Rossa
Hohe Gaisl
M.ga Ra Stua
Cimabanche
Im Gemärk
Ospitale
S.Uberto
Rif.Auronzo
Rif. Lavaredo
Croda d.Toni
Zwölferkofel
Croda di Ligonto
Pàdola
Dosoledo
Candide
Cas.
Sega Digon
Comelico Superiore
Costa
S.Nicolò
di Comelico
Costalta
Campolongo
S.Stefano
Valle
S.Pietro
Borgata di Cadore
Mare
Sasso d.Croce
Kreuzkofel
Costadedoi
S.Cassiano
St.Kassian
La Varella
Gliera
Giera
Parco
Braies
Dolomiti
d'Ampezzo
M.Cavallo
Col S.Angelo
Somforca
M.Cristallo
Misurina
Gr.po d.Cadini
Stabingrande
Giralba
C.se Orsolina
Reane
S.Antonio
Tabia di Piedo
P. del Zovo
Danta di Cadore
Cortina d' Ampezzo
Cortina d' Ampezzo
S. Caterina
40
S. Caterina
S. Caterina
10 km
6 miles

A I

Kaprun
Fusch an der Großglocknerstr.
Rauris
Dorfgastein
Großarl
Radstädter Tauern
Bad Fusch
Wörth
Bad Hofgastein
Kitzsteinhorn
Gr. Wiesbachhorn
Großglockner-Hochalpenstraße
Edelweißspitze
National
Goldberg
Bad Gastein
Gamskarkogel
Stubner-Kg.
Böckstein
Nationalpark
Hohe Tauern
Ankogel
Hochalm-Sp.
Großglockner
Kaiser-Franz-Josefs-Höhe
Hochtor
Heiligenblut a.Gr.
Sportgastein
Schareck
Tauern-Eisenbahntunnel Autoschleuse 8552 m
Mallnitz
Säuleck
Reißeck
Kaponingtunnel 5100 m
Flattach
Obervellach
Polinik
Hochschober
Schober
Tauern
Döllach
Sagritz
Winklern
Lienz
Debant
Nußdorf
Iselsberg-Stronach
Kreuzeck
Spittal a.d.Drau
Lurnfeld
Möllbrucke
Sachsenburg
Oberdrauburg
Dellach
Greifenburg
Steinfeld
Kötschach-Mauthen
Gailtaler Alpen
Weißensee
Hermagor
Kirchbach
Karnische Dolomitenstr.
Lesachtal
Maria Luggau
St. Lorenzen i. Lesachtal
Plöckenpass
Timau
Sappada
Cima Sappada
Forni Avoltri
Paluzza
Nassfeldpass
Gartnerkofel
Pontebba
Tolmezzo

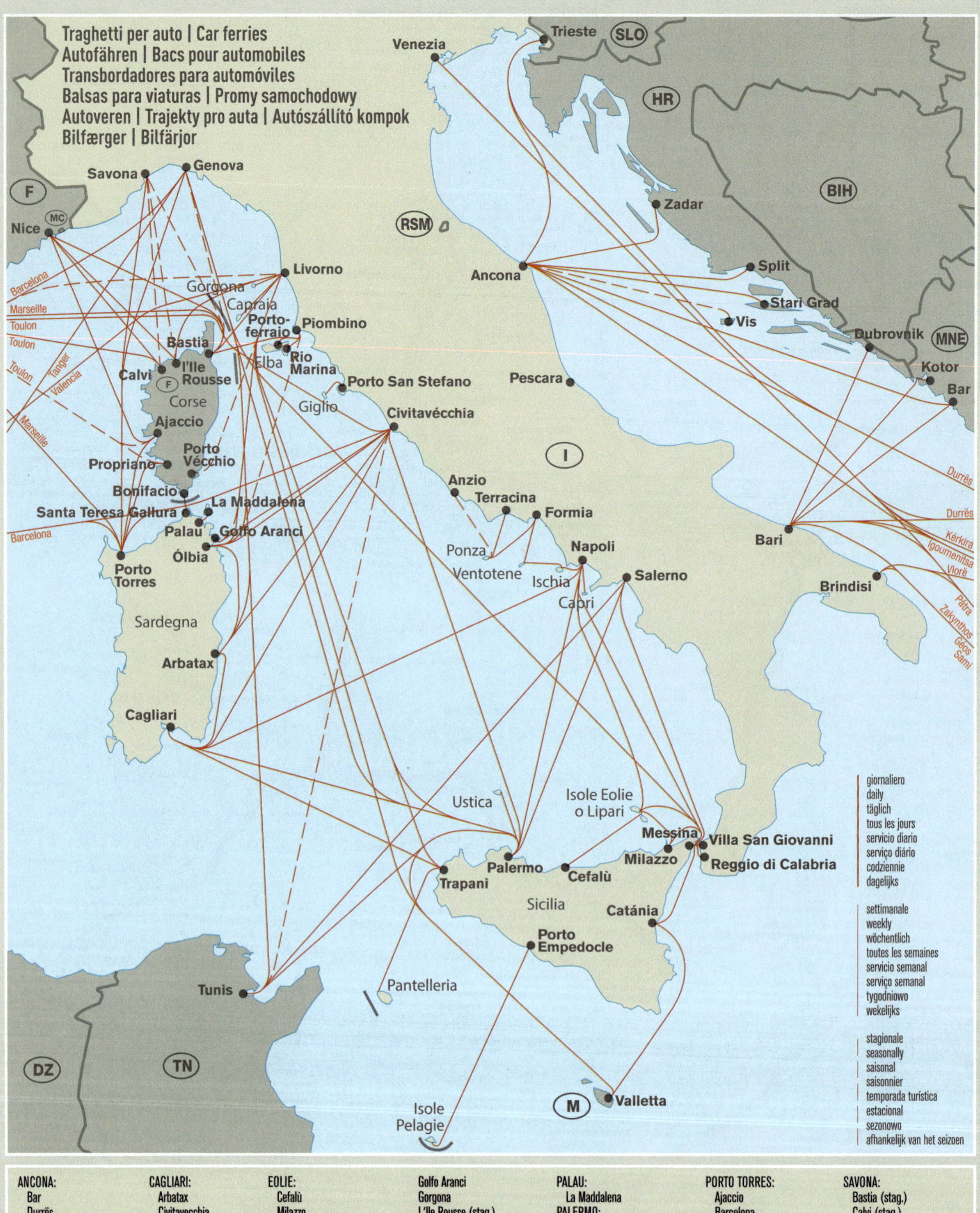

ANCONA:
Bar
Durrës
Triest
Igoumenitsa
Split
Stari Grad
Vis (stag.)
Zadar
ANZIO:
Ponza (stag.)
ARBATAX:
Cagliari
Civitavecchia
Genova
Olbia
BARI:
Bar
Dubrovnik
Durrës
Kerkira, Igoumenitsa
Zakynthos
BRINDISI:
Géos
Kérkira, Igoumenitsa, Pátra
Sami
Vlorë
Zakynthos
CAGLIARI:
Arbatax
Civitavecchia
Napoli
Palermo
Trapani
CAPRI:
Napoli
CATÁNIA:
Civitavecchia
Genova
Napoli
Valletta
CEFALÙ:
Eolie
CIVITAVECCHIA:
Barcelona
Arbatax
Cagliari
Golfo Aranci
Olbia
Palermo
Porto Torres
Toulon
Tunis (stag.)
EOLIE:
Cefalù
Milazzo
FORMIA:
Ponza
Ventotene
GENOVA:
Arbatax
Barcelona
Bastia (stag.)
Olbia
Palermo
Porto Torres
Tanger
Tunis
GIGLIO PORTO:
Porto San Stefano
GOLFO ARANCI:
Civitavecchia
Livorno
ISCHIA
Napoli
LA MADDALENA:
Palau
LIVORNO:
Barcelona (stag.)
Bastia
Capraia
Golfo Aranci
Gorgona
L'Ile Rousse (stag.)
Olbia
Palermo
Tanger
Trapani
Valencia
Valletta
MESSINA:
Reggio di Calabria
Salerno
Villa S. Giovanni
MILAZZO:
Eolie
NAPOLI:
Cagliari
Capri
Catania
Palermo
Procida
Ischia
OLBIA:
Arbatax
Civitavecchia
Genova
Livorno
Piombino (stag.)
PALAU:
La Maddalena
PALERMO:
Cagliari
Civitavecchia
Genova
Livorno
Napoli
Salerno
Tunis
Ustica
PANTELLERIA:
Trapani
PELAGIE:
Porto Empedocle
PIOMBINO:
Bastia
Olbia
Portoferraio
Rio Marina
PONZA:
Anzio (stag.)
Formia
Terracina
PORTO EMPEDOCLE
Pelagie
PORTO TORRES:
Ajaccio
Barcelona
Civitavecchia
Genova
Marseille
Propriano
Savona
PORTOFERRAIO:
Piombino
PORTO SAN STEFANO:
Giglio Porto
PROCIDA:
Napoli
REGGIO DI CALABRIA:
Messina
Salerno
RIO MARINA
Piombino
SALERNO:
Messina
Palermo
Reggio di Calabria
Tunis
SANTA TERESA GALLURA:
Bonifacio
SAVONA:
Bastia (stag.)
Calvi (stag.)
L'Ile Rousse (stag.)
Porto Tórres
TERRACINA:
Ponza
TRAPANI:
Cagliari
Civitavecchia
Livorno
Pantelleria
TRIESTE:
Ancona
Durrës
USTICA:
Palermo
VENEZIA:
Kérkira, Igoumenitsa, Pátra
Tartus
VENTOTENE:
Formia
Ischia
VILLA SAN GIOVANNI:
Messina

69 70 71 72 73
26 56 44

Spiez
Zweisimmen
Lenk
Adelboden
Kandersteg
Kandergrund
Blüemlisalp
Schilthorn
Mürren
Eiger
Mönch
Jungfrau
Jungfraujoch
Aletschhorn
Berner Oberland
Lauenen
Wildstrubel
Kippel
Blatten
Leukerbad
Bietschhorn
Wildhorn
Bella Lui
Barrage du Rawil
Crans-Montana
Montana
Crans-s.-Sierre
Sierre (Siders)
Venthône
Leuk
Raron
Naters
Brig-Glis
Brig
Visp
Vispertermine
Simplonpass
Simplon
SION
Savièse
Vercorin
Chandolin
Mase
St-Jean
Grimentz
Anniviers
Mayoux
Zinal
Stalden (VS)
Törbel
St. Niklaus
Saas-Fee
Saas-Grund
Saas-Balen
Weissmies
Lana
Evolène
Les Haudères
Arolla
Barrage de la Grande Dixence
Rosablanche
Barrage de Mauvoisin
Dom
Täschhorn
Mittelallalin
Allalinhorn
Täsch
Zermatt
Pfarrkirche Sankt Maurtius
Riffelalptram
Findeln
Gornergrat
Stockhorn
Matterhorn Monte Cervino
Klein Matterhorn
Breuil-Cervinia
Dufourspitze
Macugnaga
Valtournenche
Dent Blanche
Weisshorn
Zinalrothorn
Parco dell'Alta Valsesia
Wallis
Valais/Wallis
Bern
Alpi
Monte Rosa
44

Lauteraarhorn
Hühnerstock
Grimsel-Hospiz
Belvédère
Furkapass
St. Gotthard-Pass
S. Gottardo
P. Centrale
Graubünden
Ticino
Lukmanier pass
Bern
Valais/Wallis
Finsteraarhorn
Grimselpass
Gletsch
Uri
Muttenhörner
Furka-Basistunnel 15,4 km
Gotthardtunnel/S. Gottardo 16,918 m
Airolo
Madrano
San Gottardo
Oberaarhorn
Oberwald
Unterwassern
Geretal
P. Rotondo
Bedretto
Ronco
Villa
Ossasco
Fontana
Nante
Piotta
Ambri
Quinto
Deggio
Catto
Lurengo
Freggio
Osco
Faido
Galmihorn
Obergesteln
Ulrichen
Valais/Wallis
Ticino
Nufenenpass
All'Acqua
Val Bedretto
Pne. di Vespero
Münster
Reckingen-Gluringen
Selkingen
Ritzingen
Biel
Blitzingen
Goms
Nufenenstock
Griespass
Corno Gries
P.so di S.Giacomo
Cristallina
Marchhorn
Robiei
P.del Termine
Richinen
Niederwald
Steinhaus
Blinnenhorn
Kastelhorn
Basodino
Fiesch
Fieschertal
Bellwald
Mühlebach
Ernen
Bettmeralp
Lax
Ausserbinn
Binntal
Binn
Fäld
Martisberg
Grengiols
Punta d. Sabbione
Ofenhorn
Cascata del Toce
Canza/Frütwald
Ponte/Zumstäg
Formazza/Pomat
P.zo Fiorera
S. Carlo
Val Bavona
Sonlerto
Foroglio
P.zo di Peccia
Piano di Peccia
Prato-Sornico
Mogno
Lavizzara
Menzonio
Broglio
Brontallo
Fontana
Cavergno
Ponte
Bignasco
Cevio
Bosco/Gurin
Corino
Linescio
Cerentino
Campo (Vallemaggia)
Cimalmotto
Niva
Piano
Valle di Campo
Boschetto
Visletto
Riveo
Someo
Giumaglio
Coglio
Lodano
Maggia
Moghegno
Aurigeno
Gordevio
Breithorn
Heiligkreuz
Saflischpass
Helsenhorn
Hillehorn
Scherbadung
M. Cervandone
Veglia
Alpe Veglia
Parco
Alpe Devero
Devero
A.Devero
Goglio
Croveo
Baceno
Premia
Piedilago
Sonnenhorn
P.Quadro
Rosso di Ribia
Pso della Cavegna
Ribo
Valle di Vergeletto
Vergeletto
Russo
Gresso
Onsernone
Comologno
Vocaglia
Spruga
Crana
Mosogno
Berzona
Loco
Isorno
Auressio
Dunzio
Avegno
Cimetta
Cardada
Terre di Pedemonte
Tegna
Cavigliano
Verscio
Intragna
Valle Onsernone
Monte
Orselina
Brè
Solduno
Losone
Muralto
Locarno
Golino
Centovalli
Verdasio
Corcapolo
Arcegno
Ronco s.A.
Ascona
Simplontunnel
Wasenhorn
Berisal
M.Leone
Ritterpass
Nembro
Mozzio
Crodo
Cravegna
M.Larone
Agarina
A.Pisardo
Pso della Cavegna
Pilone
Gondo
Gabi
Zwischbergen
Iselle
Trasquera
Bertonio
Varzo
Val Divedro
Gondoschlucht
Bugliaga
P.so di Monscera
Oira
Crevoladossola
Pontemaglio
Altoggio
Montecrestese
Piana di Vigezzo
S.Gerolamo
La Cima
M.Zicher
Borgnone
Camedo
Palagnedra
Rasa
Moneto
P. Leone
Brissago
Porta
Gridone
Incella
Valmara
Piodina
Preglia
Pontetto
Masera
Albogno
Buttogno
Toceno
Craveggia
Crana
Villette
Re
Olgia
Folsogno
Druogno
Coimo
S.Maria Maggiore
Malesco
Val Vigezzo
Gagnone
Orcesco
Trontano
Finero
Cursolo-Orasso
Spoccia
Valle Cannobina
Falmenta
Gurro
Cavaglio
S.Donnino
Sant'Agata
Traffiume
Crealla
Cannobio
Cisore
Bognanco
S. Marco
Fonti
Domodossola
Cast.di Mattarella
Cosa
Beura
Villadossola
Antronapiana
Montescheno
Seppiana
Viganella
Pallanzeno
Piedimulera
Vogogna
Pieve Vergonte
Rumianca
Megolo
Anzola d'Ossola
Premosello Chiovenda
Cuzzago
Nibbio
Parco Nazionale d. Val Grande
Cicogna
Intragna
Aurano
Gonte
Oggebbio
Pollino
Premeno
Ghiffa
Esio
Cannero Riviera
Viggiona
Trarego
Carmine
Cannobio
Maccagno
Luino
Germignaga
Colmegna
Ornavasso
Migiandone
Mergozzo
Candoglia
Bracchio
Rovegro
Cossogno
Miazzina
Cambiasca
Vignone
Trobaso
S.Bernardino Verbano
Fondotoce
Verbania
Intra
Pallanza
Giardini Botanici d.V. Taranto
Gravellona Toce
Casale Corte Cerro
Feriolo
Baveno
Stresa
Isole Borromee
Isola Bella
Giardino Botanico
Omegna
Germagno
Loreglia
Massiola
Luzzogno
Lago d'Orta
Gignese
Vezzo
Carpugnino
Levo
Alpino
Magognino
Calasca-Castiglione
Bannio Anzino
Vanzone
Macugnaga
Valle Anzasca
Carcoforo
Rimasco
Fobello
Rimella
Sambughetto
Forno
Campello Monti
Parco dell'Alta Valsesia
Laveno
Cittiglio
Gemonio
Caldè
Castelveccana
Porto Valtravaglia
Arcumeggia
Casalzuigno
Cuvio
Brinzio
Parco Campo dei Fiori
Campo dei Fiori
Lago Maggiore
Verbano-Cusio-Ossola
Varese
SCHWEIZ · SUISSE · SVIZZERA
Bellinzona

69

70

71

72

73

SCHWEIZ · SUISSE · SVIZZERA
Disentis/Mustér
Chur
Rheinwaldhorn
San-Bernardino-Pass
Passo del San Bernardino
San-Bernardino-Tunnel 6,6 km
Splügenpass
P.so dello Spluga
Biasca
Bellinzona
LOCARNO
Ascona
LUGANO
Mendrisio
Chiavenna
Menaggio
Varenna
Bellagio
Colico
Lecco
Parco delle Grigne
Valle Sta. Maria
Verzasca
Monte Tamaro
Monte Generoso
Campione d'Italia
Domodossola
Verbania
Varese
Como
Milano

Albula-Alpen
Pass dal Güglia
Julierpass
Albulapass
Pass d'Alva
La Punt-
Chamues-ch
Bever
Samedan
Muottas Muragl
Celerina/
Schlarigna
Punt Muragl
Pontresina
St. Moritz
St. Moritz-Bad
Champfèr
Silvaplana
Surlej
Sils i.Engadin/
Segl-
Maria
Piz Corvatsch
Piz Morteratsch
Diavolezza
Berninabahn
Pso. del Bernina
Piz Bernina
Piz Palü
P.zo Palù
Alp Grüm
Maloja
Malojapass
Passo del Maloja
Bregaglia
Vicosoprano
Soglio
Stampa
Castasegna
Bondo
Promontogno
Borgonovo
Marmorera
Bivio
Mulegns
Tinizong
Rona
Savognin
Avers
Cresta
Juf
Septimerpass
Livigno
Parco di
Livigno e d.
Valdidentro
Zona
Franca
Trepalle
Poschiavo
S. Carlo
Privilasco
Cologna
Prada
Le Prese
Miralago
Brusio
Campascio
Campocologno
Tirano
Villa di Tirano
Teglio
Aprica
Passo dell'Aprica
Parco del Bernina,
della Val Masino
del Disgrazia,
e della
Val Codera
Chiareggio
Chiesa in Valm.
Caspoggio
Lanzada
Torre di S.Maria
Spriana
SONDRIO
Montagna in Valt.
Poggiridenti
Ponte in Valt.
Chiuro
Tresivio
Triangia
Castione Andevenno
Postalesio
Berbenno di Valt.
Ardenno
Buglio in Monte
Masino
Cataeggio
S.Martino
Dazio
Caspano
Talamona
Morbegno
Traona
Mantello
Cosio Valtellino
Rogolo
Cercino
Mello
Civo
Albosaggia
Moia
Faedo Valtellino
Piateda
Caiolo
Fusine
Cedrasco
Colorina
Campo
Tartano
Albaredo per S.Marco
Bema
Rasura
Pedesina
Gerola Alta
Fenile
Ca S.Marco
Parco
delle
Orobie Valtellinesi
Foppolo
Valleve
Carona
Branzi
Mezzoldo
Piazzatorre
Olmo al Brembo
Cusio
Averara
Santa Brigida
Cassiglio
Valtorta
Ornica
Piazza Brembana
Lenna
Valnegra
Moio de' Calvi
Roncobello
Isola di Fondra
Trabuchello
Orobie
Bergamasche
Valgoglio
Gromo
Valbondione
Lizzola
Fiumenero
Gandellino
Ardesio
Villa d'Ogna
Clusone
Rovetta
Onore
Castione d.Presolana
Dorga
Bratto
Vilminore di Scalve
Schilpario
Azzone
Colere
Dezzo
Teveno
Barzesto
Nona
Angolo Terme
Boario Terme
Darfo
Gorzone
Montecchio
Zambla
Oltre il Colle
Serina
Dossena
S.Pellegrino
S.Giovanni Bianco
Camerata Cornello
Olda
Taleggio
Vedeseta
Peghera
Sottochiesa
Avolasio
Brumano
Ponte Nossa
Premolo
Gorno
Oneta
Parre
Ponte Selva
Fino del Monte
Songavazzo
Cerete
Valcanale
Ludrigno
Piario
Oltressenda Alta
Nasolino
Mollo
Piz Ot
Piz Nair
Piz Julier
Piz Languard
Piz Lagalb
Monte Cotschen
Forcola di Livigno
La Rösa
Salva
Angeli Custodi
Sassalb
M.Disgrazia
M.Sissone
P.zo Badile
Sciora
Pizzo Scalino
Vetta di Ron
M.Combolo
P.zo Coca
P.zo Redorta
P.zo d.Diavolo
M.Gleno
M.Venerocolo
P.zo Camino
M.Ferrante
P.della Presolana
M.Alben
M.Pegherolo
M.Cabianca
M.Spondone
M.Secco
M.Cornet
M.Vigna Soliva

0 1 2 4 6 8 10 km
0 1 2 4 6 miles

Lf
Ma
Merano/Meran
Mb
29
Mc
Bressanone/Brixen
Vipiteno/Sterzing
Md
69
70
71
72
73
Canazei
Feltre
Bassano del Grappa
50
Verona
Verona Verona
BOLZANO
BOZEN
TRENTO
Rovereto
Mezzolombardo
Cavalese
Predazzo
Asiago
Borgo Valsugana
Pergine Valsugana
Levico Terme
Caldaro s.str.d.Vino
Kaltern
Egna
Neumarkt
Ora/Auer
Laives/Leifers
Appiano s.str.d.Vino
Eppan
Salorno
Salurn
Cles
Molveno
Andalo
Lavis
Folgaria
Parco Monte Corno
Parco Naturale Sciliar-Catinaccio
Catena dei Lagorai
Sette Comuni
Val di Fiemme

69
70
71
72
73
Bolzano/Bozen
Ora/Auer
Trento
Ortisei St.Ulrich in G.
Urtijëi
St.Jakob
S.Cristina V.
St.Christina in G.
Selva di V.G.
Wolkenstein in Gr.
Sëlva
Parco Puez - Odle
La Villa Stern
Colfosco Kolfuschg
Costadedoi
S.Cassiano St.Kassian
La Varella
Parco Fànes - Sennes - Braies
Parco Dolomiti d'Ampezzo
Misurina
Gr.po d.Cadini
Corvara in Badia Corvara
Alpe di Siusi
Seiser Alm
Bellavista
Plan
Miramonti
P.so di Gardena
Grödner Joch
Gruppo del Sella
Sellagruppe
Pralongià
P.so di Valparola
Dolomitenstraße
Castello Andraz
Tofana di mezzo
Cortina d'Ampezzo (Anpezo)
Tondi di Faloria
Rif. Vandelli
Federavecchia
C.S.Marco
Stabin
Sorapis
Acquabona
Zuel
Campo
Pocol
Chiave
Alverà
Parco
Rif. Bolzano Schlernhaus
Bad Ratzes
Sasso Lungo Langkofel
P.so di Sella Sellajoch
Col Rodella
Piz Boè
P.so Pordoi
Arabba
Varda
Cherz
Corte
Col di Lana
P.so di Campolongo
P.so di Falzarego
Nuvolau
Rif. Nuvolau
Cernadoi
Andraz
Rif. Palmieri
P.so di Giau
Gruppo delle
Cima Bel Pra
M.go Pian d'Oten
d. Sciliar
Catinaccio
Catinaccio di Antermoia Kesselkogel
Rif. Antermoia
Campitello di Fassa
Fontanazzo
Campestrin
Canazei
Gries
Rif. Belvedere
Livinallongo del Col di Lana
La Mesola
Pieve di Livinallongo
Larzonei
Colle Pian
Selva di Cadore
Chiapuzza
S.Vito di Cadore
Rif. S.Marco
Rif. Galassi
Resinego
Serdes
Borca di Cadore
M.Antelao
Tab.Fabione
P.so Nigra
Nigerpass
Mazzin
Alba
Penia
Rif. Gardeccia
Rif. Castiglioni
Rif. Pian Fiacconi
P.so di Fedaia
Lago di Fedaia
Digonera
Val Soppera
Sta.Lucia
Toffol
Pescul
Rif. Città di Fiume
M.Pelmo
Villanova
Vodo Cadore
Corte
Cancia
Vinigo
Venas di Cadore
Rif. Fronza
Monzon
Vigo di Fassa
Rif. Ciampedie
Brunec
Marmolada
Gh.io d. Marmolada
Rocca Pietore
Palue
M.ga Ciapela
Rif. Contrin
Caprile
Pietore
M.Fernazza
F.lla Staulanza
Rif. Venezia
M.Penna
L. di Vodo
H.Tscheiner
Carezza al Lago
Pozza di Fassa
V.di S.Nicolò
Costabella
Sasso di Valfredda
Rif. Fuciade
M.ga Monzoni
C.me d.Auta
Sasso Bianco
Lago d'Alleghe
Saviner
Alleghe
Ronch
Pecol
Mareson
Zoppè di Cadore
Rif. G.Talamini
Latemar
P.so di Costalunga
Karerpass
Soraga
Vallaccia
Rif. Taramelli
P.so di S.Pellegrino
Rif. Flora Alpina
Vallada Ag.
Andrich
S.Tomaso Agordino
Avoscan
M.Civetta
Rif. Torrani
Fusine
Brusadaz
M.Rite
Pianezze
Cibiana
Moena
Fango
Zoldo Alto
Bragarezza
Astragal
Forno di Zoldo
P.so Cibiana
Sassolungo di Cibiana
Forno
Latemar-H.
Rif. Torre di Pisa
Ronchi
Valle di San Pellegrino
C.ma Bocche
M.Pradazzo
Falcade
Caviola
Valle del Biois
Canale d'Agordo
Cencenighe Ag.
M.Alto di Pelsa
Rif. Vazzoler
M.Moiazza
Chiesa
Sasso di Bosconero
Parco
Viezzena
P.so di Lusia
P.so di Valles
M.Palmina
C.ma di Pape
Pale di S.Lucano
Listolade
P.so Duran
Rif. Carestiato
Rif. S.Sebastiano
M.Tamer
M.Belvedere
Predazzo
Bellamonte
Paneveggio
M.ga Venegiotta
Gares
Col di Pra
Taibon Agord.
Toccol
Agordo
La Valle Agordina
M.ga Caileda
C.ma di Pramper
Rif. Sommariva
Casoni
C.ma d'Albero
Podenzoi
Longarone
Paneveggio -
L. di Forte Buso
P.so di Rolle
Cimon d.Pala
Rif. Col Verde
Baita Segantini
Rif. Mulaz
Rif. d.Rosetta
C.ma d.Rosetta
Pala di S.Martino
M.ga di Valmaggiore
C.ma di Cece
Colbricon
M.Agner
Rif. Scarpa
Voltago Agordino
Rivamonte Agord.
Frassenè
Villagrande
Parco
M.Talvena
Soffranco
Rif. Cauriol
M.Cauriol
Catena dei Lagorai
Tognola
S.Martino di Castrozza
F.lla Aurine
Rif. Treviso
Rif. Pradidali
Tiser
F.lla Franche
Piz di Mezzodì
La Muda
Nazionale
M.Schiara
Rif. VII Alpini
Rif. Angelo Bristol
Fortogna
Rif. Refavaie
Masi di Tognola
Pale di
S. Martino
Alpe Tognola
C.ma Scanaiol
C.mad'Olto
Gosaldo
Mis
Titele
M.ti del Sole
La Stanga
M.Alto
Pala Alta
M.Serva
Pian di Vedoia
Cima d'Asta
L. d. Bus
Caoria di dentro
C.ma Folga
Rif. Cant.d.Gal
Villa Welsperg
Sagron
Siror
Tonadico
Transacqua
Fiera di Primiero
P.so di Cereda
Sass de Mura
M.Agnellezze
delle
Gena
Canale del Mis
Pascoli
Gioz
Ponte nelle Alpi
Rif.O.Brentari
L. d. Cima d'Asta
Prade
Canal S.Bovo
Gobbera
Imer
Mezzano
Dolomiti
L. di Mis
Certosa di Vedana
Mas
Sala
Cavarzano
Cugnan
Libano
Belluno
C.ma Orena
Ronco Chiesa
Val Noana
M.Pizzocco
Sospirolo
Gron
Vignole
Bes
BELLUNO
Castion
Caleipo
M.Ramezza
M.Tre Pietre
Paderno
Oregne
Sedico
Visome
Faverga
Malene
M.Agaro
P.so d.Brocon
M.Pavione
Monte Croce
Bellunesi
M.S.Mauro
S.Gregorio n.Alpi
Cergnai
Meano
Bribano
S.Fermo
Salce
Cesa
Dussoi
Polentes
Col
Pieve Tesino
M.Coppolo
Valnuvola
Castello Tesino
Rif. Dal Piaz
Sovramonte
Zorzoi
Cesiomaggiore
Can
Lasen
Toschian
Formegan
Campo
S.Giustina
Farra
Frontin
Trichiana
Tassei
Valmorel
Rif. Col Visentin
Col Visentin
Cinte Tesino
Villaggio S.A.T.
S.Donato
Servo
Aune
Salzen
Pren
Pullir
Villabruna
Pez
Campo S.Pietro
Mel
Pellegai
Carve
Pranolz
Rif. Bristol
Monte Mezza
Lamon
Sorriva
Rif. Belvedere
Rif. Lusa
Pedavena
Foen
Vellai
Busche
Cesana
Lentiai
Cast. di Zumelle
S.Antonio
Rosset
M.Cor
Vittorio Nord
Grotta di Bigonda
Grigno
Selva
Arina
L. d. Senaiga
Fonzaso
Feltre
C.ma di Lan
Arten
Ost.di Zelant
Ost.Praderadego
M.Cimone
Longhere
Grotta d.Calgeron
Serafini
Belvedere
Tovio
Rasai
Tomo
Cellarda
Stabie
Cordellon
Col de Moi
P.so di S.Boldo
Revine
Lago
Tezze
Barricata
S.Lorenzo
Pusterno
Arsiè
L. del Corlo
Seren del Grappa
M.Tomatico
Marziai
M.Garda
M.Crep
Valmareno
Tovena
S.Lorenzo
Fratta
Tarzo
Cozzuolo
Rendole
Enego 2000
M.Lisser
M.Roncone
Carpen
Scalon
Follina
Cison di Valm.
Solighetto
Colline del Prosecco
Vittorio Veneto Sud
Enego
Rocca
M.Cismon
Chiesa Nuova
Schievenin
Vas
Milies
M.Cesen
Mariech
Miane
Farrò
C.Franchin
Mondragon
Corbanese
M.Fior
Lambara
Frisoni
Dori
Casere
M.Fontana Secca
Col dei Boffat
Quero
Segusino
Pianezze
Combai
Campea
Pedeguarda
di Conegliano
S.Pietro di Feletto
Scomigo
Gavelle
Godenella
Cismon d.Grappa
M.Prassolan
Alano di Piave
Tegorzo
Valdobbiadene
Guietta
Valdobbiadene
Solighetto
Refrontolo
Manzana
Ogliano
Bagnolo
Campanella
Foza
Sasso Stefani
M.Grappa
Rif. Bassano
Fener
S.Vito
S.Pietro
Saccol
Follo
Col S.Martino
Fontana
Farra di Soligo
Pieve di Soligo
Strada del Prosecco
Rua
S.Maria
CONEGLIANO
Col d.Berretta
Ossano
Rivalta
S.Gaetano
Pederobba
Cavaso d.Tomba
Colbertaldo
Giussin
Mosnigo
Sernaglia d.Battaglia
Barbisano
Stoccareddo
Sasso
Valstagna
P.te S.Lorenzo
S.Andrea
Obledo
Caniezza
Bigolino
Vidor
Alnè
Moriago d.Battaglia
Fontigo
Falzè di Piave
Pare
0 1 2 4 6 8 10 km
0 1 2 4 6 miles

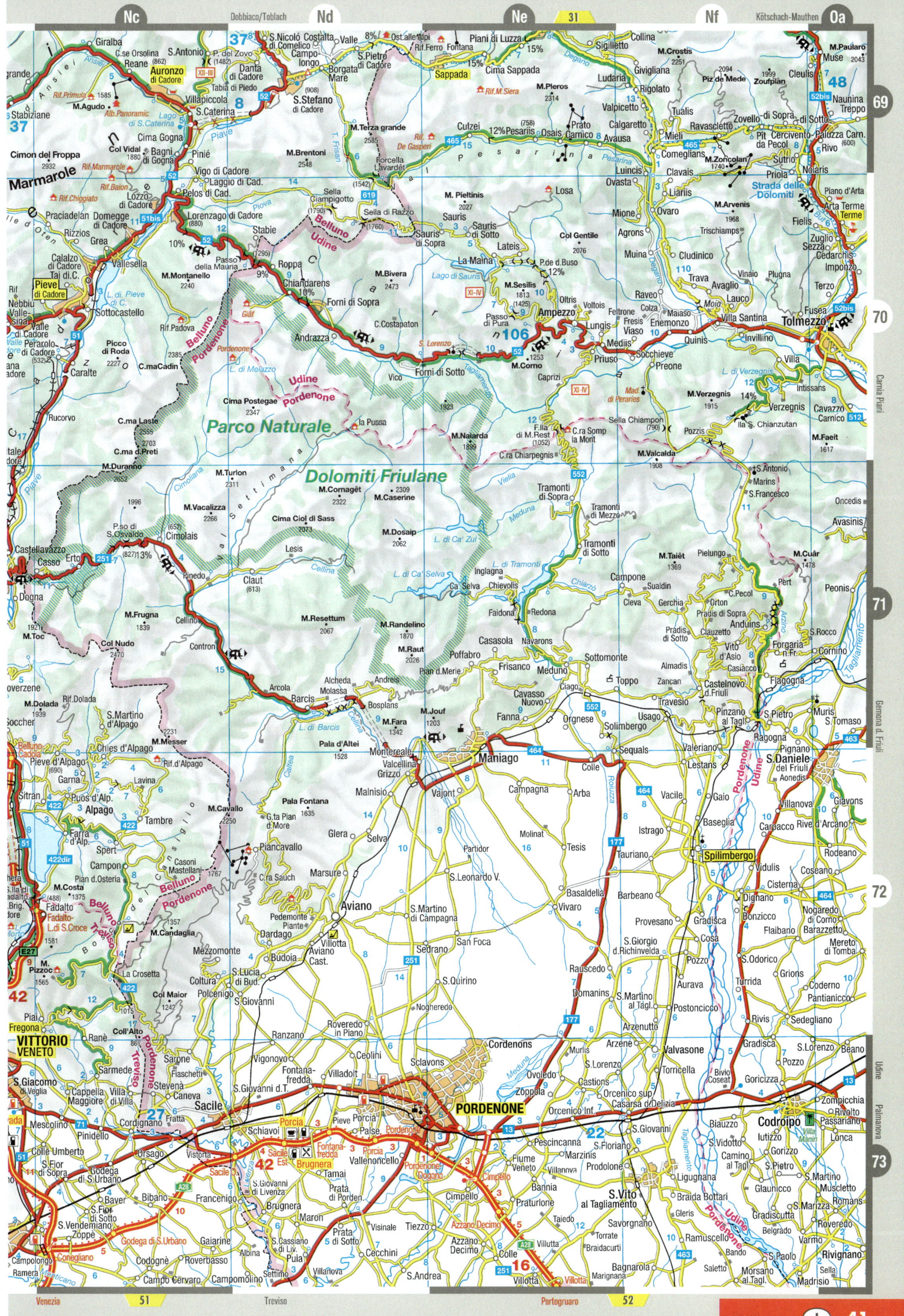
Nc
Dobbiaco/Toblach
Nd
Ne
31
Nf
Kötschach-Mauthen
Oa
69
70
71
72
73
Carnia Piani
Gemona d. Friuli
Udine
Palmanova
Auronzo di Cadore
S.Stefano di Cadore
Sappada
Cima Sappada
Marmarole
Pieve di Cadore
Lorenzago di Cadore
Forni di Sopra
Forni di Sotto
Sauris
Ampezzo
Tolmezzo
Villa Santina
Strada delle Dolomiti
Parco Naturale
Dolomiti Friulane
Cimolais
Erto
Casso
Claut
Barcis
Maniago
Spilimbergo
S.Daniele del Friuli
Aviano
Alpago
Piancavallo
VITTORIO VENETO
Sacile
PORDENONE
Cordenons
Codroipo
S.Vito al Tagliamento
Conegliano
Belluno
Udine
Pordenone
Treviso
Venezia
51
Treviso
Portogruaro
52

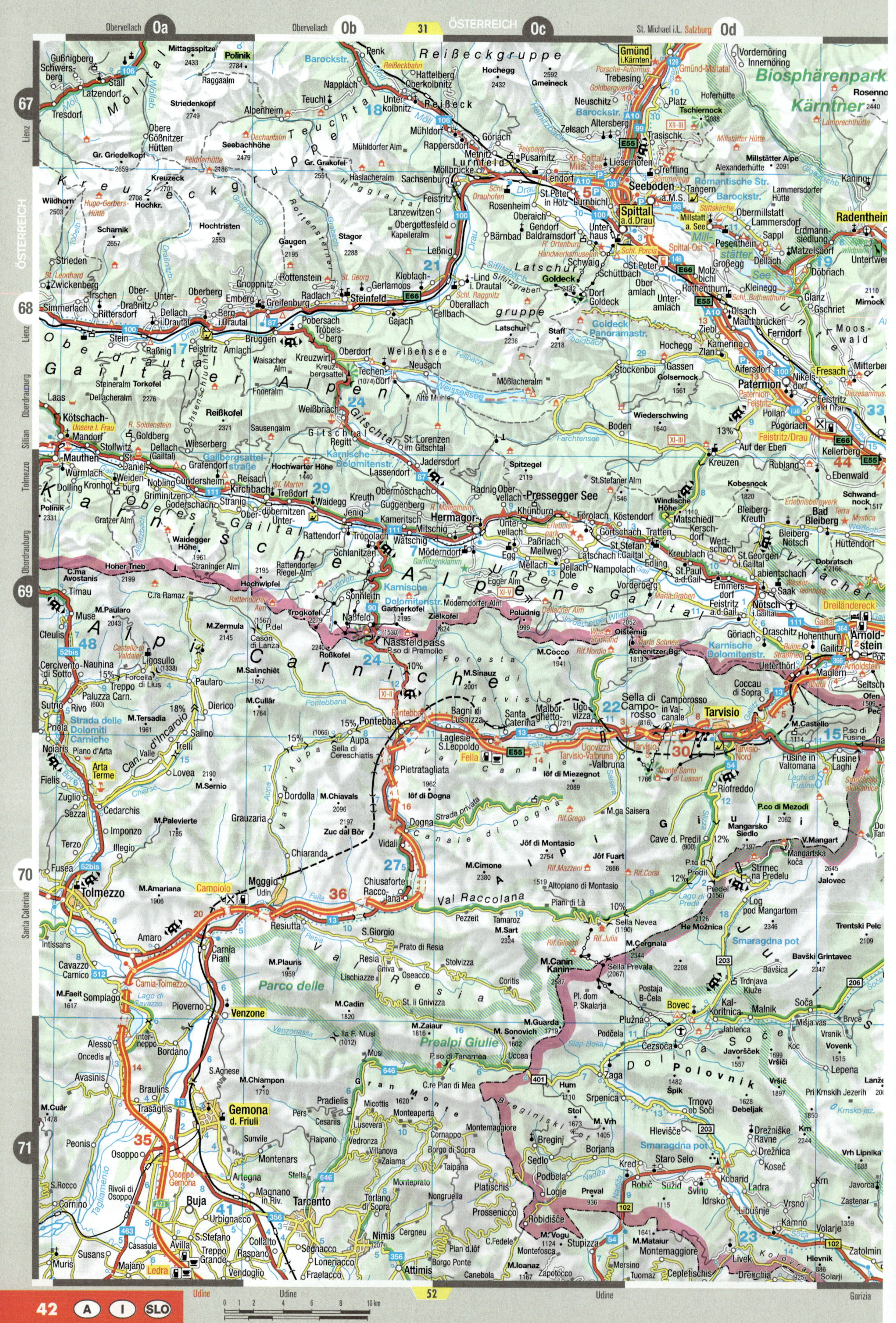
Reißeckgruppe
Biosphärenpark Kärntner Nockberge
Kreuzeckgruppe
Teuchtal
Spittal a.d.Drau
Seeboden
Millstatt a. See
Radenthein
Gmünd i.Kärnten
Steinfeld
Greifenburg
Oberdrautal
Gailtaler Alpen
Weißensee
Kötschach-Mauthen
Hermagor
Pressegger See
Karnische Alpen
Bad Bleiberg
Arnoldstein
Nassfeldpass
Alpi Carniche
Pontebba
Tarvisio
Malborghetto-Valbruna
Tolmezzo
Moggio Udinese
Chiusaforte
Venzone
Parco delle Prealpi Giulie
Gemona d. Friuli
Tarcento
Bovec
Kobarid
Alpi Giulie
Canale di Dogna
Val Raccolana
Val Resia
Dolina Soče
Lienz
Udine
Gorizia

Oe
Predlitz
Of
Pa
ÖSTERREICH
Pb
Pc
Scheifling
67
68
69
70
71
Völkermarkt
Brückl
Klagenfurt Graz
Lavamünd
SLOVENIJA
Ljubljana
Idrija
53
Nockberge
Gurktaler Alpen
Villach
Klagenfurt am Wörthersee
Feldkirchen in Kärnten
St. Veit a.d. Glan
Straßburg
Frauenstein
Maria Saal
Velden a.W.
Pörtschach a.W.
Maria Wörth
Krumpendorf
Ebenthal in Kärnten
Ferlach
Finkenstein
Maria Gail
Wernberg
Moosburg
Techelsbg.
Kötschach
Bad Kleinkirchheim
Karawanken
Karawanken-tunnel 7865m
Kranjska Gora
Jesenice
Bled
Radovljica
Kranj
Tolmin
Triglav
Triglavski Narodni Park
Pokljuka
Jelovica
Mežakla
Kamniško-Savinjske Alpe
Košuta
Loiblpass (1367)
Wurzenpass (1073)
Zell-Pfarre
Šenčur
Zlatorogova pot

Hb
Hc
Hd
He
33
34
73
74
75
76
77
Martigny
SUISSE
Tunnel, 5,8km
Colle d. Gran S.Bernardo
Col du G.d.St. Bernard
St. Rhémy-en-Bosses
Saint-Rhémy-en-Bosses
St. Oyen
Etroubles
Doues
Valpelline
Ollomont
Oyace
Bionaz
Valpelline
B.ca. di Luseney
B.ca. del Merlo
C.ma Bianca
Valtournenche
Valtournenche
Chamois
Breuil-Cervinia
Torgnon
Antey-St. André
La Magdeleine
Antagnod
Ayas
Champoluc
Gressoney-la-Trinité
Gressoney-St. Jean
Brusson
Val d'Ayas
Pennine
Alpi
Aosta
Valle d'Aosta
AOSTA
AOSTE
Gignod
Roisan
Quart
Nus
Fénis
Châtillon
St. Vincent
Saint Vincent-Châtillon
Pontey
Ussel
Montjovet
Verrès
Issogne
Arnad
Bard
Donnas
Pont-St-Martin
Champorcher
Parco d. Mont Avic
Chambave
St.Denis
St. Christophe
St. Marcel
Brissogne
Pollein
Charvensod
Gressan
Jovençan
Aymavilles
Sarre
St. Pierre
St. Nicolas
Villeneuve
Introd
Arvier
Rhêmes St. Georges
Pila
Cogne
Valsavarenche
Val di Cogne
Parco Nazionale del Gran Paradiso
Gran Paradiso
Picc.Paradiso
Punta della Valletta
M.Grauson
Punta Tersiva
Penne Blanche
Punta Nera
Aosta
Torino
Valprato Soana
Ronco Canavese
Locana
Ceresole Reale
Noasca
Sparone
Pont Canavese
Cuorgnè
Castellamonte
Ivrea
Borgofranco d'Ivrea
Settimo Vittone
Quincinetto
Carema
Tavagnasco
Quassolo
Lessolo
Fiorano Can.
Banchette
Strambinello
Rueglio
Vistrorio
Colleretto Giacosa
Baldissero Canavese
Torre Canavese
Bairo
Agliè
Cuceglio
San Colombano Belmonte
Valperga
Salassa
Oglianico
Ozegna
Rivarolo Canavese
Favria
Busano
Rivara
Forno Canavese
Levone
Barbania
Front
Feletto
Lusigliè
S.Giorgio Canavese
Montalenghe
Bosconero
Foglizzo
Rivarossa
Lombardore
S.Benigno Canavese
Montanaro
Volpiano
Leinì
Caselle Torinese
S.Maurizio Canavese
S.Francesco al Campo
Cirié
Nole
Grosso
Mathi
Villanova Canavese
Balangero
Lanzo Torinese
Germagnano
Cafasse
Monastero di Lanzo
Coassolo Torinese
Ceres
Ala di Stura
Mondrone
Balme
Chialamberto
Cantoira
Groscavallo
Forno Alpi Graie
Val Grande
Mezzenile
Pessinetto
Traves
Viù
Lemie
Usseglio
Val di Viù
Alpi Graie
Corio
Rocca Canavese
Vauda Canavese
Fiano
Varisella
Vallo Torinese
Robassomero
Parco La Mandria
Givoletto
La Cassa
Aeroporto Torino-Caselle
Brandizzo
Volpiano-Chivasso Ovest
Chivasso
Cimena
Torino
FRANCE
Chamonix-Mont-Blanc
Pré- St. Didier
147
58
44
F
CH
I
km
miles

Gravellona Toce
Alagna Valsesia
Rima
M.Tagliaferro
S.Giuseppe
Rimasco
Cervatto
C.ma Turrio
Ferrera
Sabbia
Cervarolo
Cravagliana
Quarna Sopra
Quarna Sotto
Omegna
Mottarone
Stresa
Baveno
Vezzo
Gignese
Carpugnino
Brolo
Nonio
Cesara
Agrano
Armeno
Coiromonte
Brovello
Belgirate
Lesa
Massino Visconti
Solcio
Meina
Angera
Arona
Mercurago
Dormelletto
Castelletto Ticino
Revislate
Borgo Ticino
Agrate
Bogogno
Conturbia
Divignano
Crabbia
Pettenasco
Orta S.Giulio
I.S.Giulio
Pella
Arola
Madonna d. Sasso
Boleto
Grassona
Miasino
Ameno
Colazza
Tapigliano
Nebbiuno
Pisano
Ghevio
Montrigiasco
Paruzzaro
Oleggio Castello
Comignago
Gattico
Veruno
Maggiate
Superiore
Inferiore
Borgomanero
Cureggio
Marzalesco
Agogna
Cressa
Fontaneto d'Agogna
Cacciana
Suno
Baraggia
Mezzomerico
Vaprio d'Agogna
Castelletto
Momo
Agnellengo
Alzate
Bolzano Novarese
Invorio
Briga Novarese
Gozzano
Soriso
Gargallo
Pogno
S.Maurizio d'Opaglio
Berzonno
Sazza
Lagna
Valpiana
Valduggia
Soliva
Castagnola
Maggiora
Boca
Cavallirio
Prato Sesia
Romagnano Sesia
Grignasco
Isella
Sagliaschi
Parco d. Monte Fenera
Borgosesia
Bettole
Quarona
Cellio
Zuccaro
Tairano
Plello
Caneto
Doccio
Breia
Foresto Sesia
Isolella
Agnona
Roncole
Postua
Guardabosone
Ailoche
Caprile
Crevacuore
Serravalle Sesia
Varallo
Sacro Monte
Civiasco
Crevola Sesia
Parone
Locarno
Roccapietra
Cavaglia
La Colma
Valmaggia
Morondo
Vocca
Isola
M. Novesso
Camasco
C.ma Lavaggio
Cunaccia
Fervento
Rossa
Boccioleto
Balmuccia
Scopetta
Muro
Scopa
Salterana
Mollia
Campertogno
Piode
Pila
Scopello
Cast.di Gavala
Riva Valdobbia
S.Antonio
Isolello
Boccorio
Pianmisura
Weng
Pedemonte
C.ma Carnera
C.ma Saionchè
Peccia
M.Palanca
Corno Rosso
P.ta Vasnera
Dughera
Rassa
C.ma delle Balme
Rif. Borgosesia
A.di Mera
Testone dei Tre Alpi
Cima d'Ometto
M.Barone
M.Gemevola
M.Cossarello
M.Tre Vescovi
Cima di Bo
A.Lavaggi
C.ma dell'Asnas
C.ma di Foggia
A.Calcinone
P.ta Caparelle
Piedicavallo
M.Cresto
Rosazza
Campiglia Cervo
Quittengo
Monte Camino
San Paolo Cervo
Bielmonte
Pistolesa
Bulliana
Trivero
Pratrivero
Coggiola
Pray
Azoglio
Masseranga
Monte Tovo
Santuario San Giovanni
Oropa
Santuario di Oropa
Camandona
Callabiana
Veglio
Mosso
Mosso S.Maria
Ponzone
Soprana
Sostegno
Monte Frascheia
Curino
Roasio
Villa del Bosco
Lozzolo
Santa Maria
San Giorgio
Forte
San Maurizio
Brusnengo
Masserano
Gattinara
Lenta
Ghemme
Sizzano
Barengo
Cavaglio d'Agogna
Cavaglietto
Tavigliano
Selve Marcone
Pettinengo
Valle Mosso
Portula
Bioglio
Valle San Nicola
Strona
Crosa
Vallanzengo
Mezzana Mortigliengo
Casapinta
Sagliano Micca
Andorno Micca
Miagliano
Zumaglia
Piatto
Ternengo
Ronco
Quaregna
Lessona
Aglietti
Pralungo
Tollegno
Pavignano
Pollone
Ronco Biellese
Valdengo
Cerreto Castello
Chiavazza
Vigliano Biellese
Cossato
Rolino
la Pavona
Colma di Mombarone
Sordevolo
San Grato
Santuario
Muzzano
Graglia
Occhieppo
inferiore
Camburzano
Bossola
Moschetta
Netro
Donato
BIELLA
Candelo
Savagnasco
San Giacomo
Ponderano
Gaglianico
Mongrando
Sandigliano
Frascheo
Benna
Castellengo
Stazione di Masserano
Rovasenda
Ghislarengo
Carpignano Sesia
Sillavengo
Castellazzo Novarese
Fara Novarese
Briona
Fornaci
Solarolo
Mirasole
Sologno
Morghengo
San Bernardino
Caltignaga
Cesto
Sala Biellese
Torrazzo
Burolo
Bollengo
Borriana
Zanga
Verrone
Zubiena
Parco Ris.Nat. la Bessa
Massazza
Mottalciata
Gifflenga
Castelletto Cervo
Buronzo
San Giacomo Vercellese
Arborio
Landiona
Mandello Vitta
Casaleggio Novara
Nibbia
Vicolungo
Villanova Biellese
Magnonevolo
Cerrione
Piletta
Magnano
Palazzo Canavese
Cascinette d'Ivrea
IVREA
Torre Balfredo
Albiano d'Ivrea
Zimone
Castello Mongivetto
Salussola
San Secondo
Arro
San Damiano
Carisio
Balocco
Bastia
San Marco
Villarboit
Greggio
Recetto
Biandrate
Casalbeltrame
Mosezzo
Novara Ovest
San Pietro Mosezzo
NOVARA
Casalgiate
Gionzana
Marangana
Azeglio
Anzasco
Lago di Viverone
Viverone
Roppolo
Dorzano
Lido
Brianco
Masseria
Morzano
Cavaglià
Formigliana
Albano Vercellese
San Nazzaro Sesia
Fisrengo
Pisnengo
Ponzana
Lumellogno
Pagliate
Cameriano
Monticello
Tina
Caravino
Settimo Rottaro
Avetta
Cossano Canavese
Masino
Vestignè
Strambino
Crotte
Cerone
Nebbione
Carisio
Vettignè
Busonengo
Casanova Elvo
Collobiano
Oldenico
Villata
Casalvolone
Orfengo
Santhià
Alice Castello
Borgomasino
Maglione
Borgo d'Ale
Cavour
Tronzano Vercellese
Robarello
Strella
Quinto Vercellese
Olcenengo
Caresanablot
Borgo Vercelli
Vercelli Est
Casalino
Granozzo
Confienza
Carrone
Pratoferro
Vische
Candia Canavese
Lago di Candia
Moncrivello
San Germano Vercellese
Pettiva
Salasco
Selve
VERCELLI
rom. Vercellae
Cattedrale
Torrione
Rossignolo
Pernasca
Vinzaglio
Caluso
Villareggia
Cigliano
Bianzè
Carpeneto
Crova
Sali Vercellese
Larizzate
Cappuccini
Sesia
Palestro
Robbio
Mazzè
Arè
Tonengo
Livorno Ferraris
Oschiena
Casalrosso
Vercelli-Ovest
Carengo
Prarolo
Rivoltella
Vallo
Casa Barbera
Veneria
Lignana
Lachelle
Desana
Asigliano Vercellese
Pezzana
Rinvenimenti romani
Rosasco
Rondissone
Mandria
Boschetto
Gerbidi
San Antonino
Canale Cavour
Castelmerlino
Leri
Darola
Ronsecco
Costanzana
Le Risaie
Stroppiana
Saluggia
Castell'Apertole
Lucedio
Bosco d. Partecipanza
Tricerro
Pertengo
Saletta
Carcsana
Langosco
San Paolo
Chivasso Est
Casabianca
Borgoregio
Torrazza Piemonte
Lamporo
San Genuario
Montarolo
Ramezzana
Robella
Rive
Betlemme
Castelrosso
Cerrone
Campagna
Crescentino
Fontanetto Po
Palazzolo Vercellese
Trino
Rigomagus
Torrione
Villanova Monferrato
Motta de'Conti
Mantie
Terrasa
Chivasso
Verolengo
Borgo Revel
Galli
Caravini
Po
Rinvenimenti romani
Balzola
Casale M. Nord
Candia Lomellina
Castagneto Po
Verrua Savoia
Brusaschetto
Camino
Morano sul Po
Popolo
Terranova
Vercelli Alessandria
Vercelli Pavia
Vercelli Torino
Novara Pavia
Novara Varese
Aosta Biella
Vercelli Aosta
Milano
Oleggio
Mortara
Lago Maggiore
73
74
75
76
77

73
74
75
76
77
Lago Maggiore
Lago di Como
Parco Campo dei Fiori
Campo dei Fiori
Mendrisio
Chiasso
Cernobbio
COMO
Erba
VARESE
Arona
Angera
Sesto Calende
Tradate
Cantù
Mariano Comense
Carate Brianza
Somma Lombardo
GALLARATE
Cassano Magnago
Saronno
Seregno
Cesano Maderno
Desio
Lissone
Meda
BUSTO ARSIZIO
LEGNANO
Parabiago
Limbiate
Garbagnate Milanese
Paderno Dugnano
Cinisello Balsamo
Sesto San Giovanni
Bollate
Bresso
RHO
Pero
MILANO
Magenta
Corbetta
Cesano Boscone
Corsico
Buccinasco
Rozzano
Galliate
Trecate
NOVARA
Oleggio
Cameri
Abbiategrasso
VIGEVANO
Mortara
Binasco
PAVIA
Parco del Ticino
Ticino
Vercelli
Casale Monferrato
Valle Lomellina
Tortona
Voghera
60

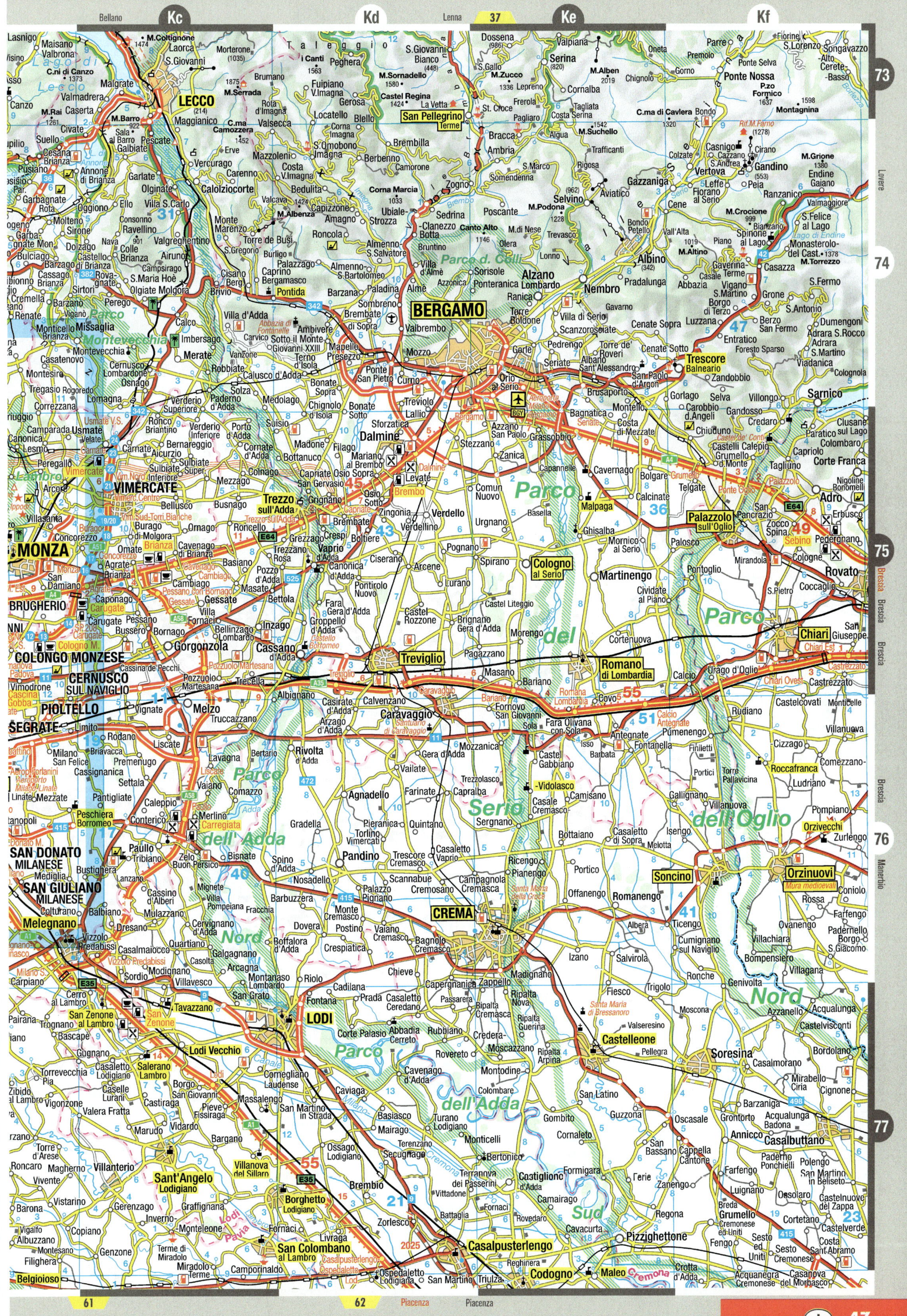
73
74
75
76
77
Lovere
Brescia
Manerbio
Lasnigo
Maisano
Valbrona
Lecco
Malgrate
Valmadrera
LECCO
Maggianico
Calolziocorte
Vercurago
Olginate
Oggiono
Molteno
Sirone
Dolzago
Valgreghentino
Airuno
Olgiate Molgora
Brivio
Calco
Imbersago
Merate
Robbiate
Paderno d'Adda
Verderio Superiore
Montevecchia
Missaglia
Casatenovo
Monticello Brianza
Parco
Lomagna
Osnago
Cernusco Lombardone
Correzzana
Usmate Velate
Carnate
Ronco Briantino
Bernareggio
Aicurzio
Sulbiate
VIMERCATE
Arcore
Villasanta
Concorezzo
MONZA
Agrate Brianza
Omate
Burago di Molgora
Cavenago di Brianza
Ornago
Basiano
Trezzo sull'Adda
Grezzago
Vaprio d'Adda
Canonica d'Adda
Pozzo d'Adda
Masate
Cambiago
Gessate
Caponago
Carugate
Pessano
Bussero
Bellinzago Lombardo
Inzago
Cassano d'Adda
Gorgonzola
BRUGHERIO
COLOGNO MONZESE
CERNUSCO SUL NAVIGLIO
Cassina de Pecchi
Pozzuolo Martesana
Truccazzano
Melzo
Vignate
PIOLTELLO
SEGRATE
Vimodrone
Liscate
Rodano
Pantigliate
Settala
Comazzo
Merlino
Paullo
Zelo Buon Persico
Peschiera Borromeo
SAN DONATO MILANESE
SAN GIULIANO MILANESE
Melegnano
Mediglia
Tribiano
Mulazzano
Dresano
Cervignano d'Adda
Galgagnano
Boffalora d'Adda
Montanaso Lombardo
Tavazzano
San Zenone al Lambro
LODI
Lodi Vecchio
Salerano al Lambro
Casaletto Lodigiano
Borgo San Giovanni
Massalengo
Cornegliano Laudense
Sant'Angelo Lodigiano
Villanterio
Villanova del Sillaro
Borghetto Lodigiano
San Colombano al Lambro
Graffignana
Belgioioso
Chignolo
BERGAMO
Seriate
Orio al Serio
Dalmine
Stezzano
Zanica
Treviolo
Curno
Ponte San Pietro
Bonate Sopra
Bonate Sotto
Brembate
Capriate San Gervasio
Osio Sotto
Verdello
Verdellino
Levate
Boltiere
Ciserano
Arcene
Pontirolo Nuovo
Fara Gera d'Adda
Treviglio
Caravaggio
Calvenzano
Casirate d'Adda
Arzago d'Adda
Rivolta d'Adda
Agnadello
Vailate
Pandino
Spino d'Adda
Crema
Bagnolo Cremasco
Castelleone
Soresina
Soncino
Orzinuovi
Romanengo
Offanengo
Casalbuttano
Pizzighettone
Codogno
Maleo
Casalpusterlengo
Castiglione d'Adda
Bertonico
Montodine
Pandino
Romano di Lombardia
Covo
Antegnate
Calcio
Chiari
Rovato
Palazzolo sull'Oglio
Sarnico
Grumello del Monte
Trescore Balneario
Albino
Nembro
Alzano Lombardo
Ranica
Villa d'Almè
Almenno San Salvatore
Zogno
San Pellegrino Terme
Sedrina
Gazzaniga
Vertova
Cene
Gandino
Martinengo
Cologno al Serio
Urgnano
Spirano
Ghisalba
Malpaga
Cortenuova
Morengo
Pagazzano
Brignano Gera d'Adda
Mozzanica
Fornovo San Giovanni
Camisano
Vidolasco
Sergnano
Ricengo
Trigolo
Fiesco
Salvirola
Ticengo
Villachiara
Rudiano
Castelcovati
Roccafranca
Pompiano
Parco
Adda
Serio
dell'Oglio
Nord
Sud
61
62
Piacenza

Kf
37
La
Edolo
Lb
Lc
38
Ld
Trento
73
74
75
76
77
Bergamo
Crema
Milano
Melzo
Lovere
Pisogne
Darfo-
Artogne
Pian Camuno
Iseo
Sarnico
Bagolino
Storo
Idro
Vestone
Gardone
Val Trompia
Lumezzane
Sale
Marasino
Marone
Vobarno
Salò
Gardone
Riviera
Toscolano-
Maderno
Gargnano
d.Alto Garda
Bresciano
Parco
Lago d'Idro
Lago d'Iseo
Adro
Rovato
Ospitaletto
Travagliato
Gussago
BRESCIA
Rezzato
Gavardo
Mazzano
Lonato
del Garda
DESENZANO
DEL GARDA
Sirmione
Manerba
d.Garda
Padenghe
sul Garda
Calcinato
Montichiari
Ghedi
Castiglione
d. Stiviere
Solferino
Medole
Leno
Manerbio
Bagnolo
Mella
Orzivecchi
Chiari
Quinzano
d'Oglio
Verolanuova
Pontevico
Casalbuttano
Asola
Carpenedolo
Remedello
Volta
Mantovana
Guidizzolo
Castel
Goffredo
Parco
dell'Oglio
Nord
Sud
Monte Isola
Cremona
Piadena
62

Le
Trento
Lf
Trento Trento
Ma
39
Mb
Mc
73
74
75
76
77
Rovereto
Riva del Garda
Limone sul Garda
Malcesine
Recoaro Terme
SCHIO
VALDAGNO
ARZIGNANO
Montecchio Maggiore
VERONA
Peschiera del Garda
Garda
Bardolino
Lazise
Valeggio sul Mincio
VILLAFRANCA DI VERONA
Soave
S.Bonifacio
Lonigo
LEGNAGO
MANTOVA
Bosco Chiesanuova
Giazza
Bolca
Parco d. Lessinia
Lago di Garda
Monte Baldo
Thiene
Vicenza
Padova
Ostiglia
Modena
63
64

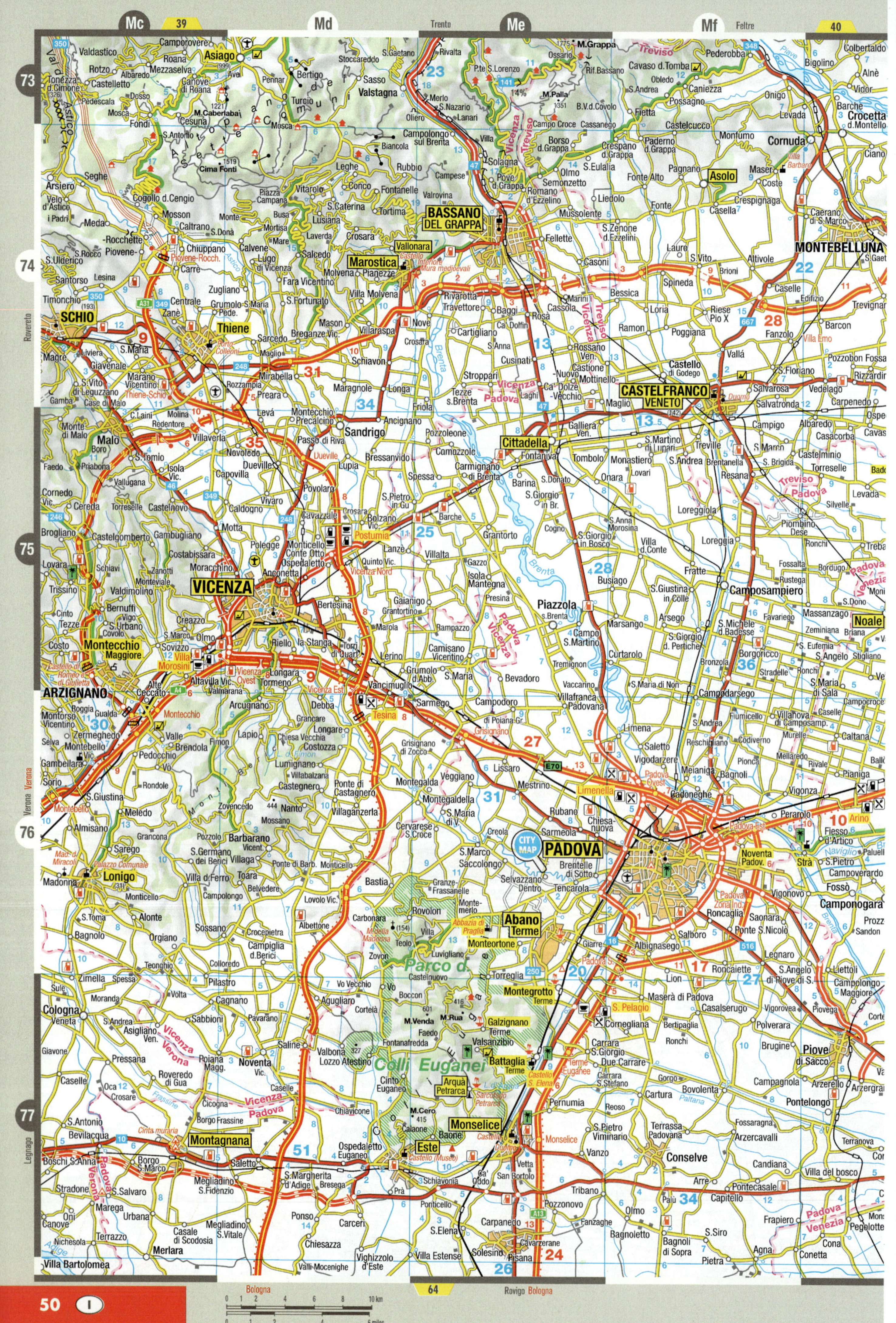
Mc
39
Md
Trento
Me
Mf
Feltre
40
73
74
75
76
77
Rovereto
Verona
Legnago
Asiago
Valdastico
Stoccareddo
Valstagna
Schio
Thiene
Bassano del Grappa
Marostica
Asolo
Montebelluna
Cornuda
Crocetta d.Montello
Castelfranco Veneto
Cittadella
Sandrigo
Vicenza
Montecchio Maggiore
Arzignano
Malo
Piazzola
Camposampiero
Noale
Padova
Abano Terme
Montegrotto Terme
Battaglia Terme
Monselice
Este
Montagnana
Lonigo
Cologna Veneta
Noventa Vic.
Conselve
Piove di Sacco
Camponogara
Stra
Colli Euganei
Parco d.
Treviso
Vicenza
Vicenza Padova
Treviso Padova
Padova Venezia
Vicenza Verona
Padova Rovigo
M.Grappa
Cima Fonti
Cima Dodici
Bologna
64
Rovigo
Bologna
0 2 4 6 8 10 km
0 1 2 4 6 miles

Na
Nb
Nc
Nd
Ne
Pordenone
Vittorio Ven.
41
73
74
75
76
77
149
Portogruaro
CONEGLIANO
Susegana
Spresiano
TREVISO
Oderzo
Motta di Livenza
San Stino di Livenza
Ceggia
Ponte di Piave
Vazzola
Fontanelle
Mansue
Colle
Villotta
Cinto Caom.
Pramaggiore
Annone Ven.
Pradipozzo
Nervesa d.Battaglia
Montello
Giavera d.Mont.
Selva d.Mont.
Arcade
Volpago d.Mont.
Povegliano
Signoressa
Villorba
Carità
Lancenigo
Maserada sul Piave
Breda di Piave
Salgareda
Campo di Pietra
Cessalto
Silea
Casier
Quinto di Treviso
Preganziol
Zero Branco
Scorzè
Martellago
MOGLIANO VENETO
Marcon
Quarto d'Altino
Meolo
Roncade
Monastier di Treviso
Fossalta di Piave
Noventa di Piave
S.DONÀ DI PIAVE
Musile di Piave
Caposile
Eraclea
Eraclea Mare
Jesolo
Cortellazzo
Porto di Cortellazzo
Lido di Jesolo
Cavallino
Treporti
Sant' Erasmo
Ca' Savio
Litorale del Cavallino
Porto di Lido
Piran
Umag
Poreč
Rovinj
Pula
Igoumenitsa, Patrá
MESTRE
Spinea
MIRANO
Salzano
Chirignago
Marghera
P.to Marghera
Campalto
S.Giuliano
Favaro Veneto
Tessera
Aeroporto Venezia-Tessera Marco Polo
TORCELLO
BURANO
MURANO
S.Michele
LIDO
VENEZIA
Fusina
MIRA
Dolo
Oriago
Malcontenta
Gambarare
San Clemente
Sacca Sessola
Poveglia
MALAMOCCO
ALBERONI
Litorale di Lido
Porto di Malamocco
S.Maria d.Mare
S.Pietro in Volta
Porto Secco
S.Antonio
Pellestrina
Litorale di Pellestrina
Ca'Roman
Porto di Chioggia
CHIOGGIA
Sottomarina
Brondolo
Porto di Brondolo
Foce del Brenta
Foce dell'Adige
Golfo di Venezia
Laguna Veneta
MARE ADRIÁTICO
Porto Viro
65
36
Codevigo
Rosara
Cambroso
Campagna Lupia
Lugo
Piove di Sacco
Cona
Cavarzere
Cantarana
Civè
Valli
Brenta dell'Abba
Conche
Porto S.Leonardo
Motta del Cornio
Casone Millecampi
Millecampi
Paluda Magg.
Lio Piccolo
Porto di Piave Vecchia
Torre di Fine
Cittanova
Stretti
Ca' Turcata
Sette Casoni
Passarella
Piave Vecchia

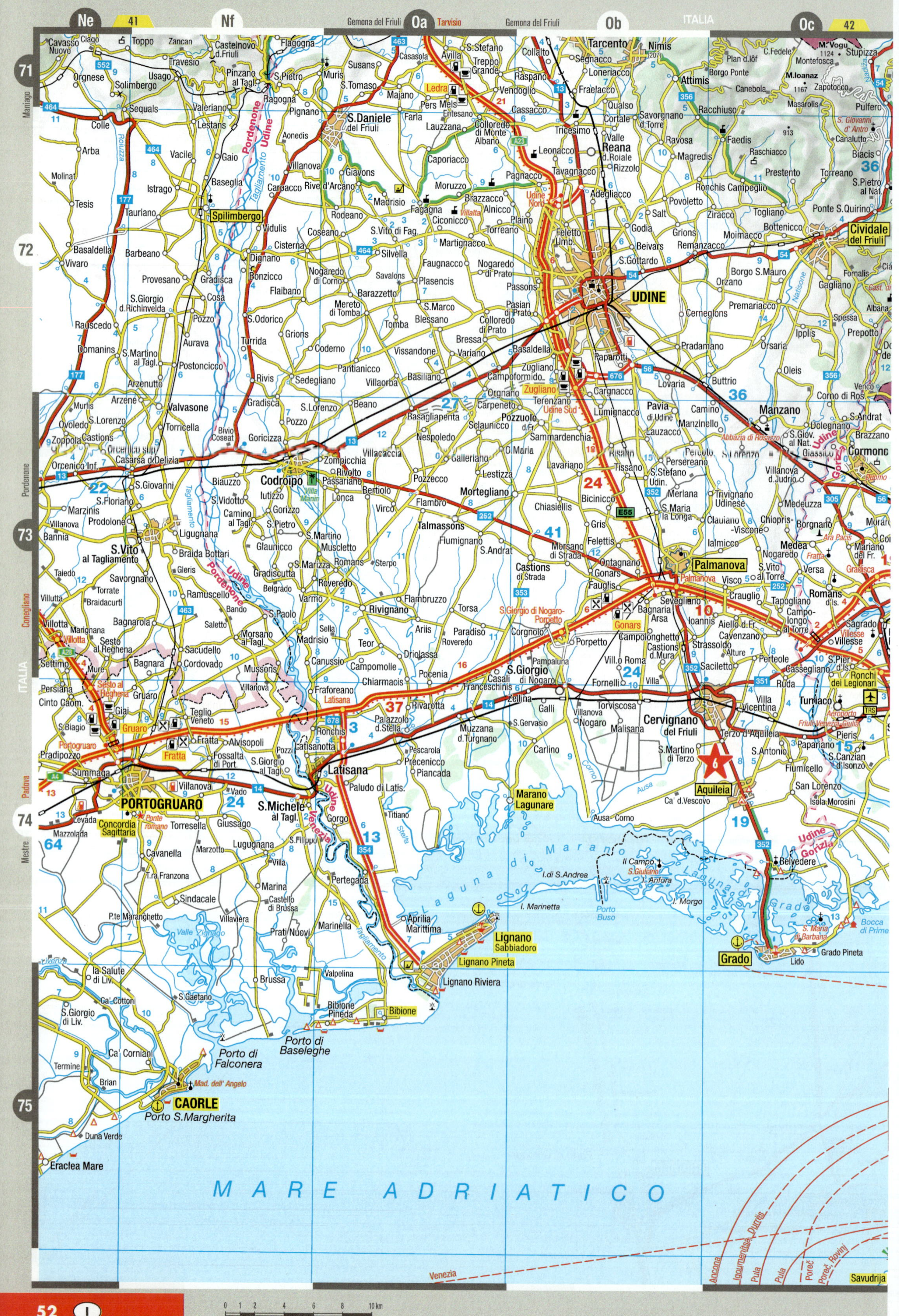

Ne
41
Nf
Gemona del Friuli
Oa
Tarvisio
Gemona del Friuli
Ob
ITALIA
Oc
42
71
72
73
74
75
Maniago
Pordenone
Conegliano
ITALIA
Padova
Mestre
Cavasso Nuovo
Toppo
Travesio
Castelnovo d.Friuli
Flagogna
Orgnese
Usago
Pinzano al Tagl.
S.Pietro
Solimbergo
Sequals
Valeriano
Lestans
Colle
Arba
Vacile
Gaio
Molinat
Baseglia
Istrago
Tesis
Spilimbergo
Tauriano
Vidulis
Basaldella
Vivaro
Barbeano
Provesano
Gradisca
S.Giorgio d.Richinvelda
Cosa
Pozzo
Rauscedo
Aurava
Domanins
S.Martino al Tagl.
Postoncicco
Arzenutto
Arzene
Valvasone
Murlis
S.Lorenzo
Ovoledo
Castions
Zoppola
Torricella
Orcenico Inf.
Casarsa d.Delizia
S.Giovanni
S.Floriano
Marzinis
Villanova
Prodolone
Bannia
S.Vito al Tagliamento
Taiedo
Savorgnano
Torrate
Villotta
Braidacurti
Bagnarola
Sesto al Reghena
Settimo
Bagnara
Persiana
Cinto Caom.
Gruaro
Giai
S.Biagio
Portogruaro
Pradipozzo
Summaga
PORTOGRUARO
Fratta
Villanova
Concordia Sagittaria
Levada
Mazzolada
Cavanella
Torresella
Giussago
Sindacale
Villaviera
Valle Zignago
la Salute di Liv.
S.Giorgio di Liv.
Ca' Corniani
Termine
Brian
Porto di Falconera
CAORLE
Porto S.Margherita
Duna Verde
Eraclea Mare
Codroipo
Biauzzo
Iutizzo
Rivolto
Passariano
Lonca
Camino al Tagl.
S.Vidotto
Gorizzo
Lignugnana
Braida Bottari
Glaunicco
Gradiscutta
Gleris
Ramuscello
Belgrado
Varmo
Bando
S.Paolo
Saletto
Morsano al Tagl.
Madrisio
Sacudello
Cordovado
Mussons
Teglio Veneto
Alvisopoli
Fossalta di Port.
Latisana
Latisanotta
Ronchis
S.Michele al Tagl.
Vado
Lugugnana
Marzotto
Villa
Marina
Castello di Brussa
Prati Nuovi
Brussa
S.Gaetano
Marinella
Valpelina
Bibione Pineda
Bibione
Porto di Baseleghe
Pertegada
Gorgo
Titiano
Paludo di Latis.
Precenicco
Piancada
Pescarola
Palazzolo d.Stella
Rivarotta
Muzzana d.Turgnano
Carlino
Marano Lagunare
S.Gervasio
Aprilia Marittima
Lignano Sabbiadoro
Lignano Pineta
Lignano Riviera
I.di S.Andrea
I. Marinetta
Porto Buso
Laguna di Marano
Laguna di Grado
Grado
Grado Pineta
Lido
Belvedere
Aquileia
Ca' d.Vescovo
Terzo d'Aquileia
Cervignano del Friuli
S.Martino di Terzo
Torviscosa
Malisana
Villanova
Nogaro
Galli
Zellina
S.Giorgio di Nogaro
Fornelli
Porpetto
Corgnolo
S.Giorgio di Nogaro-Porpetto
Castions d.Mura
Campolonghetto
Bagnaria Arsa
Strassoldo
Palmanova
Sevegliano
Ioannis
Visco
Aiello d.Fr.
Crauglio
Perteole
Saciletto
Ruda
Villa Vicentina
Fiumicello
S.Antonio
Papariano
Turriaco
San Lorenzo
Isola Morosini
Pieris
S.Canzian d'Isonzo
Ronchi dei Legionari
Cassegliano
S.Pier d'Is.
Villesse
Sagrado
Romans d'Is.
Versa
Medea
Mariano del Fr.
Gradisca
Cormons
Brazzano
Dolegnano
Manzano
Buttrio
Pavia di Udine
Lauzacco
Percoto
Persereano
S.Stefano Udin.
Merlana
S.Maria la Longa
Trivignano Udinese
Clauiano
Chiopris-Viscone
Medeuzza
Nogaredo
S.Vito al Torre
Tapogliano
Campolongo al Torre
Cavenzano
Alture
Gonars
Ontagnano
Fauglis
Morsano di Strada
Castions di Strada
Felettis
Gris
Bicinicco
Chiasiellis
Lavariano
Mortegliano
Lestizza
Talmassons
Flumignano
S.Andrat
Flambro
Virco
Bertiolo
Sterpo
Pozzecco
Galleriano
Nespoledo
Sclaunicco
Pozzuolo d.Fr.
Carpeneto
Basagliapenta
Sammardenchia
Cargnacco
Terenzano
Zugliano
Campoformido
Orgnano
Basiliano
Villaorba
Vissandone
Variano
Bressa
Basaldella
Pasian di Prato
Colloredo di Prato
Blessano
Tomba
Barazzetto
Mereto di Tomba
Coderno
Sedegliano
Pantianicco
Beano
S.Lorenzo
Gradisca
Rivis
Turrida
Grions
S.Odorico
Flaibano
Bonzicco
Dignano
Cisterna
Nogaredo di Corno
Coseano
Rodeano
Fagagna
Ciconicco
Madrisio
Moruzzo
Brazzacco
Alnicco
Plaino
Torreano
Martignacco
Faugnacco
Nogaredo di Prato
Plasencis
Savalons
Silvella
S.Vito di Fag.
S.Marco
Passons
UDINE
Feletto Umb.
Tavagnacco
Pagnacco
Adegliacco
Reana d.Roiale
Rizzolo
Tricesimo
Leonacco
Colloredo di Monte Albano
Caporiacco
Giavons
Rive d'Arcano
Carpacco
Villanova
Aonedis
S.Daniele del Friuli
Pignano
Ragogna
Muris
S.Tomaso
Susans
Majano
Farla
Pers
Mels
Entesano
Lauzzana
Casasola
Avilla
Treppo Grande
S.Stefano
Vendoglio
Raspano
Cassacco
Collalto
Segnacco
Tarcento
Loneriacco
Nimis
Fraelacco
Qualso
Cortale
Valle
Savorgnano d.Torre
Attimis
Ravosa
Magredis
Faedis
Racchiuso
Canebola
Povoletto
Salt
Godia
Beivars
S.Gottardo
Grions
Remanzacco
Ziracco
Moimacco
Orzano
Borgo S.Mauro
Premariacco
Cerneglons
Pradamano
Orsaria
Lovaria
Oleis
Ipplis
Cividale del Friuli
Gagliano
Prepotto
Spessa
Bottenicco
Togliano
Ponte S.Quirino
S.Pietro al Nat.
Torreano
Prestento
Raschiacco
Ronchis
Campeglio
Biacis
Canalutto
Pulfero
Zapotocco
Masarolis
M.Ioanaz
Montefosca
Stupizza
M.Vogu
C.Fedele
Plan d.lôf
Borgo Ponte
Mad. dell' Angelo
Ponte romano
Abbazia di Rosazzo
Corno di Ros.
S.Giov. al Nat.
Villanova d.Judrio
Borgnano
Ara Pacis
MARE ADRIATICO
Venezia
Ancona
Igoumenitsa, Durrës
Pula
Poreč
Poreč, Rovinj
Savudrija

71
72
73
74
75
Logatec
SLOVENIJA
Postojna
Ljubljana
Rijeka
Tolmin
Most na Soči
Kobilja Glava
Kozmerice
Idrija pri Bači
Kanalski Lom
Šentviška Gora
Cerkno
Idrija
Spodnja Idrija
Žiri
Gorenja vas
Godovič
Črni Vrh
Hotedršica
Kalce
Banjšice
Trnovski gozd
Čepovan
Lokve
GORIZIA
NOVA GORICA
Šempeter-pri Gorici
Vrtojba
Ajdovščina
Vipava
Vipavski Križ
Dobravlje
Miren
Opatje Selo
Gradisca d'Isonzo
Monfalcone
Duino
Sistiana
Šempas
Smaragdna pot
Nanos
Hrušica
Razdrto
Postojna
Senožeče
Štanjel
Komen
Dutovlje
Kobdilj
Sežana
Fernetiči
Lipica
Divača
Povir
Kozina
Basovizza
Villa Opicina
Prosecco
TRIESTE
Muggia
Golfo di Trieste
Tržaški Zaliv
Koprski zaliv
Golfo di Panzano
Koper
Izola
Piran
Strunjan
Portorož
Sečovlje
Dekani
Bertoki
Hrpelje
Materija
Matarsko Podolje
Brkini
Ravnik
Pivka
Podgrad
Jelšane
Golac
Kovčice
Ilirska Bistrica
Vetrova pot
Strada del Terrano
Autoporto Slovenia
Marezige
Šmarje
Sv. Anton
Kubed
Gračišče
Hrastovlje
Trst
148
Buje

Koper
Portorož
Piranski Zaliv
Savudrija
Umag
Buje
Buzet
Motovun
Novigrad
Poreč
Pazin
Rovinj
Labin
Vodnjan
Fažana
Brijuni
Nacionalni park Brijuni
Pula
Medulin
Premantura
Istra
JADRANSKO MORE
Jadranska Magistrala
Limska draga
Kršan
Sv. Nedelja
Žminj
Kanfanar
Vrsar
Funtana
Višnjan
Bale
Barban
Marčana
Ližnjan
Roč
Hum
Lupoglav
Grožnjan Grisignana
Venezia
Trieste
Piran
Cesenatico
76
77
78
79
80

Pb
Pc
Pd
Pe
Pf
Kozina
Postojna
Gerovo
HRVATSKA
Kočevje
Karlovac
Senj
76
77
78
79
80
RIJEKA
Opatija
Kastav
Matulji
Lovran
Mošćenička Draga
Plomin
Rabac
Bakar
Kraljevica
Crikvenica
Selce
Novi Vinodolski
Omišalj
Njivice
Malinska
Porat
Krk
Punat
Vrbnik
Baška
Cres
Valun
Lubenice
Delnice
Mrkopalj
Lokve
Tuhobić
Lepenica
Čavle
Kukuljanovo
Rijekčki zaljev
Vela vrata
Srednja vrata
Vinodolski kanal
Kvarnerić
Kvarner
Grgurov kanal
Krčki zaljev
Nacionalni park Risnjak
Gorski kotar
Učka
Tunel Učka 5062m
Plavnik
Prvić
Sv. Grgur
Goli otok
Rab
Lopar
Supetarska Draga
Bitoraj
Vino-dolska

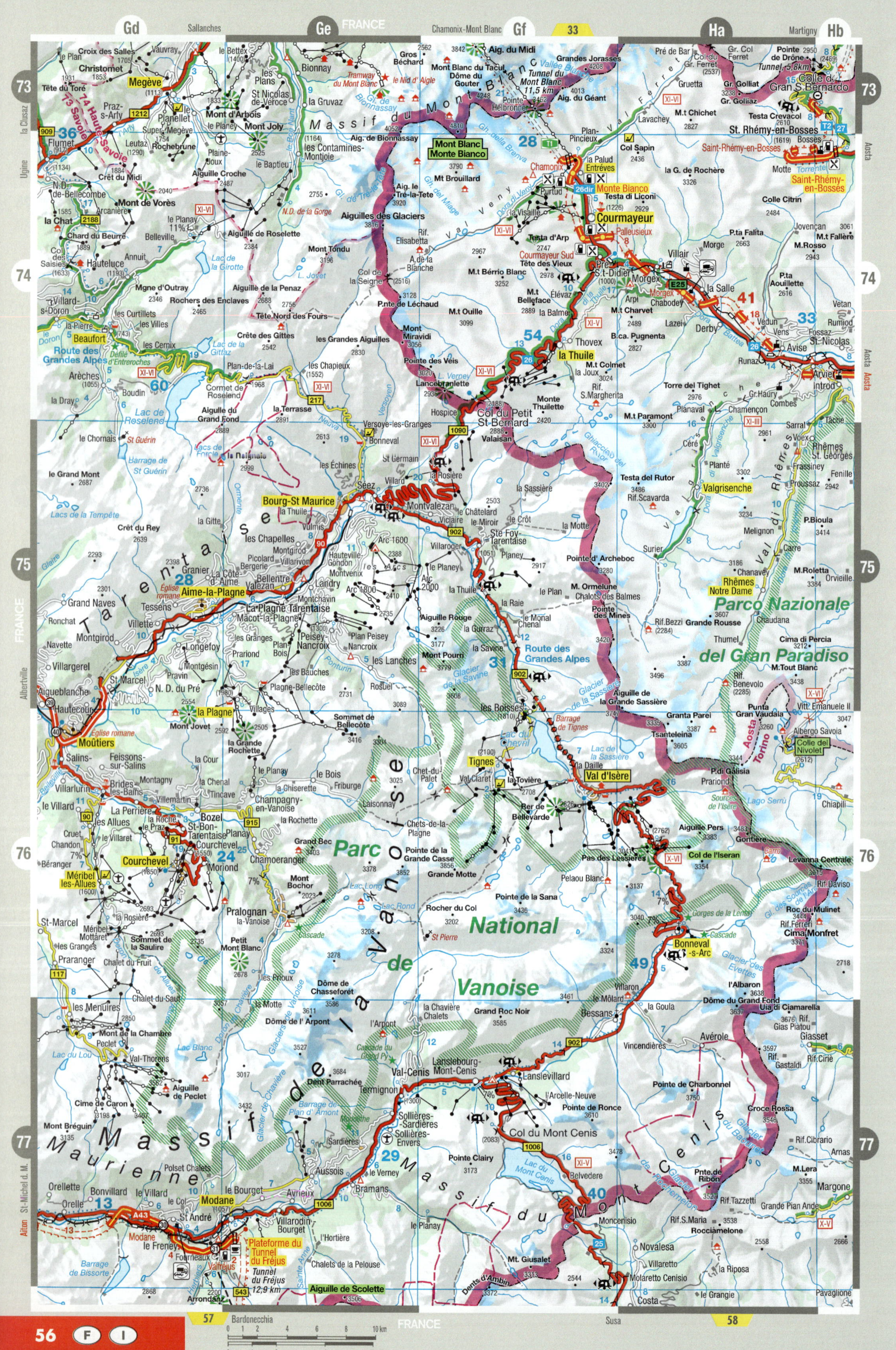

Gd
Ge
FRANCE
Gf
33
Ha
Hb
Sallanches
Chamonix-Mont Blanc
Martigny
73
74
75
76
77
Megève
Aig. du Midi
Tunnel du Mont Blanc 11,5 km
Mont Blanc Monte Bianco
Massif du Mont Blanc
Courmayeur
Chamonix
Grandes Jorasses
Aig. du Géant
Val Ferret
Colle d. Gran S. Bernardo
St. Rhémy-en-Bosses
Saint-Rhémy-en-Bosses
Pré-St-Didier
Morgex
la Salle
Aosta
Arvier
Avise
Introd
la Thuile
Col du Petit St-Bernard
Beaufort
Route des Grandes Alpes
Lac de Roselend
Bourg-St Maurice
Seez
Tarentaise
Aime-la-Plagne
la Plagne
Moûtiers
Bozel
Courchevel
Méribel les Allues
Tignes
Val d'Isère
Col de l'Iseran
Bonneval -s-Arc
Valgrisenche
Rhêmes Notre Dame
Parco Nazionale del Gran Paradiso
Parc National de la Vanoise
Massif de la Vanoise
Pralognan -la-Vanoise
les Ménuires
Val-Thorens
Massif du Mont Cenis
Col du Mont Cenis
Lanslebourg-Mont-Cenis
Lanslevillard
Val-Cenis
Termignon
Bessans
Modane
Maurienne
Plateforme du Tunnel du Fréjus
Tunnel du Fréjus 12,9 km
Aiguille de Scolette
Bardonecchia
Susa
57
58
Albertville
St-Michel d. M.
Novalesa
Moncenisio

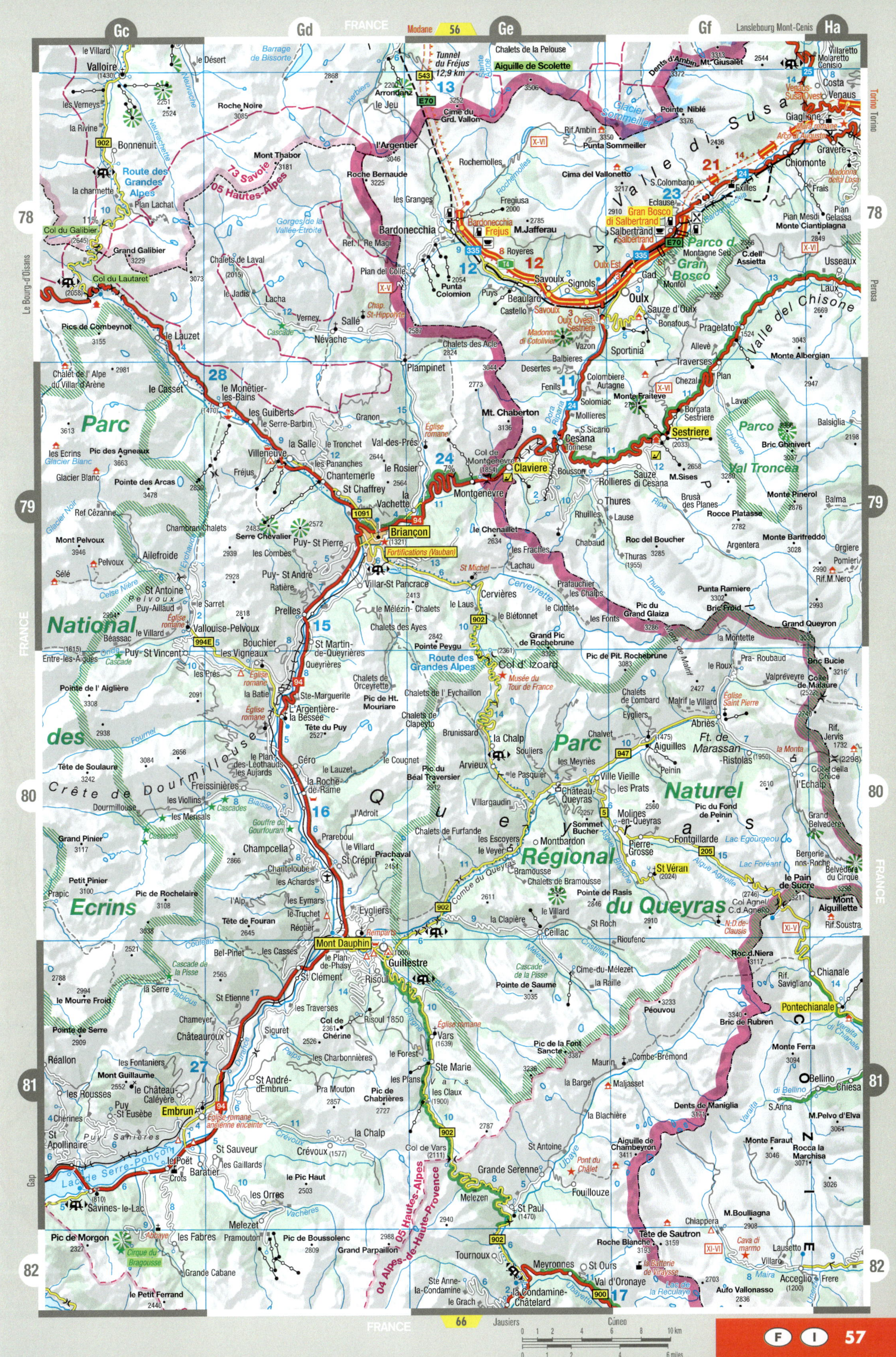

Gc
Gd
Ge
Gf
Ha
FRANCE
Modane 56
Lanslebourg Mont-Cenis
Torino
Perosa
Le Bourg-d'Oisans
Gap
Valloire
Bonnenuit
Route des Grandes Alpes
Col du Galibier
Col du Lautaret
Tunnel du Fréjus 12,9 km
Bardonecchia
Aiguille de Scolette
Roche Bernaude
Mont Thabor
Névache
Salbertrand
Oulx
Sestriere
Cesana
Claviere
Montgenèvre
Briançon
Fortifications (Vauban)
Parco Val Troncea
Parc National des Ecrins
Crête de Dourmillouse
Vallouise-Pelvoux
L'Argentière-la Bessée
Col d'Izoard
Musée du Tour de France
Parc Naturel Régional du Queyras
Queyras
St Véran
Mont Dauphin
Guillestre
Embrun
Lac de Serre-Ponçon
Savines-le-Lac
Vars
Col de Vars
St Paul
Meyronnes
Val d'Oronaye
Pontechianale
Chianale
Valle di Susa
Valle del Chisone
05 Hautes-Alpes
04 Alpes-de-Haute-Provence
73 Savoie
FRANCE 66
Jausiers
Cuneo
0 2 4 6 8 10 km
0 1 2 4 6 miles

TORINO
COLLEGNO
GRUGLIASCO
RIVOLI
NICHELINO
VENARIA REALE
Susa
Avigliana
Fenestrelle
Villaretto
PINEROLO
Frossasco
Torre Pellice
Luserna S.Giovanni
Cavour
Barge
Paesana
Crissolo
Revello
Saluzzo
Savigliano
Racconigi
CARMAGNOLA
Carignano
Villafranca Piemonte
Moretta
Manta
Verzuolo
Busca
Dronero
Sampeyre
Casteldelfino
Pontechianale
Centallo
Villafalletto
Orbassano
Piossasco
Giaveno
Cumiana
Bussoleno
Condove
Almese
Alpignano
Pianezza
Druento
Caselle Torinese
Beinasco
Volvera
None
Vinovo
Airasca
Vigone
Scalenghe
Pancalieri
Osasco
Bricherasio
Bibiana
Perosa Argentina
Perrero
Prali
Ostana
Sanfront
Envie
Costigliole Saluzzo
Venasca
Melle
Frassino
Prazzo
Macra
Monte Viso
Parco La Mandria
Parco Orsiera-Rocciavrè
Parc Naturel Régional du Queyras
Alpi Cozie
Valle Varaita
Valle del Po
Po
FRANCE
ITALIA

78 79 80 81 82 Casale Monferrato Alessandria Acqui Terme

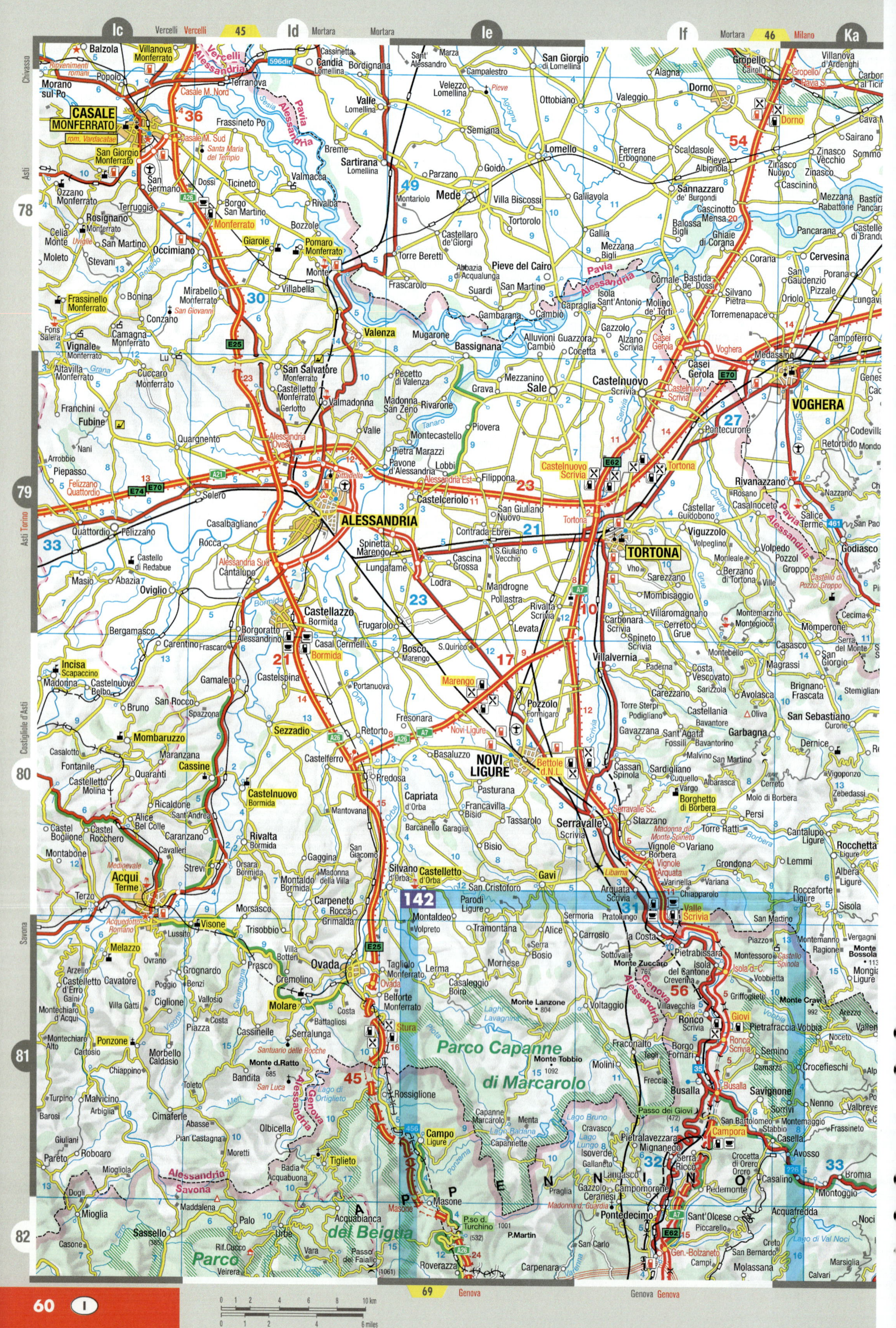
Balzola
Villanova Monferrato
Vercelli
Alessandria
Candia Lomellina
Cassinetta
Bordignana
Sant' Alessandro
Marza
Campalestro
San Giorgio di Lomellina
Alagna
Gropello Cairoli
Villanova d'Ardenghi
Morano sul Po
Popolo
Terranova
Valle Lomellina
Velezzo Lomellina
Pieve
Ottobiano
Valeggio
Dorno
CASALE MONFERRATO
Frassineto Po
Breme
Sartirana Lomellina
Semiana
Lomello
Ferrera Erbognone
Scaldasole
Zinasco Vecchio
Zinasco Nuovo
Sairano
San Giorgio Monferrato
San Germano
Dossi
Ticineto
Valmacca
Parzano
Goido
Mede
Villa Biscossi
Galliavola
Sannazzaro de' Burgondi
Cascinotto Mensa
Ozzano Monferrato
Terruggia
Borgo San Martino
Rivalba
Montariolo
Tortorolo
Balossa Bigli
Ghiaie di Corana
Mezzana Rabattone
Rosignano Monferrato
Monferrato
Bozzole
Castellaro de'Giorgi
Gallia
Mezzana Bigli
Pancarana
Cella Monte
San Martino
Giarole
Pomaro Monferrato
Torre Beretti
Corana
Cervesina
Moleto
Stevani
Occimiano
Monte
Abbazia di Acqualunga
Pieve del Cairo
Pavia
Cornale
Bastida de' Dossi
San Gaudenzio
Porana
Pizzale
Frassinello Monferrato
Bonina
Mirabello Monferrato
Villabella
Frascarolo
Suardi
San Martino
Isola Sant'Antonio
Molino de' Torti
Silvano Pietra
Oriolo
Lungavilla
Conzano
Gambarana
Cambiò
Capraglia
Torremenapace
Fons Salera
Camagna Monferrato
Valenza
Mugarone
Bassignana
Alluvioni Cambiò
Guazzora
Gazzolo
Alzano Scrivia
Casei Gerola
Voghera
Medassino
Campoferro
Vignale Monferrato
Lu
San Salvatore Monferrato
Pecetto di Valenza
Mezzanino
Sale
Castelnuovo Scrivia
Altavilla Monferrato
Cuccaro Monferrato
Castelletto Monferrato
Gerlotto
Valmadonna
Madonna San Zeno
Rivarone
Grava
VOGHERA
Franchini
Fubine
Quargnento
Alessandria Ovest
Valle
Montecastello
Piovera
Pontecurone
Codevilla
Retorbido
Nani
Arrobbio
Pietra Marazzi
Pavone d'Alessandria
Lobbi
Filippona
Castelnuovo Scrivia
Tortona
Piepasso
Felizzano Quattordio
Solero
Cittadella
Alessandria Est
Castelceriolo
San Giuliano Nuovo
Rivanazzano
Rosano
Casalnoceto
Castellar Guidobono
Salice Terme
Nazzano
Quattordio
Felizzano
Casalbagliano
ALESSANDRIA
Spinetta Marengo
Contrada Ebrei
TORTONA
Viguzzolo
Volpeglino
Volpedo
Pozzol Groppo
Godiasco
Rocca
Castello di Redabue
Alessandria Sud
Cantalupo
Lungafame
Cascina Grossa
S.Giuliano Vecchio
Vho
Sarezzano
Monleale
Berzano di Tortona
Castello di Pozzol Groppo
Masio
Abazia
Oviglio
Lodra
Mandrogne
Pollastra
Mombisaggio
Castellazzo Bormida
Frugarolo
Rivalta Scrivia
Levata
Carbonara Scrivia
Villaromagnano
Montemarzino
Montegioco
Cerreto Grue
Cecima
Bergamasco
Borgoratto Alessandrino
Carentino
Frascaro
Casal Cermelli
Bormida
Bosco Marengo
S.Quirico
Spineto Scrivia
Momperone
Casasco
Serra del Monte
San Giorgio
Incisa Scapaccino
Gamalero
Castelspina
Villalvernia
Paderna
Costa Vescovato
Magrassi
Madonna
Castelnuovo Belbo
Portanuova
Marengo
Pozzolo Formigaro
Carezzano
Sarizzola
Avolasca
Brignano-Frascata
Bruno
San Rocco
Spazzona
Torre Sterpi
Castellania
Bavantore
Oliva
San Sebastiano Curone
Sezzadio
Retorto
Fresonara
Novi-Ligure
Gavazzana
Sant'Agata Fossili
Garbagna
Mombaruzzo
Maranzana
Castelferro
Basaluzzo
NOVI LIGURE
Bettole d.N.L.
Malvino
San Martino
Dernice
Casalotto
Fontanile
Cassine
Quaranti
Cassan Spinola
Sardigliano
Cuquello
Albarasca
Vigoponzo
Castelletto Molina
Castelnuovo Bormida
Predosa
Capriata d'Orba
Pasturana
Vargo
Borghetto di Borbera
Cerreto
Zebedassi
Ricaldone
Mantovana
Francavilla Bisio
Molo di Borbera
Persi
Alice Bel Colle
Sant'Andrea
Tassarolo
Serravalle Sc.
Serravalle Scrivia
Stazzano
Torre Ratti
Cantalupo Ligure
Castel Boglione
Castel Rocchero
Caranzano
Rivalta Bormida
Barcanello
Garaglia
Madonna di Monte Spineto
Montabone
Cavalleri
Bisio
Vignole Borbera
Variano
Rocchetta Ligure
Medievale
Strevi
Orsara Bormida
Gaggina
San Giacomo
Grondona
Lemmi
Acqui Terme
Montaldo Bormida
Madonna della Villa
Silvano d'Orba
Castelletto d'Orba
Gavi
Libarna
Vignole Arquata
Varinella
Variana
Albera Ligure
Terzo
San Cristoforo
Parodi Ligure
Arquata Scrivia
Chiapparolo
Roccaforte Ligure
Morsasco
Carpeneto
Rocca Grimalda
Pratolungo
Sisola
Acquedotto Romano
Visone
Trisobbio
Montaldeo
Valle Scrivia
San Martino
Lussito
Volpreto
Tramontana
Alice
Carrosio
la Costa
Piazzo
Montemanno
Vergagni
Ragione
Monte Bossola
Melazzo
Villa Botteri
Tagliolo Monferrato
Serra
Bosio
Sottovalle
Monte Zuccaro
Pietrabissara
Montessoro
Castello Spinola
Arzello
Ovrano
Grognardo
Prasco
Ovada
Lerma
Mornese
Isola del Cantone
Isola d.C.
Vobbietta
Mongiardino Ligure
Castelletto d'Erro
Cavatore
Poggio
Benzi
Cremolino
Casaleggio Boiro
Genova
Creverina
Griffoglieto
Gaini
Villa Gatti
Ciglione
Vallosio
Molare
Belforte Monferrato
Monte Lanzone
Voltaggio
Villavecchia
Giovi
Monte Cravì
Montechiaro d'Acqui
Piazza
Costa
Battagliosi
Laghi Lavagnina
Ronco Scrivia
Pietrafraccia
Vobbia
Arezzo
Montechiaro Alto
Ponzone
Cassinelle
Serralunga
Stura
Fraconalto
Borgo Fornari
Ronco Scrivia
Cartosio
Morbello Caldasio
Santuario delle Rocche
Parco Capanne di Marcarolo
Monte Tobbio
Tegli
Semino
Chiappino
Monte d.Ratto
Bandita
San Luca
Lago di Ortiglieto
Molini
Crocefieschi
Camarza
Turpino
Malvicino
Toleto
Rossiglione
Frecciia
Busalla
Savignone
Arbiglia
Cimaferle
Abasse
Passo dei Giovi
Nenno
Valbrevenna
Barosi
Olbicella
Campo Ligure
Capanne Marcarolo
Menta
Lago Bruno
Cravasco
San Bartolomeo
Sorrivi
Montemaggio
Stabbio
Frassineto
Giuliani
Pian Castagna
Lago Badana
Capannette
Pietralavezzara
Campora
Casella
Pareto
Roboaro
Moretti
Tiglieto
Isoverde
Mignanego
Serra Riccò
Crocetta d'Orero
Orero
Avosso
Mioglia
Alessandria
Savona
Badia Acquabuona
Gallaneto
Langasco
Campomorone
Pedemonte
Casalino
Bromia
Dogli
Montoggio
Mioglia
Maddalena
Acquabianca
Masone
Praglia
Gazzolo
Ceranesi
Madonna d. Guardia
Pontedecimo
Sant'Olcese
Piccarello
Acquafredda
Noci
Sassello
Palo
Urbe
Parco del Beigua
P.so d. Turchino
P.Martin
San Carlo
Creto
Lago di Val Noci
Casone
Rif.Cucco
Vara
Passo del Faiallo
Gen.-Bolzaneto
San Bernardo
Campi
Marsiglia
Veirera
Roverazza
Carpenara
Molassana
Calvari
A P P E N N I N O
Chivasso
Asti
78
79
Asti Torino
80
Costigliole d'Asti
81
Savona
82
69 Genova
Genova Genova

Kb
Kc
Kd
Ke
47
70
78
79
80
81
82
Parco del Ticino
PAVIA
Belgioioso
Corteolona
San Colombano al Lambro
Casalpusterlengo
Codogno
Maleo
Santo Stefano Lodigiano
San Fiorano
Cornovecchio
Chignolo Po
Stradella
Broni
Castel San Giovanni
Barbianello
Bressana-Bottarone
Casteggio
Casatisma
PIACENZA
Rottofreno
Borgonovo Val Tidone
Gragnano Trebbiense
Podenzano
Pianello Val Tidone
Agazzano
Grazzano Visconti
Rivergaro
Carpaneto Piacentino
Vigolzone
Ponte dell'Olio
Montalto Pavese
Borgo Priolo
Varzi
Zavattarello
Romagnese
Bobbio
Bettola
Farini
Ferriere
Bedonia
Borgo Val di Taro
Bardi
Compiano
Brallo di Pregola
Caldirola
Monte Giarolo
Torriglia
Santo Stefano d'Aveto
Parco dell'Antola
Parco dell'Aveto
Monte Penice
Monte Lesima
Monte Alfeo
Monte Maggiorasca
Monte Bue
Monte Ragola
Monte Aserei
Monte Menegosa
Monte Obolo
Monte Osero
Passo del Penice
Passo del Giovà
Passo della Scoffera
Passo del Pelizzone
Passo del Mercatello
Passo delle Pianazze
Trebbia
Nure
Piacenza
Pavia
Genova
Parma
Alessandria
L I G U R E

0 1 2 4 6 8 10 km
0 1 2 4 6 miles

78 Ferrara 79 80 81 82 Bologna 140 39

0 1 2 4 6 8 10 km
0 1 2 4 6 miles

Mf
Na
Nb
Chioggia
51
Nc
Nd
Cavarzere
Adria
Loreo
Rosolina
Donada
Porto Viro
Contarina
Taglio di Po
Ariano nel Polesine
Mesola
Porto Tolle
Goro
Codigoro
Pomposa
Abbazia Santa Maria di Pomposa
Parco Delta del Po Veneto
Isola d'Ariano
Isola della Donzella
Isola di Polesine
Sacca degli Scardovari
Grande Bonifica Ferrarese
Jolanda di Savoia
Massa Fiscaglia
Migliarino
Ostellato
Lagosanto
COMACCHIO
Porto Garibaldi
Lido di Spina
Lidi di Comacchio
Valli di Comacchio
Argenta
Parco Delta del Po
S.Alberto
Alfonsine
Fusignano
Casal Borsetti
Marina Romea
Porto Corsini
Marina di Ravenna
Riva Verde
MARE ADRIATICO
78
79
80
81
82
Ravenna
74
Ravenna

Draguignan Grasse FRANCE
0 2 4 6 8 10 km
0 1 2 4 6 miles

Dronero
Caraglio
CUNEO
Cuneo Centro
Cuneo Est
Borgo S.Dalmazzo
Boves
Peveragno
Chiusa di Pesio
Mondovì
Villanova Mondovì
Morozzo
Margarita
Beinette
Magliano Alpi
Carrù
Roccavione
Robilante
Vernante
Limone Piemonte
Valdieri
Entracque
Demonte
Vinadio
Aisone
Parco delle Alpi Marittime
Parco Alta Valle Pesio e Tanaro
Marittime
Mercantour
Colle di Tenda
Cima di Becco
Tende
La Brigue
Briga Alta
Viozene
Pornassino
Imperia
Cuneo
Saorge
Breil-sur-Roya
Fontan
Sospel
Pigna
Triora
Badalucco
Ceriana
Bajardo
Apricale
Dolceacqua
Airole
Olivetta San Michele
Castillon
VENTIMIGLIA
Bordighera
Ospedaletti
SANREMO
MENTON
Roquebrune-Cap-Martin
Monte Carlo
Beausoleil
Sainte-Agnès
Peille
L'Escarène
Lucéram
Col de Turini
Col de Braus
Sainte-Agnès
St Martin-Vésubie
Roquebillière
Lantosque
Utelle
Levens
Plan-du-Var
Contes
Riviera dei Fiori
Sauveur
Mollières
Le Boréon
Mont Clapier
Cime du Diable
Mont Bégo
Vallée de Merveille
Granile
Saint-Dalmas-de-Tende
Cime de Marte
Monte Pietravecchia
Monte Toraggio
Taggia
Bussana
Pian del Moro
Molini di Triora
Castel Vittorio
Rocchetta Nervina
Isolabona
Perinaldo
Vallecrosia
Camporosso
Latte
Mortola
Gorbio
Mont Agel
Monesi
Mendatica
Cosio d'Arroscia
Ormea
Frabosa Sottana
Frabosa Soprana
Roccaforte Mondovì
Vasco
Mondovì
Carassone
Nice
FRANCE

He
Hf
Ia
59
Ib
Ic
Torino
Alba
Acqui Terme
Cuneo
Ventimiglia
82
83
84
85
86
Mondovì
Ceva
Millesimo
Cairo Montenotte
Carcare
Cengio
Bormida
Calizzano
Garessio
Bardineto
Magliolo
Ormea
Pieve di Teco
Pornassio
Rezzo
Colle di Nava
Colle S.Bernardo
Castelvecchio di Rocca Barbena
Zuccarello
Spotorno
Noli
Borgio Verezzi
Finale Ligure
Pietra Ligure
Loano
Borghetto Santo Spirito
Ceriale
Albenga
ALASSIO
Laigueglia
Andora
Cervo
Diano Marina
IMPERIA
Taggia
SANREMO
Bussana
Castellaro
Frabosa Sottana
Frabosa Soprana
Priero
Saliceto
Camerana
Savona
Vado Ligure
Bergeggi
Isola di Bergeggi
Isola Gallinara
Capo Santa Croce
Capo Mele
Capo Berta
C.di Noli
C.Verde
Città medioevale
APPENNINO LIGURE
A L P I
L i g u r i
Riviera dei Fiori
R i v i e r a   d i   P o n e n t e
Parco Reg. di Bric Tana
Cuneo
Savona
Imperia
E717
E80
Barcelona
Tanger Med., Barcelona
68
I
0 1 2 4 6 8 10 km
0 1 2 4 6 miles

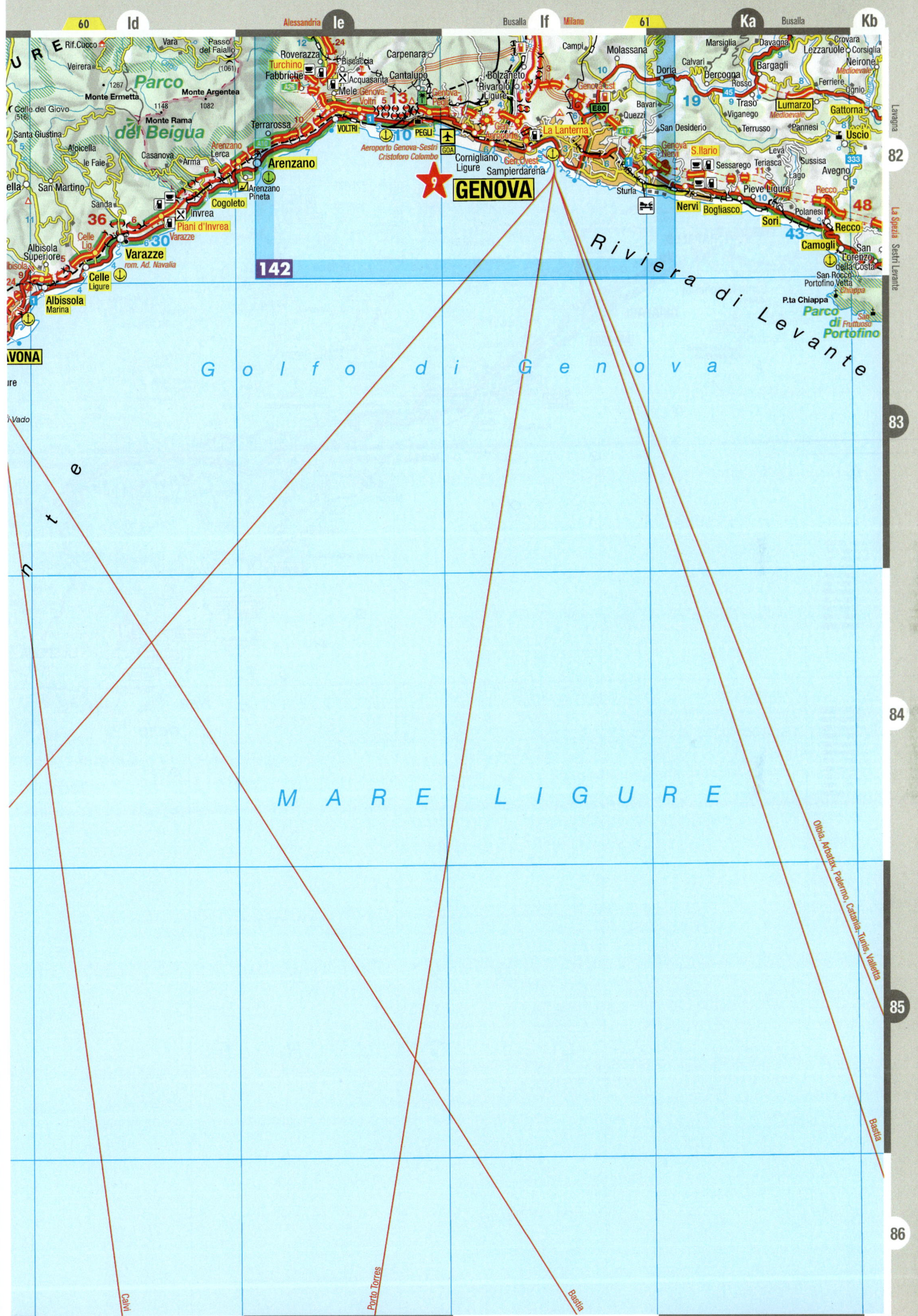
Parco del Beigua
Arenzano
GENOVA
Golfo di Genova
Riviera di Levante
MARE LIGURE
Varazze
Celle Ligure
Albissola Marina
Cogoleto
Nervi
Bogliasco
Sori
Recco
Camogli
Parco di Portofino
Olbia, Arbatax, Palermo, Catania, Tunis, Valletta
Bastia
Porto Torres
Calvi
Lavagna
La Spezia
Sestri Levante

Busalla
Ka
Kb
Kc
61
Kd
Ke
82
83
84
85
86
Genova
Lezzaruole
Crovara
Corsiglia
Neirone
Ferriere
Ognio
Moconesi
Lumarzo
Gattorna
Uscio
Tribogna
Cicagna
Favale di Malvaro
Lorsica
Monte Ramaceto
Croce d'Orero
Orero
Borzonasca
Cichero
Soglio
Pian dei Ratti
Coreglia Ligure
Santuario N.S. di Montallegro
Recco
Camogli
Sori
Polanesi
San Massimo
RAPALLO
Zoagli
San Rocco
San Lorenzo della Costa
Santa Margherita Ligure
P.ta Chiappa
Portofino Vetta
Parco di Portofino
San Fruttuoso
Portofino
Punta del Cano o di Portofino
CHIAVARI
Lavagna
Carasco
Leivi
San Colombano
Cogorno
Ne
Conscenti
Frisolino
Mezzanego
Borgonovo Ligure
Mezzavalle
Montemoggio
Parco dell' Aveto
Passo del Bocco
Santa Maria del Taro
Grondana
Genova
Parma
Brizzolara
Temossi
Prato Sopralacroce
Cavi
Sestri Levante
P.ta Manara
P.ta Baffe
Riviera
Casarza Ligure
Castiglione Chiavarese
Moneglia
Deiva Marina
Framura
Bonassola
Punta della Madonna
Levanto
Monterosso al Mare
P.ta d.Mesco
Vernazza
Corniglia
Manarola
Riomaggiore
LA SPEZIA
Portovenere
Biassa
Campiglia
Schiara
Maissana
Varese Ligure
Nascio
Statale
Tavarone
Velva
Carro
Carrodano
Mattarana
Monte Groppi
Brugnato
Borghetto di Vara
Pignone
Beverino
Casella
Corvara
Montemarcello
Riccò del Golfo di Spezia
San Benedetto
Sesta Godano
Zignago
Monte Gottero
Passo del Cento Croci
Monte Zuccone
Tarsogno
Albareto
Monte Ribone
Passo dei Due Santi
Zeri
Coloretta
Rossano
Pignona
Antessio
Massa-Carrara
La Spezia
Riviera di Levante
Golfo di Genova
MARE LIGURE
Parco Naz. delle Cinque Terre
Cinque Terre
0 1 2 4 6 8 10 km
0 1 2 4 6 miles

Appennino Tosco Emiliano
Parco Nazionale dell'Appennino Tosco-Emiliano
Parco dell'Orecchiella
Garfagnana
Alpi Apuane
Parco Alpi Apuane
Versilia
Lunigiana
Parco di Portovenere
Parco Naturale Migliarino-San Rossore-Massaciuccoli
Isola Palmaria
Isola del Tino
Golfo della Spezia
Pontremoli
Aulla
Sarzana
LERICI
La Spezia
Portovenere
CARRARA
MASSA
Marina di Carrara
Marina di Massa
Forte dei Marmi
Pietrasanta
Seravezza
CAMAIORE
VIAREGGIO
Massarosa
LUCCA
S.GIULIANO TERME
Vecchiano
Castelnuovo ne' Monti
Pietra Bismantova
Villa Minozzo
Castelnuovo di Garfagnana
Castiglione di Garfagnana
Barga
Coreglia
Fivizzano
Casola in Lunigiana
Villafranca in Lunigiana
Filattiera
Bagnone
Fosdinovo
Castelnuovo Magra
Ameglia
Lago di Massaciuccoli
Passo della Cisa
Passo del Cerreto
M.Cusna
M.Prado
M.Tondo
M.Sumbra
Pania d.Croce
Monte Pisano
82
83
84
85
86
Bagni di Lucca
Firenze

0 1 2 4 6 8 10 km
0 1 2 4 6 miles

CASALECCHIO DI RENO
S.Lorenzo in Coll.
Rivabella
Calderino
Cantagallo
Sasso Marconi Nord
Monumento a Marconi
Tignano
Monte Pietro
Mongardino
Pontecchio
Borghetti
Monte S.Giovanni
Sasso Marconi
S.Chierlo
Lagune
Medelana
Battedizzo
Badolo
Marzabotto
Parco
Misa Necropoli etrusca
Sibano
M.Adone
Monte Sole
Vado
Ca' di Giulietta
Monzuno
Rioveggio
Veggio
Gabbiano
Valle
Vergiano
S.Benedetto V.d.Sam.
Lagaro
Creda
Montefredente
Sparvo
Piano d.Voglio
Villa Ruzzzi
Pian del Voglio
Bruscoli
Serraglio
Roncobilaccio
Monte Tavianella
Montepiano
Sasseta
Vernio
Castro S.Martino
Cornacchiaia
Villa Dogana
Panna
Montecarelli
Firenzuola
Pietramala
Covigliaio
Traversa
Violla
S.Pellegrino
M.Freria
Badia di Moscheta
Rifredo
Barco
Giogo di Scarperia
M.Pratone
Monte Donato
S.LAZZARO DI SAV.
Idice
Ozzano d.Emilia
Rastignano
Farneto
Pizzocalvo
Parco dei Gessi
Castel d.Britti
Monte Calvo
Carteria di Sesto
Sabbiuno di Monte
Ancognano
Vizzano
Pian di Macina
Pianoro
Pianoro Vecchio
Zula
Ca Bazzone
Zena
Mercatale
Pizzano
Farneto
Calderaro
Settefonti
Burzano
M.Grande
Monterenzio
Livergnano
Cassano
Poggiolo
Guarda
Loiano
Scanello
Bisano
Pardella
Sassonero
Cuviolo
Sassoleone
Quinzano
S.Benedetto Querceto
Casoni di Romagna
Madonna d.Boschi
Campecchio
Belvedere
Frassineta
Roco di Sotto
Piancaldoli
Sasso di S.Zanobi
M.la Fine
Colle d.Canda
Caburaccia
Bordignano
Filigare
la Posta
Castel d.Alpi
Monghidoro
Madonna dei Fornelli
Trasasso
Stiolo
Bibulano
P.so d.Raticosa
Peglio
La Casetta Pagliana
Coniale
Tirli
Bibbiana
Visano
Palazzuolo sul Senio
Acquadalto
Salecchio
S.Ilario
Piedimonte
P.gio Cavalmagra
Marradi
M.la Faggeta
Casaglia
Colla di Casaglia
Crespino d.Lamone
Razzuolo
Mad.d.Tre Fiumi
Ronta
Pulicciano
Gattaia
Mucciano
Molezzano
A.di Vitigliano
Castel d.Rio
Castello Alidosi
Valsalva
Moraduccio
Trerio
Mercatale
Baffadi
Castagno
Badia di Susinana
Gamberaldi
Fornazzano
Croce Daniele
Pedrosola
S.Adriano
Popolano
Badia del Borgo
Cignano
Lutirano
Tredozio
S.Giovanni in Bosco
Ponte Rizzoli
Gaiana
St.Varignana
Poggio
Poggio Piccolo
Castel San Pietro Terme
Sillaro
Ost.Grande
S.Nicolò
Magione
Varignana
Castel S.Pietro Terme
Casalecchio de' Conti
Liano
Vedriano
Frassineto
Toscanella
Dozza
Monte Catone
Palazza
S.Martino
Crocetta
Fantuzza
Sesto Imolese
Castelguelfo di Bol.
Pianta
Giardino
Granare
Casola Canina
Tombe
IMOLA
Autodromo d'Imola
Massa Lombarda
Sasso Morelli
Pera
Bubano
Mordano
Bagnara di Romagna
Molinello Piani
Solarolo
Zello
Castelnuovo
Borello
Santerno
Castel Bolognese
Serra
Tebano
Pediano
Toranello
Riolo Terme
Cuffiano
Isola
Borgo Rivola
Villa S.Giorgio in Vezzano
Pideura
Pergola
Quartolo
Sarna
Vena del Gesso Romagnola
Tossignano
Borgo Tossignano
Croara
Riviera
Casalfiumanese
Ronco
Fabbrica
Codrignano
Ponticelli
S.Clemente
Tombe Sassatello
Gesso
Fontanelice
S.Margherita
Orsara
Prugno
M.Battaglia
Casola Valsenio
Valsenio
Zattaglia
Pozzo
Vespignano
Brisighella
Fognano
Castellina
Fregnanello
Tossino
la Strada
Casale
S.Michele in Quarn.
Pieve del Thò
Ritorlolo
Scavignano
Pal. Marcucci
S.Andrea
M.Cece
S.Eufemia
S.Cassiano
M.Panigheto
Modigliana
Rocca dei Guidi
Fiumane
Fregiolo
Trebbio
Miano
S.Stefano in Bosco
M.Budrialto
Abeto
S.Reparata
Ottignana
M.Sacco
Rocca S.Casciano
Querciolano
M.Freddo
Portico di Romagna
Bocconi
M.Collina
Portico
M.d.Serra
Fantella
Britaneta
Ponte d.Valle
M.d.Gamogna
Val d.Meda
Eremo
Val di Mora
Campigno
Rio Secco
S.Benedetto
S.Benedetto in Alpe
Premilcuore
S.Eufemia
Parco Nazionale delle Foreste Casentinesi
Castel dell' Alpe
Fiumicello
Cabelli
Berleta
Corniolo
Ridracoli
S.Paolo in Alpe
Lago di Ridracoli
Campigna
M.Falterona
Passo la Calla
P.gio Scali
la Lama
Eremo di Camaldoli
Abbazia di Camaldoli
Camaldoli
Moggiona
Serravalle
Lierna
Avena
Poppi
Badia Prataglia
Passo del Muraglione
San Godenzo
Alpe di San Benedetto
M.Peschiena
Petrognano
Villore
Corella
Ampinana
Casale
Fiuccina
Il Castagno d'Andrea
M.Campaccio
Badia Agnano
Dicomano
Sandetole
Londa
Fornace
Valico Croce a Mori
Valdalena
Vallucciole
Vierle
Cigliano
Pomino
S.Maria d.Grazie
Papiano
Castel Castagnaio
Stia
Casalino
Pratovecchio
Borselli
Consuma
Passo d.Consuma
Castello di Romena
Pieve di Romena
Borgo alla Collina
Porrena
Agna
Diacceto
Pelago
Caiano
Montemignaio
S.Miniato in Alpe
Tosi
Carbonile
Rufina
Scopeti
Castiglioni
Rata
Acone S.Eustachio
Tamburino
M.Giovi
Celle
Galiga
Fornello
Tigliano
S.Pietro a Strada
Doccia
Molino d.Piano
Pievecchia
Bibbiano
Pontassieve
Sieci
Settignano
Villamagna
Rosano
Vologniano
Torri
Convento d. Incontro
FIRENZE
BAGNO A RIPOLI
SCANDICCI
Galluzzo
Bobolino
Palazzo Pitti
Uffizi
Duomo
Fiesole
Teatro Romano
Badia Fiesolana
Careggi
Castello
Villa Petraia
Villa d. Castello
Peretola
S.Fiorentino
Brozzi
Mantignano
SESTO FIORENTINO
Settimello
Calenzano
Sesto Fiorentino
Pratolino
Parco Demidoff
Olmo
Monteréggi
S.Brigida
Mad.d.Sasso
Fontebuona
Caselline
Vaglia
Paterno
Bivigliano
Convento M.te Senario
Tassaia
Badia Buonsollazzo
Carraia
Volmiano
Legri
M.Morello
Pescina
Cistio
S.Martino a Scopeto
Bovino
Campestri
Arliano
S.Cresci
Sagginale
Gricignano
Faltona
Lutiano
Casa di Giotto
Vicchio
Borgo S.Lorenzo
Padule
Casole
S.M.a Vezzano
S.Giovanni Magg.
S.Piero a.Sieve
Novoli
Cafaggiolo
Villa Medicea
Lago di Bilancino
Campomigliaio
Tagliaferro
S.Stefano a Corn.
Cavallina
Barberino di Mugello
Le Croci
La Ruzza
Aglio
Montecuccoli
Galliano
Gabbiano
Convento Bosco ai Frati
Scarperia
Autodromo del Mugello
Grezzano
Ponzalla
S.Agata
C.Bianca
Erbaia
Bovecchio
Quaranta
M.Maggiore
S.Pietro in Casaglia
Secciano
Casone
Rocca Carbaia
Prato
Firenze
Bologna
Ravenna
Forlì-Cesena
Arezzo
Calvana
Appennino
Mugello
A1
E35
E45
A14
64
325
302
306
67
551
610
140
42
49
79
83
11
Lugo
Ravenna
Rimini
Faenza
Forlì
Bagno di Romagna

82
83
84
85
86

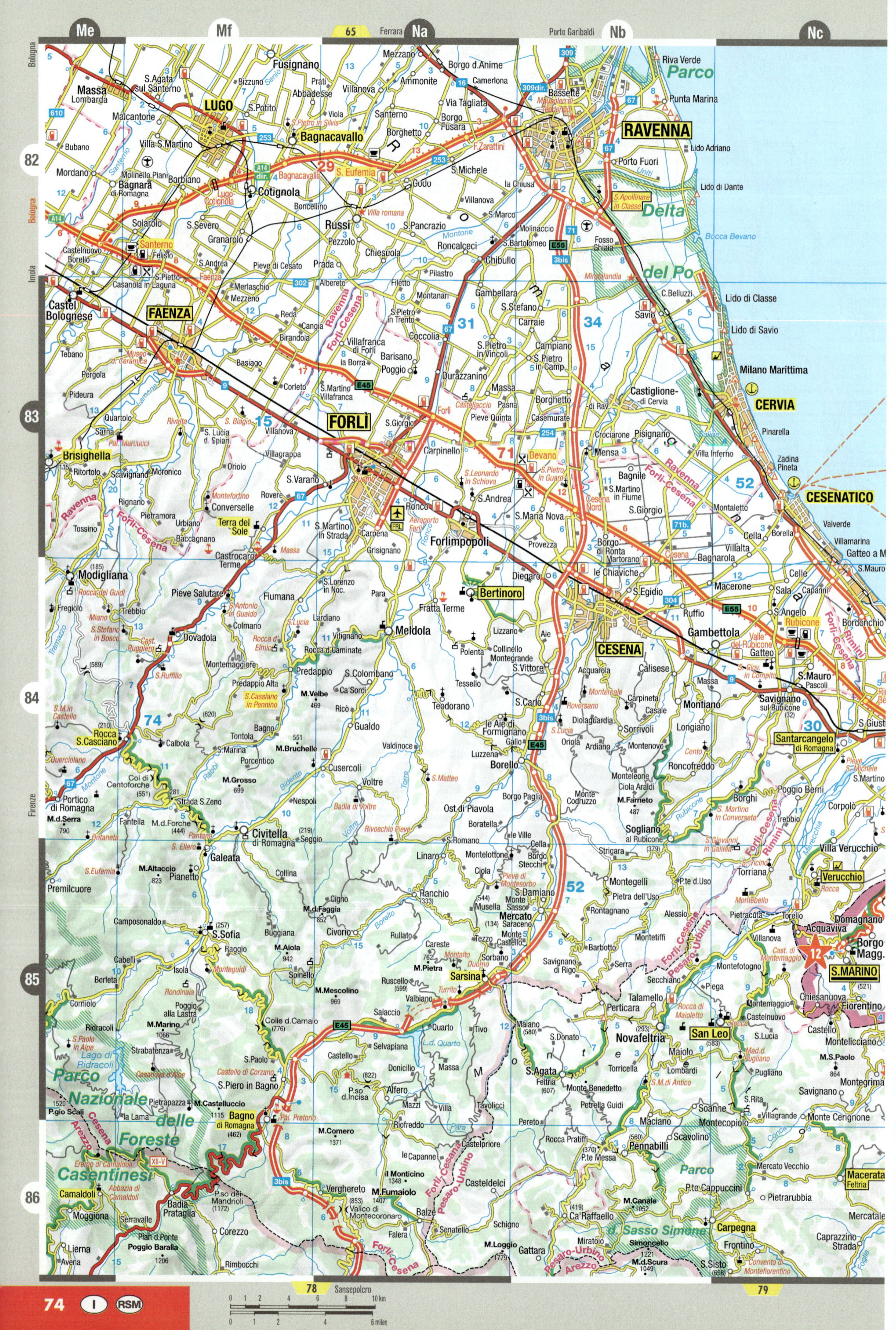

Me
Mf
65
Ferrara
Na
Porto Garibaldi
Nb
Nc
Bologna
Imola
Firenze
82
83
84
85
86
Fusignano
Massa Lombarda
S.Agata sul Santerno
LUGO
Bagnacavallo
Cotignola
Bagnara di Romagna
Mordano
Bubano
Solarolo
Castel Bolognese
FAENZA
Granarolo
Russi
Mezzano
Ammonite
Borgo d.Anime
Camerlona
Bassette
RAVENNA
Riva Verde
Parco
Punta Marina
Lido Adriano
Porto Fuori
Lido di Dante
Delta
del Po
Bocca Bevano
Lido di Classe
Lido di Savio
Milano Marittima
CERVIA
Pinarella
Zadina Pineta
CESENATICO
Valverde
Villamarina
Gatteo a Mare
S.Mauro
Savio
Castiglione di Cervia
Pisignano
Villa Inferno
Mensa
Bagnile
S.Martino in Fiume
S.Giorgio
Borgo di Ronta
Martorano
Bagnarola
Sala
Cannucceto
Macerone
S.Angelo
Gambettola
Gatteo
Rubicone
Bordonchio
S.Mauro Pascoli
Savignano sul Rubicone
Santarcangelo di Romagna
Poggio Berni
Corpolò
Villa Verucchio
Verucchio
Torriana
Acquaviva
Domagnano
Borgo Magg.
S.MARINO
Chiesanuova
Fiorentino
Montelicciano
Montegrimano
Savignano
Villagrande
Monte Cerignone
Mercato Vecchio
Macerata Feltria
Pietrarubbia
Mercatale
Carpegna
Frontino
Caprazzino
S.Sisto
FORLÌ
Forlimpopoli
Bertinoro
CESENA
Meldola
Predappio
S.Colombano
Civitella di Romagna
Galeata
S.Sofia
Santa Sofia
Premilcuore
Modigliana
Brisighella
Dovadola
Rocca S.Casciano
Portico di Romagna
Mercato Saraceno
Sarsina
Sogliano al Rubicone
Borello
Novafeltria
San Leo
Talamello
Perticara
Pennabilli
Bagno di Romagna
Verghereto
Balze
Parco Nazionale delle Foreste Casentinesi
Camaldoli
Moggiona
Badia Prataglia
Lierna
Avena
Poggio Baralla
Corezzo
Rimbocchi
Casteldelci
Sasso Simone
Monte Comero
78
Sansepolcro
79
0 1 2 4 6 8 10 km
0 1 2 4 6 miles

MARE
ADRIATICO
Rovinj
Mali Lošinj, Rab
Bellaria-
-Igea Marina
Torre Pedrera
Viserbella
Viserba
Rivabella
S.Giuliano a Mare
RIMINI
Bellariva
Marebello
Rivazzurra
Miramare
Fogliano Marina
RICCIONE
Misano Adriatico
Cattolica
Gabicce Mare
Gabicce Monte
Casteldimezzo
Fiorenzuola di Focara
Villa Imperiale
PESARO
Cattabrighe
Gradara
Mercato
La Siligata
Tavullia
Pozzo Alto
Villa Fastiggi
Borgo S.Maria
Osteria Nuova
Montecchio
Montelabbate
S.Veneranda
Trebbiantico
Novilara
Candelara
S.M.d.Arzilla
FANO
Madonna del Ponte
Metaurilia
Terme
Carignano
S.Cesareo
Rosciano
Cuccurano
Rellocchi
Ponte Murello
Lucrezia
Cartoceto
Saltara
Calcinelli
Serrungarina
Fontecorniale
Mombaroccio
Ginestreto
Monteciccardo
Cairo
Villagrande
S.Angelo in Lizzola
Apsella
Talacchio
Colbordolo
Borgo Massano
Montegaudio
Gallo
Petriano
Monteguiduccio
Valzangona
Scotaneto
Trasanni
la Torre
S.Costanzo
Cerasa
Mondolfo
Marotta
Marotta-Mondolfo
Metauro
Spadarolo
Vergiano
Il Fondo
Dogana
S.Ermete
Paolo
S.Martino M.l'Abate
Aeroporto Rimini Miramare
Rimini Sud
Rimini Nord
Bellaria-Santarcangelo
S.Lorenzo i.Co.
Montefeltro
S.Salvatore
Ospedaletto
Cerasolo
Falciano
Serravalle
Mulazzano
Vecciano
Vallecchio
Pedrolara
Coriano
Scacciano
Riccione
Misano Monte
Passano
Castelleale
S.Savino
Agello
Trarivi
Faetano
Alberetto
Croce
M.te Colombo
Montescudo
Monte Giardino
Taverna
Sassofeltrio
Zollara
Gemmano
Montefiore Conca
Serra
Morciano di Romagna
Brescia
S.Maria Pietrafitta
S.Maria d.Monte
S.Clemente
S.Giovanni in Marignano
Pian di Ventena
Cattolica-San Giovanni-Gabicce
Rocca
S.Rocco
S.Ansovino
Saludecio
S.Felice
Onferno
Mercatino Conca
Monte Altavellio
Tavoleto
Valle di Teva
Auditore
Casinina
Montegridolfo
Mad.di Montegridolfo
Mondaino
Belvedere Fogl.
S.Giorgio
Montecalvo in Foglia
Ca'Gallo
Schieti
Sassocorvaro
S.Donato in Taviglione
Montecalende
Castelcavallino
Pieve di Cagna
S.Apollinare in Girfalco
Bronzo
Rimini
Pesaro-Urbino
Pesaro-Urbino
Foglia
Conca
Arzilla
Ausa
Marano
Apsa
Grotte
Passo
Eremo d. M.te Giove
S.Marina
Pesaro-Urbino
Fano
Ancona
Urbino
Calmazzo
80
82
83
84
85
86

Kf
La
Lb
Lc
Massa
La Spezia
71
Lucca
86
87
88
89
90
Parco Naturale Migliarino-San Rossore-Massaciuccoli
Migliarino
S.GIULIANO TERME
PISA
Duomo
Torre pendente
Tenuta di S.Rossore
Gombo
Cascine Vecchie
Cascine Nuove
Barbaricina
Marina di Pisa
Castagnolo
Tirrenia
Calambrone
Ospedaletto
Navacchio
CASCINA
Vicarello
Mortaiolo
Collesalvetti
Guasticce
Stagno
Aiaccio
LIVORNO
Ardenza
Salviano
Parco delle Colline Livornesi
Antignano
Montenero
Santuario
M.Burrone
Calafuria
Villa d.Romito
Quercianella
Castelnuovo Misericordia
Nibbiaia
Gabbro
Savalano
Fauglia
Luciana
Pieve Vecchia
Orciano Pisano
ROSIGNANO MARITT.
Castiglioncello
Caletta
Rosignano Solvay
V.go Aniene
Vada
di Secche Vada
S. Pietro in Palazzi
Marina di Cecina
CECINA
Marina di Bibbona
Forte Bibbona
il Palone
Villa le Sabine
Marina di Castagneto-Donoratico
Villa Margherita
S.Vincenzo
Riva d.Etruschi
C.Cavalleggeri
Isola di Gorgona
Torre Nuova
Scalo
Tanger
Olbia, Golfo Aranci
Bastia
MARE
LIGURE
Ke
Kf
Isola di Capraia
P.d.Teia
M.Castello
Capraia Isola
Castello
S.Giorgio
P.d.Trattoio
S.Stefano
M.Arpagna
P.d.Zenobito
Parco Nazionale dell' Arcipelago Toscano
Livorno
0 1 2 4 6 8 10 km
0 1 2 4 6 miles

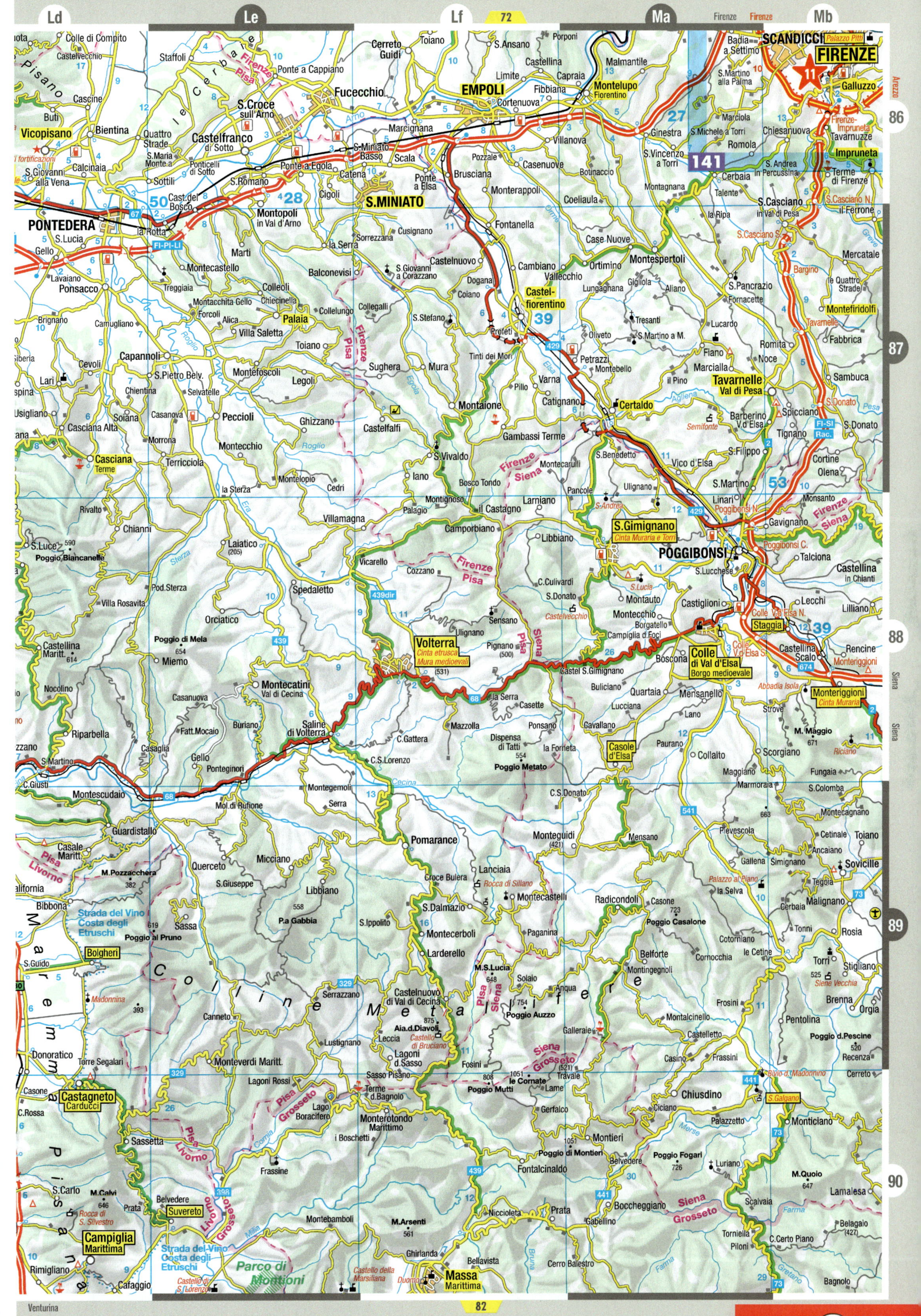
Firenze
FIRENZE
SCANDICCI
Palazzo Pitti
Galluzzo
Badia a Settimo
S.Martino alla Palma
Arezzo
Colle di Compito
Castelvecchio
Pisano
Cascine
Buti
Vicopisano
Bientina
Calcinaia
S.Giovanni alla Vena
Staffoli
Cerbaie
Ponte a Cappiano
Fucecchio
Cerreto Guidi
Toiano
EMPOLI
Cortenuova
Fibbiana
Capraia
Limite
Castellina
S.Ansano
Porponi
Malmantile
Montelupo Fiorentino
Ginestra
S.Michele a Torri
Marciola
Chiesanuova
Romola
Tavarnuzze
Impruneta
Firenze-Impruneta
S.Croce sull'Arno
Castelfranco di Sotto
Quattro Strade
S.Maria a Monte
Ponticelli di Sotto
Sottili
Ponte a Egola
S.Romano
S.Miniato Basso
Marcignana
Scala
Catena
S.MINIATO
Ponte a Elsa
Brusciana
Pozzale
Villanova
Casenuove
Botinaccio
S.Vincenzo a Torri
Cerbaia
S.Andrea in Percussina
Talente
S.Casciano in Val di Pesa
il Ferrone
Montagnana
Cigoli
Cast.del Bosco
Montopoli in Val d'Arno
PONTEDERA
la Rotta
FI-PI-LI
S.Lucia
Gello
Monterappoli
Coeliaula
Fontanella
Cusignano
Sorrezzana
la Serra
Marti
Montecastello
Treggiaia
Lavaiano
Ponsacco
Balconevisi
S.Giovanni a Corazzano
Castelnuovo
Dogana
Coiano
Cambiano
Vallecchio
Castelfiorentino
Ortimino
Montespertoli
Case Nuove
Gigliola
Aliano
Lungagnana
S.Pancrazio
Fornacette
Bargino
Mercatale
le Quattro Strade
Montefiridolfi
Tavarnelle
Fabbrica
Colleoli
Montacchita Gello
Chiecinella
Forcoli
Alica
Palaia
Collelungo
Collegalli
S.Stefano
Brignano
Camugliano
Villa Saletta
Toiano
Profeti
Tresanti
S.Martino a M.
Lucardo
Oliveto
Petrazzi
Montebello
Fiano
Marcialla
Romita
Noce
Capannoli
Cevoli
S.Pietro Belv.
Montefoscoli
Legoli
Sughera
Mura
Tinti dei Mori
Pillo
Varna
Catignano
Certaldo
il Pino
Tavarnelle Val di Pesa
Sambuca
Lari
Chientina
Selvatelle
Soiana
Casciana Alta
Usigliano
Casanova
Peccioli
Ghizzano
Castelfalfi
Montaione
Gambassi Terme
Barberino V.d'Elsa
Spicciano
S.Donato
Tignano
Semifonte
Morrona
Montecchio
Casciana Terme
Terricciola
Montelopio
Cedri
S.Vivaldo
Iano
Bosco Tondo
Montecarulli
S.Benedetto
Vico d'Elsa
S.Filippo
Cortine
Olena
Linari
S.Martino
Poggibonsi N.
Monsanto
la Sterza
Villamagna
Palagio
Montignoso
il Castagno
Larniano
Pancole
Ulignano
S.Andrea
Rivalto
Chianni
S.Luce
Poggio Biancanelle
Laiatico
Camporbiano
Libbiano
S.Gimignano
Cinta Muraria e Torri
POGGIBONSI
Poggibonsi C.
Gavignano
Talciona
Castellina in Chianti
Vicarello
Cozzano
Pod.Sterza
Spedaletto
C.Culivardi
S.Donato
Castelvecchio
S.Lucchese
S.Lucia
Montauto
Castiglioni
Lecchi
Lilliano
Villa Rosavita
Orciatico
Sensano
Montecchio
Borgatello
Campiglia d.Foci
Colle Val d'Elsa N.
Staggia
Castellina Maritt.
Poggio di Mela
Miemo
Volterra
Cinta etrusca
Mura medioevali
Ulignano
Pignano
Bosconia
Colle di Val d'Elsa
Borgo medioevale
Castellina Scalo
Rencine
Monteriggioni
Cinta Muraria
Nocolino
Casanuova
Montecatini Val di Cecina
Castel S.Gimignano
Buliciano
Quartaia
Mensanello
Abbadia Isola
Strove
Riparbella
Fatt.Mocaio
Buriano
Saline di Volterra
la Serra
Casette
Mazzolla
Ponsano
Lucciana
Lano
C.Gattera
Dispensa di Tatti
la Forneta
Cavallano
Casole d'Elsa
Paurano
Collalto
Scorgiano
M.Maggio
Riciano
S.Martino
Casaglia
Gello
Ponteginori
C.S.Lorenzo
Poggio Metato
Magliano
Fungaia
Marmoraia
S.Colomba
C.Giusti
Montescudaio
Mol.di Rufione
Montegemoli
Serra
Cecina
C.S.Donato
Montecagnano
Guardistallo
Pievescola
Casale Maritt.
Pisa
Livorno
M.Pozzacchera
Querceto
Micciano
S.Giuseppe
Pomarance
Monteguidi
Mensano
Gallena
Simignano
Cetinale
Ancaiano
Toiano
Sovicille
Lanciaia
Croce Bulera
Rocca di Silliano
Montecastelli
Palazzo al Piano
la Selva
Tegoia
Bibbona
Libbiano
Radicondoli
Casone
Cerbaia
Malignano
Strada del Vino Costa degli Etruschi
Sassa
S.Dalmazio
Poggio Casalone
Poggio al Pruno
P.a Gabbia
S.Ippolito
Montecerboli
Paganina
Tonni
Rosia
Bolgheri
Larderello
Belforte
Cotorniano
S.Guido
Collin Metallifere
M.S.Lucia
Montingegnoli
Cornocchia
le Cetine
Torri
Stigliano
Maremma
Madonnina
Serrazzano
Castelnuovo di Val di Cecina
Solaio
Anqua
Siena Vecchia
Frosini
Brenna
Orgia
Canneto
Aia.d.Diavoli
Castello di Bruciano
Poggio Auzzo
Gallerale
Montalcinello
Pentolina
Poggio d.Pescine
Leccia
Lagoni d.Sasso
Lustignano
Castelletto
Recenza
Donoratico
Torre Segalari
Monteverdi Maritt.
Fosini
Casino
Frassini
Lagoni Rossi
Sasso Pisano
le Cornate
Poggio Mutti
Travale
Lame
Bivio d.Madonnino
Cerreto
Casone
Castagneto Carducci
C.Rossa
Terme d.Bagnolo
Lago Boracifero
Monterotondo Marittimo
i Boschetti
Gerfalco
Chiusdino
S.Galgano
Ciciano
Palazzetto
Monticiano
Sassetta
Frassine
Montieri
Poggio di Montieri
Belvedere
Poggio Fogari
Luriano
M.Quoio
Fontalcinaldo
S.Carlo
M.Calvi
Rocca di S.Silvestro
Prata
Belvedere
Suvereto
Lamalesa
Scalvaia
Farma
Montebamboli
Nicciolet a
Prata
Gabellino
Boccheggiano
Siena
Grosseto
Campiglia Marittima
M.Arsenti
Torniella
Piloni
C.Certo Piano
Belagaio
Rimigliano
Cafaggio
Parco di Montioni
Castello di S.Lorenzo
Ghirlanda
Castello della Marsiliana
Duomo
Massa Marittima
Bellavista
Cerro Balestro
Bagnolo
Venturina
82
86
87
88
89
90

SCANDICCI
FIRENZE
BAGNO A RIPOLI
Impruneta
Galluzzo
Bobolino
Grassina
Tavarnuzze
Rignano sull'Arno
S.Ellero
Saltino
Vallombrosa
Pelago
Montemignaio
Poppi
Bibbiena
Memmenano
Leccio
Cancelli
Reggello
Incisa in V.d'Arno
Figline Valdarno
S.Giovanni Valdarno
Montevarchi
Loro Ciuffenna
Strada del Vino
Strada in Chianti
Greve in Chianti
Montefioralle
Badia a Passignano
Montefiridolfi
Via Chiantigiana
Radda in Chianti
Castellina in Chianti
Gaiole in Chianti
Lecchi
Strada dei Castelli del Chianti
Monteriggioni
SIENA
Castelnuovo Berardenga
Monte S.Savino
Gargonza
Badia al Pino
Civitella in Val di Chiana
Arezzo
Lucignano
Sinalunga
Torrita di Siena
Montepulciano
Chianciano Terme
Pienza
S.Quirico d'Orcia
Montalcino
Buonconvento
Asciano
Abbazia di Monte Oliveto Maggiore
Crete
Monteroni d'Arbia
Sovicille
Murlo
Pratomagno
Val di Chiana
Val d'Arno
Autostrada del Sole
Foiano d.Chiana
Cennina
Pratantico
Indicatore
Montagnano

Parco Nazionale delle Foreste Casentinesi
M.Castelsavino
Abbazia La Verna
Chiusi della Verna
Pieve S.Stefano
Alpe della Luna
Alpe di Catenaia
Sansepolcro
Anghiari
Monterchi
Citerna
AREZZO
Castiglion Fiorentino
Cortona
Tuoro sul T.
Passignano sul Tras.
Isola Maggiore
Parco d. Lago Trasimeno
Lago Trasimeno
Castiglione del Lago
Magione
Corciano
PERUGIA
Umbertide
CITTÀ DI CASTELLO
Monte S.Maria Tiberina
Pietralunga
GUBBIO
Appennino Umbro-Marchigiano
Serra di Burano
Apecchio
Mercatello sul Metauro
S.Angelo in Vado
Urbania
Piobbico
Bocca Trabaria
Badia Tedalda
Sestino
Parco d. Sasso Simone
Belforte all'Isauro
Borgo Pace
Pesaro-Urbino
Forlì-Cesena
Perugia
Arezzo
Siena
Bastia
Ospedalicchio
Torgiano
Deruta
S.Mariano
Mugnano
Lisciano Niccone
Montone
Trestina
Fabbrecce
Castel Rigone
Pierantonio
Valfabbrica
Cagli
Strada del Vino

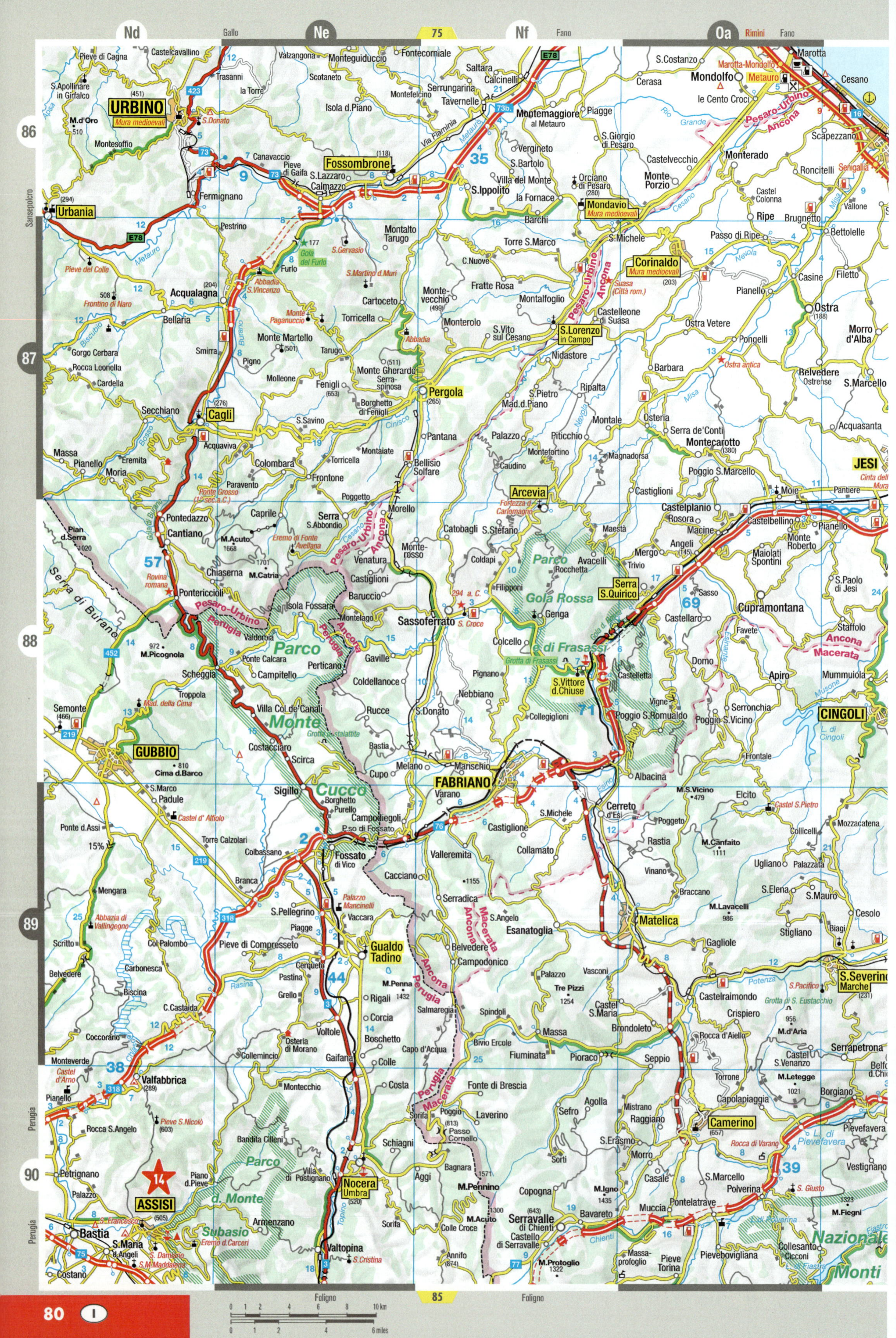
URBINO
Mura medioevali
Urbania
Fossombrone
Fermignano
Acqualagna
Cagli
Cantiano
Pergola
S.Lorenzo in Campo
Corinaldo
Mura medioevali
Mondavio
Mura medioevali
Mondolfo
Marotta
Metauro
Cesano
Senigallia
Ostra
Morro d'Alba
Belvedere Ostrense
S.Marcello
Montecarotto
JESI
Cinta delle Mura
Arcevia
Fortezza di Cartomagno
Sassoferrato
Serra S.Quirico
Parco Gola Rossa
Gola di Frasassi
Grotta di Frasassi
S.Vittore d.Chiuse
Cupramontana
Apiro
CINGOLI
FABRIANO
Matelica
Esanatoglia
S.Severino Marche
Camerino
Castelraimondo
GUBBIO
Scheggia
Sigillo
Parco Monte Cucco
Fossato di Vico
Gualdo Tadino
Nocera Umbra
Valfabbrica
ASSISI
Bastia
S.Maria d.Angeli
Parco d. Monte Subasio
Valtopina
Serravalle di Chienti
Pesaro-Urbino
Ancona
Perugia
Macerata
Serra di Burano
Fonte Avellana
Gola del Furlo
Montemaggiore al Metauro
Mondolfo
Sansepolcro
Foligno
Parco Nazionale Monti

0b
0c
0d
0e
0f
86
87
88
89
90
MARE ADRIÁTICO
Triest
Zadar
Split
Stari Grad
Durrës
Kérkira, Igoumenitsa
Pátra, Çesme
SENIGALLIA
Mura medioevali
Marzocca
Montignano
Vasari
S.Angelo
Montemarciano
Marina di Montemarciano
Rocca Priora
Cassiano
Gabella
Malviano
Esino
Chiaravalle
Monte S.Vito
Fiumesino
FALCONARA MARITTIMA
-Vecchia
Palombina-Nuova
Torrette
Castelferretti
Grancetta
Ancona Nord
Camerata Picena
Paterno
Castel d'Emilio
Monsano
Agugliano
Sappanico
Ancona Ovest
Mazzangrugno
Polverigi
Rustico
S.Maria Nuova
Monti
Collina
S.Ciriaco
Cittadella
ANCONA
Pietra la Croce
Candia
Varano
Poggio
Angeli
Portonovo
S.Maria
Badia di S.Pietro
Monte Conero
Parco del Conero
Camerano
Sirolo
Numana
Marcelli
Conero
Offagna
Ancona Sud-Osimo
S.Paterniano
Casenuove
OSIMO
Mura medioevali
Osimo Staz.
Castelfidardo
Crocette
Campocavallo
Montoro
le Casette
Passatempo
Tornazzano
Filottrano
Borghetto
Cervidone
Tavignano
Santuario di S.Casa
Loreto
Cinta delle mura
Porto Recanati
Castello Svevo
Recanati
Montefano
Cast.di Montefiore
Montefano Vecchio
Strada
Piammartino
Torre
Troviggiano
S.Antonio
Vissani
Montecassiano
Convento di Forano
Appignano
Avenale
Villa Castiglioni
Chiesanuova di S.Vito
S.Maria di Paterno
Cascia
Sambucheto
Potenza Picena
S.Girio
Porto Potenza Picena
Montelupone
S.Ignazio
Villa Potenza
Helvia Ricina (Antica colonia romana)
Abbazia di S.M.in Selva
Treia
S.Lorenzo
S.Maria in Piana
Passo di Treia
MACERATA
Mura medioevali
S.Liberata
S.Lucia
Morrovalle
Montecosaro
Civitanova Alta
Borgo di Staz. Montecosaro
CIVITANOVA MARCHE
S.Claudio al Chienti
Trodica
Piediripa
Sforzacosta
Pollenza
Rambona
Trebbio
Macerata E.
Villa S.Filippo
Chienti
Cascinare
Casette d'Ete
Corva
PORTO SANT'ELPIDIO
Marina Faleriense
Tre Archi
Casabianca
Lido di Fermo
Corridonia
Montegranaro
Monte S.Giusto
S.Elpidio a Mare
Macerata O.
Abbazia di Fiastra
Castello di Rancia
S.Lazzaro
Colotto
S.Giuseppe
Tolentino
Urbisaglia
Maestà
Urbs Salvia (Città romana)
Petriolo
Macina
Monte Urano
Monte S.Pietrangeli
S.Marco
Capodarco
Porto S.Giorgio
Fermo-Porto S.Giorgio
Paterno
Mogliano
Francavilla d'Ete
Torre S.Patrizio
Colmurano
Loro Piceno
Alteta
Rapagnano
Casette
Montotto
FERMO
Mura medioevali
Marina Palmense
Ponte Ete
Caldarola
S.Maria d'Alto Cielo
Ripe S.Ginesio
Borgo Ripe
S.Lorenzo
Massa Fermana
Montegiorgio
Montappone
Magliano di Tenna
Camporotondo di Fiastrone
Cessapalombo
Passo S.Angelo
Vidon Corrado
Monte Vidon Corrado
Falerone
Croce di Via
Grottazzolina
Ponzano di Fermo
Torchiaro
Lapedona
Altidona
Pedaso
Collegiata
S.Ginesio
S.Angelo in Pontano
Faleria
Piane di Falerone
Morico
Lambertuccia
Parco dei Sibillini
Tomassucci
Gualdo
Vallato
Saline
Penna S.Giovanni
Servigliano
Belmonte Piceno
Monte Giberto
Moregnano
Monterubbiano
Moresco
Campofilone
Pilotti
Curetta
Monsampietro Morico
Montottone
Petritoli
Montotto
Rubbianello
Montefiore dell'Aso
Massignano
Monteleone di Fermo
S.Elpidio Morico
Monte Vidon Combatte
Ascoli Piceno
Fermo
Macerata
Ancona
Piceno

Lc
Ld
77
Le
Lf
Livorno
90
91
92
93
94
95
C.Cavalleggeri
Rimigliano
Campiglia Marittima
Strada del Vino Costa degli Etruschi
Castello di S. Lorenzo
Casalappi Ruschi
Montioni
Parco di Montioni
Caldana
Cafaggio
Venturina
Staz.di Campiglia Maritt.
Banditelle
Castello della Marsiliana
Marsiliana
Ghirlanda
Bellavista
Massa Marittima
Mura medioevali
Cerro Balestro
Perolla
Tatti
Meleta
Roccatederighi
Valpiana
Montemassi
Poggibano
Collacchia
Ribolla
Porto Baratti
Populonia
Tombe etrusche Populonia (Città etrusca)
Parco Archeologico di Baratti e Populonia
Fiorentina
Torre del Sale
Riotorto
Vignale
Poggio al Chiecco
Cura Nuova
L. d. Accesa
Cast. di Pietra
Salivoli
Gagno
Noemi
Porto Vécchio
Marina di Salivoli
la Rocchetta
PIOMBINO
Torre Mozza
Prato Ranieri
Lido di Follonica
Follonica
Rondelli
Scarlino Scalo
Bagno di Gavorrano
Gavorrano
Filare
Poggio d.Quercione
Pian d. Bighi
Ravi
Giuncarico
Scarlino
Caldana
M.d'Alma
Fatt.il Lupo
Mulino Donati
Bastia
Portoferraio
Canale di Piombino
Golfo di Follonica
Puntone di Scarlino
Portiglione
Necropoli etrusca
Vetulonia
C. Vita
I.d.Topi
Cavo
I.Palmaiola
I.Cerboli
Zinghera
C.Follona
Tirli
Buriano
Fatt. a Acquisti
M. Serra
S. Caterina
Rio nell'Elba
Rio Marina
Bagnaia
Ottone
Volterraio
Mad.d. Monserrato
P. delle Cannelle
Porto Azzurro
Naregno
Capoliveri
Palazzo
P. dei Ripalti
Torre Civette
Cap.Civinini
Pian d'Alma
Poggio Ballone
Mulino dell'Ampio
la Fornacette
Pad. di Raspollino
Macchiascandona
C.Badiola
Parco Nazionale dell' Arcipelago Toscano
P.Hidalgo
P.Ala
Sc. d. Sparviero
Punta Ala
Pian di Rocca
la Rocchette
Roccamare
Riva del Sole
Canale Diversivo
Casotto dei Pescatori
Castiglione della Pescaia
Pineta del Tombolo
Isola d'Elba
Pianosa
Olbia
MARE
Marina di Grosseto
Principina Mare a
Trappola
Ombrone
Marina di Alberese
Torre di Co
Formiche di Grosseto
TIRRENO
La
Lb
Lc
Isola d'Elba
Piombino
C. d'Enfola
Viticcio
Portoferraio
Marciana Marina
Zanca
S.Andrea
P. Polveraia
Marciana
Mad.d.Monte
Poggio
Colle d'Orano
M.Capanne
1018
P. Nera
Chiessi
Pomonte
Campo nell'Elba
S.Ilario in Campo
S.Piero in C.
Procchio
Biodola
Scaglieri
Carpani
le Grotte (Villa romana)
Villa Napoleone
Strada del Vino Costa d.Etruschi
Lacona
G. di Lacona
G. Stella
La Pila
Marina di Campo
G. di Campo
C.di Poro
Seccheto
Fetovaia
Cavoli
P.di Fetovaia
Mad.d. Grazie
P.delle Cannelle
Parco Nazionale dell' Arcipelago Toscano
P.d.Marchese
Isola Pianosa
Pianosa
P.Libeccio
P.Secca
P.Brigantina
P.d.Fenaio
Giglio Campese
Giglio Castello
Giglio Porto
Porto S. Stefano
Isola del Giglio
Poggio d.Pagana
Punta de Capel Rosso
Ma
Monte Argentario
C.d'Uomo
Isola Rossa
P. di Torre Ciana
I.Argentarola
Isola di Montecristo
la Villa
M.d.Fortezza
645
Isola di Giannutri
P.Secca
Villa Romana
lo Spalmatoio
Cala dei Grottoni
P.d.Capel Rosso
Parco Naz. dell' Arcipelago Toscano
0 1 2 4 6 8 10 km
0 1 2 4 6 miles

Piloni
C.Certo Piano
Pari
Casale di Pari
Montalcino
Nacciarello (567)
S.Quirico d'Orcia
Biancacimicia
Gretano
Bagnolo
Fercole
Pianacci
Ombrone
L. Fabio
Castel Giocondo
Ragnaie
la Croce
Mad.di Riguardo
125
Spedaletto
Casteluccio
90
i Gessi
Sassofortino
Casenovole
Tavernelle
la Villa
Villa Tolli
Romitorio
Bagno Vignoni
Ripa d'Orcia
Orcia
Roccastrada
l'Imposto
Camigliano
Abbazia di Sant'Antimo
Rocca d'Orcia
Castiglione d'Orcia
Gallina
Terzo
la Pieve
Castelnuovo dell'Abate
Castelvecchio
la Vittoria
Caminino
Civitella Marittima
Capannelle
Monte Antico
Argiano
S.Angelo in Colle
Monte Amiata
Mad.d.Querce
S.Piero in Campo
l'Aratrice
Poggio alle Mura
Siena
Grosseto
Ost.Ansidonia
Formone
Podere Nuovo
Montenero (338)
Campiglia d'Orcia
C.Poggio Bandinelli
Monte Lattaia
il Poggione
le Vigne
Vivo
la Bisarca
Paganico
Sasso d'Ombrone
Falsettaio
Seggiano
Giardino di Spoerri
Pescina
Vivo d'Orcia
Bagni S.Filippo
le Conie
Stricciano Scalo
Sticciano
Ombrone
Poggi d. Sasso
Porrona
Montegiovi
Rif.Cantore
Casanova
91
la Pescaia
E78
Castel del Piano
Rocca
614
Cava di Sabbia Silicea
l'Ambrogina
Monticello Amiata
Monte Amiata
Pianello
Radicofani (716)
M.Leoni
Montorsaio
(324)
Cinigiano
S.Lorenzo
Prato d. Contessa
Madonna
(822)
Abbadia S.Salvatore
Montepescali
Cinta delle mura
Braccagni
Campagnatico
Pieve Vecchia
Castiglioncello Bandini
Arcidosso (679)
Bagnoli
Zancona
Convento
Batignano
Monte Cucco
Stribugliano
Piancastagnaio
Paglia
223
15
l'Abbandonato
Bagnolo
Faggia
Pianetti
Tre Case
Saragiolo
Pietralunga
11
Roselle (Rusellae) Anfiteatro romano
S.Antonio
M.Labbro 1193
Santa Fiora
C.d.Corto
Viterbo
Poggio di Moscona 317
Granaione
Roselle
Arcille
Cana (502)
Vallerona
M.Calvo 930
la Doganella
il Poggione
Istia d'Ombrone
Baccinello
S.Caterina
Roccalbegna
Triana
Selva
Lazzeri
Sforzesca
GROSSETO
Sticcianese
Trasubbie
M.Civitella 1107
Castell'Azzara (815)
Poggio Cavallo
Polveraia
Belvedere
S.Giovanni d.Contee
92
Musee
C.l'Orti
Castello di Cotone
Poggi Alti 651
Petricci
Cellena
Villa Roselli
Montevitozzo
Ceretino
Montorio
drome
Montorgiali
Chiesa in giù
Grancia
Murci
Usi
Rocchette
Semproniano
C.Testi
Castell'Ottieri
M.Elmo 829
Pancole
Rispescia
Elmo
Pratolungo
Parco
E80
M.Bottigli 319
Poggioferro
Montebuono
S.Valentino
Valle Maggiore
Albegna
Fiora
Sorano
S.Leonardo
Spergolaia
Fonte al Carpine
Scansano
Pian de Palma (Necropoli)
Casalino
Capanne
S.Martino sul Fiora
S.Angelo
Alberese
Vestigia di Montiano vecchio
Poggio Murella
S.Quirico
Necropoli etrusca
Monti dell' Uccellina
della
Maremma
18
la Pieve
Saturnia
Terme di Saturnia
Sovana (etrusc. Suana)
la Rotta
C.Vernacchi
Montiano
Salaioli
Pereta (283)
27
Palazzo Orsini
Mad.d.Piano
S. Rabano
M.Cornuto 246
Pomonte
159
Pitigliano
Mad.d.Grazie
Impostino
Collecchio
Impostino
Montemerano
Meletello
Mezzano
Lago di Mezzano
C.Malpasso
Cinta delle mura
Magliano in Toscana
(128)
Fatt.Colle Lupo
C.Pergolacce
Rocca
Necropoli Poggio Buco
Corano
la Nova
S.Bruzio (etrusc., Heba)
la Sgrilla
Manciano (128)
Pian di Morrano
Grosseto
Viterbo
S.Maria di Sala
93
Selva del Lamone
Fonteblanda
Fornace
Talamone (etrusc. Tlamu)
Bengodi
Tre Cerri
S.Donato
Osa
C.Mariannaccia
Sgrillozzo
Elsa
Farnese (341)
Doganella
Perazzetta (Necr.)
Marsiliana Banditella (Necropoli)
Mulino S.Maria
Poggio Fuoco
Crocifisso di Castro
Castro (Città etrusca e romana)
Ischia di Castro
Via Aurelia Etrusca
323
74
C.d.Piano
la Campigliola
M.Bellino 516
Ponte S.Pietro
S.Donato Vecchio
la Polverosa
M.Cavallo 234
C.Piancalcaio
Cellere
Albinia
Torrettina
C.Lascone
Pianiano
C.Fattorale
la Parrina
C.Marruchetone
L. Acquato
M.Fumaiolo 227
Canino
Palazzo
Tombolo di Giannella
Quattrostrade
353
Poggio d.Leccio
Lagaccioli
M.Maggiore 379
C.Tiberini
Monteti 425
Riminino
M.Canino
P.Lividonia
Orbetello Scalo
il Giardino
Capalbio
Cinta delle mura
Fatt. a di Montauto
Piana del Diavolo
Porto S.Stefano
Laguna di Orbetello
Orbetello
la Mandria
Giardino dei Tarocchi
Pescia Fiorentina
Strada dell Abbadia
Mad.d.Mosse
Mad.d.Cerro
Musignano
P.Cala Grande
440
96
Carige
Ponte d.Abbadia
Necropoli Villanova
Monte Argentario
Terrarossa
Tombolo di Feniglia
Nunziatella
Garavicchio
Necropoli Vulci
Tombe etrusche
94
Convento Passionisti
Cala Galera
Cosa
Tagliata etrusca
Via Aurelia
Grosseto
Viterbo
S.Giuliano
Cala Piccola
Porto Ercole
Ansedonia (Città rom.)
Timone
635
il Telegrafo
L. di Burano
Pescia Romana
C.d'Uomo
l'Isolotto
I.Formica di Burano
Chiarone Scalo
E80
Case Campomorto
Isola Rossa
Isola di Giannutri
P.Avoltore
Marina di Pescia Romana
Castello
Montalto di Castro
Poggio Martino 181
P. di Torre Ciana

Me
Firenze
Mf
78
Castiglione del Lago
Na
Nb
79
Perugia
90
91
92
93
94
Chianciano Terme
Autostrada del Sole
Casteluccio
la Foce
S.Savino
S.Giuseppe
Dolciano
Chiusi
Vaiano
Villastrada
Macchie
Panicale
Paciano
Moiano
Missiano
Tavernelle
Mugnano
Fontignano
Castiglione d.Valle
S.Biagio d.Valle
Poggio d.Corti
Castel del Piano
Pila
S.Martino in Colle
S.Nicolò di Celle
S.Enea
Villanova
Castello d.Forme
la Vittoria
Castelvecchio
Castiglioncello d.Trinoro
Sarteano
S.Piero in Campo
Cetona
Città della Pieve
Piegaro
Oro
Collebaldo
Pietrafitta
Spina
Mercatello
Nuovo
Papiano
Cerqueto
Casalina
M.Città di Fallera
Monte Vibiano-Vecchio
Compignano
Morcella
C.Poggio Bandinelli
Fonte Vetriana
M.Cetona
Montarale
Perugia
Terni
Montegabbione
Monteleone d'Orvieto
Montegiove
Migliano
S.Fortunato
Marsciano
Cerro
le Conie
Casanova
M.Calcinaio
Camporsevoli
Radicofani
la Palazzina
Piazze
Fighine
Palazzone
Belvedere
Salci
Fabro
S.Lorenzo
Faiolo
S.Vito in Monte
Poggio Aquilone
Civitella de' Conti
Pornello
S.Venanzo
Rotecastello
Podere Torre
38
Celle S.Rigo
S.Casciano dei Bagni
Bagni Termali
L. di S.Casciano
Carnaiola
Olevole
Parrano
Fratttaguida
Ficulle
Cinta delle mura
Pievelunga
Cantone
Pal.Bovarino
Collelungo
Ripalvella
Fratta Todina
Monte Castello di Vibio
la Casella
Ospedaletto
M.di Melonta
S.Marino
Ponte d.Rigo
C.d.Corto
Siena
Viterbo
Trevinano
Palombara
Allerona
Sala
Doglio
Cecanibbi
Pian di S.Martino
Torricella
Centeno
la Doganella
Sforzesca
Grosseto
M.Rufeno
C.Nuova
St.Allerona
Poggio Montone
Bagni
S.Faustino
Poggio Torrone
Canonica
Todi
Morrano Nuovo
Monte Rubiaglio
il Vantaggio
Prato
Prodo
Colonnetta
Capretta
S.Giorgio
Titignano
Parco d. Tevere
Porchiano
S.Giovanni d.Contee
Montorio
Proceno
Acquapendente
C.Valtieri
Torre Alfina
Castel Viscardo
Viceno
Benano
Cinterno
Orvieto
Rocca Ripesena
Sugano
Lago di Corbara
Corbara
Civitella d.Lago
Morruzze
Collelungo
Izzalini
Acqualoreto
Torre Gentile
Camerata
Castell'Ottieri
S.Giusto
Seminario
Pratolungo
S.Valentino
Onano
S.Leonardo
S.Angelo
S.Quirico
Castel Giorgio
Pecorone
C.Tamburo
Canonica
Castel Rubello
Porano
Canale
Abbazia S.Severo
Tombe etrusche
Montalfina
S.Lorenzo Nuovo
Grotte di Castro
Borghetto
T.re S.Severo
Boccetta
Baschi
Montecchio
Melezzole
Toscolane
la Rotta
Casone
Gradoli
Bolsena
Città etrusca di Volsinii
Sermugnano
Castiglione in Teverina
M.Croce di Serra
Tenaglie
S.Restituta
Latera
Mezzano
Lago di Mezzano
Capraccia
Lubriano
Civita
Bagnoregio
Ponzano
Vaiano
Tevere
Guardea
M.Castellari
Frattuccia
Lago di Alviano
Eremo di S.Illuminata
Macchie
Lago di Bolsena
Isola Bisentina
Bolsena
Visentium
S.Antonio
Poggio Selva
Vetriolo
Sterpeto
Civitella d'Agliano
S.Michele in Teverina
Castel Cellesi
Tardane
Alviano
Lugnano in Teverina
S.Maria di Sala
Castello Farnese
Valentano
Villa d.Fontane
Castello Farnese
Capodimonte
Isola Martana
Coste
Poggetto
Montefiascone
le Mosse
Zepponami
Fiordini
Roccalvecce
Celleno
Graffignano
Sant'Angelo
Montecalvello
Sipicciano
Castelvecchio
Fastello
Porchiano
Amelia
Cinta delle mura
Ischia di Castro
Cellere
Piansano
Marta
Cartiera
Magugnano
Vallebona
Grotte S.Stefano
Attigliano
Giove
Penna in Teverina
Gabelletta
Pianiano
Tessennano
Canino
Arlena Castro
Via Cassia
Commenda
Valle Castellone
Ferentum
Teatro romano
Bomarzo
Mugnano
Chia
Lucignano
Orte
Bassano in Teverina
C.le S.Savino
C.lePisello
Vitorchiano
Ost.d.Capannacce
Mad.d.Mosse
Tuscania
Villa Pieri
Parco Tuscania
S.Gaetano
Bagno d. Bussete
S.Maria della Quercia
Bagnaia
Palazzo Chigi (Orsini)
Soriano nel Cimino
Vasanello
Villa Mariani
S.Giuliano
Mad.d.Olivo
S.Giusto
Borgo Rio Secco
Castello
Tombe etrusche
S.Caterina
VITERBO
Villa Lante
Mura medioevali
M.Cimino
le Farine
Villa Buonrespiro
Vallerano
Vignanello
Castello Ruspoli
Canepina
la Casaccia
Gallese
Quarticciolo
la Rocca
Castel di Salce
S.Martino al Cimino
Tobia
Monti Cimini
Mad.d.Parto
il Crocifisso
S.Vito
Fabrica di Roma
Corchiano
Mad.del Soccorso
Norchia
il Casalone
la Madonnella
Civitavecchia
Vetralla
88
10 km
6 miles

Brufa
Bastia
S.Maria d.Angeli
S.Damiano
S.M.Maddalena
Eremo d.Carceri
Parco d.Monte Subasio
Mad.d.Spella
Valtopina
S.Cristina
Annifo
Castello di Serravalle
Massa-profoglio
Pieve Torina
Pievebovigliana
Torgiano
Costano
Tor d'Andrea
Castelnuovo
Passaggio d'Assisi
Pontecentesimo
Arvello
Colfiorito
Taverne
M.Protoglio
Fiume
Centare
Fiordimonte
Bettona
Cinta etrusca
Tombe etrusche
Passaggio
Belvedere
Capodacqua
Rio
Forcatura
Dignano
Mad.d.Gaspreano
Casavecchia
Deruta
Cannara
Anfiteatro
Spello
Cinta delle Mura
Scanzano
Pale
Leggiana
Valico Colfiorito
Cesi
Costa
Piè del Sasso
Sorti
Cupi
Collemancio
Foligno
Cinta delle Mura
Vescia
Casenove
Serrone
Volperino
Popola
Collattoni
Monte
Cavallo
Aschio
Appennino
Passo d.Fornaci
Castelleone
Cantalupo
Fiamenga
Casale
Rasiglia
S.Martino
M.Cavallo
M.Fema
Borgo S.Antonio
Poggio d.Civitelle
Convento d.Annunziata
Capro
Corvia
Abbazia di Sassovivo
M.Aguzzo
Forcella
Canalicchio
Torre d.Colle
Bevagna
Cinta delle mura
Scafati
Scandolaro
Verchiano
Rasenna
Visso
S.Eraclio
Rovigliesi
M.Puranno
Grotta d.Beato Giolo
Macerata
Perugia
Fematre
Croce
M.Civitella
Mad.d.Grazie
Casevecchia
Ponze
Parco Nazionale dei Monti Sibillini
Ponte Nuovo
Saccovescio
Pozzo
Montefalco
Cinta delle mura
Matigge
Piaggia
Mevale
Gualdo Cattaneo
Montepennino
Villamagina
Montesanto
Sellano
Cervara
Collazzone
Ponte di Ferro
Pietrauta
S.Fortunato
S.M.Pietrarossa
Corone
Preci
Collesecco
Fabbri
M.Brunette
Vene
Pupaggi
Pontechiusita
Abbazia di S. Eutizio
Piedivalle
Marcellano
Bastardo
Turrita
Trevi
S.Luca
Cannaiola
Pettino
Spina
Belforte
Roccanolfi
S.Terenziano
Mad.d.Stella
Picciche
S.Lorenzo
S.Pietro
Bugiano
S.Lazzaro
Campi
Frontignano
Grutti
Torri
S.Savino
Montecchio
Macciano
Tempio di Clitunno
Pissignano
C.Pian Fienile
Todiano
Piè d.Colle
S.Angelo
Castagnola
Mercatello
Castel S.Giovanni
Fonti d.Clitunno
Campello
M.Maggiore
Macchia
Cerreto di Spoleto
Triponzo
M.Cavogna
Montebufo
Abeto
Petroro
Vieppi
Giano dell'Umbria
Moriano
Castel Ritaldi
Beroide
Clitunno
Azzano
Silvignano
Cortigno
Legogne
Norcia
Duesanti
Rif.S.Gaspare
Bruna
Poreta
Meggiano
Forsivo
Biselli
Mura medioevali
Castel Rinaldi
Terzo la Pieve
S.Brizio
Montefiorello
Serravalle
Abbazia S.Fidenzio
Massa Martana
Montemartano
Terraia
S.Giacomo
M.Galenne
M.Gallorо
Torre Argentigli
Cast.di Morgnano
Maiano
Sup. Bazzano Inf.
Rocchetta
Ospedaletto
Capp.ni
Roselli
S.Silvestro
S.Nicolò
Eggi
Geppa
Vallo di Nera
Agriano
Terzo S.Severo
S.Angelo in Mercole
Grotti
M.Maggio
Avendita
Colvalenza
Cima Panco
S.Martino in Trignano
Castel S.Felice
Roccatamburo
Mad.d.Stella
Poggio Primocaso
S.Anatolia
Fogliano
Colpetrazzo
Scoppio
Teatro Romano
Arco di Druso
S.Anatolia di Narco
M.Coscerno
Manigi
Montenero
Firenzuola
Mad.di Baiano
Monteluco
Vallocchia
Roccaporena
Cascia
Rosaro
Casigliano
Crocemaroggia
Spoleto
Cinta delle mura
Scheggino
Poggiodomo
Maltignano
Acquasparta
Cinta delle mura
Casteldelmonte
Arezzo
Pompagnano
Castelmonte
Caso
Forca Rua la Cama
Castel S.Giovanni
Collesecco
M.Cornelano
Cese
Ceselli
Gavelli
Dunarobba
Macerino
Valdarena
M.Fionchi
Monte S.Vito
Forcola di Chiavano
Foresta Fossile
Casteltodino
Pracchia
Polenaco
Valico d.Somma
Terria
Monteleone di Spoleto
Chiavano
Portaria
M.Acetella
Ancaiano
S.Pietro in Valle
Sambucheto
Trivio
Villa S.Silvestro
Costa Comune
Quadrelli
Montebibico
Colleponte
Ruscio
Montecastrilli
Carsulae
San Gemini Fonte
M.Torre Maggiore
Strettura
S.Mamiliano
M.Aspra
Rocca Vetralla
Rescia
Buda
Trognano
Casarnese
S.Erasmo
Valle S.Martino
Ferentillo
Castellonalto
S.Giovenale
Terzone S.Pietro
San Gemini
Cesi
Rocca S.Zenone
Parco Fluviale del Nera
M.Petano
Gizzi
Ocre
Pianezza
Terzone S.Paolo
Ucetole
C.le Maggio
Gabelletta
Campitello
Montefranco
Arrone
Polino
Colle Bertone
M.Tolentino
Sala
Vindoli
Vallunga
S.Angelo
S.Bartolomeo
Rivo
Convento
Casanova
Viesci
S.Vito
Capitone
Torre Orsina
Leonessa
Colleverde
Palombara
Anfiteatro Romano
Cascata delle Marmore
Buonacquisto
M.Tilia
Piedelpoggio
Albaneto
Foce
Marmore
Piediluco
Monti Reatini
M.Corno
Favischio
Fornole
Collescipoli
Terni
Lago di Piediluco
Labro
Morro Reatino
Posta
Narni
Cinta delle mura
Ponte d'Augusto
Rivodutri
M.di Cambio
Otricoli
Madonna d.Luce
Collatea
Convento S.Giacomo
Montoro
Rocca
Stroncone
Piè di Moggio
Colli s.Velino
Piedicolle
Poggio Bustone
Sigillo
Stifone
Altrocanto
L.di Ripa Sottile
M.Terminillo
Lodonero
Visciano
Itieli
i Prati
Montisola
Cantalice
Vigne
S.Urbano
M.Macchialunga
Selleccchia
S.Francesco
Pian de'Valli
Micigliano
Guadamello
Schifanoia
Convento lo Speco
Vasciano
S.Nicola
Lago Lungo
Lisciano
Campoforogna
Gole del Velino
Lugnola
Greccio
Limiti di Greccio
Terminillo
S.Felice
Castelfranco
Lugnano
S.Maria
Poggio
Abbazia di S.Pastore
Terria
Convento la Foresta
Vazia
Cimata di Castello
S.Vito
Otricoli
Ocriculum
Piloni
Configni
Villa Stoli
Antrodoco
Borgo Velino
Cast.d.Formiche
S.Maria d.Neve
Calvi dell'Umbria
M.Cosce
Cottanello
Contigliano
Rieti
Mura medioevali
S.Rufina
Ponte Alto
Colle Micotti
Vacone
Collebaccaro
Mura medioevali
Cittaducale
Castel S.Angelo
Magliano Sabina
S.Andrea
Montasola
Forcella
S.Filippo
Santuario Francescano Fonte Colombo
Paterno
Vasche
Rocca di Fondi
Fianello
Rocchette
Poggio Fidoni
S.Elia
Castel S.Benedetto
Casette
Terme di Cotilia
Magliano Sabina
Montebuono
Tarano
Maglianello Alto
S.Giovanni Reatino
Cenciara
Grotti
Pendenza
M.Nuria
Borghetto
Cicignano
Torri in Sabina
L'Aquila
Ascoli Piceno

0a
80
0b
0c
0d
81
90
91
92
93
94
Pievebovigliana
Cicconi
Collesanto
Parco
Vallato
Penna S.Giovanni
Curetta
Monsampietro Morico
Montottone
Petritoli
Rubbianello
Fiastra
Trebbio
Pie d.Colle
Sarnano
Pilotti
Monte S.Martino
Monteleone di Fermo
S.Elpidio Morico
Monte Rinaldo
Ortezzano
Monte Vidon Combatte
Ascoli Piceno
Fiordimonte
Acquacanina
Pizzo di Meta
Abbazia dei SS. Ruffino e Vitale
S.Vittoria in Matenano
Montelparo
Rocca Monte Varmine
Carassai
Casavecchia
Cupi
Stinco
Bolognola
Smerillo
Fermo
Porchia
Vari
Villa Bentivoglio
Garulla Inf.
Montefalcone App.
Appennino
Santuario di Macereto
Nazionale
Amandola
S.Stefano
Montalto d.Marche
Patrignone
Cossignano
Aschio
Passo d. Fornaci
Rif.d.Arette
M.Amandoia
Montedinove
Borgo S.Antonio
Ussita
Casali
Colle
Comunanza
Force
Rotella
S.Giovanni in Strada
Sasso
S.Venanzo
Visso
Sorbo
M.Bove N.
Frontignano
M.Bicco
M.Priora
Montefortino
Castel di Croce
Castignano
S.Martino
Offida
Gola d. Infernaccio
Teglia
Castel S.Pietro
Monsampietro
Ripaberarda
M.Bove S.
Isola S.Biagio
Montemonaco
Porchiano
Appignano d.Tronto
Castorano
Castelsantangelo sul Nera
dei
Macchie
M.Porche
Tofe
Illice
Palmiano
Cerreto
S.Giovanni
Vindola
Altino
Polverina
Venarotta
Venagrande
Vallorano
Villa Chiarini
Castel di Lama
Colli del Tronto
Rapegna
Gualdo
Foce
Lago di Gerosa
Piedivalle
Monti
Passo di Gualdo
Uscerno
Pedara
Gimigliano
ASCOLI PICENO
Mura romane
Poggio di Bretta
Villa S.Antonio
Campi
Piè d.Colle
M.Lieto
Macerata
Perugia
Piano
Osoli
Marsia
Tronto
Ancarano
Todiano
Abeto
S.Angelo
Castelluccio
Montegallo
Bisignano
Agelli
Roccafluvione
Mozzano
Rosara
Ascoli P.Est
Folignano
Maltignano
M.Patino
M.Vettore
Balzo
Gaico
Roccareonile
Colle S.Marco
S.Egidio alla Vibrata
Sibillini
Piano Grande
Scalelle
Collina
Tav. Piccinini
Castel Trosino
Castellano
Paola
Norcia
Mura medioevali
Pizzo Cerqueto
Sala
Forcella
Cavaceppo
S.Giacomo
Cerqueto
Favale
Pretare
Tallacano
Arli
Lempa
Ponzano
Piedilama
Peracchia
M.Ventosola
Forca di Presta
Arquata del Tronto
Paggese
Cervara
S.Vito
Villa Passo
Grotta umida
Favalanciata
Acquasanta Terme
M.Piselli
Civitella d.Tronto
S.Onofrio
Forca di S.Croce
S.Pellegrino
Rif.Tartufoli
Faete
Spelonga
Quintodecimo
M.Teglia
M.gna d.Fiori
Ripe
Rocche di Civitella
Paterno
Piediripa
Pescara
S.Paolo
Leofara
Piancarani
Capodacqua
Grisciano
M.Comunitore
Pozza
Pito
M.gna di Campli
Savelli
Tufo
Umito
Valle Castellana
Piano Maggiore
Campovalano
Manigi
Mad.d.Neve
Castel S.Maria
M.Utero
Colle
Poggio d'Api
Morrice
Battaglia
Campli
Nocella
Parco
Pietralta
Forcola d.Civita
Illica
Macera d.Morte
Teramo
Laga
Varano
S.Giovanni
Accumoli
Pascellata
Rocca S.Maria
Fonte del Campo
M.d.Tre Croci
Colleminuccio
Villanova
Rupo
Civita
Cassino
Terracino
Saletta
Cossito
Pizzo di Sevo
Imposte
Magnanella
Forcola di Chiavano
Macchia
Cona Faiete
Castagneto
TERAMO
Chiavano
M.Pozzoni
Collespada
S.S.Lorenzo e Flaviano
Cima Lepri
Caiano
Ceppo
Costa Comune
Roccasalli
Collemoresco
S.Angelo
S.Stefano
Torricella Sicura
Agnova
Elce
Forcelle
Cornillo Vecchio
Fioli
Cavuccia
Trimezzo
la Force
S.Giorgio
Sommati
Lame
Poggio Rattieri
Trognano
Amatrice
Padula
Pagliaroli
Tordinia
Torrita
Cortino
la Rocca
Lago di Scandarello
Capricchia
Macchiatornella
Terzone S.Pietro
Cittareale
Selva Rotonda
Configno
Preta
M.Gorzano
Valle S.Giovanni
Faieto
Frondarola
Miano
Val Vomano
Terzone S.Paolo
Arafranca Pinaco
Cornillo Nuovo
Nazionale
Villa Vallucci
Spiano
Rapino
Scai
Collicelle
Nommisci
Cesacastina
S.Giorgio
Altavilla
Montorio
Basciano
Villa Vomano
M.Boragine
Cornelle
Crognaleto
Cervaro
Teramo
Roccapassa
M.di Mezzo
Aiello
Leognano
Castiglione
S.Lucia
Frattoli
Bascianella
S.Croce
L'Aquila
Verrico
Poggio Cancelli
Alvi
Tottea
Cusciano
Aquilano
Bacugno
S.Vittoria
Aringo
M.Civitella
Campotosto
Senarica
Tossicia
Colledara
S.M. di Ronzano
Fontarello
Cavallari
Lago di Campotosto
Paladini
Fano Adriano
Cerqueto
Flamignano
Castel Castagna
Fiavischio
Ville di Fano
Masciorni
Nerito
S. Gabriele Colledara
Posta
Piedicolle
Montereale
Sivignano
Prato Selva
Intermesoli
C.Pelato
Santuario S.Gabriele
Trignano
Borbona
Pellescritta
Capitigiano
Ortolano
Pietracamela
S.Giov. al Mavone
Capsano
Colledoro
Sigillo
Colle Paganica
Marana
Lago di Provvidenza
C.Abetone
Cima Alta
Cerchiara
Isola d.Gr.Sasso d'Italia
Villa Rossi
Cesaproba
Castello Paganica
del Gran Sasso
Prati di Tivo
S.Pietro
Massimo
Castelli
Vallemare
Cabbia
Gran Sasso
Corno Piccolo
Pretara
Fiugni
S.Giovanni
S.Pelino
M.S.Franco
M.Corvo
M.Ienca
Traforo del Gran Sasso d'Italia 10,2km
Collicello
d'Italia
Cagnano
Amiterno
Barete
Passo delle Capannelle
M.Giovanni
Paolo II
Corno Grande
Termine
M.Portella
M.Prena
M.Camicia
M.Stabiata
Campo Imperatore
Antrodoco
Gole di Antrodoco
Pizzoli
Colle
Acqua di S.Franco
S.Pietro
Osserv.o Astr.co
Rif.Fonte Vetica
Teora
Arischia
Fonte Cerreto
Mad.d.Grotte
Casaline
Cavallari
S.Lorenzo
M.d.Scindarella
Assergi
Gole del Velino
Menzano
Cermone
Amiterno
M.d'Aragno
M.Cristo
S.Egidio
Castello di Corno
S.Marco
S.Vittorino
Collebrincioni
Aragno
e Monti della Laga
M.Calvo
Santi
Camarda
M.Ruzza
M.Bolza
Rocca di Fondi
Scoppito
Cese
Preturo
Convento di S.Giuliano
Filetto
Rocca di Corno
Sella di Corno
Cave
Collettara
Coppito
L'Aquila E.
Paganica
M.Nuria
M.Cappellone
Vigliano
Forulí
L'AQUILA
Mura medioevali
Pescomaggiore
Castel del Monte
Sella di Corno
Pagliare
Valle Aterno
S.Stefano di Sessanio
L. Rascino
Poggio S.Maria
M.Luco
Bazzano
Rieti
Roma
Popoli
Apennino Abruzzese
Perugia
Rieti
Sabina
Velino
Aterno
Salinello
Vibrata
Castellano
Tordino
Vomano
Chifente
Aso
Tenna
Ambro
Nera
Tennacola
Salino
L. di Fiastra
0 1 2 4 6 8 10 km
0 1 2 4 6 miles

MARE
ADRIATICO
PESCARA
S.BENEDETTO DEL TRONTO
Grottammare
Giulianova
Roseto degli Abruzzi
Pineto
Silvi
MONTESILVANO
Francavilla al Mare
Ortona
CHIETI
Atri
Penne
Loreto Aprutino
Città S.Angelo
Martinsicuro
Alba Adriatica
Tortoreto
Cupra Marittima
Ripatransone
Acquaviva Picena
Porto d'Ascoli
Notaresco
Bisenti
Torre Cerrano
Silvi Marina
Alento

Md
Me
Mf
Na
83
84
94
95
96
97
98
99
Montalto di Castro
Montalto Marina
Tarquinia
Vetralla
Monte Romano
Tolfa
CIVITAVECCHIA
Santa Marinella
CERVETERI
LADISPOLI
Bracciano
Lago di Bracciano
Lago di Vico
Ronciglione
Capranica
Sutri
Manziana
Allumiere
Blera
Fregene
FIUMICINO
Lido del Faro
Parco Tuscania
Parco Suburbano Marturanum
Monti Cimini
Monti della Tolfa
M A R E
T I R R E N O
Barcelona, Porto Torres
Olbia
Arbatax
Cagliari
Tunis
Palermo

Nb
Nc
Terni Firenze
Nd
85
Ne
Rieti
Nf
94
95
96
97
98
99
Fabrica di Roma
Corchiano
Carbognano
Magliano Sabina
Tarano
Civita Castellana
Faleri Novi (Città romana)
Poggio Sommavilla
Stimigliano
Forano
Cantalupo in Sabina
Roccantica
Casperia
Poggio Mirteto
Gavignano Sabino
Ponzano Romano
Filacciano
Nazzano
Torrita Tiberina
Nepi
Castel S.Elia
Faleria
Calcata
Parco V.d.Treia
Rignano Flaminio
Mazzano Romano
Monterosi
Civitella S.Paolo
Fiano Romano
Montopoli di Sabina
Salisano
Fara in Sabina
Toffia
Poggio Nativo
Casaprota
Monteleone Sabino
Poggio Moiano
Scandriglia
Nerola
Montorio Romano
Montelibretti
Moricone
Monteflavio
Palombara Sabina
Parco d. Monti Lucretili
Licenza
Percile
Roccagiovine
Mandela
Vicovaro
Campagnano di Roma
Magliano Romano
Morlupo
Capena
Castelnuovo di Porto
Sacrofano
Anguillara Sabazia
Lago di Martignano
Formello
Cesano
Parco Veio
Riano
MONTE-ROTONDO
Mentana
FONTE NUOVA
GUIDONIA-Montecelio
Marcellina
S.Angelo Romano
Isola Farnese
Olgiata
S.M.di Galeria
Prima Porta
Settebagni
La Storta
La Giustiniana
Tor di Quinto
Ottavia
Casalotti
Torrevecchia
Primavalle
Città di Vaticano
ROMA
Colosseo
Terme di Caracalla
Tivoli
TIVOLI
Bagni di Tivoli
Villa Adriana
Castel Madama
S.Gregorio da Sassola
Casape
Poli
Gallicano nel Lazio
Zagarolo
Palestrina
Colonna
Monte Porzio Catone
Frascati
Montecompatri
Grottaferrata
Rocca Priora
CIAMPINO
MARINO
Castel Gandolfo
ALBANO LAZIALE
Rocca di Papa
Parco d. Castelli Romani
Nemi
Genzano di Roma
Ariccia
VELLETRI
Lariano
Lanuvio
Cecchina
Pavona
POMEZIA
OSTIA
Lido di Ostia
Fiumicino
Ponte Galeria
Acilia
Casal Palocco
Castel Porziano
Torvaianica
Tor Paterno
Pratica di Mare
Ardea
Anzio
Latina
94
Terracina
Cori
Frosinone
L'Aquila Avezzano

L'AQUILA
Fiamignano
Borgorose
Tornimparte
Carsoli
Tagliacozzo
AVEZZANO
Celano
Magliano de'Marsi
Scurcola Marsicana
Capistrello
Luco dei Marsi
Trasacco
Civitella Roveto
Subiaco
Parco dei Monti Simbruini
Filettino
Trevi nel Lazio
Palestrina
Genazzano
Olevano Romano
S.Vito Romano
Fiuggi
Guarcino
Certosa di Trisulti
Anagni
Colleferro
Segni
ALATRI
Ferentino
FROSINONE
Veroli
Cori
Rocca Sinibalda
Lago del Salto
Parco d. Monti Lucretili
Campo Felice
Piano di Pezza
Vicovaro
Arsoli
Rocca di Mezzo
Valmontone
Artena
Gavignano
Sgurgola
Morolo
Boville Ernica

Villanova
Pescara
Francavilla
94
95
96
97
98
99
92
M.Cappellone
1557
Civitella Casanova
S.Vincenzo
Vicoli
Catignano
Villa Badessa
Vallemare
Villareia
Ripa Teatina
CHIETI
Villamagna
S.Stefano di Sessanio
Parco Nazionale
Villa S.Lucia d.Abr.
Carpineto d.Nora
Nocciano
Villa Oliveti
Rosciano
Brecciarola
Bucchianico
Barisciano
Calascio
M.Cappucciata
1802
Ofena
M.la Serra
1014
del Gran Sasso
Brittoli
Civitaquana
Cugnoli
Manoppello
S.M.Arabona (Cistercense)
Castelvecchio Calvisio
Pagliare
Capo d'Acqua
Forca di Penne
Alanno
Casalincontrada
Castelnuovo
Carapelle Calvisio
S.Pio delle Camere
e Monti
Corvara
Pietranico
Valle Baroni
la Mad.d.Grazie
Scafa
Scafa-Alanno
Ripacorbaria
Chieti
Pescara
Semivicoli
Peltuinum
S. Paolo di Peltuino
Prata d'Ansid.
Tussio
Capestrano
M.Picca
1405
Pescosansonesco
Torre de'Passeri
Piano d'Orta
Turrivalignani
Manoppello
Serramonacesca
Terranova
Casacanditella
Fagnano Alto
Bominaco
Caporciano
Civitaretenga
Navelli
S.Pietro ad Oratorium
della Laga
Castiglione a Casauria
Casauria
Torre de'Pass.
S.Clem.a Casauria
S.Valentino in Abr.Cit.
Lettomanoppello
Abbateggio
Roccamontepiano
S.Liberatore a Majella
Sant.d. Volto Santo
Fara Filiorum Petri
S.Martino S.Marrucina
Fontecchio
M.Acquaro
1245
Collepietro
L'Aquila
Pescara
Bussi sul Tirino
Tocco da Casauria
Bolognano
Roccamorice
1338
Mad.d.Mazza
Pretoro
Torre d.Colle
Rapino
Guardiagrele
d.Cerreta
1510
Tione d.Abruzzi
(581)
Succiano
Beffi
Musellaro
S.Tommaso
Comino
100
M.Corvo
1128
Goriano Valli
Acciano
(600)
S.Benedetto in Perillis
Popoli
M.Rotondo
1732
Salle
Decontra
S.Spirito
la Maielletta
1995
Casoli
Sirente-Velino
Secinaro
(824)
Sorgenti d.Pescara
Mandra Murata
1237
M.Capo d'Acero
843
Caramanico Terme
S.Nicolao
Pennapiedimonte
Molina Aterno
(512)
Parco Nazionale
2349
Monte Sirente
Castelvecchio Subequo
Vittorito
Corfinio
Roccacasale
Monte Morrone
S.Eufemia a Maiella
Palombaro
M.S.Nicola
2012
Gagliano Aterno
S.Pelino
Corfinium
Rif.Casa d.Vacche
2061
S.Giacomo
Montagna della Maiella
Il Martellese
2259
Prati di S.Maria
Castel di Ieri
M.Acquaviva
2737
Raiano
Sulmona-Pratola P.
Pratola Peligna
Bagnaturo
Villa di Ovidio
Roccacaramanico
Fara S.Martino
Civitella Messer Raimondo
Aielli
Goriano Sicoli
(720)
Badia Morronese
M.Amaro
2793
Aielli Staz.
Cerchio
Collarmele
Il Colle
Marane
Passo S.Leonardo
(1282)
M.d.Selva
1387
Prezza
Campo di Fano
Torre di Nolfi
SULMONA
Pacentro
della Majella
Fonte Romana
Grotta del Cavallone
Lama dei Peligni
Pescina
Carrito
Castiglione
Cocullo
M.Prezza
1350
Tavola Rotonda
2403
S.Benedetto d.Marsi
Cesoli
Casale
Bugnara
Campo di Giove
Taranta Peligna
Fallascoso
Villa S.Maria
Introdacqua
Cansano
Fucino
Ortona dei Marsi
Anversa d.Abruzzi
Lettopalena
Colledimacine
Venere
M.Mezzana
1792
Castrovalva
Palena
Casali d'Aschi
Aschi Alto
M.Miglio
1712
2089
Pettorano sul Gizio
1515
M.Mattone
M.Porrara
2136
M.ti Pizi
1342
Gioia dei Marsi
M.Genzana
2170
Frattura
Eremo di S.Antonio
(1312)
1969
M.Pizzalto
Mad. dell'Altare
Ortucchio
Lecce nei Marsi
Sperone
S.Sebastiano
S.Domenico
Villalago
(930)
Rocca Pia
2127
M.Rotella
1578
Pizzoferrato
M.Pietrascritta
1352
Vallemora
Bisegna
(1210)
Appennini
L. di Scanno
L'Annunziata
Valico d.Forchetta
(1270)
S.Antonio
Lecce nei Marsi
M.Argatone
2149
Scanno
Mad. del Carmine
Chieti
L'Aquila
Gamberale
Sant'Antonio
Collelongo
Gioia Vecchio
La Terratta
2208
Serra Sparvera
1998
Piano delle Cinquemiglia
93
1883
M.Secine
La Guardia
1880
M.Pietra Gentile
1979
S.Liborio
Pescocostanzo
Rivisondoli
S.Elena
Monna Rapanella
Passo d. Diavolo
(1400)
2122
Rif.Prato Rosso
Mimola
Montagna Grande
M.Tocco
1683
Ateleta
Villavallelonga
1868
M.Fontecchia
Parco
C.Bocca di Pantano
Pratello
1930
Roccaraso
Pietransieri
Carceri
Castel del Giudice
P.te Campomizzo
M.Palombo
2013
17
XII-III
M.Godi
2011
Fonte di Pantano
2056
M.Pratello
Serra Lunga
Mad. d. Lanna
M.Marcolano
1940
1860
Schiena Cavallo
1981
Nazionale
2186
Rif.Aremogna
Roccacinquemiglia
Isernia
ovanni Nuovo
1835
1250
Pescasseroli
(1167)
M.d.Corte
Montagnola
2256
2140
Toppe d.Tesoro
M.Arazecca
1824
Castel di Sangro
Balsorano-Vecchio
M. Cornacchia
2003
M.Marsicano
2242
M.Greco
2283
S.Pietro Avellana
Mass.Tomba
I Ridotti
M.Mattone
Serra Bocca Chiarano
1890
la Brecciosa
Rif.della Difesa
Opi
Casoni
1814
Villetta Barrea
C.della Monna
1686
Mad.d.Grazie
L'Aquila
Frosinone
M.la Rocca
1925
Santuario di M. Tranquillo
d'Abruzzo,
Lago di Barrea
Civitella Alfedena
1558
Barrea
Villa Scontrone
1301
M.Pagano
S. Vincenzo
1862
M.Amaro
Serra Alta
1710
1347
Faggio Rotondo
Forcella
Pescosolido
Rif. Belvedere
1931
Forca Resuni
M.dei Quadri
Scontrone
Aufidena
S.Lucia
Montalto
Villa S.Michele
Rocca Sorella
Mad.d.Angeli
Campoli Appennino
Serra Traversa
1868
1056
C.Terelle
Forca d'Acero
2247
Monte Petroso
Alfedena
Castiglioni
Vigne
Acqua dei Ranci
L'Aquila
Frosinone
Lazio
SORA
Broccostella
C.Nero
1997
Montenero Val Cocchiara
Casabona
Rionero Sannitico
Roccasicura
Duomo
Mad. d. Stella
Lago Fibreno
S.Onofrio
S.Donato Val di Comino
(728)
Rocca Altiera
2085
Rif.Campitelli
Carnello
Posta Fibreno
Castello
Arinicciia
la Meta
2241
M.Curvale
1260
Foci
Mad.d. Assunta
Forlì del Sannio
Isola d.Liri
Cisterna
Colle
Mastroianni
Vicalvi
Alvito
Mad. di Canneto
1976
Passo d.Monaci
Isernia
Frosinone
e Molise
Mass. Piede Rocca
Acquaviva d'Isernia
Vandra
Fontechiari
Valleffredda
Canalara
Marrocco
Gallinaro
Pietrafitta
Settefrati
Pizzone
Civitavecchia
S.Pietro
Purgatorio
Fallena
40
Picinisco
2039
M.Cavallo
Castel S.Vincenzo
al Volturno
Cerro al Volturno
Valloni
Arpino
Mura ciclopiche
Togna
Roselli
Casalvieri
Settignano
Rosanisco
S.Pietro
2021
M.Mare
95
Cassino
96
Venafro

94
95
96
97
98
99
Guardiagrele
Francavilla al Mare
Venafro
Sulmona
Ortona
Ripa Teatina
Miglianico
Villamagna
Tollo
Villa Grande
S.Rocco
Giuliano Teatino
Crecchio
Vacri
Ari
Canosa Sannita
Villa Caldari
Sant'Apollinare
San Vito Chietino
Marina di San Vito
Mancini
Semivicoli
Arielli
Poggiofiorito
Guastameroli
Frisa
Treglio
Rocca San Giovanni
Basilica San Giovanni in Venere
Fossacesia Marina
Fossacesia
Casacanditella
Filetto
S.Martino s. Marrucina
Orsogna
LANCIANO
Scorciosa
Santa Maria Imbaro
Mozzagrogna
Torino di Sangro Marina
le Morgie
Cimitero Inglese
Castel Frentano
Crocetta
Villa Romagnoli
Guardiagrele
S.Domenico
S.Eusanio d.Sangro
Villa Elce
Castello di Sette
Val di Sangro
Sangro
Sant'Egidio
Torre
Torino di Sangro
Lido di Casalbordino
Stazione di P.to di Vasto
Punta di Penna
Santa Maria d. Penna
Zimarino
Rizzacorno
Paglieta
Madonna dei Miracoli
Villalfonsina
Casalbordino
Masseria del Greco
Casalbordino-Vasto Nord
Santa Maria Incoronata
Cotti
Capoposta
Laroma
Palombaro
Guarenna
Selva
Monte Marcone
Monte Calvo
Ranco Masseria Spaventa
San Barbato
Pollutri
la Martina
San Lorenzo
VASTO
Marina di Vasto
Casoli
Altino
Colli
Archi Stazione
Archi
San Tommaso
San Luca
Perano
Sant'Amico
Rucconi
Pili
Madonna del Buon Consiglio
Masseria Russi
Scerni
San Giacomo
Casale d'Ercole
Masseria Marrollo
Sant'Antonio
Monteodorisio
Fara S.Martino
Civitella Messer Raimondo
L. di S.Angelo
Macchie
San Marco
Collina Calvo
Masseria di Groce
Masseria de Marco
Masseria Menna
Colle Marrollo
Valloni
Cupello
San Salvo Marina
Marina di Montenero
Roccascalegna
Gessopalena
Vallecupa
Atessa
Masseria Colantonio
Collina Casalforzato
Piano d.Ospedale
Monte Taverna
San Salvo
Petacciato Marina
S.Antonio
Tornareccio
Bomba
Torricchio
la Montagnola
Casalanguida
Sinello
Policorvo
Montenero di Bisaccia-Vasto Sud
M.Bello
Trigno
Masseria Luciani
Torricella Peligna
Fallascoso
Pennadomo
Colledimacine
Iuvanum
Fontanelle
S.Lorenzo
la Crocetta
Colledimezzo
Guilmi
Carpineto Sinello
Gissi
Furci
Ponte Treste
Lentella
Petacciato
Montebello sul Sangro
Montenerodomo
Lago d. Sangro
Piano d.Monte
Pietraferrazzana
Monte Sorbo
Convento Sant'Antonio
San Buono
Fresagrandinaria
Chieti
Campobasso
Masseria Fioretti
Masseria Marchesani
Masseria Di Pietro
Masseria Di Bello
Masseria D'Amario
Montenero di Bisaccia
Collina della Sentinella
Parco Nazionale della Maiella
C.Pennapizzuto
Villa S.Maria
Montelapiano
Monteferrante
Serre
San Cristoforo
Liscia
Masseria Marchetto
Montefreddo
Mafalda
Civitaluparella
Fallo
Montazzoli
Monte Fischietto
Acquaviva
Roccaspinalveti
San Michele
Palmoli
Dogliola
Masseria Gallina
Pizzoferrato
Quadri
Borrello
Giuliopoli
Olmi
Fraine
Carunchio
Tufillo
Madonna di Monte la Teglia
Tavenna
Masseria la Melza
Montecilfone
Gamberale
Roio del Sangro
Rosello
Passo S.M.del Monte
Castel Fraiano
Collina dell'Albero
Masseria De Simone
San Felice del Molise
Palata
Isernia
S.Angelo del Pesco
M.Castellano
Pescopennataro
Torre della Fara
Montefalcone nel Sannio
Acquaviva Collecroce
Celenza sul Trigno
Castiglione Messer Marino
Torrebruna
Guardiabruna
Madonna di Canneto
Masseria Peloso
San Leucio
Castel del Giudice
Laghi dell'Anitra
Masseria Cocucci
San Giovanni Lipioni
Masseria di Bari
Masseria Mastadamo
Masseria D'Elisis
Collina Coppere
Capracotta
Mad. di Loreto
Belmonte del Sannio
Schiavi di Abruzzo
Castelguidone
Roccavivara
Masseria Stracciati
Monte Mauro
Castelmauro
Castello Turco
Masseria Ciccanese
Tempio Italico
San Benedetto
Collina Foccadoro
M.Capraro
Agnone
Villa Canale
Taverna
San Giovanni
Crocella
Guardialfiera
Lago di Guardialfiera
Montarone
Mass.Tomba
Vastogirardi
Poggio Sannita
Trivento
(rom. Tereventum)
Monte Andrea
Serra Guardiola
Civitacampomarano
Montagnola
Castelverrino
Masseria Vaccarecca
Lupara
Pietrabbondante
Verrino
Salcito
Collina Marasca
Colle San Martino
Castelbottaccio
Biferno
Casacalenda
Cerreto
Villa S.Michele
Castiglione
Santuario Italico (Teatro Antico, Tempio)
San Nicola
Il Casone
Lucito
Sant'Andrea
Casa Collemeluccio
San Biase
Collina Carello
Ponte Morgia Schiavone
Morrone del Sannio
Provvidenti
Carovilli
Torre della Castagna
San Michele
Madonna delle Stelle
Sant'Angelo Limosano
Castellino del Biferno
Bagnoli del Trigno
Taverna Cerrosecco
Roccasicura
Pietracupa
Limosano
Petrella Tifernina
Castellino Nuovo
Ripabottoni
Pescolanciano
Chiauci
Casale
Fossalto
Castel di Rocca
Stazione di Ripabottoni
Sant'Elia
M.Totila
Civitanova d.Sannio
Duronia
Villa Dipenta
Staz. di Campolieto-Monacilioni
Taverna d.Tratturo
Villa Centocelle
Pescocupo
Miranda
Sessano d.Molise
San Ianni
Cappiella
Castello Torella del Sannio
Colle Bove
Caserio Marinelli
Montagano
Taverna di Clemente

MARE ADRIÁTICO
Isole Tremiti
Parco Nazionale del Gargano
Parco Naz. d. Gargano
Isola Pianosa
Isola Capraia o Caprara
Isola San Nicola
Ísola San Domino
TERMOLI
Campomarino
Lido di Campomarino
San Giacomo degli Schiavoni
Portocannone
Clitemia Nuova
San Martino in Pensilis
Ururi
Larino
Montorio nei Frentani
Rotello
Montelongo
Bonefro
Santa Croce di Magliano
San Giuliano di Puglia
Colletorto
Monte Calvo
Chieuti
Serracapriola
Marina di Chieuti
Torre Fantine
Ripalta
Lesina
Lago di Lesina
Marina di Lesina
Punta Pietre Nere
Poggio Imperiale
Apricena
San Paolo di Civitate
Torremaggiore
SAN SEVERO
Parco Nazionale del Gargano
Monte Castello
Monte della Donna
Lucera
Foggia

Nc
Nd
Ne
Nf
Oa
Roma
89
99
100
101
102
103
Tor Vaianica
ARDEA
APRILIA
Cisterna di Latina
Cori
Norma (Norba) Mura poligonali
Sermoneta
Castello dei Caetani
Bassiano
Sezze (Setia) Mura ciclopico
LATINA
ANZIO
NETTUNO Mura medioevali
Torre Astura
Lido di Latina
Sabaudia
Lago di Sabaudia
Parco Naz. del Circeo
Monte Circeo
Grotta della Maga Circe
Faro di Torre Cervia
M A R E
T I R R E N O
Isole Ponziane
Isola di Ponza
Isola Palmarola
Punta Tramontana
San Silverio
Punta Vardella
le Forna
la Piana
Isola di Gavi
Punta dell'Incenso
Isola Zannone
Monte Pellegrino
Parco Nazionale del Circeo
Ponza
Terracina
Formia
Monti Lepini
Borgo Piave
Borgo Sabotino
Borgo Grappa
Borgo San Donato
Pontinia
Latina Scalo
Borgo Montello
Tre Cancelli
Acciarella
Lido di Foce Verde
Lago di Fogliano
Lago di Caprolace
Lago dei Monaci
Bosco del Padiglione
Lavinio-Lido di Enea
Campoverde
Doganella
Ninfa
Abbazia di Valvisciolo

99
100
101
103
104

Sora
Oe
Of
91
Pa
Castel di Sangro
Pb
Roccavivara
99
100
101
102
103
ISERNIA
CASSINO
Abbazia di Montecassino
Atina
Venafro
Cervaro
Capriati a Volturno
Pignataro Interamna
S.Giorgio
S.Apollinare
Ausonia
Coreno Ausonio
Castelforte
Minturno
Sessa Aurunca
Roccamonfina
Parco Roccamonfina
Teano
Carinola
Sparanise
Pignataro Maggiore
Vairano Patenora
Pietravairano
Alife
Caiazzo
Capua
Santa Maria Capua Vetere
CASERTA
MARCIANISE
AVERSA
CAIVANO
ACERRA
GIUGLIANO IN CAMPANIA
FRATTAMAGGIORE
S.ANTIMO
Villa Literno
Casal di Principe
Trentola
Grazzanise
MONDRAGONE
CASTEL VOLTURNO
Golfo di Gaeta
MARE TIRRENO
Baia Domizia
Pescopennataro
Carpinone
Miranda
Longano
Macchia d'Isernia
Monteroduni
Piedimonte Matese
Gallo Matese
Letino
Prata Sannita
Pratella
Ailano
Raviscanina
Dragoni
Alvignano
Pietramelara
Riardo
Vallerotonda
Viticuso
Acquafondata
Pozzilli
Sesto Campano
Mignano Monte Lungo
Presenzano
Galluccio
Conca della Campania
Tora e Piccilli
Marzano Appio
Cellole
Falciano del Massico
Cancello
Arnone
Frosinone
Latina
Caserta
Isernia
Napoli
Qualiano

CAMPOBASSO
BENEVENTO
MADDALONI
Frosolone
Campitello Matese
Piedimonte Matese
Matese
Sepino
Morcone
Guardia Sanframondi
Telese
Sant'Agata dei Goti
Montesarchio
Mirabella Eclano
Riccia
Colle Sannita
San Bartolomeo in Galdo
San Marco dei Cavoti
Pietrelcina
Paduli
Ferrazzano
Vinchiaturo
Bojano
Cerreto Sannita
San Salvatore Telesino
Solopaca
Vitulano
Airola
Cervinara
San Martino Valle Caudina
Altavilla Irpina
Montemiletto
Cicciano
Baiano
Mugnano del Cardinale
Avella
Arienzo
Parco Taburno Camposauro
Parco del Partenio
Monti della Daunia
Lago di Occhito
Campobasso
Caserta
Avellino
Foggia
Volturara Appula
Mirabella
Lucera
Foggia
Candela Tre Torri
99
100
101
102
103

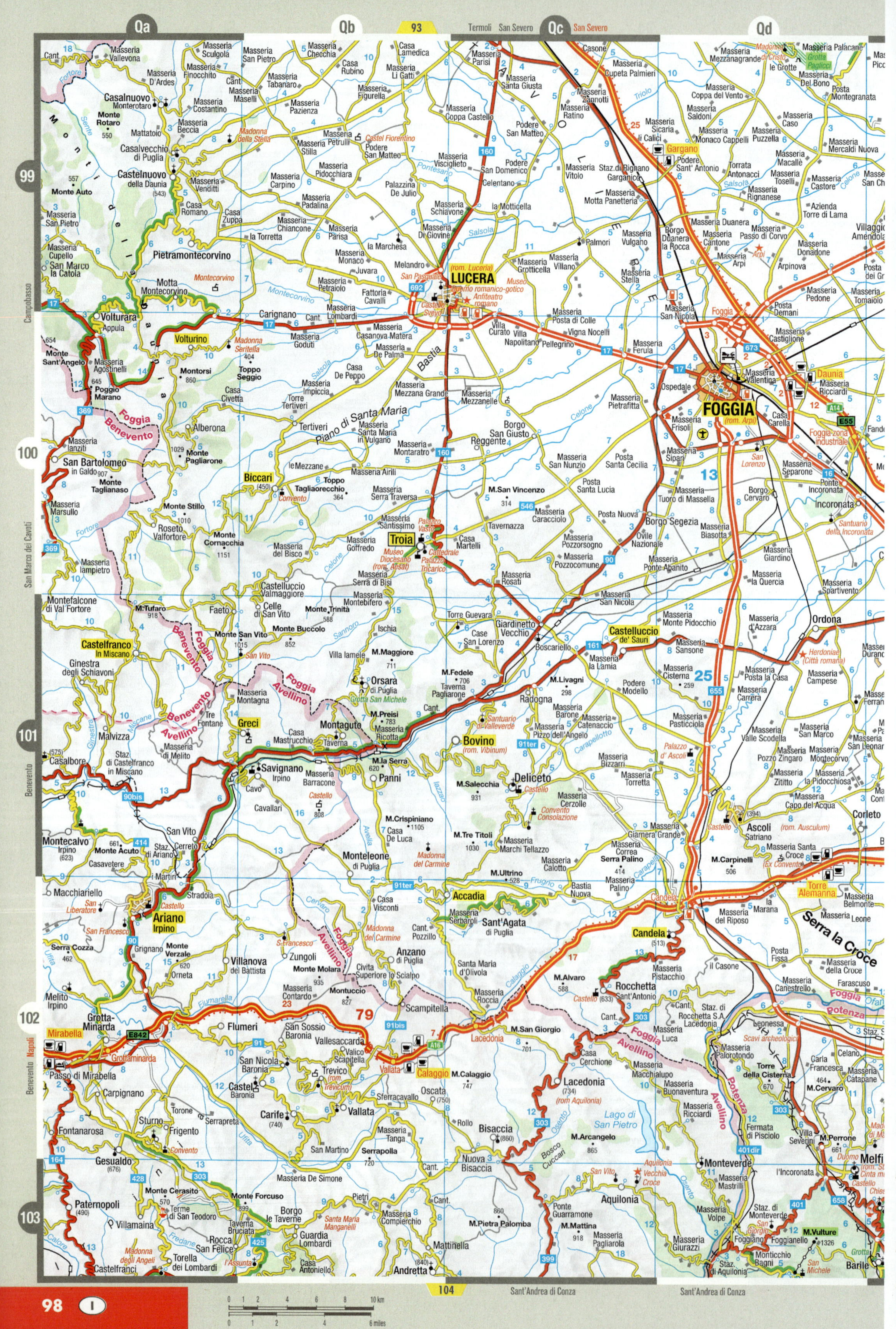

Qa
Qb
93
Termoli San Severo
Qc
San Severo
Qd
99
100
101
102
103
Campobasso
San Marco dei Cavoti
Benevento
Benevento Napoli
Casalnuovo Monterotaro
Casalvecchio di Puglia
Castelnuovo della Daunia
Monte Auto
Pietramontecorvino
Motta Montecorvino
Volturara Appula
Volturino
Monte Sant'Angelo
Alberona
San Bartolomeo in Galdo
Biccari
Roseto Valfortore
Montefalcone di Val Fortore
Faeto
Celle di San Vito
Castelfranco In Miscano
Ginestra degli Schiavoni
Greci
Montaguto
Savignano Irpino
Casalbore
Montecalvo Irpino
Ariano Irpino
Villanova del Battista
Zungoli
Flumeri
Grottaminarda
Mirabella
Melito Irpino
Castel Baronia
Carife
Vallata
Trevico
Frigento
Gesualdo
Paternopoli
Villamaina
Fontanarosa
Sturno
Torella dei Lombardi
Castelfranci
Guardia Lombardi
Rocca San Felice
Andretta
Bisaccia
Lacedonia
Aquilonia
Monteverde
Calaggio
Scampitella
Anzano di Puglia
Monteleone di Puglia
Accadia
Sant'Agata di Puglia
Panni
Bovino
Deliceto
Orsara di Puglia
Troia
Castelluccio Valmaggiore
Lucera
Carignano
Foggia
Borgo Segezia
Castelluccio de' Sauri
Ordona
Ascoli Satriano
Candela
Rocchetta Sant'Antonio
Melfi
Barile
Corleto
Serra la Croce
Piano di Santa Maria
Foggia Benevento
Benevento Avellino
Foggia Avellino
Foggia Potenza
Potenza Avellino
Lago di San Pietro
Gargano
Daunia
Foggia zona industriale
Torre Alemanna
M.Vulture
Sant'Andrea di Conza
104
0 1 2 4 6 8 10 km
0 1 2 4 6 miles

Qe
Qf
Vieste
Ra
Rb
Rc
MARE ADRIÁTICO
Golfo di Manfredonia
MANFREDONIA
Masseria Valente
la Pace
Masseria Torre Varcaro
Convento Cappuccini
Castello di Re Manfredi
Cattedrale romanica
Museo
Lido di Siponto
(rom. Sipontum)
Santa Maria di Siponto
San Leonardo di Siponto
Cava di Pietra
Masseria Polveracchio
Masseria Misciili
Masseria Signoritti
Masseria la Castellana
Masseria Don Gennaro
Miniera di Bauxite
Masseria Russo
Posta Rosa
Posta Gavone
Masseria Posta delle Capre
Masseria Trotta
Masseria le Mosce
di Bramante
Masseria Resecata
Masseria Pariti
Masseria Capo da Uccello
Masseria Tuori
Masseria Santo Spirito
Masseria Candelaro
Masseria Chiancata
Masseria Maremorto
Posta Ferrara
Staz. di Candelaro
Candelaro
Posta della Via
Casa Frattarolo
Vasche di Colmata
Sciale di Pietruzzo
Scale Frattarolo
Scale Borgia
Vigna Balsamo
Scalo dei Saraceni
Torre Carlone
Scale Bartolomeo
Ippocampo
Posta Piana
Masseria Tecchia
Amendola
Staz. di Amendola
Masseria Barretta
Masseria Cupola
Masseria Gramazio
Posta Alesi
Azienda Beccarini
Masseria Marconi
Masseria la Contessa
Posta Berardi
Lido di Rivoli
Onoranza
Pedone
Masseria Palata
Masseria Alberone Stella
Masseria Isola degli Olivi
Borgo Tavernola
Masseria Cutino
Masseria Sipari
Sette Poste
Zapponeta
Macchia Rotonda
Masseria Conga Agnelli
Borgo Fonte Rosa
Masseria Inacquata
Masseria San Vito
Masseria Tamaricciola
Borgo Mezzanone
la Scrofola
Masseria Caira
Masseria Angeloni
Masseria la Risaia
Alma Dannata
il Monte
SALAPIA
Torre Pietra
Orno
Le Saline
Margherita di Savoia
Masseria Torretta
la Pescia
Tressanti
la Luparella
Lupara
Montaltino
Masseria Posta Nuova
Masseria Cafiero
Masseria Trionfo
Masseria Anzani
Masseria Mangione
TRINITAPOLI
Cannafesca
Torre d'Ofanto
Carapelle
Masseria il Trionfo
Masseria Tramezzo
Masseria Mavellia
la Pila
Posta Uccello
Foggia
Barletta-Andria-Trani
Masseria Don Antonio
Convento
Masseria Posta dei Preti
Staz. di Orta Nova
Masseria Nuova
Orta Nova
Santa Maria dei Manzi
Casa Ciarleta
Masseria Candida
le Quattro Masserie
Masseria Picocca
Staz. di Margherita d.S.Ofantino
Masseria Finocchio
BARLETTA
Duomo Castello
(rom. Barduli)
Madonna del Sterpeto
Passo d'Orta
Salice
San Michele delle Vigne
Le Saline
Cerignola E.
Staz. di Cerignola Camp.
Masseria la Macchia
SAN FERDINANDO di Puglia
San Michele
Masseria l'Oliva
Torre Giulia
Masseria Paolillo
Masseria Contessa Mannelli
Masseria il Toro
(Ex Castello)
Tenuta il Quarto
Casa Colapatella
Masseria De Biase
Case Lauro
Museo CANNE (CANNAE)
Canne della Battaglia
Montaltino
Torre della Guardia
Torre Filannino
Masseria Callano
Bari
Stornara
Villa Manzari
Casa Gavitella
Masseria Capotondo
Cattedrale
Masseria Torricelli
Labia
Casa San Martino
Tannoia
San Samuele di Cafiero
Proficio
Masseria Casalonga
Staz. Casalonga
Masseria San Vincenzo
Grotta del Mercante
Andria-Barletta
Stornarella
Posta Incorvera
CERIGNOLA
(rom. Ceraunilia)
Masseria Poggiofranco
Masseria Pozzelle
Masseria Santa Maria
Masseria San Francesco
ANDRIA
i Tre Perazzi
Masseria Acquamala
le Torri
Rutolella
Canosa
Masseria Pignatella
Basilica Santa Sofia
Canne della Battaglia
Torre della Guardia
Palazzo
Cattedrale
San Giovanni in Fonte
Masseria i Pavoni
Santo Stefano
Masseria Sant' Andrea
Ponte romano
Arco romano
CANOSA DI PUGLIA
(rom. Canusium)
Masseria Arnjeci
Masseria Coppa
Tre Miglia
Masseria Paolillo
Masseria Lagnano
Masseria Tre Titoli
Masseria Coccia
Cerignola O.
Masseria Tavoletta Pavoncelli
Torre Rivera
Masseria Torre di Bocca
Torre Lazzarelli
San Salvatore
Masseria Toppuli
Masseria Tavernola
Bitonto
Canale Castello
S.Martino
Pozzo Terraneo
Masseria Cafora Lupi
Masseria Bombace
Villa Rossi
le Palombe
Fonte di Liso
Petrone
Masseria Quadrone
Borgo Libertà
Ofanto
Masseria del Calvario
Posta Locone
Masseria Volturina
Madonna di Ripalte
Forno Vecchio
Masseria Torretta
Masseria di Pozzo Monaco
Cefalicchio
Masseria Monte Carafa
Montegrosso
Torre San Pietro
Trianelli
Sant' Agostino
Via Appia Traiana
Masseria Piscitelli
Lago di Capacciotti
Bellaveduta
Loconia
Masseria Leonetti
Masseria Abbondanza
Masseria di Cugno Volpe
Masseria Morello
San Carlo d'Ascoli
Masseria Topporusso
Villaggio Moschella
Crocifisso
Posta Piana
Torre d'Isola
Masseria De Ruvo
Punta di Bosco Spirito
Femmina Morta
San Leonardo
Masseria Coppe di Maltempo
Lamalunga
Torretta Corsi
le Murge di Minervino
Il Marziano
Bosco di Spirito
Masseria Pozzacchera
Masseria Palese di Sopra
Masseria Frasca
Ruvo di Puglia
Posta Salsa
M.Maggiore
Potenza
Masseria Viggiani
Posta di Gaudiano
Gaudiano
la Torre
Masseria Caputi
Masseria Cannone
Posta di Grotte
Torre del Vento
Posta delle Camerelle
Masseria Parasacco
Masseria la Marchesa
Villaggio Gaudiano
Masseria Spagnoletti
Masseria Corsi
Madonna del Sabato
Masseria Sforza
MINERVINO Murge
Parco Nazionale dell' Alta Murgia
Masseria Spagnoletti
Castel del Monte (Federico II)
Ospedale Pediatrico
Caserio Lo Console
Masseria Casolla
San Nicola di Melfi
Catena
Cant.
Masseria Aquilecchia
Masseria Ariaccia
Invaso Diga Locone
Masseria lo Tito
Masseria Stricchio
Masseria Coleti Piccola
Citulo
Masseria De Benedictis
Masseria Casella
Masseria Ginistrelli
Madonna della Foresta
Masseria Nuova
Cant. Pantone
Campanelli
M.Scorzone
Masseria Piano del Monaco
Savignano
Masseria Menolecchia
Lavello
Castello
Scavi archeologici
Valle Cornuta di Mezzo
Masseria d'Amelio
Masseria Liuzzi
Masseria Sardoni
Masseria Carluva
Masseria Rinaldi
Masseria Paglialunga
Sterparone
Torre Ferlizza
Torre di Nebbia
Masseria Piedepicciolo
Villa Mariannina
Lago del Rendina
Boreano
Montemilone
Cant. Ulmeta
Acquatetta
Masseria Ciminiero
Masseria Giuncata
Senarico
Staz. di Rapolla-Lavello
Venosa
Masseria Trentangeli
Bosco Santa Maria
Masseria Sterpara Sottana
Masseria Gravina
Torre Disperata
Masseria Taverna Nuova
Masseria Piano d'Annaia
Masseria Grimolizzi
Sanzanello
Masseria Sterpara Soprana
Masseria Lupara
Macooria Garagnone
Murgia Lampazzo
Trullo di Sotto
Trullo di Mezzo
Rapolla
Cattedrale
M.Stangone
Venosa
Anfiteatro
Madonna delle Grazie
Castello (rom. Venusia)
Grotta
SPINAZZOLA
Madonna del Bosco
Masseria Epitaffio
Masseria Spada
Masseria Melodia
Castello di Garagnone
Trullo di Sopra
Murgia di Serraficaia
Chiesa di Montalto
Masseria Sant'Angelo
Masseria Cassandro
Masseria Nardozza
Murao resti di mura
Castello
Masseria Carbone
Masseria Lamia
Masseria D'Innella
Masseria Salomone
Staz. Poggiorsini
Gravina
Potenza
Gravina in Puglia
105
Gervasio Genzano di Lucania
Matera
99
100
101
102
103
I
99

Rb
Rc
Rd
Re
Rf
99
100
101
102
103
Mare Adriatico
Dubrovnik
BARLETTA
(rom. Barduli)
Castello
Madonna del Sterpeto
TRANI
(rom. Turenum)
Cattedrale
Castello
ANDRIA
Palazzo
Cattedrale
Andria-Barletta
BISCEGLIE
Cattedrale romanica
Torre Calderino
MOLFETTA
(rom. Natiolum)
Duomo Vecchio
Cattedrale
GIOVINAZZO
Duomo
Santo Spirito
Palese-Macchie
BARI
(rom. Barium)
San Nicola
Cattedrale
Castello
CITY MAP
Aeroporto Bari-Palese
CORATO
Madonna delle Grazie
RUVO DI PUGLIA
(rom. Rubi)
Duomo
TERLIZZI
Chiesa della Stella
BITONTO
(rom. Butuntum)
Museo
Cattedrale
Palazzo Vulpano Sylos
Padre Eterno
Dolmen
MODUGNO
Murge
Bari Nord
Menhir
Santa Maria delle Grotte
Bari Sud
BITRITTO
BITETTO
Santa Maria del Piano
PALO del Colle
Mater Domini
GRUMO APPULA
Binetto
Toritto
Sannicandro di Bari
(rom. Grumum)
Madonna di Torre
Carbonara di Bari
Ceglie del Campo
(rom. Caelia)
Loseto
Valenzano
TRIGGIANO
CAPURSO
Montrone
Cellamare
Adelfia
Canneto di Bari
CASAMASSIMA
Parco dei Principi
Villa Azzone
Casero P.Rossi
la Rena
Parco della Chiesa
Masseria Capitolo
Masseria Macario
Masseria Ciaralli
Masseria Servedio
Masseria Lupis il Trullo
Staz. Sannicandro di B.
Madonna del Melitto
Masseria Mastroserio
Case Antevito
Casa Vezzara
Villa Antonietta
Lamia de Vito
Quasano
Masseria Caselli di Cristo
Masseria della Città la Mandria
Masseria Castelli
Murgia del Ceraso
Ceraso
Murgia le Vigne di Cotugno
Masseria Lama del Monte
Masseria Scalella
Masseria di Lago Cupo
Masseria Modesti
Parco Nazionale dell' Alta Murgia
Murgia di Serraficaia
Masseria Freviticelli
Franchini
Masseria Camerino
Trullo di Sopra
Trullo di Mezzo
Trullo di Sotto
Masseria Taverna Nuova
Masseria Piano d'Annaia
la Cavallerizza
Masseria Nuova del Duca
Masseria Nuove Cimadomo
Torre di Nebbia
Masseria Piedepiccolo
San Magno
Masseria Malcangi Ceci
Masseria De Benedictis
Masseria Casolla
Casello Lo Console
Spada
Torre dei Guardiani
Casa Lovino
Torre dell'Orco
Posta di Grotte
Torre del Vento
Masseria Frasca
Santuario
Masseria di Cugno Volpe
Masseria Abbondanza
Casa Messori
Via Appia Traiana
Masseria Quadrone
Monumento alla Disfida di Barletta
Tiro
Cant.
Masseria
Masseria Paolillo
Casello Massima
Casello Tarricone
Casello Gioia
Casello di Monsignore
Casa Sant' Elena
Casa Azzariti
Masseria Callano
Valleluna
Santa Maria di Giano
Torre di Pacciano
Dolmen di Chianca
Dolmen di Bisceglie
Casello Addario
Barletta-Andria-Trani
Torre Gallo
Casello Colonnello
Villa Fenicia
Vigne Pau
lo Staglio
Villa De Bartolo
Madonna di Zappino
Il Pulo
Torre di Pettine
Molfetta
Torre Moscata
Sette Torri
Ponte di Gurgo
Sovereto
Villa De Crescenzio
Bosco della Vergine
Bosco Valente
Valente
Torre del Trave
Palombaio
Villa Nitti
Torre di Lerma
Mariotto
Corno Guaccero
Bosco Casa Marinelli
Masseria Sant'Eugenio
Masseria Quartodipaio
Villa Bellaveduta
Torre Tuono
Masseria le Matine di Iatta
Masseria Ferri del Sole
Torre Frasca
Masseria Capelluti
Stabile Ferrara
Villa Rogadeo
Masseria Padule di Cristo
Masseria Patanella
Masseria Cicchetto
Casello Alfieri
Masseria Casella
16
170d.A
A14
E55
E843
238
234
236
10
11
18
38
39
47
56
Altamura
Santeramo in Colle
Gioia del Colle
Canosa di Puglia
Cerignola
Manfredonia
Spinazzola
0 1 2 4 6 8 10 km
0 1 2 4 6 miles

106

Qd
Qe
Qf
Ra
Rb
Isole Tremiti
97
98
99
93
Peschici
Punta San Nicola
Torre di Calalunga
Torre Usmai
Scoglio Paradiso
Torre di Sfinale
Isola la Chianca
Rodi Garganico
San Menaio
Villaggio S.Barbara
Lido del Sole
Foce di Varano
Lido di Torre Mileto
Capoiale
Isola Varano
Lago di Varano
Masseria Palmieri
Monte d'Elio
Casa Metilde
Casa Michelone
Lauro
Casa Saggese
Masseria Don Luca
Casa Pacilli
Case Baresella
Caseria di Forquet
San Nicola Varano
693
Apricena
Casa Gaggiano
Casa Vocino
Monte lo Sfrizzo
Castello
San Nicadro Garganico
San Giuseppe
Grotta di San Michele
Bagno
Masseria D'Addetta
Madonna di Loreto
Cagnano Varano
Masseria Montanari
Crocifisso di Varano
le Taverne
Torre Antonaccia
Porta di Niuzi
Ischitella
Castello
Casa di Ventrella
Vico del Gargano
Convento dei Cappuccini
Fucito
San Michele
ex Convento Santa Maria di Calena
Madonna di Loreto
Manacore Gargano
Merinum
Santa Maria di Merino
Spiaggia Scialmarino
Punta Lunga
Faro di Santa Eufemia
Vieste
Castello
San Lorenzo
la Pietà
Spiaggia di Pizzomunno
Spiaggia Castello
Lama le Canne
Centro turistico Gattarella
Testa del Gargano
Lido di Portonuovo
Casa Mafrollo
Monte Chiaconcello
Cava di Tufo
Cascine della Macchia
Segheria il Madriore
Bosco Manatecco
Monte Calena
Monte la Tribuna
Casa De Perna
Sant'Eramo
Castello
Sant'Anna
Carpino
Carlocello
Monte di Mezzo
il Parchetto
Bosco Sfilzi
Monte Nicola
Bosco d. Ginestra
Foresta Umbra
Casa Cupari
Grotta Smeralda
Torre di Campi
Portogreco
Grotta dei Marmi
San Salvatore
Pugnochiuso
Grotta dei Sogni
Grotta dei Colombi
Grotta Smeralda
Torre del Segnale
Baia delle Zagare
Valico d.Lupo
Torre di Sagro
Torre Aurara
Pietra Appesa
Torre Palermo
Monte Iacotenente
Abbazia della Trinità
Monte Sacro
Casa Nocciarello
Monte Vernone
Masseria Mangiatorma
Casa Cantoniera
Cantoniera d'Umbra
Masseria Baccone
Sant'Antonio
Masseria Azzarone
Casa Guida
Casa Impiombato
Masseria Armillotti
Masseria Salcuni
Masseria Lombardo
Cant.
Coppa Guardiola
Parco Nazionale del Gargano
Promontorio del Gargano
Bosco di Spina Pulci
Casa Bombitto
Coppa Ferrata
Masseria Giuliani
Masseria Palatella
Masseria Don Gennero
Casa Rignanese
Casa Massarotto
Casa D'Agruma
Monte Spigno
Casa Ciavarella
Casa Campanozzi
Grotta
Monte Castello
Masseria Ianzano
Monte la Serra
Santa Maria delle Grazie
18
Coppa di Mezzo
Casa Villani
Monte Calvo
Convento
Santuario Maria Santi di Stignano
Madonna di Stignano
San Matteo in Lamis
Grotta di Montenero
I Cappuccini
Borgo Celano
Posta Padovano
Alveo d. L. S. Egidio
Cant.
Masseria Cornello
Casa Campolato
Masseria Paolino
San Raffaele
Monte d.Angeli
Madonna d.Angeli
Monte Sant'Angelo
Mattinata
Fanale
Porto di Mattinata
Punta Rossa
Masseria Mattinatella
Grottone
Villaggio d'Arcangelo
Macchia
Madonna della Libera
Castello
Madonna delle Grazie
San Marco in Lamis
Monte della Donna
Casa De Maio
Casa Surdo
Rignano Garganico
Madonna di Cristo
Monte Ividori
Masseria Palacane
Grotta Paglicci
Masseria Mezzanagrande
le Grotte
Masseria Del Bono
Casa la Torre
SAN GIOVANNI ROTONDO
Palazzo Leccia
Annunziata
Masseria Piccirella
Masseria Don Gennaro
Miniera di Bauxite
Masseria Miscilli
Masseria Polveracchio
Masseria Sigriottti
Grava di Campolato
Ruggiano
San Salvatore
Tomaiuolo
Santa Maria di Pulsano
Masseria Valente
la Pace
Masseria la Castellana
Il Castello
Masseria
Torre Varcaro
Convento Cappuccini
Castello di Re Manfredi
Cattedrale romanica
Museo
MANFREDONIA
Golfo di Manfredonia
272
273
89
89dir.
528
Foggia
Barletta
Rf
Sa
Sb
Sc
Sd
Bar
Durrës
101
102
103
San Giorgio
Torre a Mare
Via Adriatica
Macario
Madonna di Loreto
Masseria del Barone
Cattedrale
MOLA DI BARI
46
NOICATTARO
San Maderno
Cozze
San Lorenzo
Madonna della Stella
Masseria Fieno
Masseria Rubiola
Staz. di Cozze
San Vito
Grotta Palazzese
RUTIGLIANO
Masseria Scattozzi Roberti
Masseria Tarsia
POLIGNANO a Mare
Madonna del Palazzo
Masseria Tangarelli
Villa le Torri
Cattedrale romanico-gotica
Castello normanno
CONVERSANO
Masseria Purgatorio
Santa Barbara
Lamafico
Cattedrale
MONOPOLI
Casino d'Erchia
Masseria San Pascale
Masseria Agnano
Masseria Accolti
Villa Miani
Redentore
Cozzana
172
Kérkira, Igoumenitsa, Sámi, Pátra
Putignano
107
Fasano

Of
Pa
96
Pb
Pc
103
104
105
107
108
110
144
Mondragone
Aversa
Marcianise
Caserta
Arienzo
Acerra
GIUGLIANO IN CAMPANIA
S.ANTIMO
FRATTAMAGGIORE
ACERRA
AFRAGOLA
CASALNUOVO DI NAPOLI
MARIGLIANO
QUALIANO
VILLARICCA
MELITO DI NAPOLI
MUGNANO DI NAPOLI
ARZANO
CASORIA
POMIGLIANO D'ARCO
MARANO DI NAPOLI
VOLLA
SOMMA VESUVIANA
QUARTO
S.ANASTASIA
Ottaviano
NAPOLI
PORTICI
ERCOLANO
TORRE DEL GRECO
S.GIORGIO A CR.
BOSCOREALE
TORRE ANNUNZIATA
CASTELLAMMARE DI STABIA
Vico Equense
Sorrento
Sant'Agnello
Piano di Sorrento
Meta
Massa Lubrense
Sant'Agata sui Due Golfi
Punta Campanella
POZZUOLI
BACOLI
Baia
Miseno
Capo Miseno
Monte di Procida
Parco d. Campi Flegrei
Agnano Terme
Posillipo
Marechiaro
Isola di Nisida
Golfo di Napoli
Procida
Isola di Procida
Ischia
Casamicciola Terme
Lacco Ameno
Forio
Barano d'Ischia
Sant'Angelo
Isola d'Ischia
Castello Aragonese
M.Epomeo
Isola di Capri
Capri
Anacapri
Marina Grande
Marina Piccola
Grotta Azzurra
Bocca Piccola
Vesuvio
Parco d. Vesuvio
Ventotene
Ponza
Cagliari
Olbia
Palermo
Ustica, Favignana, Trapani
Stromboli, Lipari, Catania
Pf
Qa
Qb
Qc
Agropoli
Punta Licosa
Castellabate
Acciaroli
Pollica
Casal Velino
Marina di Casal Velino
Ascea-Velia
Marina di Ascea
Castellammare di Velia
Vallo della Lucania
Parco Naz. del Cilento e Vallo di Diano e Alburni
Pisciotta
Marina di Pisciotta
Palinuro
Capo Palinuro
Centola
Camerota
Marina di Camerota
Capo Grosso
San Giovanni a Piro
Scario
Sapri
Torre Orsaia
Roccagloriosa
Celle di Bulgheria
Laurito
Futani
Cuccaro Vetere
MARE TIRRENO
0 1 2 4 6 8 10 km
0 1 2 4 6 miles

NOLA
AVELLINO
Parco del Partenio
SARNO
S.GIUSEPPE VESUVIANO
Solofra
Parco dei Monti Picentini
Montella
Bagnoli Irpino
POMPEI
SCAFATI
ANGRI
PAGANI
NOCERA INFERIORE
Baronissi
CAVA DE' TIRRENI
GRAGNANO
Positano
Ravello
Maiori
Amalfi
Cetara
Vietri sul Mare
SALERNO
PONTECAGNANO
Montecorvino Rovella
EBOLI
BATTIPAGLIA
Costiera amalfitana
Golfo di Salerno
Paestum
Capaccio
Agropoli
Castellabate
Punta Licosa
Ogliastro Cilento
Cilento
Palermo
Tunis
Messina, Reggio di Calabria
103
104
105
106
107

Sant'Angelo dei Lombardi
Parco dei
Monti Picentini
Parco
Nazionale
del Cilento
Vallo di Diano
Parco
del
Appennino
Rionero In Vulture
Avigliano
Buccino
Sala Consilina
Teggiano
Padula
Montesano sulla Marcellana

103 104 105 106 107 111 Altamura Matera Miglionico Ferrandina Montalbano Jonico Grumento Nova Montesano sulla Marcellana Senise

Rc
Rd
Re
Rf
Trani
Bari
100
103
104
105
106
107
Spinazzola
Irsina
Potenza
Sant'Arcangelo
CASAMASSIMA
SAMMICHELE DI BARI
ACQUAVIVA DELLE FONTI
Acquaviva delle Fonti Est
CASSANO DELLE MURGE
Parco Nazionale dell' Alta Murgia
Foresta Mercadante
GRAVINA IN PUGLIA
ALTAMURA
SANTERAMO IN COLLE
GIOIA DEL COLLE
Bosco Difesa Grande
Serra della Stella
MATERA
Sassi
Chiese rupestri
Lago di San Giuliano
GROTTOLE
MIGLIONICO
MONTESCAGLIOSO
LATERZA
GINOSA
CASTELLANETA
Palagianello
Bosco dei Terzi
POMARICO
FERRANDINA
San Lorenzo
Lama di Palio
PISTICCI
Craco
BERNALDA
Metaponto
Lido di Metaponto
Marina di Ginosa
Castellaneta Marina
Riva dei Tessali
Torre Mattoni
Lido Quarantotto
Marina di Pisticci
Montalbano Jonico
Tursi
Scanzano Jonico
Lido di Scanzano
Villapiana Scalo
111
0 1 2 4 6 8 10 km
0 1 2 4 6 miles

Sa
101
Sb
Bari
Sc
Sd
Se
103
104
105
106
107
Mare
Adriatico
Golfo di Taranto
Brindisi
Mesagne
Lecce
Nardò
CONVERSANO
MONOPOLI
Castello di Santo Stefano
Torre Cintola
Lamandia
Torre Egnazia
Gnathia (Egnazia) (città romana)
Savelletri
Fasano Stazione
la Forcatella
Torre Canne
Torre Spaccata
FASANO
Zoo-Safari
Laureto
Pezze di Greco
Selva di Fasano
TURI
CASTELLANA Grotte
Grotte di Castellana
PUTIGNANO
NOCI
Alberobello
Zona dei Trulli di Alberobello
Locorotondo
Cisternino
MARTINA FRANCA
(Barocca)
Valle d'Itria
Ostuni
OSTUNI
(rom. Sturni) Mura medioevali
Carovigno
Rosa Marina
Monticelli
Marina di Ostuni
Ceglie Messapica
(rom. Caelium)
Villa Castelli
San Michele Salentino
FRANCA VILLA FONTANA
Oria
MOTTOLA
MASSAFRA
PALAGIANO
CRISPIANO
Statte
GROTTAGLIE
Villa del Castelletto
Monteiasi
Carosino
San Giorgio Ionico
Monteparano
San Marzano di San Giuseppe
Fragagnano
Roccaforzata
Faggiano
San Crispieri
Lizzano
Pulsano
Leporano
Talsano
San Donato
Marina di Pulsano
Torricella
Sava
MANDURIA
Uggiano Montefusco
Maruggio
Campomarino
Torre dell'Ovo
San Pietro in Bevagna
Torre Borraco
Campo dei Messapi
TARANTO
(rom. Tarentum)
Mare Piccolo
Mare Grande
Isole Cheradi
Isola San Pietro
Isola San Paolo
Capo San Vito
Lido Azzurro
Marina di Taranto
Chiatona
Lido di Baia Smeralda
Lido Bruno
Lido di Lama
Lido Gandoli
Saturo
La Lama
Praia a Mare
Palumbo
Carelli
Museo Nazionale
Duomo
Castello
Monacizzo
Librari
Torre Castelluccia
Torretta
Bagnara
le Conche
Truglione
Alto Mare Madonna
Campanella
Necropoli e Mura Megalitiche
San Cosimo della Macchia
M.Bagnolo
Pezzolla
M. Signora Pulita
Trito
Speziale
Montalbano
Specchia
Caranna
Salamina
San Marco
Coreggia Cocolicchio
Sant'Oronzo
San Biagio
Casalini
Sierre
Pascarosa
Pozzo Salerno
Mita
San Paolo
San Simone
Montemesola
Caselle
Paolovi
Villa Galeasi
la Providenza
Sanatorio
Staz. di Villa Castelli
Madonna della Grotta
Pappadai
Invaso Pappadai
Casino del Duca
Convento
Le Casine
Casa Donna Giulia
Selva di Fasano
Villa Scozia
Monte Verde
Mastro Marco
Casa Gemmabella
M.Angiulli
M.Sant'Elia
Bosco delle Pianelle
Croce Grande
Stabile
San Giovanni
Palazzo Ducale
Madonna del Pozzo
Castello Marchione
Torre di Castiglione
Torre Nuova
Grotta di Putignano
Madonna delle Grazie
Pin-Pen
S.Michele
Vaccari della Contessa
Corte San Vincenzo
Scuola Agraria Gigante
Casino d'Erchia
Lamafico
Cozzana
Redentore
Passarello
Triggianello
Cristo Re
Villa Ostuni
Gorgofreddo
Antonelli
Impalata di Monte
Loggia di Pilato
Santa Lucia
Macchia
Garrappa
San Procopio
Staz. Egnazia
Cattedrale
Palazzo dell'Ordine di Malta
Villaggio Turistico
Staz. Carovigno
Torre Pozzella
Costa Merlata
Staz. Fontevecchia
Villaggio Ipogeo di Petruscio
Santuario della Madonna della Scala
Accetta piccola
Accetta grande Gravinola
Patemisco
Fermata Bellavista
il Pino Solitario
P.Rondinella
la Forca
del Capitolo
Lido di Marechiaro
Quart. Paolo VI
Staz. di Montiasi Montemesola
Santa Teresa
Torre d'Aiala
Santa Maria Mutata
Madonna del Prato
Madonna delle Grazie
Convento di San Pasquale
Madonna di Pasano
Madonna del Verde
Madonna di Gallano
(rom. Uria)
Santa Maria la Nova
E55
E843
E90
A14
16
172
172dir.
581
605
603
106
106 dir.
174
7ter
7
12
35
38
39
40
53
62

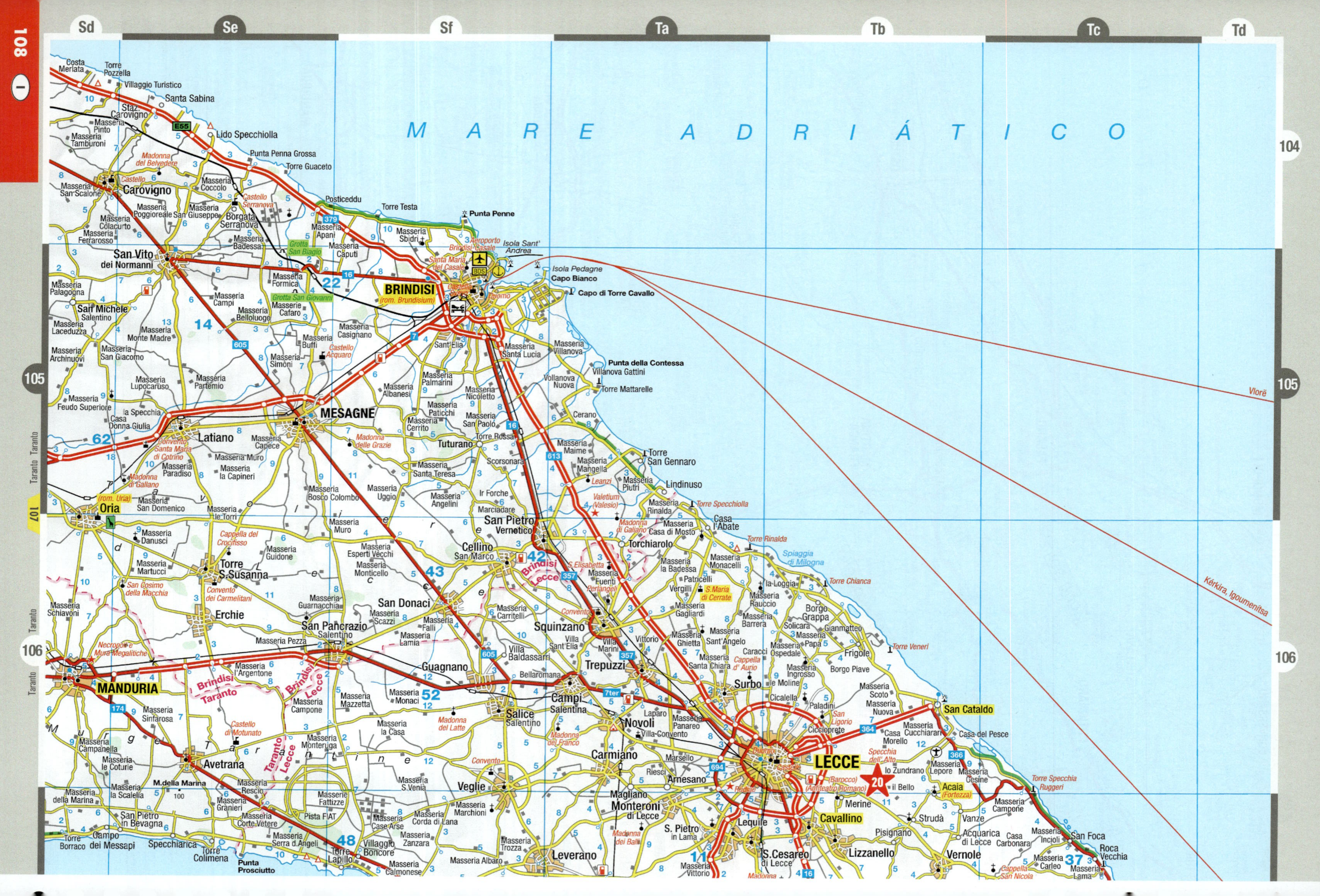

MARE ADRIÁTICO
Vlorë
Kérkira, Igoumenitsa
BRINDISI
(rom. Brundisium)
LECCE
MESAGNE
MANDURIA
San Cataldo
Punta Penne
Capo Bianco
Capo di Torre Cavallo
Isola Pedagne
Isola Sant' Andrea
Punta della Contessa
Torre Testa
Posticeddu
Torre Guaceto
Punta Penna Grossa
Lido Specchiolla
Santa Sabina
Villaggio Turistico
Carovigno
Serranova
San Vito dei Normanni
San Michele Salentino
Latiano
Oria
Torre S.Susanna
Erchie
San Pancrazio Salentino
San Donaci
Cellino San Marco
San Pietro Vernotico
Tuturano
Torchiarolo
Lendinuso
Squinzano
Trepuzzi
Campi Salentina
Guagnano
Salice Salentino
Veglie
Novoli
Carmiano
Leverano
Monteroni di Lecce
Arnesano
Surbo
Cavallino
Lizzanello
Vernole
Lequile
S.Cesareo di Lecce
S. Pietro in Lama
Avetrana
Torre Colimena
Punta Prosciutto
San Pietro in Bevagna
Specchiarica
Torre Lapillo
Frigole
Torre Chianca
Torre Rinalda
Torre Veneri
Casalabate
San Foca
Roca Vecchia
Acaia
Strudà
Pisignano
Merine
Torre Specchia Ruggeri
Torre Specchiolla
Spiaggia di Milogna
Pista FIAT
Brindisi Taranto
Brindisi Lecce
Taranto Lecce
Taranto
Sd
Se
Sf
Ta
Tb
Tc
Td
104
105
106
107

107
108
109
110
Golfo di Táranto
MARE IÓNIO
Pátra, Sámi
Porto Cesareo
COPERTINO
NARDÒ
GALATINA
Galatone
GALLIPOLI
Otranto
Santa Cesarea Terme
Castro Marina
Marina di Leuca
Capo Santa Maria di Leuca
Punta Ristola
Melendugno
Borgagne
Calimera
Martano
Martignano
Sternatia
Zollino
Soleto
Castrignano de' Greci
Melpignano
Corigliano d'Otranto
Maglie
Cursi
Bagnolo del Salento
Carpignano Salentino
Palmariggi
Giurdignano
Uggiano la Chiesa
Minervino di Lecce
Muro Leccese
Giuggianello
Poggiardo
Scorrano
Cutrofiano
Sogliano Cavour
Aradeo
Neviano
Seclì
Collepasso
Botrugno
Nociglia
San Cassiano
Surano
Spongano
Diso
Ortelle
Vignacastrisi
Andrano
Marittima
Depressa
Tricase
Tricase Porto
Lucugnano
Specchia
Miggiano
Montesano Salentino
Ruffano
Supersano
Casarano
Parabita
Matino
Tuglie
Alezio
Sannicola
Taviano
Melissano
Racale
Alliste
Ugento
Taurisano
Acquarica del Capo
Presicce
Alessano
Salve
Morciano di Leuca
Patù
Castrignano del Capo
Gagliano del Capo
Corsano
Tiggiano
Santa Maria al Bagno
Santa Caterina
Torre Mozza
Torre San Giovanni
Lido San Giovanni
Mondonuovo
Chiesanuova
Noha
San Donato di Lecce
Galugnano
Caprarica di Lecce
Castri di Lecce
Grotta Zinzulusa
Grotta Romanelli

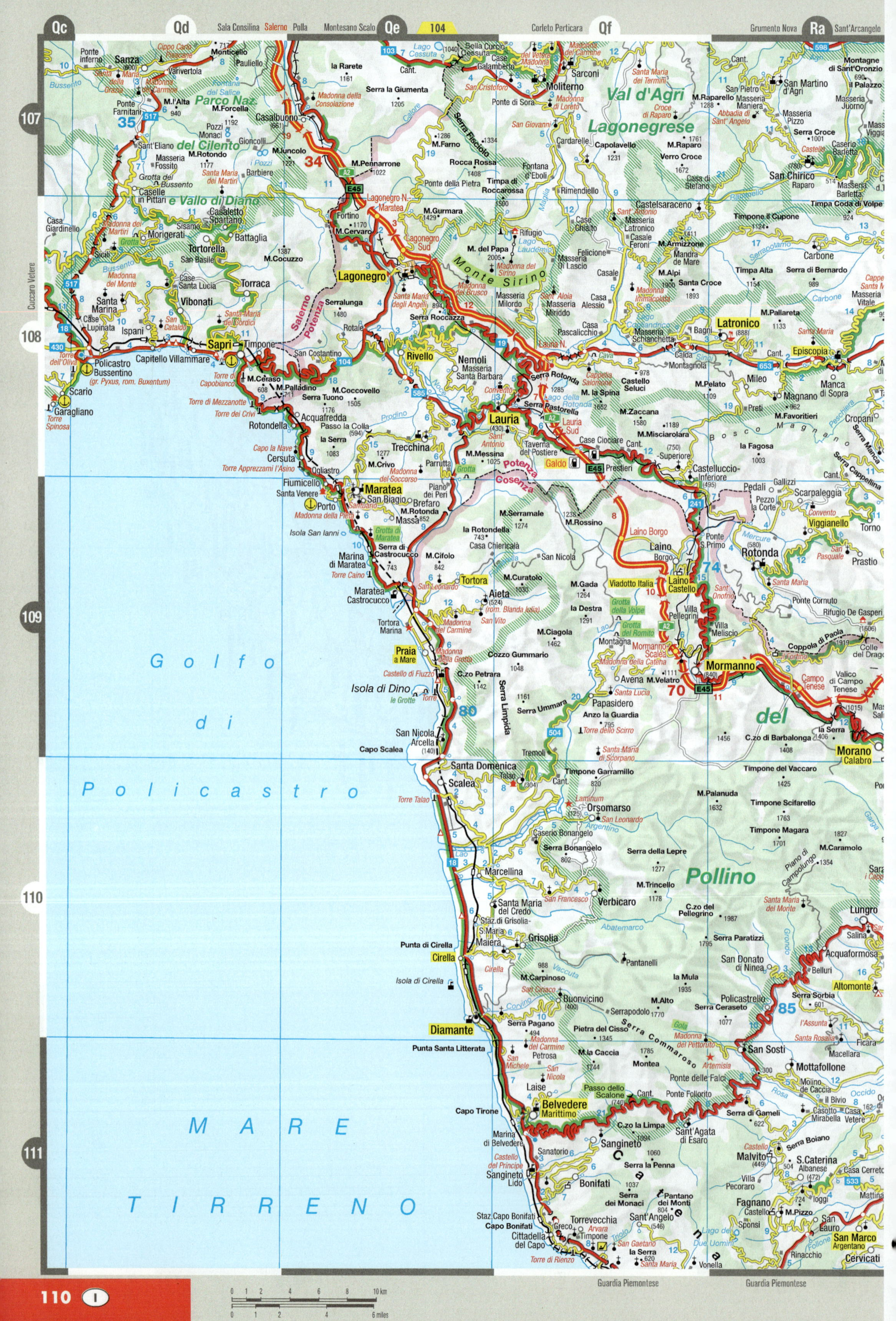

0 1 2 4 6 8 10 km
0 1 2 4 6 miles

Golfo di Taranto
MARE IONIO
Parco Nazionale
Sant' Arcangelo
Roccanova
Senise
Chiaromonte
Tursi
Policoro
Scanzano Jonico
Lido di Scanzano
Lido di Policoro
Rotondella
Nova Siri
Marina di Nova Siri
Rocca Imperiale
Rocca Imperiale Marina
Noepoli
Oriolo
Nocara
Canna
Montegiordano
Montegiordano Marina
Roseto Capo Spulico
Capo Spulico
Amendolara
Marina di Amendolara
Albidona
Alessandria del Carretto
Plataci
Trebisacce
Villapiana
Villapiana Lido
Villapiana Scalo
Cerchiara di Calabria
Francavilla Marittima
Castrovillari
Frascineto
Cassano allo Ionio
Sibari
Marina di Sibari
Laghi di Sibari
Spezzano Albanese
Terranova da Sibari
Tarsia
Roggiano Gravina
San Demetrio Corone
Santa Sofia d'Epiro
Corigliano Calabro
Rossano
Calopezzati
Mirto Crosia
Capo Trionto
Lido Sant'Angelo
Golfo
Taranto

Pizzo Calabro Reggio di Calabria Pizzo Calabro 115 Squillace

111
112
113
114
115
San Giacomo
Staz. di Calopezzati
Marinella
Calopezzati
Marina di Mandatoriccio
Staz.di Pietrapaola
Staz.di Mandatoriccio-Campana
Capo Sant'Elia
Casa Vecchiarello
Masseria Caruso
Torre del Giardino
San Cataldo
Cariati Marina
Cariati
Cozzo del Pesco
Cima Forestale
Casa De Gennaro
Città di Castiglio
Paludi
Cropalati
Sant' Antonio
M. Scarborato
Santa Maria
Caloveto
C.zo Cipodero
C.zo Vigniti
M.Colonina
Torre Carito
San Morello
Capo delle Rose
Santa Maria
Casa Brunetto
Punta Fiume Nicà
Torre Policaretto
Terravecchia
Serra Pagliaspica
Destro
M.Paleparto
Chiesa Manco
Puntadura
Pietrapaola
Mandatoriccio
Cosenza
Crotone
Staz.di Crucoli
Torretta
Longobucco
Cant. Pietracutale
M.Serino
C.zo Granato
Grotte di Donna Filippa
Cant. Montagna
Scala Coeli
Sorvito
Casa Casentino Palopoli
C.zo du Lampo
Casa Cappellieri
Madonna di Manipuglia
Croce di San Leonardo
Crucoli
M.Altare
Cant. Sulivranno
M.Basilicò
Cant.
Crocevia di San Pietro
Fiera di Ronza
Serra Ceraso
Casotto Pismataro
Molino Lauro
Casa Gallo
Parco
Serra Pomieri
Bocchigliero
Madonna delle Grazie
Campana
Serra di Crogna
Cappella
Madonna di Mare
Punta Alice
M.Sordillo
Fossiata
Casa Cerviulo
M.Malmare
Destro dei Pugliesi
Piano di Cozzolia
C.zo Cerzullo
M.Lelo
Serra Sanguigna
Casa San Nicola
Cirò
Vivalo
C.zo Principe
Monte Pettinascura
77
C.zo Calamacca
Timpa Melognara
Cant. Malocutrazzo
Saverona
Terranova
Cirò Marina
San Francesco
Azienda Forestale
Serra Ripollata
Colonia Don Bosco
M.Spina
M.Ruggiero
Casa San Salvatore
Serra Toppale
Mezzocampo
Ponte dei Pesci
Piano di Guorra
Torre Rindina
C.zo Sella
Torre Palleca
M.Mazzagullo
Umbriatico
M.Mennola
Madonna d'Itri
Casa la Motta
Casa Sant'Andrea
Sant Anastasia
Villa Santa Domenica
M.Pescaldo
Nazionale
M. Volpintesta
Timpone Grillo
Casa Gigante
Casa Germano
Germano
Pino Grande
Savelli
Verzino
M.Suvaro
55
Casa Sant'Agostino
Manzella
Carfizzi
Casa di Canale
Casa Santa Cennina
Serra Basilisca
Melissa
Torre Melissa
Vallepiccola
Colle Donato
Timpone San Bernardo
Casa Felicetti
Macigno di Tuono
Cappella Niello
Serra Paluri
Pallagorio
Serra Buongiorno
dell' Udienza Santa Maria
San Michele
Serra Melissa
Serra San Basilio
M.Carrumango
Ramundo
Casa luri Vetere
Casa Cribbari
Calamandea
Palla Palla
Castelsilano
Timpone del Castello
le Vigne
Sant' Antonio
San Nicola dell'Alto
Serra di Frea
le Murgie
Strongoli
Petelia
Casa Gigliolo
Casa Troncà
Marina di Strongoli
San Giovanni in Fiore
Casa Rossi
Monumento Fratelli Bandiera
Acerentia
Zinga
Madonna dell'Acquadolce
Casabona
Casa Cersi del Russo
Torre Borgatorio
della
Cagno
Cerenzia
La Conicella
Caccuri
Infantino
Case Serra
Salinella
Timpa della Tripoda
Santa Maria della Scala
Trivio Pagliarella
Casa la Salinella
Serra Militino
Ponte Seccata
Staz.Marina di Strongoli
Montenero
Lago Ampollino
Croce di Agnara
M.Zingomarro
Carello Inferiore
Madonna di Apatici
Convento
19
Case Tiano
Bagni di Repole
Spinello
Croce
Torre di Muscaro
Casa Salvati
Serra Mulara
Casa Cappa
Casa Serpito
Fasana
Casa Pantano
Torre di Ponte Zurlo
Caporosa
Torre Dodaro
Trepido Sotto
Trepido Sopra
Cant. I Briganti
Timpone Zacarogno
Timpone della Monaca
Casa Pasquale
la Chianette
Santa Rania
Belvedere di Spinello
Madonna dell'Arco
Ponte Pietralunga
Serra Polligrone
Polligrone
Rocca di Neto
Madonna della Pietà
Casa San Mauro
Casa Difesa
Casa Dattilo
Bucchi
Casa Vitetto
Casa Scarazza
Casa Pagliamiti
48
Villa Bilottà
Cava di Pietra
dello Spineto
M.Scorciavuoi
Torre Rinosi
Crotone
Catanzaro
Cotronei
Ponte Coniglio
Altilia
(rom. Macalla)
Cant.
Bonifica
Cicoria
Setteporte
Casa Pizzata
Casa Troceno
Casa Cantorato
Casa Pelati
Casa Bruchetto
Casa Mangone
29
Casa Turrutio
Casa Corazzo
Casotto di Corazzello
M.Capraro
Vaccarizzo
Castello
Santa Severina
M.Angelo
Casotto Faraone
Casa Terzi
Gabella Grande
Timpone Morello
M.Garglione
Petto di Mandra
Pagliarelle
Roccabernarda
Colono di Fotà
Casa Santa Marina
Casa Margherita
Sila
Staz.Forestale Latteria
Camellio
ex Convento le Manche
Casa Miglio
Convento San Francesco
Grotte di Vitale
Madonna del Soccorso
Scandale
Madonna della Difesa
Serra di Gallopà
Casa Crepacuore
Casa Cipolla
le Nervo
M.Femminamorta
Petilia Policastro
Santuario Santa Spina (Convento)
Foresta
Galeoto
San Mauro Marchesato
Gullo
Villa Morelli
Apriglianello
Castello
CROTONE
(ant. Kroton)
Villaggio Racise
Tirivolo
Torre della Marchesa
Timpone Vecchio
Filippa
Mesoraca
Ecce Homo
Casa Fiego
Timpone Centonze
Chiesa della Pietà
Papanice
Casa Albano
il Carmine
Villaggio Mancuso
Colle Pietrablanca
Capo Ariano
M.Spineto
M.Giove
Colla Monaca
Casa San Domenico
Torre Lucifero
San Leonardo
Arietta
Sant'Antonio
Timpone Puliciano
Casa Albanello
Casa Diporta
28
Cutro
Case Canalicchio
Tuvolo
Capo Malavista
Petronà
Capo Colonna
Tempio di Hera Lacinia (Lacinium)
Taverna
Albi
Vincolise
Timpone Chiesola
Magisano
Cerva
75
Marcedusa
Termine Grosso
Staz.di Cutro
Casa Campanaro
Trafinello
Villa Barracco
Casa Micesi
Semaforo
Salica
Scifo
Torre Mariedda
San Giovanni
San Pietro a Magisano
Belcastro
Casa Pisani
Capo Visciglietto
Caselle del Vattiato
Sant' Anna
M.Perrotta
Forgiano
Savucci
Fossato Serralta
Pentone
Zagarise
Sersale
Andali
Casa Pagani
Cuturella
Casa Ertogrande
le Carvane
Fallania
Carnalevari
Valle del Dragone
Rosito
Antenna
San Pietro
32
Vermica
Marinella
Chiesa di Termine
M.Cardito
Sellia
Casa Mazza
Casa Santa Rosalia
Casa Zinzi
San Fantino
Torre di Bugiafro
Sant'Elia
Codorelle
M.Raga
Cropani
Casa Fego di Calamo
San Filo
Casa Luoghicello
Timpone Tenese
San Leonardo di Cutro
Isola di Capo Rizzuto
Capo Cimiti
Timpone i Comuni
Crichi
Soveria Simeri
Case Gambarelli
Case Mortille
Tribisina
Botricello Superiore
Magliacane
Steccato
Torre Ritani
Campolongo
Torre Cannone
Punta Fratte
Pontegrande
Casa Mandile
Calabricata
Cropani Marina
Botricello
Staz.di Roccabernarda
Praialonga
Anastasi
Fratte
Siano
Casa Mantia
Simeri
28
Villaggio dello Stumio
CATANZARO
(gr. Catasarion)
Case di Alli
Giglio
Uria
Sellia Marina
Guido
Staz.di Sellia Marina
la Sena
Torre del Crocchio
Torre Brasolo
Castello
le Castella
Capo Rizzuto
Capo Rizzuto
Campagnella
Madonna della Cava
le Croci
la Petrizia
Staz.di Simeri-Crichi
Simeri Mare
Santa Maria
Casa Guglia
Case Grimaldi
Belladonna
Case Morello
Casa Chiatini
Catanzaro Catanzaro

Pf
Qa
Qb
Qe
Qf
Qc
Qd
116
117
118
119
120
115
Isola Stromboli
Stromboli
Crateri
Ginostra
Punta Labronzo
Piscità
Ficogrande
San Vincenzo
Punta Chiappe
Punta Lena
i Vancori
Isola Strombolicchio
MARE
TIRRENO
Isola di Basiluzzo
Isola Panarea
Punta Milazzese
Isola Lipari
Punta Castagna
Porticello
Capo Rosso
Canneto
Filicudi
Santa Marina Salina
Rinella
Lipari
Milazzo
Messina
Napoli
Golfo
di Gioia
Tropea
Nicotera
Rosarno
Gioia Tauro
Palmi
Seminara
Bagnara Calabra
Scilla
Villa San Giovanni
MESSINA
Stretto di Messina
Taurianova
Delianuova
Aspromonte
Capo Vaticano
Santo Stefano in Aspromonte
Gambarie
Punta del Faro o Capo Peloro
Capo Rasocolmo
Tremestieri
Taormina
Reggio di Calabria
Melito di Porto Salvo
Palermo
Barcellona

117

Golfo di
Sant'Eufemia
Golfo di
Squillace
MARE IONIO
Parco
Nazionale
VIBO VALENTIA
Catanzaro
Catanzaro Lido
Squillace
Soverato
Pizzo
Vibo Valentia Marina
Tropea
Filadelfia
Serra San Bruno
Soriano Calabro
Chiaravalle Centrale
Girifalco
Borgia
Stilo
Fabrizia
Mammola
Gioiosa Ionica
Roccella Ionica
Siderno
Locri
Gerace
Cittanova
Polistena
Mileto
Maida
Cortale
Curinga
Davoli
Badolato
Monasterace
Caulonia
Bovalino
Ardore
116
117
118
119
120

Isola Lipari
Lipari
Isola Vulcano
Bocche di Vulcano
Isola Alicudi
Alicudi Porto
Isola Filicudi
Isole Eolie
M A R E   T I R R E N O
Golfo di Patti
Golfo di Milazzo
Capo di Milazzo
MILAZZO
BARCELLONA POZZO DI GOTTO
Patti
Tindari
Capo Tindari
Oliveri
Falcone
Santa Lucia del Mela
Castroreale
Castroreale-Terme
Novara di Sicilia
Montalbano Elicona
Randazzo
Parco dell'Etna
Parco dei Nebrodi
dell'Alcantara
Linguaglossa
Francavilla di Sicilia
Castiglione di Sicilia
Taormina
Giardini-Naxos
Capo Taormina
Capo Sant'Andrea
Letojanni
Castelmola
Calatabiano
Santa Teresa di Riva
Sant'Alessio Siculo
Capo Sant'Alessio
Forza D'Agrò
Savoca
Furci Siculo
Roccalumera
Nizza di Sicilia
Alì Terme
Itala
Scaletta Zanclea
Roccavaldina
Venetico
Rometta
Monforte San Giorgio
Capo Rasocolmo
Gioiosa Marea
Capo Calavà
Peloritani
Catania

Pe
Pf
Qf
115
Vibo Valentia
Ra
117
118
119
120
121
122
Isola Salina
Malfa
Capo Faro
Punta di Perciato
Pollara
M.dei Porri
Punta Valle la Spina
M.Fossa d.Felci
Santa Marina Salina
Valdichiesa
Leni
Punta di Marcello
Rinella
Lingua
Panarea
Canale d. Salina
Lipari
Punta Grottazza
Punta del Legno Nero
Quattropani
Isola Lipari
ie o Lipari
Qd
Qe
Stromboli
Salerno
Golfo
Gioia
Costa Viola
Casino Mortelletta
Gioia del Tirreno
Villa Conte Gabrielli
Santa Maria
Casa la Magara
Ponte dell'Annegato
Castello
Rosarno
Masseria Cosciari
San Ferdinando
Eranova
la Cantina di Zaccanati
Spartimento
Lamia
Bosco Selvaggio
Sovereto
Case Olmolungo
Drosi
Gioia Tauro
rom. Tauroentum
Crocevia Sbaglia
Villa Cordopatri
Ficatelli
Rizziconi
Principe Serra-Gerace
Sandulli
Pietrenere
Taureana
Lido di Palmi
Scoglio Agliastro
Cannavà
Cirello
Macchina-Lagana
Amato
Forcanello
Ponte Vecchio
Palmi
Capo Barbi
Marina di Palmi
Villa Italia
San Filoreto
Quarantano Inferiore
San Martino
Taurianova
Contestabile
Seminara
Barrittieri
Sant'Anna
Castellace
Ceramida
Pellegrina
Bagnara Calabra
Grimoldo
Melicuccà
Tacconi
Sinopoli Vecchio
Sitizano
San Procopio
Cosoleto
Acquaro
Santa Giorgia
Sant'Eufemia d'Aspromonte
Sinopoli
Scido
Santa Cristina d'Aspromonte
Delianuova
Piani di Carmelia
Ex-Sanatorio (Rudere)
Lubrichi
Calabretto
Oppido Mamertina
Varapodio
Messignadi
Piminoro
Terranova Sappo Minulio
Molochio
Cittanova
Polistena
Cinquefrondi
Giffone
Melicucco
Anoia
Maropati
Galatro
Feroleto della Chiesa
Laureana di Borrello
Candidoni
Serrata
Bellantone
Stellatanone
Plaesano
San Pietro di Caridà
Dinami
Melicucca
Monsoreto
Stabilimento Termale
Tritanti
San Giorgio Morgeto
M.Cappellano
Casa Monaci
San Filippo
Trappeto Bambino
Villa De Leonardis
Lidonnici
Torre Alba
Canolo Nuovo
M.Bruverello
Zomaro
Ostello
Passo di Cancelo
Parco
Nazionale
Antonimina
M.Antoninello
M.Petrotondo
Ciminà
Crasto
Cirella
Aria del Vento
Platì
Lauro
Senoli
M.Canolo
San Nicola
Natile Nuovo
Natile Vecchio
M.Panduri
Benestare
Careri
Bovalino Superiore
Rossellina
Bovalino Marina
Ponte Bonamico
M.Scorda
Acone
Campo Calabro
Scilla
Favazzina
Castello
Solano Inferiore
Solano Superiore
Runci
Melia
San Roberto
Colelli
San Peri
Piani d'Aspromonte
Aspromonte
dell'
Villaggio De Leo
Cippo Garibaldi
Acquacalda
Donica
Calanna
M.Mannoti
Sant'Alessio in Aspromonte
Laganadi
Colonia Franchetti
Gambarie
Santo Stefano in Aspromonte
Punta Scirocco
M.Cannavi
Puntone l'Albara
Monumento
Montalto (Monte Cocuzza)
M.Pietra di Febo
San Luca
Serro Papà
Ponte Santa Venere
Casa la Lenza
M.Antenna
Strangeo
Molino Butramo
M.Fernia
Bonamico
Butramo
Puntone Galera
Serra di Gullo
S.Agata del Bianco
Caraffa del Bianco
Casignana
Bianco
Pardesca
Samo
M.Iofri
Aposcipo
Punta del Faro o Capo Peloro
Torre Faro
Mortelle
Ganzirri
Curcuraci
Sant'Agata
Contemplazione
Paradiso
Salvatore dei Greci
Villa San Giovanni
Cannitello
Porticello-Santa Trada
Acciarello
Concessa
Catona
Gallico
Gallico Marina
Carmine
Archi
Pentimele
MESSINA
rom. Messana
Contesse
Pistunina
Tremestieri
Messina Sud Tremestieri
Stretto di Messina
Diminniti
San Giovanni
Cerasi
Podargoni
M.Chiarello
Orti
M.Rigà
Arasi
Straorini
Passo di Petrulli
M.Basilicò
Ciappi
la Placo
Cavaliere
Sella Entrata
M.Michelleta
Campi di Sant'Agata
Trizzino
Vinco
Mosorrofa
Sant'Elia
Terreti
Cardeto
M.Ultis
Loddini
Iriti
Punta Arrolo
Punta d'Atò
M.Cavallo
ex Africo
ex Casalnuovo
M.Scapparone
Africo Nuovo
Capo Bruzzano
Sant'Anna
Ferruzzano
Bruzzano Vecchio
Motticella
Bruzzano Zeffirio
Staz. di Ferruzzano
REGGIO DI CALABRIA
San Gregorio
San Leo
Croce Valanidi
Oliveto
Ravagnese
Pozzi
Armo
M.San Demetrio
M.Embrisi
Case Embrisi
Monte Sant'Angelo
Roccaforte del Greco
Ghorio
Roghudi
M.Lesti
M.Scafi
Bagaladi
Gallicianò
San Lorenzo
Condofuri
Portella di Bova
Bova
Staiti
M.Cerasia
Pietrapennata
Brancaleone Superiore
Razzà
Brancaleone Marina
Iermanata
Sperlongara
Punta di Pellaro
Pellaro
Lume
Serro Morello
Macellara
Rosario Valle
San Filippo
Fossato Ionico
Bocale
Campoli
Motta San Giovanni
Lanzena
Ponte Ielasi
M.Scarrone
Chorio
M.Urda
San Pantaleone
Amendolea
Fornaci
Lazzaro
M.Agliola
Montebello Ionico
Coletta
Masella
Lacco
Pentedattilo
Caredia
Sant'Elia
Casalotto
Zuccalà
Riace Capo
Stino
Molaro
Capo dell'Armi
Saline Ioniche
Musa
Prunella
Punta Marasa
M.Trizzi
Passomasseria
San Carlo
M.Tifia
M.Vunemo
Palizzi
M.Carruso
il Carmine
M.Telegrafo
Casa Giardino grande
Spropolo
Galati
Case Cosmano
Capo Spartivento
(Heracleum Promontorium)
Palizzi Marina
Sideroni
Bova Marina
Condofuri Marina
Marina di San Lorenzo
Annà
San Leonardo
Pilati
Melito di Porto Salvo
(rom. Decastadium)
Costa de Gelsomini
MARE IÓNIO

Isola di Levanzo
Isole Egadi
Isola Marettimo
Isola Favignana
TRAPANI
ERICE
MARSALA
Mazara del Vallo
CASTELVETRANO
Salemi
Isola di Pantelleria
Canale di Sicilia

Oa
Ob
Oc
Nf
116
119
120
121
122
123
Isola di Ustica
Secca Colombara
Punta Gorgo Salato
Scoglio del Medico
Monte Guardia dei Turchi
Ustica
Punta dello Spalmatore
Banco Apollo
Punta dell'Arpa
Napoli
Palermo
Favignana
Golfo di Palermo
Golfo di Castellammare
Isola delle Femmine
Capo Gallo
Punta di Barcarello
Torre di Mondello
Partanna-Mondello
Sferracavallo
Tommaso Natale
Punta di Priola
Addaura
Torre del Rotolo
Vergine Maria
Arenella
Acquasanta
PALERMO
Capo Mongerbino
Torre Mongerbino
Aspra
Ficarazzi
Bagheria
Villabate
Belmonte Mezzagno
MISILMERI
Punta Raisi
Aeroporto di Palermo Punta Raisi
Torre Pozzillo
Torre Muzza
Terrasini
Cinisi
Villa Grazia di Carini
Carini
CARINI
Capaci
Isola delle Femmine
Torre Alba
Capo Rama
Torre di Capo Rama
Villa Fassini
Muso di Porco
San Cataldo
Trappeto
Balestrate
Punta Calabianca
Castellammare del Golfo
Alcamo Marina
PARTINICO
Borgetto
Montelepre
Giardinello
Torretta
MONREALE
Altofonte
Piana degli Albanesi
Santa Cristina Gela
Marineo
Bolognetta
Villafrati
Mezzo Juso
Godrano
Cefalà Diana
Ciminna
Bosco della Ficuzza
Ficuzza
Rocca Busambra
Corleone
Campofelice di Fitalia
Prizzi
Palazzo Adriano
Filaga
Bivona
Santo Stefano Quisquina
Alessandria della Rocca
Cianciana
Bisacquino
Chiusa Sclafani
Giuliana
Campofiorito
Contessa Entellina
Villafranca Sicula
Burgio
Lucca Sicula
Calamonaci
Caltabellotta
Sambuca di Sicilia
SCIACCA
Capo San Marco
Monte San Calogero
Menfi
Porto Palo
Santa Margherita di Belice
Montevago
Partanna
Santa Ninfa
Gibellina
Salaparuta
Poggioreale
Roccamena
Camporeale
San Giuseppe Jato
San Cipirello
Monte Jato
ALCAMO
Calatafimi-Segesta
Lago Poma
Lago Garcia
Lago Arancio
Piana Grande di Misilifurme
Piana Piccola di Misilifurme
Torrenuova
Serralonga
Borgo Vecchio
Lago dello Scanzano
Lago di Prizzi
Lago di Gammauta
Ribera
Termini Imerese
Agrigento
Lercara Friddi
Trapani
Palermo
Agrigento
E90
E931
A19
A29
624
113
115
118
119
121
186
187
188
188B
188c
386
145
54
60
123
Cagliari, Civitavecchia
Genova
Ustica
Napoli
Salerno

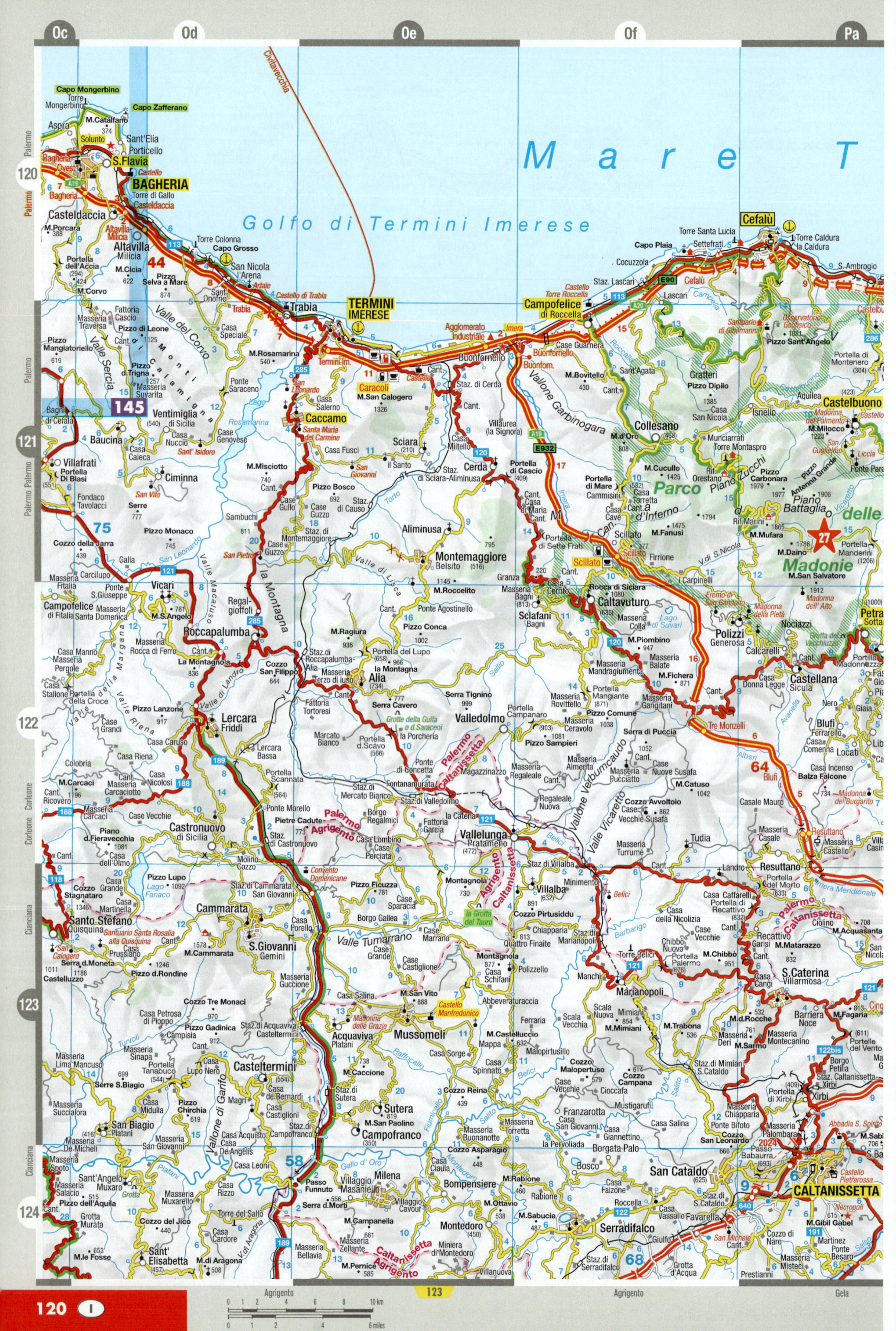

Oc
Od
Oe
Of
Pa
Mare T
Golfo di Termini Imerese
Capo Mongerbino
Capo Zafferano
Solunto
S.Flavia
BAGHERIA
Casteldaccia
Altavilla Milicia
Trabia
TERMINI IMERESE
Caccamo
Campofelice di Roccella
Cefalù
Castelbuono
Collesano
Parco delle Madonie
Ventimiglia di Sicilia
Baucina
Ciminna
Villafrati
Vicari
Roccapalumba
Lercara Friddi
Alia
Valledolmo
Sclafani Bagni
Caltavuturo
Polizzi Generosa
Castellana Sicula
Blufi
Vallelunga Pratameno
Villalba
Castronuovo di Sicilia
Cammarata
S.Giovanni Gemini
Santo Stefano Quisquina
Casteltermini
Acquaviva Platani
Mussomeli
Sutera
Campofranco
Marianopoli
Resuttano
S.Caterina Villarmosa
San Cataldo
CALTANISSETTA
Serradifalco
Montedoro
Bompensiere
Milena
San Biagio Platani
Sant'Angelo Muxaro
Sant' Elisabetta
Aliminusa
Montemaggiore Belsito
Cerda
Sciara
Caltanissetta
Agrigento
Palermo
Gela
120
121
122
123
124

Tirreno
Parco dei Nebrodi
Sant'Agata Militello
Mistretta
Nicosia
Troina
Gangi
Sperlinga
Cerami
Agira
Leonforte
Calascibetta
ENNA
Valguarnera Caropepe
Regalbuto
Centuripe
Catenanuova
Cesarò
S.Fratello
Caronia
S.Stefano di Camastra
Pietraperzia
Assoro
Nissoria

Pe
Pf
Qa
116
Qb
Messina Messina
Capo Calavà
Gioiosa Marea
Capo d'Orlando
Golfo di Patti
Capo Tindari
Tindari
Patti
Oliveri
Falcone
Barcellona Pozzo di Gotto
Castroreale-Terme
Castroreale
Santa Lucia del Mela
Brolo
Naso
S.Angelo di Brolo
Librizzi
Montalbano Elicona
Novara di Sicilia
Monti Peloritani
Nebrodi
Parco dei Nebrodi
Tortorici
Floresta
Randazzo
Parco dell'Alcantara
Francavilla di Sicilia
Castiglione di Sicilia
Linguaglossa
Taormina
Castelmola
Giardini-Naxos
Calatabiano
Fiumefreddo di Sicilia
Bronte
Maletto
Parco dell'Etna
Monte Etna
(Mongibello)
3323
Valle del Bove
Zafferana Etnea
Riposto
Giarre
Mascali
Sant' Alfio
Adrano
Biancavilla
Centuripe
Santa Maria di Licodia
Paternò
Belpasso
Nicolosi
Mascalucia
Gravina di Catania
Trecastagni
Acireale
Aci Catena
Aci Castello
Riviera dei Limoni
Riviera dei Ciclopi
Misterbianco
Catania
Golfo di Catania
Zona Industriale
Caltagirone
125
Lentini
Lentini
0 2 4 6 8 10 km
0 1 2 4 6 miles
120
121
122
123
124

CALTANISSETTA
San Cataldo
Serradifalco
CANICATTÌ
Delia
Sommatino
Ravanusa
Campobello di Licata
LICATA
PALMA DI MONTECHIARO
Naro
Camastra
FAVARA
AGRIGENTO
Porto Empedocle
Realmonte
Siculiana
Montallegro
Cattolica Eraclea
Ribera
Calamonaci
Cianciana
San Biagio Platani
Raffadali
Aragona
Racalmuto
Grotte
Castrofilippo
Casteltermini
Sutera
Campofranco
Milena
Bompensiere
Montedoro
MARE
MEDITERRÁNEO
Isola di Lampedusa
Riserva Naturale
Isola di Linosa
Isole Pelagie
Isola di Lampione

Caltanissetta
Pa
Caltanissetta
Pb
121
Enna
Pc
Pd
124
125
126
127
128
Licata
Licata
Pietraperzia
Barrafranca
Piazza Armerina
Aidone
Raddusa
Mazzarino
Riesi
Butera
San Cono
San Michele di Ganzaria
Mirabella Imbaccari
CALTAGIRONE
NISCEMI
GELA
Acate
Mazzarrone
VITTORIA
COMISO
Scoglitti
S.Croce Camerina
Marina di Ragusa
Punta Secca
Punta Braccetto
Capo Scaramia o Scalambri
Donnalucata
Golfo
di Gela
Canale di Sicilia
Lago di Ogliastro
Lago Comunelli
Villa Romana del Casale
Castello di Falconara
Poggio Lungo
Manfria
Torre di Manfria
Fortificazioni Capo Soprano
Acropoli
Parco della Rimembranza
Necropoli Camarina
Camarina
Caucana
Pezzalistingo
Case Tagliarini
Punta di Zafaglione
Caltanissetta
Enna
Catania
Ragusa
Agrigento
E931
E45
115
117bis
124
190
191
417
626
683
45
49
70
124
126
0 1 2 4 6 8 10 km
0 1 2 4 6 miles

Golfo di Catania
Golfo di Augusta
Golfo di Noto
Catania
Aeroporto Catania
Zona Industriale
Staz. Bicocca
Motta S. Anastasia
Gelso Bianco
Gerbini
Bae di sotto
Staz.Portiere Stella
Staz.di Motta S.A.
Piana di Catania
Sigonella
Spinasanta
Simeto
Gornalunga
Paneblanco
Catania Siracusa
Bivio Iazzotto
Vaccarizzo
Bonifica del Pantano di Lentini
Carmito
Masseria San Leonardo sottino
Corridore del Pero
Palagonia
Ramacca
Castel di Iudica
Militello in Val di Catania
Mineo
Scordia
Lago di Lentini
Lentini
Carlentini
Agnone Bagni
Punta Castelluccio
Capo Campolato
Brucoli
Monte Tauro
Monte Pergola
Capo Santa Croce
Punta d'Izzo
AUGUSTA
Villasmundo
Melilli
Francofonte
Grammichele
Licodia Eubea
Vizzini
Buccheri
Ferla
Cassaro
Sortino
Priolo Gargallo
Penisola Magnisi
Thapsos
Marina di Melilli
SIRACUSA
Capo Santa Panagia
Santa Panagia
Belvedere
Castello Eurialo
Teatro Greco
Serremendola
Ortigia
Solarino
FLORIDIA
Palazzolo Acreide
Akrai
Necropoli di Bibbinello
Buscemi
Monterosso Almo
Giarratana
Chiaramonte Gulfi
Canicattini Bagni
Cassibile
Fontane Bianche
Punta del Corvo
Capo Ognina
Ognina
Punta del Cane
Lido Arenella
Avola
AVOLA
Marina di Avola
Noto
Lido di Noto
Calabernardo
Eloro
RAGUSA
Ragusa Ibla
MODICA
SCICLI
Ispica
Rosolini
Pachino
Marzamemi
Pozzallo
Sampieri
Cava d'Aliga
Torre Vendicari
Isola Vendicari
Pantano Roveto
Pantano Grande
Cavagrande del Cassibile
Cava d'Ispica
Monte Climiti
Anapo
Irminio
Tellaro
Asinaro
Cassibile
Maeggio
Cozzo Roccioso
Roveto
Burgio
San Lorenzo Vecchio
E45
A18
A19
E932
NSA339
102
98
25
34
42
43
56
20
124
125
126
127
128

SIRACUSA
Ortigia
Capo Santa Panagia
Penisola della Maddalena
Capo Murro di Porco
Area Marina Protetta del Plemmirio
M A R E
I Ó N I O
Golfo di Noto
AVOLA
Marina di Avola
Calabernardo
Lido di Noto
Noto
Cassibile
Fontane Bianche
Punta del Cane
Ognina
Capo Ognina
Punta del Corvo
Marzamemi
Pachino
Portopalo di Capo Passero
Isola Capo Passero
Punta Pilieri
Punta Anipro
Isola delle Correnti
Capo delle Correnti
Punta del Formiche
Isola Vendicari
Torre Vendicari
Pantano Grande
Punta Castellazzo
Rosolini
Ispica
Pozzallo
Torre Cabrera
Spiaggia di Raganzino
Punta Religione
Marina di Modica
Sampieri
Cava d'Aliga
Punta del Corvo
Donnalucata
Marina di Ragusa
Santa Barbara
S.Croce Camerina
Canale di Sicilia
Valletta
MODICA
SCICLI
RAGUSA
Ragusa Ibla
COMISO
VITTORIA
Chiaramonte Gulfi
Monterosso Almo
Giarratana
Palazzolo Acreide
Buscemi
Cassaro
Solarino
FLORIDIA
Canicattini Bagni
Belvedere
Monti Iblei
Mazzarrone
Cava d'Ispica
Serra di Burgio
Cozzo Roccioso
Testa d'Acqua
Passo del Ladro
Cavagrande del Cassibile
Necropoli di Bibbinello
Neturn (Noto antica)
Catania
Lentini
Vizzini
Gela
E45
A18
115
124
194
287
514
42
43
56
20
Pd
Pe
Pf
Qa
Qb
Qc
124
125
126
127
128
129

Id
Ie
If
Kb
Kc
Kd
Ka
90
91
92
93
94
Cap Corse
Île de la Giraglia
Barcaggio (U Barcaghju)
Tour d'Agnello
Tollare
Capo Grosso
Capo Bianco
Rés. Nat. des Îles Finocchiarola
Îles Finocchiarola
Centuri-Port (Cinturi Portu)
Cannelle (E Canelle)
Moulin Mattei
Rogliano (Rugliano)
Macinaggio (Macinaghju)
Tomino (Tuminu)
Morsiglia (Mursiglia)
Camera
M. di e Catello
Pastrina
Meria
Marine de Meria (Marina di Meria)
Capu Corvoli
Golfu Alisu
Marine de Scalo (Marina di Scalu)
Col de Sta Lucia
Pino (U Pinu)
Tour de Sénèque
Luri
Campu (U Campu)
Punta Minerviu
Minerviu
Chiesa (Achjesa)
Castello (U Castellu)
Carbonacce (E Carbunacce)
Tufo (U Tufu)
Santa Severa (Santa Suvera)
Porticciolo (U Purticciolu)
Tour de Losse
Barrettali
Conchiglio (U Cunchigliu)
M. Alticcione
Ortale
Cagnano
Ghilloni
Suprana
Marine de Giottani (Marina di Giottani)
Marinca
Lapedina
Oreta
Canari
Pietracorbara (A Petracurbara)
Marine de Pietracorbara (Marina d'Ampuglia)
Punta di Canelle
Canelle (E Canelle)
Ogliastro (Oligastru)
Cima di e Follicie
San Michele
Sisco (Siscu)
Ste Catherine
Marine de Sisco (Marina di Siscu)
Chioso (Chjosu)
Moline (E Muline)
Albo (Albu)
Olcani
Sant' Antone
Tour de Sacro
M. Stello
Nonza
Silgaggia
Olmeta-di-Capocorso (Olmeta di Capicorsu)
Castello (U Castellu)
Pozzo (U Pozzu)
Poretto (U Purettu)
Erbalunga (Erbalonga)
Golfe de St-Florent
Negru (U Negru)
Sta-Maria-di-Lota
Figarella (A Ficarella)
Mandriale
Corniche
Lavasina
Partine
Miomo (Miomu)
Grigione (Grisgioni)
Marine de Farinole (Marina di Faringule)
Farinole (Faringule)
Castagneto (U Castagnetu)
Ville-di-Pietrabugno (E Vile de Petrabugnu)
San-Martino-di-Lota
Pietranera (Petra Nera)
Patrimonio (U Patrimoniu)
Guaitella
Serra di Pigno
Cardo (U Cardu)
BASTIA
Citadelle
Lupino (U Lupinu)
les Marines du Soleil
Barbaggio (Barbaghju)
Cath. de Nebbio
St-Florent (San Fiurenzu)
Col de Teghime
Furiani
Poggio-d'Oletta (U Poghju d'Oletta)
Marana (A Marana)
Réserve naturelle de l'Étang de Biguglia
Oletta
Cima di u Zuccarellu
Biguglia
Casatorra
Olmeta di Tuccia
Village de Vacances
Borgo (U Borgu)
Étang de Biguglia
St. François
Punta di Mignola
Punta di Curza
Punta di Malfalcu
Plage de Saleccia
Plage du Loto
Alga Putrica
Peraldu
Punta Mortella
Saleccia
Cima d'Ortella
Punta di l'Acciolu
Désert des Agriates
M. Genova
Cima d'Ifana
Ifana
Bartolacciu
Dolmen
Casta
San Pancraziu
Anse de Peraloda
L'Ile Rousse
Île de la Pietra
Bocca di Vezzu
Bacciulu
Salone
Lavandaju (Lavandaghju)
Ogliastro
Petra Moneta
Lozari (L'Ozari)
S.Vicensu
Guardiola
La Balanina
Village de Vacances
Cima di Pedi
Pilato
M. Negru
Campu Pianu
M. Ambrica
Monticello (U Monticellu)
Sta-Reparata-di-Balagna
Regino (U Reginu)
Belgodère (Balgudè)
Palasca
Sto-Pietro-di-Tenda (Santu Petro di Tenda)
Urtaca
Pianello
San-Gavino-di-Tenda (San Giavanu di Tenda)
Novella (Nuvella)
Lama
M. Astu
Sorio (Soriu)
Rapale
Menhir
Pieve
Belle Lasagne
Bocca di Santu Stefanu
Vallecalle
Pruneta
San Michele
Défilé de Lancone
Ortale
Rutali
Vairoso (Valle Rose)
Murato (Muratu)
Cima di Taffoni
Lucciana
Aéroport de Bastia-Poretta
la Marana
Pinetu
San Perteo
la Canonica
Fouilles de Mariana
Casamozza
Camp du Cap Sud
Costa
Occhiatana
Toccone (U Tuccone)
Ville-di-Paraso (E Ville di Parasu)
Speloncato (Spiluncatu)
Nessa (Nesce)
Feliceto (Felicetu)
M. Tolu
Bocca Capanna
Cima di Mitielli
Pedano (U Pedanu)
Pietralba (Petralba)
M. Reghia di Pozzo
Cima a u Spazzolu
Campitello (U Campitellu)
Scolca (A Scolca)
Vignale
Volpajola (A Vulpaiola)
Barchetta
Lento (Lentu)
Bigorno (Bigornu)
Accendi Pippa
Olmi-Cappella (Olmi è Capella)
Mausoléo (Musuleu)
Vallica
Parc Naturel Régional de Corse
Route du Golo
Canavaggia (U Canavaghja)
Bertalogna
Costa Roda
Ponte Rosso (Ponte Rossu)
Cima a Trepite
Castifao
Moltifao (Moltifau)
Giunssani
Forêt de Tartagine
M. Terello
Bocca di Laggiarello
Ponte Novu
Campu Rossu
Castello di Rostino (Castellu di Rustinu)
Valle-di Rostino (E Valle di Rustinu)
Pastoreccia
San Tomaso
Prunelli di Casacconi
Olmo (L'Olmu)
Vescovato (U Viscuvatu)
Venzolasca (A Vinzulasca)
Loreto-di-Casinca
Penta-di-Casinca
Sorbo-Ocagnano (Sorbu-Ocagnanu)
Castellare di Casinca
Querciolo (U Querciolu)
Marina di Sorbo (Marina di Sorbu)
Anghione (Anghjone)
Folelli (I Fulelli)
San Pellegrinu
Centre de Vacances
Taglio-Isolaccio
Terre Rosse
Poggio-Mezzana (U Poghju-Mezzana)
Lavilanella
M. Padro
Cima di a Statoghja
Asco (Ascu)
Gorges de l'Asco
Grazianaccia
Ponte Leccia (Ponte à a Leccia)
Piedigriggio (Pedigrisgiu)
Taverna
Casa Pitti
Ortiporio (Ortipoghju)
Crocicchia
Acquatella
Penta-Acquatella
Popolasca
Prato-di-Giovellina
Castiglione
Morosaglia (Merusaghja)
Olmi
Castineta
Quercitello
Cardu (U Cordu)
Ref. Giunte
Forêt de Carozzica
Cima a Mori
Murcela
Bergerie de Galghellu
P. Jumentella
Capu Biancu
M. Cinto
Ref. de l'Ercu
Bergerie de Cesta
Cascade
Santa Regina
Scala di Sta Regina
Corscia
Calacuccia
Lozzi
Poggio
Pinerole
Bocca d'Ominanda
Cuticci
Castirla
Ponte Castirla
Soveria
Francardo (Francardu)
San Michele
Omessa
Caporalino
Collo di S.Quilico
Tralonca
Aiti
Gavignano (Gavignanu)
Saliceto (U Salicetu)
Pont de Lano (U Ponte Lanu)
Lano (Lanu)
Rusio (Russiu)
Erone
S.Lorenzo (S.Lorenzu)
S. Quilico
Cambia
Carticasi
Loriani
M. S. Petrone
Campana
Nocario
Piedicroce
Rapaggio
Stazzona
Valle-d'Orezza
Carcheto
Carpineto
Piedipartino
Pietricaggio (U Petricaghju)
Tarrano (Tarranu)
Pie d'Orezza
Verdese
Polveroso
Piazzole
Monacia-d'Orezza
Parata
M. Olmelli
Sta Reparata-di-Moriani
Felce
Valle-di-Campoloro (E Valle di Campulori)
Port de Campoloro (U Portu di u Campuloru)
Sta-Maria-Poggio (Sta Maria-Poghju)
Moriani-Plage
S.Nicolao (S.Niculaiu)
Padulella (A Padulella)
Sta Lucia-di-Moriani
S.Giovanni-di-Moriani
Velone-Orneto
S.Gavino-d'Ampugnani
Talasani
Pero-Casevecchie
Figareto (U Ficaretu)
Silvareccio
Champlan
Porri
Croce
Ficaja
Scata
Prunu
Giocatojo
Casabianca
Casalta
Poggio-Marinaccio
Monte
M.S. Angelu
La Porta
Sta Maria
Couvent
San Damiano (S.Damianu)
Calvi
Golfe de Calvi
Citadelle
Punta di la Revellata
Golfe de la Revellata
Grotte des Veaux Marins
N.D. de la Serra
Punta Spano
Baie Agajo
Club Méditerranée
Punta Caldanu
Marine de Sant'Ambroggio (Marina di Sant'Ambrosgiu)
Algajola
Marine de Davia
Punta di Vallitone
L'Ile Rousse (Isula Rossa)
Île de la Pietra
Corbara (Curbara)
Sta Reparata-di-Balagna
Pigna
Couvent de Corbara
Sant' Antonino (Sant'Antoniu)
Aregno
La Trinité
Cateri
Lumio (Lumiu)
Lavatoggio (U Lavatoghju)
San Petru
Camp Raffalli
Col du Salvi
San Raineru
Avapessa
Muratu
Nessa (Nesce)
Feliceto (Felicetu)
Lunghignano
Muro
Cassano
Montegrosso
Montemaggiore
Zilia
Santa Restituta
Calenzana (Calinzana)
Punta Guale
Baie de Nichiareto
Petra Maio
Prigugio
Capo Cavallo
Sémaphore
Capu Planu
Moncale (U Mucale)
M.Grosso
Paese Novu
Suare
Tarazone
Mezzanodi
Capu di a Mursetta
Baie de Crovani
San Quilcu
l'Argentella
Capu di l'Argentella
Pieve
Chaos de Bocca Rezza
M.Corona
Punta di Ciuttone
Bocca Bassa
Tour Maraghiu
Golfe de Galeria
Galéria
Olmu
Guaitella
Porta Vecchia
Capu di Vegnu
Maison forest. de Bonifatu
Forêt de Calenzana
Cirque de Bonifatu
Ref. de Carrozzu
a Muvrella
Prezzuna
Balagne
Nice, Toulon
Savona
Marseille, Toulon
Nice
Genova
Livorno
Piombino
Ponte Leccia
Calvi
Corte
FRANCE
129
0 1 2 4 6 8 10 km
0 1 2 4 6 miles

Ic
Id
Ie
If
Calvi
FRANCE
94
95
96
97
98
99
100
Punta di Stollu
Punta Bianca
Galéria
Capu Tondu
Punta Muvareccia
Baie de Focolara
Punta Palazzu
Capu Licchia
Col de Palmarella
Isola di Gargalu
Girolata (Girulatu)
Réserve Naturelle de Scandola
Golfe de Girolata
Punta Muchillina
Bocca a Croce
Osani
Capu Seninu
Curzu
Partinello
Gratelle
Vetriccia
Caspiu
Serriera
Golfe de Porto
Bussaglia
Traghino
Capu a Vetta
Porto Marina
e Calanche
Punta di Ficajola
Porto (Portu)
Ota
Pont Génois
Gorges de Spelunca
Evisa
Tour de Turghiu
Route de Ficajola
Capu Rossu
Capu d'Ortu
les Roches Bleues
Piana (A Piana)
Bocca a Lavu
M.Ravu
Cariu
San Martinu
Punta à i Tuselli
Plage d'Arone
Tombalo
Chidazzu
Marignana
Capu a e Macennule
Revinda
Capu di Calazzu
Tour d'Orchinu
Punta d'Orchinu
Village de Vacances
Golfe de Chiuni
Marchese
Lozzi
Punta d'Omigna
Golfe de Peru
Cargèse (Carghjese)
Punta di Cargèse
Rondulinu
Portu Monachi
Capu a Cuma
Appriciani
Sagone
Esigna
Cruciate
Cerasa
Coggia
Vedolaccia
Parapoggio (Parapoghju)
Punta di Trio
Anse de Sagone
Golfe de Sagone
Plage du Liamone
Tour de Capigliolo
Golfu di a Liscia
Tour d'Ancone
Tiuccia
Ambiegna
Arro (Arru)
Casaglione (Casagliu)
Cinarca
la Liscia (Aliscia)
Sant'Andrea-d'Orcino (Sant'Andria-d'Orcinu)
Ancone
Marina di Pévani
Calcatoggio (Calcatoghju)
Pévani
Bocca S.Bastiano
Appietto (Appiettu)
Piscia (Rossa)
Valle-Mezzana
Sari-d'Orcino (Sari d'Orcinu)
Cannelle (E Cannelle)
Sarrola-Carcopino (Sarrula-Carcopinu)
Tavaco (Tavacu)
MER MÉDITERRANÉE
Punta Pelusella
Carbinica
Romanetti
Golfu di Lava
Pichio (Pichju)
S.Benedettu
Vulpaja
Alata
Afa
Capo di Feno
Scaglioli
Pruno (U Prunu)
Ranuchiettu (Ranuchjettu)
Baleone
Salliccia
Villanova
Punta Pozzo di Borgo
Mezzavia
Pisinale
Capigliolo
Anse de Minaccia
Route des Sanguinaires
Col de S-Antoine
Scudo
M.Salario
les Milelli
les Cannes
le Finosello
Citadelle
AJACCIO (AIACCIU)
Pointe de la Parata
Plage de Vignola
Plage de l'Ariadne
Chapelle des Grecs
Passe des Sanguinaires
Îles Sanguinaires
Grande Sanguinaire
Golfe d'Ajaccio
Toulon, Marseille
Nice
Tour de Capitello
Porticcio (Purtichju)
Punta di Porticcio
les Hameaux de P. Molini
Isolella
Punta di Sette Nave
Plage d'Agosta
Agnarellu
Cruciata
le Ruppione (U Ruppione)
Plage de Ruppione
Acelasca
Isola Piana
Punta di a Castagna
la Castagna (A Castagna)
Verghia
Portigliolo
Forêt de Chiavari
Col de Cortone
Saparella Sottana (Saparella Suttana)
Ariezza
Coti-Chiavari
Acqua Doria
Figoni
Pilusella
Capu di Muru
Monte Biancu
Capu Neru
Cala di Cigliu
Baie de Cupabia
Capannella
Serra-di-Ferro
Pietra Rossa (A Petra Rossa)
Favalella
Golfe de Valinco
Punta di Porto Pollo
Porto Pollo (Portu Polu)
Olmeto Plage
Capicciolo
Vetricella
Porto Torres
Propriano (Prupia)
Capu Lauroscu
Bastelicaccia
Bottacina
Olmu
Guaitella
u Fangu
Prezzuna
Chiorna
Tuarelli
Manso
Barghiana
Monte Estremo
Capu Manganellu
Forêt du Fangu
Filosorma
Parc
Punta a Scala
Bocca a e Poste
Capu Stranciacone
Ref. d'Altore
Punta Minuta
M. Cinto
Ref. de l'Ercu
Bergerie de Cesta
Cascade
Capu Tafunatu
Paglia Orba
Calasima
Albertacce
Ref. Ciottulu di i Mori
Haute Corse
Corse-du-Sud
Capu a u Celu
Bocca di Capronale
Capu à Cuccula
Col de Cuccavera
Cascade de Radule
Col de Verghio
Verghio (Verghju)
Forêt de Valdu Niellu
Village Vacances
Forêt d'Aitone
Capu di Melu
Cristinacce
Naturel
Capu à u Tozzu
Punta Artica
Lac de Nino
Cimatella
Capizzolu
u Favarone
M.Sant'Eliseo
Lac de Creno
Soccia
Orto (Ortu)
Poggiolo (U Poghjolu)
Guagno (Guagnu)
Guagno les Bains (I Bagni di Guagnu)
Col de Sevi
Renno (Rennu)
Letia
St. Roch
Balogna
Vico (Vicu)
Chigliani
Murzo (Murzu)
Punta di a Spusata
Nesa (Nesce)
St. François
Arbori (Arburi)
Muna
M.Cervellu
Pastricciola
Rosazia (Rusazia)
Salice (U Salice)
Rezza
Ghigliazza
Azzana
Rodone
Piane (E Piane)
Lopigna
Cruzzini
Punta di a Malandrina
Taggia
P.Peccaraghia
Vero
le Pont d'Ucciani
Punta Sant'Eliseo
Carbuccia
Crucoli
Gravona
Albitrone
Peri
St Antoine (S'Antone)
San Petru
Mandriolo (Mandriolu)
Pratu Tondu
Olmo (L'Olmu)
Punta d'Antracca
Cuttoli-Corticchiato (Cuttuli Curtichjatu)
Tolla
Pedi Morella
Bocca di Mercuju
Pianiccia
Colombina (Columbina)
Salvolaccia
Ocana
M.Aragnascu
Belvédère
Vignola
Eccica-Suarella
Cauro (Cavru)
Radicale
Punta d'Urghiavari
Punta di Sarracinaggio
Pisciatella
Fica
P.Grimaldella
Marina Viva
Col St. Georges
Sta-Maria-Siché
Grosseto-Prugna (Grussetu-Prugna)
Bocca di Belle Valle
Monte Rosso (Monte Rossu)
Punta Cozzanicciu
Albitreccia
Cardo-Torgia (Cardu Torgia)
Pietrosella (Pitrusedda)
Bisinao (Bisinau)
Guargualé
Zigliara
Cognocoli-Monticchi
Urbalacone (Urbalaconu)
Pila-Canale
Bocca di Chenova
Monticchi
Gradello
Mattiolo
S.Giorgio (S.Ghjorghju)
Mantarello
Calzola
Pratavone
Arja Donica
Petreto-Bicchisano (Pitretu-Bicchisgià)
Piattone
Mezzana
Casalabriva
M.San Petru
Tassinca
Vill. Préhist. de Filitosa
Filitosa
u Paladinu Menhir
Sollacaro (Suddaru)
Milucciu
Zoppu
Vera Martini
Olmeto
Castellu di a Rocca
Raja
Burgo (Burgu)
Sullataia
Tour de Micalona
Epiniellu
Bains de Baraci
Ajaccio/Ajacciu
Porto Pollo (Portu Polu)
Punta di Porto Pollo
Olmeto Plage
Cappiciolo
Cipiniellu
Burgo (Burgu)
Bains de Baraci
Marseille
Golfe de Valinco
Porto Torres
Propriano (Prupia)
Viggianello (Vighjaneddu)
u Ponte
Plage de Capu Lauroscu
Plage de Portigliolo
Portigliolo
Punta di Campomoro
St Margarita
Rizzanese
Tivolaggio
Punta di Muro
Jumenta Grossa (A Ghjumenta Grossa)
Musée de Préhistoire Corse
Bilia
Belvédère-Campomoro (Belvidè-U Campu Moru)
Foce di Bilia (Foci di Bila)
Sartène (Sartè)
Site Préhist.
Grossa
Cala d'Agulia
Punta d'Eccica
Berg. Carpatulia
Cacciabello
Aga Suttanu
Tallano
Giuncheto (Ghjunchetu)
Cala di Conca
Bonifazinca
Acciola
Saparella
Alturaja
Punta Capannaccia
Alignements de Pagliaju
Punta di Patania
Capu di Senetosa
Pastrina
Golfe de Tizzano
Tizzano
u Chiusu di a Casa
Pero Longo (U Peru Longu)
Navara
Tralicetu
Mégalithes de Cauria
Ortolo
Capu di Zivia
Serragia
Golfe de Murtoli
Plage d'Erbaju
Punta di Murtoli
Rocher du Lion
Punta di Valanincu
Golfe de Roccapina
Roccapina
Capu di Roccapina
Tour de Olmeto
Bonifacio
0 1 2 4 6 8 10 km
0 1 2 4 6 miles

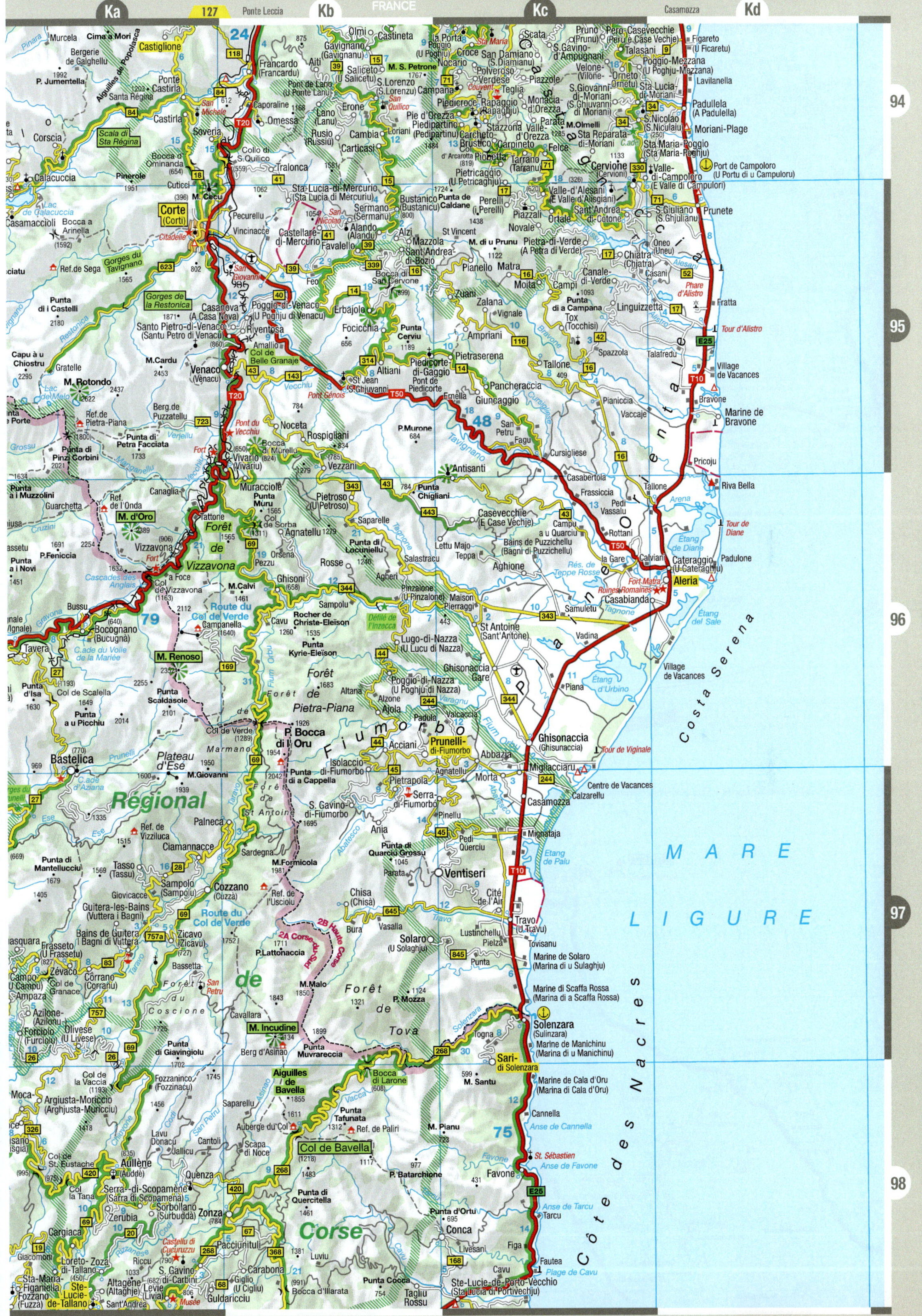

Murcela
Cima a Mori
Castiglione
Bergerie de Galghellu
P. Jumentellu
Santa Regina
Castirla
Ponte Castirla
Scala di Sta Regina
Corscia
Calacuccia
Pinerole
Soveria
Omessa
Francardo (Francardu)
Aiti
Gavignano (Gavignanu)
Olmi Cappella
Castineta
Saliceto (U Salicetu)
M. S. Petrone
Campana
S.Lorenzo (S.Lorenzu)
Erone
Lano (Lanu)
Rusio (Rusiu)
Cambia
Carticasi
Tralonca
Sta-Lucia-di-Mercurio (Sta Lucia di Mercuriu)
Sermano (Sermanu)
Bustanico (Bustanicu)
Alando (Alandu)
Alzi
Mazzola
Sant'Andrea-di-Bozio
Corte (Corti)
Citadelle
Casamaccioli
Gorges du Tavignano
Ref.de Sega
Gorges de la Restonica
Punta di i Castelli
Santo Pietro-di-Venaco (Santu Petru di Venacu)
Casanova (A Casa Nova)
Poggio-di-Venaco (U Poghju di Venacu)
Riventosa
Erbajolo
Focicchia
Punta Cerviu
Altiani
Piedicorte-di-Gaggio
Pont de Piedicorte
St Jean (S.Ghjuvanni)
Pont Génois
Capu à u Chiostru
Gratelle
M. Rotondo
M.Cardu
Venaco (Venacu)
Col de Belle Granaje
Amallu
Berg.de Puzzatellu
Ref.de Pietra-Piana
Punta di Petra Facciata
Punta di Pinzi Corbini
Pont du Vecchiu
Noceta
Rospigliani
Vivario (Vivariu)
Vezzani
Antisanti
P.Murone
Punta Chigliani
Muracciole
Pietroso (U Petroso)
Punta Muru
Canaglia
M. d'Oro
Ref. de l'Onda
Guarchetta
Vizzavona
Forêt de Vizzavona
Tattone
Col de Sorba
Agnatellu
Saparelle
Punta di Locuniellu
Rosse
Pezzu
Orsena
Casevecchie (E Case Vecchje)
Lettu Majo
Teppa
Aghione
Bains de Puzzichellu (Bagni di Puzzichellu)
Salastracu
Pinzalone (U Pinzalone)
Maison Pierraggi
Col de Vizzavona
M.Calvi
Ghisoni
Route du Col de Verde
Campanella
Bussu
Bocognano (Bucugnano)
Rocher de Christe-Eleison
Punta Kyrie-Eleison
Cavu
Sampolu
Défilé de l'Inzecca
Lugo-di-Nazza (U Lucu di Nazza)
Tavera
C.ade du Voile de la Mariée
M. Renoso
Forêt de Pietra-Piana
Altana
Alzone
Ajola
Poggio-di-Nazza (U Poghju di Nazza)
Ghisonaccia Gare
Col de Scalella
Punta d'Isa
Punta Scaldasole
Punta a u Picchiu
Col de Verde
P. Bocca di u Oru
Marmano
Fiumorbo
Acciani
Prunelli-di-Fiumorbo
Abbazia
Valcaccia
Padula
Bastelica
Plateau d'Ese
M.Giovanni
Isolaccio-di-Fiumorbo
Punta di a Cappella
Agnatellu
Pietrapola
Serra-di-Fiumorbo
Regional
Forêt de St Antoine
S. Gavino-di-Fiumorbo
Pinellu
Ania
Ref. de Vizziluca
Ciamannacce
Palneca
Punta di Mantellucciu
Tasso (Tassu)
Sardegna
M.Formicola
Punta di Quarciu Grossu
Parata
Ventiseri
Cozzano (Cuzzà)
Sampolo (Sampolu)
Giovicacce
Guitera-les-Bains (Vuttera i Bagni)
Bains de Guitera (I Bagni di Vuttera)
Ref. de l'Usciolu
Chisa (Chisà)
Bura
Vasalla
Solaro (U Solaghju)
Route du Col de Verde
Zicavo (Zicavu)
Frasseto (U Frassetu)
Bassetta
Corrano (Corranu)
Zevaco (Zevacu)
Campo (U Campu)
Ampaza
Col de Granace
P.Lattonaccia
M.Malo
Forêt du Coscione
Forêt de Tova
P. Mozza
Cavallara
Azilone-Ampaza
Forciolo (Furciolu)
Olivese (U Livese)
M. Incudine
Punta Muvrareccia
Berg d'Asinao
Punta di Giavingiolu
Col de la Vaccia
Fozzaninco (Fozzinacu)
Aiguilles de Bavella
Bocca di Larone
Argiusta-Moriccio (Arghjusta-Muricciu)
Moca-Croce
Punta Tafunata
Ref. de Paliri
M. Santu
Saparellu
Auberge du Col
Col de Bavella
Scapa di Noce
Lavu Donacu
Cantoli
Jallicu
Aullène
Col de St. Eustache
Quenza
M. Pianu
P. Batarchione
Serra-di-Scopamène (Sarra di Scopamena)
Sorbollano (Surbuddà)
Zonza
Zerubia
Col de la Tana
Punta di Quercitella
Punta d'Ortu
Corse
Conca
Livesani
Carbini
Levie (Livia)
Altagène (Altaghje)
Carbini
S. Gavino-di-Carbini
Loreto-di-Tallano
Castellu di Cucuruzzu
Giglio (U Ciglio)
Guldariccia
Bocca d'Illarata
Punta Cocca
Tagliu Rossu
Luviu
Pacciunituli
Carabona
Sta-Maria-Figaniella
Fozzano (Fuzzà)
Ste-Lucie-de-Tallano
Sant'Andrea
Musée
Ste-Lucie-de-Porto-Vecchio (Sta Lucia di Portivechju)
Cavu
Fautea
Plage de Cavu
Figa
Tarcu
Anse de Tarcu
Favone
Anse de Favone
St. Sébastien
Cannella
Anse de Cannella
Marine de Cala d'Oru (Marina di Cala d'Oru)
Sari-di-Solenzara
Marine de Manichinu (Marina di u Manichinu)
Solenzara (Sulinzara)
Tongna
Marine di Scaffa Rossa (Marina di a Scaffa Rossa)
Marine de Solaro (Marina di u Sulaghju)
Punta
Tovisanu
Pielza
Lustinchellu
Travo (U Travu)
Cité de l'Air
Etang de Palu
Mignataja
Pedi Querciu
Casamozza
Calzarellu
Centre de Vacances
Migliacciaru
Morta
Ghisonaccia (Ghisunaccia)
Tour de Viginale
Piana
Étang d'Urbino
Village de Vacances
Vadina
St Antoine (Sant'Antone)
Samuletu
Casabianda
Aleria
Ruines Romaines
Fort Matra
Cateraggio (U Cateraghju)
Padulone
Étang del Sale
Étang de Diane
Tour de Diane
Calviani
Rés. de Teppe Rossa
Rottani
Pedi Vassalu
Frassicela
Campu a u Quarciu
Tallone
Casabertola
Cursigliese
Fagu
San Petru
Giuncaggio
Pancheraccia
Pietraserena
Ampriani
Zuani
Zalana
Vignale
Pianello
Matra
Moïta
Campi
Punta di a Campana
Tox (Tocchisi)
Linguizzetta
Spazzola
Talafredu
Pianiccia
Vaccaje
Bravone
Marine de Bravone
Pricoju
Riva Bella
Arena
Village de Vacances
Fratta
Tour d'Alistro
Phare d'Alistro
Canale-di-Verde
Chiatra (Chjatra)
Casani
Oneo (Uneu)
Pietra-di-Verde (A Petra di Verde)
M. di u Prunu
Novale
Piazzali
Ortale
Sant'Andrea-di-Cotone
Valle-d'Alesani (E Valle d'Alisgiani)
S.Giuliano (S.Ghjulianu)
Prunete
Cervione (Cervioni)
Valle-di-Campoloro (E Valle di Campuloni)
Sta.Maria-Poggio (Sta Maria-Poghju)
Port de Campoloro (U Portu di u Campuloru)
Moriani-Plage
S.Nicolao (S.Niculaiu)
Padulella (A Padulella)
Sta-Lucia-di-Moriani
Poggio-Mezzana (U Poghju-Mezzana)
Lavilanella
Figareto (U Ficaretu)
Pero-Casevecchie (Peru e Case Vecchje)
Talasani
Pruno (Prunu)
Scata
S.Gavino-d'Ampugnani
Velone-Orneto (Vilone-Ornetu)
Piazzole
S.Giovanni-di-Moriani (S.Ghjuvanni di Moriani)
Monacia-d'Orezza
Parata
M.Olmelli
Sta Reparata-di-Moriani
Valle-d'Orezza
Felce
Carpineto
Tarrano (Tarranu)
Stazzona
Piedipartino (Pedipartinu)
Pie d'Orezza
Piedicroce
Rapaggio (U Rapaghju)
Teglia
Couvent
Polveroso
Verdese
Croce
San Damiano (S.Diamianu)
La Porta
Sta Maria
Nocario
Poggio (U Poghju)
Carcheto-Brustico
Piobetta
Pietricaggio (U Petricaghju)
Perelli (I Perelli)
Punta de Caldane
St Vincent
Castellare-di-Mercurio
Favalello
Vincinacce
Pecurellu
Feo
Bocca di San Cervone
Castagniccia
Plaine Orientale
Costa Serena
MARE LIGURE
Côte des Nacres
2A Corse-du-Sud
2B Haute Corse

If
Ka
FRANCE
129
Kb
Aleria
Kc
Kd
98
99
100
101
102
Parc
Naturel
Régional
de
Corse
Forêt
de
Barocaggio-Marghese
Sartène
(Sartè)
Propriano
Ste-Lucie-de-Tallano
Levie
(Livia)
Zoza
Altagène
(Altaghje)
Carbini
Sotta
Figari
Porto-Vecchio
Ste-Lucie-de-Porto-Vecchio
(Sta Lucia di Portivechju)
Pinarellu
Golfe de Pinarellu
Île de Pinarellu
Punta Capicciola
Cala Rossa
Punta S. Ciprianu
Golfe de Porto-Vecchio
Punta di a Chiappa
Piccovaggia
Île Pietricaggiosa
Île Piana
Île Forana
Îles Cerbicale
Village de Vacances
Golfe de Sta-Giulia
Golfe de Porto Novo
Tour de Sponsaglia
Golfe de Rondinara
Punta di Rondinara
Golfu di Sant'Amanza
Punta di u Capicciolu
Tour de Sant'Amanza
Gurgazu
Plage Calalonga
Île Porraggia
Île Ratino
Île Piana
Île Cavallo
Île Perduto
Bonifacio
(Bonifaziu)
Capo di Feno
Capo Pertusato
Phare de Pertusato
Chiappili
(Chjappili)
Îles Lavezzi
Pyramide de la Sémillante
Tour des Lavezzi
Montagne de Cagna
L'Uomo di Cagnà
Punta d'Ovace
Mont Calvo
Pianotolli-Caldarello
Aéroport Figari Sud Corse
Punta di Ventilegne
Golfe de Ventilegne
la Tonnara
Îles de la Tonnara
Ermitage de la Trinité
Grotte Marine du Sdragonato
Marseille, Toulon
Punta di Caniscione
Îles Bruzzi
Anse de Chevanu
Serragia
Roccapina
Punta di Valanincu
Ajaccio/Ajacciu
MARE LIGURE
Costa Smeralda
Bocche di Bonifacio
MARE MEDITERRANEO
Parco Nazionale dell' Arcipelago di La Maddalena
Isola Razzoli
Isola Santa Maria
Isola Budelli
Isola Spargi
Isola Maddalena
La Maddalena
Isola Caprera
Casa di G.Garibaldi
Isola Santo Stefano
Punta Marginetto
Porto Massimo
Punta Galera
Capo Testa
Santa Teresa Gallura
Punta Falcone
Porto Pozzo
Palau
Capo d'Orso
Isola delle Bisce
Capo Ferro
Porto Cervo
Baia Sardinia
Liscia di Vacca
Cala di Volpe
Capriccioli
Isola Mortorio
Isola Soffi
Punta della Volpe
Porto Rotondo
Golfo di Marinella
Arzachena
San Pantaleo
Luogosanto
Aglientu
Vignola
Costa Paradiso
Isola Rossa
Tomba di Li Lolghi
Tomba di Coddu Vecchiu
Lago di Liscia
Napoli
Olbia
Golfo Aranci
Castelsardo
Tempio Pausania
G A L L U R A
133

Ia
Ib
Ic
Id
102
103
104
105
106
107
Parco Nazionale dell'Asinara
Golfo dell' Asinara
Punta Tumbarino
P.ta Marcutza
Tumbarino
Cala Scombro di Fuori
Cala Scombro di Dentro
P.ta Maestra Fornelli
Fornelli
Santa Maria
Punta Barbarossa
Capo del Falcone
Isola Piana
Rada dei Fornelli
Torre Pelosa
Spiaggia della Pelosa
Cala di Vacca
Torre Falcone
Punta Negra
M.d.Crocetta
Cuile San Lorenzo
Stintino
Punta Scoglietti
Cala di Capotagliato
Stagno di Casaraccio
Tonnara Saline
Coda della Carasanta
Cuile Pazzoni
Isola d.Porri
Cuile Nova
Ezi
Nodigheddu
Stagno di Pilo
Marseille, Barcelona
Genova
Propriano
Civitavecchia
Porto Torres
San Gavino a Mare
Maritza
Castelsardo
Casa Bellimpiazza
Platamona Lido
Marina di Sorso
Sorso
Sennori
San Michele di Plaiau
Ottava
San Giovanni
Punta Furana
Casteddu (Castello)
Pozzo San Nicola
Issi
Cuile Cabu Aspru
Minciaredda
Zona Industriale
Sant'Elena
Margone
Scala Erre
Casa Rena Majore
Lampianu
M.Santa Giusta
Biancareddu
Capo Mannu
Canaglia
P.ta Padedda
la Pedraia
P.ta de lu Pisanu
Porto Palmas
Rosario
Cant. Pedriazzi
Necropoli di Su Crucifissu Mannu
Monte d' Accoddi
Necropoli di Ponte Secco
Campanedda
Speranza
Mandras
la Crucca
Uccari
Liori
Nurra
Macciadosa
Villa romana
San Gavino
Vizilu
li Punti
SASSARI
Usini
Ossi
Tissi
Muros
Cargeghe
Usilo
Macomer
Palmadula
la Lacuna
Capo dell' Argentiera
Argentiera
Casa San Giorgio
Casa Deroma
Casa Piras
Monteforte
la Corte
Bazzinitta
Ioannes Abbas
M.Nurra
Casa Elighe Longu
P.te Zunchini
Bancali
Predda Niedda
Caniga
Casa Saccheddu
Staz. Molafa
Nur.di Gloscari
Scala di Giocca
P.ta lu Caparoni
Casa l'Eremita
M.Forte
sa Corruda
su Bacchileddu
su Pirastru
Tottubella
Giagu de Serra
Casa Venturi
Fermata Arcone
Fermata San Giorgio
Fruscittu
Cant. Ferru Ezzu
Sant'Anastasia
Torre Negra
Porto Ferro
Torre Bantine Sale
Lago Baratz
Villa Assunta
M.Zirra
Santa Maria la Palma
Serra Ona
Cubalciada
San Marco
i Piani
Bonassai
Nur. sa Femina
M.Rosso
Olmedo
Labiolu
Uri
Aeroporto Alghero-Fertilia
Necropoli Anghelu Ruiu
Cala Viola
Puntetta della Ghisciera
Guardia Grande
Santimbenia
M.Doglia
P.ta Cristallo
Cala della Barca
M.Timidone
Parco di Porto Conte
Porte Conte
Nur. de Giorba
sa Segada
Fighera
Palmavera
Fertilia
Staz. Mamuntanas
Isola Piana
Tramariglio
Torre Nuova
Maristella
Lido S.Giovanni
Torre della Pegna
Cala d. Calcina
Cala dell'Inferno
Isola Foradada
Grotta Verde
Grotta di Nettuno
Grotta dei Ricami
Capo Caccia
M.Rudedu
Spiaggia d. Bombarde
Isola della Maddalena
C.Galera
P.ta d.Giglio
Rada di Alghero
ALGHERO
Cinta della mura
Cala Bona
Riviera del Corallo
Majore
Cant. Rudas Coras
Sant' Agostino Vecchio
Casa Angelo Custode
Sant'Anna
M.Miale Ispina
Cant. Scala Cavalli
Montemosu Altentu
Giovanni Cuzzo
Surigheddu
Necropoli Anghelu Ruiu
M.Crasta
Ittiri
Nostra Signora di Coros
M.Maiore
Putifigari
M.Unturzu
Santuario di Valverde
Cuiles Canistreddu
Grotta
Pontetuva de Giorzi
Partibaris
Runatolos
M.Pettenadu
Cant.Scala Piccada
P.ta sa Casa
Ponte Tataresu
M.Deu
Nur. su Muttigu
Cala Burantinu
Cappella la Speranza
Torre Poglina
M.Arviganu
Podere Ravaneddu
Cant.Monte Fulcadu
Villanova Monteleone
Maghine Gherdu
Cala Griecas
Grotta Monte Maiore
San Lussurgiu
Monteleone Rocca Doria
Romana
P.ta Ena Tunda
Ponte di Caitta
Cant. Nostra Signora d' Interrios
Pedra Ettori
Passo
Appiu
M.Aidos
L.d.Temo
Mannu
M.Minerva
Palazzo Minerva
Cant. Modegiu
Pozzomaggiore
Seno de sa Pazzos
sa Mesa s'Attentu
Passo
Cant. Santu Miali
M.Teti
M.Ruiu
M.Larenta
Porto Tangone
Sassari
Oristano
Scuola Agraria
Casa Santa Maria
Cheas
Mura Suiles
Scala de Nughes
Vigna
Longu
M.Mannu
Montresta
San Saturnino
Cala Ittiri
Isola sa Pagliosa
Casa su Ludalzu
M.Pittada
M.Pedru
Santa Rita
Cant. Baddelonga
Nur. sa Divisa
Porto Baosu
Capo Marargiu
Badde Orca
Casa Monte Crispu
Nucarrale
Cala Giuncheza
Cant.Tinniri
Nuradeo
Porto Managu
Torre Argentina
Sirone
Cant.s'Olivera
Castello di Serravalle
Bosa
San Pietro Extramuros
134
Parco Nazionale Isola Asinara dell'Asinara
Punta Caprara o dello Scorno
Torre Arena
Cala Arena
Capo Molla
P.ta d.Scomunica
Eligh Mannu
Punta Sabina
Case Bianche
Porto Mannu d.Reale
P.ta Maestra Serre
Cala d'Olva
P.ta Piano Mannu
la Reale
Trabuccato
Punta Trabuccato
Rada della Reale
0 2 4 6 8 10 km
0 1 2 4 6 miles

MARE MEDITERRANEO
Golfo dell' Asinara
GALLURA
SASSARI
TEMPIO PAUSANIA
Castelsardo
Sennori
Osilo
Ploaghe
Ozieri
Oschiri
Bonorva
Thiesi
Torralba
Mores
Ittireddu
Pattada
Perfugas
Sedini
Chiaramonti
Martis
Aggius
Bono
Burgos
Orotelli
Monte Limbara
Campeda
Altopiano

Kb
Kc
Palau
Kd
Ke
Kf
102
103
104
105
106
107
Porto Rotondo
Golfo di Marinella
Punta del Cannigione
Fermata Cala Sabina
Golfo Aranci
Capo Figari
Isola di Figarolo
Golfo di Olbia
Genova
Livorno
Piombino
Civitavecchia
Arbatax
M.Foci
M.Candela
Lago di Liscia
Sant' Antonio di Gallura
Riu Piatu
la Maciona
M.Muddetru
Cant.Catala
M.Puzzu
M.Pinu
S.Mariedda
Priatu
Casa Nuova
San Giacomo
la Grucitta
P.ta di Montilongu
P.ta Cugnana
Casagliana
M.Plebi
Torre sa Istrana
Monte sa Curi
P.ta sa Turrita
Cabu Abbas
Sa Testa
Pittulongu
OLBIA
Padrogiano
Lido d. Sole
Isola d. Bocca
Punta Ruia
Capo Ceraso
Porto Istana
Isola Piana
Porto Legnaiolo
Punta Timone
Cala di Levante
P.ta Castellaccio
Isola Tavolara
P.ta Cannone
Isola Molarotto
Isola Molara
P.ta la Guardia
Porto San Paolo
Costa Dorata
Cima di Monte Petrosu
Capo Coda Cavallo
Aeroporto Olbia-Costa Smeralda
M.Telti
Cant.Putzolu Ponte Moroni
M.Tundu
M.Saurru
Cant.Taroni
Cant.Larai
Telti
M.la Eltica
Aratena
Staz. di Enas
Enas
Zapalli
Loiri
Castello Pedreso
M.Ruiu
Vaccileddi
Monte Petrosu
P.ta Altora
Porto Brandinchi
Marina di Impostu
Punta Sabbatino
San Salvatore di Nulvara
Staz. di Monti-Telti
su Canale
Berchiddeddu
Case Trudda
Azzani
Nuragheddu
Stagno di San Teodoro
la Cinta
Suaredda
San Teodoro
Cala d'Ambra
Punta d'Ottiolu
Ottiolu
Agrustos
MARE LIGURE
Nur. su Mandrione
San Giovanni
Monti
Contra Quadrada
Peddiu
Stazione Mandras
Cant.Tucconi
San Paolo
Case sos Rueddos
sa Castanza
Andria Puddu
Biasi
Padru
P.ta lu Casteddacciu
lu Lioni
Terra Padedda
Straulas
Berruiles
Birgalavò
Budoni
Cala di Budoni
Port'Ainu
Punta dell'Asino
Tanaunella
Isola dei Pedrami
Punta la Batteria
P.ta de s'Untulzu
M.Olia
Cant.Zughe
Mamusi
M.sa Pianedda
Monte Nieddu
P.ta Maggiore
M.Figos
P.ta Candelattu
Badde Suelzu
P.ta sa Pedralonga
Sozza
Cuzzola
P.ta di Colloredda
Strugas
San Pietro
Brunella
Limpiddu
San Lorenzo
Solità
Talava
Tamarispa
P.ta Ittia
Cant.Mazzinaiu
Corrugunele
P.ta di Senalonga
Presinsainu
Badu Andria
M.Sempio
sos Rios
su Cossu
Sassari
Nuoro
P.ta sa Mesa
Alà dei Sardi
Piras
sa Pedrabianca
Concas
Castello della Fava
Posada
P.ta Covecada
P.ta Latari
sos Sonorcolos
Picco Artaneddu
Lago di Posada
Torpè
San Giovanni
la Caletta
Santa Reparata
Ruiu
Santa Annunziata
Picco Manna
M.Tundu
M.Nurres
P.ta Gortomedda
Gorropis
Picco sa Donna
Lodè
Cant. sas Argiolas
Cant. di Sant'Anna
Grotta Cane Cortoe
Santa Lucia
Buddusò
Luddurru
Iselle
Loelle
Ortuidda
Mamone
Salcra
P.ta Ziu Garolu
Cant. sos Vaccos
Ortai
Nortiddi
Cogoli
Cuccuru sas Pedras Nieddas
P.ta Gurturgius
Siniscola
San Giuseppe
Picco Unnichedda
Salina Manna
Artora
Isola Ruia
Capo Comino
Case Capo Comino
P.ta su Arcu
Spiaggia s'Aliterru
P.ta Ioanneddu
Frazughe
Bidde
Nur. sa Raignina
Tumbas de sos Zigantes
Osidda
Lago Canales
Temi
P.ta su Mutucrone
P.ta Ferulargiu
Ianna Portellitos
Picco Gurturgius
San Bacchisio
Guzzurra
P.ta Sestantarile
Siddu
Cant. Ianna'e Rughe
Cant. Berchida
P.ta su Anzu
M.Senes
Norghio
San Giovanni
il Miracolo
Cant. su Campittu
Boes
Nodduè
Istelei
Bitti
Chiesa Babbu Mannu
Onani
Lula
P.ta Catirina
131 dir/centr
E840
P.ta Comoretta
Dorosolè
M.Saraloi
M.Turuddò
San Francesco
M.Creia
P.ta su Grabellu
M.sa Nuche
Stagno de sa Curcurica
Cala Ginepro
Cala Liberotto
Galtelli
M.Oddie
Porchetta
S.Michele
P.ta Casteddu
Cuccuru de Costi
Monte Albo
S.Efisio
Cuccuru su Pirastru
Cant. S.Efisio
Nur. su Nuratolu
Orune
su Tempiesu
S.Lulla
Conca de Janas
Colovros
Caraucu
Loculi
Irgoli
Onifai
Cant.Mutrucone
Cala Fuile Mare
Fuile Mare
Chilivri
Muriè
Cast.di Pontes
Siriculi
Calisteu
Pizzittu
Sologo
Mad.d. Rimedio
Punta Nera
Santa Maria di Mare
Orosei
Marina di Orosei
M.Tiria
Curtu
Loddune
Nur. de Orizanna
Nunnale
Isalle
M.Tuttavista
Nur. su Gardu
Nur. su Marras
Lollove
Cant. Lardine
Nur. s'Abba
Viva
Ponte Marreri
P.ta 'e sa Lunavera
Cant.Paludi
M.Argiadores
Nur. d'Ordignai
Duduri
P.ta 'e Mazonzo
Nurdole
P.ta Muritu
Madonna di Valverde
M.Ortobene
Sarunele
la Traversa
Luduruiu
Villaggio nuragico di Serra Orrios
Biristeddi
Oveni
Nur. su Casteddu
Nur. sa Pramma
Nur. de Sortei
Caletta di Osalla
Grotta di Ispinigoli
Staz. Prato Sardo
NUORO
Cant. Donnacori
Tigoloboe
Tertilo
M.Cuculio
Cant. Manasuddas
Arrennegula
M.Manasuddas
Thorcodossile
Lago del Cedrino
Signora d'Angeli Nostra
Iriai
Muristene
Spirito Santo
M.Irveri
Grottone di Biddiriscottai
Lanusei
135

Ic
Pozzomaggiore
Id
132
Ie
Sassari
If
Buddusò
107
108
109
110
111
Bosa
Bosa Marina
Modolo
Suni
Sindia
Macomer
Silanus
Bortigali
Mulargia
Tinnura
Flussio
Sagama
Magomadas
Tresnuraghes
Porto Alabe
Sennariolo
Scano di Montiferro
Cuglieri
Santu Lussurgiu
Monte Ferru
Bonarcado
Seneghe
Narbolia
Milis
Bauladu
Tramatza
San Vero Milis
Riola Sardo
Baratili San Pietro
Zeddiani
Nurachi
Cabras
Solarussa
Siamaggiore
Zerfaliu
Ollastra
Simaxis
Siamanna
Villaurbana
Massama
Nuraxinieddu
Silì
Donigala Fenughedu
Solanas
San Salvatore
Oristano
Santa Giusta
Palmas Arborea
Marina di Torre Grande
San Giovanni di Sinis
Tharros (punico e romano)
Capo San Marco
Golfo di Oristano
Arborea
Marrubiu
Terralba
Uras
Morgongiori
Mogoro
Masullas
Simala
Ales
Usellus
Villa Verde
Albagiara
Gonnosnò
Sini
Genuri
Baressa
Setzu
Turri
Tuili
Barumini
Gonnostramatza
Gonnoscodina
Collinas
Villanovaforru
Lunamatrona
Pauli Arbarei
Villamar
Sardara
Pabillonis
Marceddì
Sant'Antonio di Santadi
Porto Palma
Marina di Arbus
Colonia Marina Funtanazza
Monte Arci
Mogorella
Ruinas
Samugheo
Asuni
Laconi
Allai
Fordongianus
Villanova Truschedu
Busachi
Ula Tirso
Neoneli
Ortueri
Paulilatino
Ghilarza
Abbasanta
Norbello
Aidomaggiore
Sedilo
Ottana
Dualchi
Noragugume
Borore
Lago Omodeo
Altopiano di Abbasanta
Catena del Marghine
Tadasuni
Boroneddu
Sorradile
Bidonì
Soddì
Zuri
Nughedu Santa Vittoria
Ardauli
Santa Caterina di Pittinuri
Putzu Idu
Mandriola
Capo Mannu
Torre Argentina
Guspini
136
Cagliari
Sanluri

Ka
Kb
Kc
Kd
Ke
Bono
Olbia
Buddusò
133
Orosei
NUORO
Orotelli
Oniferi
Orani
Sarule
Olzai
Gavoi
Mamoiada
Orgosolo
Oliena
Supramonte
Dorgali
Cala Gonone
Golfo di Orosei
Parco Nazionale
Fonni
Passo di Caravai
Arcu Correboi
Ovodda
Tiana
Tonara
Sorgono
Desulo
Aritzo
Belvì
Gadoni
Punta La Marmora
Bruncu Spina
del Gennargentu e
del Golfo di Orosei
Seulo
Sadali
Seui
Esterzili
Ussassai
Villanovatulo
Nurri
Orroli
Isili
Gergei
Escolca
Mandas
Escalaplano
Perdasdefogu
Jerzu
Ulassai
Osini
Gairo
LANUSEI
Elini
Ilbono
Arzana
Villagrande Strisaili
Talana
Urzulei
Triei
Baunei
Lotzorai
Girasole
TORTOLI
ARBATAX
Santa Maria Navarrese
Loceri
Bari Sardo
Cardedu
Tertenia
Marina di Gairo
Capo Sferracavallo
Punta Moros
Lago Alto del Flumendosa
Lago del Flumendosa
Lago di Mulargia
Altipiano
Golfo
Nuoro Sud Sardegna
Nuoro Oristano
Oristano Sud Sardegna
Salto
Siurgus-Donigala
Goni
Senorbì
Cagliari
137
107
108
109
110
111

Ic
Id
Ie
If
Oristano
134
Oristano
Laconi
111
112
113
114
115
Colonia Marina Funtanazza
Cala Campu Sali
Marina di Arbus
Costa Verde
M.Arcuentu
Cuccuru Vacca
Piccalinna
Montevecchio
Villaggio Righi
Casa Murgia
Guspini
P.ta Nuracciolu
Arcu sa Tella
P.ta s'Accoradroxiu
Casargiu
Arbus
Mulino Savio
San Cosimo
Naracauli
P.ta su Pinnoni
Casa Atzeni
Porto Pischera
Gennamari
Bau
Cant. Bidderdi
Casa Marigosa
Gonnosfanadiga
Capo Pecora
P.ta Mumullonis
Monte Cidrò
P.ta Mairu
Ponte Riu Sessini
Monte Linas
P.ta Perda de sa Mesa
P.ta di San Miali
Cuccureddus
M.Margiani
Villacidro
Portixeddu
Santa Lucia
M.Argentu
Fluminimaggiore
P.ta su Baracconi
M.Lisone
Cuccuru Arbus
San Nicolao
Serra Trigus
Grotta di Su Mannau
M.Conca s'Omu
Arenas
P.ta Magusu
Buggerru
Planu Sartu
Cala Domestica
Malfidano
Candiazzus
Tempio di Antas
Sant' Angelo
Malacalzetta
Casa Forestale
M.Anzeddu
P.ta Cuccurdoni Mannu
M.Palma
Scalittas
San Luigi
Arcu Genna Bogai
sa Duchessa
Torre
Acquaresi
Casa Fratelli
San Benedetto
Perdu Carta
M.Guardianu
Montecani
Cuccuru Contu
Case Lenzu
Lago Monteponi
P.ta San Michele
Grotta di San Giovanni
Masua
Scoglio Pan di Zucchero
Porto Flavia
Castello Salvaterra
IGLESIAS
Cinta della mura
Domusnovas
Porto Corallo
Nebida
Monte Scorra
Monteponi
Campo Pisano
Casa Corrias
Musei
Ponte de Riu Predi
Casa Spada
Fontanamare
Golfo di Gonnesa
San Giovanni
Seddas Moddizzis
Staz.di Cixerri
Barega
Cixerri
Villamassargia
M.Exi
Meloni
Porto Paglia
Tonnara
Gonnesa
Seruci
Serbogi
Bacu Abis
Planu Olioni
Corongiu
M.San Miai
Capo Altano o Giordano
P.ta Maiorchina
Corona Maria
Nur. de s'Aiena
Nuraxi Figus
Staz.di Monte Arcau
Piolanas
Scoglio Mannu o Isola dei Meli
Porto Paleddu
Olliastru
Chilotta
Staz.di Barbusi
M.Tasua
Terraseo
Isola Piana
Scoglio Ghinghetta
Cortoghiana
Portoscuso
Is Domu de su Para
Barbusi
Sirri
Santa Maria di Flumentepido
Isola dei Ratti
Portovesme
Crixionis
Scavi del Monte Sirai
su Stangioni
Paringianu
Sirai
CARBONIA
Carloforte
Punta s' Aliga
Stagno di Forru
Bruncu Teula
Peschiera di Bacerbus
is Pillonis
Perdaxius
Pesus
Tanca Manna
Narcao
Riomurtas
is Aios
Bau Pressiu
Acquacadda
Matzaccara
M.San Giovanni
M.San Michele Arenas
M.Narcao
is Meddas
is Pittaus
Nuxis
is Urigus
is Loccis
Graminalena
Tronu
is Pintus
Perdosu
Canale
Calasetta
Punta Dritta
Punta Trettu
San Giovanni
Suergiu
Coremò
Frassu
Manigas
Villaperuccio
Nostra Signora de is Grazias
Lago di Monte Pranu
d. Colonne
Cussorgia
Tratalias
Serriorgiu
Santadi
Chilau
Salina
Tupei
Ruderi romani Necropoli pun.
Palmas
Diana
Senzu
Santadi Basso
Pantaleo
Punta Maggiore
Tonnara
Rovine di Sulci
Sant'Antioco
is Pistis
Stagno di Santa Caterina
Cortiois
Arrubia
Giba
Piscinas
Barrua
Girixi
Isola di Sant'Antioco
Perdas de is Ominis
Porto Punta de s' Aliga
Spiaggias Canisoni
Stagno di Porto Botte
Porto Botte
Villarios
Masainas
Acqua Callenti
su Benatzu
Grotte is Zuddas
P.ta Orgiu Trudu
Perdas de Fogu
Porcina
Canigonis
is Solinas
is Fiascus
Fonnesu
Cogatis
M.Cogatis
is Scattas
is Carillus
Genniomus
Colonia
Cala lunga
Cala de Saboni
Nur. de Pruna
Candiazzu
Cannai
Golfo
Paniesu
Pirasu
is Domus Perdaiola
Sant'Anna Arresi
Stagno Baiocca
Scarrau
Cala Maladroxia
Monte s'Orsu
Grottacqua
di
Case Cinus
Barussa
Maledetta
Antani Pia
Joanne
Gutturu Sporta
M.Culurgioni
M.Arbus
Torre Cannai
Cala su Turcu
Stagno di Maestrale
is Pillonis
Case Meis
Casa Peddis
sa Portedda
Atzeni
Porto Sciusciau
Rifugio
Palmas
Porto Pino
Foxi
Casa de Foxi
M.Arbus
Joanne Mata
TEULADA
Capo Sperone
Punta Menga
Porto Pino
Stagno deis Brebeis
Sant' Isidoro
Grotta de s' Acqua Salia
Isola la Vacca
M.s' Impeddau
Maxinas
M.Lapanu
Torre Budello
Porto di Teulada
Nuraxi de Mesu
Malfatano
Millanu
Angioni
Don Antioco
Zafferano
Porto Scudo
Isola Rossa
Isola Campionna
Torre Piscinni
Punta di Cala Piombo
Cala Piombo
Porto Zafferano
Costa del Sud
Capo Malfatano
Teguia
Capo Teulada
Pabillonis
Dessi
Terme di Sardara
Staz.di Pabillonis
Santa Maria de is Acquas
Castello di Monreale
Sardara
Arriga
Siliqua
Nuratteddu
Villamar
Monreale
San Gavino Monreale
Ospedale
Perda Fitta
Campa Linius
Convento Santa Lucia
Casa Uras
Strovina
Staz.di Sanluri
Gattus
Castello
Convento dei Cappuccini
Sanluri
Furtei
Segariu
San Biagio
Fraga Morus
Villasanta
Cant. di Serrenti
M.Proceddu
M.Mannu
Mamusa
Bonfica O.N.C.
Ponte d'Aletzia
Filiscì
Casa Murgia
San Michele
Casa Stagnetto
Riu Porcus
San Lussorio
Serrenti
Origionis
Samassi
Ena Seddus
Perda Massa
Perdiaxiu
Pimpisu
Pozzo Bangiuludu
Santa Maria di Monserrato
Plana Orri
S.Lussorio
San Pietro
Truncone
M.Feurra
Casa Maxia
Serramanna
Cant. de s'Acquacotta
P.ta Launeddas
Terme
Cant. Masainas
Gora
Pixina
Masainas
Ponte Pauli Majori
Santa Maria
Piano de sa Ballada
Vallermosa
Ponte Nuovo
Villasor
Cant.sa Doda
M.Fionica
Perdu Loci
Baccheri
Pitas
Casa Fara
Coddu is Furcas
Casa Berlinghieri
Ponte su Lustincu
Tuvoi
Ibbas
Decimoputzu
Decimomannu
Siliqua
Cant. Puadas
Villa Speciosa
ASSEMINI
M.Accas
San Giovanni
Uta
Santa Maria
Castello di Acquafredda
Medau Casteddu
Zinnigas
Lago di Medau Zirimilis
Orbai
M.Orri
M.Rosas
Laveria
Cant.
Colle della Campanasissa
Terrubia
Ponte
su Concali
Santa Lucia
M.Arcosu
Cirifoddi
Capoterra
P.ta Rocca Steria
M.is Caravius
is Pauceris
M.Nieddu
M.sa Mirra
M.Santa Barbara
M.is Pauceris Mannu
M.is Laccuneddas
Sud Sardegna
Cagliari
P.ta Sebera
is Cannoneris
Villa San Pietro
P.ta sa Cresia
Perdubeccu
M.Orbai
Casa Avanzamento
sa Mitza de s'Orcu
P.ta Spinosa
Casa Palaceris
is Molas
M.Perdaia
P.ta is Cràbus
P.ta Eva
Santa
Torre di Cala
M.Maria
Domus de Maria
Mesau
M.Corilla
Calaverde
Guardia de is Morus
M.Filau
Chia
Bernardu
Torre di Chia
sa Perda Longa
Bithia (Città Fenicia)
Capo Spartivento
0 2 4 6 8 10 km
0 1 2 4 6 miles

Ka
Kb
135
Kc
Kd
Lanusei
Tortolì
Gesico
Donigala
Tacchixeddu
M.Moretta
M.Pran 'e Sartu
M.Maraconis
M.s'Ollasteddu
Cuccuru Luggerras
Perdu Loi
P.ta s'Accettori
Nuoro
Sud Sardegna
Siurgus-
Sa Mandara
Goni
Guamaggiore
Selegas
Guasila
Sisini
Suelli
M.Turri
Cuccuru Turri
Pala Muddizzi
Ballao
Corti Rosas
M.Cardiga
Perda Lada
Torre di Murtas
San Basilio
Ortacesus
Senorbì
Arixi
Genna Tres Montis
Silius
Armungia
M.Parredis
San Vito
Piano Lasina
Bruncu Arcuentu
Baccu Scovas
M.Ordini
Quirra
Capo San Lorenzo
Samatzai
Pimentel
M.Uda
Barrali
San Nicolò Gerrei
Villasalto
M.su Piroi
Villagreca
M.Planu Mannu
Sant'Andrea Frius
Bruncu Sciollas
Nuraminis
Donori
Cuccuru Orru
Conca s'Egua
Villaputzu
M.Acutzu di Serdiana
Bruncu Salamu
Landiragi
M.Genis
M.Arrubiu
M.Casargius
Muravera
Ussana
Monastir
Serdiana
Dolianova
Rocca Arricelli
Bruncu Coxinadroxiu
M.Acutzu Sarrabesu
Villaggio Giuriati
San Sperate
Soleminis
Tratzalis
P.ta Serpeddì
Burcei
Sarrabus
Sestu
Sinnai
M.Cordra
Castangia
San Gregorio
M.dei Sette Fratelli
Annunziata
M.Liuru
M.Ferru
Capo Ferrato
Maracalagonis
Settimo San Pietro
SELARGIUS
Elmas
Monserrato
Quartucciu
M.Fumtana Ona
Olia Speciosa
Sabadi
Castiadas
M.Nai
Monte Nai
Punta di Santa Giusta
Sant'Avendrace
Pirri
QUARTU S.ELENA
Margine Rosso
Flumini
Sant' Andrea
Capitana
Torre Mortorio
M.Mareddu
Monte Minniminni
Casa della Marina
CAGLIARI
Giorgino
Sant'Elia
Poetto
Capo Sant'Elia
Golfo di Quartu
Terra Mala
Geremeas
Bruncu Mont Arbu
M.Macioni
Ponte Maramura
Maddalena Spiaggia
Golfo degli Angeli
Cuccuru su Nie
Solanas
Capo Boi
Villasimius
Punta Molentis
Isola Serpentara
Golfo di Carbonara
Capo Carbonara
Isola dei Cavoli
Golfo di Cagliari
Villa d'Orri
sa Grux 'e Marmuri
Sarroch
Porto Foxi
Perd 'e Sali
Pula
Isola San Macario
Capo di Pula
Area Archeologica di Nora
Arbatax, Civitavécchia, Nápoli, Palermo, Trápani
Ib
Ic
Porto Paleddu
Isola Piana
Portoscuso
Tonnare
Isola dei Ratti
Punta delle Oche
Tacca Rossa
Capo Sandalo
Carloforte
Isola di San Pietro
Becco Tomaso
Torre San Vittorio
Calasetta
Punta Spalmatore
Cala Mezzaluna
Punta delle Colonne
Gussorgia
Isola di Sant'Antioco
Tonnara
111
112
113
114
115

1:150 000

QUADRO D' UNIONE
ÍNDICE DE MAPA
KLAD MAPOVÝCH LISTOV

BLATTÜBERSICHT
MAPA ÍNDICE
KLAD MAPOVÝCH LISTOV

KEY MAP
OVERZICHTSKAART
PREGLED LEAF

CARTE D'ASSEMBLAGE
SKOROWIDZ ARKUSZY
PREGLED LIST

1 : 150 000

Segni convenzionali Legenda	Zeichenerklärung Objaśnienia znaków	Legend Vysvětlivky		Légende Legenda	Sinais convencionais Legenda	Signos convencionales Tumač znakova
I	D	UK		F	P	E
Autostrada con svincolo e svincolo numerato	Autobahn mit Anschlussstelle und Anschlussnummer	Motorway with junction and junction number	Trento 4	Autoroute avec point de jonction et numéro de point de jonction	Auto-estrada com ramal e número de acesso	Autopista con acceso y número de acceso
Autostrada in costruzione, Autostrada in progetto	Autobahn in Bau, Autobahn in Planung	Motorway under construction, Motorway projected		Autoroute en construction, Autoroute en projet	Auto-estrada em construção, Auto-estrada em projecto	Autopista en construcción, Autopista en proyecto
Superstrada, Superstrada in costruzione	Schnellstraße, Schnellstraße in Bau	Dual carriageway, Dual carriageway under construction		Chaussée double, Chaussée double en construction	Via rápida de faixas separadas, Via rápida em construção	Autovía, Autovía en construcción
Strada statale	Bundesstraße	Federal road	44	Route nationale	Estrada federal	Carretera federal
Strada principale, Strada di attraversamento	Hauptverbindungsstraße, Durchgangsstraße	Main road, Thoroughfare		Route principale, Route de transit	Estrada principal, Estrada de trânsito	Carretera principal Carretera de tránsito
Numero di autostrada, Numero di strada europea	Autobahnnummern, Europastraßennummern	Motorway numbers, European road numbers	A 22 E50	Numéro d'autoroute, Numéro de route européenne	Número de auto-estrada Número de estrada europeia	Número de autopista, Número de carretera europea
Traghetto per auto, Traghetto passeggeri	Autofähre, Personenfähre	Car ferry, Passenger ferry		Bac pour automobiles, Bac pour piétons	Balsa para viaturas, Barca de passageiros	Transbordador para automóviles, Transbordador para pasajeros
Ferrovia, Traffico a lunga percorrenza con stazione	Eisenbahn, Fernverkehr mit Bahnhof	Railway, Long-distance traffic with station		Chemin de fer, Le trafic grandes lignes avec gare ferroviaire	Linha ferroviária, Tráfego de longa distância com estação	Ferrocarril, Tráfico de larga distancia con estación
Area di servizio	Autobahnraststätte	Service area	„Sillaro"	Station service	Área de serviço	Área de servicio
Stazione di servizio	Autobahntankstelle	Service station		Station d'essence d'autoroute	Estação de serviço da estrada	Estación de servicio
Autostrada parcheggio	Autobahnparkplatz	Motorway parking place	P	Autoroute parking	Auto-estrada parque de estacionamento	Auto-estrada aparcamiento
Aeroporto	Verkehrsflughafen	Airport	NAP	Aéroport	Aeroporto	Aeropuerto
Interesse turistico	Sehenswürdigkeiten	Tourist attractions	Villa Reale	Curiosités	Locais de interesse	Puntos de interés
Caseggiato	Bebauung	Built-up area		Zone bâtie	Área urbana	Zona edificada
Acque	Gewässer	Waters		Eaux	Águas	Aguas
Confine di Stato	Staatsgrenze	National boundary		Frontière d'État	Fronteira nacional	Frontera nacional
MARCO POLO Highlight	MARCO POLO Highlight	MARCO POLO Highlight	1	MARCO POLO Highlight	MARCO POLO Highlight	MARCO POLO Highlight

NL	PL	CZ		SK	SLO	HR
Autosnelweg met aansluiting en aansluitingnummer	Autostrada z węzłem i numerem węzła	Dálnice přípojkou a přípojka s číslem	Trento 4	Diaľnica s prípojka s prípojka číslo	Avtocesta s priključkom s Ivoz-številka	Autocesta sa prilazom, a Izlaz-broj
Autosnelweg in aanleg, Autosnelweg in ontwerp	Autostrada w budowie, Autostrada projektowana	Dálnice ve stavbe Dálnice plánovaná		Diaľnica vo výstavbe, Diaľnica plánovaná	Avtocesta v gradnji, Avtocesta v načrtu	Autocesta u izgradnji, Autocesta u planu
Autoweg met gescheiden rijbanen, Autoweg in anleeg	Droga, Droga ekspresowa w budowie	Rychlostní komunikace, Rychlostní komunikace ve stavbe		Diaľnice, Diaľnice vo výstavbe	Hitra cesta, Hitra cesta v gradnji	Brza cesta, Brza u izgradnji
Rijksweg	Droga państwowa	Státní silnice	44	Hlavná diaľ ková cesta	Zvezna cesta	Glavna tranzitna cesta
Hoofdweg, Weg voor doorgaand verkeer	Droga główna, Droga przelotowa	Hlavní silnice, Průjezdní silnice		Hlavná cesta, Priechodná cesta	Glavna cesta, Tranzitna cesta	Glavna veza, Glavna cesta
Motorvejnummer, Europees wegnummer	Numer autostrady, Numer drogi europejskiejs	Číslo dálnice, Číslo evropské silnice	A 22 E50	Číslo diaľ nice, Číslo európskej cesty	Oznaka Avtocesta, Številka evropske ceste	Broj autoceste, Broj europske ceste
Autoveer, Personenveer	Prom samochodowy, Prom pasażerski	Trajekt pro auta, Osobní přívoz		Trajekt pre automobily, Prievoz	Trajekt za avtomobile, Splav za prevoz oseb	Trajekt za automobile, Osobe trajekt
Spoorweg, Langeafstandsverkeer met station	Kolej, ruchu dalekobieżnego z stacją	Dálková dopravní se stanicí		Železnica, Draha pre diaľkovú dopravu so stanicou	Železniška proga, promet na dolge razdalje z železniško postajo	Željeznica, Glavna tranzitna s stanica
Verzorgingsplaats	Miejsce obsługi podróżnych	Odpočívka	„Sillaro"	Motorest	Avtocesta Restavracija	Restoran
Autosnelwegbenzinestation	Stacja benzynowa przy autostradzie	Čerpací stanice na dálnici		Diaľnica benzinová pumpa	Avtocesta Bencinska črpalka	Benzinska crpka
Parkeerplaats	Autostrada parking	Významné zajímavosti	P	Parkovisko	Parkirišče	Parkiralište
Luchthaven	Port lotniczy	Dopravní letiště	NAP	Dobravné letisko	Mednarodno letališče	Zračna luka
Bezienswaardigheden	Interesujące obiekty	Významné zajímavosti	Villa Reale	Zaujímavosti	Zanimivosti	Znamenitosti
Bebouwing	Obszar zabudowany	Zastavěna plochna		Zastavená plocha	Stanovanjske zgradbe	Zgrada
Wateren	Wody	Vodstvo		Vodstvo	Vodóvje	Vode
Rijksgrens	Granica państwa	Státní hranice		Štátna hranica	Državna meja	Državna granica
MARCO POLO Highlight	MARCO POLO Highlight	MARCO POLO Highlight	1	MARCO POLO Highlight	MARCO POLO Highlight	MARCO POLO Highlight

Crevalcore
Ferrara
Modena
Amola
Lazzaretto
Lorenzatico
Bagno di Piano
Zenerigolo
San Giovanni in Persiceto (21)
Madonna del Poggio
Ducentola
Fiume Reno
Argelato (21)
San Giorgio di Piano (21)
Saletto
Venenta
Bentivoglio (19)
Malacappa
Padulle
Santa Maria in Duno
Canale Navile
Casoni
Minerbio (15)
„Castel Bentivoglio"
Stiatico
Scolo Riolo
Ca'de'Fabbri
Castagnolo
Forcelli
Sala Bolognese (25)
Certosa
Casadio
20
Castagnolo Minore
26
Spettoleria
Torrente Samoggia
San Giacomo del Martignone
Bonconvento
Funo
San Marino
San Bartolo
568
Budrie
Castello di Campeggi
San Giobbe
Bologna Interporto
64
Capo d'Argine
Armarolo
21
Lovoleto
la Città
la Villa
Lavino di Sotto
Bondanello
Progresso
Osteriola
Castel Maggiore (25)
Tavernelle d'Emilia
Sabbiuno
Santa Brigida
Santa Maria in Strada
Longara
12
Modena
Calderara di Reno (30)
Sacerno
Trebbo
A13
Viadagola
26
Lugo
Anzola dell'Emilia (37)
9
Martignone
San Vitale Grande
Granarolo dell'Emilia (28)
CORTICELLA
Cadriano
Aeroporto di Bologna G. Marconi
Veduro
Acquazzurra
BLQ
5
Bologna Arcoveggio
Quarto Inferiore
Marano
Lavino di Mezzo
La Pioppa
Tombe
E45
SAN NICOLO DI VILLOLA
Milano
Bazzano
A14
9
Bologna B. Panigale
BERTALIA
Bologna-Fiera
LA ZUCCA
Quarto Superiore
Castenaso (40)
Fiesso
569
RIGOSA
BORGO PANIGALE
SANTA VIOLA
4
CITY MAP
A1
SAN DONATO
Stellina
MEDOLA
6
E35
Bologna Casalecchio
CASTEL DEBOLE
San Francesco
Stadio Renato Dall'Ara
Università
Cerodolo
Ponte Ronca
8
Portici di Bologna
Villanova
San Petronio
Museo Civico
Zola Predosa (74)
Lavino di Sopra
LA CROCE
Caselle
Bologna-San Lazzaro
Russo
San Martino in Casola
CALZA VECCHIO
Madonna di San Luca
152
A14
Gesso
Riale
CERETOLO
Pradalbino
BOLOGNA
CASALECCHIO di Reno (61)
Colunga
E45
San Lorenzo
La Fornace in Collina
418
Rivabella
EREMO DI TIZZANO
(243)
(54)
MONTE DONATO
San Lazzaro di Savena (62)
Idice
Mirandola
Ravenna
Grotta del Gessi
Monte Capra
CASAGLIA
GAIBOLA
SAN RUFFILLO
la Campana
Fontanella
444
Villa Marescalchi
18
„Cantagallo"
RONCRIO
Torrente Savena
Galderino
Nugareto
Borgonuovo di Pontecchio
360
PADERNO
Croara
Amola
Rastignano
Pizzocalvo
9
Imola
Tignano
Riolo
Farneto
Mausoleo di Marconi
A1
E35
Monte Sabbiuno
392
Monte Calvo
Torrente Lavino
Monte Cervo
470
Pontecchio
Sabbiuno di Montagna
Castel dei Britti
Mongardino
Palazzo Rossi
Carteria di Sesto
399
Colombara
Sant'Andrea
Borghetti
Rasiglio
Vizzano
Ancognano
65
Ciagnano
San Pietro
Monte San Giovanni
San Lorenzo
Pieve del Pino
379
285
San Salvatore di Casole
Monte S. More
354
Lagune
Sasso Marconi (124)
Pian di Macina
309
Settefonti
San Chierlo
Fontana
Pianoro (200)
Mercatale
Parco Regionale dei Gessi Bolognesi e Calanchi dell'Abbadessa
Torre Iano
Monte Mario
469
324
Riosto
Medelana
Porrettana
343
Guzzano
Pianoro Vecchio
Montesevero
Fiume Reno
La Rocca
475
392
407
Bursano
Lama di Reno
Badolo
Gorgognano
Monte Armato
Monte Calderaro
Luminasio
Panico
San Silvestro
Sasso Marconi
Galleria di Monte Adone m 7135
Zula
Torrente Zena
Pizzano
537
Montasico
Torrente Savena
Ca'Bazzone
325
Zena
Farneto
Venola
(130)
Marzabotto
Monte Adone
Lama di Setta
655
Brento
Sant'Ansano
Pian di Venola
Necropoli Etrusca
Crocetta
64
Sperticano
Monte delle Formiche
638
Monterenzio (206)
Sibano
Parco Storico di Monte Sole
Livergnano
Santa Maria di Zena
San Clemente
Caprara
668
Monte Sole
Vado
Monterumici
Monterenzio
Pioppe di Salvaro
Casaglia
Guardia
Savazza
Villa di Cassano
San Martino
183
la Valle
Barbarolo
Pistoia
Firenze
Castiglione dei Pepoli
Firenze

0 0,5 1 2 3 4 5 km
0 0,5 1 2 3 miles

Castiglione dei Pepoli
Bologna
Firenzuola
Mangona
Mercatale
Fresciano
il Bivio
San Gavino
Erbaia
Sant Ippolito
Luicciana
la Ruzza
Lumena
Casali Bianca
Ponzalla
Sant'Agata
Galliano
Cirignano
Castello
le Croci
Giratola
Montecuccoli
Gricigliana
Rocca Cerbaia
Carmignanello
Barberino di Mugello
Mugello
Autodromo del Mugello
Grezzano
Striano
Camoggiano
Gabbiano
Lucigliano
Scarperia
Luco Mugello
Pulicciano
Migliana
Usella
Barberino del Mugello
Cavallina
Collebarucci
Convento Bosco ai Frati
Figliano
Panicaglia
Bovecchio
il Fabbro
Vaiano
Quaranta
Latera
Lago di Bilancino
Cafaggiolo
Fiume Sieve
Senni
San Giovanni Maggiore
Mucciano
Borgo San Lorenzo
le Fornaci
Sofignano
Schignano
Autostrada del Sole
Villa Medicea
Novoli
Trebbio
Petrona
San Piero a Sieve
Piazziano
Area Naturale Protetta
Calvana
Monti della Calvana
la Tignamica
Monte Maggiore
Croci di Calenzano
Cardetole
Vecchio
Rabatta
l'Isola
Fabio
San Pietro in Casaglia
Casone
Campomigliaio
Santo Stefano a Cornetole
Lutiano-Nuovo
Faltona
la Briglia
Meretto
Faltugnano
Querciola
Ficiano
Tagliaferro
Sagginale
Cerreto
Secciano
Tassia
Gricignano
Santa Lucia
Legri
Pieve
Torrente Carza
San Cresci
Arliano
Coiano
Volmiano
Vaglia
Poggiolo
Convento Monte Senario
Bivigliano
Sant'Ansano
Filettole
Carraia
Paterno
Polcanto
Prato
Travalle
Monte Morello
Caselline
Monte Calvana
Stadio
Pizzidimonte
Sommaia
Pescina
Fontebuona
Vetta le Croci
Ponzano
La Querce
Morello
San Donato
Collina
Pratolino
Jardin Medicea
Olmo
Madonna del Sasso
Mezzana
Calenzano
Settimello
Castiglione
Cappella di Cepeto
Santa Brigida
Prato Est
Cercina
l'Opaco
Galiga
Santa Maria
Bisenzio
Calenzano-Sesto F.
Querceto
Colonnata
Montorsoli
Monterreggi
Capalle
Colonica
Sesto Fiorentino
Pian di San Bartolo
il Pratone
Fornello
Campi Bisenzio
Firenze Nord
Peretola
Quinto
Ville Medicea
Trespiano
Pian di Mugnone
Caldine
Torrente Mugnone
Decima
Doccia
Aeroporto di Firenze-Peretola
Castello
Monte Muscoli
Valle
Montelero
Molino del Piano
San Piero a Ponti
Sesto F.
San Francesco
Careggi
Fiesole
Colli Alti
San Mauro a Signa
San Donnino
La Lastra
San Domenico
Ontignano
Firenze
Rifredi
Brozzi
Sieci
Signa
Valico
San Colombano
Badia a Settimo
Ugnano
Mantignano
City Map
Compiobbi
Settignano
Pontassieve
Lastra a Signa
Firenze Scandicci
Cintoia
Ippodromo
Fortezza da Basso
Stadio Artemio Franchi
Monte Acuto
S. Maria Nov.
Pal. Medici
Duomo
Pal. Vecchio
Gall. d. Uffizi
Ponte Vecchio
Vallina
Rosano
Viottolone
Ponte a Greve
Soffiano
Rovezzano
Anchetta
Villamagna
Calcinaia
Sant'Ilario
Casellina
Palazzo Pitti
San Miniato
Candeli
San Prugnano
Rinaldi
Signano
Giardino di Boboli
Vicchio di Rimaggio
Convento dell'Incontro
Arcetri
Badia a Ripoli
Meoste
Bagno a Ripoli
Terzano
Bricoli
San Martino alla Palma
Scandicci
Villa Medicea
San Felice a Ema
Ponte a Ema
San Piero a Ema
Ruballa
Moriano
Certosa del Galluzzo
Galluzzo
Firenze Sud
Osteria Nuova
Torre a Cona
Roveta
Mosciano
San Paolo a Mosciano
Certosa
Pozzolatico
Antella
San Donato in Collina
Santa Maria
Giogoli
San Gersole
Grassina
Chianti
Balatro
Irno
Santa Maria a Marciola
Firenze Impruneta
Mezzomonte
Montauto
Torrente Ema
Troghi
Picille
Sant'Andrea a Morgiano
Tavarnuzze
Montebuoni
Monteorivolo
Poggio Ugolino
Capannuccia
Cellai
San Michele a Torri
San Vincenzo a Torri
Romola
Chiesanuova
San Donatino
Bagnolo
Impruneta
San Bartolomeo a Quarte
Cerbaia
Pisignano
Palazzolo
Siena
Empoli
Pistoia
Lucca
Quarrata
Marradi
Dicomano
Arezzo
Roma

GENOVA
Arenzano
Capo San Martino
Busalla
Serra Ricco
Mignanego
Campomorone
Ceranesi
Sant' Olcese
Masone
Campo Ligure
Passo del Turchino
Mele
Gavi
Castelletto d' Orba
Voltaggio
Ronco Scrivia
Isola del Cantone
Savignone
Casella
Parco Naturale delle Capanne di Marcarolo
Passo dei Giovi
Passo della Bocchetta
Aeroporto di Genova-Cristoforo Colombo
Torre della Lanterna
Monumento al Mille
QUINTO AL MARE
Barcelona, Tanger Med.
Skikda
Porto Torres
Bastia
Olbia, Arbatax, Palermo, Tunis

Como
Erba
Lecco
Parco
Valle d.
Minoprio
Figino
Serenza
Arosio
Renate
Monticello Brianza
Missaglia
Briosco
Carimate
Carugo
Giussano
Besana in Brianza
Bregnano
Cermenate
Novedate
Mariano Comense
Verano Brianza
Casatenovo
Lomazzo
Lentate
Brughiera
Cabiate
Carate Brianza
della Valle
Lazzate
Lomagna
Turate
Rovellasca
Misinto
Barlassina
Meda
SEREGNO
Albiate
Triuggio
Camparada
Rovello Porro
Seveso
Sovico
Lesmo
Cogliate
Macherio
del Lambro
SARONNO
CESANO
Maderno
Biassono
Ceriano Laghetto
Autodromo di Monza
Arcore
Solaro
Parco
Bovisio-Masciago
DESIO
Vedano al Lambro
Caronno-Pertusella
Cesate
LISSONE
Villasanta
Concorezzo
LIMBIATE
Varedo
Muggiò
Origgio
MONZA
Senago
Nova Milanese
Lainate
delle
Groane
PADERNO DUGNANO
GARBAGNATE Milanese
BOLLATE
CINISELLO Balsamo
BRUGHERIO
Cusano Milanino
Arese
Cormano
BRESSO
Carugate
SESTO San Giovanni
COLOGNO Monzese
RHO
Novate Milanese
Cernusco sul Naviglio
Vimodrone
Pregnana Milanese
Pero
PIOLTELLO
Cornaredo
SEGRATE
MILANO
Settimo Milanese
CITY MAP
Staz. Centrale
Castello Sforzesco
Teatro alla Scala
Duomo
Palazzo Reale
Pinacoteca
Idroscalo
Aeroporto di Milano-Linate Enrico Forlanini
Parco Agricolo
Peschiera Borromeo
Cusago
CESANO Boscone
156-157
Bestazzo
CORSICO
Buccinasco
SAN DONATO Milanese
Trezzano sul Naviglio
Assago
Sud Milano
SAN GIULIANO Milanese
Gaggiano
Parco
Mediglia
Agricolo
Gudo Gambaredo
ROZZANO
Opera
Zibido San Giacomo
Locate di Triulzi
Sud Milano
Noviglio
Vizzolo
Genova
Pavia
Piacenza
Lodi

CASERTA
Curti
Macerata Campania
Caturano
Portico di Caserta
Recale
Capodrise
San Nicola la Strada
San Marco Evangelista
MADDALONI
San Clemente
Cervino
Durazzano
Santa Maria a Vico
Forchia
Monte Longano
Tagliola
MARCIANISE
Ponte Sant' Antonio
Autostrada del Sole
Regi Lagni
Teverola
Carinaro
AVERSA
Gricignano d' Aversa
Cesa
Succivo
Orta di Atella
Lusciano
Sant' Arpino
Frattaminore
Crispano
CAIVANO
ACERRA
SANT' ANTIMO
FRATTAMAGGIORE
Cardito
Casolla
GIUGLIANO in Campania
Casandrino
Grumo Nevano
Melito di Napoli
Villaricca
ARZANO
AFRAGOLA
Casalnuovo di Napoli
CASORIA
POMIGLIANO d' Arco
Castello di Cisterna
MUGNANO di Napoli
Casavatore
Aeroporto di Napoli-Capodichino
Volla
Cercola
San Sebastiano al Vesuvio
Trocchia
Pollena-
Massa di Somma
SAN GIORGIO a Cremano
San Felice a Cancello
Cancello
Polvica
Suessola
Molino Vecchio
Mariglianella
Brusciano
MARIGLIANO
San Vitaliano
Scisciano
Saviano
SOMMA Vesuviana
SANT' ANASTASIA
Ottaviano
SAN GIUSEPPE Vesuviano
Terzigno
Parco Nazionale del Vesuvio
Monte Somma
Vesuvio
Osservatorio
NAPOLI
POSILLIPO
Capo di Posillipo
Marechiaro
Camaldoli
Soccavo
Chiaiano
Secondigliano
Marianella
Piscinola
Barra
Ponticelli
PORTICI
ERCOLANO
TORRE DEL GRECO
Boscotrecase
Trecase
BOSCOREALE
POMPEI
TORRE ANNUNZIATA
Santa Maria la Carità
Golfo di Napoli
Capri
Sorrento
Milazzo
Lipari (Stromboli, Panarea)
Termini Imerese
Palermo, Catania
Ponza, Forio
Cagliari

Golfo di Palermo
PALERMO
BAGHERIA
Monreale
Villabate
Belmonte Mezzagno
Misilmeri
Altofonte
Piana degli Albanesi
Marineo
Bolognetta
Casteldaccia
Altavilla
Capaci
Isola delle Femmine
Santa Flavia
Ficarazzi
MONDELLO
Area Marina Protetta Capo Gallo-Isola delle Femmine
Capo Gallo
Riserva Monte Pellegrino
Monte Pellegrino
Capo Mongerbino
Capo Zafferano
Genova
Livorno
Ustica
Civitavecchia
Napoli
Salerno
Cagliari
Tunis
Isole Eolie
Milazzo
Corleone

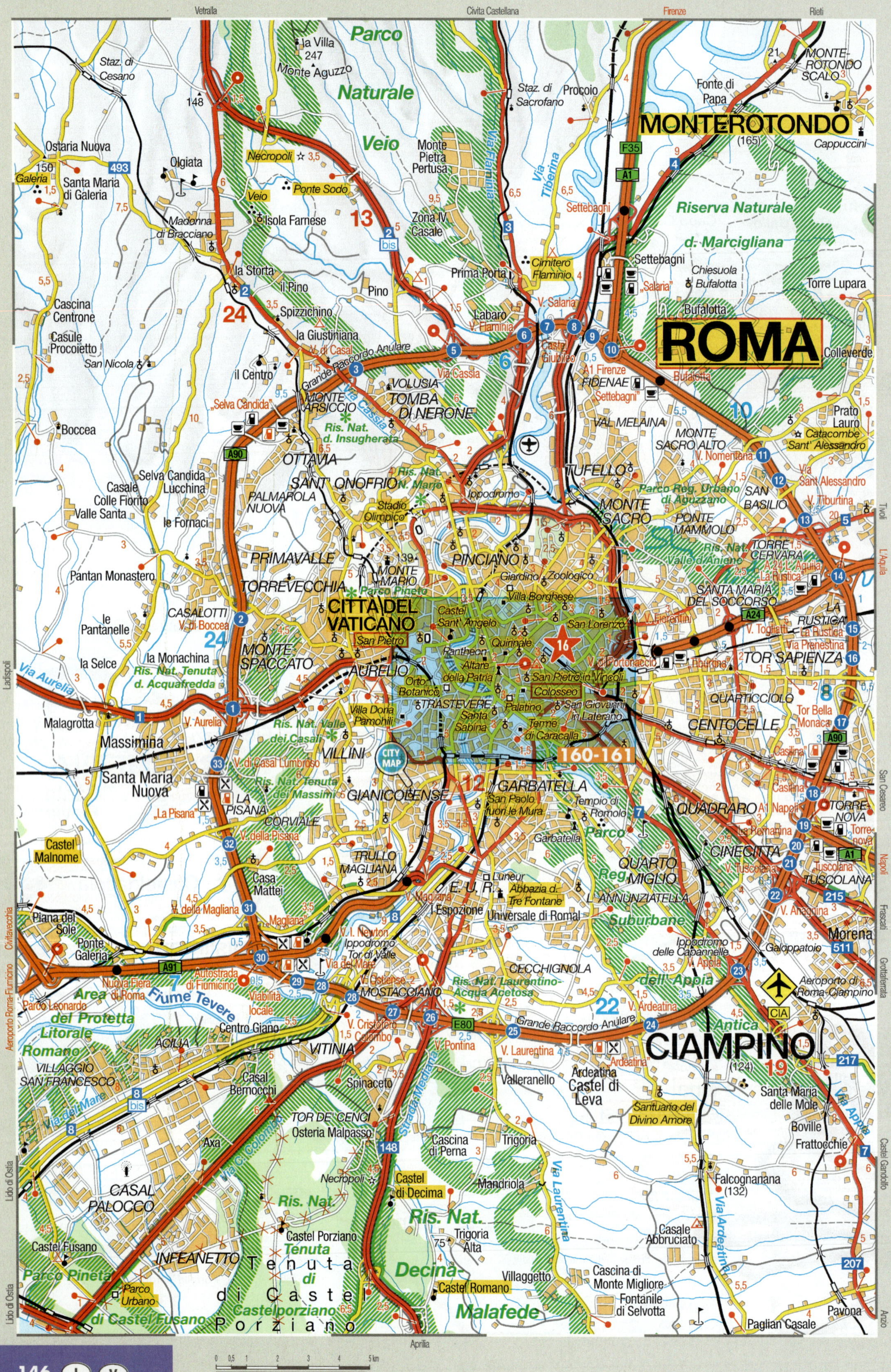
Vetralla
Civita Castellana
Firenze
Rieti
Tivoli
L'Aquila
San Cesareo
Napoli
Frascati
Grottaferrata
Castel Gandolfo
Anzio
Aprilia
Lido di Ostia
Aeroporto Roma-Fiumicino
Civitavecchia
Ladispoli
ROMA
MONTEROTONDO
CIAMPINO
CITTÀ DEL VATICANO
Parco Naturale Veio
Riserva Naturale d. Marcigliana
Staz. di Cesano
La Villa
Monte Aguzzo
Staz. di Sacrofano
Procoio
Fonte di Papa
MONTE-ROTONDO SCALO
Cappuccini
Ostaria Nuova
Olgiata
Santa Maria di Galeria
Galeria
Necropoli
Veio
Ponte Sodo
Isola Farnese
Madonna di Bracciano
Monte Pietra Pertusa
Zona IV Casale
Settebagni
Chiesuola
Bufalotta
Torre Lupara
La Storta
Il Pino
Pino
Prima Porta
Cimitero Flaminio
Labaro
V. Salaria
V. Flaminia
Via Flaminia
Via Tiberina
Cascina Centrone
Casule Procoietto
San Nicola
Spizzichino
La Giustiniana
Il Centro
V. di Casal
Grande Raccordo Anulare
Castel Giubileo
A1 Firenze
FIDENAE
Settebagni
Colleverde
Selva Candida
MONTE ARSICCIO
VOLUSIA
TOMBA DI NERONE
Via Cassia
Ris. Nat. d. Insugherata
VAL MELAINA
MONTE SACRO ALTO
Catacombe Sant' Alessandro
Prato Lauro
Boccea
OTTAVIA
SANT' ONOFRIO
Ris. Nat. M. Mario
Ippodromo
TUFELLO
V. Nomentana
Sant' Alessandro
Casale Colle Fiorito
Selva Candida
Lucchina
PALMAROLA NUOVA
Stadio Olimpico
MONTE SACRO
Parco Reg. Urbano di Aguzzano
SAN BASILIO
V. Tiburtina
Valle Santa
Le Fornaci
PONTE MAMMOLO
PRIMAVALLE
PINCIANO
Ris. Nat. Valle d'Aniene
TORRE CERVARA
A24 L'Aquila
La Rustica
Pantan Monastero
TORREVECCHIA
MONTE MARIO
Parco Pineto
Giardino Zoologico
Villa Borghese
SANTA MARIA DEL SOCCORSO
CASALOTTI
V. di Boccea
Castel Sant' Angelo
San Pietro
San Lorenzo
RUSTICA
V. Tiburtina
Le Pantanelle
MONTE SPACCATO
Pantheon
Quirinale
V. Prenestina
Via Prenestina
TOR SAPIENZA
La Selce
La Monachina
Ris. Nat. Tenuta d. Acquafredda
AURELIO
Orto Botanico
Altare della Patria
San Pietro in Vincoli
Colosseo
Via Aurelia
TRASTEVERE
Palatino
San Giovanni in Laterano
QUARTICCIOLO
Malagrotta
Villa Doria Pamphili
Santa Sabina
Terme di Caracalla
CENTOCELLE
Tor Bella Monaca
V. Aurelia
Ris. Nat. Valle dei Casali
Massimina
VILLINI
CITY MAP
160-161
V. di Casal Lumbroso
Santa Maria Nuova
Ris. Nat. Tenuta dei Massimi
GIANICOLENSE
GARBATELLA
Casilina
La Pisana
LA PISANA
San Paolo fuori le Mura
Tempio di Romolo
QUADRARO
A1 Napoli
TORRE NOVA
Castel Malnome
CORVIALE
V. della Pisana
Garbatella
Parco
La Romanina
CINECITTÀ
Torre nova
TRULLO
MAGLIANA
Reg.
QUARTO MIGLIO
V. Tuscolana
Tuscolana
TUSCOLANA
Casa Mattei
E.U.R.
Luneur
Abbazia d. Tre Fontane
L'ANNUNZIATELLA
V. Anagnina
V. della Magliana
Magliana
Esposizione Universale di Roma
Suburbano
Morena
Piana del Sole
Ponte Galeria
V. I. Newton
Ippodromo Tor di Valle
Ippodromo delle Capannelle
V. Appia
Galoppatoio
CECCHIGNOLA
Aeroporto di Roma-Ciampino
Nuova Fiera di Roma
Autostrada di Fiumicino
Via del Mare
Ostiense
MOSTACCIANO
Ris. Nat. Laurentino-Acqua Acetosa
dell' Appia
CIA
Parco Leonardo
Area del Protetta
Fiume Tevere
Viabilità locale
V. Ardeatina
Litorale Romano
Centro Giano
ACILIA
V. Cristoforo Colombo
Grande Raccordo Anulare
Antica
VILLAGGIO SAN FRANCESCO
VITINIA
V. Pontina
V. Laurentina
Ardeatina
Via del Mare
Casal Bernocchi
Spinaceto
Valleranello
Ardeatina Castel di Leva
Santa Maria delle Mole
Santuario del Divino Amore
Via Appia
Boville
Frattocchie
TOR DE' CENCI
Osteria Malpasso
Axa
Via C. Colombo
Strada Statale Pontina
Cascina di Perna
Trigoria
Necropoli
Castel di Decima
Mandriola
Via Laurentina
Falcognana
Via Ardeatina
CASAL PALOCCO
Ris. Nat.
Ris. Nat. Decima Malafede
Castel Porziano
Trigoria Alta
Casale Abbruciato
Castel Fusano
Parco Pineta
INFERNETTO
Tenuta di Castelporziano
Tenuta di Castel Porziano
Villaggetto
Cascina di Monte Migliore
Fontanile di Selvotta
Castel Romano
Parco Urbano di Castel Fusano
Paglian Casale
Pavona
0 0,5 1 2 3 4 5 km
0 0,5 1 2 3 miles

TORINO
Nole
Cirie
San Carlo Canavese
San Francesco al Campo
San Maurizio Canavese
Lombardore
San Benigno Canavese
Volpiano
Montanaro
Robassomero
Caselle Torinese
Leini
Brandizzo
San Raffaele Cimena
Borgaro Torinese
Mappano
VENARIA REALE
Druento
SETTIMO Torinese
Gassino Torinese
Castiglione Torinese
San Mauro Torinese
Pianezza
COLLEGNO
GRUGLIASCO
Baldissero Torinese
Pino Torinese
Beinasco
Orbassano
NICHELINO
MONCALIERI
CHIERI
Pecetto Torinese
Trofarello
Cambiano
Riva presso Chieri
la Loggia
Santena
Candiolo
Vinovo
None
Piobesi Torinese
Villastellone
Poirino
Carignano
Castagnole Piemonte
Montaldo Torinese
Andezeno
Pavarolo

Gorizia
Ljubljana
Rijeka
Buzet
Piran
Monfalcone
Venezia
Grado
TRIESTE
Golfo di Trieste
Koprski Zaliv
Baia di Muggia
Muggia
San Dorligo della Valle
Koper
Izola
Sežana
Divača
Kozina
Hrpelje-
Aurisina
Sgonico
Monrupino
Komen
Štanjel
Dutovlje
Lokev
Sistiana
Duino
Prosecco
Contovello
Opicina
Barcola
Miramare
Castello di Miramare
Ris. Nat. Marina di Miramare
Grignano
Faro della Vittoria
Chiarbola
Teatro Romano
Cattedrale
Castello
Orto Botanico
Chiadino
Longera
Guardiella
Scorcola
Gretta
Conconello
Banne
Trebiciano
Padriciano
Basovizza
Area Science Park
Monte Concusso
Grozzana
San Giuseppe della Chiusa
Val Rosandra
Bagnoli della Rosandra
Punta Ronco
Punta Sottile
San Bartolomeo Lazzaretto
Debeli rtič
Ankaran
Hrvatini
Škofije
Dekani
Semedela
Šmarje
Marezige
Sv. Anton
Kubed
Črni Kal
Podgorski kras
Slavnik
Ris. Nat. del M. Lanaro
Ris. Nat. de M. Orsario
Vetrova pot
Lipica
Kobilarna Lipica
Jama Vilenica
Divaška jama
Lipenska jama
Sveta jama
Socerb
Rovinj, Pula
Ancona, Igoumenitsa, Durrës
Poreč
Piran
E70
E61
E751
A4
A1
A3
H4
H5
H6
CITY MAP

Treviso
Treviso
Conegliano
Trieste
Bertoneria
Scandolara
Sant' Ambrogio del Grion
Sant' Alberto
Zero Branco
Madonna delle Grazie
Conscio
Preganziol
Santa Elena
San Cipriano
Santa Fosca
San Giacomo
Sambughè
La Croce
Casale sul Sile
Rio San Martino
Campocroce
Zerman
Madometta
Musestre
La Strada di Sisi
Scorze
Boschetta
Bonisiolo
Quarto d' Altino
Bagaggiolo
Cappella
Fiume Zero
Gardigiano
Olme
Mogliano Veneto
Casale sul Sile
Marcon
Quarto d'Altino Ovest
Moniego
Peseggia
Colmello
Trepalade
Noale
Martellago
Ghetto
Mogliano Veneto
Gaggio
Ca' Corner
Mazzocco
San Liberale
Altino
Ponte Casino
Marignana
Marcello
Marcon
Robegano
TRIVIGNANO
TARÙ
Marocco
Bazzera
Dese-Marcon
Fiume Dese
DESE
CA' NOGHERA
Fiume Marzenego
Maerne
ZELARINO
Terraglio
Salzano
Zlanigo
Rossignago
Castellana
FAVARO VENETO
Terzo
TESSERA
Orgnano
ASSEGGIANO
CARPENEDO
TORCELLO
Mirano
Spinea
GAZZERA
Miranese
MESTRE
VCE
Aeroporto di Venezia-Tessera Marco Polo
CAMPALTO
MAZZORBO
BURANO
Scaltenigo
Crea
CHIRIGNAGO
Fornase
Canale dell' Osellin
San Francesco del Deserto
Venezia
San Giuliano
Ballò
Malpaga
MARGHERA
MURANO
MARANO
Margherà
Sant' Erasmo
Vetrego
BORBIAGO
Mira Oriago
CA' EMILIANI
Ponte della Libertà
CA' SABBIONI
Mirano-Dolo
ORIAGO
PORTO MARGHERA
CITY MAP
San Michele
Sant' Erasmo
Punta Sabbioni
MIRA
VALMARANA
MALCONTENTA
VENEZIA
Isola Frari
SS Giovanni e Paolo
Le Vignole
Sant' Andrea
Cazzago
MIRA PORTE
Villa Foscari
San Marco
Igoumenitsa, Patrai
Piran, Rovinj, Poreč
Dolo
Piazzale Roma
Piazza San Marco
SAN PIETRO
GAMBARARE
MORANZANI
SANT' ELENA
MIRA TAGLIO
Isola di San Giorgio Maggiore
Strada Romea
FUSINA
LA GIUDECCA
San Servolo
Sambruson
San Lazzaro degli Armeni
LIDO
Stradona
PIAZZA VECCHIA
Dogaletto
San Clemente
SACCA SESSOLA
Piantoni
CITTÀ GIARDINO
Arzerini
Curano
Lago di Teneri
Camponogara
CA' BIANCA
Calcroci
Maso
POVEGLIA
Ca' Giare
Prozzolo
la Pila
MALAMOCCO
Lugo
Oasi Valle Averto
Campagna Lupia
Litorale di Lido
Casone Averto
ALBERONI
Valle di Rivola
Laguna Veneta
SANTA MARIA DEL MARE
Porto di Malamocco
Valle Figheri
SAN PIETRO IN VOLTA
Casa Sampieri
Strada Romea
Casone Figheri
Valle del Cornio
Corte
Litorale di Pellestrina
PORTO SECCO
Taglio di Brenta
il Lagone
Valle dei Sette Morti
Golfo di Venezia
Oasi
Rosara
Cambroso
Valle di Millecampi
SANT' ANTONIO
Vallonga
Codevigo
Oasi Valle Millecampi
PELLESTRINA
Padova
Bologna
Padova
Padova
Lido di Jesolo
Chioggia
0 0,5 1 2 3 4 5 km
0 0,5 1 2 3 miles

1:20 000

QUADRO D' UNIONE
BLATTÜBERSICHT
KEY MAP
CARTE D'ASSEMBLAGE
ÍNDICE DE MAPA
MAPA ÍNDICE
OVERZICHTSKAART
SKOROWIDZ ARKUSZY
KLAD MAPOVÝCH LISTOV
KLAD MAPOVÝCH LISTOV
PREGLED LEAF
PREGLED LIST

1 : 20 000

Segni convenzionali Legenda	Zeichenerklärung Objaśnienia znaków	Legend Vysvětlivky	Légende Legenda	Sinais convencionais Legenda	Signos convencionales Tumač znakova
I	D	UK	F	P	E
Autostrada	Autobahn	Motorway	Autoroute	Auto-estrada	Autopista
Strada a quattro corsie	Vierspurige Straße	Road with four lanes	Route à quatre voies	Estrada com quatro faixas	Carretera de cuatro carriles
Strada di attraversamento	Durchgangsstraße	Thoroughfare	Route de transit	Estrada de trânsito	Carretera de tránsito
Strada principale	Hauptstraße	Main road	Route principale	Estrada principal	Carretera principal
Altre strade	Sonstige Straßen	Other roads	Autres routes	Outras estradas	Otras carreteras
Via a senso unico - Zona pedonale	Einbahnstraße - Fußgängerzone	One-way street - Pedestrian zone	Rue à sens unique - Zone piétonne	Rua de sentido único - Zona de peões	Calle de dirección única - Zona peatonal
Informazioni - Parcheggio	Information - Parkplatz	Information - Parking place	Information - Parking	Informação - Parque de estacionamento	Información - Aparcamiento
Ferrovia principale con stazione	Hauptbahn mit Bahnhof	Main railway with station	Chemin de fer principal avec gare	Linha principal feroviária com estação	Ferrocarril principal con estación
Altra ferrovia	Sonstige Bahn	Other railway	Autre ligne	Linha ramal feroviária	Otro ferrocarril
Metropolitana	U-Bahn	Underground	Métro	Metro	Metro
Tram	Straßenbahn	Tramway	Tramway	Eléctrico	Tranvía
Autobus per l'aeroporto	Flughafenbus	Airport bus	Bus d'aéroport	Autocarro c. serviço aeroporto	Autobús al aeropuerto
Posto di polizia - Ufficio postale	Polizeistation - Postamt	Police station - Post office	Poste de police - Bureau de poste	Esquadra da polícia - Correios	Comisaría de policía - Correos
Ospedale - Ostello della gioventù	Krankenhaus - Jugendherberge	Hospital - Youth hostel	Hôpital - Auberge de jeunesse	Hospital - Pousada da juventude	Hospital - Albergue juvenil
Chiesa - Chiesa interessante	Kirche - Sehenswerte Kirche	Church - Church of interest	Église - Église remarquable	Igreja - Igreja interessante	Iglesia - Iglesia de interés
Sinagoga - Moschea	Synagoge - Moschee	Synagogue - Mosque	Synagogue - Mosquée	Sinagoga - Mesquita	Sinagoga - Mezquita
Monumento - Torre	Denkmal - Turm	Monument - Tower	Monument - Tour	Monumento - Torre	Monumento - Torre
Caseggiato, edificio pubblico	Bebaute Fläche, öffentliches Gebäude	Built-up area, public building	Zone bâtie, bâtiment public	Área urbana, edifício público	Zona edificada, edificio público
Zona industriale	Industriegelände	Industrial area	Zone industrielle	Zona industrial	Zona industrial
Parco, bosco	Park, Wald	Park, forest	Parc, bois	Parque, floresta	Parque, bosque

NL	PL	CZ	SK	SLO	HR
Autosnelweg	Autostrada	Dálnice	Diaľnica	Avtocesta	Autocesta
Weg met vier rijstroken	Droga o czterech pasach ruchu	Čtyřstopá silnice	Stvorprúdová cesta	Stiripasovna cesta	Cesta sa četiri traka
Weg voor doorgaand verkeer	Droga przelotowa	Průjezdní silnice	Prejazdná cesta	Tranzitna cesta	Tranzitna cesta
Hoofdweg	Droga główna	Hlavní silnice	Hlavná cesta	Glavna cesta	Glavna cesta
Overige wegen	Drogi inne	Ostatní silnice	Ostatné cesty	Druge ceste	Ostale ceste
Straat met eenrichtingsverkeer - Voetgangerszone	Ulica jednokierunkowa - Strefa ruchu pieszego	Jednosměrná ulice - Pěší zóna	Jednosmerná cesta - Pešia zóna	Enosmerna cesta - Površine za pešce	Jednosmjerna ulica - Pješačka zona
Informatie - Parkeerplaats	Informacja - Parking	Informace - Parkoviště	Informácie - Parkovisko	Informacije - Parkirišče	Informacije - Parkiralište
Belangrijke spoorweg met station	Kolej główna z dworcami	Hlavní železnice s stanice	Hlavná železnica so stanicou	Glavna železniška proga z železniško postajo	Glavna željeznička pruga sa kolodvorom
Overige spoorweg	Kolej drugorzędna	Ostatní železnice	Ostatné železnice	Druga železniška proga	Ostala željeznička traka
Ondergrondse spoorweg	Metro	Metro	Podzemná dráha	Podzemska železnica	Podzemna željeznica
Tram	Linia tramwajowa	Tramvaj	Električka	Tramvaj	Tramvaj
Vliegveldbus	Autobus dojazdowy na lotnisko	Letištní autobus	Letiskový autobus	Letališki avtobus	Autobus zračnog pristaništa
Politiebureau - Postkantoor	Komisariat - Poczta	Policie - Poštovní úřad	Polícia Poštový úrad	Policijska postaja - Pošta	Policijska postaja - Pošta
Ziekenhuis - Jeugdherberg	Szpital - Schronisko młodzieżowe	Nemocnice - Ubytovna mládeže	Nemocnica - Mládežnícká ubytovňa	Bolnišnica - Mladinski hotel	Bolnica - Omladinski hotel
Kerk - Bezienswaardige kerk	Kościół - Kościół zabytkowy	Kostel - Zajímavý kostel	Kostol - Pozoruhodný kostol	Cerkev - Zanimiva cerkev	Crkva - Znamenita crkva
Synagoge - Moskee	Synagoga - Meczet	Synagoga - Mešita	Synagóga - Mešita	Sinagoga - Džamija	Sinagoga - Džamija
Monument - Toren	Pomnik - Wieża	Pomník - Věž	Pomník - Veža	Spomenik - Stolp	Spomenik - Toranj
Bebouwing, openbaar gebouw	Obszar zabudowany, budynek użyteczności publicznej	Zastavěná plocha, veřejná budova	Zastavaná plocha, verejná budova	Stanovanjske zgradbe, javna zgradba	Izgradnja, javna zgradna
Industrieterrein	Obszar przemysłowy	Průmyslová plocha	Priemyselná plocha	Industrijske zgradbe	Industrijska zona
Park, bos	Park, las	Park, les	Park, les	Park, gozd	Park, šuma

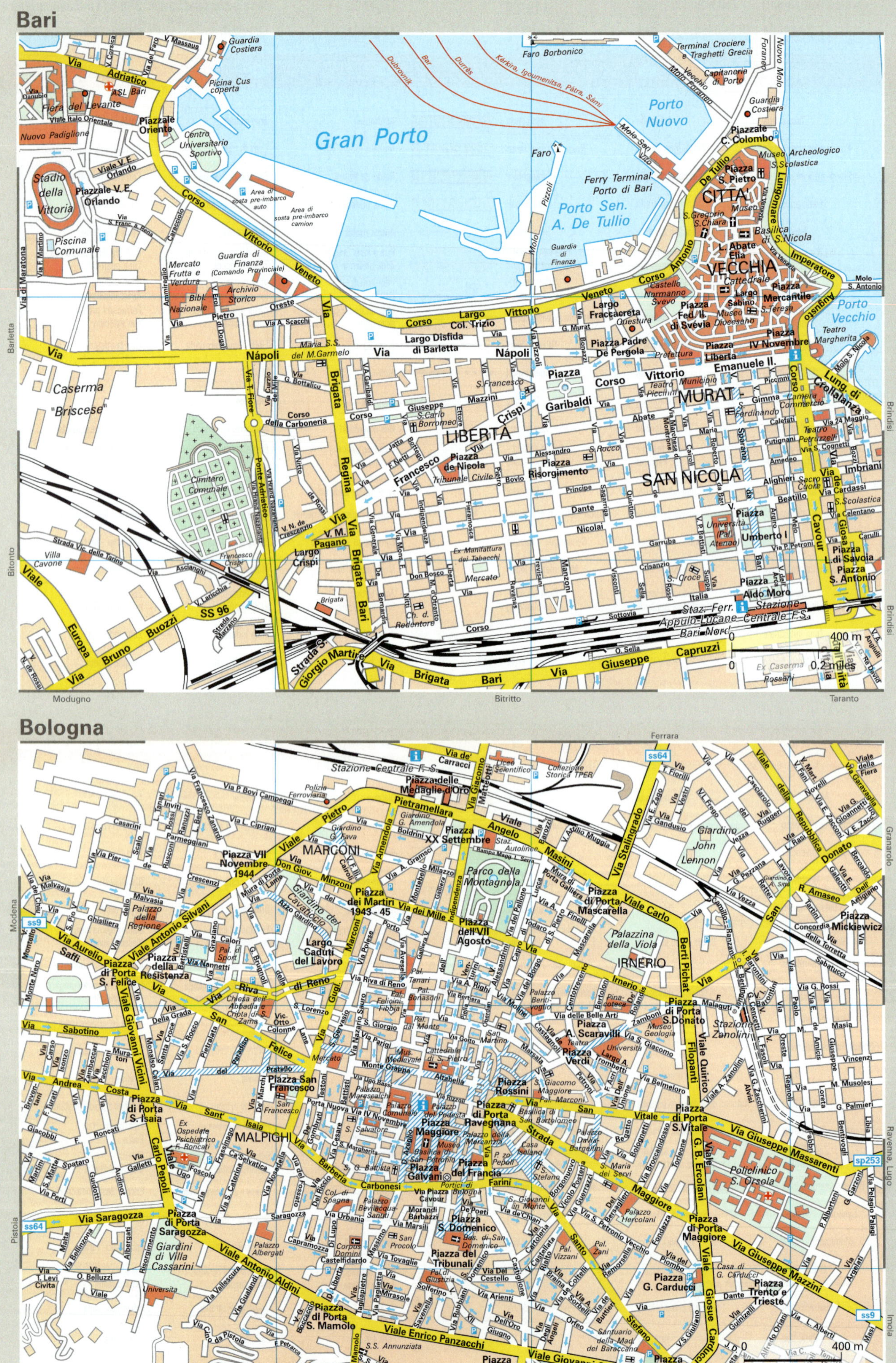
Bari
Gran Porto
Porto Nuovo
Porto Sen. A. De Tullio
Porto Vecchio
Faro Borbonico
Terminal Crociere e Traghetti Grecia
Ferry Terminal Porto di Bari
Fiera del Levante
Stadio della Vittoria
Piazzale V. E. Orlando
Piscina Comunale
Corso Vittorio Veneto
Via Nápoli
Caserma "Briscese"
Cimitero Comunale
CITTA' VECCHIA
MURAT
LIBERTÀ
SAN NICOLA
Piazza Garibaldi
Piazza Risorgimento
Piazza Umberto I
Piazza Aldo Moro
Piazza Liberta
Piazza IV Novembre
Piazza Mercantile
Piazza Fed. II. di Svevia
Castello Normanno Svevo
Cattedrale
Basilica di S. Nicola
Teatro Margherita
Teatro Petruzzelli
Lungomare Imperatore Augusto
Corso Cavour
Corso Vittorio Emanuele II.
Via Brigata Regina
Via Brigata Bari
Viale Europa
Via Bruno Buozzi
SS 96
Via Giuseppe Capruzzi
Stazione Centrale F.S.
Università
400 m
0.2 miles
Barletta
Bitonto
Modugno
Bitritto
Taranto
Brindisi
Bologna
Stazione Centrale F.S.
Piazza delle Medaglie d'Oro
Piazza XX Settembre
Parco della Montagnola
Piazza VII Novembre 1944
MARCONI
Piazza dei Martiri 1943 - 45
Piazza dell'VIII Agosto
Giardino John Lennon
Piazza di Porta Mascarella
Palazzina della Viola
IRNERIO
Piazza Mickiewicz
Viale della Repubblica
Viale Antonio Silvani
Piazza di Porta S. Felice
Piazza della Resistenza
Largo Caduti del Lavoro
Via Riva di Reno
Via San Felice
Piazza San Francesco
MALPIGHI
Via Ugo Bassi
Piazza Maggiore
Piazza di Porta Ravegnana
Piazza Rossini
Piazza Verdi
Piazza A. Scaravilli
Piazza di Porta S. Donato
Piazza di Porta S. Vitale
Via Giuseppe Massarenti
Policlinico S. Orsola
Piazza Galvani
Piazza del Francia
Piazza S. Domenico
Piazza dei Tribunali
Piazza di Porta Maggiore
Via Giuseppe Mazzini
Piazza G. Carducci
Piazza Trento e Trieste
Piazza di Porta Saragozza
Via Saragozza
Giardini di Villa Cassarini
Viale Antonio Aldini
Piazza di Porta S. Mamolo
Viale Enrico Panzacchi
Viale Giovanni Gozzadini
Piazza di Porta Castiglione
Piazza di Porta S. Stefano
COLLI
Via Strada Maggiore
Via San Vitale
Carlo Pepoli
Viale Giovanni Vicini
Viale Quirico Filopanti
Viale G. B. Ercolani
Viale Giosue Carducci
Viale Berti Pichat
Viale Carlo
Ferrara
Granarolo
Modena
Pistoia
Firenze
Ravenna, Lugo
Imola
400 m
0.2 miles

Cagliari

Oristano · Selargius, Quartu Sant'Elena · Oristano

Iglesias · Pula

Poetto · Poetto

0 400 m
0 0.2 miles

Firenze

Aeroporto di Firenze-P. · Prato · Bologna · Bologna · Bologna

Prato · Aeroporto di Firenze-Peretola · Empoli

Settignano · Fiesole · Forlì · Forlì · Villamagna

Siena · Siena

0 400 m
0 0.2 miles

Autostrada A12
Cimitero di Staglieno
STAGLIENO
RIGHI
CASTELLETTO
MARASSI
OREGINA LAGACCIO
Campo Sportivo del Lagaccio
Forte Castellaccio
Parco Montallegro
PRÈ
MADDALENA
PORTORIA
SAN VINCENZO
MOLO
CARIGNANO
FOCE
Piazza del Principe
Piazza della Vittoria
Piazza Corvetto
Piazza de Ferrari
Porto Vecchio
Porto Antico
Acquario
Centro Congressi Expo
Bacino delle Grazie
Molo Giano
Avamporto
Molo Duca di Galliera
Palasport
Piazzale J. F. Kennedy
Corso Italia
Golfo di Genova
Autostrada Savona, Torino
La Spezia, Livorno, Rapallo
Piacenza, Torriglia
Chiavari
400 m
0.2 miles

Roma
Caserta, Roma
Pomigliano d'Arco
Pozzuoli
Mestre
Campi Flegrei, Pozzuoli
Salerno, Pompei, Torre Annunziata
POGGIO DI CAPODIMONTE
Capodimonte
Tangenziale Est-Ovest di Napoli
Svincolo di Capodimonte
Svincolo Corso Malta
Svincolo Arenella
Selva
Ovest di Napoli
Marino
STELLA
La Conocchia
Caracciolo
Tondo di Capodimonte
Corso A.di Savoia Duca di Aosta
Via S.T. degli Scalzi
Real Albergo dei Poveri
Piazza Carlo III
ARENACCIA
Orto Botanico
Foria
VICARIA
Piazza Nazionale
Via Casanova
Corso Novara
AVVOCATA
Salvator Rosa
Piazza Mazzini
Piazza Cavour
Museo Archeologico
SAN LORENZO
Duomo
Castel Capuano
Piazza Garibaldi
Stazione F.S. Centrale
Stazione Circumvesuviana
Corso A. Lucci
MERCATO
Piazza Mercato
Piazza Dante
Dante
Montesanto
Funicolare di Montesanto
PENDINO
Corso Umberto I
Marina
Via Amerigo Vespucci
Via Nuova
Castel S. Elmo
Certosa di S. Martino
MONTECALVARIO
Funicolare Centrale
Corso Vittorio Emanuele
Via Toledo
Piazza G. Bovio
Università
Via Medina
Municipio
Castel Nuovo
Stazione Marittima
Molo Angioino
Molo Beverello
Porto Beverello
Bacino Angioino
Bacino del Piliero
Avamporto
Molo San Vincenzo
Faro
Bocca di Ponente
Piazza del Plebiscito
Palazzo Reale
Teatro S. Carlo
Riviera di Chiaia
Via Francesco Caracciolo
Villa Comunale
Santa Lucia
Castel dell'Ovo
Porto S. Lucia
Isolotto di Megaride
Golfo di Napoli
Amalfi, Positano, Forio, Ischia
Procida, Ponza, Ventotene, Capri, Sorrento
Sardegna (Cagliari), Sicilia (Palermo, Termini Imerese, Milazzo)
Isole Eolie (Stromboli, Ginostra, Panarea, Santa Marina-Salina, Rinella, Lipari, Vulcano)
400 m
0.2 miles

A8-Varese
Lecco
Rho
BOLDINASCO
IL PORTELLO
BULLONA
Cimitero
Monumentale
Ippodromo
del Galoppo
San Siro
Fiera
Milano
City
Convention Center
area di costruzione
CityLife
Parco
Sempione
Arena Civica
PONTE ROSA
BAGGINA
ARZAGA
GIAMBELLINO
S. CRISTOFORO
CONCHETTA
Novara
Abbiategrasso
Pavia
Genova
Viale Certosa
Corso Sempione
Viale Monte Rosa
Corso Vercelli
Corso Magenta
Viale Papiniano
Naviglio Grande
Ripa di Porta Ticinese
Viale Cassala
Viale Liguria
Viale Gorizia
Portello
Lotto
Segesta
Amendola Fiera
Buonarroti
Wagner
Pagano
Conciliazione
Cadorna F.N.
De Angeli
Gambara
Bande Nere
Inganni
Primaticcio
Frattini
Tolstoi
Gelsomini
Washington Bolivar
California
Coni Zugna
S. Ambrogio
S. Agostino
De Amicis
Porta Genova F.S.
Romolo
Domodossola F.M.N.
Gerusalemme
Cenisio
Monumentale
Tre Torri
Quartiere T8
MUDEC
7
6

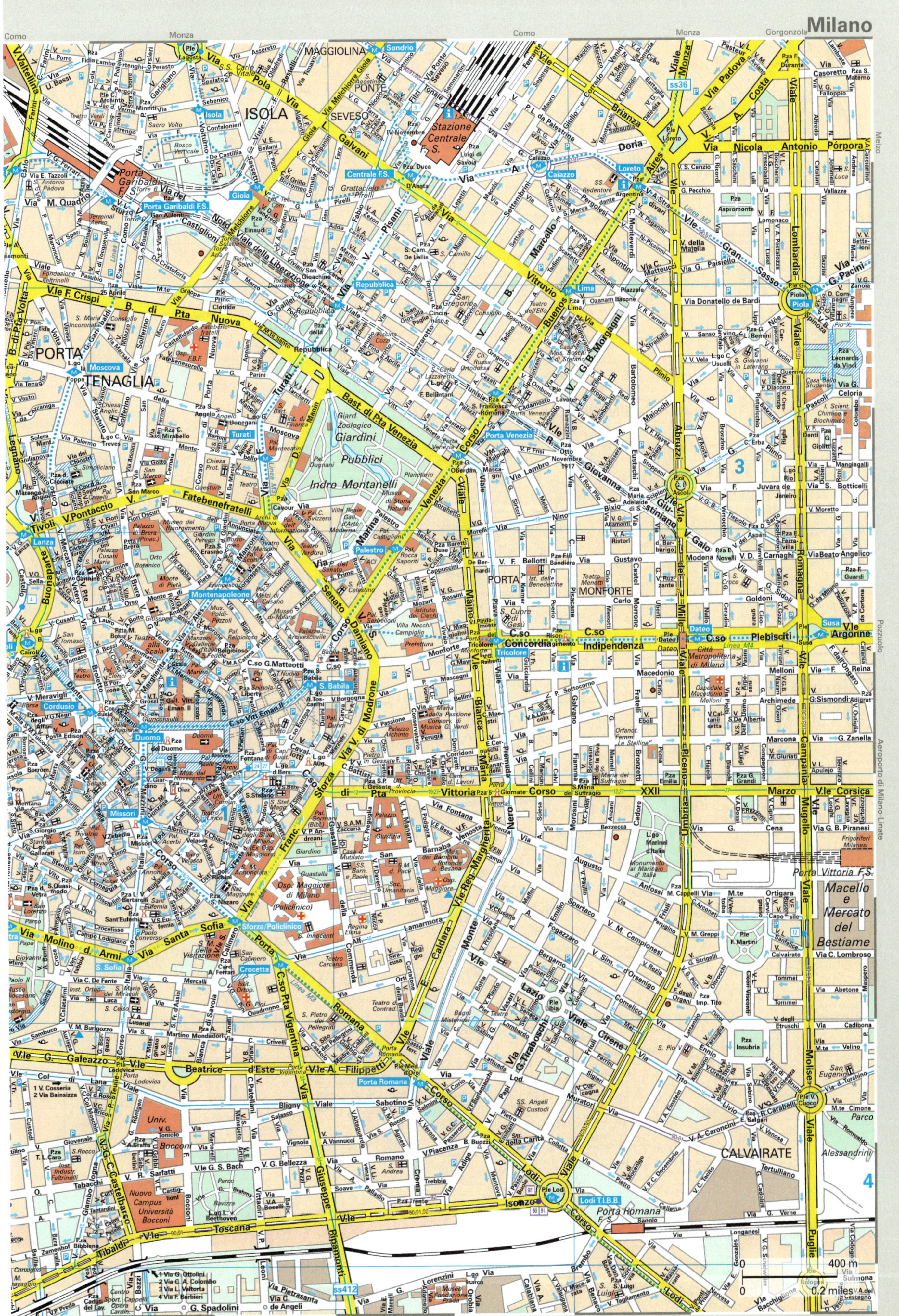
Milano
Como
Monza
Gorgonzola
MAGGIOLINA
ISOLA
PONTE SEVESO
Stazione Centrale F.S.
Porta Garibaldi F.S.
Sondrio
Centrale F.S.
Caiazzo
Loreto
Gioia
Isola
Porta Garibaldi F.S.
Repubblica
Lima
Piola
PORTA TENAGLIA
Moscova
Turati
Porta Venezia
Giardini Pubblici Indro Montanelli
Lanza
Palestro
Montenapoleone
PORTA MONFORTE
Tricolore
Dateo
Susa
C.so Concordia
C.so Indipendenza
C.so Plebisciti
Cordusio
Duomo
S. Babila
Missori
Via Vittoria
Corso XXII Marzo
Porta Vittoria F.S.
Macello e Mercato del Bestiame
Sforza/Policlinico
S. Sofia
Crocetta
Porta Romana
CALVAIRATE
Lodi T.I.B.B.
Porta Romana
Univ. Bocconi
Nuovo Campus Università Bocconi
Pavia
Piacenza
Aeroporto di Milano-Linate
Pozzuolo
Melzo
400 m
0.2 miles
3
4

Padova

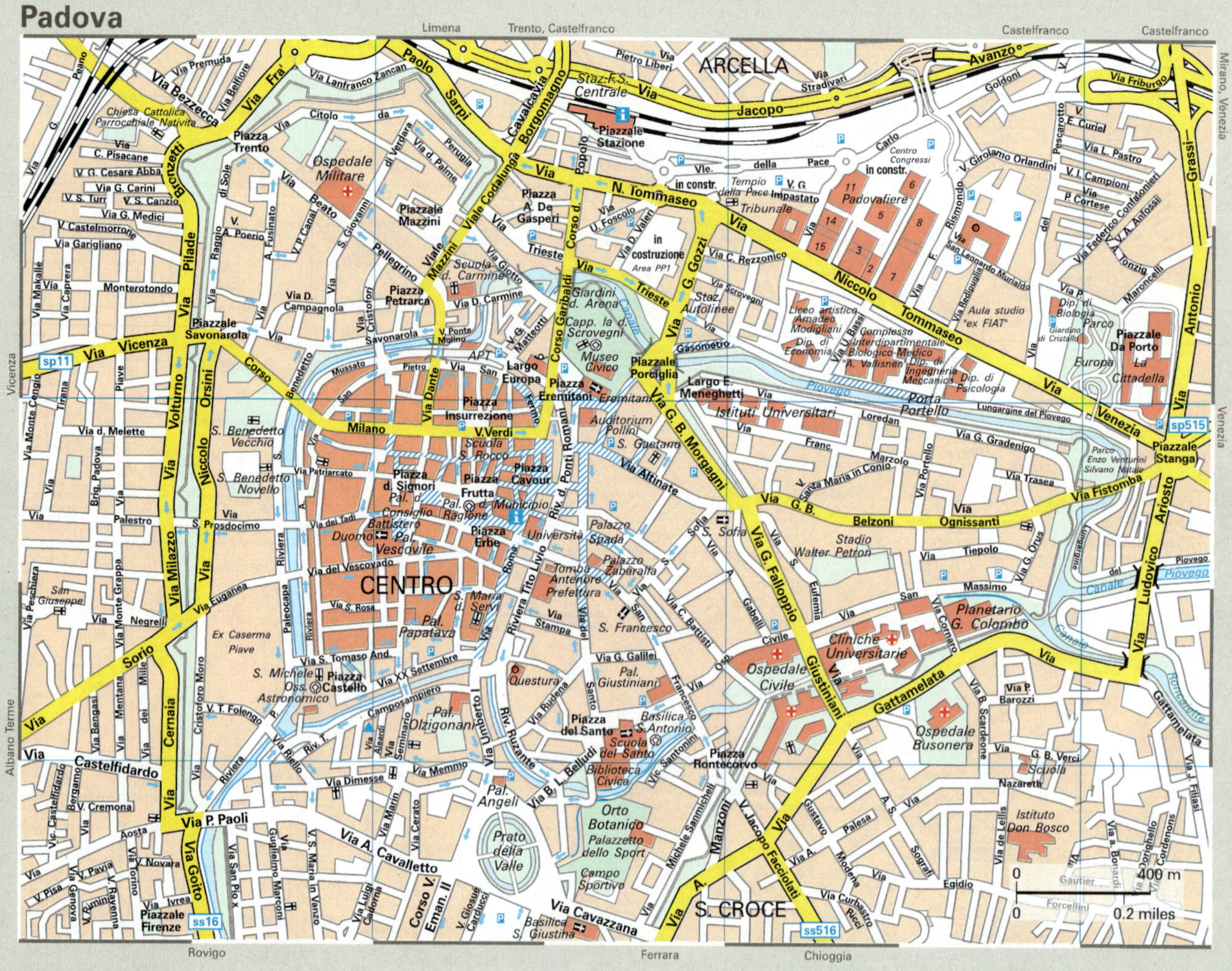

Limena — Trento, Castelfranco — Castelfranco — Castelfranco

Mirano, Venezia — Vicenza — Venezia — Albano Terme

Rovigo — Ferrara — Chioggia

0 — 400 m

0 — 0.2 miles

Palermo

Mondello — Bagheria

Monreale — Altofonte — Altofonte — Villabate

0 — 400 m

0 — 0.2 miles

Pescara

MARE ADRIATICO

Ancona

Foggia

Chieti

Chieti, Roma

Chieti

0 400 m

0 0.2 miles

Perugia

Città di Castello, Gubbio

Val di Chiana

Val di Chiana, Città della Pieve

Todi, Assisi

Todi, Assisi

0 400 m

0 0.2 miles

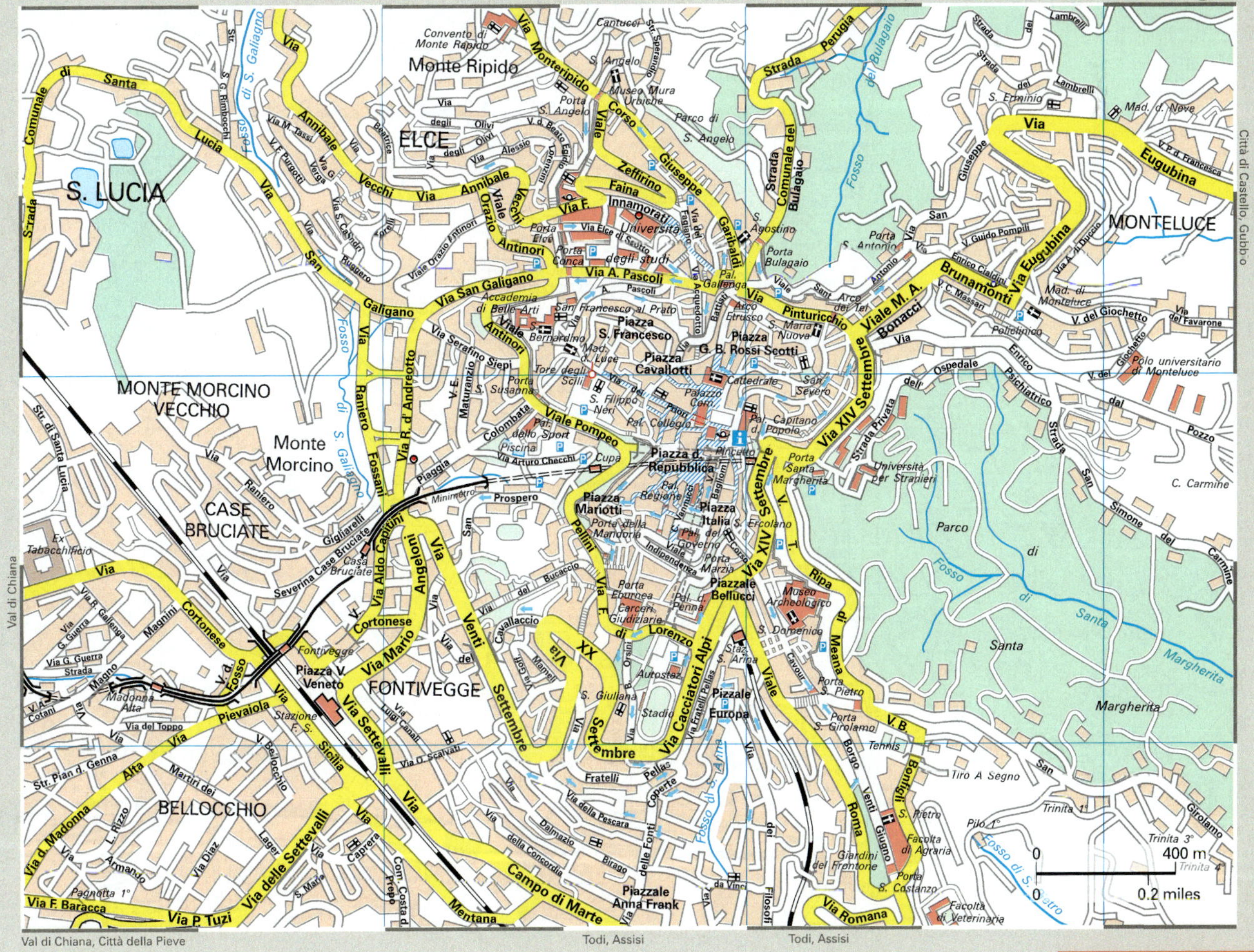

Viterbo Terni
Viterbo
Viterbo
Terni
Terni
TRIONFALE
CITTÀ DEL VATICANO
Basilica di San Pietro
Musei Vaticani
Castel Sant'Angelo
Palazzo di Giustizia
Villa Borghese
Monte Pincio
Galoppatoio
Pza del Popolo
Piazzale Flaminio
Flaminio
Lepanto
Ottaviano
Spagna
Barberini
M. Gianicolo
Fiume Tevere
Isola Tiberina
M. Capitolino
Foro Romano
M. Palatino
Circo Massimo
Aventino
Piramide
P.le dei Partigiani
TRASTEVERE
MUNICIPIO XIII
AURELIO
Villa Doria Pamphili
MONTEVERDE NUOVO
Villa Abamelek
Orto Botanico
Parco di Porta
Monte Testaccio
Zona extraterritoriale della Santa Sede
Pantheon
Navona
Civitavècchia
Viterbo
Civitavècchia Aeroporto Internazionale Leonardo da Vinci
Aeroporto Internazionale Leonardo da Vinci
Aeroporto Internazionale Leonardo da Vinci
Lido di Òstia

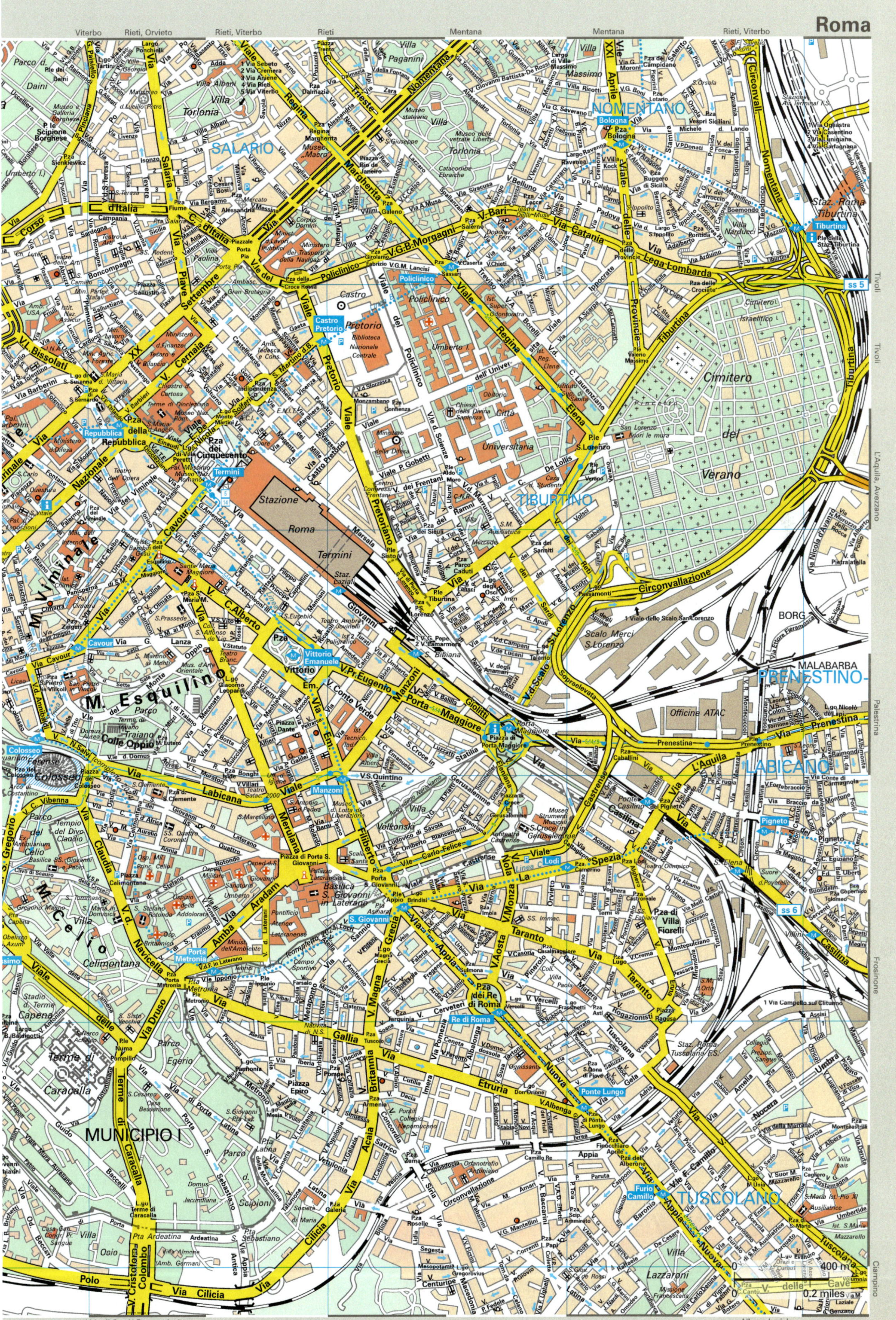
Viterbo
Rieti, Orvieto
Rieti, Viterbo
Rieti
Mentana
Mentana
Rieti, Viterbo
Tivoli
Tivoli
L'Aquila, Avezzano
Palestrina
Frosinone
Ciampino
Lido di Castèl Fusano, Latina
Albano Laziale
SALARIO
NOMENTANO
Villa Torlonia
Stazione Roma Termini
Castro Pretorio
Policlinico
Città Universitaria
TIBURTINO
Cimitero del Verano
Circonvallazione
Scalo Merci S.Lorenzo
Officine ATAC
PRENESTINO-LABICANO
M. Esquilino
Colle Oppio
Colosseo
M. Celio
Celimontana
Terme di Caracalla
MUNICIPIO I
Parco Egerio
TUSCOLANO
Lazzaroni
Stazione Roma Tuscolana F.S.
Staz. Roma Tiburtina
Repubblica
Termini
Vittorio Emanuele
Cavour
Manzoni
S. Giovanni
Re di Roma
Ponte Lungo
Furio Camillo
Porta Metronia
Bologna
Tiburtina
Lodi
Pigneto
Basilica S. Giovanni in Laterano
Porta Maggiore
V. Nomentana
Via Salaria
Viale Regina Margherita
V.G.B. Morgagni
Via Catania
Lega Lombarda
Viale dell' Università
Via Tiburtina
Via Prenestina
Via Casilina
Via Tuscolana
Via Appia Nuova
Via Labicana
Via Merulana
Viale Manzoni
V. Cavour
Via Nazionale
V. XX Settembre
Via Cilicia
Via Druso
Viale Aventino
BORG
MALABARBA
ss 5
ss 6
400 m
0.2 miles

Torino

Lanzo Torinese
Milano
Chivasso
Chieri
Susa
Orbassano
Pinerolo
Cuneo, Savona
Savona, Piacenza
SAN DONATO
AURORA
CIT TURIN
CENTRO
CENISIA
CROCETTA
SAN SALVARIO
Dora Riparia
Fiume Po
Parco del Valentino
Stazione Porta Nuova
Porta Susa
Principi d'Acaja
XVIII Dicembre
Vinzaglio
Re Umberto
Porta Nuova
Marconi
Nizza
Dante
Corso Regina Margherita
Corso Vittorio Emanuele II
Corso Massimo d'Azeglio
Corso Moncalieri
Ponte Umberto I
Gran Madre di Dio
Monte dei Cappuccini
Palazzo Reale
Palazzo Madama
Mole Antonelliana
Museo Egizio
Politecnico
Università
Orto Botanico
Castello del Valentino
Borgo Medievale
Palazzo Torino Esposizioni
0
400 m
0.2 miles

Trieste

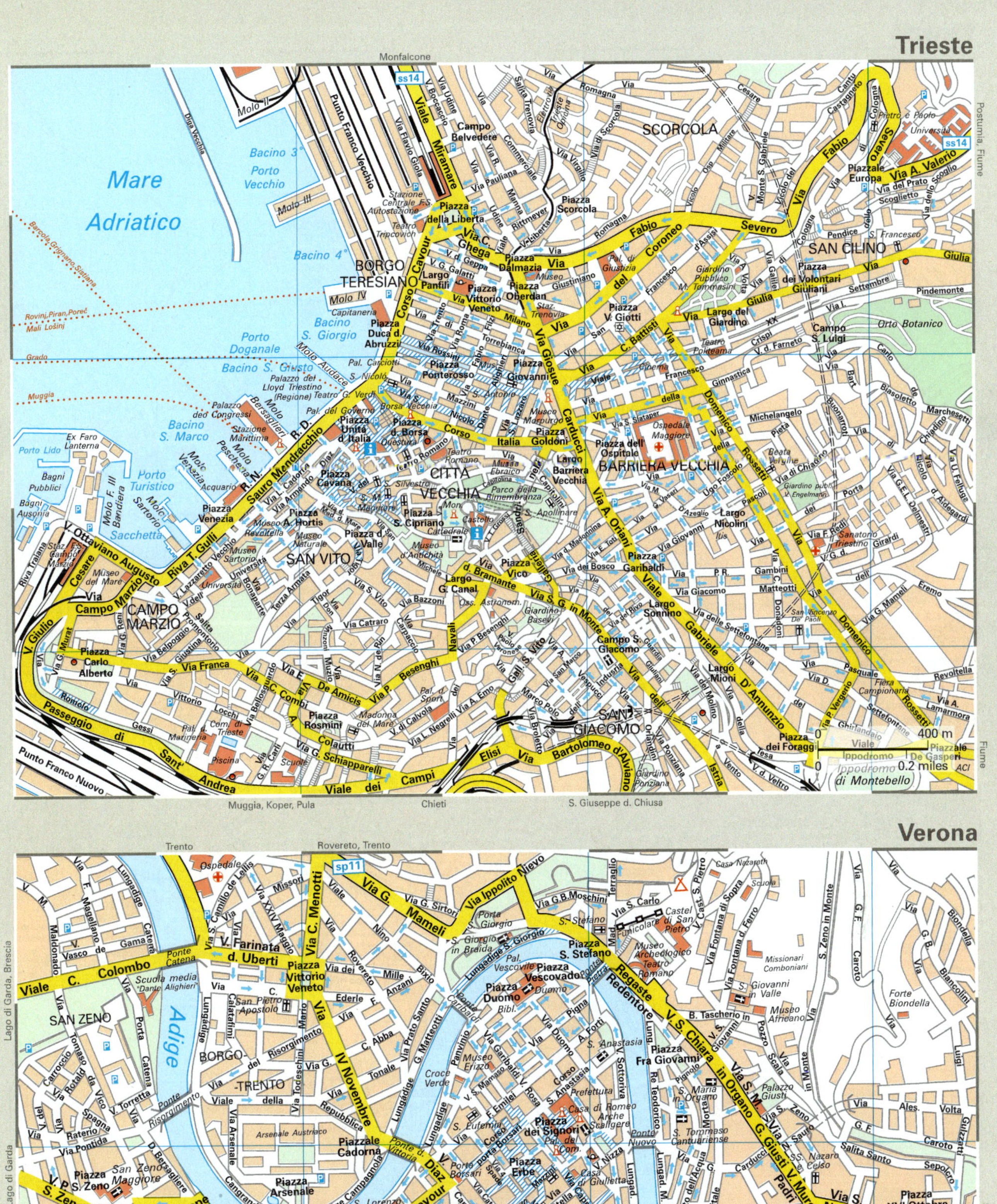

Verona

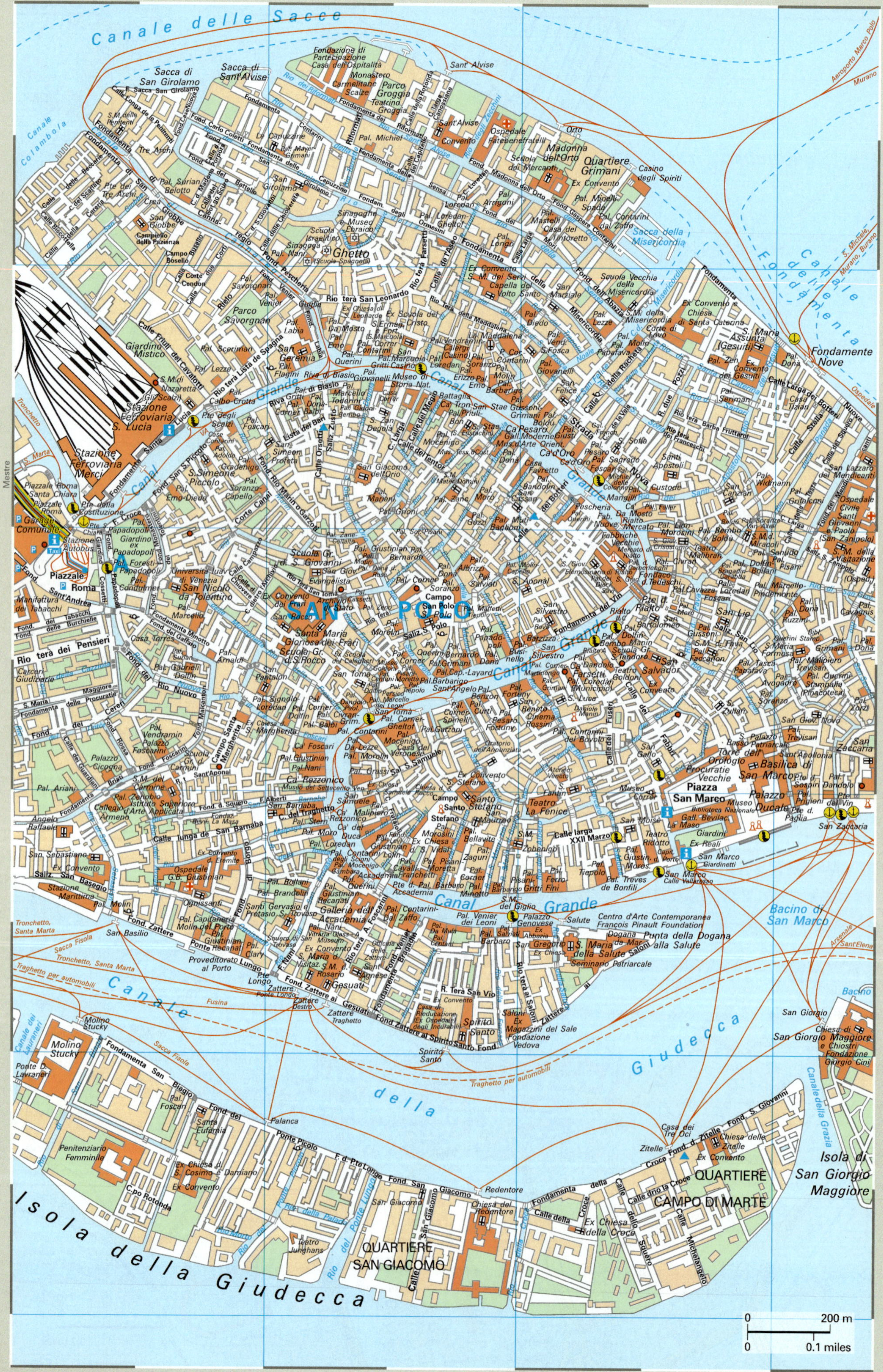

Venezia

Canale delle Sacche

Canale delle Fondamenta

Fondamente Nove

Canal Grande

SAN POLO

Piazza San Marco

Bacino di San Marco

Canale della Giudecca

Isola della Giudecca

Isola di San Giorgio Maggiore

QUARTIERE CAMPO DI MARTE

QUARTIERE SAN GIACOMO

0 — 200 m
0 — 0.1 miles

ITALIA

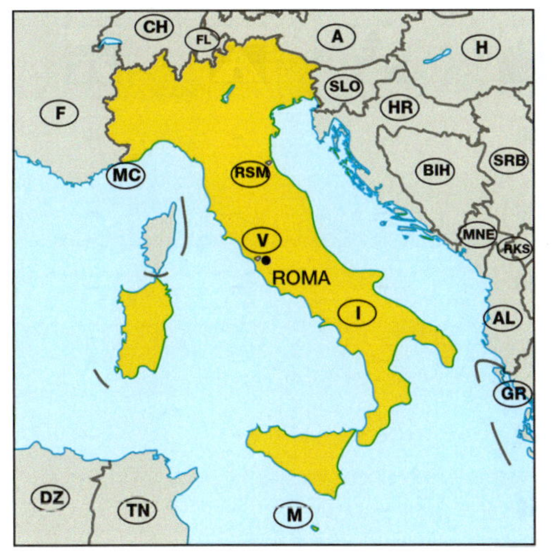

km/h				
Motorrad	50	90	110	130
Pkw	50	90	110	130
Pkw mit Anhänger	50	70	80	80
Wohnmobil	50	80	80	100
Bus	50	80	80	100
Lkw	50	70	70	80

 301 000 km²

 60 500 000

  Roma 2 800 000

 ✓

 112

 113

 112

ITA

  +39

 +1h Coordinated Universal Time (UTC+1)

 ✓

 ✓

 ✓

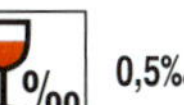 0,5‰

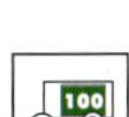 1 Euro (EUR) = 100 Cent

 Agenzia nazionale del turismo ENIT
+39 06 49 711
www.enit.it

 ✓

 24h 800 116 800 ACI

SAN MARINO

RSM

km/h				
Motorrad	50	90	–	–
Pkw	50	90	–	–
Pkw mit Anhänger	50	70	–	–
Wohnmobil	50	80	–	–
Bus	50	80	–	–
Lkw	50	70	–	–

 61 km²

 33 000

 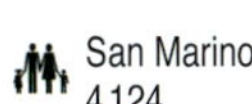 San Marino 4 124

 ✓

 112

 112

 112

 ITA

 +378

+1h Coordinated Universal Time (UTC+1)

 ×

 ✓

 ✓

0,5‰

 1 Euro (EUR) = 100 Cent

 Ufficio di Stato per il Turismo
+378 549 88 29 14
www.visitsanmarino.com

✓

24h 800 116 800 ACI

km/h				
	30	–	–	–
	30	–	–	–
	30	–	–	–
	30	–	–	–
	30	–	–	–
	50	–	–	–

 0,44 km²

 842

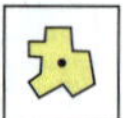 Vatikanstadt 842

 ✓

 112

 118

SOS 115

ITA, LAT

 +39

 +1h Coordinated Universal Time (UTC+1)

 ×

 ✓

 ✓

 0,5‰

 1 Euro (EUR) = 100 Cent

 Ufficio Informazioni Pellegrini e Turisti
+39 06 69 88 23 50
www.vaticanstate.va

 ✓

 24h 800 116 800 ACI

Agnel, Col/Agnello, Colle dell'	F/I	2748 m	1–12	7		✓	57 Gf 80
Agnello, Colle dell'/Agnel Col	I/F	2748 m	1–12	7		✓	57 Gf 80
Aprica, Passo dell'	I	1172 m	1–12	9		✓	37 La 72
Brennero, Passo del/Brennerpass Autostrada del Brennero/Brennerautobahn	I/A	1370 m 1370 m	1–12 1–12	10 6	✓	× ✓	29 Md 66
Brennerpass/Passo del Brennero Brennerautobahn/Autostrada del Brennero	A/I	1370 m 1370 m	1–12 1–12	10 6	✓	× ✓	29 Md 66
Brocon, Passo del	I	1616 m	1–12	11		×	40 Me 72
Campo Carlo Magno, Passo	I	1682 m	1–12	11		×	38 Le 71
Campolongo, Passo di	I	1875 m	1–12	12		×	40 Mf 69
Cereda, Passo di	I	1369 m	1–12	15		×	40 Mf 71
Costalunga, Passo di/Karerpass	I	1745 m	1–12	12		×	39 Md 70
Falzàrego, Passo di	I	2105 m	1–12	11		×	40 Na 69
Fedaia, Passo di	I	2057 m	1–12	15		×	40 Mf 70
Finestre, Colle delle	I	2176 m	6–9	15		×	58 Ha 78
Foscagno, Passo di	I	2291 m	1–12	12		×	38 Lb 70
Fréjus, Tunnel du/Traforo del (12,8 km)	F/I	1297 m	1–12	7	✓	✓	57 Ge 77
Gampenjoch/Passo delle Palade	I	1512 m	1–12	9		×	39 Ma 69
Gardena, Passo di/Grödner Joch	I	2121 m	1–12	12		×	39 Me 69
Gàvia, Passo di	I	2621 m	6–11	16		×	38 Lc 70
Grand Saint Bernard, Col du/ Colle del Gran San Bernardo Grand Saint Bernard, Tunnel du/ Traforo del Gran San Bernardo (5,8 km)	CH/I	2469 m 1915 m	6–11 1–12	11 6	✓	× ✓	56 Ha 73
Gran San Bernardo, Colle del/ Col du Grand Saint Bernard Gran San Bernardo, Traforo del/ Tunnel du Grand Saint Bernard (5,8 km)	I/CH	2469 m 1915 m	6–11 1–12	11 6	✓	× ✓	56 Ha 73
Grödner Joch/Passo di Gardena	I	2121 m	1–12	12		×	39 Me 69
Jaufenpass/Passo di Monte Giovo	I	2094 m	1–12	12		×	29 Mb 67
Karerpass/Passo di Costalunga	I	1745 m	1–12	12		×	39 Md 70
Kreuzbergpass/Passo di Monte Croce di Comélico	I	1636 m	1–12	12		✓	30 Nc 69
Larche, Col de/Colle della Maddalena	F/I	1991 m	1–12	8		✓	56 Gf 82
Lavazé, Passo di	I	1818 m	1–12	15		×	39 Mc 70
Livigno, Forcola di	CH/I	2315 m	6–11	12		×	37 La 70
Maddalena, Colle della/Col de Larche	I/F	1991 m	1–12	8		✓	64 Gf 82
Manghen, Passo	I	2027 m	4–11	14		×	39 Mc 71
Mauria, Passo della	I	1295 m	1–12	10		×	41 Nd 70
Mendelpass/Passo della Méndola	I	1363 m	1–12	11		×	39 Mb 71
Méndola, Passo della/Mendelpass	I	1363 m	1–12	11		×	39 Mb 71
Mont Blanc, Tunnel du/Traforo del Monte Bianco (11,6 km)	F/I	1395 m	1–12	8	✓	✓	33 Gf 73-74
Monte Bianco, Traforo del/ Tunnel du Mont Blanc (11,6 km)	I/F	1395 m	1–12	8	✓	✓	33 Gf 73-74
Monte Croce Cárnico, Passo di/ Plöckenpass	I/A	1357 m	1–12	13		×	31 Nf 69
Monte Croce di Comélico, Passo di/ Kreuzbergpass	I	1636 m	1–12	12		✓	30 Nc 69
Monte Giovo, Passo di/Jaufenpass	I	2094 m	1–12	12		×	29 Mb 67
Montgenèvre, Col de	F/I	1854 m	1–12	10		✓	57 Ge 79
Munt-la-Schera-Tunnel, Punt la Dossa – Livigno (3,4 km)	CH/I	1809 m	1–12	4	✓	×	27 Lb 69
Nassfeldpass/Passo di Pramollo	A/I	1552 m	3–11	15		×	31 Ob 69
Palade, Passo delle/Gampenjoch	I	1512 m	1–12	9		×	39 Ma 69
Pénnes, Passo di/Penser Joch	I	2215 m	6–10	13		×	29 Mc 68
Penser Joch/Passo di Pénnes	I	2215 m	6–10	13		×	29 Mc 68
Petit Saint Bernard, Col du/ Colle del Piccolo San Bernardo	F/I	2188 m	7–10	9		×	56 Gf 74
Pian delle Fugazze, Passo	I	1162 m	1–12	14		×	49 Mb 74
Piccolo San Bernardo, Colle del/ Col du Petit Saint Bernard	I/F	2188 m	7–10	9		×	56 Gf 74
Plöckenpass/Passo di Monte Croce Cárnico	A/I	1357 m	1–12	13		×	31 Nf 69
Pordoi, Passo/Pordoijoch	I	2239 m	1–12	11		×	40 Me 70
Pordoijoch/Passo Pordoi	I	2239 m	1–12	11		×	40 Me 70
Pramollo, Passo di/Nassfeldpass	I/A	1552 m	3–11	12		×	31 Ob 69
Predel/Passo del Predíl	SLO/I	1156 m	1–12	12		×	42 Od 70
Predíl, Passo del/Predel	I/SLO	1156 m	1–12	12		×	42 Od 70

Reschenpass/Passo di Rèsia	A/I	1507 m	1–12	9		✓	28 Ld 67
Rèsia, Passo di/Reschenpass	I/A	1507 m	1–12	9		✓	28 Ld 67
Rolle, Passo di	I	1970 m	1–12	11		×	40 Me 71
Rombo, Passo del/Timmelsjoch	I/A	2509 m	5–10	12	✓	×	28 Ma 67
San Lugano, Passo/San Lugano Pass	I	1097 m	1–12	9		✓	39 Mc 71
San Pellegrino, Passo di	I	1920 m	1–12	14		×	40 Me 70
Santa Maria, Giogo di/Umbrailpass	I/CH	2501 m	6–10	12		×	38 Lc 69
Sant'Angelo, Col	I	1756 m	1–12	11		×	30 Nb 69
Sant'Osvaldo, Passo di	I	827 m	1–12	13		×	41 Nc 71
Sella, Passo di/Sellajoch	I	2244 m	1–12	11		×	39 Me 69
Sellajoch/Passo di Sella	I	2244 m	1–12	11		×	39 Me 69
Simplonpass Simplontunnel/Brig-Iselle (19,8 km)	CH CH/I	2005 m 705 m	1–12 1–12	9	✓	✓ ✓	35 Ia 71
Spluga, Passo dello/Splügenpass	I/CH	2113 m	6–10	12		×	36 Kb 69
Splügenpass/Passo dello Spluga	CH/I	2113 m	6–10	12		×	36 Kb 69
Stalle, Passo/Staller Sattel	I/A	2052 m	6–10	12		×	30 Nb 67
Staller Sattel/Passo Stalle	A/I	2052 m	6–10	12		×	30 Nb 67
Stèlvio, Passo dello/Stilfser Joch	I	2757 m	7–10	15		×	38 Lc 69
Stilfser Joch/Passo dello Stèlvio	I	2757 m	7–10	15		×	38 Lc 69
Tenda, Colle di/Col du Tende; Traforo/Tunnel (3,0 km)	I/F	1871 m 1321 m	5–10 1–12	11		✓	67 Hd 84
Tende, Col du/Colle di Tenda; Tunnel/Traforo (3,0 km)	F/I	1871 m 1321 m	5–10 1–12	11		✓	67 Hd 84
Timmelsjoch/Passo del Rombo	A/I	2509 m	5–10	12	✓	×	28 Ma 67
Tonale, Passo del	I	1883 m	1–12	10		✓	38 Ld 71
Tre Croci, Passo	I	1805 m	1–12	12		×	30 Nb 69
Umbrailpass/Giogo di Santa Maria	CH/I	2501 m	6–10	12		×	38 Lc 69
Vallés, Passo di	I	2033 m	1–12	13		×	40 Me 71

		Code		
I	Aeroporto Int. di Alghero-Fertilia	AHO	www.aeroportodialghero.it	131 Ib 105
I	Aeroporto di Ancona-Falconara	AOI	www.ancona-airport.com	81 Oc 87
I	Aeroporto di Bari-Palese	BRI	www.aeroportidipuglia.it	90 Re 102
I	Aeroporto Int. di Bologna	BLQ	www.bologna-airport.it	64 Mb 81
I	Aeroporto Int. di Cagliari-Elmas	CAG	www.sogaer.it	136 Ka 113
I	Aeroporto Int. di Catania-Fontanarossa	CTA	www.aeroporto.catania.it	122 Qa 124
I	Aeroporto di Firenze-Peretola	FLR	www.aeroporto.firenze.it	73 Mb 86
I	Aeroporto Int. di Forlì	FRL	www.forliairport.com	74 Na 83
I	Aeroporto del Friuli – Venezia Giulia	TRS	www.aeroporto.fvg.it	51 Na 74
I	Aeroporto Int. di Genova-Sestri	GOA	www.airport.genova.it	69 If 82
I	Aeroporto Int. di Lamezia Terme	SUF	www.lameziaairport.it/	112 Rb 115
I	Aeroporto Int. di Milano-Malpensa	MXP	www.seamilano.eu	46 Ie 75
I	Aeroporto di Milano Bergamo	BGY	www.orioaeroporto.it	47 Ke 74
I	Aeroporto Int. di Milano-Linate	LIN	www.seamilano.eu	46 Kb 76
I	Aeroporto Int. di Napoli-Capodichino	NAP	www.portal.gesac.it	96 Pb 103
I	Aeroporto di Olbia – Costa Smeralda	OLB	www.geasar.it	133 Kd 103
I	Aeroporto Int. di Palermo	PMO	www.gesap.it	119 Oa 119
I	Aeroporto di Brindisi-Casale	BDS	www.aeroportidipuglia.it	108 Sf 105
I	Aeroporto Int. di Parma	PMF	www.parma-airport.it	62 Lb 79
I	Aeroporto Int. d'Abruzzo	PSR	www.abruzzoairport.com	87 Pb 94
I	Aeroporto Int. di Pisa	PSA	www.pisa-airport.com	76 Lc 86
I	Aeroporto Int. di Rimini-Miramare	RMI	www.riminiairport.com	75 Nd 84
I	Aeroporto di Roma-Ciampino	CIA	www.adr.it/ciampino	89 Nd 98
I	Aeroporto Int. di Roma-Fiumicino	FCO	www.adr.it/fiumicino	89 Nb 98
I	Aeroporto di Torino-Caselle	TRN	www.turin-airport.com	44 Hd 77
I	Aeroporto di Treviso-Sant'Angelo	TSF	www.trevisoairport.it	51 Nb 75
I	Aeroporto Int. di Cuneo-Levaldigi	CUF	www.aeroporto.cuneo.it	58 Hd 81
I	Aeroporto di Venezia-Tessera	VCE	www.veniceairport.com	51 Nb 76
I	Aeroporto di Verona-Villafranca	VRN	www.aeroportoverona.it	49 Lf 76

		Code		
I	Aeroporto regionale della Valle d'Aosta	AOT	www.avda-aosta.it	44 Hc 74
I	Aeroporto di Bolzano-Dolomiti	BZO	www.abd-airport.it	39 Mb 70
I	Aeroporto di Brescia-Montichiari	VBS	www.aeroportobrescia.it	48 Lb 76
I	Aeroporto di Comiso	CIY	www.aeroportodicomiso.eu	124 Pd 127
I	Aeroporto di Crotone	CRV	www.aeroporto.kr.it	113 Sa 115
I	Aeroporto di Foggia	FOG	www.aeroportidipuglia.it	98 Qd 100
I	Aeroporto della Maremma	GRS	www.grossetoairport.com	83 Ma 92
I	Aeroporto di Lampedusa	LMP	www.enac-italia.it	123 Nd 136
I	Aeroporto di Marina di Campo	EBA	www.elba-airport.it	97 Lb 92
I	Aeroporto di Pantelleria	PNL	www.pantelleriairport.it	118 Mf 128
I	Aeroporto Regionale di Perugia-Sant'Egidio	PEG	www.airport.umbria.it	79 Nd 90
I	Aeroporto dello Stretto	REG	www.aeroportodellostretto.it	117 Qd 120
I	Aeroporto di Reggio Emilia	ZRO	www.aeroportore.it	63 Ld 80
I	Aeroporto di Salerno-Pontecagnano	QSR	www.aeroportosalerno.it	103 Pf 105
I	Aeroporto di Siena-Ampugnano	SAY	www.aeroportosiena.it	78 Mb 89
I	Aeroporto di Taranto	TAR	www.aeroportidipuglia.it	107 Sc 105
I	Aeroporto di Tortolì-Arbatax	TTB	www.aeroportotortoliarbatax.it	135 Ke 109
I	Aeroporto di Trapani-Birgi	TPS	www.airgest.it	118 Nc 121
I	Aeroporto di Trento	TRJ	www.aeroportocaproni.com	39 Ma 72

UNESCO World Heritage

I	Agrigento (Archaeological Area)	1997	123 Od 125
I	Alberobello (The „Trulli")	1996	107 Sb 104
I	Amalfi (Costiera Amalfitana)	1997	103 Pd 105
I	Aquileia (Archaeological Area and the Patriarchal Basilica)	1998	52 Oc 74
I	Assisi	2000	80 Nd 90
I	Caserta (Royal Palace, Park, Aqueduct, San Leucio)	1997	96 Pc 102
I	Castel del Monte	1996	100 Rb 101
I	Castelseprio (Longobards in Italy. Places of the power)	2011	48 Lb 75
I	Cefalù (Cattedrale)	2015	120 Pa 120
I	Cerveteri (Etruscan Necropolises of Cerveteri and Tarquinia) = Necropoli etrusca	2004	88 Na 96
I	Cilento and Vallo di Diano National Park = Parco Nazionale del Cilento e Vallo di Diano	1998	104 Qb 106
I	Cinque Terre	1997	70 Kc 83
I	Crespi d'Adda	1995	47 Kd 75
I	Dolomiti	2009	40 Md 70
I	Ferrara	1995	64 Md 80
I	Firenze	1982	73 Mb 86
I	Genova („Le Strade Nuove" and the system of the „Palazzi dei Rolli")	2006	69 If 82
I	Isole Eolie o Lipari (Aeolian Islands)	2000	116 Pf 118
I	Mantova	2008	63 Le 78
I	Medici Villas and Gardens in Tuscany (Firenze etc.)	2013	78 Mc 86
I	Milano	1980	46 Kb 76
I	Modena: Cathedral, Torre Civica and Piazza Grande	1997	63 Lf 81
I	Mount Etna	2013	122 Pf 122
I	Museo delle Palafitte (Prehistoric Pile dwellings around the Alps)	2011	49 Le 73
I	Napoli (Historic Centre)	1995	102 Pb 103
I	Noto (Late Baroque Towns of the Val di Noto)	2002	125 Qa 127
I	Padova: Botanical Garden (Orto Botanico)	1997	50 Mf 76
I	Palermo (Arab-Norman Palermo)	2015	119 Oc 120
I	Pienza (Historic Centre)	1996	78 Me 90
I	Pisa: Piazza del Duomo	1987	76 Lc 86
I	Pompei	1997	103 Pd 104
I	Ravenna	1996	74 Nb 82
I	Rock Drawings in Valcamonica = Parco Nazionale Incisioni Rupestri	1979	38 Lc 72
I	Roma (Historic Centre)	1980	89 Nc 97
I	Sacri Monti of Piedmont and Lombardy	2003	35 Ib 72
I	San Gimignano	1990	77 Ma 88
I	Sassi (The Sassi and the Park of the Rupestrian Churches of Matera)	1993	106 Rd 105
I	Siena	1995	78 Mb 89
I	Siracusa (Syracuse and the Rocky Necropolis of Pantalica)	2005	125 Qb 126
I	Stato da Terra – Western Stato da Mar (Venetian Works of Defence between the 16th and 17th Centuries: Bergamo, Peschiera del Garda, Palmanova)	2017	47 Kd/Ke 74 49 Le 76 52 Ob 736
I	Su Nuraxi di Barumini	1997	134 If 110
I	Tarquinia (Etruscan Necropolises of Cerveteri and Tarquinia)	2004	88 Me 95

UNESCO World Heritage

I	Tivoli (Villa Adriana, Villa d'Este)	**2001**	89 Ne 97
I	Torino: Residences of the Royal House of Savoy	**1997**	58 Hd 78
I	Urbino	**1998**	80 Nd 86
I	Val d'Orcia	**2004**	83 Md 90
I	Venezia	**1987**	51 Nb 76
I	Verona	**2000**	49 Lf 76
I	Vicenza	**1994**	50 Md 75
I	Villa Romana del Casale = Scavi di Casale	**1997**	124 Pc 124
I	Vineyard Landscape of Piedmont: Langhe-Roero and Monferrato = Paesaggio vitivinicolo del Piemonte	**2014**	49 Ib 80
RSM	San Marino	**2008**	74 Nc 85
V	Vaticano, Città del	**1980**	89 Nc 97

		km²		
I	Parco nazionale d'Abruzzo, Lazio e Molise	507	www.parks.it	91 Oe 97
I	Parco nazionale dell'Asinara	270	www.parks.it	131 Ib 102
I	Parco nazionale dell'Aspromonte	761	www.parks.it	115 Ra 118
I	Parco nazionale Alta Murgia	677	www.parks.it	99 Rb 102
I	Parco nazionale del Cilento e Vallo di Diano e Alburni	1810	www.parks.it	104 Qb 106
I	Parco nazionale delle Cinque Terre	39	www.parks.it	70 Kc 83
I	Parco nazionale del Circeo	85	www.parks.it	95 Nf 100
I	Parco nazionale Dolomiti Bellunesi	315	www.parks.it	40 Na 71
I	Parco nazionale delle Foreste Casentinesi, Monte Falterona, Campigna	368	www.parks.it	73 Me 85
I	Parco nazionale del Gargano	1181	www.parks.it	93 Qc 98
I	Parco Nazionale del Golfo di Orosei e del Gennargentu	739	www.parks.it	136 Kc 107
I	Parco nazionale del Gran Paradiso	703	www.parks.it	44 Hb 75
I	Parco nazionale del Gran Sasso e Monti della Laga	1413	www.parks.it	91 Oc 93
I	Parco nazionale dell'Arcipelago di La Maddalena	150	www.parks.it	130 Kc 101
I	Parco nazionale della Maiella	741	www.parks.it	91 Pa 96
I	Parco nazionale dei Monti Sibillini	697	www.parks.it	85 Oa 91
I	Parco nazionale del Pollino	1926	www.parks.it	111 Rb 109
I	Parco nazionale della Sila	737	www.parks.it	113 Rd 112
I	Parco nazionale dello Stelvio	1346	www.parks.it	28 Ld 69
I	Parco nazionale Appennino Tosco-Emiliano	236	www.parks.it	71 Kf 82
I	Parco nazionale dell'Arcipelago Toscano	768	www.parks.it	82 Lb 92
I	Parco nazionale dell'Appennino Lucano Val d'Agri – Lagonegrese	676	www.parks.it	105 Qf 105
I	Parco nazionale della Val Grande	146	www.parks.it	35 Ic 72
I	Parco nazionale del Vesuvio	73	www.parks.it	102 Pc 103

Acropark Castello Molina	38030	Castello Molina di Fiemme	www.acropark.it	39 Mc 71
Acropark Centa	38040	Centa	www.acropark.it	39 Mb 73
AdventureLand Borno	25042	Borno	www.adventureland-borno.eu	38 Lb 73
Carrisiland	72020	Cellino San Marco	www.carrisiland.it	108 Sf 106
Cavalino Matto	57024	Marina di Castagneto	www.cavallinomatto.it	87 Ld 89
Centro Vacanze Verde Azzurro	62011	Cingoli	www.verdeazzurrovacanze marche.it	81 Ob 88
Città della Domenica	06132	Perugia	www.cittadelladomenica.it	80 Nc 90
Cowboyland	27058	Voghera	www.cowboyland.it	60 Ka 79
Ditellandia	81030	Castel Volturno	www.ditellandia.com	96 Of 102
Edenlandia	80121	Napoli	www.edenlandia.it	102 Pa 104
Etnaland	95032	Belpasso	www.etnaland.eu	122 Pf 123
Europark Idroscalo	20090	Segrate	www.lunaeuropark.it	46 Kb 76
Fiabilandia	47924	Rivazzurra	www.fiabilandia.net	75 Nd 84
Gardaland	37014	Castelnuovo del Garda	www.gardaland.it	49 Le 76
Gulliverlandia	33054	Lignano Sabbiadoro	www.gulliverlandia.it	52 Oa 74
Italia in Miniatura	47922	Viserba	www.italiainminiatura.com	75 Nd 84
Jungle Adventure Park	37010	San Zeno di Montagna	www.jungleadventurepark.com	49 Le 75
Levicoland	38056	Levico Terme	www.levicoland.it	39 Mb 72
Luneur	00144	Roma	www.luneurpark.it	89 Nc 97
Magic World	80014	Giugliano	www.magicworld.it	102 Pa 103
Minigolf Adventure	20134	Milano	www.minigolf-adventure.it	46 Kb 76
Minitalia Leolandia Park	24042	Capriate San Gervasio	www.leolandia.it	47 Kd 75
Mirabilandia	48125	Savio	www.mirabilandia.it	74 Nb 82
Miragica	70056	Molfetta	www.miragica.com	98 Qb 101
Movieland Studios	37017	Lazise	www.canevaworld.it	49 Le 76
New Jesolandia	30016	Jesolo	www.newjesolandia.com	51 Nd 75
Oasipark	18013	Diano Marina	www.oasipark.com	68 Ia 85
Parco di Pinocchio	51012	Collodi	www.pinocchio.it	72 Ld 85
Parco Divertimento Felifonte	74011	Castellaneta	www.parksmania.it	106 Rf 105
Parco Junior	33054	Lignano	www.parcojunior.it	52 Oa 74
Parco Oltremare	47838	Riccione	www.oltremare.org	75 Nd 85
Parco Preistorico	56037	Peccioli	www.parcopreistorico.it	87 Le 87
Rainbow MagicLand	00038	Valmontone	www.magicland.it	89 Nf 98
Safari Park Pombia	28050	Pombia	www.safaripark.it	46 Id 75
Sardegna in Miniatura	09029	Tuili	www.sardegnainminiatura.it	134 If 110
Volandia	21019	Somma Lombardo	www.volandia.it	46 Ie 75
Zoo Safari e FasanoLandia	72015	Fasano	www.zoosafari.it	107 Sc 103
Zoomarine Roma	00040	Torvaianica	www.zoomarine.it	94 Nc 99

Elenco dei nomi di località · Ortsnamenverzeichnis · Index of place names · Index des localités
Índice de toponímicos · Índice de topónimos · Register van plaatsnamen · Skorowidz miejscowości
Rejstřík sídel · Register sídiel · Kazalo naselij · Rječnik gradski imena

①	②	③	④	⑤	⑥
20121*	Milano		MI	46	Kb 76
83100	Avellino		AV	103	Pe 103
47890	San Marino	◻	RSM	74	Nc 85
00120	Città del Vaticano	◻	V	89	Nc 97

	①	*
I	Codice postale	Codice di avviamento postale riferito a città comprendenti più codici di avviamento postale
D	Postleitzahl	Niedrigste Postleitzahl bei Orten mit mehreren Postleitzahlen
UK	Postal code	Lowest postcode number for places having several postcodes
F	Code postal	Code postal le plus bas pour les localités à plusieurs codes posteaux
P	Código postal	Código postal menor em caso de cidades com vários códigos postais
E	Código postal	Código postal más bajo en lugares con varios códigos postales
NL	Postcode	Laagste postcode bij gemeenten met meerdere postcodes
PL	Kod pocztowy	Najniższy kod pocztowy w przypadku miejscowości z wieloma kodami pocztowymi
CZ	Poštovní směrovací číslo	Nejnižší poštovní směrovací číslo v městech s vicenásobnými poštovními směrovacími čísly
SK	Poštovné smerovacie číslo	Najmenšie poštové smerovacie číslo v miestach s viacerými poštovými smerovacími čislami
SLO	Poštna številka	Najmanjša poštna številka v mestih z več poštnimi številkami
HR	Poštanski broj	Najniži poštanski broj u mjestima sa više poštanskih brojeva

	②	④	⑤	⑥
I	Località	Provinzia	Numero di pagina	Riquadro nel quale si trova il nome
D	Ortsname	Provinz	Seitenzahl	Suchfeldangabe
UK	Place name	Province	Page number	Grid reference
F	Localité	Province	Numéro de page	Coordonnées
P	Topónimo	Provincia	Número da página	Coordenadas de localização
E	Topónimo	Provincia	Número de página	Coordenadas de localización
NL	Plaatsnaam	Province	Paginanummer	Zoekveld-gegevens
PL	Nazwa miejscowości	Prowincja	Numer strony	Współrzędne skorowidzowe
CZ	Jméno obcí	Provincie	Číslo strany	Údaje hledacího čtverce
SK	Názov sídla	Provincia	Číslo strany	Udanie hľadacieho štvorca
SLO	Ime naselja	Pokrájina	Številka strani	Položajna koordinata
HR	Ime naselje	Provincija	Broj stranica	Koordinatna podjela

	③		
I	Nazione	San Marino	Città del Vaticano
D	Nation	San Marino	Vatikanstadt
UK	Nation	San Marino	Vatican city
F	Nation	Saint-Marin	Cité du Vatican
P	Nação	São Marinho	Cidade do Vaticano
E	Nación	San Marino	Ciudad del Vaticano
NL	Natie	San Marino	Vaticaanstad
PL	Naród	San Marino	Watykan
CZ	Národ	San Marino	Vatikánské město
SK	Národ	San Maríno	Vatikán
SLO	Národ	San Marino	Vatikan
HR	Nacija	San Marino	Vatikan

Provincia | Provinz | Province | Province
Província | Provincia | Provincie | Prowincja
Provincie | Provincie | Province | Pokrajina

A

35031 Abano Terme PD 50 Me76
91100 Abate TP 118 Nc122
84060 Abatemarco SA 102 Qc108
15024 Abazia AL 60 Ic79
48012 Abbadesse RA 74 Mf82
26834 Abbadia Cerreto LO 47 Kd77
23821 Abbadia Lariana LC 36 Kb73
53021 Abbadia San Salvatore SI 83 Me91
09071 Abbasanta OR 134 Ie108
65020 Abbateggio PE 91 Pa95
24021 Abbazia BG 47 Kf74
40057 Abbazia BO 64 Mc81
20081 Abbiategrasso MI 46 If76
22070 Abbiate Guazzone CO 46 If74
39058 Aberstückl = Sonvigo BZ 29 Mc68
06047 Abeto PG 85 Oa91
51021 Abetone PT 72 Ld84
85010 Abriola PZ 105 Qe105
39036 Abtei = Badia BZ 29 Mf69
73029 Acaia LE 108 Tb107
97011 Acate RG 124 Pc126
71021 Accadia FG 98 Qb102
88040 Accaria Rosario CZ 112 Rc115
12021 Acceglio CN 57 Gf82
75011 Accettura MT 105 Ra106
67020 Acciano AQ 91 Oe95
04100 Acciarella LT 94 Ne100
89018 Acciarello RC 117 Qd119
84068 Acciaroli SA 102 Qa107
88022 Acconia CZ 115 Rb115
14011 Accorneri AT 59 Ic79
02011 Accumoli RI 86 Ob92
85011 Acerenza PZ 105 Qf104
84042 Acerno SA 103 Qe104
80011 Acerra NA 96 Pc103
95020 Aci Bonaccorsi CT 122 Qa123
95021 Aci Castello CT 122 Qa123
00125 Acilia RM 89 Nc98
95024 Aci Platani CT 122 Qa123
95022 Aci San Filippo CT 122 Qa123
95021 Aci Santa Lucia CT 122 Qa123
95025 Aci Sant'Antonio CT 122 Qa123
95021 Aci Trezza CT 122 Qb123
17019 Acquabianca SV 60 Id82
32043 Acquabona BL 40 Na69
42037 Acquabona RE 71 Lb82
09010 Acquacadda CA 136 Ie113
89050 Acquacalda RC 114 Qe119
98055 Acquacalda 116 Pf117
62035 Acquacanina MC 86 Ob90
98051 Acquaficara ME 122 Qb120
03040 Acquafondata FR 96 Of99
87010 Acquaformosa CS 110 Ra110
88046 Acquafredda CZ 112 Rb115
16026 Acquafredda GE 60 Ka82
85046 Acquafredda PZ 110 Qe108
25010 Acquafredda BS 48 Lc77
24060 Acquaiolo BG 48 La74
61041 Acqualagna PU 80 Ne87
25022 Acqualunga BS 48 Kf77
26024 Acqualunga Badona CR 47 Kf77
84081 Acquamela SA 103 Pe104
26020 Acquanegra Cremonese CR 62 Kf77
46011 Acquanegra sul Chiese MN 48 Lc78
01021 Acquapendente VT 84 Mf92
87020 Acquappesa CS 112 Qf112
09010 Acquaresi CI 136 Ic112
73040 Acquarica del Capo LE 109 Tb109
73020 Acquarica di Lecce LE 108 Tb107
89050 Acquaro RC 114 Qf119
89832 Acquaro VV 115 Rb117
84086 Acquarola SA 103 Pe104
98100 Acquarone ME 114 Qd119
90142 Acquasanta PA 119 Oc120
60030 Acquasanta AN 80 Ob87
63041 Acquasanta Terme AP 86 Oc92
22010 Acquaseria CO 36 Kb72
05021 Acquasparta TR 85 Nd92
84040 Acquavella SA 102 Qa107
84060 Acquavena SA 102 Qc108
53040 Acquaviva SI 78 Mf90
47890 Acquaviva ◘ RSM 74 Nc85
86030 Acquaviva Collecroce CB 92 Pe97
86080 Acquaviva d'Isernia IS 91 Pa98
63030 Acquaviva Picena AP 87 Oe91
93010 Acquaviva Platani CL 120 Oe123
98070 Acquedolci ME 121 Pd120
86095 Acquevive IS 97 Pc99
15011 Acqui Terme AL 60 Ic80
87041 Acri CS 112 Rc112
03010 Acuto FR 90 Ob98
88041 Adami CZ 112 Rc114
98100 Addolorata ME 116 Qb119
91025 Addolorata TP 118 Nc122
33010 Adegliacco UD 52 Ob72
70010 Adelfia BA 100 Rf102
89058 Adorno RC 114 Qe119
95031 Adrano CT 122 Pe123
24060 Adrara San Martino BG 48 Kf74
24060 Adrara San Rocco BG 48 Kf74
45011 Adria RO 65 Na78
25030 Adro BS 48 Kf75
39049 Afens = Avenes BZ 29 Md67
37010 Affi VR 49 Le75
00021 Affile RM 90 Oa97
39050 Afing = Avigna BZ 39 Mc69
80021 Afragola NA 102 Pb103
89030 Africo Nuovo RC 117 Ra120
29010 Agazzano PC 61 Kd79
29011 Agazzino PC 61 Kd78
06063 Agello PG 79 Nb90
80051 Agerola NA 103 Pd105
06025 Aggi PG 80 Nf90
07020 Aggius OT 132 Ka103
94011 Agira EN 121 Pd123
51031 Agliana PT 72 Ma85
14041 Agliano Terme AT 59 Ib80
10011 Agliè TO 44 He76
10011 Aglie TO 44 He76
07020 Aglientu OT 130 Ka102
13853 Aglietti BI 45 Ib75
35021 Agna PD 65 Mf77
26020 Agnadello CR 47 Kd76
89040 Agnana Calabra RC 115 Rb119
56017 Agnano PI 76 Lc86
80100 Agnano Terme NA 102 Pb104
23020 Agneda SO 37 Kf72
46025 Agnolo MN 64 Ma79
84060 Agnone SA 102 Pf107
86081 Agnone IS 92 Pc98
96011 Agnone Bagni SR 125 Qa125
25071 Agnosine BS 48 Lc75
26041 Agoiolo CR 62 Lc78
62030 Agolla MC 80 Nf90
32021 Agordo BL 40 Na71
21010 Agra VA 36 Ie72
28887 Agrano VB 45 Ic73
28010 Agrate NO 45 Id74
20041 Agrate Brianza MB 47 Kc75
06046 Agriano PG 85 Oa92
92100 Agrigento AG 123 Od125
89040 Agromastelli RC 115 Rc118
33025 Agrons UD 41 Nf70
84043 Agropoli SA 103 Pf106
08020 Agrustos OT 133 Ke104
60020 Agugliano AN 81 Oc87
36020 Agugliaro VI 50 Md77
39026 Agums = Agumes BZ 28 Ld69
39026 Agums = Agumes BZ 28 Ld69
39030 Ahrntal = Valle Aurina BZ 29 Mf66
20040 Aicurzio MB 47 Kc75
09070 Aidomaggiore OR 134 If107
94010 Aidone EN 124 Pc124
67041 Aielli AQ 91 Od96
67041 Aielli Stazione AQ 91 Od96
84081 Aiello SA 103 Pe104
84083 Aiello SA 103 Pe104
87031 Aiello Calabro CS 112 Ra114
33041 Aiello del Friuli UD 52 Oc73
83020 Aiello del Sabato AV 103 Pe103
87020 Aieta CS 110 Qe109
81010 Ailano CE 96 Pb100
12078 Aimoni CN 68 Hf84
10060 Airasca TO 58 Hc79
82011 Airola BN 97 Pd102
23881 Airuno LC 47 Kc74
38061 Ala TN 49 Ma74
07020 Ala dei Sardi OT 133 Kb105
10070 Ala di Stura TO 44 Hb77
27020 Alagna PV 60 If77
13021 Alagna Valsesia VC 45 Hf73
65020 Alanno PE 91 Of95
32031 Alano di Piave BL 40 Mf73
17021 Alassio SV 68 Ib84
03011 Alatri FR 90 Oc98
38032 Alba TN 40 Me70
12051 Alba CN 59 Ia80
64011 Alba Adriatica TE 87 Of91
60044 Albacina AN 80 Oa88
09090 Albagiara OR 134 If110
20080 Albairate MI 46 If76
84044 Albanella SA 104 Qa106
02016 Albaneto RI 85 Oa93
85010 Albano di Lucania PZ 105 Ra105
00041 Albano Laziale RM 89 Nd98
24061 Albano Sant'Alessandro BG 47 Ke74
13030 Albano Vercellese VC 45 Ic76
31030 Albaredo TV 50 Na75
27040 Albaredo Arnaboldi PV 61 Kb78
37041 Albaredo d'Adige VR 49 Mb77
23010 Albaredo per San Marco SO 37 Kd72
43051 Albareto PR 70 Ke82
41100 Albareto MO 63 Lf80
12050 Albaretto della Torre CN 59 Ia81
37060 Albaria VR 63 Ma78
37050 Albaro VR 49 Mb76
22100 Albate CO 46 Ka74
22031 Albavilla CO 46 Kb74
39042 Albeins = Albes BZ 29 Md68
17031 Albenga SV 68 Ib84
26010 Albera CR 47 Ke76
15060 Albera Ligure AL 60 Ka80
58010 Alberese GR 83 Ma92
23030 Albergo Ghiacciaio dei Forni 38 Ld70
43025 Alberi PR 62 Lb80
40062 Alberino BO 64 Md81
70011 Alberobello BA 107 Sb104
71031 Alberona FG 98 Qa100
27013 Alberone PV 61 Kd78
44042 Alberone FE 64 Mb80
44030 Alberone 64 Mf79
39042 Albes = Albeins BZ 29 Md68
22031 Albese CO 46 Kb74
88055 Albi CZ 113 Rd114
38041 Albiano TN 39 Mb72
10010 Albiano d'Ivrea TO 45 Hf76
20042 Albiate MB 46 Kb75
87070 Albidona CS 111 Rc109
20060 Albignano MI 47 Kc76
35020 Albignasego PD 50 Mf76
42020 Albinea RE 63 Ld81
58015 Albinia GR 83 Mb93
24021 Albino BG 47 Ke74
22070 Albiolo CO 46 If74
37010 Albisano VR 49 Le75
17011 Albisola Superiore SV 69 Id82
17012 Albissola Marina SV 69 Id83
21041 Albizzate VA 46 Ie74
28853 Albogno VB 35 Ic72
27020 Albonese PV 46 Ie77
22010 Albonico CO 36 Kc71
84019 Albori SA 103 Pc104
23010 Albosaggia SO 37 Kf72
12078 Albra CN 68 Hf84
14022 Albugnano AT 59 Hf78
27010 Albuzzano PV 47 Kb77
91011 Alcamo TP 119 Nf121
91011 Alcamo Marina TP 119 Nf120
98070 Alcara li Fusi ME 121 Pe120
39040 Aldein = Aldino BZ 39 Mc70
38060 Aldeno TN 39 Ma73
39040 Aldino = Aldein BZ 39 Mc70
09091 Ales OR 134 Ie110
15100 Alessandria AL 60 Id79
87070 Alessandria del Carretto CS 111 Rc109
92010 Alessandria della Rocca AG 119 Oc123
73031 Alessano LE 109 Tb109
73011 Alezio LE 109 Ta108
84040 Alfano SA 102 Qc107
67030 Alfedena AQ 91 Pa98
47020 Alfero FC 74 Na85
25020 Alfianello BS 48 La77
15021 Alfiano Natta AL 59 Ib78
48011 Alfonsine RA 65 Na81
07041 Alghero SS 131 Ib105
24010 Algua BG 47 Ke74
39022 Algund = Lagundo BZ 28 Ma68
98020 Ali ME 116 Qc120
90021 Alia PA 120 Oe122
75010 Alianello Nuovo MT 105 Rb107
75010 Aliano MT 105 Rb107
15066 Alice AL 60 Ie81
15010 Alice Bel Colle AL 60 Ic80
13040 Alice Castello VC 45 Ia76
10010 Alice Superiore TO 44 He76
98050 Alicudi ME 116 Pc117
81011 Alife CE 96 Pb101
90020 Alimena PA 121 Pa122
90020 Aliminusa PA 120 Oe121
98021 Ali Terme ME 116 Qc120
09080 Allai OR 134 If109
32022 Alleghe BL 40 Na70
11010 Allein AO 44 Hb74
05011 Allerona TR 84 Mf92
73040 Alliste LE 109 Ta109
98027 Allume ME 116 Qc121
00051 Allumiere RM 88 Mf96
15040 Alluvioni Cambio AL 60 Ie78
33090 Almadis PN 41 Nf71
24011 Alme BG 47 Kd74
24030 Almenno-San Bartolomeo BG 47 Kd74
24030 Almenno-San Salvatore BG 47 Kd74
10040 Almese TO 58 Hc78
36045 Almisano VI 49 Mc76
31100 Alne TV 50 Na73
39058 Alner 29 Mc68
33030 Alnicco UD 52 Oa72
25070 Alone BS 48 Lb74
36045 Alonte VI 50 Mc76
32015 Alpago 41 Nc72
23030 Alpe Campiascio SO 37 La71
28841 Alpe Cheggio, Rifugio VB 35 Ia72
10094 Alpe Colombino TO 58 Hb78
23038 Alpe del Gallo SO 27 Lb69
28861 Alpe Devero VB 35 Ib71
28841 Alpe di Campo VB 35 Ia72
10080 Alpette TO 44 Hd76
10091 Alpignano TO 58 Hd78
37060 Alpo VR 49 Lf76
39024 Alsack = Alsago BZ 27 Ld68
39024 Alsago = Alsack BZ 27 Ld68
29010 Alseno PC 62 Kf79
22040 Alserio CO 46 Kb74
70022 Altamura BA 106 Rd104
17041 Altare SV 68 Ic82
95018 Altarello CT 122 Qb122
83011 Altavilla Irpina AV 97 Pe102
87050 Altavilla Lappano CS 112 Rb113
90010 Altavilla Milicia PA 120 Od120
15041 Altavilla Monferrato AL 59 Ic79
84045 Altavilla Silentina SA 104 Qa105
36077 Altavilla Vicentina VI 50 Mc75
36075 Alte Ceccato VI 50 Mc76
40051 Altedo BO 64 Mc81
39052 Altenburg = Castelvecchio BZ 39 Mb70
39030 Alter Kaser BZ 30 Na68
63017 Altidona AP 81 Oe90
88832 Altilia KR 113 Rf113
87040 Altilia CS 112 Rb114
66040 Altino CH 92 Pb96
36070 Altissimo VI 49 Mb75
31030 Altivole TV 50 Mf74
12070 Alto CN 68 Ia84
29027 Altoè PC 61 Ke79
90030 Altofonte PA 119 Ob120
28864 Altoggio VB 35 Ic71
98126 Altolia ME 116 Qc120
87042 Altomonte CS 110 Ra110
55011 Altopascio LU 72 Le86
39040 Altrei = Anterivo BZ 39 Mc71
05035 Altrocanto TR 85 Nd94
32100 Alvera BL 40 Na69
05020 Alviano TR 84 Nb93
81010 Alvignanello CE 97 Pc101
81012 Alvignano CE 96 Pc101
30025 Alvisopoli VE 52 Nf74
03041 Alvito FR 91 Oe98
24022 Alzano Lombardo BG 47 Ke74
15050 Alzano Scrivia AL 60 If78
28015 Alzate NO 46 Id75
22040 Alzate Brianza CO 46 Kb74
24030 Amagno BG 47 Kd74
84011 Amalfi SA 103 Pd105
63021 Amandola AP 86 Oc91
87032 Amantea CS 112 Ra114
88050 Amaroni CZ 115 Rc116
03021 Amaseno FR 95 Oc100
20037 Amata MI 46 Ka75
88040 Amato CZ 112 Rc115
89029 Amato RC 117 Qf118
02012 Amatrice RI 86 Ob93
95043 Ambelia 125 Pf125
24030 Ambivere BG 47 Kd74
38011 Amblar TN 39 Ma70
52020 Ambra AR 78 Md88
23020 Ambria SO 37 Kf72
24019 Ambria BG 47 Ke74
44031 Ambrogio FE 65 Mf79
19031 Ameglia SP 71 Kf84
81048 Ameglio CE 96 Pa101
05022 Amelia TR 84 Nc93
71014 Amendola FG 99 Qe99
87071 Amendolara CS 111 Rd109
89030 Amendolea RC 117 Qf121
28010 Ameno NO 45 Ic74
48010 Ammonite RA 74 Na82
82031 Amorosi BN 97 Pc101
33021 Ampezzo UD 41 Ne70
80071 Anacapri NA 102 Pb105
03012 Anagni FR 90 Oa98
29029 Ancarano PC 61 Kd79
64010 Ancarano TE 86 Oe91
51019 Anchione PT 72 Le86
36066 Ancignano VI 50 Md75
52024 Anciolina AR 78 Me87
60100* Ancona AN 81 Od87
36100 Anconetta VI 50 Md75
18010 Andagna IM 68 He85
88050 Andali CZ 113 Re114
38010 Andalo TN 39 Ma72
23014 Andalo Valtellino SO 36 Kc72
10020 Andezeno TO 59 Hf78
38070 Andogno TN 38 Lf72
28841 Andolla VB 35 Ia72
17051 Andora SV 68 Ia85
13811 Andorno Micca BI 45 Ia75
73032 Andrano LE 109 Tc109
10010 Andrate TO 44 Hf75
32020 Andraz BL 40 Mf70
33024 Andrazza UD 41 Nd70
83040 Andretta AV 98 Qb103
70031 Andria BA 100 Rb101
39010 Andrian = Andriano BZ 39 Mb69
39010 Andriano = Andrian BZ 39 Mb69
32020 Andrich BL 40 Mf70
33090 Anduins PN 41 Nf71
07010 Anela SS 132 Ka106
25070 Anfo BS 48 Lc74
60030 Angeli AN 80 Oa88
60021 Angeli AN 81 Od87
84078 Angellara SA 102 Qb107
21021 Angera VA 45 Id74
52031 Anghiari AR 79 Na87
37050 Angiari VR 49 Mb77
88040 Angoli CZ 112 Rc115
25040 Angolo Terme BS 37 La73
25041 Angone BS 37 Lb73
84012 Angri SA 103 Pd104
00061 Anguillara Sabazia RM 89 Nb96
35022 Anguillara Veneta PD 65 Mf78
89063 Anna San Leonardo RC 117 Qe121
26021 Annicco CR 47 Kf77
39100 Annichen BZ 29 Mc67
06034 Annifo PG 85 Nf90
23841 Annone di Brianza LC 47 Kb74
30020 Annone Veneto VE 51 Ne74
25052 Annunciata BS 38 Lb73
87033 Annunziata CS 112 Ra113
14055 Annunziata 59 Ib80
84013 Annunziata SA 103 Pe104
09040 Annunziata CA 137 Kd113
00142 Annunziatella, l' RM 89 Nd97
89020 Anoia Inferiore RC 117 Ra118
89020 Anoia Superiore RC 115 Ra118
58015 Ansedonia GR 83 Mb94
52100 Ansina AR 79 Na88
11020 Antagnod AO 44 He74
24051 Antegnate BG 47 Ke76
39040 Anterivo = Altrei BZ 39 Mc71
39030 Antermoia = Untermoi BZ 29 Mf68
39030 Anterselva di Mezzo = Antholz Mittertal BZ 30 Na67
39030 Anterselva di Sopra = Antholz Obertal BZ 30 Na67
39030 Anterselva di Sotto = Antholz Niedertal BZ 30 Na68
19020 Antessio SP 70 Ke83
11020 Antey Saint André AO 44 Hd74
39030 Antholz Mittertal = Anterselva di Mezzo BZ 30 Na67
39030 Antholz Niedertal = Anterselva di Sotto BZ 30 Na68
39030 Antholz Obertal = Anterselva di Sopra BZ 30 Na67
00022 Anticoli Corrado RM 90 Nf96
57128 Antignano AT 76 Lb87
14010 Antignano AT 59 Ia79
98030 Antillo ME 116 Qb121
06012 Antirata PG 79 Nb88
55032 Antisciana LU 71 Lc84
55034 Antognano LU 71 Lb83
06133 Antognola PG 79 Nc89
89040 Antonimina RC 115 Ra119
52100 Antria AR 79 Mf88
02013 Antrodoco RI 85 Oa94
28873 Antrogna VB 35 Ia72
28841 Antronapiana VB 35 Ia72
28841 Antrona Schieranco VB 35 Ia72
67051 Antrosano AQ 90 Oc96
67030 Anversa degli Abruzzi AQ 91 Oe97
22040 Anzano del Parco CO 46 Kb74
71020 Anzano di Puglia FG 98 Qb102
85010 Anzi PZ 105 Qf105

00042 Anzio RM 94 Nd100
40011 Anzola d'Emilia BO 64 Mb81
28877 Anzola d'Ossola VB 35 Ic73
81040 Aorivola CE 96 Pa101
11100 Aosta AO 44 Hb74
61042 Apecchio PU 79 Nc87
82021 Apice BN 97 Pf102
62021 Apiro MC 80 Oa88
87060 Apollinara CS 111 Rc110
82030 Apollosa BN 97 Pe102
52044 Appalto AR 79 Mf89
22070 Appiano Gentile CO 46 If74
39057 Appiano sulla Strada del Vino = Eppan BZ 39 Mb70
62010 Appignano MC 81 Oc88
63031 Appignano del Tronto AP 86 Od91
23031 Aprica SO 38 La72
71011 Apricena FG 93 Qc98
88900 Apriglianello KR 113 Sa114
87051 Aprigliano CS 112 Rc113
04011 Aprilia LT 94 Nd99
33053 Aprilia Marittima UD 52 Oa74
84020 Aquara SA 104 Qb106
91018 Aquila TP 118 Ne122
92018 Aquila 119 Oa122
67100* Aquila, L' AQ 90 Oc94
18020 Aquila di Arroscia IM 68 Ia84
55100 Aquilea LU 71 Ld85
33051 Aquileia UD 52 Oc74
25060 Aquilini BS 48 La75
34015 Aquilinia 53 Oe75
83041 Aquilonia AV 98 Qc103
90100 Aquino PA 119 Ob120
03031 Aquino FR 95 Oe100
32020 Arabba BL 40 Mf69
73040 Aradeo LE 109 Ta108
02012 Arafranca Pinaco RI 86 Ob93
67010 Aragno AQ 86 Oc94
92021 Aragona AG 123 Od124
14020 Aramengo AT 59 Ia78
89100 Arasi RC 114 Qe120
33090 Arba PN 52 Ne72
08048 Arbatax OG 135 Ke109
37024 Arbizzano VR 49 Lf76
09092 Arborea OR 134 Id110
13031 Arborio VC 45 Ic76
09031 Arbus MD 136 Id111
31030 Arcade TV 51 Nb74
26832 Arcagna LO 47 Kc76
87036 Arcavacata CS 112 Rb112
37026 Arce VR 49 Lf76
03032 Arce FR 95 Od99
24040 Arcene BG 47 Kd75
11022 Arcésaz AO 44 He74
42010 Arceto RE 63 Le81
60011 Arcevia AN 80 Nf88
89051 Archi RC 114 Qd120
66044 Archi CH 92 Pc96
58031 Arcidosso GR 83 Md91
00020 Arcinazzo Romano RM 90 Oa97
21051 Arcisate VA 46 If73
38062 Arco TN 38 Lf73
19021 Arcola SP 71 Kf84
37040 Arcole VR 49 Mb76
20020 Arconate MI 46 If75
20043 Arcore MB 47 Kb75
36057 Arcugnano VI 50 Md76
21030 Arcumeggia VA 35 Ie73
87050 Arcuri CS 112 Rc114
08040 Ardali OG 135 Kd108
07010 Ardara SS 132 Ie105
09081 Ardauli OR 134 If108
00040 Ardea RM 94 Nd99
23011 Ardenno SO 37 Kd71
57128 Ardenza LI 76 Lb87
24020 Ardesio BG 37 Kf73
43010 Ardola PR 62 La78
26030 Ardole San Marino CR 62 La78
89031 Ardore RC 115 Rb119
89031 Ardore Marina RC 115 Rb119
10014 Are TO 45 Hf77
89832 Arena VV 115 Rb117
84033 Arenabianca SA 104 Qe107
27040 Arena Po PV 61 Kc78
09015 Arenas CI 136 Id112
90142 Arenella 119 Oc120
16011 Arenzano GE 69 Ie82
16011 Arenzano Pineta GE 69 Ie82
20020 Arese MI 46 Ka75
52100 Arezzo AR 78 Mf88
22010 Argegno CO 36 Ka73
44011 Argenta FE 64 Me81
07040 Argentiera SS 131 Ia104
53024 Argiano SI 83 Mc91
46030 Arginotto MN 63 Le78
12050 Arguello CN 59 Ia81
88060 Argusto CZ 115 Rc116
66010 Ari CH 92 Pb95
84062 Ariano SA 103 Qa105
44026 Ariano Ferrarese FE 65 Na79
83031 Ariano Irpino AV 98 Qa102
45012 Ariano nel Polesine RO 65 Na79
25010 Arias BS 49 Le74
00040 Ariccia RM 89 Ne98
66030 Arielli CH 92 Pb95
81021 Arienzo CE 97 Pc102
88050 Arietta CZ 113 Re114
10020 Arignano TO 59 Hf78
33050 Ariis UD 52 Oa73
32033 Arina BL 40 Me72
03046 Ariniccia FR 91 Oe98
89831 Ariola VV 115 Rb117
67011 Arischia AQ 86 Oc94
08031 Aritzo NU 135 Kb109
09040 Arixi CA 137 Ka111
01010 Arlena di Castro VT 84 Me94
39100 Arlund BZ 27 Ld68
20010 Arluno MI 46 If75
18011 Arma di Taggia IM 68 Hf86
53040 Armaiolo SI 78 Md89
28011 Armeno NO 45 Ic74
85010 Armento PZ 105 Ra107
06081 Armenzano PG 80 Ne90
21010 Armio VA 36 Ie72
89131 Armo RC 117 Qe120
89042 Armo RC 115 Rc118
25080 Armo BS 48 Ld74
18026 Armo IM 68 Hf84
09040 Armungia CA 137 Kc111
11020 Arnad AO 44 He75
03020 Arnara FR 95 Oc99
17032 Arnasco SV 68 Ia84
73010 Arnesano LE 108 Ta106
23038 Arnoga SO 38 Lb70
80069 Arola NA 102 Pc105
28899 Arola NA 45 Ic74
21038 Arolo VA 46 Id73
28041 Arona NO 45 Id74
22060 Arosio CO 46 Kb74
82011 Arpaia BN 97 Pd102
82010 Arpaise BN 97 Pe102
03033 Arpino FR 91 Od99
11100 Arpuilles AO 44 Hb74
35032 Arqua Petrarca PD 50 Me77
45031 Arqua Polesine RO 64 Me78
63043 Arquata del Tronto AP 86 Ob92
15061 Arquata Scrivia AL 60 If80
35020 Arre PD 50 Mf77
13885 Arro BI 45 Ia76
05031 Arrone TR 85 Ne93
21010 Arsago Seprio VA 46 Ie74
35010 Arsego PD 50 Mf75
32030 Arsie BL 40 Me73
36011 Arsiero VI 49 Mc74
64031 Arsita TE 87 Oe93
00023 Arsoli RM 90 Oa96
33022 Arta Terme UD 41 Oa70
32030 Arten BL 40 Me72
00031 Artena RM 90 Nf98
28894 Artó VB 45 Ic74
25040 Artogne BS 48 La73
25070 Arveaco BS 48 Lc74
11011 Arvier AO 44 Ha74
07021 Arzachena OT 130 Kc102
24040 Arzago d'Adda BG 47 Kd76
08040 Arzana OG 135 Kd109
80022 Arzano NA 102 Pb103
33098 Arzene PN 41 Nf73
33098 Arzenutto PN 41 Nf72
35020 Arzercavalli PD 50 Mf77
37021 Arzere VR 49 Ma75
35028 Arzerello PD 50 Na77
35020 Arzergrande PD 50 Na77
31040 Arzeri TV 51 Nd74
30031 Arzerini VE 51 Na76
36071 Arzignano VI 49 Mc75
89851 Arzona VV 115 Ra117
84046 Ascea SA 102 Qb108
67050 Aschi Alto AQ 91 Oe97
39010 Aschl = Eschio BZ 29 Mb69
56017 Asciano PI 72 Lc86
53041 Asciano SI 78 Md89
84038 Ascolese SA 104 Qd107
63100 Ascoli Piceno AP 86 Od91
71022 Ascoli Satriano FG 98 Qd101
02020 Ascrea RI 90 Nf95
37053 Aselogna VR 49 Mb78
36012 Asiago VI 50 Md73
36020 Asigliano Veneto VI 50 Mc77
13032 Asigliano Vercellese VC 45 Ic77
46041 Asola MN 48 Lc77
31011 Asolo TV 50 Mf74
89048 Aspalmo RC 115 Rb119
37050 Asparetto VR 49 Mb77
26010 Aspice CR 48 La77
90010 Aspra PA 120 Oc120
20090 Assago MI 46 Ka76
81053 Assano CE 96 Pa101
09032 Assemini CA 136 If113
67010 Assergi AQ 86 Od94
91015 Assieni TP 118 Ne120
06081 Assisi PG 80 Nd90
22033 Asso CO 46 Kb73
09080 Assolo OR 134 If110
94010 Assoro EN 121 Pc123
42030 Asta RE 72 Lc83
39058 Asten = Laste BZ 29 Mc68
39058 Astfeld = Campolasta BZ 29 Mc69
14100 Asti AT 59 Ib79
46100 Astorre MN 48 Ld76
32012 Astragal BL 40 Nb70
25043 Astrio BS 38 Lb73
08032 Asuai NU 135 Kb108
09080 Asuni OR 134 If109
67030 Ateleta AQ 91 Pb97
85020 Atella PZ 104 Qd103
84030 Atena Lucana SA 104 Qd106
84030 Atena Scalo SA 104 Qd106
83026 Aterrana AV 103 Pe104
66041 Atessa CH 92 Pc96
03042 Atina FR 96 Oe99
84010 Atrani SA 103 Pd105
64032 Atri TE 87 Of93
83042 Atripalda AV 103 Pf103
05012 Attigliano TR 84 Nb93
33040 Attimis UD 52 Ob71
08030 Atzara NU 135 Ka109
39040 Atzwang = Campodazzo BZ 39 Mc69
61020 Auditore PU 75 Nd86
39040 Auer = Ora BZ 39 Mb70
39031 Aufhofen = Villa Santa Caterina BZ 30 Mf68
96011 Augusta SR 125 Qb125
84031 Auletta SA 104 Qc105
54011 Aulla MS 71 Kf83
39054 Auna di sopra = Oberinn BZ 39 Mc69
39054 Auna di sotto = Unterinn BZ 39 Mc69
32030 Aune BL 40 Me72
33095 Aurava PN 52 Nf72
00053 Aurelia RM 88 Me96
32041 Auronzo di Cadore BL 41 Nc69
03040 Ausonia FR 96 Oe100
39058 Außerpens BZ 29 Mc68
39030 Ausser-Pichl = Colle di Fuori BZ 30 Nb68
39029 Außersulden = Solda di fuori BZ 38 Ld69
08030 Austis NU 135 Ka108
60011 Avacelli AN 80 Nf88
33020 Avaglio UD 41 Nf70
33010 Avasinis UD 41 Oa71
33020 Avausa UD 41 Ne69
16040 Aveggio GE 70 Kb82
16030 Avegno GE 70 Ka82
82030 Ave Gratia Plena BN 97 Pc102
39010 Avelengo = Hafling BZ 28 Mb69
83021 Avella AV 97 Pd103
83100 Avellino AV 103 Pe103
87020 Avena CS 110 Qf109
62011 Avenale MC 81 Ob88
39049 Avenes = Afens BZ 29 Md67
24010 Averara BG 37 Kd73
81031 Aversa CE 96 Pb103
37127 Avesa VR 49 Lf76
74020 Avetrana TA 108 Se106
81037 Avezzano CE 96 Of101
67051 Avezzano AQ 90 Oc96
33081 Aviano PN 41 Nd72
33081 Aviano Castello PN 41 Nd72
24020 Aviatico BG 47 Ke74
10051 Avigliana TO 58 Hc78
85021 Avigliano PZ 104 Qe104
05020 Avigliano Umbro TR 85 Nc93
39050 Avigna = Afing BZ 39 Mc69
33030 Avilla UD 52 Oa71
38063 Avio TN 49 Lf76
11010 Avise AO 56 Ha74
96012 Avola SR 126 Qa127
15050 Avolasca AL 60 If80
24010 Avolasio BG 37 Kd73
32020 Avoscan BL 40 Mf70
16015 Avosso GE 60 Ka81
11020 Ayas AO 44 He74
11010 Aymavilles AO 44 Hb74
10010 Azeglio TO 45 Hf76
13864 Azoglio 45 Ib74
37023 Azzago VR 49 Ma75
07030 Azzagulta SS 132 If103
26010 Azzanello CR 47 Kf77
37060 Azzano VR 49 Lf76
14030 Azzano d'Asti AT 59 Ib79
33082 Azzano Decimo PN 51 Ne73
25020 Azzano Mella BS 48 La76
24052 Azzano San Paolo BG 47 Ke75
21022 Azzate VA 46 Ie74
33049 Azzida UD 53 Oc72
21030 Azzio VA 35 Ie73
24020 Azzone BG 37 La73
24010 Azzonica BG 47 Kd74

B

09043 Baccu Arrodas CA 137 Kd112
29014 Bacedasco PC 62 Kf79
28861 Baceno VB 35 Ib71
80070 Bacoli NA 102 Pa104
09013 Bacu Abis CI 136 Ic113
29013 Badagnano PC 62 Ke79
39100 Bad Altprags = Bagni di Braies vecchia BZ 30 Na68
18010 Badalucco IM 68 Hf85
39030 Bad Bergfall = Bagni di Pervalle BZ 30 Na68
08011 Badde Salighes NU 132 If106
07030 Badesi OT 132 If103
53035 Badesse SI 78 Mb88
39010 Bad Gfrill = Bagni di Caprile BZ 39 Ma69
40030 Badi BO 72 Ma84
91012 Badia TP 118 Ne120
89844 Badia VV 114 Qf117
25050 Badia BS 48 La75
53024 Badia VV 78 Mc90
39036 Badia = Abtei BZ 29 Mf69
16010 Badia Acquabuona GE 60 Id81
50018 Badia a Settimo FI 72 Ma86
37030 Badia Calavena VR 49 Ma75
67039 Badia Morronese AQ 91 Of96
27010 Badia Pavese PV 61 Kc78
45021 Badia Polesine RO 64 Mc78
52010 Badia Prataglia AR 74 Mf86
52032 Badia Tedalda AR 79 Nb86
98152 Badiazza 116 Qd119
39100 Bad Maistatt = Bagni di Pian di Maia BZ 30 Nb68
39100 Bad Moos = Bagni di San Giuseppe BZ 30 Nc68
88060 Badolato CZ 115 Rd117
88060 Badolato Marina CZ 115 Rd117
39100 Bad Salt = Bagni di Salto BZ 38 Le69
39023 Bad Schgums BZ 28 Ld69
39100 Bad Schörgau = Bagni Serga BZ 29 Mc69
39030 Bad Untermoi = Bagni di Antermoia BZ 29 Mf68
95047 Bae di sotto CT 122 Pf124
98053 Bafia ME 122 Qb120
89060 Bagaladi RC 117 Qe120
43031 Baganzola PR 62 Lb79
41015 Bagazzano MO 63 Ma81
36027 Baggi VI 50 Me74
20153 Baggio MI 46 Ka76
90011 Bagheria PA 119 Od120
91021 Baglio Guardiola TP 118 Ne123
91022 Baglio Ingham TP 118 Ne123
91100 Baglionovo 118 Ne121
91016 Baglio Rizzo TP 118 Ne121
48012 Bagnacavallo RA 74 Mf82
01031 Bagnaia VT 84 Na94
53016 Bagnaia SI 78 Mb89
57039 Bagnaia LI 82 Lc92
22025 Bagnana CO 36 Kb73
30020 Bagnara VE 52 Nf73
89011 Bagnara Calabra RC 117 Qe119
48010 Bagnara di Romagna RA 74 Me82
27050 Bagnaria PV 61 Ka80
33050 Bagnaria Arsa UD 52 Ob73
33071 Bagnarola PN 52 Nf73
47042 Bagnarola FC 74 Nc84
12071 Bagnasco CN 68 Ia83
24060 Bagnatica BG 47 Ke75
67035 Bagnaturo 91 Of96
84021 Bagni Contursi SA 104 Qb104
23010 Bagni del Masino SO 37 Kd71
39030 Bagni di Antermoia = Bad Untermoi BZ 29 Mf68
23032 Bagni di Bormio SO 38 Lc70
39100 Bagni di Braies vecchia = Bad Altprags BZ 30 Na68
39010 Bagni di Caprile = Bad Gfrill BZ 39 Ma69
32100 Bagni di Gogna BL 41 Nc69
89040 Bagni di Guida RC 115 Rc118
39050 Bagni di Lavina Bianca = Weißlahnbad BZ 39 Md70
55022 Bagni di Lucca LU 72 Ld84
39100 Bagni di mezzo = Mitterbad BZ 39 Ma69
39030 Bagni di Pervalle = Bad Bergfall BZ 30 Na68
39100 Bagni di Pian di Maia = Bad Maistatt BZ 30 Nb68
80053 Bagni di Pozzano NA 102 Pc104
38020 Bagni di Rabbi TN 38 Le70
39100 Bagni di Salto = Bad Salt BZ 38 Le69
39100 Bagni di San Giuseppe = Bad Moos BZ 30 Nc68
07030 Bagni di San Martino SS 132 Ie104
00011 Bagni di Tivoli RM 89 Ne97
32100 Bagni di Valgrande BL 30 Nc69
00069 Bagni di Vicarello RM 88 Nb96
47023 Bagnile FC 74 Nb83
85051 Bagni San Cataldo PZ 104 Qd104
39100 Bagni Serga = Schorgau Bad BZ 29 Mc69
90100 Bagnitelle PA 119 Oa122
89044 Bagni Termali RC 115 Rb119
50012 Bagno a Ripoli FI 78 Mb86
47021 Bagno di Romagna FC 74 Mf85
67100 Bagno Grande AQ 90 Oc95
35023 Bagnoletto 50 Mf77
58031 Bagnoli GR 83 Md91
35010 Bagnoli PD 50 Mf76
86091 Bagnoli del Trigno IS 92 Pc98
35023 Bagnoli di Sopra PD 65 Mf77
83043 Bagnoli Irpino AV 103 Qa104
36045 Bagnolo VI 49 Mc76
58037 Bagnolo GR 83 Md91
37060 Bagnolo VR 49 Lf77
29017 Bagnolo PC 62 Kf79
26010 Bagnolo Cremasco CR 47 Kd76
73020 Bagnolo del Salento LE 109 Tc108
45022 Bagnolo di Po RO 64 Mc78
42011 Bagnolo in Piano RE 63 Le80
25021 Bagnolo Mella BS 48 Lb76
12031 Bagnolo Piemonte CN 58 Hb80
46031 Bagnolo San Vito MN 63 Lf78
54021 Bagnone MS 71 Kf83
01022 Bagnoregio VT 84 Na93
25072 Bagolino BS 48 Lc74
80070 Baia NA 102 Pa104
81037 Baia Domizia CE 96 Oe101
81010 Baia e Latina CE 96 Pb101
83022 Baiano AV 97 Pd103
07021 Baia Sardinia OT 130 Kc102
23818 Baiedo LC 36 Kc73
40032 Baigno BO 72 Ma84
10010 Bairo TO 44 He76
09098 Baita Mastino OR 134 Id110
38058 Baita Segantini TN 40 Me71
23032 Baite del Zebru SO 38 Lc70
23030 Baite Sant'Antonio SO 37 La71
38080 Baitoni TN 48 Ld74
10070 Balangero TO 44 Hd77
91010 Balata di Baida TP 118 Ne120
97015 Balata di Modica 126 Pe127
20060 Balbiano MI 47 Kc76
5602 Balconevisi PI 77 Lf87
14011 Baldichieri d'Asti AT 59 Ia79
10080 Baldissero Canavese TO 44 He76
12040 Baldissero d'Alba CN 59 Hf80
10020 Baldissero Torinese TO 59 He78
90041 Balestrate PA 119 Oa120
23811 Ballabio LC 36 Kc73
09040 Ballao CA 137 Kc111
91016 Ballata TP 118 Ne121
25010 Ballino TN 48 Ld76
91100 Ballottella TP 118 Nd121
10060 Balma TO 58 Ha78
10070 Balme TO 44 Hb77
11010 Balme AO 44 Hb73
13020 Balmuccia VC 45 Ia74
13040 Balocco VC 45 Ib76
27030 Balossa Bigli PV 60 If78
67052 Balsorano Nuovo AQ 91 Od98
67052 Balsorano Vecchio 91 Od98
85050 Balvano PZ 104 Qd105
47020 Balze FC 74 Na86
15031 Balzola AL 60 Ic77
07040 Banari SS 132 Ie105
07040 Bancali SS 131 Ic104
10010 Banchette TO 44 Hf76
46040 Bande MN 48 Ld76
15070 Bandita AL 60 Id81
12040 Bandito CN 59 He80
44010 Bando FE 65 Mf81
24020 Bani BG 37 Kf73
10088 Banni TO 44 He77
33080 Bannia PN 41 Ne73

28871 Bannio-Anzino VB 35 Ia73
07016 Bantine SS 132 Ka105
83026 Banzano AV 103 Pe103
85010 Banzi PZ 105 Ra103
35030 Baone PD 50 Me77
98070 Baracche ME 122 Pe120
87054 Baracchella II CS 112 Rc113
09090 Baradili OR 134 If110
28019 Baraggia NO 45 Id75
21059 Baraggia VA 46 If73
85050 Baragiano PZ 104 Qd104
86011 Baranello CB 97 Pd99
80070 Barano d'Ischia NA 102 Of104
20021 Baranzate MI 46 Ka75
21020 Barasso VA 46 Ie73
09070 Baratili San Pietro OR 134 Id109
33030 Barazzetto UD 41 Oa72
20020 Barbaiana MI 46 Ka75
10070 Barbania TO 44 Hd77
60010 Barbara AN 80 Oa87
25087 Barbarano BS 48 Ld75
73040 Barbarano del Capo 109 Tb109
01010 Barbarano Romano VT 88 Na95
36021 Barbarano Vicentino VI 50 Md76
54012 Barbarasco MS 71 Kf83
12050 Barbaresco CN 59 Ia80
56122 Barbaricina PI 76 Lc86
25030 Barbariga BS 48 La76
46037 Barbassolo MN 63 Lf78
24040 Barbata BG 47 Ke76
33097 Barbeano PN 41 Nf72
50031 Barberino di Mugello FI 73 Mb84
50021 Barberino Val d'Elsa FI 77 Mb87
39040 Barbian = Barbiano BZ 29 Md69
27041 Barbianello PV 61 Kb78
48010 Barbiano RA 74 Mf82
39040 Barbiano = Barbian BZ 29 Md69
45026 Barbuglio RO 64 Md78
09013 Barbusi CI 136 Id113
26010 Barbuzzera CR 47 Kd76
98051 Barcellona Pozzo Di Gotto ME 122 Qb120
31040 Barche TV 50 Na73
11020 Barche AO 44 Hd74
61040 Barchi PU 80 Nf86
46041 Barchi PU 48 Lc77
33080 Barcis PN 41 Nd71
38056 Barco 39 Mc72
37100 Barco VR 49 Ma76
33076 Barco PN 51 Ne74
34100 Barcola TS 53 Oe75
31050 Barcon TV 50 Na74
25017 Barcuzzi BS 48 Lc76
11020 Bard AO 44 He75
10090 Bardassano TO 59 Hf78
46027 Bardelle MN 63 Lf78
21020 Bardello VA 46 Ie74
43032 Bardi PR 61 Ke81
17057 Bardineto SV 68 Ia83
37011 Bardolino VR 49 Le75
10052 Bardonecchia TO 57 Ge78
20010 Bareggio MI 46 If76
28010 Barengo NO 45 Id75
09090 Baressa OR 134 If110
67010 Barete AQ 86 Ob94
55051 Barga LU 72 Lc84
16021 Bargagli GE 69 Ka82
26818 Bargano LO 47 Kc77
12032 Barge CN 58 Hb80
25070 Barghe BS 48 Lc74
25030 Bargnano BS 48 La76
70100* Bari BA 100 Rf102
24050 Bariano BG 47 Ke75
40052 Baricella BO 64 Md81
45011 Baricetta RO 65 Mf78
85022 Barile PZ 98 Qe103
35014 Barina PD 50 Me75
47100 Barisano FC 74 Na83
08042 Barì Sardo OG 135 Kd109
67021 Barisciano AQ 91 Od95
08047 Barisoni MD 135 Kd111
20030 Barlassina MB 46 Ka75
70051 Barletta BT 99 Rb101
22030 Barni CO 36 Kb73
12060 Barolo CN 59 Hf81
27010 Barona PV 47 Kb77
84098 Baroncino SA 103 Pf105
10010 Barone Canavese TO 44 Hf77
98069 Baronia ME 116 Qb119
84081 Baronissi SA 103 Pe104
53016 Barottoli SI 78 Mc89
80147 Barra NA 102 Pb103
94012 Barrafranca EN 124 Pb124
09040 Barrali CA 137 Ka112
67030 Barrea AQ 91 Of98
95125 Barriera 122 Qa123
93018 Barriera Noce CL 120 Pa123
89028 Barrittieri 117 Qf119
09010 Barrua CA 136 Ie114
95100 Bartoli CT 125 Qa124
60041 Baruccio AN 80 Ne88
23037 Baruffini SO 37 Lb71
52044 Barullo AR 79 Mf89
09021 Barumini MD 134 Ka110
23890 Barzago LC 47 Kb74
24030 Barzana BG 47 Kd74
26010 Barzaniga CR 47 Kf77
23891 Barzano LC 47 Kb74
24020 Barzesto BG 37 La72
23816 Barzio LC 36 Kc73
21021 Barzola VA 46 Id74
33031 Basagliapenta UD 52 Oa73
33099 Basaldella PN 52 Ne72
33030 Basaldella UD 52 Ob72
15060 Basaluzzo AL 60 Ie80
27010 Bascape PV 47 Kb77
05023 Baschi TR 84 Nb92
64030 Basciano TE 86 Oe93
33083 Basedo PN 51 Ne73
33097 Baseglia PN 41 Nf72
38042 Baselga di Pine TN 39 Mb72
82020 Baselice BN 97 Pf100
24059 Basella BG 47 Ke75
20060 Basiano MI 47 Kc75
26825 Basiasco LO 47 Kd77
98060 Basico ME 116 Qa120
20080 Basiglio MI 46 Kb76
33031 Basiliano UD 52 Oa72
43020 Basilicagoiano PR 62 Lc80
39010 Baslan BZ 28 Ma69
34012 Basovizza TS 53 Of75
07029 Bassacutena OT 130 Kb102
25020 Bassano Bresciano BS 48 La77
36061 Bassano del Grappa VI 50 Me74
01030 Bassano in Teverina VT 84 Nb94
01030 Bassano Romano VT 88 Nb95
48100 Bassette RA 74 Nb82
04010 Bassiano LT 94 Oa99
15042 Bassignana AL 60 Ie78
87045 Basso CS 112 Rb113
06030 Bastardo PG 85 Nd91
35030 Bastia PD 50 Md76
17031 Bastia SV 68 Ib84
06083 Bastia PG 79 Nd90
44010 Bastia FE 65 Mf81
12060 Bastia Mondovi CN 68 Hf82
27050 Bastida de' Dossi PV 60 If78
27050 Bastida Pancarana PV 60 Ka78
41030 Bastiglia MO 63 Lf80
98057 Bastione ME 116 Qb119
97013 Bastonaca RG 126 Pd126
19020 Bastremoli SP 71 Kf84
58041 Batignano GR 83 Ma91
91012 Battaglia TP 118 Ne120
64012 Battaglia TE 86 Od92
84030 Battaglia SA 110 Qd108
97019 Battaglia RG 124 Pc127
35041 Battaglia Terme PD 50 Me77
12070 Battifollo CN 68 Ia83
84091 Battipaglia SA 103 Pf105
27020 Battuda PV 46 Ka77
09036 Bau CI 136 Ic112
06012 Baucca PG 79 Nb88
90020 Baucina PA 120 Od121
10064 Baudenasca TO 58 Hc79
09070 Bauladu OR 134 Ie108
08040 Baunei NU 135 Kd108
44100 Baura FE 64 Me79
98049 Bauso ME 114 Qc119
62038 Bavareto MC 80 Nf90
28831 Baveno VB 35 Id73
31020 Baver TV 41 Nc73
40053 Bazzano BO 63 Ma81
67100 Bazzano AQ 90 Oc94
06049 Bazzano Inferiore PG 85 Ne92
06049 Bazzano Superiore PG 85 Ne92
33030 Beano UD 41 Oa73
25050 Beata BS 48 La73
10056 Beaulard TO 57 Ge78
37060 Beccacivetta VR 49 Lf76
21039 Bedero Valcuvia VA 36 Ie73
21010 Bedero Valtravaglia VA 35 Ie73
23010 Bedoglio SO 37 Kf71
38080 Bedole TN 38 Ld71
38043 Bedollo TN 39 Mb72
43041 Bedonia PR 61 Kd81
24030 Bedulita BG 47 Kd74
43013 Beduzzo la Strada PR 62 Lb81
28819 Bee VB 35 Id73
67020 Beffi AQ 91 Oe95
37040 Begosso VR 64 Mc78
46020 Begozzo MN 63 Le79
10092 Beinasco TO 58 Hd78
33100 Beivars UD 52 Ob72
88050 Belcastro CZ 113 Re114
37050 Belfiore VR 49 Mb76
53030 Belforte SI 77 Ma89
46010 Belforte MN 63 Ld78
43043 Belforte PR 62 Kf81
61026 Belforte all'Isauro PU 79 Nc86
62020 Belforte del Chienti MC 81 Ob90
15070 Belforte Monferrato AL 60 Id81
27011 Belgioioso PV 61 Kb78
28832 Belgirate VB 45 Id73
88046 Bella CZ 112 Rb115
85051 Bella PZ 104 Qd104
88100 Belladonna CZ 115 Rd115
22021 Bellagio CO 36 Kb73
46019 Bellaguarda 63 Ld79
38037 Bellamonte TN 40 Md71
23822 Bellano LC 36 Kb72
64020 Bellante TE 87 Oe92
89023 Bellantone 117 Ra118
61041 Bellaria PU 80 Nd87
41039 Bellaria MO 63 Lf79
47814 Bellaria-Igea Marina RN 74 Nc84
47900 Bellariva RN 75 Nd84
00030 Bellegra RM 90 Oa97
84047 Bellelli SA 103 Qa106
12020 Bellino CN 57 Ha81
20060 Bellinzago Lombardo MI 47 Kc75
28043 Bellinzago Novarese NO 46 Id75
61045 Bellisio Solfare PU 80 Ne87
18024 Bellissimi IM 68 Hf85
84092 Bellizzi SA 103 Pf105
83020 Bellizzi Irpino AV 103 Pe103
61030 Bellocchi PU 75 Nf86
45011 Bellombra RO 65 Na78
81041 Bellona CE 96 Pb102
37020 Bellori VR 49 Lf75
84020 Bellosguardo SA 104 Qb106
32100 Belluno BL 40 Nb72
37020 Belluno Veronese VR 49 Lf74
20040 Bellusco MB 47 Kc75
87033 Belmonte Calabro CS 112 Ra114
86080 Belmonte del Sannio IS 92 Pc98
02020 Belmonte in Sabina RI 89 Nf95
90031 Belmonte Mezzagno PA 119 Oc120
63029 Belmonte Piceno AP 81 Od90
95032 Belpasso CT 122 Pf123
25070 Belprato BS 48 Lc74
39100 Belprato = Schönau BZ 28 Ma67
48022 Belricetto RA 65 Mf81
87030 Belsito CS 112 Rb113
82010 Beltiglio BN 97 Pe102
96100 Belvedere SR 125 Qb126
38010 Belvedere TN 39 Ma70
32030 Belvedere BL 40 Me73
58055 Belvedere GR 83 Md92
60044 Belvedere AN 80 Nf89
46048 Belvedere MN 49 Le77
33051 Belvedere UD 52 Oc74
88824 Belvedere di Spinello KR 113 Rf113
12060 Belvedere Langhe CN 59 Hf82
87021 Belvedere Marittimo CS 110 Qf111
60030 Belvedere Ostrense AN 80 Oa87
14040 Belveglio AT 59 Ib80
23010 Bema SO 37 Kd72
55021 Benabbio LU 72 Ld85
25085 Benecco BS 48 Lc75
22010 Bene Lario CO 36 Kb72
89030 Benestare RC 115 Ra119
07010 Benetutti SS 132 Kb106
12041 Bene Vagienna CN 59 He81
12050 Benevello CN 59 Ia81
82100 Benevento BN 97 Pe102
13871 Benna BI 45 Ia75
10070 Benne TO 44 Hd77
40010 Bentivoglio BO 64 Mc81
24030 Berbenno BG 47 Kd74
23010 Berbenno di Valtellina SO 37 Ke72
43042 Berceto PR 62 Kf81
07022 Berchidda OT 132 Ka104
07026 Berchiddeddu OT 133 Kc104
22070 Beregezzo 46 If74
27021 Bereguardo PV 46 Ka77
15022 Bergamasco AL 60 Ic80
24100* Bergamo BG 47 Ke74
45032 Bergantino RO 64 Mb78
17028 Bergeggi SV 68 Ic83
12074 Bergolo CN 59 Ib81
45027 Berguarina RO 64 Mc78
25030 Berlinghetto BS 48 La75
25030 Berlingo BS 48 La75
75012 Bernalda MT 106 Re106
20044 Bernareggio MB 47 Kc75
21020 Bernate VA 46 Ie74
20010 Bernate Ticino MI 46 Ie76
25089 Berniga BS 48 Lc75
36075 Bernuffi VI 50 Mc75
44033 Berra FE 65 Mf79
12064 Berri CN 59 Hf81
08020 Berruiles OT 133 Kd104
29010 Bersano PC 62 La79
38085 Bersone TN 38 Ld73
20060 Bertario MI 47 Kc76
12040 Berteri 59 Hf80
36100 Bertesina VI 50 Md75
36032 Bertigo VI 50 Md73
47032 Bertinoro FC 74 Na84
33032 Bertiolo UD 52 Oa73
12080 Bertolini Soprani CN 68 He83
31059 Bertoneria TV 51 Na75
26821 Bertonico LO 47 Ke77
28868 Bertonio 35 Ib71
14020 Berzano di San Pietro AT 59 Hf78
15050 Berzano di Tortona AL 60 If79
11020 Berzin AO 44 Hd74
25040 Berzo-Demo BS 38 Lc72
25040 Berzo Inferiore BS 38 Lb73
24060 Berzo San Fermo BG 47 Kf74
32100 Bes BL 40 Na72
38065 Besagno TN 49 Lf73
20045 Besana in Brianza MB 47 Kb74
21050 Besano VA 36 If73
20080 Besate MI 46 If77
38060 Besenello TN 39 Ma73
21010 Besnate VA 46 Ie74
14022 Besolo AT 59 Hf78
21023 Besozzo VA 46 Id73
31030 Bessica TV 50 Mf74
07040 Bessude SS 132 Ie105
18027 Bestagno IM 68 Hf85
20080 Bestazzo MI 46 Ka76
10034 Betlemme TO 45 Hf77
25026 Bettegno BS 48 La77
26043 Bettenesco CR 62 La77
25017 Bettola BS 48 Lc76
20060 Bettola MI 47 Kc75
20068 Bettola MI 46 Ka77
29021 Bettola PC 61 Kd80
13011 Bettole VC 45 Ib74
60019 Bettolelle AN 80 Ob87
53040 Bettolle SI 78 Me89
06084 Bettona PG 85 Nc90
28851 Beura 35 Ib72
28851 Beura-Cardezza VB 35 Ib72
35010 Bevadoro PD 50 Me75
06031 Bevagna PG 85 Nd91
19020 Beverino SP 70 Ke83
37040 Bevilacqua VR 50 Mc77
40014 Bevilacqua BO 64 Mb80
39050 Bewaller = Pievalle BZ 39 Md70
38060 Bezzecca TN 38 Le73
38060 Biacesa TN 49 Le73
33046 Biacis UD 52 Oc72
29028 Biana PC 61 Kd80
00051 Bianca RM 88 Mf96
82030 Biancano BN 96 Pc102
07040 Biancareddu SS 131 Ib104
95033 Biancavilla CT 122 Pf123
87050 Bianchi CS 112 Rc114
89032 Bianco RC 117 Ra120
91100 Biancolidda TP 118 Nd122
43010 Bianconese PR 62 Lb79
28061 Biandrate NO 45 Ic76
21024 Biandronno VA 46 Ie74
24060 Bianzano BG 47 Kf74
13041 Bianze VC 45 Ia77
23030 Bianzone SO 37 La71
86020 Biase San CB 92 Pd98
19133 Biassa SP 70 Ke84
20046 Biassono MB 47 Kb75
33033 Biauzzo UD 41 Nf73
31010 Bibano TV 41 Nc73
53022 Bibbiano SI 78 Mc90
42021 Bibbiano RE 63 Lc81
52011 Bibbiena AR 78 Me86
57020 Bibbona LI 77 Ld89
10060 Bibiana TO 58 Hb80
30020 Bibione VE 52 Oa75
30020 Bibione Pineda VE 52 Oa75
71032 Biccari FG 98 Qb100
33050 Bicinicco UD 52 Ob73
09080 Bidoni OR 134 If108
21010 Biegno VA 36 Ie72
13900 Biella BI 45 Ia75
20020 Bienate MI 46 Ie75
25040 Bienno BS 38 Lb73
38050 Bieno TN 39 Md72
56031 Bientina PI 77 Ld86
46030 Bigarello MN 49 Lf77
12051 Biglini CN 59 Hf80
31030 Bigolino TV 50 Na73
29011 Bilegno PC 61 Kc79
22070 Binago CO 46 If74
06061 Binami PG 79 Mf90
20082 Binasco MI 46 Ka77
70020 Binetto BA 100 Re102
38070 Binio TN 38 Le72
25071 Binzago BS 48 Lc75
20051 Binzago MB 46 Ka75
13841 Bioglio BI 45 Ia75
11010 Bionaz AO 44 Hc73
37056 Bionde di Visegna VR 49 Ma77
25070 Bione BS 48 Lc74
20030 Birago MI 46 Ka75
39050 Birchabruck = Ponte Nova BZ 39 Mc70
91100 Birgi Novo TP 118 Nc121
91100 Birgi Vecchi TP 118 Nc121
08010 Birori NU 134 Ie107
83044 Bisaccia AV 98 Qc102
90032 Bisacquino PA 119 Ob122
16010 Biscaccia GE 69 Ie82
70052 Bisceglie BT 100 Rd101
06024 Biscina PG 80 Nd89
30020 Bisciola VE 51 Ne74
67050 Bisegna AQ 91 Oe97
64033 Bisenti TE 87 Oe93
25070 Bisenzio BS 48 Lc74
87043 Bisignano CS 112 Rb111
15060 Bisio AL 60 Ie80
26839 Bisnate LO 47 Kc76
15012 Bistagno AL 59 Ic81
21050 Bisuschio VA 46 If73
70020 Bitetto BA 100 Re102
70032 Bitonto BA 100 Re102
70020 Bitritto BA 100 Re102
08021 Bitti NU 133 Kc106
50030 Bivigliano FI 73 Mb85
62025 Bivio Ercole MC 80 Nf89
89049 Bivio Guardavalle 115 Rd118
95041 Bivio Iazzotto CT 125 Qa124
84021 Bivio Palomonte SA 104 Qb105
92013 Bivona AG 119 Nf123
92010 Bivona AG 119 Oc123
89040 Bivongi RC 115 Rc118
22020 Bizzarone CO 46 If73
46013 Bizzolano MN 62 Lc78
21046 Bizzozero VA 46 If74
11020 Blavy AO 44 Hc74
38071 Bleggio Inferiore TN 38 Lf72
38071 Bleggio Superiore TN 38 Le72
24010 Blello BG 47 Kd74
01010 Blera VT 88 Na95
30020 Blessaglia VE 51 Ne74
22028 Blessagno CO 36 Ka73
33031 Blessano UD 52 Oa72
22020 Blevio CO 46 Ka73
90020 Blufi PA 120 Pa122
39050 Blumau = Prato all'Isarco BZ 39 Mc70
35040 Boara Pisani PD 64 Me78
45030 Boara Polesine RO 64 Me78
24020 Boario BG 37 Kf73
25041 Boario Terme BS 37 Lb73
21100 Bobbiate VA 46 Ie74
29022 Bobbio PC 61 Kc80
10060 Bobbio Pellice TO 58 Ha80
50056 Bobolino FI 73 Mb86
28010 Boca NO 45 Ic74
89134 Bocale 117 Qd120
31042 Bocca Callalta TV 51 Nc74
90100 Boccadifalco PA 119 Ob120
04014 Bocca di Fiume LT 94 Oa100
46031 Boccadiganda MN 63 Le78
87040 Bocca di Piazza CS 112 Rc114
31010 Bocca di Strada TV 51 Nb73
44011 Boccaleone FE 64 Me81
45018 Boccasette RO 65 Nc79
58026 Boccheggiano GR 77 Ma90
87060 Bocchigliero CS 113 Re112
80040 Boccia al Mauro NA 103 Pd104
13022 Boccioleto VC 45 Ia74
38080 Bocenago TN 38 Le72
43011 Boceto PC 62 Kf79
21020 Bodio Lomnago VA 46 Ie74
26811 Boffalora d'Adda LO 47 Kc76
20010 Boffalora sopra Ticino MI 46 Ie76
25084 Bogliaco BS 48 Ld74
16031 Bogliasco GE 69 Ka82
28842 Bognanco VB 35 Ib72
28010 Bogogno NO 45 Id75
37013 Boi VR 49 Le75
30010 Boion VE 51 Na76

23020 Boirolo SO 37 Kf71
17054 Boissano SV 68 Ib84
86021 Bojano CB 97 Pc100
19020 Bolano SP 71 Kf83
38079 Bolbeno TN 38 Le72
37030 Bolca VR 49 Mb75
25020 Boldeniga BS 48 La76
28894 Boleto VB 45 Ic74
24060 Bolgare BG 47 Ke75
57022 Bolgheri LI 77 Ld89
14030 Bolla AT 59 Ib78
21050 Bolladello VA 46 If74
23033 Bolladore SO 38 Lb71
20021 Bollate MI 46 Ka75
10012 Bollengo TO 45 Hf76
25080 Bollone BS 48 Ld74
40100* Bologna BO 64 Mc82
38062 Bolognano TN 39 Lf73
65020 Bolognano PE 91 Of95
90030 Bolognetta PA 119 Oc121
62035 Bolognola MC 86 Ob91
08011 Bolotana NU 132 If107
01023 Bolsena VT 84 Mf93
24040 Boltiere BG 47 Kd75
16162 Bolzaneto GE 69 If82
39100 Bolzano = Bozen BZ 39 Mc70
28010 Bolzano Novarese NO 45 Ic74
36050 Bolzano Vicentino VI 50 Md75
01020 Bomarzo VT 84 Nb94
66042 Bomba CH 92 Pc96
89031 Bombile RC 115 Rb119
80051 Bomerano NA 103 Pd105
67020 Bominaco AQ 91 Od95
93010 Bompensiere CL 120 Oe124
25030 Bompensiero BS 47 Kf76
90020 Bompietro PA 120 Pa122
41030 Bomporto MO 63 Ma80
37040 Bonaldo VR 49 Mc76
09070 Bonarcado OR 134 Id108
19011 Bonassola SP 70 Kd83
24040 Bonate Sopra BG 47 Kd74
24040 Bonate Sotto BG 47 Kd75
37050 Bonavicina VR 49 Mb77
37040 Bonavigo VR 49 Mb77
46023 Bondeno MN 63 Lf79
44012 Bondeno FE 64 Mc79
96010 Bondife 125 Qb125
38081 Bondo 38 Le73
24020 Bondo BG 47 Kf73
38080 Bondone TN 48 Ld74
38080 Bondone TN 39 Ma72
24021 Bondo Petello BG 47 Ke74
82013 Bonea BN 97 Pd102
86041 Bonefro CB 93 Pf98
26040 Bonemerse CR 62 La78
37060 Bonferraro VR 63 Ma77
87020 Bonifati CS 110 Qf111
00054 Bonifica di Maccarese RM 88 Nb97
00054 Bonifica di Porto RM 89 Nb98
15030 Bonina AL 60 Ic78
31021 Bonisiolo TV 51 Nb75
83032 Bonito AV 97 Qa102
46020 Bonizzo MN 63 Mb78
07043 Bonnanaro SS 132 Ie105
07011 Bono SS 132 Ka106
92010 Bonsignore AG 123 Ob124
33030 Bonzicco UD 41 Nf72
17028 Boragni 68 Ib83
02010 Borbona RI 86 Oa93
12040 Borbore CN 59 Ia80
87050 Borboruso CS 112 Rc114
32040 Borca di Cadore BL 40 Nb70
38022 Bordiana TN 39 Lf70
27020 Bordignana 46 Id78
24010 Bordogna BG 37 Ke73
26020 Bordolano CR 48 Kf77
47814 Bordonchio RN 74 Nc84
43030 Bore PR 62 Ke80
47022 Borello FC 74 Nb84
12082 Borello CN 68 Hf83
42022 Boretto RE 63 Ld79
73026 Borgagne LE 109 Tc107
27010 Borgarello PV 46 Ka77
10092 Borgaretto TO 58 Hd78
10071 Borgaro Torinese TO 58 Hd78
91020 Borgata Costiera TP 118 Nd122
32045 Borgata Mare BL 41 Nd69
93017 Borgata Palo 120 Of124
08034 Borgata Pirastera OR 135 Ka109
72012 Borgata Serranova BR 108 Se104
90042 Borgetto PA 119 Oa120
29100 Borghetto PC 62 Ke78
48010 Borghetto RA 74 Na82
48100 Borghetto RA 74 Nb83
18020 Borghetto d'Arroscia IM 68 Hf84
15060 Borghetto di Borbera AL 60 If80
19020 Borghetto di Vara SP 70 Ke83
26812 Borghetto Lodigiano LO 47 Kc77
17052 Borghetto Santo Spirito SV 68 Ib84
47030 Borghi FC 74 Nc84
88021 Borgia CZ 115 Rd116
62020 Borgiano MC 80 Ob90
17022 Borgio-Verezzi SV 68 Ib83
34071 Borgnano GO 52 Oc73
17024 Borgo SV 68 Ib83
83025 Borgo AV 103 Pe103
13888 Borgo BI 45 Hf75
51011 Borgo a Buggiano PT 72 Le85
52100 Borgo a Giovi AR 78 Mf87
52018 Borgo alla Collina AR 78 Me86
55023 Borgo a Mozzano LU 72 Ld85
96013 Borgo Angelo Rizza 125 Qa125
91100 Borgo Aquila TP 118 Ne122
04100 Borgo Bainsizza LT 94 Ne100
94100 Borgo Braemi EN 124 Pa124
91026 Borgo Calamita Nova 118 Nd122
04100 Borgo Carso LT 94 Nf99
91012 Borgo Casale TP 118 Ne121
13040 Borgo d'Ale VC 45 Ia76
70020 Borgo dei Pini Mercadante BA 106 Re103
48010 Borgo delle Anime RA 65 Na82
91100 Borgo di Buturro TP 118 Ne122
31100 Borgo di Fontane TV 51 Nb74
18028 Borgo di Ranzo IM 68 Ia84
47023 Borgo di Ronta FC 74 Nb83
62010 Borgo di Stazione Montecosaro MC 81 Od89
24060 Borgo di Terzo BG 47 Kf74
18100 Borgo d'Oneglia IM 68 Ia85
91100 Borgo Elefante TP 118 Nd122
91100 Borgo Eredita TP 118 Nf121
04019 Borgo Ermada LT 95 Ob101
91010 Borgo Fazio TP 118 Nd121
91100 Borgo Fodera TP 118 Ne120
16019 Borgo Fornari GE 60 If81
46030 Borgoforte MN 63 Le78
35022 Borgoforte PD 65 Mf78
95040 Borgo Franchetto CT 121 Pe124
10013 Borgofranco d'Ivrea TO 44 Hf75
46020 Borgofranco sul Po MN 64 Mb78
48010 Borgo Fusara RA 74 Na82
91100 Borgo Genna TP 118 Nd122
91025 Borgo Ghitarra TP 118 Nd122
04010 Borgo Grappa LT 94 Nf100
73100 Borgo Grappa LE 108 Tb106
90100 Borgo Greco PA 119 Ob120
91100 Borgo Guarine 118 Ne121
28071 Borgolavezzaro NO 46 Ie77
91100 Borgo le Gambine TP 118 Nd122
83040 Borgo le Taverne AV 98 Qb103
71040 Borgo Liberta FG 99 Qe101
91100 Borgo Iudeo TP 118 Nd122
91100 Borgo Iudeo Maggiore TP 118 Nd122
28021 Borgomanero NO 45 Ic74
18021 Borgomaro IM 68 Hf85
10031 Borgomasino TO 45 Hf76
94010 Borgo Milletari EN 121 Pb122
91100 Borgo Montalto TP 118 Nd122
04010 Borgo Montello LT 94 Ne99
04010 Borgo Montenero LT 94 Oa101
25050 Borgonato BS 48 La75
10050 Borgone Susa TO 58 Hb78
16046 Borgonovo Ligure GE 70 Kc82
29011 Borgonovo Val Tidone PC 61 Kc78
91025 Borgo Nuccio 118 Nd122
12042 Borgo Nuovo CN 59 Hf80
52044 Borgonuovo AR 79 Mf89
23020 Borgonuovo SO 36 Kc71
61040 Borgo Pace PU 79 Nb87
04014 Borgo Pasubio LT 94 Oa100
98034 Borgo Piano Torre ME 122 Qa121
04010 Borgo Piave LT 94 Nf100
91100 Borgo Pietrarenosa TP 119 Nf121
95044 Borgo Pietro Lupo CT 124 Pd124
04010 Borgo Podgora LT 94 Nf99
25020 Borgo Poncarale BS 48 Lb76
12075 Borgo Ponte CN 68 Ia83
27040 Borgo Priolo PV 61 Ka79
02032 Borgo Quinzio RI 89 Ne96
91100 Borgo Ranchibile TP 118 Ne121
15013 Borgoratto Alessandrino AL 60 Id79
27040 Borgoratto Mormorolo PV 61 Kb79
10037 Borgoregio TO 45 Hf77
10038 Borgo Revel TO 45 Ia77
35010 Borgoricco PD 50 Mf75
91025 Borgo Rinazzo 118 Nd122
62020 Borgo Ripe MC 81 Oc90
90030 Borgo Roccella PA 119 Oa122
02021 Borgorose RI 90 Ob95
04100 Borgo Sabotino LT 94 Ne100
04016 Borgo San Donato LT 94 Nf100
25022 Borgo San Giacomo BS 48 Kf76
98034 Borgo San Giovanni ME 122 Qa121
26851 Borgo San Giovanni LO 47 Kc77
71036 Borgo San Giusto FG 98 Qc100
50032 Borgo San Lorenzo FI 73 Mc85
35040 Borgo San Marco PD 50 Mc77
15032 Borgo San Martino AL 60 Id78
33100 Borgo San Mauro UD 52 Oc72
27020 Borgo San Siro PV 46 If77
04100 Borgo Santa Maria LT 94 Ne100
61100 Borgo Santa Maria PU 75 Ne85
25010 Borgosatollo BS 48 Lb76
98034 Borgo Schisina ME 122 Qa121
71100 Borgo Segezia FG 98 Qc100
13011 Borgosesia VC 45 Ib74
71100 Borgo Tavernola FG 99 Qe100
28040 Borgo Ticino NO 46 Id74
40021 Borgo Tossignano BO 73 Md83
43043 Borgo Val di Taro PR 61 Ke82
38051 Borgo Valsugana TN 39 Mc72
91022 Borgo Vecchio 119 Nf123
02010 Borgo Velino RI 85 Oa94
13012 Borgo Vercelli VC 45 Ic76
04010 Borgo Vodice LT 95 Oa100
91100 Borgo Zaffarana TP 118 Nd121
17056 Bormida SV 68 Ib82
17045 Bormida SV 68 Ib83
23032 Bormio SO 38 Lc70
20060 Bornago MI 47 Kc75
27010 Bornasco PV 46 Kb77
25040 Bornato BS 48 La75
25042 Borno BS 37 Lb73
09080 Boroneddu OR 134 If108
08016 Borore NU 134 Ie107
66040 Borrello CH 92 Pb97
95032 Borrello CH 122 Pf123
13872 Borriana BI 45 Ia75
21052 Borsano VA 46 If75
45030 Borsea RO 64 Me78
31030 Borso del Grappa TV 50 Me74
08012 Bortigali NU 134 If107
07030 Bortigiadas OT 132 Ka103
07040 Borutta SS 132 Ie105
38079 Borzago TN 38 Le72
42010 Borzano RE 63 Ld81
42026 Borzano RE 62 Lc81
16041 Borzonasca GE 70 Kc82
08013 Bosa OR 134 Id107
08013 Bosa Marina OR 134 Ic107
45033 Bosaro RO 64 Me79
95100 Boschetto CT 122 Pf122
10034 Boschetto TO 45 Hf77
06100 Boschetto PG 80 Ne89
37040 Boschi Sant'Anna VR 49 Mc77
38045 Bosco 39 Mb72
93017 Bosco 120 Of124
84070 Bosco SA 102 Qc108
37021 Bosco Chiesanuova VR 49 Ma75
29100 Bosco dei Santi PC 61 Ke78
18010 Boscomare IM 68 Hf85
15062 Bosco Marengo AL 60 Ie80
44026 Bosco Mesola FE 65 Nb79
53030 Boscona SI 77 Ma88
29010 Boscone Cusani PC 61 Kd78
10080 Bosconero TO 44 He77
26040 Bosco Piazza 62 Lb78
80041 Boscoreale NA 102 Pc104
80042 Boscotrecase NA 102 Pc104
21010 Bosco Valtravaglia VA 36 Ie73
38049 Bosentino TN 39 Mb73
15060 Bosio AL 60 Ie81
23842 Bosisio Parini LC 47 Kb74
27040 Bosnasco PV 61 Kc78
12082 Bossea Fontane CN 68 He83
24060 Bossico BG 48 La74
13896 Bossola GE 45 Hf75
12060 Bossolasco CN 59 Ia81
88070 Botricello CZ 113 Rf115
73020 Botrugno LE 109 Tb108
24010 Botta BG 47 Kd74
26010 Bottaiano CR 47 Ke76
24040 Bottanuco BG 47 Kd75
95040 Botteghelle CT 124 Pd126
98100 Botteghelle ME 116 Qc121
33040 Bottenicco UD 52 Oc72
25082 Botticino-Mattina BS 48 Lb75
25082 Botticino-Sera BS 48 Lb75
07010 Bottidda SS 132 Ka106
45013 Bottrighe RO 65 Na78
89033 Bova RC 117 Qf121
89034 Bovalino Marina RC 115 Rb120
89034 Bovalino Superiore RC 115 Ra119
89035 Bova Marina RC 117 Qf121
25061 Bovegno BS 48 Lb74
25073 Bovezzo BS 48 Lb75
03022 Boville Ernica FR 90 Oc99
71023 Bovino FG 98 Qc101
20030 Bovisio-Masciago MB 46 Kb75
35024 Bovolenta PD 50 Mf77
37051 Bovolone VR 49 Ma77
39100 Bozen = Bolzano BZ 39 Mc70
55050 Bozzano LU 71 Lc85
15040 Bozzole AL 60 Id78
46012 Bozzolo MN 63 Lc78
12042 Bra CN 59 Hf80
24010 Bracca BG 47 Ke74
28802 Bracchio VB 35 Ic73
00062 Bracciano RM 88 Nb96
84082 Bracigliano SA 103 Pe104
37013 Braga VR 49 Le75
32012 Bragarezza BL 40 Nb70
33078 Braida Bottari PN 52 Nf73
98065 Braidi ME 116 Qa120
39030 Braies = Prags BZ 30 Na68
39030 Braies di dentro = Innerprags BZ 30 Na68
27050 Brallo di Pregola PV 61 Kb80
14100 Bramairate AT 59 Ia79
06024 Branca PG 80 Ne89
23030 Branca, Rifugio 38 Ld70
89036 Brancaleone Marina RC 117 Ra121
89036 Brancaleone Superiore RC 117 Ra121
37060 Brancon VR 49 Ma78
25030 Brandico BS 48 La76
10032 Brandizzo TO 59 Hf77
24010 Branzi BG 37 Ke72
39051 Branzoll = Bronzolo BZ 39 Mb70
25040 Braone BS 38 Lc73
89862 Brattiro VV 114 Qf117
24020 Bratto BG 37 La73
29010 Bravi PC 62 Ke80
33030 Brazzacco UD 52 Oa72
34071 Brazzano GO 52 Oc73
21020 Brebbia VA 46 Id74
66010 Brecciarola CH 91 Pa95
46010 Breda Cisoni MN 63 Ld78
31030 Breda di Piave TV 51 Nb74
25028 Breda Libera BS 48 La76
46027 Brede MN 63 Lf78
85046 Brefaro PZ 110 Qe109
21020 Bregano VA 46 Ie74
36042 Breganze VI 50 Md74
22070 Bregnano CO 46 Ka74
38081 Breguzzo TN 38 Le72
13020 Breia VC 45 Ib74
39050 Breien = Brie BZ 39 Mc70
39010 Breitleben = Pianlargo BZ 28 Mb68
24041 Brembate BG 47 Kd75
24030 Brembate di Sopra BG 47 Kd74
24012 Brembilla BG 47 Kd74
26822 Brembio LO 47 Kd77
27020 Breme PV 60 Id78
36040 Brendola VI 50 Mc76
53018 Brenna SI 77 Mb89
22040 Brenna CO 46 Kb74
39041 Brenner = Brennero BZ 29 Md66
39041 Brennerbad = Terme di Brennero BZ 29 Mc67
39041 Brennero = Brenner BZ 29 Md66
21051 Brenno Useria VA 46 If73
25043 Breno BS 38 Lb73
29011 Breno PC 61 Kc78
21030 Brenta VA 35 Ie73
35020 Brenta dell'Abba PD 51 Na77
35030 Brentelle di Sotto PD 50 Me76
38060 Brentonico TN 49 Lf74
37010 Brenzone VR 49 Le74
37022 Breonio VR 49 Lf75
42041 Brescello RE 63 Ld79
25100* Brescia BS 48 Lb75
35040 Bresega PD 50 Md77
38020 Bresimo TN 39 Lf70
33030 Bressa UD 52 Oa72
27042 Bressana-Bottarone PV 61 Ka78
39042 Bressanone = Brixen BZ 29 Md68
36050 Bressanvido VI 50 Md75
20091 Bresso MI 46 Kb75
11021 Breuil-Cervínia AO 34 Hd73
38021 Brez TN 39 Ma70
81046 Brezza CE 96 Pa102
21010 Brezzo 35 Ie73
21010 Brezzo di Bedero VA 35 Ie73
12080 Briaglia CN 68 Hf82
25084 Briano 48 Ld74
89817 Briatico VV 115 Ra116
32036 Bribano BL 40 Na72
14020 Bricco AT 59 Ia78
10060 Bricherasio TO 58 Hb80
39050 Brie = Breien BZ 39 Mc70
22010 Brienno CO 36 Ka73
85050 Brienza PZ 104 Qd106
98126 Briga Marina ME 116 Qc120
28010 Briga Novarese NO 45 Ic74
15050 Brignano-Frascata AL 60 Ka80
24053 Brignano Gera d'Adda BG 47 Kd75
72100 Brindisi BR 108 Sf105
85010 Brindisi Montagna PZ 105 Qf105
21030 Brinzio VA 36 Ie73
28072 Briona NO 45 Ic75
38083 Brione TN 38 Ld73
25060 Brione BS 48 La75
20040 Briosco MB 46 Kb74
31040 Brische TV 51 Nd74
48013 Brisighella RA 73 Me83
21030 Brissago Valtravaglia VA 35 Ie73
11020 Brissogne AO 44 Hc74
65010 Brittoli PE 91 Of95
89866 Brivadi VV 114 Qf117
23883 Brivio LC 47 Kc74
39042 Brixen = Bressanone BZ 29 Md68
16041 Brizzolara GE 70 Kc82
36070 Brogliano VI 49 Mc75
89822 Brognaturo VV 115 Rc117
37032 Brognoligo VR 49 Mb76
52043 Brollio AR 78 Mf89
98061 Brolo 122 Pe120
28891 Brolo VB 45 Ic73
16026 Bromia GE 60 Ka81
62022 Brondoleto MC 80 Oa89
27043 Broni PV 61 Kb78
95034 Bronte CT 122 Pe122
39051 Bronzolo = Branzoll BZ 39 Mb70
12020 Brossasco CN 58 Hc81
10080 Brosso TO 44 He76
28833 Brovello VB 45 Id73
10020 Brozolo TO 59 Ia78
50145 Brozzi FI 73 Mb86
25060 Brozzo BS 48 Lb74
91012 Bruca 118 Ne121
96011 Brucoli SR 125 Qb125
06089 Brufa PG 85 Nc90
15050 Bruggi AL 61 Kb80
20047 Brugherio MB 47 Kb75
35020 Brugine PD 50 Mf77
33070 Brugnera PN 41 Nd73
42046 Brugneto RE 63 Le79
60019 Brugnetto AN 80 Oa87
26036 Brugnolo CR 63 Lc78
91100 Brugnone TP 118 Nc122
29022 Brugnoni PC 61 Kc80
10090 Bruino TO 58 Hc78
24037 Brumano BG 47 Kc73
22034 Brunate CO 46 Ka74
39031 Bruneck = Brunico BZ 29 Mf68
08020 Brunella NU 133 Kd104
06024 Brunetta PG 79 Nc89
12060 Bruni CN 59 Hf82
39031 Brunico = Bruneck BZ 29 Mf68
14046 Bruno AT 60 Ic80
24018 Bruntino BG 47 Kd74
32010 Brusadaz BL 40 Na70
38043 Brusago TN 39 Mb71
24060 Brusaporto BG 47 Ke74
15020 Brusaschetto AL 45 Ib78
10020 Brusasco TO 59 Ia78
46029 Brusatasso MN 63 Le79
87011 Bruscata CS 111 Rc110
50057 Brusciana FI 77 Lf86

80031 Brusciano NA 102 Pc103
50030 Bruscoli FI 73 Mb84
21050 Brusimpiano VA 36 If73
13862 Brusnengo BI 45 Ib75
30020 Brussa VE 52 Nf75
11022 Brusson AO 44 He74
10050 Bruzolo TO 58 Hb78
89030 Bruzzano Vecchio RC 117 Ra120
89030 Bruzzano Zeffirio RC 117 Ra120
26842 Bruzzelle LO 62 Ke78
20080 Bubbiano MI 46 Ka77
14051 Bubbio AT 59 Ib81
96010 Buccheri SR 125 Pf126
88816 Bucchi KR 113 Sa113
66011 Bucchianico CH 91 Pb95
82010 Bucciano BN 97 Pd102
20090 Buccinasco MI 46 Ka76
84021 Buccino SA 104 Qc105
39040 Buchholz = Pochi BZ 39 Mb71
52021 Bucine AR 78 Md88
87037 Bucita CS 112 Ra112
07020 Budduso OT 133 Kb105
33070 Budoia PN 41 Nd72
08020 Budoni OT 133 Ke104
42015 Budrio RE 63 Le80
40054 Budrio BO 64 Md81
96010 Bufalaro 125 Qb125
09010 Buggerru CI 136 Ic112
51011 Buggiano PT 72 Le85
23010 Buglio in Monte SO 37 Ke71
67030 Bugnara AQ 91 Of96
21020 Buguggiate VA 46 Ie74
23892 Bulciago LC 47 Kb74
22070 Bulgarograsso CO 46 Ka74
39040 Bulla = Pufels BZ 40 Md69
13835 Bulliana BI 45 Ia75
07010 Bultei SS 132 Ka106
07030 Bulzi SS 132 Ie103
39058 Bundschen = Ponticino BZ 29 Mc69
84032 Buonabitacolo SA 104 Qd107
82020 Buonalbergo BN 97 Pf101
53022 Buonconvento SI 78 Mc90
90010 Buonfornello PA 120 Oe121
98100 Buon Signore ME 116 Qc119
19020 Buonviaggio SP 71 Kf84
87020 Buonvicino CS 110 Qf110
20040 Burago di Molgora MB 47 Kc75
30142 Burano VE 51 Nc76
09040 Burcei CA 137 Kc112
37029 Bure VR 49 Lf75
39024 Burgeis = Burgusio BZ 27 Ld68
92010 Burgio AG 119 Ob123
07010 Burgos SS 132 If106
39014 Burgstall = Postal BZ 28 Mb69
39024 Burgusio = Burgeis BZ 27 Ld68
58043 Buriano GR 82 Lf91
10060 Buriasco TO 58 Hc79
24034 Burligo BG 47 Kd74
10010 Burolo TO 45 Hf76
13040 Buronzo VC 45 Ib76
97019 Busacca RG 124 Pc127
09082 Busachi OR 134 If108
16012 Busalla GE 60 If81
42032 Busana RE 71 Lb82
10080 Busano TO 44 Hd77
12022 Busca CN 58 Hc81
20010 Buscate MI 46 Ie75
96010 Buscemi SR 125 Pf126
32020 Busche BL 40 Mf72
91012 Buseto Palizzolo TP 118 Ne120
91012 Buseto Superiore 118 Ne121
35010 Busiago 50 Mf75
20040 Busnago MI 47 Kc75
13030 Busonengo VC 45 Ib76
18032 Bussana IM 68 Hf86
20060 Bussero MI 47 Kc75
43011 Busseto PR 62 La79
65022 Bussi sul Tirino PE 91 Oe95
86010 Busso CB 97 Pd99
37012 Bussolengo VR 49 Lf76
10053 Bussoleno TO 58 Ha78
10090 Bussolino Gassinese TO 59 Hf78
20060 Bustighera MI 47 Kc76
21052 Busto Arsizio VA 46 If75
20020 Busto Garolfo MI 46 If75
93011 Butera CL 124 Pb125
56032 Buti PI 77 Ld86
37060 Buttapietra VR 49 Lf76
10090 Buttigliera Alta TO 58 Hc78
14021 Buttigliera d'Asti AT 59 Hf78
28857 Buttogno VB 35 Ic72
33042 Buttrio UD 52 Oc72
11010 By AO 33 Hb73

C

16048 Cabanne GE 61 Kc82
15060 Cabella Ligure AL 61 Ka80
42030 Ca'Bertacchi 63 Ld81
22060 Cabiate CO 46 Kb74
09072 Cabras OR 134 Id109
90012 Caccamo PA 120 Od121
94010 Cacchiamo EN 121 Pb122
28010 Cacciana NO 45 Ic75
60044 Cacciano AN 80 Nf89
88833 Caccuri KR 113 Re113
30021 Ca'Corniani 52 Nf75
26030 Ca'd'Andrea 62 Lb78
27054 Cade PV 60 Ka79
46037 Cade MN 49 Lf78
15020 Ca'de Fine 59 Ib78
21031 Cadegliano-Viconago VA 36 If73
37050 Ca'degli Oppi 49 Ma77
26040 Ca'dei Gatti 62 La78
42023 Cadelbosco di Sopra RE 63 Ld80
42020 Cadelbosco di Sotto RE 63 Ld80
40063 Ca del Costa BO 73 Mb83
22011 Cadenabbia CO 36 Kb73
29010 Cadeo PC 62 Kf79
21010 Cadero VA 36 Ie72
38080 Caderzone TN 38 Le72
26040 Ca'de'Soresini 62 Lb78
37135 Ca'di David 49 Ma76
25028 Cadignano BS 48 La76
26834 Cadilana LO 47 Kd77
25020 Cadimarco BS 48 Lc77
38070 Cadine TN 39 Ma72
39030 Cadipietra = Steinhaus BZ 30 Mf67
36027 Ca' Dolze VI 50 Me74
35010 Cadoneghe PD 50 Mf76
22071 Cadorago CO 46 Ka74
21020 Cadrezzate VA 46 Id74
25080 Cadria BS 48 Ld74
31031 Caerano di San Marco TV 50 Na74
57021 Cafaggio LI 82 Ld90
50031 Cafaggiolo FI 73 Mb85
10070 Cafasse TO 44 Hd77
43043 Caffaraccia PR 62 Ke81
84030 Caggiano SA 104 Qc105
61043 Cagli PU 80 Nd87
09124 Cagliari CA 137 Ka113
22030 Caglio CO 46 Kb73
36026 Cagnano VI 50 Mc77
67012 Cagnano Amiterno AQ 86 Ob94
71010 Cagnano Varano FG 100 Qe98
38028 Cagno TN 39 Ma70
22070 Cagno CO 46 If74
23020 Cagnoletti SO 37 Kf71
81059 Caianello CE 96 Pa101
84084 Caiano SA 103 Pe104
81013 Caiazzo CE 96 Pc101
21040 Caidate VA 46 Ie74
25069 Cailina BS 48 Lb75
39010 Caines = Kuens BZ 28 Mb68
25070 Caino BS 48 Lb75
23010 Caiolo SO 37 Ke72
25135 Caionvico BS 48 Lb75
03040 Caira FR 96 Oe99
83040 Cairano AV 104 Qc103
21050 Cairate VA 46 If74
17014 Cairo Montenotte SV 68 Ib82
80023 Caivano NA 96 Pb103
96017 Calabernardo SR 125 Qa127
30014 Ca'Labia 65 Na78
89100 Calabretto RC 117 Qf119
88050 Calabricata CZ 113 Re115
83040 Calabritto AV 104 Qb104
07042 Cala d'Olva SS 131 Ic102
08022 Cala Gonone NU 135 Kd107
08028 Cala Liberotto NU 133 Ke106
32042 Calalzo di Cadore BL 41 Nc70
14042 Calamandrana AT 59 Ib80
56100 Calambrone PI 76 Lb87
91100 Calamita Vecchia TP 118 Nd122
92010 Calamonaci AG 123 Ob123
07023 Calangianus OT 132 Kb103
89050 Calanna RC 114 Qe119
28873 Calasca-Castiglione VB 35 Ib72
94010 Calascibetta EN 121 Pb123
67020 Calascio AQ 91 Oe95
09011 Calasetta CI 136 Ic114
95011 Calatabiano CT 116 Qb122
91013 Calatafimi-Segesta TP 118 Nf121
09010 Calaverde-Mesau CA 136 If115
38072 Calavino TN 39 Lf72
40056 Calcara BO 64 Ma81
90020 Calcarelli PA 120 Pa122
01030 Calcata VT 89 Nc95
38050 Calceranica al Lago TN 39 Mb72
56011 Calci PI 76 Ld86
75010 Calciano MT 105 Rb105
56012 Calcinaia PI 77 Ld86
37056 Calcinaro VR 49 Ma77
24050 Calcinate BG 47 Ke75
21100 Calcinate del Pesce VA 46 Ie74
25010 Calcinatello BS 48 Lc76
25011 Calcinato BS 48 Lc76
61030 Calcinelli PU 80 Nf86
12034 Calcinere CN 58 Hb80
24054 Calcio BG 47 Kf75
23885 Calco LC 47 Kc74
58020 Caldana GR 82 Lf91
57100 Caldana LI 82 Ld90
21034 Caldana VA 46 Ie73
62020 Caldarola MC 81 Ob90
39052 Caldaro sulla Strada del Vino = Kaltern an der Weinstraße BZ 39 Mb70
21010 Caldè VA 35 Id73
98050 Caldera ME 122 Qb119
40012 Calderara di Reno BO 64 Mb81
94100 Calderari 121 Pc123
95040 Calderaro CT 121 Pd124
38022 Caldes TN 39 Lf70
37042 Caldierino VR 49 Ma76
37042 Caldiero VR 49 Mb76
15050 Caldirola AL 61 Ka80
36030 Caldogno VI 50 Md75
38052 Caldonazzo TN 39 Mb73
32024 Caleipo BL 40 Nb72
29010 Calendasco PC 61 Kd78
50041 Calenzano FI 73 Mb85
20090 Caleppio MI 47 Kc76
42040 Calerno RE 63 Lc80
43030 Calestano PR 62 La81
33023 Calgaretto UD 41 Nf69
39040 Calice = Kalch BZ 29 Mc67
19020 Calice al Cornoviglio SP 71 Kf83
17020 Calice Ligure SV 68 Ib83
89842 Calimera VV 114 Ra117
73021 Calimera LE 109 Tb107
25046 Calino BS 48 La75
47020 Calisese FC 74 Nb84
83045 Calitri AV 104 Qc103
17057 Calizzano SV 68 Ia83
13821 Callabiana BI 45 Ia75
75019 Calle MT 105 Ra104
38060 Calliano TN 39 Ma73
14031 Calliano AT 59 Ib78
37011 Calmasino VR 49 Le75
61034 Calmazzo PU 80 Ne86
23801 Calolziocorte LC 47 Kc74
87060 Calopezzati CS 113 Re111
14052 Calosso AT 59 Ib80
87060 Caloveto CS 113 Re111
22010 Calozzo Mianico CO 36 Kb72
92010 Caltabellotta AG 119 Ob123
90100 Caltafalsa PA 119 Nf121
95041 Caltagirone CT 124 Pd125
30030 Caltana VE 50 Na76
93100 Caltanissetta CL 120 Pa124
90022 Caltavuturo PA 120 Of122
28010 Caltignaga NO 46 Id75
45030 Calto RO 64 Mc79
36030 Caltrano VI 50 Mc74
24033 Calusco d'Adda BG 47 Kc74
10014 Caluso TO 45 Hf77
25080 Calvagese della Riviera BS 48 Lc75
84080 Calvanico SA 103 Pe104
26030 Calvatone CR 62 Lc78
30027 Calvecchia VE 51 Nd75
85010 Calvello PZ 105 Qf106
36030 Calvene VI 50 Md74
24040 Calvenzano BG 47 Kd76
85030 Calvera PZ 111 Ra108
82018 Calvi BN 97 Pf102
05032 Calvi dell'Umbria TR 85 Nd94
27040 Calvignano PV 61 Kb79
20080 Calvignasco MI 46 Ka77
81042 Calvi Risorta CE 96 Pa101
25012 Calvisano BS 48 Lc76
81010 Calvisi CE 97 Pc101
81056 Calvi Vecchia CE 96 Pa101
80012 Calvizzano NA 102 Pb103
15030 Camagna Monferrato AL 60 Ic78
55041 Camaiore LU 71 Lb85
26823 Camairago LO 47 Ke77
84022 Camaldoli SA 104 Qb105
52014 Camaldoli AR 74 Me86
31050 Camalo TV 51 Nb74
67010 Camarda AQ 86 Oc94
97015 Camardemi 125 Pf128
97010 Camarina RG 124 Pc127
98151 Camaro ME 116 Qd119
92020 Camastra AG 123 Oe125
46027 Camatta MN 63 Lf78
35010 Camazzole PD 50 Me75
20040 Cambiago MI 47 Kc75
10020 Cambiano TO 59 He79
50051 Cambiano FI 77 Lf87
28814 Cambiasca VB 35 Id73
27030 Cambio PV 60 Ie78
35020 Cambroso PD 51 Na77
13891 Camburzano BI 45 Ia75
88837 Camellio KR 113 Re114
45018 Ca'Mello 65 Nc79
12072 Camerana CN 68 Ia82
14020 Camerano AN 59 Ia79
60021 Camerano AN 81 Od87
24010 Camerata BG 37 Kd73
60020 Camerata Picena AN 81 Oc87
28062 Cameri NO 46 Id75
28063 Cameriano NO 45 Id76
62032 Camerino MC 80 Oa90
22100 Camerlata CO 46 Ka74
84040 Camerota SA 102 Qc108
81050 Camigliano CE 96 Pb101
87058 Camigliatello Silano CS 112 Rc112
25050 Camignone BS 48 La75
29010 Caminata PC 61 Kb79
39049 Caminata = Kematen BZ 29 Md67
39032 Caminata di Tures = Kematen BZ 30 Mf67
89040 Camini RC 115 Rc118
33042 Camino UD 52 Oc73
15020 Camino AL 45 Ib78
33030 Camino al Tagliamento UD 41 Nf73
09040 Camisa CA 137 Kd113
26010 Camisano CR 47 Ke76
36043 Camisano Vicentino VI 50 Me75
92022 Cammarata AG 120 Od123
29028 Camminata PC 61 Kd79
26041 Camminata CR 62 Lc78
12050 Camo CN 59 Ib80
16032 Camogli GE 70 Ka82
24012 Camorone BG 47 Kd74
57021 Campaglia Marittima 82 Ld90
33085 Campagna PN 41 Ne72
13044 Campagna SA 45 Ia77
84022 Campagna SA 104 Qa105
30010 Campagna Lupia VE 51 Na76
00063 Campagnano di Roma RM 89 Nc96
58042 Campagnatico GR 83 Mb91
35020 Campagnola PD 50 Na77
26010 Campagnola Cremasca CR 47 Kd76
42012 Campagnola Emilia RE 63 Le79
46040 Campagnolo MN 48 Ld76
37054 Campalano VR 49 Ma78
30030 Campalto VE 51 Nb76
87061 Campana CS 113 Re112
50022 Campana FI 78 Mb87
67020 Campana AQ 91 Od95
36070 Campanella VI 49 Mb75
20050 Camparada MB 47 Kb75
25026 Campazzo BS 48 La77
31050 Campea TV 40 Na73
43010 Campedello PR 62 Lb79
33040 Campeglio UD 52 Oc72
06042 Campello sul Clitunno PG 85 Ne92
13023 Campertogno VC 45 Ia74
38030 Campestrin TN 40 Me70
06046 Campi PG 86 Oa91
48010 Campiano RA 74 Nb83
50013 Campi Bisenzio FI 72 Ma86
13812 Campiglia Cervo BI 45 Hf75
36020 Campiglia dei Berici VI 50 Md76
53023 Campiglia d'Orcia SI 83 Me91
10080 Campiglia Soana TO 44 Hd75
10060 Campiglione-Fenile TO 58 Hb80
31033 Campigo TV 50 Mf75
39030 Campill = Longiarù BZ 29 Mf69
46031 Campione MN 63 Le78
25010 Campione del Garda BS 49 Le74
22060 Campione d'Italia CO 36 If73
73012 Campi Salentina LE 108 Ta106
06027 Campitello PG 80 Ne88
46010 Campitello MN 63 Ld78
38031 Campitello di Fassa TN 40 Me70
86027 Campitello Matese CB 97 Pc100
64012 Campli TE 86 Oe92
23025 Campo SO 36 Kc71
23010 Campo SO 37 Ke72
56010 Campo PI 76 Lc86
32043 Campo BL 40 Na69
32035 Campo BL 40 Na72
86100 Campobasso CB 97 Pd99
92023 Campobello di Licata AG 123 Of125
91021 Campobello Di Mazara TP 118 Ne123
89052 Campo Calabro RC 117 Qd119
38086 Campo Carlo Magno TN 38 Lf71
60027 Campocavallo AN 81 Oc88
31013 Campo Cervaro TV 51 Nc73
86020 Campochiaro CB 97 Pd100
35011 Campodarsego PD 50 Mf76
39040 Campodazzo = Atzwang BZ 39 Mc69
74024 Campo dei Messapi TA 108 Sd107
38010 Campodenno TN 39 Ma71
60044 Campodiegoli AN 80 Ne89
67030 Campo di Giove AQ 91 Pa96
31040 Campo di Pietra TV 51 Nd74
86010 Campodipietra CB 97 Pe99
39040 Campo di Trens = Freienfeld BZ 29 Mc67
23021 Campodolcino SO 36 Kc70
60044 Campodonico AN 80 Nf89
35010 Campodoro PD 50 Me76
90030 Campofelice di Fitalia PA 120 Oc122
90010 Campofelici Di Roccella 120 Of121
27058 Campoferro PV 60 Ka78
63016 Campofilone AP 81 Oe90
90030 Campofiorito PA 119 Ob122
33030 Campoformido UD 52 Oa72
02100 Campoforogna RI 85 Nf94
93010 Campofranco CL 123 Oe123
41011 Campogalliano MO 63 Lf80
52028 Campogialli AR 78 Me87
25040 Campolaro BS 38 Lc73
39058 Campolasta = Astfeld BZ 29 Mc69
82020 Campolattaro BN 97 Pe101
55020 Campolemisi LU 71 Lc84
89134 Campoli 117 Qd121
89040 Campoli RC 115 Rc118
03030 Campoli Appennino FR 91 Oe98
82030 Campoli del Monte Taburno BN 97 Pd102
86040 Campolieto CB 97 Pe99
16013 Campo Ligure GE 60 Ie81
33050 Campolonghetto UD 52 Ob73
88841 Campolongo KR 113 Sa115
32045 Campolongo BL 41 Nd69
33040 Campolongo al Torre UD 52 Oc73
30010 Campolongo Maggiore VE 50 Na77
36020 Campolongo sul Brenta VI 50 Me74
85010 Campomaggiore PZ 105 Ra105
84083 Campomanfoli SA 103 Pe104
86042 Campomarino CB 93 Qa97
74020 Campomarino TA 107 Sd107
31018 Campomolino TV 51 Nd73
33050 Campomolle UD 52 Oa73
16014 Campomorone GE 60 If81
36032 Campomulo VI 39 Md73
32016 Campon BL 41 Nc72
33090 Campone PN 41 Nf71
57034 Campo nell' Elba LI 82 La92
30010 Camponogara VE 51 Na76
17014 Camponuovo SV 68 Ib82
80051 Campora NA 103 Pd105
84040 Campora SA 104 Qb107
54015 Comporaghena MS 71 Lb83
87032 Campora San Giovanni CS 112 Ra114
50050 Camporbiano 77 Lf88
90043 Camporeale PA 119 Oa121
06024 Camporeggiano PG 79 Nc88
55031 Camporgiano LU 71 Lb84
27010 Camporinaldo PV 47 Kc78
18013 Camporondo IM 68 Ia85
95040 Camporotondo Etneo CT 122 Qa123
36010 Camporovere VI 50 Mc73
35012 Camposampiero PD 50 Mf75
35010 Campo San Martino PD 50 Me75
80030 Camposano NA 97 Pd103
32026 Campo San Pietro BL 40 Na72
41031 Camposanto MO 64 Ma80
03010 Campo Staffi FR 90 Ob97
44010 Campotto FE 64 Me81

39032 Campo Tures = Sand in Taufers BZ 30 Mf67
07029 Campovaglio OT 130 Kb102
64012 Campovalano TE 86 Od92
30010 Campoverardo VE 50 Na76
23017 Campovico SO 37 Kd72
29010 Campremoldo Sopra PC 61 Kd79
29010 Campremoldo Sotto PC 61 Kd78
07034 Campudulimu SS 132 If104
40032 Camugnano BO 72 Ma83
41036 Camurana MO 63 Ma79
32030 Can BL 40 Mf72
58053 Cana GR 83 Mc92
07100 Canaglia SS 131 Ib104
12043 Canale CN 59 Hf80
16023 Canale GE 61 Kb81
83028 Canale AV 103 Pf103
32020 Canale d'Agordo BL 40 Mf70
00060 Canale Monterano RM 88 Na96
09070 Canales OR 134 If108
23036 Canali SO 37 Lb71
45030 Canalnuovo RO 65 Mf79
38050 Canal San Bovo TN 40 Me72
45034 Canaro RO 64 Me79
38032 Canazei TN 40 Me70
85010 Cancellara PZ 105 Qf104
50066 Cancelli FI 78 Md86
81027 Cancello CE 97 Pc103
81030 Cancello-Arnone CE 96 Pa102
32040 Cancia BL 40 Nb70
45020 Canda RO 64 Md78
51100 Candeglia PT 72 Lf85
71024 Candela FG 98 Qd102
61100 Candelara PU 75 Nf85
13878 Candelo BI 45 Ia75
31030 Candelu TV 51 Nc74
60100 Candia AN 81 Oc87
10010 Candia Canavese TO 45 Hf77
27031 Candia Lomellina PV 60 Id77
35020 Candiana PD 50 Mf77
09010 Candiazzus CI 136 Ic112
83040 Candida AV 97 Pf103
32040 Candide Casamazzagno BL 30 Nd69
89020 Candidoni RC 117 Ra117
10060 Candiolo TO 58 Hd79
46048 Canedole MN 49 Lf77
20010 Canegrate MI 46 If75
14053 Canelli AT 59 Ib80
01030 Canepina VT 84 Nb94
33070 Caneva PN 41 Nc73
54100 Canevara MS 71 La84
92024 Canicattì AG 123 Of124
96010 Canicattini Bagni SR 126 Qa126
46010 Canicossa MN 63 Ld78
31034 Caniezza TV 50 Mf73
07100 Caniga SS 131 Id104
89016 Canino RC 117 Qf118
01011 Canino VT 83 Me94
54035 Caniparola MS 71 Kf84
10080 Canischio TO 44 Hd76
67050 Canistro Inferiore AQ 90 Oc97
67050 Canistro Superiore AQ 90 Oc97
87070 Canna CS 111 Rd108
71044 Cannafesca BT 99 Rb100
09017 Cannai CI 136 Ic115
06039 Cannaiola PG 85 Ne91
84040 Cannalonga SA 102 Qb107
06033 Cannara PG 85 Nd91
92100 Cannatello AG 123 Od125
89016 Cannava RC 114 Qf118
89100 Cannavo RC 117 Qe120
28821 Cannero Riviera VB 35 Ie72
98055 Canneto 114 Pf118
98055 Canneto ME 121 Pc120
27044 Canneto Pavese PV 61 Kb78
46013 Canneto sull'Oglio MN 62 Lc78
07020 Cannigione OT 130 Kc102
98051 Cannistra 122 Qb120
89018 Cannitello RC 117 Qd119
95021 Cannizzaro CT 122 Qa123
90046 Cannizzo PA 119 Oa121
28822 Cannobio VB 35 Ie72
73020 Cannole LE 109 Tc108
89040 Canolo RC 115 Rb119
42015 Canolo RE 63 Le80
89022 Canolo Nuovo RC 115 Ra118
05018 Canonica TR 84 Na92
20050 Canonica MI 47 Kb75
24040 Canonica d'Adda BG 47 Kd75
70053 Canosa di Puglia BT 99 Ra101
66010 Canosa Sannita CH 92 Pb95
12020 Canosio CN 58 Ha82
42026 Canossa MS 71 Kf83
27040 Canova PV 61 Ka78
39100 Canova = Neuhaus BZ 30 Na66
12040 Canove CN 59 Ia80
37045 Canove VR 49 Mc77
36010 Canove di Roana VI 50 Mc73
67030 Cansano AQ 91 Pa96
51030 Cantagrillo PT 72 Lf85
02014 Cantalice RI 85 Nf94
10060 Cantalupa TO 58 Hb79
15014 Cantalupo AL 60 Id79
20023 Cantalupo MI 46 If75
06031 Cantalupo PG 85 Nd91
16155 Cantalupo GE 69 Ie82
02040 Cantalupo in Sabina RI 89 Nd95
15060 Cantalupo Ligure AL 60 Ka80
86092 Cantalupo nel Sannio IS 96 Pc99
14010 Cantarana AT 59 Ia79
30010 Cantarana VE 51 Na77
15020 Cantavenna AL 59 Ib78
21050 Cantello VA 46 If74
61044 Cantiano PU 80 Nd88
87064 Cantinella CS 111 Rc111
10070 Cantoira TO 44 Hc76
05010 Cantone TR 84 Na91
29010 Cantone PC 61 Kc79
25081 Cantrina BS 48 Lc75
22063 Cantù CO 46 Ka74
33030 Canussio UD 52 Nf73
28863 Canza = Frütwald VB 35 Ic70
22035 Canzo CO 47 Kb73
38050 Caoria di dentro TN 40 Me71
30021 Caorle VE 52 Nf75
29012 Caorso PC 62 Kf78
84047 Capaccio SA 103 Qa106
90040 Capaci PA 119 Ob119
58011 Capalbio GR 83 Mc94
24050 Capannelle GR 47 Ke75
52021 Capannole AR 78 Md88
56033 Capannoli PI 77 Le87
55012 Capannori LU 72 Ld85
26041 Capella CR 62 Lc78
82026 Capelletti BN 97 Pd100
00060 Capena RM 89 Nd96
26010 Capergnanica CR 47 Kd76
67022 Capestrano AQ 91 Oe95
84080 Capezzano SA 103 Pe104
22100 Capiago CO 46 Ka74
73040 Capilungo LE 109 Ta109
89818 Capistrano VV 115 Rb116
67053 Capistrello AQ 90 Oc97
84050 Capitello SA 110 Qd108
37100 Capitello VR 49 Ma77
35020 Capitello PD 50 Mf77
67015 Capitignano AQ 86 Ob93
84090 Capitignano SA 103 Pf104
98031 Capizzi ME 121 Pc121
84050 Capizzo SA 104 Qb106
24030 Capizzone BG 47 Kd74
84080 Capo Calvanico 103 Pe104
63040 Capodacqua AP 86 Ob92
06034 Capodacqua PG 85 Ne90
06025 Capo d'Acqua PG 80 Nf89
63023 Capodarco AP 81 Oe89
30020 Capo d'Argine 51 Nd75
40057 Capo d'Argine BO 64 Mc81
25014 Capodimonte BS 48 Lb76
01010 Capodimonte VT 84 Mf93
80145 Capodimonte NA 102 Pb103
25044 Capo di Ponte BS 38 Lc72
98071 Capo d'Orlando ME 122 Pe120
81020 Capodrise CE 96 Pb102
21100 Capolago VA 46 Ie74
62032 Capolapiaggia MC 80 Oa90
57031 Capoliveri LI 82 Lc92
52010 Capolona AR 78 Mf87
95024 Capo Mulini 122 Qb123
20040 Caponago MI 47 Kc75
67020 Caporciano AQ 91 Oe95
33010 Caporiacco UD 52 Oa72
88841 Capo Rizzuto KR 113 Sa115
87051 Caporosa CS 113 Rd113
83040 Caposele AV 104 Qb104
30024 Caposile VE 51 Nd75
09012 Capoterra CA 136 If113
25070 Capovalle BS 48 Ld74
36030 Capovilla VI 50 Md75
67060 Cappadocia AQ 90 Ob96
38046 Cappella TN 39 Mb73
88813 Cappella KR 113 Sa112
30037 Cappella VE 51 Na75
74015 Cappella TA 107 Sb104
26020 Cappella Cantone CR 47 Ke77
26030 Cappella de'Picenardi 48 Lb78
31012 Cappella Maggiore TV 41 Nc73
96010 Cappellano 125 Qa126
67068 Cappelle AQ 90 Oc96
81037 Cappelle CE 96 Of101
65010 Cappelle sul Tavo PE 87 Pa94
46030 Cappelletta MN 63 Le78
12075 Cappello CN 68 Hf83
06059 Cappuccini PG 85 Nc92
13100 Cappuccini VC 45 Ic77
86082 Capracotta IS 92 Pb98
02025 Capradosso RI 90 Oa95
15050 Capraglia AL 60 Ie78
50050 Capraia FI 77 Ma86
57032 Capraia LI 76 Kf90
26010 Capralba CR 47 Kd76
01012 Capranica VT 88 Nb95
00030 Capranica Prenestina RM 90 Nf97
42040 Caprara RE 63 Ld80
65010 Caprara d'Abruzzo PE 87 Pa94
73039 Capraríca LE 109 Tc109
73010 Caprarica di Lecce LE 109 Tb107
75028 Capraríco MT 106 Rc107
01032 Caprarola VT 88 Nb95
61026 Caprazzino Strada PU 74 Nc86
84081 Caprecano SA 103 Pe104
52033 Caprese Michelangelo AR 79 Mf87
28815 Caprezzo VB 35 Id73
80073 Capri NA 102 Pb105
38030 Capriana TN 39 Mc71
20040 Capriano MB 46 Kb74
25020 Capriano del Colle BS 48 La76
15060 Capriata d'Orba AL 60 Ie80
24042 Capriate San Gervasio BG 47 Kd75
81014 Capriati a Volturno CE 96 Pa100
07021 Capricciolì OT 130 Kd102
10040 Caprie TO 58 Hc78
84080 Capriglia SA 103 Pe104
83010 Capriglia Irpina AV 97 Pe103
14014 Capriglio AT 59 Ia78
54011 Capriglíola MS 71 Kf83
32022 Caprile BL 40 Mf70
61040 Caprile PU 80 Ne88
39010 Caprile = Gfrill BZ 39 Ma69
98070 Capri Leone ME 121 Pe120
23036 Caprinale SO 37 La72
24030 Caprino Bergamasco BG 47 Kc74
37013 Caprino Veronese VR 49 Le75
84066 Caprioli SA 102 Qb108
25031 Capriolo BS 47 Kf75
34070 Capriva del Friuli GO 53 Od73
39020 Caprone = Kapron BZ 28 Ld68
64045 Capsano TE 86 Oe93
81043 Capua CE 96 Pb102
70010 Capurso BA 100 Rf102
89030 Caraffa del Bianco RC 117 Ra120
88050 Caraffa di Catanzaro CZ 112 Rc115
52038 Ca'Raffaello 74 Nb86
17057 Caragna SV 68 Ia83
32010 Caralte BL 41 Nc70
18100 Caramagna Ligure IM 68 Hf85
12030 Caramagna Piemonte CN 59 He80
65023 Caramanico Terme PE 91 Of96
81030 Carani CE 96 Of101
38033 Carano TN 39 Mc71
81037 Carano CE 96 Of101
15016 Caranzano AL 60 Id80
71041 Carapelle FG 99 Qe100
67020 Carapelle Calvisio AQ 91 Oe95
16042 Carasco GE 70 Kc82
63030 Carassai AP 86 Oe90
12084 Carassone CN 68 He82
20048 Carate Brianza MB 46 Kb74
22010 Carate-Urio CO 46 Ka73
24043 Caravaggio BG 47 Kd76
21032 Caravate VA 46 Id73
13044 Caravini VC 45 Ia77
10010 Caravino TO 45 Hf76
80040 Caravita NA 102 Pc103
18020 Caravonica IM 68 Hf85
01030 Carbognano VT 89 Nb95
89020 Carbonara RC 114 Ra118
81057 Carbonara CE 96 Pa101
27020 Carbonara al Ticino PV 46 Ka78
70012 Carbonara di Bari BA 100 Rf102
80030 Carbonara di Nola NA 103 Pd103
46020 Carbonara di Po MN 64 Mb78
15050 Carbonara Scrivia AL 60 If79
46020 Carbonarola MN 64 Mb78
22070 Carbonate CO 46 If74
89044 Carbone RC 115 Rb119
85030 Carbone PZ 110 Ra108
31030 Carbonera TV 51 Nb74
14026 Carboneri AT 59 Ia78
09013 Carbonia CI 136 Id114
39034 Carbonin = Schluderbach BZ 30 Nb69
17043 Carcare SV 68 Ib82
35040 Carceri PD 50 Md77
00030 Carchitti RM 89 Ne98
25069 Carcina, Villa- BS 48 Lb75
13026 Carcoforo VC 34 Ia73
21023 Cardana VA 46 Id73
21010 Cardano al Campo VA 46 Ie75
27040 Cardazzo PV 61 Kc78
12030 Carde CN 58 Hc80
08040 Cardedu OG 135 Kd110
89060 Cardeto RC 117 Qe120
28851 Cardezza, Beura- VB 35 Ib72
84056 Cardile SA 104 Qb107
91025 Cardilla TP 118 Nc122
88062 Cardinale CZ 115 Rc117
12080 Cardini CN 68 Hf83
81055 Carditello CE 96 Pb102
80024 Cardito NA 96 Pb103
55027 Cardoso LU 72 Lc84
89063 Caredia RC 117 Qe121
50100 Careggi FI 73 Mb86
55030 Careggine LU 71 Lb84
13100 Carengo VC 45 Ic77
23802 Carenno LC 47 Kc74
22020 Careno CO 36 Ka73
15026 Carentino AL 60 Ic80
89030 Careri RC 115 Ra119
13010 Caresana VC 45 Id77
13030 Caresanablot VC 45 Ic76
10080 Caretto TO 44 He76
39056 Carezza al Lago = Karersee BZ 39 Md70
15051 Carezzano AL 60 If80
88817 Carfizzi KR 113 Rf113
07030 Cargeghe SS 132 Id104
33050 Cargnacco UD 52 Ob72
89862 Caria VV 114 Qf117
87062 Cariati CS 113 Rf112
83040 Carife AV 98 Qb102
58011 Carige GR 83 Mc94
87024 Cariglio CS 112 Ra112
10041 Carignano TO 58 He79
61032 Carignano PU 75 Nf86
71030 Carignano TO 98 Qb100
43100 Carignano PR 62 Lb80
22060 Carimate CO 46 Ka74
29025 Carini PC 61 Ke80
90044 Carini PA 119 Ob120
81030 Carinola CE 96 Of101
97019 Cariota RG 124 Pc127
13040 Carisio VC 45 Ib76
38080 Carisolo TN 38 Le71
31020 Carita TV 51 Nb74
71030 Carlantino FG 97 Pf99
22010 Carlazzo CO 36 Ka72
96013 Carlentini SR 125 Qa125
33050 Carlino UD 52 Ob74
09014 Carloforte CI 136 Ib114
88040 Carlopoli CZ 112 Rc114
10022 Carmagnola TO 59 He79
29020 Carmiano PC 61 Kd79
73041 Carmiano LE 108 Ta106
59015 Carmignano PO 72 Ma86
35040 Carmignano PD 64 Md78
35010 Carmignano di Brenta PD 50 Me75
89051 Carmine RC 114 Qd120
12060 Carmine CN 68 He82
96100 Carmito SR 125 Pf124
21040 Carnago VA 46 Ie74
05015 Carnaiola TR 84 Na91
20040 Carnate MB 47 Kc75
03030 Carnello FR 91 Od98
42030 Carniana RE 72 Lc82
43028 Carobbio PR 62 La81
24060 Carobbio degli Angeli BG 47 Kf74
46025 Carobio MN 64 Ma79
87030 Carolei CS 112 Rb113
24010 Carona BG 37 Ke72
89844 Caroni VV 114 Qf117
98072 Caronia ME 121 Pc120
89863 Caroniti VV 114 Qf117
21042 Caronno-Pertusella VA 46 Ka75
21040 Caronno Varesino VA 46 Ie74
74021 Carosino TA 107 Sc106
38089 Ca' Rossa TN 48 Ld73
72012 Carovigno BR 108 Sd104
86083 Carovilli IS 92 Pb98
33030 Carpacco UD 41 Nf72
35043 Carpanedo PD 64 Me77
29013 Carpaneto Piacentino PC 62 Ke79
87050 Carpanzano CS 112 Rb114
18010 Carpasio IM 68 Hf85
61021 Carpegna PU 74 Nc86
32030 Carpen BL 40 Mf73
16155 Carpenara GE 60 Ie82
31050 Carpenedo TV 50 Na74
25013 Carpenedolo BS 48 Lc76
33050 Carpeneto UD 52 Ob73
13041 Carpeneto VC 45 Ib77
15071 Carpeneto AL 60 Id80
16020 Carpeneto GE 61 Kb81
12030 Carpenetta 58 Hd80
37040 Carpi VR 64 Mc78
41012 Carpi MO 63 Lf80
20080 Carpiano MI 46 Kb76
83035 Carpignano AV 97 Qa102
73020 Carpignano Salentino LE 109 Tc107
28064 Carpignano Sesia NO 45 Ic75
47100 Carpinello FC 74 Na83
42033 Carpineti RE 71 Ld82
00032 Carpineto Romano RM 94 Oa99
66030 Carpineto Sinello CH 92 Pd96
71010 Carpino FG 100 Qf97
86093 Carpinone IS 96 Pb99
28833 Carpugnino 45 Id73
95016 Carrabba CT 122 Qb122
48020 Carraie RA 74 Nb83
54033 Carrara MS 71 La84
35020 Carrara San Giorgio PD 50 Me77
36010 Carre VI 50 Mc74
15060 Carrega Ligure AL 61 Kb81
67050 Carrito AQ 91 Oe96
19020 Carrodano Inferiore SP 70 Kd83
19020 Carrodano Superiore SP 70 Kd83
10019 Carrone TO 45 Hf76
15060 Carrosio AL 60 Ie81
12061 Carru CN 59 Hf82
95014 Carruba CT 122 Qb122
90100 Carruba Nuova PA 119 Oa122
67061 Carsoli AQ 90 Oa96
92019 Cartabubbo AG 119 Oa123
15060 Cartasegna AL 61 Kb81
36050 Cartigliano VI 50 Me74
12020 Cartignano CN 58 Hb82
61030 Cartoceto PU 80 Ne87
61030 Cartoceto PU 75 Nf86
35025 Cartura PD 50 Mf77
95040 Carubbo 121 Pd124
20061 Carugate MI 47 Kc75
22060 Carugo CO 46 Kb74
66050 Carunchio CH 92 Pd97
25070 Carvanno BS 48 Lc74
32026 Carve BL 40 Na72
24030 Carvico BG 47 Kc74
25080 Carzago della Riviera BS 48 Lc75
38050 Carzano TN 39 Mc72
43019 Carzeto PR 62 La79
91022 Casa Agate TP 118 Ne122
89022 Casa Agromalia RC 115 Ra118
95048 Casa Albanazzo CT 125 Pe125
07024 Casa Azara OT 130 Kc101
55021 Casabasciana LU 72 Ld84
95012 Casa Battiati CT 116 Qa121
96016 Casa Beneventano SR 125 Pf124
91015 Casa Bernano TP 118 Ne120
98166 Casa Bianca ME 117 Qd119
10038 Casabianca TO 45 Hf77
63023 Casabianca FM 81 Oe89
88822 Casabona KR 113 Rf113
95032 Casa Bonaiuto CT 122 Pf123
97010 Casa Buffa RG 124 Pc127
91022 Casa Calcara TP 118 Ne123
86043 Casacalenda CB 92 Pf98
90046 Casa Cambuca PA 119 Oa121
66010 Casacanditella CH 91 Pb95
91027 Casa Caramazza TP 118 Nd121
91026 Casa Catalano TP 118 Nd122
25020 Casaccie BS 48 La77
96013 Casa Ceusa SR 125 Pf125
96016 Casa Conte SR 125 Pf125
91029 Casa Coppola TP 119 Nf122
31050 Casacorba TV 50 Na75
91011 Casa Cotrina TP 119 Nf121
96016 Casa Crocofisso CT 125 Pe125
96016 Casa Dagala SR 125 Pf125
09043 Casa della Marina CA 137 Kd113
07024 Casa di Garibaldi OT 130 Kc101
95121 Casa Di Stefano CT 125 Pf124
91023 Casa Di Vita TP 118 Nc121
09043 Casa Ferrato CA 137 Kd113

92013 Casa Fiore AG 119 Nf123
89045 Casa Forada RC 115 Rb118
96010 Casa Frassino SR 125 Pf125
92027 Casa Gagliano AG 123 Of126
09043 Casa Genn'e Spina CA 137 Kd113
89036 Casa Giardino grande RC 117 Ra121
81022 Casagiove CE 96 Pb102
25030 Casaglia BS 48 La75
25064 Casaglio BS 48 La75
73018 Casa l'Abate LE 108 Ta106
89030 Casa la Lenza RC 117 Ra120
89023 Casa la Magara RC 117 Ra117
89023 Casa Lanciana RC 117 Ra118
66031 Casalanguida CH 92 Pc96
57028 Casalappi Ruschi LI 82 Le90
97013 Casa la Rocca RG 124 Pd127
03030 Casalattico FR 95 Oe99
15100 Casalbagliano AL 60 Id79
43012 Casalbarbato PR 62 La79
26040 Casalbellotto CR 63 Lc79
28060 Casalbeltrame NO 45 Ic76
00125 Casal Bernocchi RM 89 Nc98
66021 Casalbordino CH 92 Pd96
83034 Casalbore AV 97 Qa101
10020 Casalborgone TO 59 Hf78
48010 Casal Borsetti RA 65 Nb81
84030 Casalbuono SA 110 Qe107
15060 Casalbusone AL 61 Ka81
26011 Casalbuttano CR 48 Kf77
03040 Casalcassinese FR 96 Of99
15072 Casal Cermelli AL 60 Id79
86010 Casalciprano CB 97 Pd99
81033 Casal di Principe CE 96 Pa102
82027 Casalduni BN 97 Pe101
91026 Casale TP 118 Nd122
24021 Casale BG 47 Kf74
59100 Casale PO 72 Ma85
81057 Casale CE 96 Pa101
84082 Casale SA 103 Pe104
62032 Casale MC 80 Oa90
43055 Casale PR 62 Lc79
86020 Casale CB 92 Pc98
40033 Casalecchio di Reno BO 64 Mb82
28881 Casale Corte Cerro VB 35 Ic73
26010 Casale Cremasco-Vidolasco CR 47 Ke76
04100 Casale delle Palme LT 94 Nf99
58045 Casale di Pari GR 83 Mb90
35040 Casale di Scodosia PD 50 Mc77
15070 Casaleggio Boiro AL 60 Ie81
28060 Casaleggio Novara NO 45 Ic76
56040 Casale Marittimo PI 77 Ld89
15033 Casale Monferrato AL 60 Ic78
37052 Casaleone VR 64 Mb77
31032 Casale sul Sile TV 51 Nb75
01019 Casaletto VT 88 Na95
26010 Casaletto Ceredano CR 47 Kd77
26014 Casaletto di Sopra CR 47 Ke76
26852 Casaletto Lodigiano LO 47 Kc77
84030 Casaletto Spartano SA 110 Qd108
26010 Casaletto Vaprio CR 47 Kd76
28100 Casalgiate NO 45 Id76
42013 Casalgrande RE 63 Le81
42013 Casalgrande Alto RE 63 Le81
12030 Casalgrasso CN 58 Hd80
29020 Casali PC 61 Ke80
84015 Casali SA 103 Pe104
33055 Casali Franceschinis UD 52 Oa73
29010 Casaliggio PC 61 Kd79
06053 Casalina PG 84 Nc91
66012 Casalincontrada CH 91 Pa95
72010 Casalini BR 107 Sc104
15020 Casalino AL 59 Ib78
16026 Casalino GE 60 Ka81
28060 Casalino NO 45 Id76
98161 Casa Liuzze ME 114 Qc119
26041 Casalmaggiore CR 62 Lc79
26831 Casalmaiocco LO 47 Kc76
26020 Casalmorano CR 47 Kf77
00043 Casal Morena RM 89 Nd98
46040 Casalmoro MN 48 Lc77
15052 Casalnoceto AL 60 If79
80013 Casalnuovo di Napoli NA 102 Pc103
71033 Casalnuovo Monterotaro FG 98 Qa99
46040 Casaloldo MN 48 Lc77
00166 Casalotti RM 89 Nc97
89065 Casalotto RC 117 Qe121
00124 Casal Palocco RM 89 Nb98
46042 Casalpoglio MN 48 Lc77
26841 Casalpusterlengo LO 61 Kd77
46040 Casalromano MN 48 Lc77
13030 Casalrosso VC 45 Ic77
35020 Casalserugo PD 50 Mf77
26010 Casalsigone CR 48 La77
84070 Casal Sottano SA 102 Qa107
04014 Casal Traiano LT 94 Oa100
97010 Casa Lucarella RG 124 Pc127
81030 Casaluce CE 96 Pb103
71030 Casalvecchio di Puglia FG 98 Qa99
98032 Casalvecchio Siculo ME 116 Qb121
84040 Casal Velino SA 102 Qa107
03034 Casalvieri FR 91 Oe99
28060 Casalvolone NO 45 Ic76
21030 Casalzuigno VA 35 Ie73
67045 Casamaina AQ 90 Oc95
92019 Casa Maragani AG 119 Nf123
80032 Casamarciano NA 103 Pd103
73020 Casamassella LE 109 Tc108
70010 Casamassima BA 100 Rf103
96010 Casa Melilli SR 125 Qa126
80074 Casamicciola Terme NA 102 Of104
97019 Casa Migliori RG 124 Pc127
95033 Casa Milia CT 122 Pf122
91023 Casa Mineo TP 118 Nb121
89017 Casa Monaci RC 115 Ra118
92100 Casa Monte AG 123 Oc124
81057 Casamostra CE 96 Pa101
97010 Casa Mustille RG 124 Pc127
95012 Casa Musumeci CT 116 Qa121
89851 Casa Muteri VV 115 Ra117
80025 Casandrino NA 102 Pb103
24010 Ca San Marco BG 37 Kd72
02016 Casanova RI 85 Nf93
22070 Casanova CO 46 If74
26028 Casanova del Morbasco CR 48 Kf78
26030 Casanova d'Offredi CR 62 Lb78
13030 Casanova Elvo VC 45 Ib76
17033 Casanova Lerrone SV 68 Ia84
27041 Casanova Lonati PV 61 Kb78
96010 Casa Pagliarazzi SR 125 Pf126
89852 Casa Pantano VV 115 Ra117
91028 Casa Patera TP 119 Nf122
00010 Casape RM 89 Nf97
81030 Casapesenna CE 96 Pa103
96013 Casa Piana dei Monaci SR 125 Pf125
91022 Casa Pignatelli TP 119 Nf123
13866 Casapinta BI 45 Ib75
90043 Casa Pioppo PA 119 Oa121
96015 Casa Pizziferri SR 125 Pf125
27050 Casa Ponte PV 61 Ka79
02030 Casaprota RI 89 Ne95
81020 Casapulla CE 96 Pb102
09031 Casa Puxeddu MD 134 Ic110
96016 Casarano SR 125 Qa125
73042 Casarano LE 109 Ta108
22070 Casa Restelli CO 46 If74
23831 Casargo LC 36 Kc72
20080 Casarile MI 46 Ka77
33072 Casarsa della Delizia PN 41 Nf73
91028 Casa Russo TP 119 Nf122
96016 Casa Russo SR 125 Pf125
16030 Casarza Ligure GE 70 Kc83
96010 Casa Salemi SR 125 Pf125
92019 Casa San Bartolo AG 119 Oa123
89017 Casa San Filippo RC 115 Ra118
32034 Casa San Marco BL 40 Nb69
89844 Casa Santa Maria VV 117 Qf117
91026 Casa Sant'Elia TP 118 Nd122
90043 Casa Scardino PA 119 Oa121
14020 Casasco AT 59 Ia79
15050 Casasco AL 60 Ka80
22022 Casasco d'Intelvi CO 36 Ka73
33080 Casasola PN 41 Ne71
91100 Casa Solina TP 118 Nd121
97010 Casa Strasattata RG 124 Pc127
91018 Casa Tafele TP 118 Ne121
96100 Casa Targia SR 125 Qb126
91023 Casa Tedesco TP 118 Nb121
39040 Casateia = Gasteig BZ 29 Mc67
23880 Casatenovo LC 47 Kb74
46010 Casatico MN 63 Ld78
27040 Casatisma PV 61 Ka78
97010 Casa Toatra RG 125 Pe126
84010 Casatori SA 103 Pd104
89851 Casa Torre del Marchese VV 115 Ra117
89843 Casa Tre Croci VV 115 Rb116
38040 Casatta TN 39 Mc71
96010 Casa Valle Fame SR 125 Pf126
80020 Casavatore NA 102 Pb103
67045 Casavecchia AQ 90 Oc95
92019 Casa Vento AG 119 Oa123
96015 Casa Ventura SR 125 Pf125
91018 Casa Villaragut TP 118 Ne122
89843 Casa Vindo VV 115 Rb116
30013 Ca'Savio 51 Nc76
24060 Casazza BG 47 Kf74
81037 Cascano CE 96 Of101
06043 Cascia PG 85 Oa92
21020 Casciago VA 46 Ie74
56034 Casciana Alta PI 77 Ld87
56034 Casciana Terme PI 77 Ld87
53016 Casciano SI 78 Mb90
56021 Cascina PI 76 Ld86
15100 Cascina Grossa AL 60 Ie79
20037 Cascina Nuova MI 46 Ka75
63019 Cascinare AP 81 Oe89
10090 Cascine TO 44 Hf76
56031 Cascine PI 77 Ld86
10010 Cascinette d'Ivrea TO 45 Hf76
56122 Cascine Vecchie PI 76 Lc86
27030 Cascinino PV 60 If78
27030 Cascinotto Mensa PV 60 If78
25135 Case BS 48 Lb75
91100 Case Agosta TP 118 Ne121
29013 Case Bruciate PC 62 Ke79
91026 Case Caruso TP 118 Nd122
89040 Case Catenanci RC 115 Rd118
42040 Case Cocconi RE 63 Ld80
89036 Case Cosmano RC 117 Ra121
95035 Case Cucchiara CT 122 Pf122
96016 Case delle Biviere SR 125 Pf125
91018 Case del Pozzillo TP 118 Ne122
91026 Case di Bucari TP 118 Ne122
25056 Case di Viso BS 38 Ld71
89064 Case Embrisi RC 117 Qe120
27050 Casei Gerola PV 60 If78
96010 Case la Torre SR 125 Pf125
10040 Caselette TO 58 Hc78
31011 Casella TV 50 Mf74
16015 Casella GE 60 If81
31030 Caselle TV 50 Mf74
37040 Caselle VR 49 Mc77
40014 Caselle BO 63 Mb80
37040 Caselle VR 63 Ma77
84030 Caselle in Pittari SA 110 Qd107
26842 Caselle Landi LO 62 Ke78
26853 Caselle Lurani LO 47 Kc77
10072 Caselle Torinese TO 58 Hd77
88041 Casenove CZ 112 Rc114
58045 Casenovole GR 83 Mb90
67020 Casentino AQ 90 Od95
50025 Case Nuove FI 77 Ma87
50053 Casenuove FI 77 Lf86
60027 Casenuove AN 81 Oc88
89016 Case Olmolungo RC 114 Qf118
25012 Case Oriani BS 48 Lc76
07030 Case Pedrumalu SS 132 If103
39100 Casera di fuori = Vorderkaser BZ 28 Lf68
96010 Case Raviola SR 125 Pf126
39030 Casere = Kasern BZ 30 Na66
95038 Case Reciti CT 122 Pf122
89010 Caserio Alessio RC 117 Ra119
81056 Caserio Reale CE 96 Pa102
89823 Caserma Faggio del Re VV 115 Rb117
81100 Caserta CE 96 Pc102
23868 Caserta CE 47 Kc73
81100 Caserta Vecchia CE 96 Pc102
89040 Case Sala RC 115 Rc118
96015 Case San Leo 125 Pf125
92019 Case San Marco AG 119 Oa123
89065 Case Sant'Antonio RC 117 Qe120
91012 Case Scuderi TP 118 Ne121
07020 Case sos Rueddos OT 133 Kc104
89040 Case Stefano RC 115 Rc118
95019 Case Tomarchio CT 122 Qa122
63023 Casette FM 81 Oe90
63019 Casette d'Ete AP 81 Oe89
10080 Casetti TO 44 Hc76
89029 Case Valloni RC 114 Ra118
38010 Casez TN 39 Ma70
81057 Casi CE 96 Pa101
89030 Casignana RC 117 Ra120
80047 Casilli NA 103 Pd104
42034 Casina RE 63 Lc81
38069 Casina RE 49 Lf73
41041 Casinalbo MO 63 Lf81
60010 Casine AN 80 Oa87
25080 Casinette BS 48 Lc75
51039 Casini PT 72 Ma85
61020 Casinina PU 75 Nd86
98060 Casino di Falcone ME 122 Qa120
24040 Casirate d'Adda BG 47 Kd76
20084 Casirate Olona MI 46 Kb77
22030 Caslino d'Erba CO 46 Kb73
22070 Casnate CO 46 Ka74
24020 Casnigo BG 47 Kf74
83020 Casola AV 103 Pd103
81020 Casola CE 96 Pc102
43028 Casola PR 62 La81
80069 Casola 102 Pc105
40026 Casola Canina BO 73 Me82
80050 Casola di Napoli NA 103 Pd104
54014 Casola in Lunigiana MS 71 Lb83
48010 Casola Valsenio RA 73 Md83
87050 Casole Bruzio CS 112 Rb113
53031 Casole d'Elsa SI 77 Ma88
64032 Casoli TE 87 Of93
66043 Casoli CH 92 Pb96
81029 Casolla CE 96 Pc102
32013 Casoni BL 40 Nb71
36060 Casoni VI 50 Me74
27010 Casoni PV 61 Kc78
16023 Casoni GE 61 Kb81
37100 Casoni VR 64 Mb77
42045 Casoni RE 63 Le79
27022 Casorate Primo PV 46 Ka77
21011 Casorate Sempione VA 46 Ie74
20010 Casorezzo MI 46 If75
80026 Casoria NA 102 Pb103
14032 Casorzo AT 59 Ic78
37032 Casotti VR 49 Mb76
23010 Caspano SO 37 Kd71
02041 Casperia RI 89 Nd94
23020 Caspoggio SO 37 Kf71
33010 Cassacco UD 52 Ob71
23893 Cassago Brianza LC 47 Kb74
00163 Cassa Mattei RM 89 Nc97
19020 Cassana SP 70 Ke83
83016 Cassano AV 97 Pe102
87011 Cassano Allo Ioino CS 111 Rb110
20062 Cassano d'Adda MI 47 Kd75
70020 Cassano delle Murge BA 106 Re103
83040 Cassano Irpino AV 103 Qa103
21012 Cassano Magnago VA 46 Ie74
15063 Cassano Spinola AL 60 If80
21030 Cassano Valcuvia VA 36 Ie73
96010 Cassaro SR 125 Pf126
34070 Cassegliano GO 52 Oc73
60018 Cassiano AN 81 Ob87
96010 Cassibile SR 125 Qb127
24010 Cassiglio BG 37 Kd73
20090 Cassignanica MI 47 Kc76
29021 Cassinari PC 61 Kd80
22070 Cassina Rizzardi CO 46 Ka74
14050 Cassinasco AT 59 Ib80
23817 Cassina Valsassina LC 37 Kc73
15016 Cassine AL 60 Id80
15070 Cassinelle AL 60 Id81
20081 Cassinetta di Lugagnano MI 46 If76
03043 Cassino FR 96 Oe100
26837 Cassino d'Alberi LO 47 Kc76
43040 Cassio PR 62 La81
33080 Casso PN 41 Nc71
36022 Cassola VI 50 Me74
27023 Cassolnovo PV 46 Ie76
37018 Cassone VR 49 Le74
88040 Castagna CZ 112 Rc114
37043 Castagnaro VR 64 Mc78
37030 Castagne VR 49 Ma76
84096 Castagneto SA 103 Qa104
57022 Castagneto Carducci LI 77 Ld90
12050 Castagnito CN 59 Ia80
31038 Castagnole TV 51 Nb74
14054 Castagnole delle Lanze AT 59 Ia80
14030 Castagnole Monferrato AT 59 Ib79
10060 Castagnole Piemonte TO 58 Hd79
40017 Castagnolo MO 64 Ma81
40010 Castagnolo Minore BO 64 Mc81
15027 Castagnone AL 59 Ib78
27040 Castana PV 61 Kb78
98155 Castanea delle Furie ME 116 Qd119
20022 Castano Primo MI 46 Ie75
23029 Castasegna SO 37 Kd70
27045 Casteggio PV 61 Ka78
25045 Castegnato BS 48 La75
36020 Castegnero VI 50 Md76
11020 Castel AO 44 He74
35040 Castelbaldo PD 64 Mc78
83040 Castel Baronia AV 98 Qb102
46032 Castelbelforte MN 49 Lf77
60030 Castelbellino AN 80 Oa88
39020 Castelbello-Ciardes BZ 28 Lf69
17030 Castelbianco SV 68 Ia84
14040 Castel Boglione AT 59 Ic80
48014 Castel Bolognese RA 74 Me83
86030 Castelbottaccio CB 92 Pe98
90013 Castelbuono PA 120 Pa121
81010 Castel Campagnano CE 97 Pc101
64030 Castel Castagna TE 86 Oe93
01022 Castel Cellesi VT 84 Na93
37038 Castelcerino VR 49 Mb76
15100 Castelceriolo AL 60 Ie79
00013 Castelchiodato RM 89 Ne96
84020 Castelcivita SA 104 Qb106
60010 Castel Colonna AN 80 Oa86
38082 Castel Condino TN 38 Ld73
25030 Castelcovati BS 47 Kf76
31030 Castelcucco TV 50 Mf74
90014 Casteldaccia PA 120 Od120
40034 Castel d'Aiano BO 72 Lf83
46033 Castel d'Ario MN 49 Lf77
39030 Casteldarne = Ehrenburg BZ 29 Me68
37060 Castel d'Azzano VR 49 Lf76
10060 Castel del Bosco TO 58 Ha79
56020 Castel del Bosco PI 77 Le87
61010 Casteldelci PU 74 Na86
12020 Casteldelfino CN 58 Ha81
86080 Castel del Giudice IS 91 Pb97
67023 Castel del Monte AQ 86 Oe94
58033 Castel del Piano GR 83 Md91
06132 Castel del Piano PG 84 Nb90
40022 Castel del Rio BO 73 Md83
60020 Castel'd'Emilio 81 Oc87
26030 Casteldidone CR 62 Lc78
98070 Castel Di Lucio ME 121 Pb121
95040 Castel di Iudica 121 Pd124
67031 Castel di Sangro AQ 91 Pa98
81040 Castel di Sasso CE 96 Pb101
98079 Castel di Tusa ME 121 Pb120
50050 Castelfalfi FI 77 Lf87
66010 Castelferrato CH 87 Pb94
60020 Castelferretti AN 81 Oc87
15077 Castelferro AL 60 Id80
60022 Castelfidardo AN 81 Od88
50051 Castel Fiorentino FI 77 Lf87
52016 Castel Focognano AR 78 Me87
38020 Castelfondo TN 39 Ma70
83040 Castelfranci AV 103 Qa103
52020 Castelfranco di Sopra AR 78 Md87
56022 Castelfranco di Sotto PI 77 Le86
41013 Castelfranco Emilia MO 63 Ma81
82022 Castelfranco In Miscano BN 98 Qa101
31033 Castelfranco Veneto TV 50 Mf74
66032 Castel Frentano CH 92 Pc95
26010 Castel Gabbiano CR 47 Ke76
00040 Castel Gandolfo RM 89 Nd98
05013 Castel Giorgio TR 84 Mf92
46042 Castel Goffredo MN 48 Lc77
36070 Castelgomberto VI 49 Mc75
25030 Castelgonelle BS 48 La76
85050 Castelgrande PZ 104 Qc104
46049 Castelgrimaldo MN 48 Ld77
43010 Castelguelfo PR 62 Lb80
40023 Castelguelfo di Bologna BO 73 Me82
45020 Castelguglielmo RO 64 Md78
66040 Castelguidone CH 92 Pd98
84048 Castellabate SA 103 Pf107
03018 Castellaccio FR 90 Oa98
89014 Castellace RC 117 Qf119
67050 Castellafiume AQ 90 Ob97
85021 Castel Lagopesole PZ 104 Qe104
43017 Castell'Aicardi PR 62 Lb79
14033 Castell'Alfero AT 59 Ib79
91014 Castellammare Del Golfo TP 119 Nf120
80053 Castellammare Di Stabia NA 103 Pc104
84046 Castellammare di Velia SA 102 Qa108
10081 Castellamonte TO 44 He76
96016 Castellana SR 125 Pf124

70013 Castellana Grotte BA 107 Sa103
90020 Castellana Sicula PA 120 Pa122
74011 Castellaneta TA 106 Rf105
74010 Castellaneta Marina TA 106 Rf106
15051 Castellania AL 60 If80
21053 Castellanza VA 46 If75
12030 Castellar CN 58 Hc81
42014 Castellarano RE 63 Le81
15050 Castellar Guidobono AL 60 If79
46040 Castellaro MN 48 Ld76
27057 Castellaro PV 61 Kb80
17032 Castellaro IM 68 Ia84
60048 Castellaro AN 80 Oa88
43047 Castellaro PR 62 Kf80
18011 Castellaro IM 68 Hf85
27030 Castellaro de'Giorgi 60 Ie78
29014 Castell' Arquato PC 62 Kf79
32013 Castellavazzo BL 41 Nb71
58034 Castell'Azzara GR 83 Me92
42100 Castellazzo RE 63 Le80
15073 Castellazzo Bormida AL 60 Id79
28060 Castellazzo Novarese NO 45 Ic75
26012 Castelleone CR 47 Ke77
60010 Castelleone di Suasa AN 80 Nf87
14013 Castellero AT 59 Ia79
13851 Castelleto Cervo BI 45 Ib75
29010 Castelletto PC 62 Ke80
36010 Castelletto VI 49 Mc73
29010 Castelletto PC 61 Kd79
25020 Castelletto BS 48 Lb77
12010 Castelletto Busca CN 58 Hc82
15010 Castelletto d'Erro AL 59 Ic81
27040 Castelletto di Branduzzo PV 61 Ka78
37010 Castelletto di Brenzone VR 49 Le74
15060 Castelletto d'Orba AL 60 Ie80
15020 Castelletto Merli AL 59 Ib78
14040 Castelletto Molina AT 60 Ic80
15040 Castelletto Monferrato AL 60 Id79
27040 Castelletto Po PV 61 Ka78
28053 Castelletto Sopra Ticina 46 Id74
12070 Castelletto Uzzone CN 59 Ib82
64041 Castelli TE 86 Oe94
24060 Castelli Calepio BG 47 Kf75
50053 Castellina FI 77 Lf86
53011 Castellina in Chianti SI 78 Mb88
12050 Castellinaldo CN 59 Ia80
56040 Castellina Marittimo 77 Ld88
53035 Castellina Scalo SI 77 Mb88
14036 Castellino AT 59 Ib78
86020 Castellino del Biferno CB 92 Pe98
12060 Castellino Tanaro CN 68 Hf82
03030 Castelliri FR 90 Od98
24055 Castel Liteggio BG 47 Ke75
25080 Castello BS 48 Lc75
37030 Castello VR 49 Mb76
12020 Castello CN 58 Ha81
50141 Castello FI 73 Mb86
55041 Castello LU 71 Lb85
61018 Castello PU 74 Nc85
21030 Castello Cabiaglio VA 35 Ie73
27030 Castello d'Agogna PV 46 Ie77
40050 Castello d'Argile BO 64 Mb80
23030 Castello dell'Acqua SO 37 La72
42100 Castello della Madonnina RE 63 Ld80
61040 Castello della Pieve PU 79 Nb87
06055 Castello delle Forme PG 84 Nc91
81016 Castello del Matese CE 96 Pc100
14034 Castello di Annone AT 59 Ib79
37010 Castello di Brenzone VR 49 Le74
23884 Castello di Brianza LC 47 Kc74
12087 Castello di Casotto CN 68 Hf83
80030 Castello di Cisterna NA 102 Pc103
31030 Castello di Godego TV 50 Mf74
62038 Castello di Serravalle MC 85 Nf90
38030 Castello Molina di Fiemme TN 39 Mc71
43042 Castellonchio PR 62 La81
86021 Castellone CB 97 Pc100
04023 Castellonorato LT 95 Oe101
38053 Castello Tesino TN 40 Md72
58010 Castell'Ottieri GR 83 Me92
46014 Castellucchio MN 63 Ld78
96010 Castelluccio 125 Qb126
96017 Castelluccio 126 Pf127
84029 Castelluccio Cosentino SA 104 Qc105
71025 Castelluccio De'Sauri 98 Qc101
85040 Castelluccio-Inferiore PZ 110 Qf108
85040 Castelluccio-Superiore PZ 110 Qf108
71020 Castelluccio Valmaggiore FG 98 Qb100
98070 Castell' Umberto ME 122 Pe120
98070 Castell' Umberto Vecchio ME 122 Pe120
91010 Castelluzzo TP 118 Ne120
00024 Castel Madama RM 89 Nf97
40013 Castel Maggiore BO 64 Mc81
22030 Castelmarte CO 46 Kb74
45035 Castelmassa RO 64 Mb78
86031 Castelmauro CB 92 Pe98
25030 Castel Mella BS 48 La76
02029 Castelmenardo RI 90 Ob95
85010 Castelmezzano PZ 105 Ra105
31023 Castelminio TV 50 Mf75
98030 Castelmola ME 116 Qb121
81020 Castelmorrone CE 96 Pc102
27030 Castelnovetto PV 46 Id77
36033 Castelnovo VI 50 Mc75
45030 Castelnovo Bariano RO 64 Mb78
33090 Castelnovo del Friuli PN 52 Nf71
42024 Castelnovo di Sotto RE 63 Ld80
42035 Castelnovo ne'Monti 71 Lc82
26024 Castelnuove del Zappa CR 48 Kf77
38050 Castelnuovo TN 39 Mc72
50050 Castelnuovo FI 77 Lf87
52010 Castelnuovo AR 78 Mf87
40038 Castelnuovo BO 72 Ma83
67020 Castelnuovo AQ 91 Od95
86070 Castelnuovo a Volturno IS 96 Pa99
14043 Castelnuovo Belbo AT 60 Ic80
53019 Castelnuovo Berardenga SI 78 Md88
26843 Castelnuovo Bocca d'Adda LO 62 Kf78
15017 Castelnuovo Bormida AL 60 Id80
22070 Castelnuovo Bozzente CO 46 If74
14040 Castelnuovo Calcea AT 59 Ib80
84040 Castelnuovo Cilento SA 102 Qa107
37014 Castelnuovo del Garda VR 49 Le76
53024 Castelnuovo dell'Abate SI 83 Md91
71034 Castelnuovo della Daunia FG 98 Qa99
12070 Castelnuovo di Ceva CN 68 Ia82
84020 Castelnuovo di Conza SA 104 Qb104
02031 Castelnuovo di Farfa RI 89 Ne95
55032 Castelnuovo Di Garfagnana LU 71 Lc84
00060 Castelnuovo di Porto RM 89 Nd96
56041 Castelnuovo di Val di Cicina PI 77 Lf89
14022 Castelnuovo Don Bosco AT 59 Hf78
29010 Castelnuovo Fogliani PC 62 Kf79
26010 Castelnuovo Gherardi CR 48 La77
19033 Castelnuovo Magra SP 71 La84
57016 Castelnuovo Misericordia LI 76 Lc88
10080 Castelnuovo Nigra TO 44 He76
41051 Castelnuovo Rangone MO 63 Lf81
15053 Castelnuovo Scrivia AL 60 If79
64020 Castelnuovo Vomano TE 87 Of93
82024 Castelpagano BN 97 Pe100
86090 Castelpetroso IS 96 Pc99
60031 Castelplanio AN 80 Oa88
26040 Castelponzone CR 62 Lb78
82030 Castelpoto BN 97 Pe102
62022 Castelraimondo MC 80 Oa89
06065 Castel Rigone PG 79 Nb89
14044 Castel Rocchero AT 60 Ic80
86170 Castelromano IS 96 Pb99
10034 Castelrosso TO 45 Hf77
39040 Castelrotto = Kastelruth BZ 39 Md69
24040 Castel Rozzone BG 47 Kd75
84077 Castel Ruggero SA 102 Qc108
84083 Castel San Giorgio SA 103 Pe104
29015 Castel San Giovanni PC 61 Kc78
84049 Castel San Lorenzo SA 104 Qb106
52018 Castel San Niccolo AR 78 Me86
00030 Castel San Pietro Romano RM 89 Nf97
40024 Castel San Pietro Terme BO 73 Md82
01030 Castel Santa Elia 89 Nc95
06046 Castel Santa Maria PG 86 Oa92
62022 Castel Santa Maria MC 80 Oa89
02010 Castel Sant'Angelo RI 85 Oa94
62039 Castelsantangelo sul Nera MC 86 Oa91
62020 Castel San Venanzo MC 80 Oa89
86071 Castel San Vincenzo IS 91 Pa99
85031 Castelsaraceno PZ 110 Qf108
07031 Castelsardo SS 132 Id103
21050 Castelseprio VA 46 If74
88834 Castelsilano KR 113 Re113
15070 Castelspina AL 60 Id80
92025 Casteltermini AG 123 Od123
05026 Casteltodino TR 85 Nd93
21010 Castelveccana VA 35 Id73
67067 Castelvecchio AQ 90 Ob96
51017 Castelvecchio PT 72 Le85
61040 Castelvecchio PU 80 Oa86
42031 Castelvecchio RE 63 Ld82
39052 Castelvecchio = Altenburg BZ 39 Mb70
67020 Castelvecchio Calvisio AQ 91 Oe95
17034 Castelvecchio di Rocca Barbena SV 68 Ia84
67024 Castelvecchio Subequo AQ 91 Oe96
82037 Castelvenere BN 97 Pd101
26022 Castelverde CR 48 Kf77
37030 Castelvero VR 49 Mb75
86080 Castelverrino IS 92 Pc98
82023 Castelvetere in Val Fortore BN 97 Pf100
83040 Castelvetere sul Calore AV 103 Pf103
91022 Castelvetrano TP 118 Ne122
41014 Castelvetro di Modena MO 63 Lf81
29010 Castelvetro Piacentino PC 62 Kf78
06073 Castelvieto PG 79 Nb90
05014 Castel Viscardo TR 84 Na92
26010 Castelvisconti CR 47 Kf77
81030 Castel Volturno CE 96 Of102
40055 Castenaso BO 64 Mc81
25014 Castenedolo BS 48 Lb76
20087 Casterno MI 46 If76
09040 Castiadas CA 137 Kc113
57012 Castiglioncello LI 76 Lc88
73032 Castiglione LE 109 Tc109
60044 Castiglione AN 80 Nf89
65020 Castiglione a Casauria PE 91 Of95
16030 Castiglione Chiavarese GE 70 Kd83
87040 Castiglione Cosentino CS 112 Rb112
26823 Castiglione d'Adda LO 47 Ke77
40035 Castiglione Dei Pepoli BO 73 Ma84
84090 Castiglione del Genovesi SA 103 Pf104
06061 Castiglione del Lago PG 79 Na90
58043 Castiglione Della Pescaia GR 82 Lf92
06055 Castiglione della Valle PG 84 Nb90
46043 Castiglione delle Stiviere MN 48 Lc76
48015 Castiglione di Cervia RA 74 Nb83
55033 Castiglione di Garfagnana LU 71 Lc84
22023 Castiglione d'Intelvi CO 36 Ka73
48010 Castiglione di Ravenna RA 74 Nb83
95012 Castiglione Di Sicilia CT 122 Qa121
53023 Castiglione d'Orcia SI 83 Md90
12060 Castiglione Falletto CN 59 Hf81
01024 Castiglione in Teverina VT 84 Nb93
88042 Castiglione Marittimo CZ 112 Ra115
66033 Castiglione Messer Marino CH 92 Pc97
64034 Castiglione Messer Raimondo TE 87 Of93
21043 Castiglione Olona VA 46 If74
12053 Castiglione Tinella CN 59 Ib80
10090 Castiglione Torinese TO 59 He78
52029 Castiglion Fibocchi AR 78 Me87
52043 Castiglion Fiorentino AR 79 Mf88
53036 Castiglioni SI 77 Ma88
60041 Castiglioni AN 80 Ne88
60011 Castiglioni AN 80 Oa87
63032 Castignano AP 86 Od91
84050 Castinatelli SA 102 Qb108
12050 Castino CN 59 Ib81
32024 Castion BL 40 Nb72
29028 Castione PC 61 Ke79
38060 Castione TN 49 Lf73
31037 Castione TV 50 Me74
23012 Castione Andevenno SO 37 Ke71
24020 Castione della Presolana BG 37 La73
43036 Castione Marchesi PR 62 La79
23030 Castionetto SO 37 La71
33080 Castions PN 52 Ne73
33050 Castions di Mura UD 52 Ob73
33050 Castions di Strada UD 52 Ob73
37010 Castion Veronese VR 49 Le75
26866 Castiraga LO 47 Kc77
25070 Casto BS 48 Lb74
63030 Castorano AP 86 Oe91
25030 Castrezzato BS 48 Kf75
25080 Castrezzone BS 48 Lc75
73020 Castri di Lecce LE 109 Tb107
73040 Castrignano del Capo LE 109 Tc110
73020 Castrignano d'Greci 109 Tb107
24063 Castro BG 48 La74
73030 Castro LE 109 Tc108
47011 Castrocaro Terme FC 74 Mf83
03030 Castrocielo FR 95 Oe99
03020 Castro dei Volsci FR 95 Oc99
92020 Castrofilippo AG 123 Oe124
87040 Castrolibero CS 112 Rb113
73030 Castro Marina LE 109 Tc108
52043 Castroncello AR 78 Mf89
21040 Castronno VA 46 Ie74
85030 Castronuovo di Sant'Andrea PZ 111 Rb107
90030 Castronuovo Di Sicilia PA 120 Od122
86010 Castropignano CB 97 Pd99
98053 Castroreale ME 122 Qb120
98050 Castroreale Terme 122 Qb120
87070 Castroregio CS 111 Rc109
50033 Castro San Martino FI 73 Mb84
87012 Castrovillari CS 111 Rb110
44041 Casumaro FE 64 Mc79
91024 Casuzze RG 119 Nf122
97017 Casuzze RG 124 Pd128
23010 Cataeggio SO 37 Kd71
89100 Cataforio RC 117 Qe120
81044 Catailli CE 96 Pa100
96011 Catanesa SR 125 Qa125
95121* Catania CT 122 Qa124
88100 Catanzaro CZ 113 Rd115
88100 Catanzaro Marina CZ 115 Rd116
98124 Catarratti 116 Qd119
56028 Catena PI 77 Le86
94010 Catenanuova EN 121 Pe123
50050 Catignano FI 77 Lf87
65011 Catignano PE 91 Of94
60041 Catobagli AN 80 Nf88
84046 Catona SA 102 Qb108
89100 Catona RC 117 Qd119
31056 Ca'Tron TV 51 Nc75
61100 Cattabrighe PU 75 Nf85
98044 Cattafi ME 116 Qb119
47841 Cattolica RN 75 Ne85
92011 Cattolica Eraclea AG 123 Oc124
81047 Caturano CE 96 Pb102
30020 Ca'Turcata 51 Nd75
89041 Caulonia RC 115 Rc118
91020 Cautali Grande TP 119 Oa122
82030 Cautano BN 97 Pd102
25070 Cavacca BS 48 Ld74
26884 Cavacurta LO 47 Ke77
97018 Cava d'Áliga RG 126 Pe128
84013 Cava de' Tirreni SA 103 Pe104
91010 Cava di Tufo TP 118 Ne120
13881 Cavaglia BI 45 Ia76
28043 Cavagliano NO 46 Id75
28010 Cavaglietto NO 45 Id75
28010 Cavaglio d'Agogna NO 45 Ic75
28825 Cavaglio San Donnino VB 35 Id72
28825 Cavaglio Spoccia VB 35 Id72
21050 Cavagnano VA 36 If73
10020 Cavagnolo TO 59 Ia78
37010 Cavaion Veronese VR 49 Le75
37010 Cavalcaselle VR 49 Le76
38033 Cavalese TN 39 Mc71
95038 Cavaliere 122 Pf123
98047 Cavallari ME 114 Qc119
67017 Cavallari AQ 86 Ob94
95047 Cavallaro CT 122 Pe123
22020 Cavallasca CO 46 Ka74
87040 Cavallerizzo CS 112 Ra111
12030 Cavallerleone CN 58 Hd80
12030 Cavallermaggiore CN 58 He80
50030 Cavallina FI 73 Mb85
73020 Cavallino LE 108 Tb107
30013 Cavallino-Treporti VE 51 Nc76
28010 Cavallirio NO 45 Ic75
62036 Cavallo Monte 85 Oa91
27051 Cava Manara PV 61 Ka78
30023 Cavanella VE 52 Nf74
45010 Cavanella Po RO 65 Na78
38011 Cavareno TN 39 Ma70
22010 Cavargna CO 36 Ka72
21044 Cavaria VA 46 Ie74
32100 Cavarzano BL 40 Nb72
30014 Cavarzere VE 65 Na78
31050 Cavasagra TV 50 Na75
31034 Cavaso del Tomba TV 50 Mf73
33092 Cavasso Nuovo PN 52 Ne71
15010 Cavatore AL 60 Ic81
36010 Cavazzale VI 50 Md75
33020 Cavazzo Carnico UD 41 Oa70
00033 Cave RM 90 Nf98
81044 Cave CE 96 Pa100
38010 Cavedago TN 39 Ma71
38073 Cavedine TN 39 Lf73
45011 Cavedon RO 65 Na78
26824 Cavenago d'Adda LO 47 Kd77
20040 Cavenago di Brianza MB 47 Kc75
45018 Ca'Venier 65 Nc79
33041 Cavenzano UD 52 Oc73
24050 Cavernago BG 47 Ke75
41032 Cavezzo MO 63 Ma79
16030 Cavi GE 70 Kc83
26824 Caviaga LO 47 Kd77
43041 Cavignana PR 61 Kd81
32020 Caviola BL 40 Mf70
38022 Cavizzana TN 39 Lf70
57030 Cavo LI 82 Lc91
46020 Cavo Diversivo MN 64 Mb78
40049 Cavone BO 72 Le84
10024 Cavoretto TO 58 He78
10061 Cavour TO 58 Hc80
38071 Cavrasto 38 Le72
42025 Cavriago RE 63 Ld80
46040 Cavriana MN 48 Ld76
52022 Cavriglia AR 78 Mc87
45018 Ca'Zuliani 65 Nc79
21020 Cazzago Brabbia VA 46 Ie74
25046 Cazzago San Martino BS 48 La75
40057 Cazzano BO 64 Mc81
37030 Cazzano di Tramigna VR 49 Mb76
24026 Cazzano Sant'Andrea BG 47 Kf74
06059 Cecanibbi PG 84 Nc92
03023 Ceccano FR 95 Ob99
00143 Cecchignola RM 89 Nc98
00041 Cecchina RM 89 Nd98
33087 Cecchini PN 51 Nd73
25088 Cecina BS 48 Ld75
57023 Cecina LI 76 Ld89
33022 Cedarchis UD 41 Oa70
25051 Cedegolo BS 38 Lc72
23010 Cedrasco SO 37 Ke72
90030 Cefala Diana PA 119 Oc121
70053 Cefalicchio 99 Ra101
96100 Cefalino 125 Qb126
90015 Cefalù PA 120 Pa120

30022 Ceggia VE 51 Nd74
70010 Ceglie del Campo BA 100 Rf102
72013 Ceglie Messapica BR 107 Sd105
06016 Celalba PG 79 Nb87
67043 Celano AQ 90 Od96
25060 Celatica BS 48 Lb75
38024 Celentino TN 38 Le70
66050 Celenza sul Trigno CH 92 Pd97
71035 Celenza Valfortore FG 97 Pf99
27057 Cella PV 61 Kb80
47042 Cella FC 74 Nc83
26040 Cella Dati CR 62 Lb78
70010 Cellamare BA 100 Rf102
15034 Cella Monte AL 59 Ic78
87050 Cellara CS 112 Rb113
32032 Cellarda BL 40 Mf72
14010 Cellarengo AT 59 Hf79
47042 Celle FC 74 Nc84
84040 Celle di Bulgheria SA 102 Qc108
12020 Celle di Macra CN 58 Hb82
71020 Celle di San Vito FG 98 Qb101
38020 Celledizzo TN 38 Le70
14010 Celle Enomondo AT 59 Ia79
17015 Celle Ligure SV 69 Id82
58055 Cellena GR 83 Md92
01020 Celleno VT 84 Na93
01010 Cellere VT 84 Me93
29013 Celleri PC 61 Ke79
53040 Celle sul Rigo SI 84 Me91
21038 Cellina VA 46 Id73
64036 Cellino Attanasio TE 87 Of93
72020 Cellino San Marco BR 108 Sf106
13024 Cellio VC 45 Ib74
81030 Cellole CE 96 Of101
37030 Cellore VR 49 Mb76
27030 Celpenchio PV 46 Id77
84068 Celso SA 102 Qa107
38034 Cembra TN 39 Mb71
88067 Cenadi CZ 115 Rc116
73048 Cenate 109 Sf108
24060 Cenate Sopra BG 47 Ke74
24069 Cenate Sotto BG 47 Ke74
32020 Cencenighe Agordino BL 40 Mf70
27050 Cencerate PV 61 Kb80
24020 Cene BG 47 Ke74
45030 Ceneselli RO 64 Mc78
17035 Cenesi SV 68 Ia84
17056 Cengio SV 68 Ib82
39020 Cengles = Tschengls BZ 28 Ld69
18020 Cenova IM 68 Hf84
12044 Centallo CN 58 Hd82
38040 Centa San Nicolo TN 39 Mb73
44042 Cento FE 64 Mb80
00132 Centocelle RM 89 Nd97
84051 Centola SA 102 Qb108
29010 Centora PC 61 Kd78
29019 Centovera PC 61 Ke79
88067 Centrache CZ 115 Rc116
36030 Centrale VI 50 Mc74
94010 Centuripe EN 122 Pe123
33080 Ceolini PN 41 Nd73
65012 Cepagatti PE 87 Pa94
19020 Ceparana SP 71 Kf84
23030 Cepina SO 38 Lc70
33040 Cepletischis UD 53 Od71
82010 Ceppaloni BN 97 Pe102
28875 Ceppo Morelli VB 35 Ia73
03024 Ceprano FR 95 Od99
37020 Ceraino VR 49 Le75
94010 Cerami EN 121 Pd122
89011 Ceramida RC 117 Qe119
16014 Ceranesi GE 60 If81
28065 Cerano NO 46 Ie76
22020 Cerano d'Intelvi CO 36 Ka73
27010 Ceranova PV 46 Kb77
61039 Cerasa PU 80 Oa86
89100 Cerasi RC 114 Qe120
84052 Ceraso SA 102 Qb107
47852 Cerasolo RN 75 Nd85
86070 Cerasuolo IS 96 Pa99
24062 Ceratello BG 48 La73
50026 Cerbaia FI 77 Ma86
86012 Cercemaggiore CB 97 Pe100
10060 Cercenasco TO 58 Hd79
86010 Cercepiccola CB 97 Pd100
53100 Cerchiaia SI 78 Mc89
87070 Cerchiara di Calabria CS 111 Rc109
67044 Cerchio AQ 91 Od96
33020 Cercivento UD 41 Nf69
33020 Cercivento di Sopra UD 41 Nf69
33020 Cercivento di Sotto UD 41 Nf69
80040 Cercola NA 102 Pc103
90010 Cerda PA 120 Oe121
02037 Cerdomare RI 89 Nf95
37053 Cerea VR 49 Mb77
36078 Cerealto VI 49 Mb75
36073 Cereda VI 49 Mc75
20080 Cerello MI 46 If76
88833 Cerenzia KR 113 Re113
10070 Ceres TO 44 Hc77
89824 Ceresara VV 115 Rc118
46040 Ceresara MN 48 Ld77
46030 Cerese MN 63 Le78
15020 Cereseto AL 59 Ib78
12040 Ceresole Alba CN 59 He80
10080 Ceresole Reale TO 44 Hb76
24020 Cerete-Alto BG 48 Kf73
24020 Cerete-Basso BG 48 Kf73
25076 Cereto BS 48 Lc75
25024 Cereto BS 48 Lb76
12024 Ceretto CN 58 Hc81
27030 Ceretto Lomellina PV 46 Ie77
73020 Cerfignano LE 109 Tc108
27020 Cergnago PV 46 Ie77
32035 Cergnai BL 40 Na72
00052 Ceri RM 88 Na97
17023 Ceriale SV 68 Ib84
20020 Ceriano Laghetto MB 46 Ka75
71042 Cerignola FG 99 Qf101
12040 Ceriolo CN 58 He82
87044 Cerisano CS 112 Rb113
46040 Cerlongo MN 48 Ld77
22072 Cermenate CO 46 Ka74
39010 Cermes = Tscherms BZ 28 Ma69
64037 Cermignano TE 87 Oe93
67017 Cermone AQ 86 Ob94
37020 Cerna VR 49 Lf75
32020 Cernadoi BL 40 Mf70
33047 Cerneglons UD 52 Ob72
22012 Cernobbio CO 46 Ka73
23870 Cernusco Lombardone LC 47 Kc74
20063 Cernusco sul Naviglio MI 47 Kb75
10019 Cerone TO 45 Hf76
06055 Cerqueto PG 84 Nb91
64044 Cerqueto TE 86 Od93
06023 Cerqueto PG 80 Ne89
65019 Cerratina PE 87 Pa94
42030 Cerre RE 71 Lc82
86089 Cerreto IS 92 Pb98
13852 Cerreto Castello BI 45 Ia75
14020 Cerreto d'Asti AT 59 Ia78
42037 Cerreto dell'Alpi RE 71 Lb83
60043 Cerreto d'Esi AN 80 Nf89
06041 Cerreto di Spoleto PG 85 Nf92
67010 Cerreto Fonte AQ 86 Od94
15050 Cerreto Grue AL 60 If79
50050 Cerreto Guidi FI 72 Lf86
00020 Cerreto Laziale RM 90 Nf97
82032 Cerreto Sannita BN 97 Pd101
12050 Cerretto Langhe CN 59 Ia81
15020 Cerrina Monferrato AL 59 Ib78
13882 Cerrione BI 45 Ia76
88041 Cerrisi CZ 112 Rc114
21014 Cerro VA 35 Id73
20070 Cerro al Lambro MI 47 Kc77
86072 Cerro al Volturno IS 91 Pa99
84045 Cerrocupo SA 104 Qa105
20023 Cerro Maggiore MI 46 If75
14030 Cerro Tanaro AT 59 Ic79
37020 Cerro Veronese VR 49 Ma75
85030 Cersosimo PZ 111 Rc108
85046 Cersuta PZ 110 Qe108
50052 Certaldo FI 77 Ma87
16040 Certenoli GE 70 Kb82
39020 Certosa = Karthaus BZ 28 Lf68
88050 Cerva CZ 113 Re114
43100 Cervara PR 62 Lb79
54027 Cervara MS 71 Ke82
00020 Cervara di Roma RM 90 Oa97
35030 Cervarese Santa Croce PD 50 Me76
42032 Cervarezza RE 71 Lb82
64043 Cervaro TE 86 Oc93
03044 Cervaro FR 96 Of100
13019 Cervarolo RE 45 Ib73
25040 Cerveno BS 38 Lb72
12040 Cervere CN 59 He81
27050 Cervesina PV 60 Ka78
00052 Cerveteri RM 88 Na97
48015 Cervia RA 74 Nc83
87010 Cervicati CS 112 Ra111
62011 Cervidone 81 Ob88
26832 Cervignano d'Adda LO 47 Kc76
33052 Cervignano Del Friuli UD 52 Oc74
83012 Cervinara AV 97 Pd102
81023 Cervino CE 97 Pc102
18010 Cervo IM 68 Ia85
87040 Cerzeto CS 112 Ra111
32020 Cesa BL 40 Na72
81030 Cesa CE 96 Pb103
32020 Cesana BL 40 Mf72
23861 Cesana Brianza LC 47 Kb74
10054 Cesana Torinese TO 57 Ge79
00060 Cesano RM 89 Nc96
60019 Cesano AN 80 Ob86
20090 Cesano Boscone MI 46 Ka76
20031 Cesano Maderno MB 46 Ka75
28891 Cesara VB 45 Ic74
98033 Cesaro ME 121 Pe121
20020 Cesate MI 46 Ka75
81037 Cescheto CE 96 Of101
67050 Cese AQ 86 Ob94
67051 Cese AQ 90 Oc96
47023 Cesena FC 74 Nb84
47042 Cesenatico FC 74 Nc83
62038 Cesi MC 85 Nf90
83020 Cesinali AV 103 Pe103
32030 Cesiomaggiore BL 40 Mf72
46030 Cesole MN 63 Ld78
62027 Cesolo MC 80 Ob89
31040 Cessalto TV 51 Nd74
89816 Cessaniti VV 114 Ra117
62020 Cessapalombo MC 81 Ob90
14050 Cessole AT 59 Ib81
28060 Cesto NO 45 Id75
36010 Cesuna VI 50 Mc73
84010 Cetara SA 103 Pe105
25040 Ceto BS 38 Lc72
53040 Cetona SI 84 Mf91
87022 Cetraro CS 112 Qf111
87022 Cetraro Marina CS 112 Qf111
12073 Ceva CN 68 Ia82
39040 Cevas = Tschovas BZ 29 Md69
39049 Ceves = Tschois BZ 29 Mc67
25040 Cevo BS 38 Lc72
56035 Cevoli PI 77 Ld87
11020 Challand Saint Victor AO 44 He74
11023 Chambave AO 44 Hd74
10060 Chambons TO 58 Ha78
11020 Chamois AO 44 Hd73
11020 Champdepraz AO 44 Hd74
11020 Champoluc AO 44 He74
11020 Champorcher AO 44 Hd75
11020 Charvensod AO 44 Hb74
11024 Châtillon AO 44 Hd74
91026 Chelbi TP 118 Nd122
12062 Cherasco CN 59 Hf81
07040 Cheremule SS 132 Ie105
29013 Chero PC 62 Ke79
37050 Cherubine VR 64 Mb77
32020 Cherz BL 40 Mf70
11020 Chevrère 44 Hd74
11010 Chezallet AO 44 Hb74
01038 Chia VT 84 Nb94
09010 Chia CA 136 If115
03030 Chiaiamari FR 90 Od99
80145 Chiaiano NA 102 Pb103
10070 Chialamberto TO 44 Hc76
36072 Chiampo VI 49 Mb75
52044 Chianacce AR 78 Mf89
12020 Chianale CN 57 Ha81
83010 Chianche AV 97 Pe102
98039 Chianchitti ME 116 Qb122
53042 Chianciano Terme SI 84 Me90
33024 Chiandarens UD 41 Nd70
56034 Chianni PI 77 Ld88
10050 Chianocco TO 58 Hb78
32046 Chiapuzza BL 40 Nb70
97012 Chiaramonte Gulfi RG 126 Pe126
07030 Chiaramonti SS 132 Ie104
31040 Chiarano TV 51 Nd74
60033 Chiaravalle AN 81 Ob87
88064 Chiaravalle Centrale CZ 115 Rc116
29011 Chiaravalle della Colomba PC 62 Kf79
20139 Chiaravalle Milanese MI 46 Kb76
23023 Chiareggio SO 37 Ke71
25032 Chiari BS 47 Kf75
33050 Chiarmacis UD 52 Oa73
85032 Chiaromonte PZ 111 Rb108
61044 Chiaserna PU 80 Nd88
33050 Chiasiellis UD 52 Ob73
74016 Chiatona TA 107 Sa105
86097 Chiauci IS 92 Pc98
16043 Chiavari GE 70 Kb83
13856 Chiavazza Valdengo BI 45 Ia75
32043 Chiave BL 40 Na69
23022 Chiavenna SO 36 Kc71
29016 Chiavenna Landi PC 62 Kf78
10010 Chiaverano TO 45 Hf76
39030 Chienes = Kiens BZ 29 Mf68
38062 Chienis TN 39 Lf73
10023 Chieri TO 59 He78
38046 Chiesa TN 39 Mb73
12020 Chiesa CN 57 Ha81
28851 Chiesa VB 35 Ib72
28863 Chiesa = Andermatten VB 35 Ic70
43032 Chiesabianca PR 61 Ke81
23023 Chiesa in Valmalenco SO 37 Kf71
91019 Chiesa Nuova 118 Nd120
10080 Chiesanuova TO 44 Hd76
50026 Chiesanuova FI 77 Mb86
73017 Chiesanuova LE 109 Ta108
48017 Chiesanuova RA 64 Me81
16040 Chiesanuova GE 70 Kc82
35030 Chiesanuova PD 50 Me76
62011 Chiesanuova di San Vito MC 81 Ob88
35040 Chiesazza PD 64 Md77
32010 Chies d'Alpago BL 41 Nc72
51013 Chiesina Uzzanese PT 72 Le85
25026 Chiesuola BS 48 La77
48026 Chiesuola RA 74 Na82
66100 Chieti CH 91 Pa94
71010 Chieuti FG 93 Qa97
26010 Chieve CR 47 Kd76
37139 Chievo VR 49 Lf76
24020 Chignolo BG 47 Ke73
24040 Chignolo d'Isola BG 47 Kd75
27013 Chignolo Po PV 61 Kc78
07010 Chilivani SS 132 If105
50022 Chiocchio FI 78 Mb87
30015 Chioggia VE 51 Nb77
10050 Chiomonte TO 57 Gf78
12078 Chionea CN 68 Hf84
33083 Chions PN 51 Ne73
33048 Chiopris-Viscone UD 52 Oc73
30174 Chirignago VE 51 Nb76
52010 Chitignano AR 78 Mf87
18027 Chiusanico 68 Hf85
24060 Chiuduno BG 47 Kf75
29020 Chiulano PC 61 Kd79
36010 Chiuppano VI 50 Mc74
23030 Chiuro SO 37 Kf71
89045 Chiusa RC 115 Rb119
39043 Chiusa = Klausen BZ 29 Md69
10050 Chiusa di San Michele TO 58 Hb78
14025 Chiusano d'Asti AT 59 Ia79
83040 Chiusano di San Domenico AV 97 Pf103
90033 Chiusa Sclafani PA 119 Ob122
18027 Chiusavecchia IM 68 Hf85
43019 Chiusa Viarola PR 62 La79
53012 Chiusdino SI 77 Ma90
53043 Chiusi SI 84 Mf90
52010 Chiusi della Verna AR 79 Mf86
10034 Chivasso TO 45 Hf77
38061 Chizzola TN 49 Ma74
25080 Chizzoline BS 48 Ld75
89060 Chorio RC 117 Qe121
07020 Ciabattu OT 130 Kb102
18010 Ciabaudo IM 68 He85
90100 Ciaculli PA 119 Oc120
33092 Ciago PN 52 Ne71
33040 Cialla 52 Oc72
00043 Ciampino RM 89 Nd98
81040 Ciamprisco CE 96 Pa102
92012 Cianciana AG 123 Oc123
89831 Ciano VV 115 Rb117
31035 Ciano TV 50 Na74
89126 Ciappi RC 117 Qe120
89866 Ciaramiti VV 114 Qf117
39020 Ciardes, Castelbello- BZ 28 Lf69
91025 Ciavolo TP 118 Nd122
91025 Ciavolotto TP 118 Nd122
32040 Cibiana di Cadore BL 40 Nb70
16044 Cicagna GE 70 Kb82
88040 Cicala CZ 112 Rc114
80033 Cicciano NA 97 Pd103
15020 Cicengo AL 59 Ib78
84053 Cicerale SA 104 Qa106
45011 Cicese RO 65 Mf78
16040 Cichero GE 70 Kb82
00020 Ciciliano RM 90 Nf97
52028 Cicogna AR 78 Md87
28804 Cicogna VB 35 Ic72
29010 Cicogni PC 61 Kc79
26030 Cicognolo CR 48 Lb78
33034 Ciconicco UD 52 Oa72
10080 Ciconio TO 44 He77
88821 Cicoria KR 113 Rf113
42033 Cigarello RE 63 Ld82
52040 Cigglano AR 78 Me88
13043 Cigliano VC 45 Ia77
12060 Ciglie CN 68 Hf82
15010 Ciglione AL 60 Ic81
25020 Cignano BS 48 La76
26020 Cignone CR 48 Kf77
27040 Cigognola PV 61 Kb78
25020 Cigole BS 48 Lb77
56028 Cigoli PI 77 Le86
27024 Cilavegna PV 46 Ie77
31010 Cimadolmo TV 51 Nc74
29013 Cimafava PC 62 Ke79
15010 Cimaferle AL 60 Ic81
23020 Cimaganda SO 36 Kc70
32041 Cima Gogna BL 41 Nc69
32047 Cima Sappada BL 41 Ne69
25050 Cimbergo BS 38 Lc72
21029 Cimbro VA 46 Ie74
38082 Cimego TN 38 Ld73
10090 Cimena 44 Hf78
89040 Cimina RC 115 Ra119
90023 Ciminna PA 120 Od121
80030 Cimitile NA 97 Pd103
25060 Cimmo BS 48 Lb74
33080 Cimolais PN 41 Nc71
38060 Cimone TN 39 Ma73
33080 Cimpello PN 41 Ne73
14020 Cinaglio AT 59 Ia79
00173 Cinecitta RM 89 Nd97
00020 Cineto Romano RM 90 Nf96
26042 Cingia de'Botti 62 Lb78
62011 Cingoli MC 80 Ob88
58044 Cinigiano GR 83 Mc91
20092 Cinisello Balsamo MI 46 Kb75
90045 Cinisi PA 119 Oa120
23010 Cino SO 37 Kc72
40016 Cinquanta BO 64 Mc81
89021 Cinquefrondi RC 115 Ra118
95040 Cinquegrana CT 121 Pe124
10080 Cintano TO 44 He76
38050 Cinte Tesino TN 40 Md72
30020 Cinto Casomaggiore 52 Ne74
35030 Cinto Euganeo PD 50 Md77
50022 Cintoia FI 78 Mc87
51030 Cintolese PT 72 Le85
10090 Cinzano TO 59 Hf78
84085 Ciorani SA 103 Pe104
18017 Cipressa IM 68 Hf85
24024 Cirano BG 47 Kf74
82020 Circello BN 97 Pe100
28887 Cireggio VB 45 Ic73
89040 Cirella RC 115 Ra119
87023 Cirella CS 110 Qe110
89016 Cirello RC 114 Qf118
29013 Ciriano PC 62 Ke79
10073 Ciriè TO 44 Hd77
75010 Cirigliano MT 105 Rb106
82016 Cirignano BN 97 Pd102
22070 Cirimido CO 46 Ka74
39025 Cirlano = Tschirland BZ 28 Lf69
88813 Ciro KR 113 Sa112
88811 Ciro Marina KR 113 Sa112
38020 Cis TN 39 Ma70
37011 Cisano BS 49 Le75
24030 Cisano Bergamasco BG 47 Kc74
17035 Cisano sul Neva SV 68 Ia84
24040 Ciserano BG 47 Kd75
29020 Cisiano PC 61 Kd79
21040 Cislago VA 46 If75
20080 Cisliano MI 46 If76
36020 Cismon del Grappa VI 40 Me73
31030 Cison di Valmarino TV 40 Na73
28845 Cisore VB 35 Ib72
12050 Cissone CN 59 Ia81
33030 Cisterna UD 41 Nf72
81040 Cisterna CE 96 Pb101
14010 Cisterna d'Asti AT 59 Ia80
04012 Cisterna di Latina LT 94 Ne99
72014 Cisternino BR 107 Sc104
06010 Citerna PG 79 Na88
35013 Cittadella PD 50 Me75
40052 Cittadella BO 64 Md81
87020 Cittadella del Capo CS 110 Qf111
06066 Città delle Pieve PG 84 Na91
90045 Citta del Mare PA 119 Oa119
00120 Città Del Vaticano ◘ V 89 Nc97
06012 Città di Castello PG 79 Nb88
02015 Cittaducale RI 85 Nf94
89022 Cittanova RC 117 Ra118
91012 Citta Povera TP 118 Ne121
02010 Cittareale RI 86 Oa93
65013 Citta Sant'Angelo PE 87 Pa93
21033 Cittiglio VA 35 Id73
23862 Civate LC 47 Kc74
35020 Civè PD 51 Na77
22030 Civenna CO 36 Kb73
18017 Civezza IM 68 Hf85
38045 Civezzano TN 39 Mb72
13010 Civiasco VC 45 Ib74
41037 Cividale MO 63 Ma79
33043 Cividale Del Friuli UD 52 Oc72

46017 Cividale Mantovano MN 63 Lc78
24050 Cividate al Piano BG 47 Ke75
25040 Cividate Camuno BS 38 Lb73
87010 Civita CS 111 Rb110
86030 Civitacampomarano CB 92 Pe98
01033 Civita Castellana VT 89 Nc95
66040 Civitaluparella CH 92 Pb97
62012 Civitanova Alta MC 81 Oe89
86094 Civitanova del Sannio IS 92 Pc99
62012 Civitanova Marche MC 81 Oe89
65010 Civitaquana PE 91 Of95
67020 Civitaretenga AQ 91 Oe95
00053 Civitavecchia RM 88 Me96
00026 Civitella RM 89 Nf96
65010 Civitella Casanova PE 91 Of94
01010 Civitella Cesi VT 88 Na95
01020 Civitella d'Agliano VT 84 Nb93
05010 Civitella de'Conti TR 84 Nb91
64010 Civitella Del Tronto TE 86 Od92
47012 Civitella di Romagna FC 74 Mf84
52041 Civitella in Val di Chiana AR 78 Me88
58045 Civitella Marittima GR 83 Mb91
66010 Civitella Messer Raimondo CH 91 Pb96
67054 Civitella Roveto AQ 90 Oc97
00060 Civitella San Paolo RM 89 Nd95
23010 Civo SO 37 Kd72
47012 Civorio FC 74 Na85
46030 Cizzolo MN 63 Ld78
22010 Claino con Òsteno CO 36 Ka72
33050 Clauiano UD 52 Ob73
33080 Claut PN 41 Nd71
33025 Clavais UD 41 Nf70
12060 Clavesana CN 59 Hf82
10050 Claviere TO 57 Ge79
38023 Cles TN 39 Ma70
87030 Cleto CS 112 Ra114
33026 Cleulis UD 41 Oa69
33090 Cleva PN 41 Nf71
25070 Clibbio BS 48 Lc75
86042 Cliternia Nuova 93 Qa97
21050 Clivio VA 46 If73
38020 Cloz TN 39 Ma70
33025 Cludinico 41 Nf70
25049 Clusane sul Lago BS 48 La75
39024 Clusio = Schleis BZ 27 Ld68
24023 Clusone BG 37 Kf73
21019 Coarezza VA 46 Id74
10070 Coassolo Torinese TO 44 Hc77
45030 Coatti RO 64 Mc79
10050 Coazze TO 58 Hb78
14054 Coazzolo AT 59 Ia80
25030 Coccaglio BS 48 Kf75
44030 Coccanile FE 65 Mf79
48100 Coccolia RA 74 Na83
14023 Cocconato AT 59 Ia78
06029 Coccorano PG 80 Nd89
89863 Coccorinello VV 114 Qf117
89863 Coccorino VV 114 Qf117
15045 Cocetta AL 60 Ie78
72015 Cocolicchio BR 107 Sb104
81044 Cocoruzzo CE 96 Of100
67030 Cocullo AQ 91 Oe96
73027 Cocumola LE 109 Tc108
32020 Coda BL 49 Lf75
33039 Coderno UD 52 Nf72
35020 Codevigo PD 51 Na77
12080 Codevilla CN 68 Hf83
27050 Codevilla PV 60 Ka79
44021 Codigoro FE 65 Na80
54014 Codiponte MS 71 La83
42045 Codisotto RE 63 Le79
31013 Codogne TV 51 Nc73
26845 Codogno LO 47 Ke78
33033 Codroipo UD 41 Nf73
07040 Codrongianos SS 132 Ie105
50025 Coeliaula 77 Ma86
13863 Coggiola BI 45 Ib74
07027 Coghinas OT 132 Ka104
20020 Cogliate MB 46 Ka75
11012 Cogne AO 44 Hc75
25052 Cogno BS 38 Lb73
17019 Cogoleto SV 69 Id82
08020 Cogoli NU 133 Kc105
37039 Cogollo VR 49 Ma75
36010 Cogollo del Cengio VI 50 Mc74
38024 Cogolo TN 38 Le70
16030 Cogorno GE 70 Kc83
25081 Cogozzo BS 48 Lc75
46016 Cogozzo MN 63 Lc79
42024 Cogruzzo RE 63 Ld80
28853 Coimo VB 35 Ic72
28011 Coiromonte NO 45 Ic74
31051 Col TV 40 Na73
37017 Cola VR 49 Le76
28010 Colazza NO 45 Ic74
06022 Colbassano PG 80 Ne89
31020 Colbertaldo TV 50 Na73
61022 Colbordolo PU 75 Ne86
14026 Colcavagno AT 59 Ia78
60040 Colcello AN 80 Nf88
60041 Coldellanoce AN 80 Ne88
32027 Col di Pra BL 40 Mf71
39020 Coldrano = Goldrain BZ 28 Le69
89050 Colelli RC 114 Qe119
24020 Colere BG 37 La73
89064 Coletta RC 117 Qe121
03030 Colfelice FR 95 Od99
06034 Colfiorito PG 85 Nf90
31030 Colfosco TV 51 Nb74
39030 Colfosco = Kollfuschg BZ 40 Mf69
31046 Colfrancui TV 51 Nc74
29020 Coli PC 61 Kc80
23823 Colico LC 36 Kc72
24010 Colla BG 37 Kd73
42037 Collagna RE 71 Lb82
39054 Collalbo = Klobenstein BZ 39 Mc69
53034 Collalto SI 77 Ma88
33017 Collalto UD 52 Ob71
02022 Collalto Sabino RI 90 Oa96
60044 Collamato AN 80 Nf89
67040 Collarmele AQ 91 Od96
06050 Collazzone PG 85 Nc91
67017 Colle AQ 86 Ob94
33090 Colle PN 52 Ne72
33082 Colle PN 51 Ne73
06025 Colle PG 80 Ne89
39030 Colle = Kohlern BZ 39 Mc70
02043 Collebaccaro RI 85 Ne94
06066 Collebaldo PG 84 Nb91
25060 Collebeato BS 48 Lb75
39100 Colle Bichl BZ 29 Mb67
23886 Colle Brianza LC 47 Kc74
43044 Collecchio PR 62 Lb80
58051 Collecchio GR 83 Ma93
65010 Collecorvino PE 87 Pa94
06025 Colle Croce PG 80 Nf90
86020 Colle d'Anchise CB 97 Pd99
55062 Colle di Compito LU 72 Ld86
39030 Colle di Dentro = Inner-Pichl BZ 30 Nb68
00030 Colle di Fuori RM 89 Ne98
39030 Colle di Fuori = Ausser-Pichl BZ 30 Nb68
66010 Colledimacine CH 91 Pb96
66040 Colledimezzo CH 92 Pc97
53034 Colle di Val D'Elsa SI 77 Ma88
00034 Colleferro RM 90 Oa98
02020 Collegiove RI 90 Oa95
10093 Collegno TO 58 Hd78
39040 Colle Isarco = Gossensaß BZ 29 Mc67
67050 Collelongo AQ 91 Od97
05023 Collelungo TR 84 Nc92
06033 Collemancio PG 85 Nd91
73010 Collemeto LE 109 Ta107
57023 Collemezzano LI 76 Ld88
06029 Collemincio PG 80 Ne89
91100 Colleo TP 118 Nd121
56036 Colleoli PI 77 Le87
03010 Collepardo FR 90 Oc98
73040 Collepasso LE 109 Ta108
39053 Collepietra = Steinegg BZ 39 Mc70
67020 Collepietro AQ 91 Oe95
10010 Colleretto Giacosa TO 44 He76
57014 Collesalvetti LI 76 Lc87
82024 Colle Sannita BN 97 Pf100
90016 Collesano PA 120 Of121
32020 Colle Santa Lucia BL 40 Na70
06063 Collesanto MC 86 Oa90
86044 Colletorto CB 93 Pf99
67019 Collettara AQ 86 Ob94
31014 Colle Umberto TV 41 Nc73
02042 Collevecchio RI 89 Nd94
03035 Colli FR 95 Od99
84020 Colliano SA 104 Qb104
86073 Colli a Volturno IS 96 Pa99
67012 Collicello AQ 86 Ob94
63030 Colli del Tronto AP 86 Oe91
80065 Colli di Fontanelle NA 102 Pc105
67061 Colli di Montebove AQ 90 Oa96
67045 Collimento AQ 90 Oc95
33020 Collina UD 31 Nf69
60030 Collina AN 81 Ob88
09020 Collinas MD 134 If111
25060 Collio BS 48 Lb74
02010 Colli sul Velino RI 85 Ne94
13030 Collobiano VC 45 Ic76
51017 Collodi PT 72 Ld85
33010 Colloredo di Monte Albano UD 52 Oa72
33030 Colloredo di Prato UD 52 Oa72
28803 Colloro VB 35 Ib72
39040 Colma = Kollmann BZ 29 Md69
21016 Colmegna VA 35 Ie72
62020 Colmurano MC 81 Oc90
20040 Colnago MI 47 Kc75
75021 Colobraro MT 111 Rc107
38085 Cologna TN 38 Ld73
64026 Cologna TE 87 Of92
44033 Cologna FE 65 Mf79
64026 Cologna Spiaggia TE 87 Of92
37044 Cologna Veneta VR 49 Mc77
25033 Cologne BS 47 Kf75
20093 Cologno MI 47 Kb75
24055 Cologno al Serio BG 47 Ke75
24060 Colognola BG 48 Kf74
37030 Colognola ai Colli VR 49 Mb76
20093 Cologno Monzese MI 47 Kb75
45021 Colombano RO 64 Md78
61040 Colombara PU 80 Ne87
25019 Colombare BS 48 Ld76
25050 Colombaro BS 48 Kf75
10020 Colombaro TO 59 Hf78
26030 Colombarolo CR 62 Lb78
06100 Colombella Bassa PG 79 Nc90
89057 Colonia Franchetti RC 114 Qe119
09036 Colonia Marina Funtanazza MD 134 Ic111
00030 Colonna RM 89 Ne97
64010 Colonnella TE 87 Of91
22010 Colonno CO 36 Ka73
23020 Coloredo SO 36 Kc71
54029 Coloretta MS 70 Ke82
23010 Colorina SO 37 Ke72
43052 Colorno PR 62 Lc79
87050 Colosimi CS 112 Rc114
39020 Colsano = Galsaun BZ 28 Lf69
43033 Coltaro PR 62 Lb79
38070 Coltura TN 38 Le72
33070 Coltura PN 41 Nc72
20060 Colturano MI 47 Kc76
20050 Colzano MB 46 Kb74
24020 Colzate BG 47 Kf74
36047 Colzè 50 Md76
21020 Comabbio VA 46 Ie74
44022 Comacchio FE 65 Nb80
38070 Comano TN 38 Lf72
54015 Comano MS 71 La83
38024 Comasine TN 38 Le71
26833 Comazzo LO 47 Kc76
10060 Combagarino TO 58 Ha79
59015 Comeana PO 72 Ma86
33023 Comeglians UD 41 Nf69
32040 Comelico Superiore BL 30 Nd69
89844 Comerconi VV 114 Qf117
21025 Comerio VA 46 Ie73
25030 Comezzano-Cizzago BS 48 Kf76
28060 Comignago NO 45 Id74
66016 Comino CH 91 Pb95
97013 Comiso RG 126 Pd127
92020 Comitini AG 123 Od124
80030 Comiziano NA 97 Pd103
46010 Commessaggio MN 63 Ld78
38020 Commezzadura TN 38 Lf71
87046 Commicelle CS 112 Ra112
22100 Como CO 46 Ka74
39100 Compaccio = Kompatsch BZ 28 Lf69
89852 Comparni VV 115 Ra117
25040 Comparte BS 38 Lc72
43053 Compiano PR 61 Ke82
27040 Composinoso PV 61 Kb78
46035 Comuna Bellis MN 63 Mb78
63044 Comunanza AP 86 Oc91
28060 Comune d'Enea NO 45 Ic75
24040 Comun Nuovo BG 47 Kd75
30010 Cona VE 65 Na77
86070 Conca Casale IS 96 Pa100
35020 Conca d'Albero PD 51 Na77
84010 Conca dei Marini SA 103 Pd105
81044 Conca della Campania CE 96 Of101
45020 Concadirame RO 64 Me78
22070 Concagno CO 46 If74
37050 Concamarise VR 49 Ma77
08020 Concas NU 133 Kd105
38060 Concei TN 38 Le73
02020 Concerviano RI 90 Nf95
25062 Concesio BS 48 Lb75
89100 Concessa RC 117 Qd119
36062 Conco VI 50 Md74
30023 Concordia Sagittaria VE 52 Nf74
41033 Concordia sulla Secchia MO 63 Lf79
20049 Concorezzo MB 47 Kc75
38083 Condino TN 38 Ld73
89030 Condofuri RC 117 Qf120
89030 Condofuri Marina RC 117 Qf121
89040 Condojanni RC 115 Rb119
10055 Condove TO 58 Hb78
98040 Condro ME 116 Qb119
31015 Conegliano TV 51 Nb73
30010 Conetta VE 65 Mf77
27030 Confienza PV 45 Id77
02040 Configni RI 85 Nd94
82010 Confini BN 97 Pe102
88041 Conflenti Inferiore CZ 112 Rb114
88041 Conflenti Superiore CZ 112 Rb114
25034 Coniolo BS 48 Kf76
15030 Coniolo AL 59 Ic78
44013 Consandolo FE 64 Me81
16040 Conscenti GE 70 Kc82
48017 Conselice RA 64 Me81
35026 Conselve PD 50 Mf77
22010 Consiglio di Rumo CO 36 Kb72
50060 Consuma FI 73 Md86
45014 Contarina RO 65 Nb78
98168 Contemplazione ME 114 Qd119
20067 Conterico MI 47 Kc76
90030 Contessa Entellina PA 119 Ob122
98128 Contesse ME 114 Qd120
89029 Contestabile RC 114 Qf118
89844 Conte Villa Gabrielli VV 117 Qf117
02043 Contigliano RI 85 Ne94
12072 Contrada CN 68 Ia82
83020 Contrada AV 103 Pe103
43011 Contrada della Chiesa PR 62 La79
15100 Contrada Ebrei AL 60 Ie79
64010 Controguerra TE 87 Oe91
84020 Controne SA 104 Qb105
84024 Contursi Terme SA 104 Qb105
48020 Conventello RA 65 Na81
70014 Conversano BA 101 Sa103
47011 Converselle 74 Mf83
83040 Conza della Campania AV 104 Qc103
15030 Conzano AL 60 Ic78
84080 Coperchia SA 103 Pe104
73043 Copertino LE 109 Ta107
27010 Copiano PV 47 Kb77
62038 Copogna MC 80 Nf90
44034 Copparo FE 64 Me79
67010 Coppito AQ 86 Oc94
87050 Coraci CS 112 Rc114
27050 Corana PV 60 If78
70033 Corato BA 100 Rc102
31020 Corbanese TV 40 Nb73
05018 Corbara TR 84 Nb92
84010 Corbara SA 103 Pd104
20011 Corbetta MI 46 If76
45015 Corbola RO 65 Na78
30029 Corbolone VE 51 Ne74
43100 Corcagnano PR 62 Lb80
01030 Corchiano VT 89 Nc94
06023 Corcia PG 80 Ne89
06073 Corciano PG 79 Nb90
45011 Corcreva RO 65 Na78
67051 Corcumello AQ 90 Oc96
33084 Cordenons PN 41 Ne73
64024 Cordesco TE 87 Of92
31016 Cordignano TV 41 Nc73
33075 Cordovado PN 52 Nf73
38010 Coredo TN 39 Ma70
70011 Coreggia BA 107 Sb104
55025 Coreglia Antelminelli LU 72 Ld84
16040 Coreglia Ligure GE 70 Kb82
09010 Coremò CI 136 Id114
03040 Coreno Ausonio FR 96 Oe100
52010 Corezzo AR 74 Mf86
67030 Corfinio AQ 91 Of96
21029 Corgeno VA 46 Ie74
33050 Corgnolo UD 52 Ob73
04010 Cori LT 90 Nf99
42030 Coriano RE 72 Lc83
47853 Coriano RN 75 Nd85
87032 Corica CS 112 Ra114
81037 Corigliano CE 96 Of101
87064 Corigliano Calabro CS 111 Rd111
73022 Corigliano d'Otranto LE 109 Tb108
87065 Corigliano Scalo CS 111 Rd111
60013 Corinaldo AN 80 Oa87
10070 Corio TO 44 Hd77
39100 Coristeles BZ 29 Mf69
90034 Corleone PA 119 Ob122
71022 Corleto FG 98 Qd101
84020 Corleto Monforte SA 104 Qc106
85012 Corleto Perticara PZ 105 Ra106
20032 Cormano MB 46 Kb75
34071 Cormons GO 52 Oc73
23020 Corna Bianca SO 37 Kf72
50033 Cornacchiaia FI 73 Mc84
43014 Cornaccina PR 62 La80
39057 Cornaiano = Girlan BZ 39 Mb70
24030 Corna Imagna BG 47 Kd74
24017 Cornalba BG 47 Ke73
15020 Cornale AL 59 Ib78
27050 Cornale PV 60 If78
14047 Cornalea AT 59 Ic79
26020 Cornaleto CR 47 Ke77
31040 Cornare TV 51 Nc73
20010 Cornaredo MI 46 Ka75
20040 Cornate d'Adda MI 47 Kc75
45031 Corne 64 Me78
39053 Cornedo all' Isarco = Karneid BZ 39 Mc70
36073 Cornedo Vicentino VI 49 Mc75
35020 Cornegliana PD 50 Mf77
26854 Cornegliano Laudense LO 47 Kc77
12040 Corneliano d'Alba CN 59 Hf80
24010 Cornello BG 37 Kd73
43040 Corniana PR 62 La81
46047 Corniano 63 Le77
19020 Cornice SP 70 Ke83
19010 Corniglia SP 70 Ke84
16152 Cornigliano Ligure GE 69 If82
43021 Corniglio PR 62 La82
91015 Cornino TP 118 Nd120
33030 Cornino UD 41 Oa71
33040 Corno di Rosazzo UD 52 Oc73
26846 Corno Giovine LO 61 Ke78
26842 Cornovecchio LO 62 Ke78
31041 Cornuda TV 50 Na74
34070 Corona GO 52 Oc73
17044 Corona SV 68 Ic82
39040 Corona = Graun BZ 39 Mb71
44020 Coronella FE 64 Md80
84013 Corpo di Cava SA 103 Pe104
47900 Corpolo RN 74 Nc84
44042 Corpo-Reno 64 Mb80
44020 Correggi FE 64 Mf80
42015 Correggio RE 63 Le80
46030 Correggioli MN 64 Ma78
46035 Correggioli MN 63 Mb78
46030 Correggio Verde 63 Ld79
20050 Correzzana MB 47 Kb75
37060 Correzzo VR 63 Ma78
35020 Correzzola PD 50 Na77
22010 Corrido CO 36 Ka72
62014 Corridonia MC 81 Od89
96013 Corridore del Pero SR 125 Qa124
98044 Corriolo ME 116 Qb119
64013 Corropoli TE 87 Oe92
53014 Corsano SI 78 Mb89
73033 Corsano LE 109 Tc109
20094 Corsico MI 46 Ka76
53019 Corsignano SI 78 Mc88
14020 Corsione AT 59 Ia78
38070 Cort TN 38 Le72
39040 Cortaccia = Kurtatsch BZ 39 Mb71
88020 Cortale CZ 115 Rc115
33010 Cortale UD 52 Ob72
14013 Cortandone AT 59 Ia79
14020 Cortanze AT 59 Ia78
14010 Cortazzone AT 59 Ia79
32020 Corte BL 40 Mf70
29020 Corte Brugnatella PC 61 Kc80
44025 Corte Centrale FE 65 Na80
26020 Corte de'Cortesi CR 48 La77
26010 Corte de'Frati CR 48 La77
25040 Corte Franca BS 48 Kf75
30016 Cortellazzo VE 51 Ne75
29016 Cortemaggiore PC 62 Kf79
12074 Cortemilia CN 59 Ib81
25048 Cortenedolo BS 38 Lb71
25040 Corteno Golgi BS 38 Lb72
23813 Cortenova LC 36 Kc73
24050 Cortenuova BG 47 Ke75
50053 Cortenuova FI 77 Lf86
27014 Corteolona PV 61 Kc78
26834 Corte Palasio LO 47 Kd77
26028 Cortetano CR 47 Kf77
24062 Corti 48 La74

40100 Corticella BO 64 Mc81
25020 Corticelle Pieve BS 48 La76
91019 Cortigliolo TP 118 Nd120
14020 Cortiglione AT 59 Ia78
14040 Cortiglione AT 59 Ic80
41012 Cortile MO 63 Lf80
38029 Cortina TN 38 Le71
32043 Cortina d'Ampezzo BL 40 Na69
39040 Cortina sulla Strada del Vino = Kurtinig an der Weinstraße BZ 39 Mb71
25075 Cortine BS 48 Lb75
50021 Cortine FI 77 Mb87
64040 Cortino TE 86 Od93
09010 Cortiois CI 136 Id114
09040 Corti Rosas CA 137 Kc111
09010 Cortoghiana CI 136 Ic113
52044 Cortona AR 79 Mf89
19020 Corvara SP 70 Ke83
65020 Corvara PE 91 Of95
39033 Corvara = Corvara in Badia BZ 40 Mf69
39033 Corvara = Rabenstein BZ 29 Mc68
39033 Corvara in Badia = Corvara BZ 40 Mf69
39010 Corvara in Passiria BZ 28 Ma67
02020 Corvaro RI 90 Ob95
00163 Corviale RM 89 Nc97
27050 Corvino San Quirico PV 61 Ka78
25020 Corvione BS 48 Lb77
25030 Corzano BS 48 La76
39028 Corzes = Kortsch BZ 28 Le69
33095 Cosa PN 52 Nf72
28875 Cosa VB 35 Ib72
33030 Coseano UD 41 Oa72
95010 Cosentini 122 Qa123
87100 Cosenza CS 112 Rb113
18023 Cosio d'Arroscia IM 68 He84
23013 Cosio Valtellino SO 37 Kd72
89050 Cosoleto RC 117 Qf119
12054 Cossano Belbo CN 59 Ib81
10010 Cossano Canavese TO 45 Hf76
13836 Cossato BI 45 Ib75
63030 Cossignano AP 86 Oe91
28801 Cossogno VB 35 Id73
07010 Cossoine SS 132 Ie106
14020 Cossombrato AT 59 Ia79
25084 Costa BS 48 Ld74
36071 Costa 49 Mc75
10050 Costa TO 56 Ha78
32040 Costa BL 30 Nd69
17029 Costa SV 68 Ic83
29010 Costa PC 61 Kd79
06025 Costa PG 80 Ne90
15010 Costa AL 60 Id81
36030 Costabissara VI 50 Mc75
06021 Costacciaro PG 80 Ne88
39036 Costadedoi BZ 29 Mf69
27010 Costa de'Nobili PV 61 Kc78
24060 Costa di Mezzate BG 47 Ke75
45023 Costa di Rovigo RO 64 Me78
24010 Costa di Serina BG 47 Ke73
18100 Costa d'Oneglia IM 68 Ia85
16029 Costafontana GE 61 Kb81
39059 Costalovara = Wolfsgruben BZ 39 Mc69
53100 Costalpino SI 78 Mb89
32040 Costalta BL 30 Nd69
37032 Costalunga VR 49 Mb76
23845 Costa Masnaga LC 47 Kb74
39030 Costa Molini = Mühleck BZ 30 Mf67
27040 Costa Montefedele PV 61 Kc78
06080 Costano PG 85 Nd90
13033 Costanzana VC 45 Ic77
07038 Costa Paradiso OT 132 If102
43014 Costa Pavesi PR 62 La80
18017 Costarainera IM 68 Hf85
12060 Costa San Luigi CN 68 Ia82
26022 Costa Sant'Abramo CR 62 Kf77
29014 Costa Stradivari PC 62 Kf79
24030 Costa Valle Imagna BG 47 Kd74
15050 Costa Vescovato AL 60 If80
24062 Costa Volpino BG 48 La73
31010 Coste TV 50 Mf74
43043 Costerbosa PR 62 Kf81
37010 Costermano VR 49 Le75
14055 Costigliole d'Asti AT 59 Ib80
12024 Costigliole Saluzzo CN 58 Hc81
36071 Costo VI 49 Mc75
36023 Costozza VI 50 Md76
48010 Cotignola RA 74 Mf82
81044 Cotogni CE 96 Of101
88836 Cotronei KR 113 Re114
02040 Cottanello RI 85 Ne94
95013 Cottone CT 122 Qb122
11013 Courmayeur AO 56 Gf74
89011 Covala RC 117 Qe119
39028 Covelano = Goflan BZ 28 Le69
38070 Covelo TN 39 Ma72
24050 Covo BG 47 Ke76
70040 Cozzana BA 101 Sb103
70042 Cozze BA 101 Sa102
27030 Cozzo PV 46 Id77
31029 Cozzuolo TV 40 Nb73
28028 Crabbia NO 45 Ic74
75010 Craco MT 106 Rc106
28857 Crana VB 35 Ic72
23832 Crandola Valsassina LC 36 Kc72
89040 Crasto RC 115 Ra119
33050 Crauglio UD 52 Oc73
13020 Cravagliana VC 45 Ib73
12050 Cravanzana CN 59 Ia81
28852 Craveggia VB 35 Ic72
28862 Cravegna VB 35 Ib71
36051 Creazzo VI 50 Mc75
66014 Crecchio CH 92 Pb95
24060 Credaro BG 47 Kf75
26010 Credera-Rubbiano CR 47 Kd77
26013 Crema CR 47 Ke76
23894 Cremella LC 47 Kb74
21030 Cremenaga VA 36 Ie73
23814 Cremeno LC 37 Kc73
25020 Cremezzano BS 48 La76
22010 Cremia CO 36 Kb72
25049 Cremignane 48 La75
22044 Cremnago CO 46 Kb74
15010 Cremolino AL 60 Id81
26100 Cremona CR 62 La78
26010 Cremosano CR 47 Kd76
11028 Crépin AO 34 Hd73
13044 Crescentino VC 45 Ia77
31017 Crespano del Grappa TV 50 Mf74
24041 Crespi BG 47 Kd75
26835 Crespiatica LO 47 Kd76
31010 Crespignaga TV 50 Mf74
56040 Crespina PI 76 Ld87
45030 Crespino RO 65 Mf79
28012 Cressa NO 45 Id75
29015 Creta PC 61 Kc78
52044 Creti AR 78 Mf89
38085 Creto TN 38 Ld73
21016 Creva VA 35 Ie73
13864 Crevacuore BI 45 Ib74
40014 Crevalcore BO 64 Ma80
28865 Crevoladossola VB 35 Ib72
13019 Crevola Sesia VC 45 Ib74
07020 Crisciuleddu OT 130 Kb102
80020 Crispano NA 96 Pb103
74012 Crispiano TA 107 Sb105
62022 Crispiero MC 80 Oa89
12030 Crissolo CN 58 Ha80
41030 Cristo MO 63 Ma80
40068 Croara BO 73 Md83
91019 Crocci TP 118 Nd120
30024 Croce VE 51 Nd75
47854 Croce RN 75 Nd85
81042 Croce CE 96 Pb101
98057 Croce al Promontorio ME 116 Qb119
87058 Croce di Magara CS 112 Rc113
25042 Croce di Salven BS 37 La73
63025 Croce di Via AP 81 Od90
16040 Croce d'Orero GE 70 Kb82
16010 Crocefieschi GE 60 Ka81
04018 Croce Moschitto LT 94 Oa99
45021 Crocetta RO 64 Mc78
40023 Crocetta BO 64 Me82
31035 Crocetta del Montello TV 50 Na74
60022 Crocette AN 81 Od88
89134 Croce Valanidi 117 Qe120
90121 Croce Verde PA 119 Oc120
91019 Crocevie TP 118 Nd120
25080 Crociale di Manerba 48 Ld75
45012 Crociarone RO 65 Na79
57014 Crocino LI 76 Lc87
28862 Crodo VB 35 Ib71
64043 Crognaleto TE 86 Oc93
87060 Cropalati CS 113 Re111
88051 Cropani CZ 113 Re115
85030 Cropani PZ 110 Ra108
88051 Cropani Marina CZ 113 Re115
13853 Crosa BI 45 Ib75
38060 Crosano TN 49 Lf74
36063 Crosara VI 50 Md74
45030 Crosara RO 64 Me78
87060 Crosia CS 111 Re111
21020 Crosio della Valle VA 46 Ie74
88900 Crotone KR 113 Sa114
26020 Crotta d'Adda CR 47 Kf78
10019 Crotte TO 45 Hf76
13040 Crova VC 45 Ib77
28861 Croveo VB 35 Ib71
38027 Croviana TN 39 Lf70
88812 Crucoli KR 113 Sa112
21020 Crugnola VA 46 Ie74
21050 Cuasso al Monte VA 36 If73
21050 Cuasso al Piano VA 36 If73
15040 Cuccaro Monferrato AL 60 Ic79
84050 Cuccaro Vetere SA 102 Qb108
22060 Cucciago CO 46 Ka74
96016 Cuccumella SR 125 Pf124
61031 Cuccurano PU 75 Nf86
10090 Cuceglio TO 44 He76
91100 Cuddia soprana TP 118 Nd121
82026 Cuffiano BN 97 Pe100
20012 Cuggiono MI 46 Ie75
21030 Cugliate Fabiasco VA 36 Ie73
09073 Cuglieri OR 134 Id107
32014 Cugnan BL 40 Nb72
33020 Culzei UD 41 Ne69
98146 Cumia ME 116 Qd119
10040 Cumiana TO 58 Hc79
26020 Cumignano sul Naviglio CR 47 Kf76
53014 Cuna SI 78 Mc89
21035 Cunardo VA 36 Ie73
94019 Cunazzo EN 121 Pc123
38010 Cunevo TN 39 Ma71
14026 Cunico AT 59 Ia78
10082 Cuorgne TO 44 Hd76
81037 Cupa CE 96 Of101
66051 Cupello CH 92 Pe96
62039 Cupi MC 86 Oa91
60044 Cupo AN 80 Ne88
63012 Cupra Marittima AP 87 Of90
60034 Cupramontana AN 80 Oa88
01019 Cura VT 88 Na95
27010 Cura Carpignano PV 46 Kb77
98100 Curcuraci ME 114 Qd119
09090 Curcuris OR 134 Ie110
28060 Cureggio NO 45 Ic74
45011 Curicchi RO 65 Na78
21010 Curiglia VA 36 Ie72
88022 Curinga CZ 115 Rb116
13865 Curino BI 45 Ib75
24035 Curno BG 47 Kd74
39027 Curon Venosta = Graun im Vinschgau BZ 27 Ld68
73020 Cursi LE 109 Tb108
28827 Cursolo Orasso VB 35 Id72
35010 Curtarolo PD 50 Mf75
46010 Curtatone MN 63 Le78
84085 Curteri SA 103 Pe104
81040 Curti CE 96 Pb102
84095 Curti SA 103 Pf104
84095 Curticelle SA 103 Pf104
20090 Cusago MI 46 Ka76
20095 Cusano Milanino MB 46 Kb75
82033 Cusano Mutri BN 97 Pc100
64046 Cusciano TE 86 Od93
47012 Cusercoli FC 74 Na84
38026 Cusiano TN 38 Le71
36027 Cusinati VI 50 Me74
22010 Cusino CO 36 Ka72
24010 Cusio BG 37 Kd73
33100 Cussignacco 52 Ob72
09011 Cussorgia CI 136 Ic114
91015 Custonaci TP 118 Ne120
51024 Cutigliano PT 72 Le84
88842 Cutro KR 113 Rf114
73020 Cutrofiano LE 109 Tb108
21030 Cuveglio VA 35 Ie73
21030 Cuvio VA 35 Ie73
28803 Cuzzago VB 35 Ic73
28851 Cuzzego VB 35 Ib72

D

89868 Daffina VV 114 Qf116
95010 Dagala 122 Qa122
15060 Daglio AL 61 Ka81
38030 Daiano TN 39 Mc71
20020 Dairago MI 46 If75
24044 Dalmine BG 47 Kd75
38010 Dambel TN 39 Ma70
17043 Damonte SV 68 Ib83
32040 Danta di Cadore BL 41 Nd69
38080 Daone TN 38 Ld73
91025 Dara TP 118 Nd121
33070 Dardago PN 41 Nd72
38080 Dare TN 38 Le72
25047 Darfo-Boario Terme BS 37 Lb73
38089 Darzo TN 48 Ld73
89832 Dasa VV 115 Rb117
22010 Dascio CO 36 Kc71
91027 Dattilo TP 118 Nd121
21020 Daverio VA 46 Ie74
88060 Davoli CZ 115 Rc117
23010 Dazio SO 37 Kd72
36100 Debba VI 50 Md76
09033 Decimomannu CA 136 If113
09010 Decimoputzu CA 136 If113
88041 Decollatura CZ 112 Rc114
82024 Decorata BN 97 Pf100
17033 Degna SV 68 Ia84
17058 Dego SV 68 Ib82
19013 Deiva Marina SP 70 Kd83
23014 Delebio SO 36 Kc72
93010 Delia CL 123 Of124
89012 Delianuova RC 117 Qf119
71026 Deliceto FG 98 Qc101
25020 Dello BS 48 La76
97010 Denaro RG 124 Pc127
15010 Denice AL 59 Ic81
38010 Denno TN 39 Ma71
44100 Denore FE 64 Me80
73039 Depressa LE 109 Tc109
11015 Derby AO 56 Ha74
16022 Dercogna GE 69 Ka82
15056 Dernice AL 60 Ka80
06053 Deruta PG 85 Nc91
23824 Dervio LC 36 Kb72
13034 Desana VC 45 Ic77
30174 Dese VE 51 Nb75
25015 Desenzano del Garda BS 48 Ld76
21039 Deserto VA 36 If73
20033 Desio MB 46 Ka75
87066 Destro CS 113 Re112
08032 Desulo NU 135 Kb108
39050 Deutschnofen = Nova Ponente BZ 39 Mc70
11020 Deval AO 44 Hc74
12075 Deversi CN 68 Hf83
24020 Dezzo BG 37 La73
50060 Diacceto FI 73 Md86
87023 Diamante CS 110 Qe110
95013 Diana CT 122 Qb122
18013 Diano Castello IM 68 Ia85
12055 Diano d'Alba CN 59 Ia81
18013 Diano Marina IM 68 Ia85
50062 Dicomano FI 73 Md85
55023 Diecimo LU 71 Ld85
39031 Dietenheim = Teodone BZ 30 Mf68
91025 Digerbato TP 118 Nd122
33030 Dignano UD 52 Nf72
62038 Dignano MC 85 Nf90
32020 Digonera BL 40 Mf70
38025 Dimaro TN 38 Lf71
89050 Diminniti RC 114 Qe119
89833 Dinami VV 117 Ra117
43019 Diolo PR 62 La79
87045 Dipignano CS 112 Rb113
73030 Diso LE 109 Tc108
41032 Disvetro MO 63 Ma79
98055 Ditella 114 Qa117
28010 Divignano NO 46 Id75
22020 Dizzasco CO 36 Ka73
39034 Dobbiaco = Toblach BZ 30 Nb68
39034 Dobbiaco Nuovo = Toblach Neu BZ 30 Nb68
34070 Doberdo del Lago GO 53 Od73
13017 Doccio VC 45 Ib74
30034 Dogaletto VE 51 Nb76
12063 Dogliani CN 59 Hf81
06057 Doglio PG 84 Nb92
66050 Dogliola CH 92 Pd97
32013 Dogna BL 41 Nb71
37020 Dolce VR 49 Lf75
70020 Dolcecanto BA 105 Rb103
18020 Dolcedo IM 68 Hf85
53043 Dolciano SI 84 Mf90
34070 Dolegna del Collio GO 52 Oc72
33048 Dolegnano UD 52 Oc73
09041 Dolianova CA 137 Kb112
30031 Dolo VE 51 Na76
23843 Dolzago LC 47 Kc74
47890 Domagnano ◘ RSM 74 Nc85
87030 Domanico CS 112 Rb113
33095 Domanins PN 52 Ne72
22013 Domaso CO 36 Kb72
32040 Domegge di Cadore BL 41 Nc70
37015 Domegliara VR 49 Le75
83020 Domicella AV 103 Pd103
60048 Domo AN 80 Oa88
28845 Domodossola VB 35 Ib72
09010 Domus de Maria CA 136 If115
09015 Domusnovas CI 136 Id113
38011 Don TN 39 Ma70
45014 Donada RO 65 Nb78
13893 Donato BI 45 Hf75
22014 Dongo CO 36 Kb72
89050 Donica RC 114 Qe119
08040 Donigala OG 135 Ke109
09040 Donigala, Siurgus- CA 135 Kb111
09170 Donigala Fenughedu OR 134 Id109
97013 Donnafugata RG 124 Pd127
97018 Donnalucata RG 126 Pd128
11020 Donnas AO 44 He75
57024 Donoratico LI 77 Ld89
09040 Donori CA 137 Ka112
39030 Dörf = Villetta BZ 29 Me68
39020 Dörfl = Monteplair BZ 27 Ld68
39019 Dorf Tirol = Tirolo BZ 28 Ma68
24020 Dorga BG 37 La73
08022 Dorgali NU 135 Kd107
87011 Doria CS 111 Rc110
16022 Doria GE 69 Ka82
23824 Dorio LC 36 Kb72
28040 Dormelletto NO 45 Id74
27020 Dorno PV 60 If78
38070 Dorsino TN 38 Lf72
13881 Dorzano BI 45 Ia76
26043 Dosimo CR 62 La77
32040 Dosoledo BL 30 Nc69
46030 Dosolo MN 63 Ld79
24010 Dossena BG 47 Ke73
24020 Dosso BG 37 La73
44040 Dosso FE 64 Mc80
39040 Dosso = Egg BZ 29 Mc67
37062 Dossobuono VR 49 Lf76
26042 Dosso de'Frati CR 62 Lb78
22010 Dosso del Liro CO 36 Kb72
25060 Dosso di Marmentino BS 48 Lb74
31030 Dosson TV 51 Nb75
11010 Doues AO 44 Hb74
47013 Dovadola FC 74 Mf84
38020 Dovena TN 39 Ma70
26010 Dovera CR 47 Kd76
40060 Dozza BO 73 Md82
46025 Dragoncello MN 64 Mb79
84019 Dragonea SA 103 Pe104
85020 Dragonetti PZ 104 Qe104
81010 Dragoni CE 96 Pb101
89862 Drapia VV 114 Qf117
98055 Drauto ME 114 Qa117
39040 Dreikirchen = Tre Chiese BZ 29 Mc69
33040 Drenchia UD 53 Od71
20070 Dresano MI 47 Kc76
28805 Dresio 35 Ib72
22020 Drezzo CO 46 If74
33050 Driolassa UD 52 Oa73
26034 Drizzona CR 62 Lc78
38074 Dro TN 39 Lf73
12025 Dronero CN 58 Hc82
89016 Drosi RC 117 Qf118
39040 Droter BZ 29 Mc67
10040 Druento TO 58 Hd78
28853 Druogno VB 35 Ic72
08010 Dualchi NU 134 If107
48020 Ducato di Fabriago RA 65 Mf82
44019 Ducentola FE 64 Me80
35020 Due Carrare PD 50 Me77
21010 Due Cossani VA 36 Ie72
42100 Due Maesta RE 63 Ld81
98043 Due Torri ME 116 Qc119
36031 Dueville VI 50 Md75
82030 Dugenta BN 97 Pc102
87041 Duglia CS 112 Rc111
34011 Duino-Aurisina TS 53 Oe74
34011 Duino-Devin 53 Od74
24060 Dumengoni BG 48 Kf74
21010 Dumenza VA 36 Ie72
21030 Duno VA 35 Ie73
25038 Duomo BS 48 La75
47100 Durazzanino FC 74 Na83
82015 Durazzano BN 97 Pc102
39030 Durna di Selva = Durnwald BZ 30 Nb68
39058 Durnholz = Valdurna BZ 29 Mc68
39030 Durnwald = Durna di Selva BZ 30 Nb68
86020 Duronia CB 92 Pc99
14010 Dusino San Michele AT 59 Hf79
32020 Dussoi BL 40 Nb72

E

29021 Ebbio PC 61 Kd80
84025 Eboli SA 103 Qa105
12078 Eca 68 Hf84
25048 Edolo BS 38 Lb71
39040 Egg = Dosso BZ 29 Mc67
06049 Eggi PG 85 Ne92
39044 Egna = Neumarkt BZ 39 Mb71

A B C D E F G H I J K L M N O P Q R S T U V W X Y Z

39030 Ehrenburg = Casteldarne BZ 29 Me68
87010 Eianina CS 111 Rb109
Eishof = Masogelato BZ 28 Lf68
23033 Eita SO 38 Lb70
62027 Elcito MC 80 Oa89
65010 Elice PE 87 Of93
08040 Elini OG 135 Kd109
23848 Ello LC 47 Kc74
09030 Elmas CA 137 Ka113
58010 Elmo GR 83 Me92
39042 Elvas BZ 29 Md68
39040 Elzenbaum = Pruno BZ 29 Mc67
11020 Emareset Saint Anselme AO 44 He74
50053 Empoli FI 77 Lf86
24060 Endine Gaiano BG 48 Kf74
36052 Enego VI 40 Me73
33020 Enemonzo UD 41 Nf70
37056 Engazza 49 Ma77
94100 Enna EN 121 Pb123
39044 Enneberg = Marebbe BZ 30 Mf68
39020 Ennewasser = Transacqua BZ 38 Le69
25079 Eno BS 48 Ld74
41038 Entra MO 64 Mb80
24060 Entratico BG 47 Kf74
12030 Envie CN 58 Hc80
11012 Épinel AO 44 Hb75
85033 Episcopia PZ 110 Ra108
84080 Episcopio SA 103 Pd104
04100 Epitaffio LT 94 Nf99
39057 Eppan = Appiano sulla Strada del Vino BZ 39 Mb70
23027 Era SO 36 Kc71
30020 Eraclea VE 51 Ne75
30020 Eraclea Mare VE 52 Ne75
89025 Eranova RC 117 Qf118
22036 Erba CO 46 Kb74
50031 Erbaia FI 73 Mb84
25041 Erbanno BS 37 Lb73
37060 Erbe VR 49 Lf77
37020 Erbezzo VR 49 Ma75
22022 Erbonne CO 36 Ka73
25030 Erbusco BS 48 Kf75
72020 Erchie BR 108 Se106
80056 Ercolano NA 102 Pc104
84061 Eredita SA 103 Qa106
96015 Eremiti SR 125 Pf125
84050 Eremiti SA 102 Qb108
10024 Eremo, l' TO 59 He78
91016 Erice TP 118 Nd120
33080 Erto PN 41 Nc71
07030 Erula SS 132 If104
23805 Erve LC 47 Kc74
62024 Esanatoglia MC 80 Nf89
08043 Escalaplano CA 135 Kc111
39010 Eschio = Aschl BZ 29 Mb69
08030 Escolca NU 135 Ka110
09090 Escovedu OR 134 If110
25017 Esenta BS 48 Lc76
25040 Esine BS 38 Lb73
23825 Esino Lario LC 36 Kc73
24060 Esmate BG 48 La74
03045 Esperia FR 95 Od100
07010 Esporlatu SS 132 If106
35042 Este PD 50 Md77
08030 Esterzili NU 135 Kb110
11014 Etroubles AO 44 Hb74
22030 Eupilio CO 46 Kb74
11100 Excenex AO 44 Hb74
39020 Eyrs = Oris BZ 28 Ld69
17020 Eze 68 Ib83

F

06012 Fabbrecce PG 79 Nb88
50028 Fabbrica FI 77 Mb87
15050 Fabbrica Curone AL 61 Ka80
55021 Fabbriche LU 72 Ld84
16100 Fabbriche GE 69 Ie82
55020 Fabbriche di Vallico LU 71 Lc85
42042 Fabbrico RE 63 Le79
15020 Fabiano AL 59 Ib78
60044 Fabriano AN 80 Nf88
01034 Fabrica di Roma VT 89 Nb94
89823 Fabrizia VV 115 Rb118
05015 Fabro TR 84 Na91
35013 Facca 50 Me75
31029 Fadalto TV 41 Nc72
32013 Fae BL 40 Nb71
31046 Fae TV 51 Nc74
33040 Faedis UD 52 Oc72
38010 Faedo TN 39 Ma71
23020 Faedo Valtellino SO 37 Kf72
52026 Faella AR 78 Md87
48018 Faenza RA 74 Mf83
47890 Faetano ◘ RSM 75 Nc85
71020 Faeto FG 98 Qa101
33034 Fagagna UD 52 Oa72
02023 Fagge RI 90 Oa95
22020 Faggeto Lario CO 46 Ka73
58037 Faggia GR 83 Md91
74020 Faggiano TA 107 Sc106
20083 Fagnano 46 If76
37060 Fagnano VR 49 Lf77
67020 Fagnano Alto AQ 91 Od95
87013 Fagnano Castello CS 110 Ra111
21054 Fagnano Olona VA 46 If74
33080 Fagnigola PN 51 Ne73
87053 Fago del Soldato CS 112 Rc112
82030 Faicchio BN 97 Pc101
38010 Fai della Paganella TN 39 Ma71
33090 Faidona PN 41 Ne71
05010 Faiolo TR 84 Na91
04100 Faiti LT 94 Nf100
32020 Falcade BL 40 Mf70
81030 Falciano del Massico CE 96 Of102
93011 Falconara CL 123 Pa126
87030 Falconara Albanese CS 112 Ra113
60015 Falconara Marittima AN 81 Oc87
98060 Falcone ME 122 Qa120
01030 Faleria VT 89 Nc95
88042 Falerna CZ 112 Rb114
88042 Falerna Marina CZ 112 Ra114
63020 Falerone FM 81 Oc90
38057 Falesina Valsugana TN 39 Mb72
12039 Falicetto CN 58 Hd81
66019 Fallascoso CH 92 Pb96
20081 Fallavecchia MI 46 If77
28827 Falmenta VB 35 Id72
22020 Faloppio CO 46 If74
03020 Falvaterra FR 95 Od99
31040 Falze TV 51 Na74
39010 Falzeben BZ 28 Mb69
31020 Falzè di Piave TV 51 Nb73
39030 Falzes = Pfalzen BZ 29 Mf68
25070 Famea BS 48 Lb74
71030 Fanale 100 Ra98
41021 Fanano MO 72 Le83
37020 Fane VR 49 Lf75
33092 Fanna PN 41 Ne71
61032 Fano PU 75 Oa85
40023 Fantuzza BO 64 Me82
31050 Fanzolo TV 50 Mf74
66010 Fara Filiorum Petri CH 91 Pb95
24045 Fara Gera d'Adda BG 47 Kd75
02032 Fara in Sabina RI 89 Ne95
28073 Fara Novarese NO 45 Ic75
24058 Fara Olivana con Sola BG 47 Ke76
66015 Fara San Martino CH 91 Pb96
36030 Fara Vicentino VI 50 Md74
85034 Fardella PZ 111 Ra108
25022 Farfengo BS 48 Kf76
26023 Farfengo CR 47 Kf77
12060 Farigliano CN 59 Hf81
26010 Farinate CR 47 Kd76
65010 Farindola PE 87 Oe94
29023 Farini PC 61 Kd80
33030 Farla UD 52 Oa71
01010 Farnese VT 83 Me93
87070 Farneta CS 111 Rc108
06100 Farneto PG 79 Nc89
98158 Faro Superiore ME 114 Qd119
32026 Farra BL 40 Na72
32016 Farra d'Alpago BL 41 Nc72
31010 Farra di Soligo TV 40 Na73
34072 Farra d'Isonzo GO 53 Od73
88816 Fasana KR 113 Sa113
81037 Fasani CE 96 Of101
90020 Fasano PA 120 Pa122
72015 Fasano BR 107 Sc103
25083 Fasano del Garda BS 48 Ld75
01100 Fastello VT 84 Na93
58051 Fattoria Colle Lupo GR 83 Mc93
97017 Fattoria di Randello RG 124 Pc127
25016 Fattoria Prandoni BS 48 Lb76
56043 Fauglia PI 76 Ld87
33050 Fauglis UD 52 Ob73
33035 Faugnacco UD 52 Oa72
12030 Faule CN 58 Hd80
16040 Favale di Malvaro GE 70 Kb82
92026 Favara AG 123 Od125
93010 Favarella CL 120 Of124
30030 Favaro Veneto VE 51 Nb76
89058 Favazzina RC 117 Qe119
89816 Favelloni VV 115 Ra116
38030 Faver TN 39 Mb71
32100 Faverga BL 40 Nb72
25020 Faverzano BS 48 La76
91023 Favignana TP 118 Nb121
39040 Favogna = Fennberg BZ 39 Mb71
10083 Favria TO 44 He77
42015 Fazzano RE 63 Le80
32041 Federavecchia BL 40 Nb69
12050 Feisoglio CN 59 Ia81
39040 Feldthurns = Velturno BZ 29 Md69
43040 Felegara PR 62 La80
33050 Felettis UD 52 Ob73
10080 Feletto TO 44 He77
33010 Feletto Umberto UD 52 Ob72
43035 Felino PR 62 Lb80
84055 Felitto SA 104 Qb106
15023 Felizzano AL 60 Ic79
36060 Fellette VI 50 Me74
73040 Felline LE 109 Ta109
46022 Felonica MN 64 Mc79
32032 Feltre BL 40 Mf72
22070 Fenegro CO 46 If74
32031 Fener BL 40 Mf73
10060 Fenestrelle TO 58 Ha78
26020 Fengo CR 47 Kf77
61045 Fenigli PU 80 Ne87
23010 Fenile SO 37 Kd72
11020 Fenis AO 44 Hc74
39040 Fennberg = Favogna BZ 39 Mb71
58045 Fercole GR 83 Mb90
89040 Ferdinandea RC 115 Rc117
05034 Ferentillo TR 85 Ne93
03013 Ferentino FR 90 Ob98
26026 Ferie CR 47 Ke77
28831 Feriolo VB 35 Ic73
96010 Ferla SR 125 Pf126
91022 Fermata Latomie TP 118 Ne123
61033 Fermignano PU 80 Nd86
63900 Fermo FM 81 Oe90
21010 Ferno VA 46 Ie75
88043 Feroleto Antico CZ 112 Rc115
89050 Feroleto della Chiesa RC 117 Ra118
16047 Ferrada GE 70 Kb82
75013 Ferrandina MT 106 Rc106
17014 Ferrania SV 68 Ib82
44100 Ferrara FE 64 Md80
39030 Ferrara = Schmieden BZ 30 Na68
37020 Ferrara di Monte Baldo VR 49 Lf74
89048 Ferraro RC 115 Rb119
86010 Ferrazzano CB 97 Pe99
21030 Ferrera di Varese VA 36 Ie73
27032 Ferrera Erbognone PV 60 If78
29024 Ferriere PC 61 Kc81
89030 Ferruzzano RC 117 Ra120
07041 Fertilia SS 131 Ib105
13022 Fervento VC 45 Ia73
24020 Festi Rasini BG 37 Kf73
57034 Fetovaia LI 82 La92
80077 Fiaiano NA 102 Of104
06034 Fiamenga PG 85 Nd91
02023 Fiamignano RI 90 Oa95
02040 Fianello RI 85 Nd94
10070 Fiano TO 44 Hd77
55064 Fiano TO 71 Lc85
50052 Fiano FI 77 Ma87
00065 Fiano Romano RM 89 Nd95
19032 Fiascherino SP 71 Kf84
62035 Fiastra MC 86 Oa90
38075 Fiave TN 38 Lf72
50056 Fibbiana FI 77 Lf86
95021 Ficarazzi CT 122 Qa123
90010 Ficarazzi PA 119 Oc120
91010 Ficarella TP 118 Ne120
45036 Ficarolo RO 64 Mc79
98062 Ficarra ME 122 Pe120
91019 Fico TP 118 Nd120
98055 Ficogrande ME 114 Qb116
05016 Ficulle TR 84 Na91
90034 Ficuzza PA 119 Oc121
43036 Fidenza PR 62 La79
39050 Fie allo Sciliar = Vols am Schlern BZ 39 Mc69
33020 Fielis UD 41 Oa70
38054 Fiera di Primiero TN 40 Me71
38050 Fierozzo TN 39 Mb72
26010 Fiesco CR 47 Ke76
50014 Fiesole FI 73 Mb86
25020 Fiesse BS 48 Lb77
30032 Fiesso d'Artico VE 50 Na76
45024 Fiesso Umbertiano RO 64 Md79
31010 Fietta TV 50 Mf73
53040 Fighine SI 84 Mf91
15060 Figino AL 61 Ka80
20153 Figino MI 46 Ka76
22060 Figino Serenza CO 46 Ka74
22070 Figliaro CO 46 If74
59100 Figline PO 72 Ma85
50063 Figline Valdarno FI 78 Mc87
87050 Figline Vegliaturo CS 112 Rb113
09090 Figu OR 134 If110
00060 Filacciano RM 89 Nd95
89814 Filadelfia VV 115 Rb116
90038 Filaga PA 119 Oc122
24040 Filago BG 47 Kd75
89841 Filandari VV 115 Ra117
58023 Filare GR 82 Lf91
54023 Filattiera MS 71 Kf83
91018 Filci TP 118 Ne121
84090 Filetta SA 103 Pf104
03010 Filettino FR 90 Ob97
60019 Filetto AN 80 Ob87
67100 Filetto AQ 86 Od94
66030 Filetto CH 92 Pb95
85020 Filiano PZ 104 Qe104
98055 Filicudi Porto ME 116 Pd117
27010 Filighera PV 61 Kb77
86074 Filignano IS 96 Pa99
88838 Filippa KR 113 Re114
15100 Filippona AL 60 Ie79
44010 Filo FE 65 Mf81
89843 Filogaso VV 115 Rb116
81035 Filorsi CE 96 Of101
60024 Filottrano AN 81 Oc88
90010 Finale PA 121 Pa120
44030 Finale di Rero FE 65 Mf80
41034 Finale Emilia MO 64 Mb80
17024 Finale Ligure SV 68 Ic83
28854 Finero VB 35 Id72
24050 Finiletti BG 47 Kf76
84061 Finocchito SA 103 Qa106
24020 Fino del Monte BG 37 Kf73
22073 Fino Mornasco CO 46 Ka74
24020 Fiorano al Serio BG 47 Kf74
10010 Fiorano Canavese TO 44 He76
41042 Fiorano Modenese MO 63 Le81
62035 Fiordimonte MC 86 Oa90
47890 Fiorentino ◘ RSM 74 Nc85
29017 Fiorenzuola d'Arda PC 62 Kf79
91025 Fiorina TP 118 Nc122
24023 Fiorine BG 47 Kf73
50100* Firenze FI 73 Mb86
05021 Firenzuola TR 85 Nd92
50033 Firenzuola FI 73 Mc84
87010 Firmo CS 111 Rb110
84084 Fisciano SA 103 Pe104
28060 Fisrengo NO 45 Ic76
38088 Fisto TN 38 Le72
89861 Fitili VV 114 Qf116
03014 Fiuggi FR 90 Ob98
41022 Fiumalbo MO 72 Ld83
47010 Fiumana FC 74 Mf84
89050 Fiumara RC 117 Qe119
48011 Fiumazzo RA 65 Na81
62036 Fiume MC 85 Nf90
98022 Fiumedinisi ME 116 Qc120
87030 Fiumefreddo Bruzio CS 112 Ra113
95013 Fiumefreddo di Sicilia CT 122 Qb122
24020 Fiumenero BG 37 Kf72
60015 Fiumesino AN 81 Oc87
55045 Fiumetto LU 71 Lb85
33080 Fiume Veneto PN 41 Ne73
85046 Fiumicello 110 Qe109
33059 Fiumicello UD 52 Oc74
00054 Fiumicino RM 88 Nb98
62025 Fiuminata MC 80 Nf89
54013 Fivizzano MS 71 La83
39050 Flaas = Valas BZ 29 Mb69
39040 Flading BZ 29 Mb67
33030 Flagogna UD 52 Nf71
33030 Flaibano UD 52 Nf72
33030 Flambro UD 52 Oa73
33050 Flambruzzo UD 52 Oa73
39040 Flanes = Flans BZ 29 Mc67
39040 Flanes di Sotto= Flans BZ 29 Md67
39040 Flans = Flanes BZ 29 Mc67
39040 Flans = Flanes di Sotto BZ 29 Md67
38010 Flavon TN 39 Ma71
39041 Fleres = Pflersch 29 Mc67
95039 Fleri 122 Qa123
25020 Flero BS 48 Lb76
98030 Floresta ME 122 Pf121
96014 Florida 125 Qa126
07030 Florinas SS 132 Id105
39030 Floronzo = Pflaurenz BZ 29 Mf68
83040 Flumeri AV 98 Qa102
33030 Flumignano UD 52 Oa73
09045 Flumini CA 137 Kb113
09010 Fluminimaggiore CI 136 Ic112
08010 Flussio OR 134 Id107
89041 Foca RC 115 Rc118
00054 Focene RM 88 Nb98
32032 Foen BL 40 Mf72
71100 Foggia FG 98 Qd100
82030 Foglianise BN 97 Pc102
42100 Fogliano RE 63 Ld81
47831 Fogliano Marina RN 75 Nd84
34070 Fogliano Redipuglia GO 52 Oc73
10090 Foglizzo TO 44 He77
51037 Fognano PT 72 Ma85
39011 Foiana = Vollan BZ 28 Ma69
52045 Foiano della Chiana AR 78 Me89
82020 Foiano di Val Fortore BN 97 Pf100
38064 Folgaria TN 39 Mb73
38025 Folgarida TN 38 Lf71
29028 Folignano PC 61 Kd79
63040 Folignano AP 86 Od92
06034 Foligno PG 85 Ne91
31051 Follina TV 40 Na73
31049 Follo TV 40 Na73
58022 Follonica GR 82 Le91
28856 Folsogno VB 35 Id72
25010 Folzano BS 48 Lb76
26861 Fombio LO 61 Ke78
90030 Fondacazzo PA 119 Oa122
95044 Fondacazzo 125 Pe125
98050 Fondachelli 122 Qb121
95016 Fondachello CT 122 Qb122
98040 Fondachello 116 Qc119
98048 Fondaconuovo ME 116 Qc119
36010 Fondi VI 50 Mc73
04022 Fondi LT 95 Oc100
42030 Fondiano RE 63 Ld81
38013 Fondo TN 39 Ma70
81040 Fondola CE 96 Pb101
28924 Fondotoce VB 35 Ic73
28863 Fondovalle = Stafelwald VB 35 Ic70
36076 Fongara VI 49 Mb74
08023 Fonni NU 135 Kb108
11020 Fontainemore AO 44 Hf75
58024 Fontalcinaldo GR 77 Lf90
25065 Fontana BS 48 Lb75
31010 Fontana TV 40 Na73
26900 Fontana BS 47 Kd77
97100 Fontana BS 125 Pe127
00041 Fontana di Papa RM 89 Nd98
33074 Fontanafredda PN 41 Nd73
12060 Fontanafredda CN 59 Hf81
81035 Fontanafredda CE 96 Of101
29010 Fontanafredda PC 62 Kf79
03035 Fontana Liri Inferiore FR 95 Od99
03035 Fontana Liri Superiore FR 95 Od99
09010 Fontanamare CI 136 Ic113
29015 Fontana Pradosa PC 61 Kc78
81037 Fontanaradina CE 96 Of101
83040 Fontanarosa AV 97 Qa102
91100 Fontanasalsa TP 118 Nd121
92010 Fontanazza 123 Oc125
38030 Fontanazzo TN 40 Me70
46040 Fontane MN 48 Ld76
43010 Fontane PR 62 Lb79
96100 Fontane Bianche SR 125 Qb127
39040 Fontanefredde = Kaltenbrunnen BZ 39 Mc71
40025 Fontanelice BO 73 Md83
24056 Fontanella BG 47 Ke76
50053 Fontanella FI 77 Lf87
46040 Fontanella Grazioli MN 48 Lb77
43012 Fontanellato PR 62 Lb79
36062 Fontanelle VI 50 Md74
31043 Fontanelle TV 51 Nc73
43010 Fontanelle PR 62 Lb79
81057 Fontanelle CE 96 Pa101
28010 Fontaneto d'Agogna NO 45 Ic75
13040 Fontanetto Po VC 45 Ib77
16023 Fontanigorda GE 61 Kb81
14044 Fontanile AT 60 Ic80
38020 Fontanino di Celentino TN 38 Ld70
35014 Fontaniva PD 50 Me75
53016 Fontazzi SI 78 Mb89
31010 Fonte TV 50 Mf74
39030 Fonte alla Roccia = Trinkstein BZ 30 Na66
31010 Fonte Alto TV 50 Mf74
58010 Fonteblanda GR 83 Ma93
50030 Fontebuona FI 73 Mb85
67020 Fontecchio AQ 91 Od95
03030 Fontechiari FR 91 Oe98
61030 Fontecorniale PU 75 Ne86
62020 Fonte di Brescia MC 80 Nf90
81014 Fontegreca CE 96 Pb100
24060 Fonteno BG 48 La74
00013 Fonte Nuova RM 89 Nd97
43010 Fontevivo PR 62 Lb79
28842 Fonti VB 35 Ib72

52100 Fontiano AR 78 Mf88
06070 Fontignano PG 84 Nb90
31020 Fontigo TV 51 Na73
32030 Fonzaso BL 40 Me72
24010 Foppolo BG 37 Ke72
02044 Forano RI 89 Nd95
89015 Forcanello RC 114 Qf118
63045 Force AP 86 Oc91
03030 Forcella FR 91 Od98
41039 Forcello MO 63 Lf79
81023 Forchia BN 97 Pd102
82011 Forchia BN 97 Pc102
23010 Forcola SO 37 Kf71
09083 Fordongianus OR 134 Ie109
85023 Forenza PZ 105 Qf103
88837 Foresta KR 113 Re114
39022 Foresta = Forst BZ 28 Ma68
07010 Foresta di Burgos SS 132 If106
10053 Foresto di Susa TO 58 Ha78
24060 Foresto Sparso BG 47 Kf74
37068 Forette San Martino VR 49 Lf76
33030 Forgaria nel Friuli UD 41 Nf71
84051 Foria SA 102 Qb108
83020 Forino AV 103 Pe103
80075 Forio NA 102 Of104
47100 Forlì FC 74 Na83
86084 Forlì del Sannio IS 91 Pb98
47034 Forlimpopoli FC 74 Na83
28863 Formazza = Pomat VB 35 Ic70
67050 Forme AQ 90 Oc96
32035 Formegan BL 40 Na72
00060 Formello RM 89 Nc96
04023 Formia LT 95 Od101
81040 Formicola CE 96 Pb101
26020 Formigara CR 47 Ke77
41043 Formigine MO 63 Lf81
13030 Formigliana VC 45 Ib76
44035 Formignana FE 65 Mf79
38040 Fornace TN 39 Mb72
75014 Fornace di laterizi MT 105 Rb105
89065 Fornaci 117 Qd121
25131 Fornaci 48 Lb75
31050 Fornaci TV 51 Nc75
26812 Fornaci LO 47 Kd77
28047 Fornaci NO 46 Id75
55052 Fornaci di Barga LU 72 Lc84
30038 Fornase VE 51 Na76
33050 Fornelli UD 52 Ob73
86070 Fornelli IS 96 Pa99
07040 Fornelli SS 131 Ib103
33020 Forni Avoltri UD 31 Ne69
25084 Fornico BS 48 Ld74
33024 Forni di Sopra UD 41 Nd70
33020 Forni di Sotto UD 41 Nd70
43036 Fornio PR 62 La79
38035 Forno TN 40 Md70
54100 Forno MS 71 Lb84
28897 Forno VB 35 Ib73
25050 Forno Allione BS 38 Lb72
10070 Forno Alpi Graie TO 44 Hb76
40054 Forno della Gaiana BO 64 Md81
32012 Forno di Zoldo BL 40 Nb70
25070 Forno d'Ono BS 48 Lc74
54028 Fornoli MS 71 Kf83
55022 Fornoli LU 72 Ld84
43045 Fornovo di Taro PR 62 La80
55020 Fornovolasco LU 71 Lc84
24040 Fornovo San Giovanni BG 47 Ke76
39022 Forst = Foresta BZ 28 Ma68
13866 Forte BI 45 Ib75
55042 Forte dei Marmi LU 71 La85
39045 Fortezza = Franzensfeste BZ 29 Md68
32010 Fortogna BL 40 Nb71
27040 Fortunago PV 61 Kb79
98030 Forza D'Agro ME 116 Qb121
55020 Fosciandora LU 72 Lc84
54035 Fosdinovo MS 71 La84
42015 Fosdondo RE 63 Le80
41033 Fossa MO 63 Ma79
67020 Fossa AQ 90 Oc95
31040 Fossabiuba TV 51 Nd74
26041 Fossa Caprara CR 62 Lc79
66022 Fossacesia CH 92 Pc95
66022 Fossacesia Marina CH 92 Pd95
41122 Fossalta MO 63 Lf81
30020 Fossalta di Piave VE 51 Nd75
30025 Fossalta di Portogruaro VE 52 Nf74
31040 Fossalta Maggiore TV 51 Nd74
86020 Fossalto CB 92 Pd98
31050 Fossalunga TV 50 Na74
46030 Fossamana MN 49 Le77
12045 Fossano CN 59 He81
27100 Fossarmato PV 46 Kb77
89100 Fossatello RC 117 Qe120
06022 Fossato di Vico PG 80 Ne89
89060 Fossato Ionico RC 117 Qe120
88050 Fossato Serralta CZ 113 Rd115
98057 Fossazzo ME 116 Qb119
37020 Fosse VR 49 Lf75
30030 Fossò VE 50 Na76
41012 Fossoli MO 63 Lf80
61034 Fossombrone PU 80 Ne86
25085 Fostaga BS 48 Lc75
36010 Foza VI 40 Md73
12082 Frabosa Soprana CN 68 He83
12083 Frabosa Sottana CN 68 He83
26016 Fracchia CR 47 Kc76
90046 Fraccia PA 119 Oa121
23021 Fraciscio SO 36 Kc70
15060 Fraconalto AL 60 If81
33019 Fraelacco UD 52 Ob71
33030 Fraforeano UD 52 Nf74
74022 Fragagnano TA 107 Sc106
91014 Fraginesi 118 Ne120
82020 Fragneto l'Abate BN 97 Pe101
82020 Fragneto Monforte BN 97 Pe101
84087 Fraina SA 103 Pd104
25055 Fraine BS 48 La74
66050 Fraine CH 92 Pc97
19014 Framura SP 70 Kd83
66023 Francavilla al Mare CH 87 Pb94
89815 Francavilla Angitola VV 115 Rb116
15060 Francavilla Bisio AL 60 Ie80
63010 Francavilla d'Ete AP 81 Od89
98034 Francavilla Di Sicilia ME 122 Qa121
72021 Francavilla Fontana BR 107 Sd105
85034 Francavilla in Sinni PZ 111 Rb108
87072 Francavilla Marittima CS 111 Rc110
31018 Francenigo TV 41 Nd73
15041 Franchini AL 59 Ic79
89851 Francica VV 115 Ra117
96015 Francofonte SR 125 Pf125
44036 Francolino FE 64 Md79
81050 Francolise CE 96 Pa101
39057 Frangart = Frangarto BZ 39 Mb70
39057 Frangarto = Frangart BZ 39 Mb70
93014 Franzarotta CL 123 Of123
39045 Franzensfeste = Fortezza BZ 29 Md68
35021 Frapiero PD 50 Mf77
27030 Frascarolo PV 60 Ie78
00044 Frascati RM 89 Ne98
13876 Frascheo BI 45 Ia75
87010 Frascineto CS 111 Rb109
32020 Frassene BL 40 Mf71
38050 Frassilongo TN 39 Mb72
15035 Frassinello Monferrato AL 59 Ic78
40063 Frassineta BO 73 Mc83
52040 Frassineto AR 78 Mf88
39010 Frassineto = Verschneid BZ 39 Mb69
15040 Frassineto Po AL 60 Id78
12020 Frassino CN 58 Hb81
17057 Frassino SV 68 Ia83
46100 Frassino MN 63 Le78
41044 Frassinoro MO 72 Ld83
87064 Frasso CS 111 Rc111
02030 Frasso Sabino RI 89 Ne95
82030 Frasso Telesino BN 97 Pd102
31020 Fratta TV 40 Nb73
30025 Fratta VE 52 Nf74
80027 Frattamaggiore NA 96 Pb103
80020 Frattaminore NA 96 Pb103
45025 Fratta Polesine RO 64 Md78
47030 Fratta Terme FC 74 Na84
06054 Fratta Todina PG 84 Nc91
35010 Fratte PD 50 Mf75
61040 Fratte Rosa PU 80 Nf87
52044 Fratticciola AR 79 Mf89
33076 Frattina PN 51 Nd74
00040 Frattocchie RM 89 Nd98
98070 Frazzano ME 122 Pe120
00054 Fregene RM 88 Nb97
31010 Fregona TV 41 Nc72
39040 Freienfeld = Campo di Trens BZ 29 Mc67
24010 Frerola BG 47 Ke73
66050 Fresagrandinária CH 92 Pd97
43011 Frescarolo PR 62 La79
15064 Fresonara AL 60 Ie80
83040 Frigento AV 98 Qa102
97015 Frigintini RG 126 Pe127
81030 Frignano CE 96 Pb103
73100 Frigole LE 108 Tb106
14030 Frinco AT 59 Ib78
36050 Friola VI 50 Me74
66030 Frisa CH 92 Pc95
33080 Frisanco PN 41 Ne71
16040 Frisolino GE 70 Kc83
36052 Frisoni VI 40 Md73
10070 Front TO 44 Hd77
88046 Fronti CZ 112 Rc115
25030 Frontignano BS 48 La76
32028 Frontin BL 40 Na72
61021 Frontino PU 74 Nc86
61040 Frontone PU 80 Ne87
39020 Fror BZ 27 Ld68
03100 Frosinone FR 90 Oc99
86095 Frosolone IS 97 Pc99
10060 Frossasco TO 58 Hc79
15065 Frugarolo AL 60 Ie79
15043 Fubine AL 60 Ic79
50054 Fucecchio FI 77 Le86
25041 Fucine BS 48 Lb73
24030 Fuipiano Valle Imagna BG 47 Kd73
91100 Fulgatore TP 118 Ne121
37022 Fumane VR 49 Lf75
23035 Fumero SO 38 Lc70
27045 Fumo PV 61 Ka78
03010 Fumone FR 90 Ob98
81040 Funari CE 96 Pb101
39030 Fundres = Pfunders BZ 29 Me67
39042 Funes = Villnöß BZ 29 Md69
40050 Funo BO 64 Mc81
84098 Fuorni SA 103 Pf105
66050 Furci CH 92 Pd96
98023 Furci Siculo ME 116 Qc121
98054 Furnari ME 122 Qa120
09040 Furtei MD 136 If111
84081 Fusara SA 103 Pe104
87024 Fuscaldo CS 112 Ra112
33028 Fusea UD 41 Nf70
48010 Fusignano RA 65 Mf82
23010 Fusine SO 37 Ke72
32010 Fusine BL 40 Na70
23033 Fusino SO 38 Lb71
84050 Futani SA 102 Qb108

G

46014 Gabbiana MN 63 Ld78
26030 Gabbioneta-Binanuova CR 48 Lb77
57010 Gabbro LI 76 Lc88
56011 Gabella PI 76 Ld86
60018 Gabella AN 81 Ob87
88900 Gabella Grande KR 113 Sa114
15020 Gabiano AL 59 Ib78
61011 Gabicce Mare PU 75 Ne85
34070 Gabria GO 53 Od73
12072 Gabutti CN 68 Ia82
11020 Gaby AO 44 Hf74
10056 Gad TO 57 Gf78
26030 Gadesco-Pieve Delmona CR 48 La78
08030 Gadoni NU 135 Kb109
04024 Gaeta LT 95 Od101
98030 Gaggi ME 122 Qb121
20083 Gaggiano MI 46 Ka76
15010 Gaggina AL 60 Id80
30020 Gaggio VE 51 Nb75
41013 Gaggio MO 63 Ma81
21050 Gaggiolo VA 46 If73
40041 Gaggio Montano BO 72 Lf83
13894 Gagliancio BI 45 Ia75
33043 Gagliano UD 52 Oc72
88100 Gagliano CZ 113 Rd115
67020 Gagliano AQ 91 Oe96
94010 Gagliano Castelferrato EN 121 Pd122
73034 Gagliano del Capo LE 109 Tc109
88060 Gagliato CZ 115 Rc116
62022 Gagliole MC 80 Oa89
28853 Gagnone Orcesco VB 35 Ic72
35010 Gaianigo PD 50 Me75
43030 Gaiano PR 62 Lb80
31018 Gaiarine TV 51 Nc73
45030 Gaiba RO 64 Mc79
44100 Gaibana FE 64 Md80
06025 Gaifana PG 80 Ne89
25040 Gaina BS 48 La75
43030 Gainago PR 62 Lc79
30022 Gainiga VE 51 Nd74
25088 Gaino BS 48 Ld75
33097 Gaio PN 41 Nf72
53013 Gaiole in Chianti SI 78 Mc88
08040 Gairo OG 135 Kc109
08040 Gairo Taquisara OG 135 Kc109
39030 Gais BZ 29 Mf67
85050 Galaino PZ 105 Qe106
89036 Galati RC 117 Ra121
98070 Galati Mamertino ME 122 Pe120
73013 Galatina LE 109 Tb107
98126 Galati Superiore ME 116 Qd120
73044 Galatone LE 109 Ta108
89054 Galatro RC 115 Ra118
23851 Galbiate LC 47 Kc74
84068 Galdo SA 102 Qa107
84029 Galdo SA 104 Qb105
47010 Galeata FC 74 Mf85
40014 Galeazza BO 64 Mb80
26832 Galgagnano LO 47 Kc76
21013 Gallarate VA 46 Ie75
14026 Gallareto AT 59 Ia78
50050 Galleno FI 72 Le86
33050 Galleriano UD 52 Oa73
01035 Gallese VT 84 Nc94
33058 Galli UD 52 Ob74
13044 Galli VC 45 Ia77
27037 Gallia PV 60 If78
50031 Galliano FI 73 Mb84
28066 Galliate NO 46 Ie76
21020 Galliate Lombardo VA 46 Ie74
27034 Galliavola PV 60 Ie78
55027 Gallicano LU 71 Lc84
00010 Gallicano nel Lazio RM 89 Ne97
85010 Gallicchio PZ 105 Ra107
89030 Galliciano RC 117 Qf120
89100 Gallico RC 117 Qd119
89100 Gallico Marina RC 117 Qd119
40015 Galliera BO 64 Mc80
35015 Galliera Veneta PD 50 Me75
26020 Gallignano CR 47 Kf76
89100 Gallina RC 117 Qf120
03040 Gallinaro FR 91 Oe99
36032 Gallio VI 39 Md73
73014 Gallipoli LE 109 Sf108
67069 Gallo AQ 90 Ob96
61020 Gallo PU 75 Ne86
12060 Gallo d'Alba CN 59 Hf81
98030 Gallodoro ME 116 Qb121
81010 Gallo Matese CE 96 Pb100
81044 Galluccio CE 96 Of100
50125 Galluzzo FI 77 Mb86
39020 Galsaun = Colsano BZ 28 Lf69
08020 Galtelli NU 133 Kd106
73010 Galugnano LE 109 Tb107
43015 Galvana PR 62 La80
35030 Galzignano Terme PD 50 Me77
15010 Gamalero AL 60 Id80
25020 Gambara BS 48 Lb77
27030 Gambarana PV 60 Ie78
46030 Gambarara MN 63 Le77
30034 Gambarare VE 51 Na76
89057 Gambarie RC 114 Qf119
50050 Gambassi Terme FI 77 Lf87
86013 Gambatesa CB 97 Pf99
36053 Gambellara VI 49 Mc76
48100 Gambellara 74 Na83
66040 Gamberale CH 91 Pb97
47035 Gambettola FC 74 Nc84
27025 Gambolo PV 46 If77
36050 Gambugliano VI 50 Mc75
44010 Gambulaga FE 64 Me80
41100 Ganaceto MO 63 Lf80
29015 Ganaghello PC 61 Kc78
39020 Gand – Ganda di Martello BZ 38 Le69
39020 Ganda di Martello = Gand BZ 38 Le69
24020 Gandellino BG 37 Kf73
24024 Gandino BG 47 Kf74
24060 Gandosso BG 47 Kf75
90024 Gangi PA 121 Pb122
21039 Ganna VA 36 Ie73
98100 Ganzirri ME 117 Qd119
37013 Gaon VR 49 Le75
21010 Garabiolo VA 36 Ie72
15050 Garadassi AL 61 Ka80
84070 Garagliano SA 110 Qc108
75010 Garaguso MT 105 Rb105
89841 Garavati VV 114 Qf117
15050 Garbagna AL 60 If80
28070 Garbagna Novarese NO 46 Id76
20024 Garbagnate Milanese MI 46 Ka75
23846 Garbagnate Monastero LC 47 Kb74
23842 Garbagnate Rota LC 47 Kb74
27025 Garbana PV 46 Ic77
00100 Garbatella RM 89 Nc97
93018 Garcia CL 121 Pa123
25048 Garda BS 38 Lc72
37016 Garda VR 49 Le75
39040 Gardena Ponte = Waidbruck BZ 29 Md69
30037 Gardigiano VE 51 Nb75
25080 Gardola BS 49 Le74
38014 Gardolo TN 39 Ma72
25083 Gardone Riviera BS 48 Ld75
25063 Gardone Val Trompia BS 48 Lb74
12075 Garessio CN 68 Ia83
41012 Gargallo MO 63 Lf80
28010 Gargallo NO 45 Ic74
39010 Gargazon = Gargazzone BZ 28 Mb69
39010 Gargazzone = Gargazon BZ 28 Mb69
25084 Gargnano BS 48 Ld74
52048 Gargonza AR 78 Me88
27026 Garlasco PV 46 If77
23852 Garlate LC 47 Kc74
17033 Garlenda SV 68 Ia84
32014 Garna BL 41 Nc72
38060 Garniga Terme TN 39 Ma72
81035 Garofali CE 96 Of101
64010 Garrufo TE 87 Oe92
35046 Garzara PD 65 Na79
22010 Garzeno CO 36 Kb72
10060 Garzigliana TO 58 Hc79
97019 Gaspanella RG 124 Pc127
88060 Gasperina CZ 115 Rd116
89862 Gasponi VV 114 Qf117
10090 Gassino Torinese TO 59 He78
39040 Gasteig = Casateia BZ 29 Mc67
61016 Gattara PU 74 Nb86
47043 Gatteo FC 74 Nc84
47043 Gatteo a Mare FC 74 Nc83
28013 Gattico NO 45 Id74
13045 Gattinara VC 45 Ic75
16047 Gattorna GE 69 Kb82
25085 Gavardo BS 48 Lc75
24020 Gavarno BG 47 Ke74
42100 Gavasseto RE 63 Le81
15063 Gavazzana AL 60 If80
38060 Gavazzo TN 38 Lf73
36010 Gavelle VI 40 Md73
45010 Gavello RO 65 Mf78
38060 Gaverdina TN 38 Le73
24060 Gaverina-Terme BG 47 Kf74
15066 Gavi AL 60 Ie80
00030 Gavignano RM 90 Oa98
53036 Gavignano SI 77 Ma88
02044 Gavignano Sabino RI 89 Nd95
60041 Gaville AN 80 Ne88
51025 Gavinana PT 72 Le84
21026 Gavirate VA 46 Ie73
08020 Gavoi NU 135 Kb108
58023 Gavorrano GR 82 Lf91
46040 Gazoldo degli Ippoliti MN 48 Ld77
21045 Gazzada VA 46 Ie74
25077 Gazzane BS 48 Lc75
25077 Gazzane 48 Ld75
24025 Gazzaniga BG 47 Kf74
42049 Gazzaro RE 62 Lc80
95024 Gazzena CT 122 Qa123
98100 Gazzi ME 114 Qd119
18020 Gazzo IM 68 Hf84
26035 Gazzo CR 62 Lb78
29010 Gazzola PC 61 Kd79
37040 Gazzolo VR 49 Mb76
15050 Gazzolo AL 60 If78
16014 Gazzolo GE 60 If81
42030 Gazzolo RE 71 Lb82
37060 Gazzo Veronese VR 63 Ma78
46010 Gazzuolo MN 63 Ld78
39030 Geiselsberg = Sorafurcia BZ 30 Mf68
93012 Gela CL 124 Pb126
55023 Gello LU 72 Lc85
56017 Gello PI 71 Lc86
56025 Gello PI 77 Ld87
56017 Gello PI 77 Le88
98055 Gelso 116 Pf118
73059 Gemini LE 109 Tb109
47855 Gemmano RN 75 Nd85
21036 Gemonio VA 46 Ie73
00030 Genazzano RM 90 Nf97
27054 Genestrello PV 60 Ka79
60040 Genga AN 80 Nf88
26020 Genivolta CR 47 Kf77
09031 Gennamari CI 136 Ic112
12040 Genola CN 58 Hd81
08030 Genoni NU 134 Ka110
16100* Genova GE 69 If82
09020 Genuri MD 134 If110
00045 Genzano di Roma RM 89 Ne98
85010 Genzano Lucania PZ 105 Ra103
27014 Genzone PV 61 Kc77
06040 Geppa PG 85 Nf92
89040 Gerace RC 115 Rb119
90010 Geraci Siculo PA 121 Pa121
24040 Gera d'Adda BG 47 Kd76
22010 Gera Lario CO 36 Kc71
00025 Gerano RM 90 Nf97
14030 Gerba AT 59 Ic79

13046 Gerbidi VC 45 Ia77
95047 Gerbini 122 Pf124
12044 Gerbola CN 58 Hd81
33090 Gerchia PN 41 Nf71
09045 Geremeas CA 137 Kc113
27010 Gerenzago PV 47 Kc77
21040 Gerenzano VA 46 If75
08030 Gergei NU 135 Ka110
00010 Gericomio 89 Ne97
10070 Germagnano TO 44 Hc77
28887 Germagno VB 35 Ic73
87055 Germano CS 113 Rd113
22010 Germasino CO 36 Kb72
21010 Germignaga VA 35 Ie73
89831 Gerocarne VV 115 Rb117
23010 Gerola Alta SO 37 Kd72
25030 Gerolanuova BS 48 La76
38060 Geroli TN 49 Mb73
24010 Gerosa BG 47 Kd73
26842 Gerrone LO 62 Ke78
09040 Gesico CA 135 Ka111
20060 Gessate MI 47 Kc75
98100 Gesso ME 114 Qc119
66010 Gessopalena CH 92 Pb96
09020 Gesturi MD 134 Ka110
83040 Gesualdo AV 98 Qa102
87030 Gesuiti CS 112 Ra112
39010 Gfrill = Caprile BZ 39 Ma69
25016 Ghedi BS 48 Lb76
28074 Ghemme NO 45 Ic75
39030 Gherardi FE 65 Mf79
40016 Gherghenzano BO 64 Mc80
28046 Ghevio NO 45 Ic74
56010 Ghezzano PI 76 Lc86
27050 Ghiaie di Corana PV 60 If78
43022 Ghiare PR 62 Lc80
43042 Ghiare PR 62 Kf81
48010 Ghibullo RA 74 Na82
28823 Ghiffa VB 35 Id73
10060 Ghigo TO 58 Ha79
09074 Ghilarza OR 134 Ie108
33080 Ghirano PN 51 Nd73
21030 Ghirla VA 36 Ie73
24050 Ghisalba BG 47 Ke75
46020 Ghisione MN 63 Ma78
13030 Ghislarengo VC 45 Ic75
55053 Ghivizzano LU 71 Ld84
56037 Ghizzano PI 77 Le87
89060 Ghorio RC 117 Qf120
90046 Giacalone PA 119 Ob120
45020 Giacciano con Baruchella RO 64 Mc78
10050 Giaglione TO 57 Ha78
30020 Giai VE 52 Ne74
98040 Giammoro ME 116 Qb119
98126 Giampilieri Marina ME 116 Qc120
97015 Gianforma 125 Pf127
25040 Gianico BS 48 Lb73
81042 Giano Vetusto CE 96 Pb101
37031 Giara VR 49 Mb76
92100 Giardina Gallotti AG 123 Od124
90040 Giardinello PA 119 Oa120
90030 Giardinello 119 Oc122
71025 Giardinetto Vecchio FG 98 Qc101
89042 Giardini di Gioiosa RC 115 Rb119
98035 Giardini-Naxos ME 116 Qb121
15036 Giarole AL 60 Id78
97010 Giarratana RG 126 Pe126
95014 Giarre CT 122 Qb122
10070 Giasset TO 44 Ha77
34071 Giassico GO 52 Oc73
07010 Giave SS 132 Ie106
36015 Giavenale VI 50 Mc74
10094 Giaveno TO 58 Hc78
31040 Giavera del Montello TV 51 Nb74
33030 Giavons UD 41 Oa72
37030 Giazza VR 49 Ma75
09010 Giba CI 136 Id114
91024 Gibellina TP 119 Nf122
39027 Giern BZ 27 Ld68
13874 Gifflenga BI 45 Ib76
89020 Giffone RC 115 Ra118
84090 Giffoni sei Casali SA 103 Pf104
84095 Giffoni Valle Piana SA 103 Pf104
58012 Giglio Campese GR 82 Lf94
58012 Giglio Castello GR 82 Lf94
44020 Gigliola FE 65 Nb79
28836 Gignese VB 45 Id73
11010 Gignod AO 44 Hb74
86010 Gildone CB 97 Pe99
88045 Gimigliano CZ 112 Rd115
50055 Ginestra FI 77 Ma86
85020 Ginestra PZ 104 Qe103
82020 Ginestra degli Schiavoni BN 97 Qa101
61100 Ginestreto PU 75 Ne86
74013 Ginosa TA 106 Re105
98055 Ginostra ME 114 Qb116
84056 Gioi SA 104 Qb107
67055 Gioia dei Marsi AQ 91 Oe97
70023 Gioia del Colle BA 106 Rf104
89844 Gioia del Tirreno VV 117 Qf117
81010 Gioia Sannitica CE 97 Pc101
89013 Gioia Tauro RC 114 Qf118
89042 Gioiosa Ionica RC 115 Rb118
98063 Gioiosa Marea ME 122 Pf119
28100 Gionzana NO 45 Id76
54012 Giovagallo MS 71 Kf83
05024 Giove TR 84 Nb93
48022 Giovecca RA 65 Mf81
27010 Giovenzano PV 46 Ka77
55023 Gioviano LU 72 Ld84
70054 Giovinazzo BA 100 Re101
38030 Giovo TN 39 Ma72
32100 Gioz BL 40 Nb71
32041 Giralba BL 30 Nc69
08040 Girasole NU 135 Kd109
02024 Girgenti RI 90 Oa95
88024 Girifalco CZ 115 Rc116
39057 Girlan = Cornaiano BZ 39 Mb70
22020 Gironico al Monte CO 46 Ka74
66052 Gissi CH 92 Pd96
12070 Gisuole CN 59 Ia81
23828 Gittana LC 36 Kb72
73030 Giuggianello LE 109 Tc108
80014 Giugliano in Campania NA 102 Pb103
90030 Giuliana PA 119 Ob122
04010 Giulianello LT 89 Nf98
73040 Giuliano 109 Tc109
03020 Giuliano di Roma FR 95 Ob99
66010 Giuliano Teatino CH 92 Pb95
64021 Giulianova TE 87 Of92
64021 Giulianova Lido TE 87 Of92
95040 Giumarra CT 121 Pd124
07030 Giuncana SS 132 If103
58023 Giuncarico GR 82 Lf91
55030 Giuncugnano LU 71 Lb83
84050 Giungano SA 104 Qa106
73020 Giurdignano LE 109 Tc108
30026 Giussago VE 52 Nf74
27010 Giussago PV 46 Ka77
20034 Giussano MB 46 Kb74
17027 Giustenice SV 68 Ib83
38086 Giustino TN 38 Le72
17010 Giusvalla SV 68 Ic82
33020 Givigliana UD 41 Nf69
10040 Givoletto TO 44 Hc78
88040 Gizzeria CZ 112 Rb115
88048 Gizzeria Lido CZ 112 Rb115
33030 Glaunicco UD 52 Nf73
39015 Gleiten BZ 29 Mb68
39040 Glen = Gleno BZ 39 Mb71
39040 Gleno = Glen BZ 39 Mb71
33080 Glera PN 41 Nd72
39036 Gliera = Glira BZ 40 Mf69
39036 Glira = Gliera BZ 40 Mf69
39020 Glorenza = Glurns BZ 27 Ld68
48020 Glorie RA 65 Na82
39020 Glurns = Glorenza BZ 27 Ld68
27010 Gnignano PV 46 Kb77
38050 Gobbera TN 40 Me72
31010 Godega di Sant'Urbano TV 41 Nc73
29019 Godi PC 61 Ke79
33100 Godia UD 52 Ob72
27052 Godiasco PV 60 Ka79
48010 Godo RA 74 Na82
90030 Godrano PA 119 Oc121
39028 Göflan = Covelano BZ 28 Le69
28861 Goglio VB 35 Ib71
27035 Goido PV 60 Ie78
46044 Goito MN 49 Le77
21010 Golasecca VA 46 Id74
39020 Goldrain = Coldrano BZ 28 Le69
27047 Golferenzo PV 61 Kb79
07020 Golfo Aranci OT 133 Kd103
39029 Gomagoi BZ 27 Ld69
25060 Gombio BS 48 La74
55041 Gombitelli LU 71 Lc85
26020 Gombito CR 47 Ke77
56122 Gombo PI 76 Lb86
95013 Gona CT 122 Qb122
33050 Gonars UD 52 Ob73
09040 Goni CA 137 Kb111
09010 Gonnesa CI 136 Ic113
09090 Gonnoscodina OR 134 If110
09035 Gonnosfanadiga MD 136 Id112
09090 Gonnosno OR 134 If110
09093 Gonnostramatza OR 134 Ie110
28824 Gonte VB 35 Id73
46023 Gonzaga MN 63 Le79
23020 Gordona SO 36 Kc71
55030 Gorfigliano LU 71 Lb84
00030 Gorga RM 90 Oa99
33053 Gorgo UD 52 Oa74
46027 Gorgo MN 63 Lf78
31040 Gorgo al Monticano TV 51 Nd74
70043 Gorgofreddo BA 107 Sb103
75010 Gorgoglione MT 105 Ra106
20064 Gorgonzola MI 47 Kc75
67020 Goriano AQ 91 Oe95
67030 Goriano 91 Oe96
33033 Goricizza UD 41 Nf73
34170 Gorizia GO 53 Od73
33033 Gorizzo UD 41 Nf73
24060 Gorlago BG 47 Ke74
21050 Gorla Maggiore VA 46 If75
21055 Gorla Minore VA 46 If75
24020 Gorle BG 47 Ke74
21040 Gornate Olona VA 46 If74
24020 Gorno BG 47 Kf73
44020 Goro FE 65 Nb79
12041 Gorra CN 59 He81
16020 Gorreto GE 61 Kb81
12070 Gorzegno CN 59 Ia81
25041 Gorzone BS 37 Lb73
32020 Gosaldo BL 40 Mf71
39040 Gossensaß = Colle Isarco BZ 29 Mc67
29020 Gossolengo PC 61 Kd79
12070 Gottasecca CN 59 Ib82
25023 Gottolengo BS 48 Lb77
46034 Governolo MN 63 Lf78
12040 Govone CN 59 Ia80
28024 Gozzano NO 45 Ic74
46043 Gozzolina MN 48 Lc76
24020 Grabiasca BG 37 Kf72
53040 Gracciano SI 78 Me90
61012 Gradara PU 75 Ne85
26025 Gradella CR 47 Kd76
33039 Gradisca UD 41 Nf72
33039 Gradisca UD 41 Nf73
34072 Gradisca d'Isonzo GO 53 Oc73
33030 Gradiscutta UD 52 Nf73
34073 Grado GO 52 Oc74
01010 Gradoli VT 84 Mf93
26813 Graffignana LO 47 Kc77
01020 Graffignano VT 84 Nb93
13895 Graglia BI 45 Hf75
21010 Graglio VA 36 Ie72
45003 Gragnana MS 71 La84
29010 Gragnanino PC 61 Kd78
55012 Gragnano LU 72 Ld85
80054 Gragnano NA 103 Pd104
29010 Gragnano Trebbiense PC 61 Kd78
54020 Gragnola MS 71 La83
43018 Gramignazzo PR 62 Lb79
29026 Gramizzola PC 61 Kb81
95042 Grammichele CT 124 Pd125
55030 Gramolazzo LU 71 Lb84
14031 Grana AT 59 Ib79
40045 Granaglione BO 72 Lf84
48019 Granarolo RA 74 Mf82
40057 Granarolo dell'Emilia BO 64 Mc81
45030 Granarone RO 64 Mc78
91025 Granatello TP 118 Nd121
60033 Grancetta AN 81 Oc87
22070 Grandate CO 46 Ka74
22010 Grandola ed Uniti CO 36 Kb72
11020 Grand-Villaz AO 44 Hd74
89038 Grane RC 117 Qf121
28883 Granerolo VB 35 Ic73
10076 Grange 44 Hd77
96011 Grangemello SR 125 Qa125
95041 Granieri CT 124 Pd126
98036 Graniti ME 122 Qb121
91021 Granitola-Toretta TP 118 Nd123
25059 Grano BS 38 Lc71
28060 Granozzo NO 45 Id76
21030 Grantola VA 36 Ie73
35010 Grantorto PD 50 Me75
45031 Granze PD 64 Me78
92027 Grascuria 123 Of126
75014 Grassano MT 105 Rb105
50012 Grassina FI 78 Mb86
24050 Grassobbio BG 47 Ke75
23038 Grasso Pra Grata SO 38 Lb69
39045 Grasstein = Le Cave BZ 29 Md68
25055 Gratacasolo BS 48 La74
25061 Graticelle BS 48 Lb74
20142 Gratosoglio MI 46 Kb76
90010 Gratteri PA 120 Of121
39040 Graun = Corona BZ 39 Mb71
39027 Graun im Vinschgau = Curon Venosta BZ 27 Ld68
38030 Grauno TN 39 Mb71
15040 Grava AL 60 Ie79
22015 Gravedona CO 36 Kb72
27020 Gravellona Lomellina PV 46 Ie77
28883 Gravellona Toce VB 35 Ic73
10050 Gravere TO 57 Ha78
95030 Gravina di Catania CT 122 Qa123
70024 Gravina in Puglia BA 106 Rc104
46010 Grazie MN 63 Le78
81046 Grazzanise CE 96 Pa102
14035 Grazzano Badoglio AT 59 Ib78
29020 Grazzano Visconti PC 61 Ke79
32040 Grea BL 41 Nc70
02045 Greccio RI 85 Ne94
83030 Greci AV 98 Qb101
13030 Greggio VC 45 Ic76
06023 Grello PG 80 Ne89
15056 Gremiasco AL 61 Ka80
11020 Gressan AO 44 Hb74
11020 Gressoney-la-Trinité AO 44 He74
11025 Gressoney-Saint Jean AO 44 He74
50022 Greve in Chianti FI 78 Mb87
20056 Grezzago MI 47 Kd75
37023 Grezzana VR 49 Ma75
50032 Grezzano FI 73 Mc84
37060 Grezzano VR 49 Lf77
22011 Griante CO 36 Kb73
81030 Gricignano di Aversa CE 96 Pb103
38032 Gries TN 40 Me70
39100 Gries TN 39 Mb69
25055 Grignaghe BS 48 La74
91025 Grignani TP 118 Nd121
24041 Grignano BG 47 Kd75
34014 Grignano TS 53 Oe74
45030 Grignano Polesine RO 64 Me78
28075 Grignasco NO 45 Ic74
38055 Grigno TN 40 Md72
33040 Grimacco UD 53 Od72
87034 Grimaldi CS 112 Rb114
89011 Grimoldo RC 117 Qe119
12060 Grinzane Cavour CN 59 Hf81
12040 Grinzano CN 59 He81
33039 Grions UD 52 Ob72
33039 Grions UD 52 Nf72
33050 Gris UD 52 Ob73
90046 Grisi PA 119 Oa121
87020 Grisolia CS 110 Qf110
40030 Grizzana Morandi BO 73 Ma83
33086 Grizzo PN 41 Nd72
15010 Grognardo AL 60 Ic81
46043 Grole MN 48 Ld76
24020 Gromo BG 37 Kf73
84047 Gromola SA 103 Pf106
32037 Gron BL 40 Na72
54027 Grondola MS 71 Kf82
15060 Grondona AL 60 If80
29024 Grondone PC 61 Kc81
24060 Grone BG 47 Kf74
26044 Grontardo CR 48 La77
26021 Grontorto CR 47 Kf77
27027 Gropello Cairoli PV 60 If77
29025 Gropparello PC 61 Ke80
20062 Groppello d'Adda MI 47 Kd75
54012 Groppo MS 71 Kf83
54026 Groppoli MS 71 Kf83
10070 Groscavallo TO 44 Hb76
23033 Grosio SO 38 Lb71
23034 Grosotto SO 38 Lb71
58100 Grosseto GR 83 Ma92
98168 Grotta ME 114 Qd119
00046 Grottaferrata RM 89 Nd98
74023 Grottaglie TA 107 Sc105
83035 Grotta-Minarda AV 98 Qa102
63013 Grottammare AP 87 Of91
63024 Grottazzolina AP 81 Od90
01025 Grotte di Castro VT 84 Mf92
89043 Grotteria RC 115 Rb118
01026 Grotte Santo Stefano VT 84 Nb93
92020 Grotte Torre Baeri AG 123 Oe124
53014 Grotti SI 78 Mb89
81048 Grottola CE 96 Pa101
75010 Grottole MT 105 Rc105
83010 Grottolella AV 97 Pe103
30020 Gruaro VE 52 Nf74
10095 Grugliasco TO 58 Hd78
26023 Grumello Cremonese ed Uniti CR 47 Kf77
24064 Grumello del Monte BG 47 Kf75
85050 Grumento Nova PZ 105 Qf107
38030 Grumes TN 39 Mb71
70025 Grumo Appula BA 100 Re102
36040 Grumolo delle Abbadesse VI 50 Md75
36030 Grumolo Pedemonte VI 50 Mc74
80028 Grumo Nevano NA 96 Pb103
39030 Gsies = Valle di Casies BZ 30 Nb68
00030 Guadagnolo RM 90 Nf97
73010 Guagnano LE 108 Sf106
62020 Gualdo MC 81 Oc90
47014 Gualdo FC 74 Na84
06035 Gualdo Cattaneo PG 85 Nd91
06023 Gualdo Tadino PG 80 Ne89
42044 Gualtieri RE 63 Ld79
98040 Gualtieri Sicamino ME 116 Qb120
09040 Guamaggiore CA 137 Ka111
80046 Guantai NA 102 Pb103
22070 Guanzate CO 46 Ka74
03016 Guarcino FR 90 Ob98
44030 Guarda FE 64 Me79
13010 Guardabosone VC 45 Ib74
26862 Guardamiglio LO 61 Ke78
88065 Guardavalle CZ 115 Rd117
45030 Guarda Veneta RO 64 Me79
05025 Guardea TR 84 Nb93
95024 Guardia CT 122 Qa123
66050 Guardiabruna CH 92 Pd97
09010 Guardia de is Morus CA 136 If115
66016 Guardiagrele CH 91 Pb95
86030 Guardialfiera CB 92 Pe98
83040 Guardia Lombardi AV 98 Qb103
85010 Guardia Perticara PZ 105 Ra106
87020 Guardia Piemontese CS 112 Ra112
86014 Guardiaregia CB 97 Pd100
82034 Guardia Sanframondi BN 97 Pd101
64024 Guardia Vomano TE 87 Of93
56040 Guardistallo PI 77 Ld89
12050 Guarene CN 59 Ia80
90020 Guarraia PA 120 Pa122
91100 Guarrato TP 118 Nd121
09040 Guasila CA 137 Ka111
42016 Guastalla RE 63 Ld79
66030 Guastameroli CH 92 Pc95
57010 Guasticce LI 76 Lc87
53048 Guazzino SI 78 Me89
15020 Guazzolo AL 59 Ib78
15050 Guazzora AL 60 If78
06024 Gubbio PG 80 Nd88
20090 Gudo Gambaredo MI 46 Ka76
39043 Gudon = Gufidaun BZ 29 Md69
20088 Gudo Visconti MI 46 Ka76
39043 Gufidaun = Gudon BZ 29 Md69
86034 Guglionesi CB 93 Pf97
26852 Gugnano LO 47 Kb77
46040 Guidizzolo MN 48 Ld77
98030 Guidomandri Inferiore ME 116 Qc120
98029 Guidomandri Superiore ME 116 Qc120
00012 Guidonia-Montecelio RM 89 Ne97
31049 Guietta TV 40 Na73
41052 Guiglia MO 72 Lf82
66050 Guilmi CH 92 Pc97
27010 Guinzano PV 46 Ka77
40014 Guisa Pepoli BO 63 Mb80
88831 Gullo 113 Rf114
39050 Gummer = San Valentino in Campo BZ 39 Mc70
21046 Gurone VA 46 If74
28828 Gurro VB 35 Id72
09036 Guspini MD 136 Id111
25064 Gussago BS 48 La75
26040 Gussola CR 62 Lc78
26856 Guzzafame LO 61 Kd78
64020 Guzzano Inferiore TE 87 Oe93
26020 Guzzona CR 47 Ke77
08020 Guzzurra NU 133 Kd105

H

39010 Hafling = Avelengo BZ 28 Mb69
39020 Hinterkirch BZ 28 Ld67
39040 Hofen BZ 29 Mb67
39040 Hohlen = Olmi BZ 39 Mc70
11020 Hône AO 44 He75
39037 Hornanger BZ 29 Md67
39030 Horschwang BZ 29 Mf68

I

33057 Ialmicco UD 52 Oc73
34013 Iamiano TS 53 Od74

50050 Iano FI 77 Lf87
42019 Iano RE 63 Le81
38080 Iavre TN 38 Le72
40068 Idice BO 64 Mc82
25074 Idro BS 48 Lc74
89030 Iermanata RC 117 Ra121
24020 i Fondi BG 37 Lb72
87075 i Giardini CS 111 Rd109
09016 Iglesias CI 136 Id113
12060 Igliano CN 68 Ia82
41037 i Grazzi MO 64 Mb79
08040 Ilbono OG 135 Kd109
41012 il Borgo MO 63 Lf80
98055 il Cardo BL 116 Pf118
89813 il Casino VV 115 Rb116
50050 il Castagno FI 77 Lf88
95036 il Castello CT 122 Pf121
50023 il Ferrone FI 78 Mb87
41100 il Forno MO 63 Lf80
39030 Illstra = Ilstern BZ 29 Me68
37031 Illasi VR 49 Mb76
07010 Illorai SS 132 If106
00123 il Pino RM 89 Nc96
39030 Ilstern = Illstra BZ 29 Me68
25088 il Vittoriale BS 48 Ld75
23898 Imbersago LC 47 Kc74
38050 Imer TN 40 Me72
40026 Imola BO 73 Me82
70043 Impalata BA 107 Sb103
18100 Imperia IM 68 Ia85
33028 Imponzo UD 41 Oa70
50023 Impruneta FI 78 Mb86
21020 Inarzo VA 46 Ie74
50064 Incisa in Val d'Arno FI 78 Mc87
14045 Incisa Scapaccino AT 59 Ic80
71040 Incoronata FG 98 Qd100
25040 Incudine BS 38 Lc71
21056 Induno Olona VA 46 If73
87055 Infantino CS 113 Re113
33090 Inglagna PN 41 Ne71
10080 Ingria TO 44 Hd76
39030 Inner-Pichl = Colle di Dentro BZ 30 Nb68
39030 Innerprags = Braies di dentro BZ 30 Na68
39038 Innichen = San Candido BZ 30 Nb68
22100 Intimiano CO 46 Ka74
33020 Intissans UD 41 Nf70
28900* Intra VB 35 Id73
28816 Intragna VB 35 Id73
23815 Introbio LC 36 Kc73
11010 Introd AO 56 Hb74
67030 Introdacqua AQ 91 Of96
23835 Introzzo LC 36 Kc72
22044 Inverigo CO 46 Kb74
27010 Inverno-Monteleone PV 47 Kc77
10060 Inverso Pinasca TO 58 Hb79
10065 Inverso Porte TO 58 Hb79
20010 Inveruno MI 46 If75
33029 Invillino UD 41 Nf70
28045 Invorio Inferiore NO 45 Ic74
28045 Invorio Superiore NO 45 Ic74
17019 Invrea SV 69 Id82
20065 Inzago MI 47 Kc75
25063 Inzino BS 48 Lb74
33041 Ioannis UD 52 Oc73
59100 Iolo PO 72 Ma85
89851 Ionadi VV 115 Ra117
92010 Ioppolo Giancaxio 123 Od124
07041 i Piani SS 131 Ib105
33040 Ipplis UD 52 Oc72
71043 Ippocampo 99 Qf99
25011 i Prati BS 48 Lc76
08020 Irgoli NU 133 Kd106
98076 Iria ME 121 Pd120
89060 Iriti RC 117 Qe120
25061 Irma BS 48 Lb74
54023 Irola MS 71 Kf82
31052 i Ronchi TV 51 Nb74
75022 Irsina MT 105 Rb104
09010 is Aios CA 136 Ie113
88060 Isca Marina CZ 115 Rd117
09019 is Carillus CI 136 Ie114
88060 Isca sullo Ionio 115 Rd117
38057 Ischia 39 Mb72
80077 Ischia NA 102 Of104
01010 Ischia di Castro VT 84 Me93
71010 Ischitella FG 100 Qf97
81030 Ischitella Lido CE 96 Pa103
28868 Iselle VB 35 Ib71
26029 Isengo CR 47 Kf76
25049 Iseo BS 48 La75
38060 Isera TN 39 Ma73
86170 Isernia IS 96 Pb99
09010 Isengo CI 136 Id114
08033 Isili NU 135 Ka110
90010 Isnello PA 120 Pa121
18025 Isola IM 68 He84
19126 Isola SP 71 La84
16028 Isola GE 61 Kb81
23024 Isola SO 36 Kb70
10046 Isolabella TO 59 Hf79
23038 Isolaccia SO 38 Lb70
53100 Isola d'Arbia SI 78 Mc89
14057 Isola d'Asti AT 59 Ib80
16017 Isola del Cantone GE 60 If81
64045 Isola del Gran Sasso d'Italia TE 86 Od93
37063 Isola della Scala VR 49 Ma77
90040 Isola delle Femmine PA 119 Ob119
03036 Isola del Liri FR 91 Od98
61030 Isola del Piano PU 80 Ne86
88841 Isola di Capo Rizzuto KR 113 Sa115
24010 Isola di Fondra BG 37 Ke73
26031 Isola-Dovarese CR 62 Lb77
00123 Isola Farnese RM 89 Nc96
06027 Isola Fossara PG 80 Ne88
35016 Isola Mantegna PD 50 Me75
37050 Isola Rizza VR 49 Mb77
07038 Isola Rossa OT 132 If102
15050 Isola Sant'Antonio AL 60 If78
36033 Isola Vicentina VI 50 Mc75
13011 Isolella VC 45 Ib74
71040 Isole Tremiti FG 92 Qc96
25010 Isorella BS 48 Lb77
16014 Isoverde GE 60 If81
84050 Ispani SA 110 Qd108
97014 Ispica RG 125 Pf128
09010 is Pillonis CI 136 Id114
09010 is Pillonis CI 136 Id115
09010 is Pistis CI 136 Id114
21027 Ispra VA 46 Id74
09010 is Scattas CI 136 Ie114
07040 Issi SS 131 Ib103
24040 Isso BG 47 Ke76
11020 Issogne AO 44 He75
58100 Istia d'Ombrone GR 83 Mb92
33097 Istrago PN 52 Nf72
31036 Istrana TV 51 Na74
98025 Itala ME 116 Qc120
44026 Italba FE 65 Na79
04020 Itri LT 95 Od101
07010 Ittireddu SS 132 If105
07044 Ittiri SS 131 Id105
33033 Iutizzo UD 41 Nf73
29100 i Vaccari PC 61 Ke79
38059 Ivano Fracena TN 39 Md72
10015 Ivrea TO 44 Hf76
26010 Izano CR 47 Ke76

J

88020 Jacurso CZ 115 Rc115
86015 Jelsi CB 97 Pe99
39050 Jenesien = San Genesio Atesino BZ 39 Mb69
00020 Jenne RM 90 Oa97
21040 Jerago VA 46 Ie74
21040 Jerago-Orago VA 46 Ie74
08044 Jerzu OG 135 Kd110
60035 Jesi AN 81 Ob87
30016 Jesolo VE 51 Nd75
44037 Jolanda di Savoia FE 65 Mf79
89863 Joppolo VV 114 Qf117
11020 Jovencan AO 44 Hb74

K

39040 Kalch = Calice BZ 29 Mc67
39040 Kaltenbrunnen = Fontanefredde BZ 39 Mc71
39052 Kaltern an der Weinstraße = Caldaro sulla Strada del Vino BZ 39 Mb70
39020 Kapron = Caprone BZ 28 Ld68
39056 Karersee = Carezza al Lago BZ 39 Md70
39053 Karneid = Cornedo all' Isarco BZ 39 Mc70
39020 Karthaus = Certosa BZ 28 Lf68
39030 Kasern = Casere BZ 30 Na66
39020 Kastelbell-Tschars BZ 28 Lf69
39040 Kastelruth = Castelrotto BZ 39 Md69
39020 Katharinaberg = Santa Caterina BZ 28 Lf68
39049 Kematen = Caminata BZ 29 Md67
39032 Kematen = Caminata di Tures BZ 30 Mf67
91017 Khamma TP 118 Nb128
39030 Kiens = Chienes BZ 29 Mf68
39043 Klausen = Chiusa BZ 29 Md69
39054 Klobenstein = Collalbo BZ 39 Mc69
39030 Kohlern = Colle BZ 39 Mc70
39030 Kollfuschg = Colfosco BZ 40 Mf69
39040 Kollmann = Colma BZ 29 Md69
39100 Kompatsch = Compaccio BZ 28 Lf69
39028 Kortsch = Corzes BZ 28 Le69
39028 Kortscher Alm BZ 28 Le68
39013 Kresbühl BZ 28 Ma68
39010 Kuens = Caines BZ 28 Mb68
39016 Kuppelwies = Pracupola BZ 39 Lf69
39033 Kurfar = Corvara in Badia BZ 40 Mf69
39040 Kurtatsch = Cortaccia BZ 39 Mb71
39034 Kurterhof BZ 30 Nb68
39040 Kurtinig an der Weinstraße = Cortina sulla Strada del Vino BZ 39 Mb71
39020 Kurzras = Maso Corto BZ 28 Le68

L

39040 Laag = Laghetti BZ 39 Mb71
39023 Laas = Lasa BZ 28 Le69
39024 Laatsch = Laudes BZ 27 Ld68
59024 La Badia PO 72 Ma84
41037 la Bala MO 64 Mb79
41028 la Berzigala MO 72 Le82
00030 Labico RM 89 Nf98
02010 Labro RI 85 Ne93
09014 la Caletta CI 136 Ib114
08020 la Caletta NU 133 Ke105
57020 la California LI 76 Ld89
58014 la Campigliola GR 83 Md93
89026 la Cantina di Zaccanati RC 117 Qf118
55045 la Capannina LU 71 Lb85
80057 la Carita NA 103 Pd104
89041 la Catalana RC 115 Rc118
20084 Lacchiarella MI 46 Ka77
89063 Lacco RC 117 Qe121
80076 Lacco Ameno NA 102 Of104
83046 Lacedonia AV 98 Qc102
39021 Laces = Latsch BZ 28 Lf69
13036 Lachelle VC 45 Ib77
29016 la Chiusa PC 62 Kf79
39020 Lacinigo = Latschinig BZ 28 Lf69
88060 la Colonia CZ 115 Rd117
08034 Laconi OR 134 Ka109
07021 Laconia OT 130 Kc102
07040 la Corte SS 131 Ib104
15061 la Costa AL 60 If81
43029 la Costa PR 62 Lc81
07040 la Crucca SS 131 Ic104
00055 Ladispoli RM 88 Na97
07030 Laerru SS 132 Ie104
07028 la Ficaccia OT 130 Kb101
61038 la Fornace PU 80 Nf86
48022 la Frascata RA 65 Mf81
53048 la Fratta SI 78 Me89
51020 Lagacci PT 72 Lf84
98051 la Gala ME 122 Qb120
89050 Laganadi RC 114 Qe119
32040 Laggio di Cadore BL 41 Nc70
39040 Laghetti = Laag BZ 39 Mb71
23823 Laghetto LC 36 Kc72
87011 Laghi di Sibari CS 111 Rd110
91018 la Giarretta TP 118 Ne121
00123 la Giustiniana RM 89 Nc97
22010 Laglio CO 46 Ka73
12030 Lagnasco CN 58 Hd81
36078 Lago VI 49 Mb75
87035 Lago CS 112 Ra113
16030 Lago GE 70 Ka82
38072 Lagolo TN 39 Ma72
85042 Lagonegro PZ 110 Qe108
56041 Lagoni del Sasso PI 77 Lf89
44023 Lagosanto FE 65 Na80
43028 Lagrimone PR 62 Lb82
39022 Lagundo = Algund BZ 28 Ma68
56030 Laiatico PI 77 Le88
17053 Laigueglia SV 68 Ia85
20020 Lainate MI 46 Ka75
22020 Laino CO 36 Ka73
87014 Laino Borgo CS 110 Qf109
87015 Laino Castello CS 110 Qf109
39040 Laion = Lajen BZ 29 Md69
87021 Laise CS 110 Qf111
39055 Laives = Leifers BZ 39 Mc70
39040 Lajen = Laion BZ 29 Md69
74029 La Lama TA 107 Sb106
51020 la Lima PT 72 Le84
24040 Lallio BG 47 Kd74
10040 La Loggia TO 58 He79
19126 Lama SP 71 La84
07024 La Maddalena OT 130 Kc101
66010 Lama dei Peligni CH 91 Pb96
15027 la Madonnina AL 59 Ib78
33020 La Maina UD 41 Ne70
53015 Lamalesa SI 78 Mb90
41023 Lama Mocogno MO 72 Le83
70043 Lamandia BA 107 Sc103
45010 Lama Polesine RO 65 Mf78
75100 la Martella MT 106 Rd105
36052 Lambara VI 40 Md73
27010 Lambrinia PV 61 Kd78
22045 Lambrugo CO 46 Kb74
88046 Lamezia Terme CZ 112 Rb115
89013 Lamia RC 117 Qf118
55013 Lammari LU 72 Ld85
50022 Lamole 78 Mc87
32033 Lamon BL 40 Me72
12064 la Morra CN 59 Hf81
89866 Lampazone VV 114 Qf117
92010 Lampedusa AG 123 Cd132
51035 Lamporecchio PT 72 Lf86
13046 Lamporo VC 45 Ia77
32021 La Muda BL 40 Na71
07039 la Muddizza SS 132 Ie103
39011 Lana 28 Ma69
31020 Lancenigo TV 51 Nb74
56045 Lanciaia PI 77 Lf89
66034 Lanciano CH 92 Pc95
28064 Landiona NO 45 Ic76
27015 Landriano PV 46 Kb77
39011 Lanegg 28 Mb69
16014 Langasco GE 60 If81
43013 Langhirano PR 62 Lb81
27030 Langosco PV 45 Id77
00142 l'Annunziatella RM 89 Nd97
96010 Lanteri 125 Pf126
08045 Lanusei OG 135 Kd109
00040 Lanuvio RM 89 Ne98
38020 Lanza TN 39 Ma70
23020 Lanzada SO 37 Kf71
31057 Lanzago TV 51 Nb75
84083 Lanzara SA 103 Pe104
36050 Lanze VI 50 Md75
89069 Lanzena RC 117 Qe120
22024 Lanzo d'Intelvi CO 36 Ka73
10074 Lanzo Torinese TO 44 Hc77
23900 Laorca 47 Kc73
63026 Lapedona AP 81 Oe90
07100 la Pedraia SS 131 Ib104
53100 la Pergola TP 118 Nd121
37100 la Pesa VR 49 Mb77
58036 la Pescaia GR 83 Ma91
91029 la Piana VI 118 Nf122
36078 la Piana VI 49 Mb75
84091 la Picciola SA 103 Pf105
57034 la Pila LI 82 Lb92
36057 Lapio VI 50 Md76
83030 Lapio AV 97 Pf103
00163 la Pisana RM 89 Nc97
39030 Lappach = Lappago BZ 29 Me67
39030 Lappago = Lappach BZ 29 Me67
67100* L'Aquila AQ 90 Oc94
39040 Laranz = Laranza BZ 39 Md69
39040 Laranza = Laranz BZ 39 Md69
07030 la Razzoni SS 132 If103
38087 Lardaro TN 38 Ld73
56044 Larderello PI 77 Lf89
98129 Larderia-Superiore ME 114 Qc120
27016 Lardirago PV 46 Kb77
07046 la Reale SS 131 Ib102
56035 Lari PI 77 Ld87
00040 Lariano RM 89 Ne98
86035 Larino CB 93 Pf98
13100 Larizzate VC 45 Ic77
53037 Larniano SI 77 Lf88
98070 la Rocca ME 121 Pe120
42023 la Rocca RE 63 Ld80
95032 la Rotondella 122 Pf124
56020 la Rotta PI 77 Le87
29029 Larzano PC 61 Kd79
32020 Larzonei BL 40 Mf70
39023 Lasa = Laas BZ 28 Le69
11015 la Salle AO 56 Ha74
30020 la Salute di Livenza VE 52 Ne75
90010 Lascari PA 120 Of120
32032 Lasen BL 40 Mf72
56024 la Serra PI 77 Le87
38040 Lases TN 39 Mb72
38076 Lasino TN 39 Lf72
22030 Lasnigo CO 46 Kb73
19100* La Spezia SP 71 Ke84
09020 las Plassas MD 134 If110
36100 la Stanga VI 50 Md75
39058 Laste = Asten BZ 29 Mc68
36040 Lastebasse VI 39 Mb73
50055 Lastra a Signa FI 72 Ma86
33020 Lateis UD 41 Ne70
01010 Latera VT 84 Me93
52020 Laterina AR 78 Me87
74014 Laterza TA 106 Re105
11016 la Thuile AO 56 Gf74
72022 Latiano BR 108 Se105
04100 Latina LT 94 Nf100
04013 Latina Scalo LT 94 Nf99
33053 Latisana UD 52 Nf74
33053 Latisanotta UD 52 Nf74
07030 la Tozza SS 132 If103
85043 Latronico PZ 110 Ra108
39021 Latsch = Laces BZ 28 Lf69
39020 Latschinig = Lacinigo BZ 28 Lf69
87010 Lattarico CS 112 Ra112
48022 la Turchia RA 65 Mf81
91014 la Tussia TP 118 Ne120
39040 Latzfons = Lazfons BZ 29 Md69
33029 Lauco UD 41 Nf70
39024 Laudes = Laatsch BZ 27 Ld68
84063 Laura SA 103 Pf106
84050 Laureana Cilento SA 103 Qa107
89023 Laureana di Borrello RC 117 Ra118
39040 Lauregno = Laurein TN 39 Ma70
39040 Laurein = Lauregno TN 39 Ma70
85014 Laurenzana PZ 105 Qf106
72015 Laureto BR 107 Sc104
85044 Lauria PZ 110 Qf108
10020 Lauriano TO 59 Hf78
84057 Laurino SA 104 Qc106
84050 Laurito SA 102 Qc107
89039 Lauro RC 115 Ra119
31011 Lauro TV 50 Mf74
81037 Lauro CE 96 Of101
83023 Lauro AV 103 Pd103
87010 Lauropoli CS 111 Rc110
80034 Lausdomini NA 102 Pc103
81040 Lautoni CE 96 Pb101
10060 Laux TO 57 Ha78
33050 Lauzacco UD 52 Ob73
33010 Lauzzana UD 52 Oa72
11013 Lavachey 56 Ha73
23833 Lavagna LO 47 Kc76
16033 Lavagna GE 70 Kc83
37030 Lavagno VR 49 Ma76
29025 la Valle PC 61 Ke79
29022 la Valle PC 61 Kc80
39030 la Valle = Wengen BZ 29 Mf69
32020 La Valle Agordina BL 40 Na71
33050 Lavariano UD 52 Ob73
38046 Lavarone TN 39 Mb73
85024 Lavello PZ 99 Qe102
21050 Lavena VA 36 If73
21037 Lavena Ponte Tresa VA 36 If73
25040 Laveno BS 38 Lb73
21014 Laveno Mombello VA 35 Id73
25074 Lavenone BS 48 Lc74
62020 Laverino MC 80 Nf90
41045 la Verna MO 72 Ld82
48021 Lavezzola RA 65 Mf81
84020 Laviano SA 104 Qb104
96010 la Villa SR 125 Qa126
62020 la Villa MC 81 Ob90
42015 la Villa RE 63 Le80
40017 la Villa BO 63 Mb81
52037 la Villa AR 79 Nb87
39030 La Villa = Stern BZ 29 Mf69
18020 Lavina IM 68 Hf84
00042 Lavinio Lido di Enea RM 94 Nd99
40011 Lavino di Mezzo BO 64 Mb81
38015 Lavis TN 39 Ma72
25060 Lavone BS 48 Lb74
84080 Lavorate SA 103 Pd104
39040 Lazfons = Latzfons BZ 29 Md69
37017 Lazise VR 49 Le75
25080 Lazzaretto BS 48 Lc76
89065 Lazzaro 117 Qd121
20020 Lazzate MB 46 Ka74
50050 Lazzereto FI 72 Lf86
47014 le Aie di Formignano FC 74 Na84
17036 Leca SV 68 Ib84
29022 le Campore PC 61 Kc80
60024 le Casette AN 81 Oc88
88841 le Castella KR 113 Sa115
39045 Le Cave = Grasstein BZ 29 Md68
73100 Lecce LE 108 Tb106
67050 Lecce nei Marsi AQ 91 Oe97
53036 Lecchi SI 77 Mb88
18024 Lecchiore IM 68 Hf85
50060 Leccio FI 78 Mc86
23900 Lecco LC 47 Kc73

61037 le Cento Croci PU 80 Oa86
11010 Lechère, la AO 34 Hc73
47023 le Chiaviche FC 74 Nb84
74020 le Conche TA 107 Sc107
88100 le Croci CZ 113 Rd115
38060 Ledro TN 49 Le73
24026 Leffe BG 47 Kf74
55045 le Focette LU 71 Lb85
21038 Leggiuno VA 46 Id73
36062 Leghe VI 50 Md74
37045 Legnago VR 49 Mb77
20025 Legnano MI 46 If75
35020 Legnaro PD 50 Mf76
56037 Legoli PI 77 Le87
38060 Legos TN 49 Le73
19025 le Grazie SP 71 Kf84
08010 Lei NU 132 If107
39055 Leifers = Laives BZ 39 Mc70
10040 Leini TO 59 He77
39040 Le Laste = Schaldern BZ 29 Me67
10070 Lemie TO 44 Hb77
43030 Lemignano PR 62 Lb80
15050 Lemmi AL 60 Ka80
01027 le Mosse VT 84 Na93
64010 Lempa TE 86 Od92
25074 Lemprato BS 48 Lc74
45026 Lendinara RO 64 Md78
39054 Lengmoos = Longomoso BZ 39 Mc69
39050 Lengstein = Longostagno BZ 39 Mc69
98050 Leni ME 116 Pe117
24010 Lenna BG 37 Ke73
22016 Lenno CO 36 Kb73
25024 Leno BS 48 Lb76
04025 Lenola LT 95 Oc100
13035 Lenta VC 45 Ic75
22060 Lentate sul Seveso CO 46 Ka74
66050 Lentella CH 92 Pe97
32020 Lentiai BL 40 Na72
91019 Lentina TP 118 Ne120
96016 Lentini SR 125 Qa125
84040 Lentiscosa SA 102 Qc108
91019 Lenzi TP 118 Nd120
38060 Lenzumo TN 38 Le73
64010 Leofara TE 86 Od92
02020 Leofreni RI 90 Oa95
33019 Leonacco UD 52 Ob72
02016 Leonessa RI 85 Nf93
94013 Leonforte EN 121 Pc123
80058 Leopardi NA 102 Pc104
74020 Leporano TA 107 Sb106
24017 Lepreno BG 47 Ke73
23035 le Prese SO 38 Lc70
73010 Lequile LE 108 Ta107
12050 Lequio Berria CN 59 Ia81
12060 Lequio Tanaro CN 59 Hf81
90025 Lercara Friddi PA 120 Od122
10024 l'Eremo TO 59 He78
13036 Leri VC 45 Ib77
19032 Lerici SP 71 Kf84
36040 Lerino VI 50 Md75
15070 Lerma AL 60 Ie81
28040 Lesa NO 45 Id74
12076 Lesegno CN 68 Hf82
43037 Lesignano de'Bagni PR 62 Lb81
43040 Lesignano Palmia PR 62 La81
36014 Lesina VI 49 Mc74
71010 Lesina FG 93 Qc97
20050 Lesmo MB 47 Kb75
10010 Lessolo TO 44 He76
13853 Lessona BI 45 Ib75
33090 Lestans PN 41 Nf72
33050 Lestizza UD 52 Oa73
81010 Letino CE 96 Pb100
98037 Letojanni ME 116 Qb121
80050 Lettere NA 103 Pd104
65020 Lettomanoppello PE 91 Pa95
66010 Lettopalena CH 91 Pa97
36030 Leva VI 50 Md75
31040 Levada TV 50 Mf73
35017 Levada PD 50 Na75
81034 le Vagnole CE 96 Of102
12040 Levaldigi CN 58 Hd81
19015 Levanto SP 70 Kd83
91023 Levanzo 118 Nc121
15062 Levata AL 60 Ie79
26044 Levata CR 48 La77
24040 Levate BG 47 Kd75
73045 Leverano LE 108 Sf107
12070 Levice CN 59 Ia81
38056 Levico Terme TN 39 Mb72
55040 Levigliani LU 71 Lb84
42014 le Ville RE 63 Le81
41014 Levizzano Rangone MO 63 Lf82
12075 le Volte CN 68 Ia83
10070 Levone TO 44 Hd77
16040 Lezzaruole GE 61 Ka82
30010 Lezze VE 65 Na78
22025 Lezzeno CO 36 Kb73
33025 Liariis UD 41 Nf70
32036 Libano BL 40 Na72
53037 Libbiano SI 77 Lf88
56045 Libbiano PI 77 Le89
81040 Liberi CE 96 Pb101
95040 Libertinia CT 121 Pd123
46030 Libiola MN 63 Ma78
44020 Libolla FE 65 Mf80
74020 Librari TA 107 Sc107
98064 Librizzi ME 116 Pf120
90020 Librizzi PA 120 Pa122
92027 Licata AG 123 Of126
54016 Licciana Nardi MS 71 La83
00026 Licenza RM 89 Nf96
39020 Lichtenberg = Montechiaro BZ 28 Ld69
80015 Licignano di Napoli NA 102 Pc103
84047 Licinella SA 103 Qa106
95040 Licodia Eubea CT 125 Pe126
84040 Licusati SA 102 Qc108
30126 Lido VE 51 Nc76
13886 Lido BI 45 Ia76
74019 Lido Azzurro TA 107 Sa105
73014 Lido Conchiglie LE 109 Ta108
44024 Lido degli Estensi FE 65 Nb81
44022 Lido degli Scacchi FE 65 Nb80
44022 Lido delle Nazioni FE 65 Nb80
07026 Lido del Sole OT 133 Kd103
55043 Lido di Camaiore LU 71 Lb85
66020 Lido di Casalbordino CH 92 Pd95
00121 Lido di Castel Fusano RM 89 Nb98
48020 Lido di Classe RA 74 Nb83
63023 Lido di Fermo AP 81 Oe89
04010 Lido di Foce Verde LT 94 Ne100
30016 Lido di Jesolo VE 51 Nd75
04100 Lido di Latina LT 94 Ne100
75012 Lido di Metaponto 106 Re106
80078 Lido di Napoli NA 102 Pa103
96017 Lido di Noto SR 125 Qa127
00121 Lido di Ostia RM 89 Nb98
89015 Lido di Palmi RC 114 Qf118
75025 Lido di Policoro MT 111 Re107
44022 Lido di Pomposa FE 65 Nb80
71019 Lido di Portonuovo FG 100 Rb97
48020 Lido di Savio RA 74 Nc83
75020 Lido di Scanzano MT 106 Re107
71043 Lido di Siponto FG 99 Qf99
44022 Lido di Spina FE 65 Nb81
91100 Lido Marausa TP 118 Nc121
98050 Lido Marchesana ME 122 Qa120
89024 Lidonnici RC 117 Ra118
91025 Lido Ponticello TP 118 Nc122
66026 Lido Riccio 87 Pc94
73014 Lido San Giovanni LE 109 Ta108
87067 Lido Sant'Angelo CS 111 Rd111
91025 Lido Signorino TP 118 Nc122
72012 Lido Specchiolla BR 108 Se104
75020 Lido Terzo Madonna MT 111 Re107
31020 Liedolo TV 50 Me74
52014 Lierna AR 74 Me86
23827 Lierna LC 36 Kb73
30010 Liettoli VE 50 Na76
11020 Lignan AO 44 Hc74
13034 Lignana VC 45 Ic77
33054 Lignano Pineta UD 52 Oa74
33054 Lignano Riviera UD 52 Oa75
33054 Lignano Sabbiadoro UD 52 Oa74
11020 Lignod AO 44 Hd74
42039 Ligonchio RE 71 Lc83
33078 Ligugnana PN 52 Nf73
11020 Lillianes AO 44 Hf75
53011 Lilliano SI 78 Mb88
32020 Limana BL 40 Na72
55021 Limano LU 72 Le84
82030 Limatola BN 96 Pc102
89844 Limbadi VV 114 Qf117
20051 Limbiate MB 46 Ka75
35010 Limena PD 50 Mf76
38085 Limes TN 38 Ld73
22070 Limido Comasco CO 46 If74
98030 Limina ME 116 Qb121
50050 Limite FI 77 Lf86
02045 Limiti di Greccio RI 85 Ne94
20096 Limito MI 47 Kb76
25010 Limone sul Garda BS 49 Le74
23865 Limonta LC 36 Kb73
86022 Limosano CB 92 Pd98
08020 Limpiddu OT 133 Ke104
89832 Limpidi VV 115 Rb117
50021 Linari FI 77 Ma88
47025 Linaro FC 74 Na85
27010 Linarolo PV 61 Kb78
20068 Linate MI 46 Kb76
72020 Lindinuso BR 108 Ta105
95010 Linera CT 122 Qa123
98050 Lingua ME 116 Pf117
95015 Linguaglossa CT 116 Qa121
92010 Linosa AG 123 Nf133
95043 Linziti CT 125 Pe125
35020 Lion PD 50 Mf76
83047 Lioni AV 104 Qb103
91028 Liotta TP 119 Nf122
98055 Lipari ME 116 Pf118
22030 Lipomo CO 46 Ka74
06010 Lippiano PG 79 Na88
07100 li Punti SS 131 Id104
27040 Lirio PV 61 Kb79
20060 Liscate MI 47 Kc76
66050 Liscia CH 92 Pd97
07021 Liscia di Vacca OT 130 Kd102
02100 Lisciano RI 85 Nf94
06060 Lisciano Niccone PG 79 Na89
38030 Lisignago TN 39 Mb72
12070 Lisio CN 68 Hf83
35035 Lissaro PD 50 Me76
20035 Lissone MI 46 Kb75
32027 Listolade BL 40 Na71
07035 Littigheddu SS 132 Ie103
07038 li Vaccaggi OT 130 If102
45010 Livello RO 65 Mf78
25070 Livemmo BS 48 Lc74
80030 Liveri NA 103 Pd103
23030 Livigno SO 37 La69
32020 Livinallongo del Col di Lana BL 40 Mf70
38020 Livo TN 39 Ma70
22010 Livo CO 36 Kb71
57121* Livorno LI 76 Lb87
13046 Livorno Ferraris VC 45 Ia77
26814 Livraga LO 47 Kd77
26022 Livrasco CR 48 La77
73023 Lizzanello LE 108 Tb107
74020 Lizzano TA 107 Sc106
40042 Lizzano in Belvedere BO 72 Lf84
24020 Lizzola BG 37 La72
17025 Loano SV 68 Ib84
15100 Lobbi AL 60 Ie79
37047 Lobia VR 49 Mb76
98020 Locadi ME 116 Qc121
10080 Locana TO 44 Hc76
37040 Locara VR 49 Mc76
13040 Locarno VC 45 Ib74
20085 Locate di Triulzi MI 46 Kb76
24030 Locatello BG 47 Kd73
22070 Locate Varesino CO 46 If74
90020 Locati PA 120 Pa122
08040 Loceri OG 135 Kd109
16028 Loco GE 61 Kb81
91100 Locogrande TP 118 Nd121
70055 Loconia BA 99 Qf102
70010 Locorotondo BA 107 Sb104
89044 Locri RC 115 Rb119
08020 Loculi NU 133 Kd106
89060 Loddini RC 117 Qe120
08020 Lode NU 133 Kd105
26900 Lodi LO 47 Kd77
08020 Lodine NU 135 Kb108
17058 Lodisio SV 59 Ib82
26855 Lodi Vecchio LO 47 Kc77
15100 Lodra AL 60 Ie79
25060 Lodrino BS 48 Lb74
38089 Lodrone TN 48 Ld74
25030 Lograto BS 48 La76
40050 Loiano BO 73 Mb83
07020 Loiri OT 133 Kc103
08100 Lollove NU 133 Kb106
23871 Lomagna LC 47 Kc74
38070 Lomaso TN 38 Lf72
22074 Lomazzo CO 46 Ka74
33040 Lombai UD 53 Od72
10040 Lombardore TO 44 He77
10040 Lombriasco TO 58 Hd79
55041 Lómbrici LU 71 Lb85
25040 Lombro BS 38 Lb72
27034 Lomello PV 60 Ie78
21020 Lomnago VA 46 Ie74
38040 Lona TN 39 Mb72
21050 Lonate Ceppino VA 46 If74
21015 Lonate Pozzolo VA 46 Ie75
25017 Lonato del Garda BS 48 Lc76
33033 Lonca UD 41 Oa73
30020 Loncon VE 51 Ne74
50060 Londa FI 73 Md85
84011 Lone SA 103 Pd105
33017 Loneriacco UD 52 Ob71
36060 Longa VI 50 Md74
86090 Longano IS 96 Pb99
36100 Longara VI 50 Md75
26048 Longardore CR 62 La78
36023 Longare VI 50 Md76
32013 Longarone BL 40 Nb71
44014 Longastrino FE 65 Na81
39030 Longega =Zwischenwasser BZ 29 Mf68
25030 Longhena BS 48 La76
31029 Longhere TV 40 Nb72
36040 Longhi TN 39 Mb73
98070 Longi ME 122 Pe120
47020 Longiano FC 74 Nb84
39030 Longiarù = Campill BZ 29 Mf69
87030 Longobardi CS 112 Ra113
89900 Longobardi VV 115 Ra116
87030 Longobardi Marina CS 112 Ra113
87066 Longobucco CS 113 Rd112
39054 Longomoso = Lengmoos BZ 39 Mc69
22030 Longon al Segrino 46 Kb74
02020 Longone Sabino RI 90 Nf95
39050 Longostagno = Lengstein BZ 39 Mc69
36045 Lonigo VI 49 Mc76
24027 Lonno BG 47 Ke74
36076 Lora VI 49 Mb75
10010 Loranze TO 44 He76
35010 Loreggia PD 50 Mf75
35010 Loreggiola PD 50 Mf75
28893 Loreglia VB 35 Ic73
32040 Lorenzago di Cadore BL 41 Nc70
56043 Lorenzana PI 76 Ld87
40017 Lorenzatico BO 64 Mb81
45017 Loreo RO 65 Nb78
28047 Loreto NO 46 Id75
60025 Loreto AN 81 Od88
06024 Loreto PG 79 Nc88
65014 Loreto Aprutino PE 87 Of94
31037 Loria TV 50 Mf74
25040 Loritto BS 38 Lb72
53035 Lornano SI 78 Mb88
52024 Loro Ciuffenna AR 78 Md87
62020 Loro Piceno MC 81 Oc90
16045 Lorsica GE 70 Kb82
33025 Losa 41 Ne70
11028 Losanche AO 44 Hd73
70020 Loseto BA 100 Rf102
25050 Losine BS 38 Lb73
39016 Lotterbad BZ 39 Ma69
08040 Lotzorai OG 135 Kd109
31027 Lovadina TV 51 Nb74
36070 Lovara VI 49 Mc75
33040 Lovaria UD 52 Ob72
25050 Loveno BS 38 Lb72
38010 Lover TN 39 Ma71
12060 Lovera CN 59 Ia82
24065 Lovere BG 48 La74
23030 Lovero SO 38 Lb71
40057 Lovoleto BO 64 Mc81
25040 Lozio BS 38 Lb73
90040 Lo Zucco PA 119 Oa120
21040 Lozza VA 46 If74
21010 Lozzo VA 36 Ie72
35034 Lozzo Atestino PD 50 Md77
32040 Lozzo di Cadore BL 41 Nc70
13045 Lozzolo VC 45 Ib75
15040 Lu AL 60 Ic79
07030 lu Bagnu SS 132 Ie103
37013 Lubiara VR 49 Le75
01020 Lubriano VT 84 Na93
89056 Lubrichi RC 117 Qf119
50025 Lucardo FI 77 Ma87
55100 Lucca LU 71 Ld85
92010 Lucca Sicula AG 119 Ob123
00100 Lucchina RM 89 Nc97
71036 Lucera FG 98 Qc99
56043 Luciana PI 76 Lc87
84013 Lucia Santa 103 Pe104
55025 Lucignana LU 72 Ld84
52046 Lucignano AR 78 Me89
53014 Lucignano d'Arbia SI 78 Mc89
53020 Lucignano in d'Asso SI 78 Md90
18020 Lucinasco IM 68 Hf85
86030 Lucito CB 92 Pe98
67056 Luco dei Marsi AQ 90 Oc97
50022 Lucolena FI 78 Mc87
67045 Lucoli AQ 90 Oc95
61031 Lucrezia PU 75 Nf86
73039 Lucugnano LE 109 Tb109
33020 Ludaria UD 41 Nf69
25030 Ludriano BS 47 Kf76
24020 Ludrigno BG 37 Kf73
37060 Lugagnano VR 49 Lf76
43010 Lugagnano PR 71 La82
29018 Lugagnano Val d'Arda PC 62 Ke80
55022 Lugliano LU 72 Ld85
10080 Lugnacco TO 44 He76
06012 Lugnano PG 79 Nb88
05020 Lugnano in Teverina TR 84 Nb93
02040 Lugnola RI 85 Nd94
37023 Lugo RA 49 Lf75
42031 Lugo RE 72 Ld82
48022 Lugo RA 74 Mf82
36030 Lugo di Vicenza VI 50 Md74
96011 Lugo Grande SR 125 Qa125
30020 Lugugnana VE 52 Nf74
26028 Luignano CR 47 Kf77
33025 Luincis UD 41 Nf69
21016 Luino VA 35 Ie72
22070 Luisago CO 46 Ka74
08020 Lula NU 133 Kc106
16024 Lumarzo GE 70 Ka82
07034 Lumbaldu SS 132 If104
89100 Lume RC 117 Qd120
28060 Lumellogno NO 46 Id76
25065 Lumezzane BS 48 Lb75
33050 Lumignacco UD 52 Ob73
36023 Lumignano VI 50 Md76
09022 Lunamatrona MD 134 If111
61026 Lunano PU 79 Nc86
89047 lunchi RC 115 Rc118
15100 Lungafame AL 60 Ie79
27053 Lungavilla PV 60 Ka78
33021 Lungis UD 41 Ne70
87010 Lungro CS 110 Ra110
83040 Luogosano AV 97 Pf103
07020 Luogosanto OT 130 Kb102
40062 Lupara BO 64 Md81
86030 Lupara CB 92 Pe98
36066 Lupia VI 50 Md75
87057 Lupia CS 112 Rb114
55020 Lupinaia LU 72 Lc84
91015 Luppino TP 118 Ne120
22040 Lurago d'Erba CO 46 Kb74
22070 Lurago Marinone CO 46 If74
24050 Lurano BG 47 Kd75
07025 Luras OT 132 Kb103
22075 Lurate Caccivio CO 46 Ka74
96010 Luricazzo 125 Qa126
81030 Lusciano CE 96 Pb103
54014 Luscignano MS 71 La83
39040 Lüsen = Luson BZ 29 Me68
38040 Luserna TN 39 Mb73
10062 Luserna San Giovanni TO 58 Hb80
10060 Lusernetta TO 58 Hb80
45020 Lusia RO 64 Md78
36046 Lusiana VI 50 Md74
10080 Lusiglie TO 44 He77
54027 Lusignana MS 71 Kf82
17031 Lusignano SV 68 Ib84
39040 Luson = Lüsen BZ 29 Me68
84050 Lustra SA 103 Qa107
29010 Lusurasco PC 62 Kf79
39030 Lutago = Luttach BZ 29 Mf67
39030 Lutago di Sopra = Ober-Luttach BZ 29 Mf67
31043 Lutrano TV 51 Nc74
39030 Luttach = Lutago BZ 29 Mf67
24069 Luzzana BG 47 Kf74
82010 Luzzano BN 97 Pd102
42045 Luzzara RE 63 Le79
87040 Luzzi CS 112 Rb112
28897 Luzzogno VB 35 Ic73

M

91010 Macari TP 118 Ne120
70045 Macario BA 101 Rf102
82010 Maccabei BN 97 Pe102
37060 Maccacari VR 64 Ma78
21010 Maccagno VA 35 Ie72
00054 Maccarese RM 88 Nb97
40018 Maccaretolo BO 64 Mc80
26843 Maccastorna LO 62 Kf78
95014 Macchia 122 Qa122
02011 Macchia 86 Ob92
87069 Macchia 111 Rc111
71037 Macchia FG 100 Qf98
70043 Macchia di Monte BA 107 Sb103
86070 Macchia d'Isernia IS 96 Pa99
86096 Macchiagodena IS 97 Pc99
09100 Macchiareddu CA 137 Ka113
83031 Macchiariello AV 97 Qa102
84039 Macchiaroli SA 104 Qd106
86040 Macchia Valfortore CB 97 Pf99
70127 Macchie PG 100 Re102
06061 Macchie PG 84 Na90
89029 Macchina-Lagana RC 114 Ra118
89134 Macellara 117 Qe120
10060 Macello TO 58 Hc79
62100 Macerata MC 81 Oc89
81047 Macerata Campania CE 96 Pb102
61023 Macerata Feltria PU 74 Nc86
47024 Macerone FC 74 Nb84

61016 Maciano PU 74 Nb85
62010 Macina MC 81 Od89
60030 Macine AN 80 Oa88
25030 Maclodio BS 48 La76
08015 Macomer NU 134 Ie107
12020 Macra CN 58 Hb82
28876 Macugnaga VB 34 Hf73
09012 Maddalena CA 137 Ka114
81024 Maddaloni CE 96 Pc102
23024 Madesimo SO 36 Kc70
26020 Madignano CR 47 Ke76
24040 Madone BG 47 Kd75
36045 Madonna VI 49 Mc76
14045 Madonna AT 59 Ic80
91100 Madonna Buona TP 118 Ne122
44043 Madonna dei Boschi FE 64 Mc80
40048 Madonna dei Fornelli BO 73 Mb83
48011 Madonna del Bosco RA 65 Na81
91025 Madonna della Cava TP 118 Nd121
56017 Madonna dell'Acqua PI 76 Lc86
61045 Madonna del Piano PU 80 Nf87
61032 Madonna del Ponte PU 75 Oa86
28894 Madonna del Sasso VB 45 Ib74
06049 Madonna di Baiano PG 85 Nd92
38086 Madonna di Campiglio TN 38 Le71
47837 Madonna di Montegridolfo RN 75 Ne85
39020 Madonna di Senales = Unserfrau in Schnals BZ 28 Lf68
72015 Madonna Pozzo Guacito BR 107 Sc104
15040 Madonna San Zeno AL 60 Ie79
19020 Madrignano SP 71 Kf83
33034 Madrisio UD 52 Oa72
33030 Madrisio UD 52 Nf73
96100 Maeggio 126 Qb126
04010 Maenza LT 95 Ob99
30030 Maerne VE 51 Na75
06100 Maestrello PG 79 Nb89
86030 Mafalda CB 92 Pe97
10055 Maffiotto TO 58 Hb78
25080 Magasa BS 48 Ld74
41056 Magazzino MO 63 Ma81
11020 Magdeleine, la AO 44 Hd74
20013 Magenta MI 46 If76
23900 Maggianico 47 Kc74
55100 Maggiano LU 71 Lc85
28013 Maggiate Inferiore NO 45 Ic74
28013 Maggiate Superiore NO 45 Ic74
23814 Maggio LC 36 Kc73
28014 Maggiora NO 45 Ic74
27010 Magherno PV 47 Kb77
15060 Magioncalda 61 Kb81
06063 Magione PG 79 Nb90
40024 Magione BO 73 Md82
88050 Magisano CZ 113 Rd114
87050 Magli CS 112 Rb113
88070 Magliacane CZ 113 Rf115
02100 Maglianello Alto RI 89 Nf94
73041 Magliano LE 108 Ta106
12050 Magliano Alfieri CN 59 Ia80
12060 Magliano Alpi CN 59 He82
67062 Magliano de'Marsi AQ 90 Oc96
63025 Magliano di Tenna AP 81 Od90
58051 Magliano in Toscana GR 83 Mb93
84050 Magliano Nuovo SA 104 Qb106
00060 Magliano Romano RM 89 Nc96
02046 Magliano Sabina RI 89 Nc94
84050 Magliano Vetere SA 104 Qb106
73024 Maglie LE 109 Tb108
35015 Maglio PD 50 Me74
17020 Magliolo SV 68 Ib83
10030 Maglione TO 45 Ia76
46020 Magnacavallo MN 63 Mb78
20020 Magnago MI 46 Ie75
13887 Magnano BI 45 Ia76
85043 Magnano PZ 110 Ra108
25063 Magno BS 48 Lb74
13882 Magnonevolo BI 45 Ia76
70037 Magno San BA 100 Rc102
28838 Magognino VB 45 Id73
08010 Magomadas OR 134 Id107
42035 Magonfia RE 72 Lc82
38027 Magras TN 39 Lf70
15050 Magrassi AL 60 If80
36015 Magre VI 49 Mc74
33040 Magredis UD 52 Ob72
22030 Magreglio CO 36 Kb73
25080 Magrena BS 48 Lc75
39040 Magrè sulla Strada del Vino = Margreid an der Weinstraße BZ 39 Mb71
41010 Magreta MO 63 Le81
01026 Magugnano VT 84 Na93
39020 Mahder BZ 38 Le69
06049 Maiano PG 85 Ne92
48010 Maiano Monti RA 65 Mf82
88025 Maida CZ 115 Rc115
88025 Maida Marina CZ 115 Rb115
87020 Maiera CS 110 Qf110
89843 Maierato VV 115 Rb116
39040 Maiern = Masseria BZ 29 Mb67
60030 Maiolati Spontini AN 80 Oa88
61010 Maiolo PU 74 Nb85
87040 Maione CS 112 Rb114
81040 Maiorano di Monte CE 96 Pb101
84010 Maiori SA 103 Pd105
26825 Mairago LO 47 Kd77
25030 Mairano BS 48 La76
27045 Mairano PV 61 Ka78
22039 Maisano CO 47 Kb73
19010 Maissana SP 70 Kd82
33030 Majano UD 52 Oa71
09016 Malacalzetta CI 136 Id112
26030 Malagnino CR 62 La78
00054 Malagrotta RM 89 Nb97
40051 Malalbergo BO 64 Md80
30010 Malamocco VE 51 Nc76
14100 Malandroni AT 59 Ia79
90145 Malaspina 119 Oc120
46040 Malavicina MN 49 Le77
45030 Malcantone MN 64 Md79
48020 Malcantone RA 74 Mf82
37018 Malcesine VR 49 Le74
34011 Malchina TS 53 Od74
30030 Malcontenta VE 51 Nb76
38027 Malè TN 39 Lf70
25053 Malegno BS 38 Lb73
26847 Maleo LO 47 Ke78
28854 Malesco VB 35 Id72
95035 Maletto CT 122 Pf122
98050 Malfa ME 116 Pf117
38020 Malga Cercena Alta TN 38 Le70
39027 Malga di Melag = Melager Alm BZ 28 Le68
38024 Malga Mare TN 38 Le70
39010 Malgasot BZ 39 Ma70
21020 Malgesso VA 46 Ie74
23033 Malghera SO 37 La70
38010 Malgolo TN 39 Ma70
54028 Malgrate MS 71 Kf83
23864 Malgrate LC 47 Kc73
53018 Malignano SI 77 Mb89
33050 Malisana UD 52 Ob74
87030 Malito CS 112 Rb114
17045 Mallare SV 68 Ib83
39024 Malles Venosta = Mals BZ 27 Ld68
50055 Malmantile FI 77 Ma86
21046 Malnate VA 46 If74
33086 Malnisio PN 41 Nd72
36034 Malo VI 50 Mc75
98074 Malo ME 122 Pe120
25017 Malocco BS 48 Lc76
25040 Malonno BS 38 Lb72
38013 Malosco TN 39 Ma70
25070 Malpaga BS 48 Lb74
25012 Malpaga BS 48 Lb76
24050 Malpaga BG 47 Ke75
90046 Malpasso PA 119 Ob120
39024 Mals = Malles Venosta BZ 27 Ld68
06043 Maltignano AP 85 Oa92
63040 Maltignano AP 86 Oe91
20020 Malvaglio MI 46 Ie75
98030 Malvagna ME 116 Qa121
60037 Malviano AN 81 Ob87
15015 Malvicino AL 60 Ic81
98071 Malvigino Piscittina 121 Pe120
87010 Malvito CS 110 Ra111
83034 Malvizza AV 97 Qa101
92028 Malvizzo AG 123 Oe125
29010 Mamago PC 61 Kd78
43029 Mamiano PR 62 Lc80
89045 Mammola RC 115 Rb118
08024 Mamoiada NU 135 Kb107
08020 Mamone NU 133 Kc105
09037 Mamusa CI 136 Ie111
07026 Mamusi OT 133 Kc104
19010 Manarola SP 70 Ke84
85033 Manca di Sopra PZ 110 Ra108
58014 Manciano GR 83 Md93
85030 Mancine PZ 111 Rb108
98020 Mandanici ME 116 Qb120
89844 Mandaradoni VV 114 Qf117
09040 Mandas CA 135 Ka111
87060 Mandatoriccio CS 113 Re112
00020 Mandela RM 90 Nf96
23826 Mandello del Lario LC 36 Kb73
28060 Mandello Vitta NO 45 Ic76
84046 Mandia SA 102 Qb108
25045 Mandolossa BS 48 La75
60019 Mandriola 81 Ob86
48010 Mandriole RA 65 Nb81
15100 Mandrogne AL 60 Ie79
74024 Manduria TA 108 Sd106
25080 Manerba del Garda BS 48 Ld75
25025 Manerbio BS 48 La76
71043 Manfredonia FG 99 Qf99
95024 Mangano CT 122 Qb122
39020 Mangitzer Alpe BZ 27 Lc69
12056 Mango CN 59 Ia80
87050 Mangone CS 112 Rb113
95030 Maniace CT 122 Pe121
33085 Maniago PN 41 Ne71
10060 Maniglia TO 58 Ha79
83030 Manocalzati AV 97 Pf103
65024 Manoppello PE 91 Pa95
31040 Mansue TV 51 Nd74
12030 Manta CN 58 Hc81
39030 Mantana = Montal BZ 29 Mf68
20010 Mantegazza MI 46 If75
23016 Mantello SO 37 Kc72
39030 Mantena = Welschmontal BZ 29 Mf68
50142 Mantignano FI 73 Mb86
89816 Mantineo VV 115 Ra116
46100 Mantova MN 63 Le78
33044 Manzano UD 52 Oc73
00066 Manziana RM 88 Na96
33044 Manzinello UD 52 Oc73
41013 Manzolino MO 63 Ma81
24030 Mapello BG 47 Kd74
10070 Mappano TO 59 He78
07010 Mara SS 132 Id106
09040 Maracalagonis CA 137 Kb113
36042 Maragnole VI 50 Md74
67015 Marana AQ 86 Ob94
67039 Marane AQ 91 Of96
41053 Maranello MO 63 Lf81
30030 Marano VE 51 Na76
43100 Marano PR 62 Lc80
40055 Marano BO 64 Mc81
67062 Marano dei Marsi AQ 90 Ob96
80016 Marano di Napoli NA 102 Pb103
37020 Marano di Valpolicella VR 49 Lf75
00020 Marano Equo RM 90 Oa97
04020 Maranola LT 95 Od101
33050 Marano Lagunare UD 52 Oa74
87040 Marano Marchesato CS 112 Ra113
87040 Marano Principato CS 112 Rb113
41054 Marano sul Panaro MO 72 Lf82
28040 Marano Ticino NO 46 Id75
36035 Marano Vicentino VI 50 Mc74
39037 Maranza = Meransen BZ 29 Md68
14040 Maranzana AT 60 Ic80
85046 Maratea PZ 110 Qe109
85046 Maratea Castrocucco PZ 110 Qe109
91100 Marausa TP 118 Nd121
20010 Marcallo con Casone MI 46 If76
46010 Marcaria MN 63 Ld78
93100 Marcato d'Arrigo CL 124 Pa124
09098 Marceddi OR 134 Id110
88050 Marcedusa CZ 113 Re114
60026 Marcelli AN 81 Od88
00010 Marcellina RM 89 Ne96
87020 Marcellina CS 110 Qe110
88044 Marcellinara CZ 112 Rc115
37036 Marcellise VR 49 Ma76
37039 Marcemigo VR 49 Ma75
38020 Marcena TN 39 Ma70
52100 Marcena AR 78 Mf87
02020 Marcetelli RI 90 Oa95
25060 Marcheno BS 48 Lb74
98050 Marchesana Marina ME 122 Qa120
37060 Marchesino VR 49 Lf76
21030 Marchirolo VA 36 Ie73
50052 Marcialla FI 77 Ma87
56021 Marciana PI 76 Ld86
57030 Marciana LI 82 La92
57033 Marciana Marina LI 82 Lb92
81025 Marcianise CE 96 Pb102
52047 Marciano della Chiana AR 78 Me89
54035 Marciaso MS 71 La84
27020 Marcignago PV 46 Ka77
50050 Marcignana FI 77 Lf86
50018 Marciola 77 Ma86
38060 Marco TN 49 Ma73
39030 Marcon VE 51 Nb75
75020 Marconia MT 106 Re106
45030 Mardimago RO 64 Mf78
39044 Marebbe = Enneberg BZ 30 Mf68
47900 Marebello RN 75 Nd84
80100 Marechiaro NA 102 Pb104
37040 Marega VR 49 Mc77
37021 Maregge VR 49 Ma75
39040 Mareit = Mareta BZ 29 Mc67
12030 Marene CN 59 He81
12055 Marengo CN 59 Ia81
46045 Marengo MN 49 Le77
31010 Mareno di Piave TV 51 Nc73
10020 Marentino TO 59 Hf78
32010 Mareson BL 40 Na70
39040 Mareta = Mareit BZ 29 Mc67
29023 Mareto PC 61 Kd80
91023 Marettimo 118 Na121
14018 Maretto AT 59 Ia79
39030 Marga = Margen BZ 29 Me67
39030 Margen = Marga BZ 29 Me67
30175 Marghera VE 51 Nb76
29021 Margherita PC 61 Kd80
71044 Margherita di Savoia BT 99 Ra100
09045 Margine Rosso CA 137 Kb113
97015 Margione RG 125 Pf127
23832 Margno LC 36 Kc72
10070 Margone TO 56 Hb77
39040 Margreid an der Weinstraße = Magrè sulla Strada del Vino BZ 39 Mb71
46010 Mariana Mantovana MN 48 Lc77
24040 Mariano al Brembo BG 47 Kd75
22066 Mariano Comense CO 46 Kb74
34070 Mariano del Friuli GO 52 Oc73
93010 Marianopoli CL 120 Of123
73048 Maria Santa al Bagno LE 109 Sf108
27047 Maria Santa della Versa PV 61 Kb79
80059 Maria Santa la Bruna NA 102 Pc104
80030 Mariglianella NA 102 Pc103
80034 Marigliano NA 102 Pc103
38020 Marilleva TN 38 Le71
30020 Marina VE 52 Nf74
54039 Marina dei Ronchi MS 71 La85
58010 Marina di Alberese GR 82 Ma93
87071 Marina di Amendolara CS 111 Rd109
17051 Marina di Andora SV 68 Ia85
09031 Marina di Arbus MD 134 Ic111
84046 Marina di Ascea SA 102 Qb108
96012 Marina di Avola 126 Qa127
87033 Marina di Belmonte 112 Ra113
84059 Marina di Camerota SA 102 Qc108
57034 Marina di Campo LI 82 Lb92
98072 Marina di Caronia ME 121 Pc120
54036 Marina di Carrara MS 71 La84
84040 Marina di Casal Velino SA 102 Qa107
57022 Marina di Castagneto Donoratico LI 76 Ld89
89041 Marina di Caulonia RC 115 Rc118
57023 Marina di Cecina LI 76 Lc89
88060 Marina di Davoli CZ 115 Rd117
87020 Marina di Fuscaldo CS 112 Ra112
74025 Marina di Ginosa TA 106 Rf106
89046 Marina di Gioiosa Ionica RC 115 Rb119
58046 Marina di Grosseto GR 82 Lf92
73040 Marina di Leuca LE 109 Tc110
73057 Marina di Mancaversa LE 109 Ta109
85046 Marina di Maratea PZ 110 Qe109
73030 Marina di Marittima LE 109 Tc109
54039 Marina di Massa MS 71 La84
96010 Marina di Melilli SR 125 Qb126
04020 Marina di Minturno LT 95 Oe101
60018 Marina di Montemarciano AN 81 Oc87
88042 Marina di Nocera CZ 112 Ra114
73031 Marina di Novaglie LE 109 Tc109
75020 Marina di Nova Siri MT 111 Rd108
08028 Marina di Orosei NU 133 Ke106
72017 Marina di Ostuni BR 107 Sd104
92020 Marina di Palma AG 123 Oe125
89015 Marina di Palmi RC 117 Qe118
87027 Marina di Paola CS 112 Ra112
98060 Marina di Patti ME 116 Pf120
73050 Marina di Pescoluse LE 109 Tb109
55044 Marina di Pietrasanta LU 71 Lb85
56100 Marina di Pisa PI 76 Lb86
74026 Marina di Pulsano TA 107 Sc106
97010 Marina di Ragusa RG 124 Pd128
48023 Marina di Ravenna RA 65 Nb82
89060 Marina di San Lorenzo RC 117 Qe121
88060 Marina di Sant'Antonio CZ 115 Rd117
89040 Marina di Sant'Ilario RC 115 Rb119
87011 Marina di Sibari CS 111 Rc110
07037 Marina di Sorso SS 131 Id104
88815 Marina di Strongoli KR 113 Sa113
55049 Marina di Torre del Lago LU 71 Lb85
66010 Marina di Vasto CH 92 Pe96
84019 Marina di Vietri 103 Pe105
34074 Marina Julia GO 53 Od74
63023 Marina Palmense AP 81 Oe90
48100 Marina Romea RA 65 Nb81
87070 Marina Roseto 111 Rd109
73039 Marina Serra LE 109 Tc109
91022 Marinella TP 118 Nf123
30028 Marinella VE 52 Oa74
87060 Marinella CS 113 Re111
19038 Marinella di Sarzana SP 71 La84
90035 Marineo PA 119 Oc121
73059 Marini LE 109 Tb109
91027 Marino RM 118 Nd121
00047 Marino RM 89 Nd98
70032 Mariotto BA 100 Rd102
60044 Marischio AN 80 Nf88
07041 Maristella SS 131 Ib105
73030 Marittima LE 109 Tc109
39020 Marlengo = Marling BZ 28 Ma69
55014 Marlia LU 72 Ld85
51010 Marliana PT 72 Le85
39020 Marling = Marlengo BZ 28 Ma69
25060 Marmentino BS 48 Lb74
46045 Marmirolo MN 49 Le77
12020 Marmora CN 58 Ha82
14020 Marmorito AT 59 Ia78
40050 Marmorta BO 64 Me81
21050 Marnate VA 46 If75
37010 Marniga VR 49 Le74
31021 Marocco TV 51 Nb75
19132 Marola SP 71 Ke84
33070 Maron PN 41 Nd73
25054 Marone BS 48 La74
89020 Maropati RC 117 Ra118
36063 Marostica VI 50 Md74
61035 Marotta PU 75 Oa86
50034 Marradi FI 73 Md84
44040 Marrara FE 64 Me80
87040 Marri CS 112 Ra112
09094 Marrubiu OR 134 Id110
29020 Marsaglia PC 61 Kc80
12060 Marsaglia CN 68 Hf82
91025 Marsala TP 118 Nc122
35010 Marsango PD 50 Mf75
06055 Marsciano PG 84 Nc91
63093 Marsia AQ 86 Oc91

85052 Marsico Nuovo PZ 104 Qe106
85050 Marsico Vetere PZ 105 Qe106
33080 Marsure PN 41 Nd72
01010 Marta VT 84 Mf93
73025 Martano LE 109 Tb107
39020 Martell = Martello BZ 38 Le69
30030 Martellago VE 51 Na75
39020 Martello = Martell BZ 38 Le69
38050 Marter TN 39 Mc72
56020 Marti PI 77 Le87
33035 Martignacco UD 52 Oa72
26040 Martignana di Po CR 62 Lc78
38121 Martignano LE 39 Ma72
73020 Martignano LE 109 Tb107
74015 Martina Franca TA 107 Sc104
30014 Martinelle VE 65 Na78
24057 Martinengo BG 47 Ke75
98069 Martini 122 Pf120
12030 Martiniana Po CN 58 Hc81
64014 Martinsicuro TE 87 Of91
88040 Martirano CZ 112 Rb114
88040 Martirano Lombardo CZ 112 Rb114
07030 Martis SS 132 Ie104
89040 Martone RC 115 Rb118
26866 Marudo LO 47 Kc77
74020 Maruggio TA 107 Sd107
40043 Marzabotto BO 73 Mb82
28060 Marzalesco NO 45 Ic75
96018 Marzamemi 126 Qa128
37142 Marzana 49 Ma76
81058 Marzanello CE 96 Pa101
27010 Marzano PV 47 Kb77
16029 Marzano GE 61 Ka81
81035 Marzano Appio CE 96 Pa101
83020 Marzano di Nola AV 103 Pd103
84010 Marzano San sul Sarno 103 Pd104
87050 Marzi CS 112 Rb113
32020 Marziai BL 40 Mf73
33080 Marzinis PN 52 Ne73
21030 Marzio VA 36 If73
60019 Marzocca AN 81 Ob86
32025 Mas BL 40 Na72
09010 Masainas CI 136 Id114
24043 Masano BG 47 Ke75
20060 Masate MI 47 Kc75
95016 Mascali CT 122 Qb122
95030 Mascalucia CT 122 Qa123
85020 Maschito PZ 105 Qe103
21030 Masciago Primo VA 36 Ie73
67013 Mascioni AQ 86 Oc93
89064 Masella RC 117 Qe121
31010 Maser TV 50 Mf74
28855 Masera VB 35 Ib72
31052 Maserada sul Piave TV 51 Nb74
35020 Maserà di Padova PD 50 Mf77
35040 Masi PD 64 Mc78
46020 Masi MN 64 Mb78
38033 Masi di Cavalese TN 39 Mc71
23011 Masino SO 37 Kd72
15024 Masio AL 60 Ic79
44020 Masi Torello FE 64 Me80
22026 Maslianico CO 46 Ka73
37013 Maso VR 51 Na76
39020 Maso Corto = Kurzras BZ 28 Le68
Masogelato = Eishof BZ 28 Lf68
16010 Masone GE 60 Ie82
42100 Masone RE 63 Le81
38016 Maso Nuovo 39 Ma71
36064 Mason Vicentio 50 Md74
54100 Massa MS 71 La84
85046 Massa PZ 110 Qe109
62025 Massa MC 80 Nf89
61043 Massa PU 79 Nd87
42010 Massa RE 72 Ld82
48100 Massa RA 74 Na83
95030 Massa Annunziata CT 122 Qa123
67050 Massa d'Albe AQ 90 Oc96
80040 Massa di Somma NA 102 Pc103
51010 Massa e Cozzile PT 72 Le85
63020 Massa Fermana FM 81 Oc90
41035 Massa Finalese MO 64 Mb79
44025 Massa Fiscaglia FE 65 Na80
74016 Massafra TA 107 Sa105
26815 Massalengo LO 47 Kc77
48024 Massa Lombarda RA 74 Me82
80061 Massa Lubrense NA 102 Pc105
09170 Massama OR 134 Id109
58024 Massa Marittima GR 82 Lf90
06056 Massa Martana PG 85 Nd92
35010 Massanzago PD 50 Na75
55054 Massarosa LU 71 Lc85
98156 Massa-San Giorgio 116 Qd119
98155 Massa-San Giovanni ME 114 Qd119
98155 Massa-San Nicolo ME 114 Qd119
98155 Massa-Santa Lucia ME 114 Qd119
84052 Massascusa SA 102 Qb107
13873 Massazza BI 45 Ia76
44020 Massenzatica FE 65 Nb79
13866 Masserano BI 45 Ib75
39040 Masseria = Maiern BZ 29 Mb67
95040 Masseria Abbandonata CT 125 Pe124
91026 Masseria Antalbo 118 Ne123
96016 Masseria Arcimusa SR 125 Pf124
95047 Masseria Ardizzonello 125 Pf124
96010 Masseria Badia 125 Qa125
96016 Masseria Bonvicino 125 Qa124
95032 Masseria Bruga CT 125 Pf124
96013 Masseria Casazza SR 125 Pf125
95121 Masseria Castellana CT 125 Pf124
96010 Masseria Cavallaro SR 125 Qa126
73028 Masseria Cerra LE 109 Tc108
95032 Masseria Cisina CT 125 Pf124
96010 Masseria Conigliara SR 125 Qa125
96016 Masseria Cucco SR 125 Pf124
95045 Masseria Cusmano CT 122 Pf124
82100 Masseria Cutalano BN 97 Pe102
96016 Masseria della Piccola SR 125 Qa125
95121 Masseria di Mauro 125 Qa124
95040 Masseria di Stefano 122 Pe124
95047 Masseria Facchini CT 122 Pf123
91013 Masseria Falcone TP 119 Nf121
95040 Masseria Favotto CT 125 Pf124
83041 Masseria Giurazzi AV 98 Qd103
95040 Masseria Magazzinazzo CT 125 Pf124
95032 Masseria Mazza CT 122 Pf124
90046 Masseria Mondello PA 119 Oa121
96010 Masseria Morghella SR 125 Qa126
96011 Masseria Ogliastro SR 125 Qa125
95044 Masseria Palma CT 125 Qa124
95049 Masseria Passanetella 125 Pe125
95047 Masseria Pericello 122 Pf124
95040 Masseria Pesce CT 125 Pe124
95032 Masseria Pezza del Medico 125 Pf124
90046 Masseria Ponte Roano PA 119 Oa121
96010 Masseria Radoana 125 Qa125
90046 Masseria Ravanusa PA 119 Oa121
96011 Masseria San Calogero SR 125 Qa125
96013 Masseria San Leonardo sottino SR 125 Qa124
95121 Masseria Spinasanta CT 125 Pf124
96010 Masseria Spinelli 125 Qa126
95040 Masseria Stimpato CT 125 Pe124
91026 Masseria Vecchia TP 118 Nd122
89020 Masseria Vilardi RC 117 Ra118
84060 Massicelle SA 102 Qb108
63010 Massignano AP 87 Oe90
38086 Massimeno TN 38 Le72
00166 Massimina RM 89 Nc97
12071 Massimino SV 68 Ia83
28040 Massino Visconti NO 45 Id74
28895 Massiola VB 35 Ib73
38062 Massone TN 39 Lf73
25070 Mastanico BS 48 Lc74
09010 Masua CI 136 Ic112
09090 Masullas OR 134 Ie110
91025 Matarocco TP 118 Nd122
62024 Matelica MC 80 Oa89
75100 Matera MT 106 Rd105
10075 Mathi TO 44 Hd77
84044 Matinella SA 103 Qa105
73046 Matino LE 109 Ta108
84050 Matonti SA 103 Qa107
86030 Matrice CB 97 Pe99
39024 Matsch = Mazia BZ 28 Ld68
19020 Mattarana SP 70 Kd83
38060 Mattarello TN 39 Ma72
10050 Mattie TO 58 Ha78
71030 Mattinata FG 100 Ra98
83040 Mattinella AV 98 Qb103
09010 Matzaccara CI 136 Ic114
39030 Matzenboden = Pian di Mazzes BZ 30 Nc68
39040 Mauls = Mules BZ 29 Md67
12020 Maurengo CN 58 Ha82
11028 Mayen AO 44 Hd73
91026 Mazara Del Vallo TP 118 Nd123
39024 Mazia = Matsch BZ 28 Ld68
95030 Mazzaglia CT 122 Pf123
25080 Mazzano BS 48 Lc75
00060 Mazzano Romano RM 89 Nc95
93013 Mazzarino CL 124 Pb125
98056 Mazzarra Sant' Andrea ME 122 Qa120
95040 Mazzarrone CT 124 Pd126
10035 Mazze TO 45 Hf77
38030 Mazzin TN 40 Me70
23030 Mazzo di Valtellina SO 38 Lb71
24038 Mazzoleni BG 47 Kd74
30142 Mazzorbo 51 Nc76
45011 Mazzorno Sinistro RO 65 Na78
45014 Mea RO 65 Nb78
10050 Meana di Susa TO 58 Ha78
08030 Meana Sardo NU 135 Ka109
38040 Meano TN 39 Ma72
25030 Meano BS 48 La76
32030 Meano BL 40 Na72
38023 Mechel TN 39 Ma70
36010 Meda VI 50 Mc74
20036 Meda MB 46 Ka75
27058 Medassino PV 60 If79
27035 Mede PV 60 Ie78
34076 Medea GO 52 Oc73
44020 Medelana FE 65 Mf80
43014 Medesano PR 62 La80
33048 Medeuzza UD 52 Oc73
40059 Medicina PT 64 Md82
20060 Mediglia MI 47 Kb76
33021 Mediis UD 41 Ne70
24030 Medolago BG 47 Kc74
46046 Medole MN 48 Ld77
41036 Medolla MO 63 Ma79
31040 Meduna di Livenza TV 51 Nd74
33092 Meduno PN 41 Ne71
35040 Megliadino San Fidenzio PD 50 Md77
35040 Megliadino San Vitale PD 50 Md77
28886 Megolo 35 Ib73
35010 Meianiga 50 Mf76
28046 Meina NO 45 Id74
32026 Mel BL 40 Na72
39020 Melag BZ 28 Ld67
39027 Melager Alm = Malga di Melag BZ 28 Le68
60044 Melano AN 80 Nf88
45037 Melara RO 64 Mb78
15010 Melazzo AL 60 Ic81
47014 Meldola FC 74 Na84
16010 Mele GE 69 Ie82
36040 Meledo VI 50 Mc76
20077 Melegnano MI 47 Kb76
73026 Melendugno LE 109 Tc107
26843 Meleti LO 62 Kf78
52022 Meleto AR 78 Mc87
42024 Meletole RE 63 Ld79
03038 Melfa FR 95 Od99
85025 Melfi PZ 98 Qd103
98030 Melia ME 116 Qb121
89058 Melia RC 114 Qe119
89020 Melicucca RC 114 Qf119
89833 Melicucca VV 117 Ra117
89020 Melicucco RC 117 Ra118
96010 Melilli SR 125 Qa125
08047 Melisenda MD 135 Kd111
88817 Melissa KR 113 Sa113
73040 Melissano LE 109 Ta109
88050 Melitello CZ 112 Rd114
80017 Melito di Napoli NA 102 Pb103
89063 Melito di Porto Salvo RC 117 Qe121
83030 Melito Irpino AV 97 Qa102
82030 Melizzano BN 97 Pd102
12020 Melle CN 58 Hb81
12020 Mellea CN 58 Hd81
23010 Mello SO 37 Kd72
26014 Melotta CR 47 Ke76
73020 Melpignano LE 109 Tb108
33030 Mels UD 52 Oa71
39010 Meltina = Molten 29 Mb69
20066 Melzo MI 47 Kc76
25060 Memmo BS 48 Lb74
37043 Mena VR 64 Mc78
22017 Menaggio CO 36 Kb72
23020 Menarola SO 36 Kb71
38020 Menas TN 38 Le71
44014 Menata FE 65 Na81
27050 Menconico PV 61 Kb80
18025 Mendatica IM 68 He84
87040 Mendicino CS 112 Rb113
91100 Mendola TP 118 Nd121
25063 Menegotto BS 48 Lb74
92013 Menfi AG 119 Nf123
48015 Mensa RA 74 Nb83
53034 Mensanello SI 77 Ma88
00013 Mentana RM 89 Nd96
10060 Mentoulles TO 58 Ha78
30020 Meolo VE 51 Nc75
39012 Meran = Merano BZ 28 Ma69
81040 Merangeli CE 96 Pb101
39012 Merano = Meran BZ 28 Ma69
39037 Meransen = Maranza BZ 29 Md68
23807 Merate LC 47 Kc74
21020 Mercallo VA 46 Id74
50026 Mercatale FI 77 Mb87
52044 Mercatale AR 79 Na89
61028 Mercatale PU 75 Nc86
06055 Mercatello PG 84 Nb91
61040 Mercatello sul Metauro PU 79 Nc87
61013 Mercatino Conca PU 75 Nc85
84095 Mercato SA 103 Pf104
61012 Mercato PU 75 Ne85
84085 Mercato San Severino SA 103 Pe104
47025 Mercato Saraceno FC 74 Nb85
10010 Mercenasco TO 44 Hf76
83013 Mercogliano AV 103 Pe103
28040 Mercurago NO 45 Id74
33036 Mereto di Tomba UD 41 Oa72
60030 Mergo AN 80 Oa88
28802 Mergozzo VB 35 Ic73
98040 Meri ME 116 Qb120
73023 Merine LE 108 Tb107
54028 Merizzo MS 71 Kf83
33050 Merlana UD 52 Ob73
35040 Merlara PD 64 Mc77
31050 Merlengo TV 51 Nb74
26833 Merlino LO 47 Kc76
22046 Merone CO 46 Kb74
33040 Merso di sopra UD 53 Od72
72023 Mesagne BR 108 Se105
09010 Mesau, Calaverde- CA 136 If115
31016 Mescolino TV 41 Nc73
23020 Mese SO 36 Kc71
21030 Mesenzana VA 35 Ie73
20010 Mesero MI 46 If75
89851 Mesiano VV 114 Ra117
44026 Mesola FE 65 Nb79
88838 Mesoraca KR 113 Re114
81020 Messercola CE 97 Pc102
89014 Messignadi RC 114 Qf119
98100* Messina ME 114 Qd119
30121* Mestre VE 51 Nb76
35035 Mestrino PD 50 Me76
67054 Meta AQ 90 Oc97
20097 Metanopoli MI 46 Kb76
75010 Metaponto MT 106 Re106
61032 Metaurilia PU 75 Oa86
80061 Metrano NA 102 Pc105
20050 Mezzago MB 47 Kc75
38020 Mezzana TN 38 Le71
56010 Mezzana PI 76 Lc86
27030 Mezzana Bigli PV 60 If78
26865 Mezzana Casati LO 61 Ke78
27051 Mezzana Corti PV 61 Ka78
85030 Mezzana Frido PZ 111 Rb109
13831 Mezzana Mortigliengo BI 45 Ib75
27030 Mezzana Rabattone PV 60 Ka78
85030 Mezzana Salice PZ 111 Rb109
25012 Mezzane BS 48 Lc76
37030 Mezzane di Sotto VR 49 Ma76
16046 Mezzanego GE 70 Kc82
43055 Mezzani PR 62 Lc79
27040 Mezzanino PV 61 Kb78
15040 Mezzanino PV 60 Ie79
38050 Mezzano TN 40 Me72
26100 Mezzano CR 62 Kf78
48100 Mezzano RA 65 Na82
26842 Mezzano di Sotto LO 62 Ke78
27020 Mezzano Siccomario PV 61 Ka78
43055 Mezzano Superiore PR 62 Lc79
36010 Mezzaselva BZ 50 Mc73
39045 Mezzaselva = Mittewald BZ 29 Md68
20068 Mezzate MI 47 Kb76
16046 Mezzavalle GE 70 Kc82
22010 Mezzegra CO 36 Kb73
10070 Mezzenile TO 44 Hc77
88825 Mezzocampo KR 113 Re112
89853 Mezzocasale VV 115 Ra117
38016 Mezzocorona TN 39 Ma71
44020 Mezzogoro FE 65 Na79
90030 Mezzojuso PA 119 Oc121
38060 Mezzolago TN 49 Le73
40050 Mezzolara BO 64 Md81
24010 Mezzoldo BG 37 Kd72
38017 Mezzolombardo TN 39 Ma71
28040 Mezzomerico NO 46 Id75
90100 Mezzomonreale PA 119 Ob120
33070 Mezzomonte PN 41 Nc72
13816 Miagliano BI 45 Ia75
31050 Miane TV 40 Na73
28010 Miasino NO 45 Ic74
28817 Miazzina VB 35 Id73
56045 Micciano PI 77 Le89
02010 Micigliano RI 85 Oa94
33023 Mieli UD 41 Nf69
53040 Miemo PI 77 Le88
73035 Miggiano LE 109 Tb109
28877 Migiandone VB 35 Ic73
66010 Miglianico CH 92 Pb94
83023 Migliano AV 103 Pd103
06055 Migliano PG 84 Nb91
42034 Migliara RE 63 Lc82
98051 Migliardo ME 116 Qb120
41012 Migliarina MO 63 Le80
56019 Migliarino PI 71 Lb86
44027 Migliarino FE 65 Mf80
44020 Migliaro FE 65 Mf80
88040 Miglierina CZ 112 Rc115
75010 Miglionico MT 106 Rd105
88040 Migliuso CZ 112 Rc115
31030 Mignagola TV 51 Nb74
16018 Mignanego GE 60 If81
81049 Mignano Monte Lungo CE 96 Of100
26839 Mignete LO 47 Kc76
89100 Milanesi RC 114 Qe119
20121* Milano MI 46 Kb76
48015 Milano Marittima RA 74 Nc83
20090 Milano San Felice MI 47 Kb76
98057 Milazzo ME 116 Qb119
93010 Milena CL 120 Oe124
85043 Mileo PZ 110 Ra108
89852 Mileto VV 115 Ra117
98059 Milici 122 Qb120
98059 Milici, Rodi- 122 Qb120
09070 Milis OR 134 Id108
98100 Mili San Pietro ME 114 Qc120
95043 Militello in Val di Catania CT 125 Pe125
98070 Militello Rosmarino ME 121 Pe120
39042 Millan = Milland BZ 29 Md68
39042 Milland = Millan BZ 29 Md68
17017 Millesimo SV 68 Ib82
95017 Millicucco 116 Qa122
91019 Milo TP 118 Nd120
95010 Milo CT 122 Qa122
25024 Milzanello BS 48 Lb76
25020 Milzano BS 48 Lb77
12075 Mindino CN 68 Hf83
95044 Mineo CT 125 Pe125
37046 Minerbe VR 49 Mb77
40061 Minerbio BO 64 Mc81
73027 Minervino di Lecce LE 109 Tc108
70055 Minervino Murge BA 99 Ra102
22070 Minoprio CO 46 Ka74
84010 Minori SA 103 Pd105
92028 Mintina AG 123 Oe125
04026 Minturno LT 95 Oe101
55034 Minucciano LU 71 Lb83
17040 Mioglia SV 60 Ic82
33025 Mione UD 41 Nf70
30034 Mira VE 51 Na76
36042 Mirabella VI 50 Md74
83036 Mirabella Eclano AV 97 Pf102
95040 Mirabella Imbaccari CT 124 Pc125
44043 Mirabello FE 64 Mc80
26020 Mirabello Ciria CR 47 Kf77
27100 Mirabello di Pavia PV 46 Ka77

15040 Mirabello Monferrato AL 60 Id78
26856 Mirabello San Bernardino LO 61 Kd78
86010 Mirabello Sannitico CB 97 Pe99
27010 Miradolo Terme PV 61 Kc77
47831 Miramare RN 75 Nd84
86080 Miranda IS 92 Pb99
25033 Mirandola MO 47 Kf75
41037 Mirandola MO 63 Ma79
30035 Mirano VE 51 Na76
46027 Mirasole MN 63 Lf78
40062 Miravalle BO 64 Md81
12083 Miroglio CN 68 He83
98070 Mirto ME 122 Pe120
87060 Mirto Crosia CS 111 Re111
89048 Mirto di Siderno RC 115 Rb119
32037 Mis BL 40 Na72
47843 Misano Adriatico RN 75 Ne85
47843 Misano Monte RN 75 Nd85
39030 Mischi = Misci BZ 29 Mf69
39030 Misci = Mischi BZ 29 Mf69
90036 Misilmeri PA 119 Oc120
20020 Misinto MI 46 Ka75
23873 Missaglia LC 47 Kb74
85010 Missanello PZ 105 Ra107
98020 Misserio ME 116 Qb121
39050 Missian = Missiano BZ 39 Mb70
06064 Missiano PG 84 Na90
39050 Missiano = Missian BZ 39 Mb70
95045 Misterbianco CT 122 Qa123
98073 Mistretta ME 121 Pc121
32041 Misurina BL 40 Nb69
39100 Mitterbad = Bagni di mezzo BZ 39 Ma69
39030 Mitterhofer BZ 29 Me67
Mitterkaser BZ 28 Lf68
39030 Mitterolang = Valdaora di Mezzo BZ 30 Na68
39040 Mittertal = Val di Mezzo BZ 29 Mc67
39045 Mittewald = Mezzaselva BZ 29 Md68
14050 Moasca AT 59 Ib80
25080 Mocasina BS 48 Lc75
87058 Moccone CS 112 Rc112
16047 Moconesi GE 70 Kb82
54028 Mocrone MS 71 Kf83
07034 Modditonalza SS 132 If104
41100 Modena MO 63 Lf81
97015 Modica RG 125 Pe127
47015 Modigliana FC 74 Me84
26838 Modignano LO 47 Kc76
08019 Modolo OR 134 Id107
70026 Modugno BA 100 Re102
38035 Moena TN 40 Md70
25080 Moerna BS 48 Ld74
23817 Moggio LC 37 Kc73
52014 Moggiona AR 74 Me86
25079 Moglia BS 48 Lc75
46028 Moglia MN 64 Mb78
46024 Moglia MN 63 Lf79
62010 Mogliano MC 81 Oc89
31021 Mogliano Veneto TV 51 Nb75
09080 Mogorella OR 134 If109
09095 Mogoro OR 134 Ie110
23100 Moia SO 37 Kf72
33029 Moia UD 41 Nf70
80060 Moiano NA 102 Pc105
82010 Moiano BN 97 Pd102
06062 Moiano PG 84 Na90
60030 Moie AN 80 Oa87
33040 Moimacco UD 52 Oc72
98030 Moio Alcantara ME 116 Qa121
84060 Moio della Civitella SA 104 Qb107
89841 Moladi VV 114 Ra117
70042 Mola di Bari BA 101 Sa102
15074 Molare AL 60 Id81
89063 Molaro RC 117 Qe121
16138 Molassana GE 60 If82
55020 Molazzana LU 71 Lc84
18100 Moldeto IM 68 Hf85
04016 Molella LT 94 Oa101
15038 Moleto AL 59 Ic78
70056 Molfetta BA 100 Rd101
19033 Moliciara SP 71 La84
38030 Molina TN 39 Mc71
22020 Molina CO 46 Ka73
67020 Molina 91 Oe96
38060 Molina di Ledro TN 49 Le73
82020 Molinara BN 97 Pf101
33085 Molinat PN 41 Ne72
40062 Molinella BO 64 Me81
25080 Molinetto BS 48 Lc75
15060 Molini AL 60 If81
27020 Molini PV 46 If77
38027 Molini TN 39 Lf70
18010 Molini di Triora IM 68 He85
39032 Molini di Tures = Muhlen BZ 30 Mf67
98126 Molino ME 116 Qc120
50065 Molino del Piano FI 73 Mc86
15050 Molino de'Torti AL 60 If78
91038 Molino Ferriato TP 119 Nf122
51011 Molino Nuovo PT 72 Le85
89040 Molino Salti RC 115 Rc118
88060 Molino Zaccaria CZ 115 Rd117
86020 Molise CB 97 Pc99
85047 Moliterno PZ 110 Qf107
38010 Mollaro TN 39 Ma71
61043 Molleone PU 80 Ne87
13020 Mollia VC 45 Ia74
89010 Molochio RC 117 Ra119
39010 Mölten = Meltina 29 Mb69
23847 Molteno LC 47 Kb74
22010 Moltrasio CO 46 Ka73
36060 Molvena VI 50 Md74
38018 Molveno TN 39 Lf72
14050 Mombaldone AT 59 Ib81
12070 Mombarcaro CN 59 Ia82
61024 Mombaroccio PU 75 Nf86
14020 Mombarone AT 59 Ia79
14046 Mombaruzzo AT 60 Ic80
12070 Mombasiglio CN 68 Hf82
21014 Mombello VA 35 Id73
20051 Mombello MB 46 Ka75
10020 Mombello di Torino TO 59 Hf78
15020 Mombello Monferrato AL 59 Ib78
14047 Mombercelli AT 59 Ib80
15057 Mombisaggio AL 60 If79
55041 Mommio Piano LU 71 Lb85
28015 Momo NO 45 Id75
10059 Mompantero TO 58 Ha78
15050 Momperone AL 60 Ka79
25133 Mompiano 48 Lb75
86040 Monacilioni CB 97 Pe99
74020 Monacizzo TA 107 Sc107
14013 Monale AT 59 Ia79
89040 Monasterace RC 115 Rd118
89040 Monasterace Marina RC 115 Rd118
23010 Monastero SO 37 Ke71
14058 Monastero Bormida AT 59 Ib81
10070 Monastero di Lanzo TO 44 Hc77
12080 Monastero di Vasco CN 68 He82
10070 Monasterolo TO 44 Hd77
26010 Monasterolo CR 48 La77
12080 Monasterolo Casotto CN 68 Hf83
24060 Monasterolo del Castello BG 47 Kf74
12030 Monasterolo di Savigliano CN 58 Hd80
31050 Monastier di Treviso TV 51 Nc75
35018 Monastiero PD 50 Mf75
09023 Monastir CA 137 Ka112
21020 Monate VA 46 Id74
10024 Moncalieri TO 58 He79
14036 Moncalvo AT 59 Ib78
15020 Moncestino AL 59 Ia78
12060 Monchiero CN 59 Hf81
43010 Monchio delle Corti PR 71 La82
42026 Monchio delle Olle RE 62 Lc81
38020 Monclassico TN 38 Lf70
13040 Moncrivello VC 45 Hf77
20080 Moncucco MI 46 Ka77
14024 Moncucco Torinese AT 59 Hf78
47836 Mondaino RN 75 Ne85
48020 Mondaniga RA 65 Mf82
61040 Mondavio PU 80 Nf86
61037 Mondolfo PU 80 Oa86
12073 Mondoni CN 68 Ia82
14022 Mondonio San Domenico Savio AT 59 Hf78
73048 Mondonuovo LE 109 Sf108
12084 Mondovi CN 68 He82
81034 Mondragone CE 96 Of102
10070 Mondrone TO 44 Hb77
16030 Moneglia GE 70 Kc83
12077 Monesiglio CN 59 Ia82
44040 Monestirolo FE 64 Me80
07024 Moneta OT 130 Kc101
34074 Monfalcone GO 53 Od74
14034 Monfallito AT 59 Ib79
12065 Monforte d'Alba CN 59 Hf81
98041 Monforte Marina ME 116 Qb119
98041 Monforte San Giorgio ME 116 Qc120
31010 Monfumo TV 50 Mf74
14040 Mongardino AT 59 Ib79
40063 Monghidoro BO 73 Mb83
89823 Mongiana VV 115 Rb117
15060 Mongiardino Ligure AL 60 Ka81
98030 Mongiuffi ME 116 Qb121
13888 Mongrando BI 45 Ia75
87040 Mongrassano CS 112 Ra111
39035 Monguelfo-Tesido = Welsberg-Taisten BZ 30 Na68
22040 Monguzzo CO 46 Kb74
25080 Moniga del Garda BS 48 Ld75
25040 Monno BS 38 Lc71
70043 Monopoli BA 101 Sb103
90046 Monreale PA 119 Ob120
34016 Monrupino TS 53 Oe74
55064 Monsagrati LU 71 Lc85
63029 Monsampietro Morico AP 86 Od90
63030 Monsampolo del Tronto AP 87 Oe91
60030 Monsano AN 81 Ob87
35043 Monselice PD 50 Me77
09042 Monserrato CA 137 Ka113
52044 Monsigliolo AR 79 Mf89
89833 Monsoreto VV 117 Ra117
51015 Monsummano Terme PT 72 Le85
12046 Monta CN 59 Hf80
14040 Montabone AT 59 Ic80
15050 Montacuto AL 61 Ka80
14014 Montafia AT 59 Ia79
86023 Montagano CB 92 Pe99
17047 Montagna SV 68 Ic83
39040 Montagna = Montan BZ 39 Mb71
38042 Montagnaga TN 39 Mb72
23020 Montagna in Valtellina SO 37 Kf71
35044 Montagnana PD 50 Mc77
52048 Montagnano AR 78 Me88
98060 Montagnareale ME 116 Pf120
48010 Montagnola RA 65 Na82
25065 Montagnone BS 48 Lb75
83030 Montaguto AV 98 Qb101
61045 Montaiate PU 80 Ne87
50050 Montaione FI 77 Lf87
39030 Montal = Mantana BZ 29 Mf68
90100 Montalbano PA 119 Oa121
72015 Montalbano BR 107 Sc104
98065 Montalbano Elicona ME 116 Qa120
75023 Montalbano Jonico MT 106 Rd107
29010 Montalbo di Ziano PC 61 Kc79
53024 Montalcino SI 83 Mc90
15060 Montaldeo AL 60 Ie80
15020 Montaldo AL 59 Ib78
15018 Montaldo 59 Ib81
15010 Montaldo Bormida AL 60 Id80
15060 Montaldo di Cosola AL 61 Kb81
12080 Montaldo di Mondovi CN 68 Hf83
12040 Montaldo Roero CN 59 Hf80
14048 Montaldo Scarampi AT 59 Ib80
10020 Montaldo Torinese TO 59 Hf78
51037 Montale PT 72 Ma85
60011 Montale AN 80 Nf87
41051 Montale MO 63 Lf81
10090 Montalenghe TO 44 Hf76
15020 Montalero AL 59 Ib78
05013 Montalfina TR 84 Mf92
61047 Montalfoglio PU 80 Nf87
52044 Montalla AR 79 Na89
92010 Montallegro AG 123 Oc124
86087 Montalto IS 91 Pa98
63034 Montalto delle Marche AP 86 Od91
01014 Montalto di Castro VT 88 Md94
10016 Montalto Dora TO 44 Hf76
18010 Montalto Ligure IM 68 Hf85
27040 Montalto Pavese PV 61 Kb79
61034 Montalto Tarugo PU 80 Ne87
87046 Montalto Uffugo CS 112 Ra112
39040 Montan = Montagna BZ 39 Mb71
26039 Montanara CR 62 La78
46010 Montanara MN 63 Le78
29010 Montanaro PC 62 Ke79
81050 Montanaro CE 96 Pa101
26836 Montanaso Lombardo LO 47 Kc76
12040 Montanera CN 58 He82
22070 Montano CO 46 Ka74
84060 Montano Antilia SA 102 Qc108
22070 Montano-Lucino CO 46 Ka74
53019 Montaperti SI 78 Mc89
92100 Montaperto AG 123 Od125
83038 Montaperto AV 97 Pf102
63020 Montappone FM 81 Oc90
86070 Montaquila IS 96 Pa99
41028 Montardone MO 63 Le82
02040 Montasola RI 85 Ne94
88060 Montauro CZ 115 Rd116
53037 Montauto SI 77 Ma88
66030 Montazzoli CH 92 Pc97
23030 Monte SO 38 Lc70
37010 Monte VR 49 Lf75
15048 Monte AL 60 Id78
40042 Monteacuto dell'Alpi BO 72 Lf84
40030 Monteacuto Ragazza BO 72 Ma83
61020 Monte Altavellio PU 75 Nd85
27054 Montebello della Battaglia PV 61 Ka78
65010 Montebello di Bertona PE 87 Of94
89064 Montebello Ionico RC 117 Qe121
66040 Montebello sul Sangro CH 92 Pb97
36054 Montebello Vicentino VI 49 Mc76
31044 Montebelluna TV 50 Na74
06049 Montebibico PG 85 Ne93
41028 Montebonello MO 72 Le82
16025 Montebruno GE 61 Kb81
28881 Montebuglio VB 35 Ic73
58010 Montebuono GR 83 Md92
02040 Montebuono RI 85 Nd94
01100 Montecalvello VT 84 Nb93
61020 Montecalvo in Foglia PU 75 Nd86
83037 Montecalvo Irpino AV 97 Qa101
09010 Montecani CI 136 Ic112
15050 Montecaprano AL 61 Ka80
50031 Montecarelli FI 73 Mb84
55015 Montecarlo LU 72 Le85
60036 Montecarotto AN 80 Oa87
62010 Montecassiano MC 81 Oc88
56040 Montecastelli PI 77 Lf89
06019 Montecastelli PG 79 Nb88
56025 Montecastello PI 77 Le87
15040 Montecastello AL 60 Ie79
06057 Monte Castello di Vibio PG 84 Nc91
05026 Montecastrilli TR 85 Nc93
51016 Montecatini Terme PT 72 Le85
56040 Montecatini Val di Cecina PI 77 Le88
40026 Monte Catone BO 73 Md82
37030 Montecchia di Crosara VR 49 Mb76
25041 Montecchio BS 37 Lb73
05020 Montecchio TR 84 Nb93
56037 Montecchio PI 77 Le87
53030 Montecchio SI 77 Ma88
53034 Montecchio SI 78 Mb89
52043 Montecchio AR 79 Mf89
61020 Montecchio PU 75 Ne85
06025 Montecchio PG 80 Ne90
42027 Montecchio Emilia RE 62 Lc80
36075 Montecchio Maggiore VI 50 Mc75
36030 Montecchio Precalcino VI 50 Md75
56040 Montecerboli PI 77 Lf89
61010 Monte Cerignone PU 74 Nc85
39020 Montechiaro = Lichtenberg BZ 28 Ld69
14025 Montechiaro d'Asti AT 59 Ia78
61024 Monteciccardo PU 75 Ne86
84053 Monte Cicerale SA 104 Qa106
86032 Montecilfone CB 92 Pf97
47854 Monte Colombo RN 75 Nd85
00040 Montecompatri RM 89 Ne98
53041 Montecontieri SI 78 Md89
61014 Montecopiolo PU 74 Nc85
84060 Montecorice SA 102 Pf107
41059 Montecorone MO 72 Lf82
84090 Montecorvino Pugliano SA 103 Pf104
84096 Montecorvino Rovella SA 103 Pf104
62010 Montecosaro MC 81 Od89
26010 Monte Cremasco CR 47 Kd76
41025 Montecreto MO 72 Le83
74026 Monte d'Arena TA 107 Sc106
39040 Monte di Funes = Munt BZ 29 Me69
36030 Monte di Malo VI 49 Mc75
24022 Monte di Nese BG 47 Ke74
63034 Montedinove AP 86 Od91
80070 Monte di Procida NA 102 Pa104
40100 Monte Donato BO 64 Mc82
93010 Montedoro CL 120 Oe124
83030 Montefalcione AV 97 Pf103
06036 Montefalco PG 85 Nd91
63028 Montefalcone Appennino AP 86 Oc91
82025 Montefalcone di Val Fortore BN 97 Qa101
86033 Montefalcone nel Sannio CB 92 Pd97
62010 Montefano MC 81 Oc88
55021 Montefegatesi LU 72 Ld84
66040 Monteferrante CH 92 Pc97
01027 Montefiascone VT 84 Na93
47834 Montefiore Conca RN 75 Nd85
63010 Montefiore dell'Aso AP 86 Oe90
41045 Montefiorino MO 72 Ld82
50026 Montefiridolfi FI 77 Mb87
00010 Monteflavio RM 89 Ne96
53049 Montefollonico SI 78 Me90
07040 Monteforte SS 131 Ib104
84060 Monteforte Cilento SA 104 Qb106
37032 Monteforte d'Alpone VR 49 Mb76
83024 Monteforte Irpino AV 103 Pe103
63044 Montefortino FM 86 Oc91
33046 Montefosca UD 52 Oc71
56036 Montefoscoli PI 77 Le87
83030 Montefredane AV 97 Pf103
40048 Montefredente BO 73 Mb83
83030 Montefusco AV 97 Pf102
05010 Montegabbione TR 84 Na91
36047 Montegalda VI 50 Me76
36047 Montegaldella VI 50 Me76
63040 Montegallo AP 86 Ob91
61020 Montegaudio PU 75 Ne86
47030 Montegelli FC 74 Nb85
55045 Monteggiori Pianore LU 71 Lb85
61045 Monte Gherardo PU 80 Ne87
47890 Montegiardino □ RSM 75 Nc85
63020 Monte Giberto AP 81 Od90
87070 Montegiordano CS 111 Rd108
87070 Montegiordano Marina CS 111 Rd108
63833 Montegiorgio AP 81 Od90
05010 Montegiove TR 84 Na91
58033 Montegiovi GR 83 Md91
52010 Montegiovi AR 79 Mf87
52022 Montegonzi AR 78 Mc88
63014 Montegranaro FM 81 Od89
18100 Montegrazie IM 68 Hf85
47837 Montegridolfo RN 75 Ne85
61010 Montegrimano PU 74 Nc85
21010 Montegrino Valtravaglia VA 36 Ie73
14100 Montegrosso AT 59 Ia79
70031 Montegrosso BA 99 Ra101
14048 Montegrosso d'Asti AT 59 Ib80
18025 Montegrosso Pian Latte IM 68 He84
35036 Montegrotto Terme PD 50 Me77
64037 Montegualtieri TE 87 Oe93
53031 Monteguidi SI 77 Ma89
61020 Monteguiduccio PU 75 Ne86
74020 Monteiasi TA 107 Sc105
25050 Monte Isola BS 48 La74
06085 Montelabate PG 79 Nc89
61025 Montelabbate PU 75 Ne85
95036 Montelaguardia CT 116 Pf121
00030 Montelanico RM 90 Oa99
58027 Monte Lattaia GR 83 Ma91
63029 Monteleone di Fermo AP 86 Od90
71020 Monteleone di Puglia FG 98 Qb101
06045 Monteleone di Spoleto PG 85 Nf93
05017 Monteleone d'Orvieto TR 84 Na91
07010 Monteleone Rocca Doria SS 131 Id106
02033 Monteleone Sabino RI 89 Nf95
90040 Montelepre PA 119 Ob120
06024 Monteleto PG 79 Nd88
00010 Montelibretti RM 89 Ne96
61010 Montelicciano PU 74 Nc85
53020 Montelifre SI 78 Md89
83048 Montella AV 103 Qa103
24060 Montello BG 47 Ke74
86040 Montelongo CB 93 Pf98
06024 Montelovesco PG 79 Nc89

63020 Montelparo FM 86 Od90
12050 Montelupo Albese CN 59 Ia81
50056 Montelupo Fiorentino FI 77 Ma86
62010 Montelupone MC 81 Od88
33040 Montemaggiore UD 53 Od71
00010 Montemaggiore RM 89 Ne96
61030 Montemaggiore al Metauro PU 80 Nf86
90020 Montemaggiore Belsito PA 120 Oe121
14030 Montemagno AT 59 Ib79
83040 Montemarano AV 103 Pf103
19030 Montemarcello SP 71 Kf84
60018 Montemarciano AN 81 Ob87
23804 Monte Marenzo LC 47 Kc74
00100 Monte Mario RM 89 Nc97
06049 Montemartano PG 85 Nd92
61041 Monte Martello PU 80 Ne87
14100 Montemarzo AT 59 Ib79
58036 Montemassi GR 82 Ma91
06063 Monte Melino PG 79 Nb90
58014 Montemerano GR 83 Mc93
74020 Montemesola TA 107 Sc105
22010 Montemezzo CO 36 Kc71
52010 Montemignaio AR 78 Md86
83038 Montemiletto AV 97 Pf102
85020 Montemilone PZ 99 Qf102
16041 Montemoggio GE 70 Kc82
63048 Montemonaco AP 86 Ob91
59013 Montemurlo PO 72 Ma85
85053 Montemurro PZ 105 Qf107
09043 Monte Nai CA 137 Kd113
57128 Montenero LI 76 Lc88
58033 Montenero GR 83 Mc91
86036 Montenero di Bisaccia CB 92 Pe97
66010 Montenerodomo CH 92 Pb97
02040 Montenero Sabino RI 89 Ne95
86080 Montenero Val Cocchiara IS 91 Pa98
17014 Montenotte Inferiore SV 68 Ic82
17014 Montenotte Superiore SV 68 Ic82
66050 Monteodorisio CH 92 Pd96
22100 Monte Olimpino 46 Ka74
41059 Monte Ombraro MO 72 Ma82
35031 Monteortone PD 50 Me76
64026 Montepagano TE 87 Of92
88060 Montepaone CZ 115 Rc116
88060 Montepaone Lido CZ 115 Rd116
74020 Monteparano TA 107 Sc106
40050 Montepastore BO 72 Ma82
96011 Monte Pergola SR 125 Qb125
58100 Montepescali GR 83 Ma91
53016 Montepescini SI 78 Mc90
07026 Monte Petrosu OT 133 Kd103
39020 Monteplair = Dörfl BZ 27 Ld68
09016 Monteponi CI 136 Id113
61040 Monte Porzio PU 80 Oa86
00040 Monte Porzio Catone RM 89 Ne98
63033 Monteprandone AP 87 Oe91
53045 Montepulciano SI 78 Me90
53040 Montepulciano Stazione SI 78 Mf90
60010 Monterado AN 80 Oa86
50050 Monterappoli FI 77 Lf86
29010 Monteraschio PC 61 Kd79
52035 Monterchi AR 79 Na88
67015 Montereale AQ 86 Ob93
33086 Montereale Valcellina PN 41 Nd72
54026 Montereggio MS 71 Kf83
40050 Monterenzio BO 73 Mc83
53035 Monteriggioni SI 77 Mb88
63020 Monte Rinaldo AP 86 Od90
60030 Monte Roberto AN 80 Oa88
86075 Monteroduni IS 96 Pb99
61045 Monterolo PU 80 Nf87
01010 Monte Romano VT 88 Mf95
53014 Monteroni d'Arbia SI 78 Mc89
73047 Monteroni di Lecce LE 108 Ta107
01030 Monterosi VT 89 Nb95
60041 Monterosso AN 80 Ne88
19016 Monterosso al Mare SP 70 Kd84
97010 Monterosso Almo RG 125 Pe126
89819 Monterosso Calabro VV 115 Rb116
00015 Monterotondo RM 89 Nd96
58025 Monterotondo Marittimo GR 77 Lf90
63026 Monterubbiano AP 81 Oe90
05014 Monte Rubiaglio TR 84 Na92
00100 Monte Sacro RM 89 Nd97
04020 Monte San Biagio LT 95 Oc100
84030 Monte San Giacomo SA 104 Qd106
40050 Monte San Giovanni BO 73 Ma82
03025 Monte San Giovanni Campano FR 90 Od99
62015 Monte San Giusto MC 81 Od89
62020 Monte San Martino MC 86 Oc90
73030 Montesano Salentino LE 109 Tb109
84033 Montesano Scalo SA 104 Qd107
84033 Montesano Sulla Marcellana SA 104 Qe107
63010 Monte San Pietrangeli AP 81 Od89
39050 Monte San Pietro = Monte Petersberg BZ 39 Mc70
52048 Monte San Savino AR 78 Me89
06010 Monte Santa Maria Tiberina PG 79 Nb88
71037 Monte Sant'Angelo FG 100 Qf98
53041 Monte Sante Marie SI 78 Md89
60037 Monte San Vito AN 81 Ob87
82016 Montesarchio BN 97 Pd102
73031 Montesardo LE 109 Tc109
75024 Montescaglioso MT 106 Rd105
27040 Montescano PV 61 Kb78
28843 Montescheno VB 35 Ib72
56040 Montescudaio PI 77 Ld89
47854 Montescudo RN 75 Nd85
41055 Montese MO 72 Lf83
27052 Montesegale PV 61 Ka79
65015 Montesilvano PE 87 Pa93
65015 Montesilvano Marina PE 87 Pa93
20045 Montesiro MB 47 Kb74
89814 Montesoro VV 115 Rb116
00100 Montespaccato RM 89 Nc97
06063 Monte Sperello PG 79 Nb90
50025 Montespertoli FI 77 Ma87
10020 Monteu da Po TO 59 Ia78
63015 Monte Urano AP 81 Od89
12040 Monteu Roero CN 59 Hf80
92010 Montevago AG 119 Nf122
52025 Montevarchi AR 78 Md87
23874 Montevecchia LC 47 Kc74
61045 Montevecchio PU 80 Nf87
09036 Montevecchio MD 136 Id111
27044 Monteveneroso PV 61 Kb78
83049 Monteverde AV 98 Qd103
86021 Monteverde CB 97 Pc99
06029 Monteverde PG 79 Nd90
56040 Monteverdi Marittimo PI 77 Le89
06055 Monte Vibiano Vecchio PG 84 Nb91
63020 Monte Vidon Corrado FM 81 Oc90
00060 Montevirginio RM 88 Na96
12070 Montezemolo CN 68 Ia82
24060 Monti BG 48 La73
53013 Monti SI 78 Mc88
07020 Monti OT 133 Kb104
58051 Montiano GR 83 Mb93
47020 Montiano FC 74 Nb84
28897 Monti Campello 35 Ib73
53026 Monticchiello SI 78 Me90
67020 Monticchio AQ 90 Oc95
25030 Monticelle BS 48 Kf76
26821 Monticelli LO 47 Kd77
03045 Monticelli FR 95 Od100
84062 Monticelli SA 103 Qa105
72017 Monticelli BR 107 Sd104
44020 Monticelli FE 65 Nb79
25040 Monticelli Brusati BS 48 La75
29010 Monticelli d'Ongina PC 62 Kf78
27010 Monticelli Pavese PV 61 Kd78
26030 Monticelli Ripa d'Oglio CR 62 Lb77
43022 Monticelli Terme PR 62 Lc80
28060 Monticello NO 46 Id76
58044 Monticello Amiata GR 83 Mc91
23876 Monticello Brianza LC 47 Kb74
36010 Monticello Conte Otto VI 50 Md75
12066 Monticello d'Alba CN 59 Hf80
25018 Montichiari BS 48 Lc76
53015 Monticiano SI 77 Mb90
39051 Monticolo = Montiggl BZ 39 Mb70
42014 Monti di Cadiroggio RE 63 Le81
58026 Montieri GR 77 Ma90
39051 Montiggl = Monticolo BZ 39 Mb70
14026 Montiglio Monferrato AT 59 Ia78
60019 Montignano AN 81 Ob87
54038 Montignoso MS 71 La84
25080 Montinelle BS 48 Ld75
57028 Montioni LI 82 Le90
25010 Montirone BS 48 Lb76
53020 Montisi SI 78 Md90
11020 Montjovet AO 44 He74
26010 Montodine CR 47 Ke77
16026 Montoggio GE 60 Ka81
21020 Montonate 46 Ie74
64023 Montone TE 87 Of92
06014 Montone PG 79 Nb88
02034 Montopoli di Sabina RI 89 Ne95
56020 Montopoli in Val d'Arno PI 77 Le86
22030 Montorfano CO 46 Ka74
58054 Montorgiali GR 83 Mb92
64046 Montorio al Vomano TE 86 Od93
86040 Montorio nei Frentani CB 93 Pf98
00010 Montorio Romano RM 89 Ne96
37141 Montorio Veronese VR 49 Ma76
60024 Montoro AN 81 Oc88
83025 Montoro Inferiore AV 103 Pe104
83026 Montoro Superiore AV 103 Pe104
58042 Montorsaio GR 83 Mb91
36050 Montorso Vicentino VI 49 Mc76
63023 Montotto FM 81 Oe90
63026 Montotto AP 81 Oe90
63020 Montottone FM 86 Od90
08010 Montresta NU 131 Ic106
28041 Montrigiasco NO 45 Id74
27040 Montu Beccaria PV 61 Kb78
21020 Monvalle VA 46 Id73
20052 Monza MB 46 Kb75
46040 Monzambano MN 49 Le76
38030 Monzon TN 40 Me70
54013 Monzone MS 71 La84
40036 Monzuno BO 73 Mb83
39030 Moos = San Giuseppe BZ 30 Nc68
39013 Moos in Passeier = Moso in Passiria BZ 28 Ma67
36100 Moracchino VI 50 Md75
87050 Morachi CS 112 Rc114
87016 Morano Calabro CS 110 Ra109
15025 Morano sul Po AL 45 Ic78
34070 Moraro GO 53 Oc73
21040 Morazzone VA 46 Ie74
23017 Morbegno SO 37 Kd72
15010 Morbello Caldasio AL 60 Ic81
06055 Morcella PG 84 Nb91
73040 Morciano di Leuca LE 109 Tb109
47833 Morciano di Romagna RN 75 Nd85
82026 Morcone BN 97 Pd100
40026 Mordano BO 74 Me82
63027 Moregnano AP 81 Od90
60041 Morello AN 80 Ne88
24050 Morengo BG 47 Ke75
98066 Moreri 116 Qa120
07013 Mores SS 132 If105
12033 Moretta CN 58 Hd80
29020 Morfasso PC 61 Ke80
11017 Morgex AO 56 Ha74
28010 Morghengo NO 45 Id75
09090 Morgongiori OR 134 Ie110
38065 Mori TN 49 Lf73
61044 Moria PU 80 Nd87
31010 Moriago della Battaglia TV 51 Na73
62020 Morico MC 81 Ob90
00010 Moricone RM 89 Ne96
84030 Morigerati SA 110 Qd108
20081 Morimondo MI 46 If76
67050 Morino AQ 90 Oc97
10020 Moriondo Torinese TO 59 Hf78
38065 Mori Vecchio TN 49 Lf73
00067 Morlupo RM 89 Nd96
87026 Mormanno CS 110 Qf109
21020 Mornago VA 46 Ie74
15075 Mornese AL 60 Ie81
24050 Mornico al Serio BG 47 Ke75
27040 Mornico Losana PV 61 Kb78
03017 Morolo FR 90 Ob99
06012 Morra PG 79 Na88
83040 Morra de Sanctis AV 104 Qb103
05018 Morrano Nuovo TR 84 Na92
67050 Morrea AQ 90 Od97
06034 Morro MC 80 Oa90
60030 Morro d'Alba AN 80 Ob87
64020 Morro d'Oro TE 87 Of93
86040 Morrone del Sannio CB 92 Pe98
02010 Morro Reatino RI 85 Ne93
62010 Morrovalle MC 81 Od89
05023 Morruzze TR 84 Nb92
33075 Morsano al Tagliamento PN 52 Nf73
33050 Morsano di Strada UD 52 Ob73
15010 Morsasco AL 60 Id80
27029 Morsella PV 46 Ie77
25080 Morsone BS 48 Lc75
27036 Mortara PV 46 Ie77
38088 Mortaso TN 38 Le72
33050 Mortegliano UD 52 Ob73
98164 Mortelle ME 117 Qd119
39020 Morter BZ 28 Le69
23811 Morterone LC 47 Kc73
90145 Mortillaro 119 Ob120
29100 Mortizza PC 61 Ke78
41037 Mortizzuolo MO 64 Ma79
33030 Moruzzo UD 52 Oa72
26010 Moscazzano CR 47 Ke77
83020 Moschiano AV 103 Pd103
64023 Mosciano Sant'Angelo TE 87 Of92
65010 Moscufo PE 87 Pa94
28060 Mosezzo NO 45 Id76
46011 Mosio MN 63 Lc78
31010 Mosnigo TV 51 Na73
39013 Moso in Passiria = Moos in Passeier BZ 28 Ma67
89100 Mosorrofa RC 117 Qe120
34070 Mossa GO 53 Od73
13822 Mosso BI 45 Ia75
36010 Mosson VI 50 Mc74
13822 Mosso Santa Maria BI 45 Ia75
00128 Mostacciano RM 89 Nc98
25022 Motella BS 48 La76
55023 Motrone LU 72 Lc84
36030 Motta VI 50 Mc75
14055 Motta AT 59 Ia80
41032 Motta MO 63 Lf80
43010 Motta PR 62 La78
26045 Motta Baluffi CR 62 Lb78
98030 Motta Camastra ME 122 Qb121
98070 Motta d'Affermo ME 121 Pb121
13010 Motta de'Conti VC 45 Id77
31045 Motta di Livenza TV 51 Nd74
89844 Motta Filocastro VV 114 Qf117
87010 Mottafollone CS 110 Ra111
13874 Mottalciata BI 45 Ib75
88041 Motta Lucia Santa CZ 112 Rb114
71030 Motta Montecorvino FG 98 Qa99
89065 Motta San Giovanni RC 117 Qe120
95040 Motta Sant' Anastasia CT 122 Pf123
20086 Motta Visconti MI 46 If77
29011 Mottaziana PC 61 Kd78
46020 Motteggiana MN 63 Le78
89030 Motticella RC 117 Ra120
36028 Mottinello Nuovo VI 50 Me74
35015 Mottinello Vecchio PD 50 Me74
74017 Mottola TA 107 Sa105
10060 Mottura TO 58 Hd80
11028 Moulin AO 44 Hd73
66030 Mozzagrogna CH 92 Pc95
24050 Mozzanica BG 47 Ke76
22076 Mozzate CO 46 If74
37060 Mozzecane VR 49 Le77
28862 Mozzio VB 35 Ib71
24030 Mozzo BG 47 Kd74
25048 Mu BS 38 Lc71
62034 Muccia MC 80 Oa90
21010 Muceno VA 35 Ie73
15042 Mugarone AL 60 Ie78
34015 Muggia TS 53 Oe75
20053 Muggio MB 46 Kb75
23827 Mugiasco LC 36 Kb73
94010 Muglia EN 122 Pe123
06100 Mugnano PG 84 Nb90
83027 Mugnano del Cardinale AV 97 Pd103
80018 Mugnano di Napoli NA 102 Pb103
39037 Mühlbach = Rio di Pusteria BZ 29 Me68
39030 Mühlbach = Riomolino BZ 30 Mf67
39019 Mühlbach = Riomolino BZ 28 Ma68
39030 Mühleck = Costa Molini BZ 30 Mf67
39032 Mühlen = Molini di Tures BZ 30 Mf67
39030 Mühlwald = Selva dei Molini BZ 29 Mf67
33025 Muina UD 41 Nf70
08012 Mulargia NU 134 Ie107
26837 Mulazzano LO 47 Kc76
47040 Mulazzano RN 75 Nd85
54026 Mulazzo MS 71 Kf83
39040 Mules = Mauls BZ 29 Md67
55040 Mulina LU 71 Lb85
96013 Mulino Cillepi SR 125 Pf125
58023 Mulino Donati GR 82 Lf91
07035 Multeddu SS 132 Ie103
62011 Mummuiola MC 80 Ob88
39040 Munt = Monte di Funes BZ 29 Me69
07030 Muntiggioni SS 132 If103
25070 Mura BS 48 Lc74
25080 Mura 48 Ld75
50050 Mura FI 77 Lf87
29010 Muradolo PC 62 Kf78
30141 Murano VE 51 Nc76
25075 Muratello BS 48 Lb75
09043 Muravera CA 137 Kd112
12060 Murazzano CN 59 Ia82
95036 Murazzo Rotto CT 122 Pf121
58054 Murci GR 83 Mc92
12030 Murello CN 58 Hd80
91012 Murfi TP 118 Ne121
17057 Murialdo Piano SV 68 Ia83
33030 Muris UD 52 Nf71
15020 Murisengo AL 59 Ia78
53016 Murlo SI 78 Mc90
98064 Murmari ME 116 Pf120
73036 Muro Leccese LE 109 Tc108
85054 Muro Lucano PZ 104 Qc104
07030 Muros SS 132 Id104
12075 Mursecco CN 68 Ia83
89063 Musa RC 117 Qe121
21010 Musadino VA 35 Ie73
31040 Musano TV 51 Na74
94014 Musa Soprana EN 121 Pc122
94014 Musa Sottana EN 121 Pc122
33033 Muscletto UD 41 Oa73
25080 Muscoline BS 48 Lc75
33026 Muse UD 41 Oa69
09010 Musei CI 136 Ie113
65020 Musellaro PE 91 Of95
01011 Musignano VT 83 Me94
21010 Musignano VA 35 Ie72
30024 Musile di Piave VE 51 Nd75
25084 Muslone BS 49 Le74
08020 Mussingiua NU 132 Ka107
22010 Musso CO 36 Kb72
36065 Mussolente VI 50 Me74
93014 Mussomeli CL 120 Oe123
33075 Mussons PN 52 Nf73
12051 Mussotto CN 59 Ia80
64025 Mutignano TE 87 Pa93
33055 Muzzana del Turgnano UD 52 Oa74
13895 Muzzano BI 45 Hf75

N

22010 Naggio CO 36 Kb72
23032 Nagler 38 Lc69
38060 Nago-Torbole TN 49 Lf73
39010 Nalles = Nals BZ 39 Mb69
39010 Nals = Nalles BZ 39 Mb69
38010 Nanno TN 39 Ma71
36024 Nanto VI 50 Md76
89851 Nao VV 115 Ra117
91100 Napola TP 118 Nd121
80100* Napoli NA 102 Pb103
09031 Naracauli CI 136 Ic111
09070 Narbolia OR 134 Id108
09010 Narcao CI 136 Ie113
73048 Nardò LE 109 Ta107
89824 Nardodipace VV 115 Rc118
89824 Nardodipace Vecchio VV 115 Rc118
05035 Narni TR 85 Nd93
92028 Naro AG 123 Oe125
12068 Narzole CN 59 Hf81
21010 Nasca VA 35 Ie73
16040 Nascio GE 70 Kc82
98064 Nasidi ME 116 Pf120
95122 Nasima 122 Qa123
17030 Nasino SV 68 Ia84
98074 Naso ME 122 Pe120
24020 Nasolino BG 37 Kf73
89030 Natile Nuovo RC 117 Ra119
89030 Natile Vecchio RC 117 Ra119
39025 Naturno = Naturns BZ 28 Lf69
39025 Naturns = Naturno BZ 28 Lf69

39040 Natz-Schabs = Naz-Sciaves BZ 29 Me68
39037 Nauders = San Benedetto BZ 29 Me68
33026 Naunina UD 41 Oa69
18020 Nava IM 68 Hf84
56023 Navacchio PI 76 Lc86
25084 Navazzo BS 48 Ld74
25075 Nave BS 48 Lb75
55100 Nave LU 72 Lc85
67020 Navelli AQ 91 Oe95
38010 Nave San Rocco TN 39 Ma72
25064 Navezze BS 48 La75
41100 Navicello MO 63 Lf80
25070 Navono BS 48 Lb74
39040 Naz-Sciaves = Natz-Schabs BZ 29 Me68
00060 Nazzano RM 89 Nd95
16040 Ne GE 70 Kc82
60044 Nebbiano AN 80 Nf88
13040 Nebbione VC 45 Ib76
32044 Nebbiu BL 41 Nc70
28010 Nebbiuno NO 45 Id74
09016 Nebida CI 136 Ic113
37020 Negarine VR 49 Lf76
37024 Negrar VR 49 Lf75
31047 Negrisia TV 51 Nc74
16040 Neirone GE 69 Kb82
12052 Neive CN 59 Ia80
24027 Nembro BG 47 Ke74
00040 Nemi RM 89 Ne98
85040 Nemoli PZ 110 Qe108
16010 Nenno GE 60 Ka81
09080 Neoneli OR 134 If108
01036 Nepi VT 89 Nc95
06024 Nerbisci PG 79 Nc88
64015 Nereto TE 87 Oe92
64043 Nerito TE 86 Oc93
00017 Nerola RM 89 Ne96
31040 Nervesa della Battaglia TV 51 Nb74
16167 Nervi GE 69 Ka82
20014 Nerviano MI 46 If75
33050 Nespoledo UD 52 Oa73
02020 Nespolo RI 90 Oa96
22020 Nesso CO 36 Ka73
87058 Neto Valente CS 112 Rc113
13896 Netro BI 45 Hf75
00048 Nettuno RM 94 Nd100
39100 Neuhaus = Canova BZ 30 Na66
39044 Neumarkt = Egna BZ 39 Mb71
39034 Neu Toblach = Dobbiaco Nuovo BZ 30 Nb68
73040 Neviano LE 109 Ta108
43024 Neviano degli Arduini PR 62 Lb81
43045 Neviano de'Rossi 62 La81
12050 Neviglie CN 59 Ia80
25050 Niardo BS 38 Lb73
28060 Nibbia NO 45 Id76
29010 Nibbiano PC 61 Kb79
28070 Nibbiola NO 46 Id76
23895 Nibionno LC 46 Kb74
88046 Nicastro CZ 112 Rb115
10042 Nichelino TO 58 Hd78
95030 Nicolosi CT 122 Qa123
27020 Nicorvo PV 46 Id77
94014 Nicosia EN 121 Pc122
89844 Nicotera VV 114 Qf117
89844 Nicotera Marina VV 114 Qf117
60011 Nidastore AN 80 Nf87
39039 Niederdorf = Villabassa BZ 30 Na68
39030 Nieder Olang = Valdaora di Sotto BZ 30 Na68
39030 Nieder Rasen = Rasun di Sotto BZ 30 Na68
39030 Niedervintl = Vandoies di sotto BZ 29 Md68
12050 Niella Belbo CN 59 Ia81
12060 Niella Tanaro CN 68 Hf82
25030 Nigoline Bonomelli BS 48 Kf75
33045 Nimis UD 52 Ob71
89822 Ninfo VV 115 Rb117
43025 Nirone PR 71 Lb82
93015 Niscemi CL 124 Pc126
94010 Nissoria EN 121 Pc123
29029 Niviano PC 61 Kd79
27050 Nizza PV 61 Ka79
98026 Nizza di Sicilia ME 116 Qc121
14049 Nizza Monferrato AT 59 Ic80
30033 Noale VE 51 Na75
10080 Noasca TO 44 Hb76
87070 Nocara CS 111 Rc108
55041 Nocchi LU 71 Lc85
65010 Nocciano PE 91 Of95
50028 Noce FI 77 Ma87
88040 Nocelle CZ 112 Rc115
81030 Nocelleto CE 96 Pa101
84014 Nocera Inferiore SA 103 Pd104
84015 Nocera Superiore SA 103 Pe104
88047 Nocera Terinese CZ 112 Ra114
06025 Nocera Umbra PG 80 Ne90
43015 Noceto PR 62 Lb80
16026 Noci GE 60 Ka82
70015 Noci BA 107 Sa104
90020 Nociazzi PA 120 Pa122
73020 Nociglia LE 109 Tb108
56010 Nodica PI 71 Lc86
07040 Nodigheddu SS 131 Ib103
85035 Noepoli PZ 111 Rb108
37054 Nogara VR 63 Ma77
38060 Nogaredo TN 39 Ma73
33048 Nogaredo UD 52 Oc73
33030 Nogaredo di Corno UD 41 Oa72
33035 Nogaredo di Prato UD 52 Oa72
33058 Nogaro UD 52 Ob74
36070 Nogarole Vicentino VI 49 Mb75
73010 Noha LE 109 Ta108
33020 Noiaris UD 41 Nf70
70016 Noicattaro BA 101 Rf102
80035 Nola NA 103 Pd103
10076 Nole TO 44 Hd77
17026 Noli SV 68 Ic83
10010 Nomaglio TO 44 Hf75
38060 Nomi TN 39 Ma73
24020 Nona BG 37 La72
41015 Nonantola MO 63 Ma80
10060 None TO 58 Hd79
28891 Nonio VB 45 Ic73
08010 Noragugume NU 134 If107
09070 Norbello OR 134 Ie108
06046 Norcia PG 86 Oa92
04010 Norma LT 94 Nf99
08020 Nortiddi NU 133 Kc105
26025 Nosadello CR 47 Kd76
20020 Nosate MI 46 Ie75
46037 Nosedole MN 63 Lf78
95017 Notara 122 Qb122
64024 Notaresco TE 87 Of93
96017 Noto SR 125 Qa127
61015 Novafeltria PU 74 Nb85
25018 Novagli BS 48 Lc76
25018 Novagli-Campagna BS 48 Lc76
25018 Novagli-Mattina BS 48 Lc76
25018 Novagli-Sera BS 48 Lc76
88060 Novalba di Cardinale CZ 115 Rc117
39050 Novale = Rauth BZ 39 Mc70
39016 Novale = Ried BZ 29 Mc67
39049 Novale = Ried BZ 30 Na68
38050 Novaledo TN 39 Mc72
10050 Novalesa TO 56 Ha77
39056 Nova Levante = Welschnofen BZ 39 Mc70
20054 Nova Milanese MB 46 Kb75
39050 Nova Ponente = Deutschnofen BZ 39 Mc70
28100 Novara NO 46 Id76
98058 Novara Di Sicilia ME 116 Qa120
75020 Nova Siri MT 111 Rd108
23025 Novate Mezzola SO 36 Kc71
20026 Novate Milanese MI 46 Ka75
36055 Nove VI 50 Me74
22060 Novedrate CO 46 Ka74
42017 Novellara RE 63 Le79
12060 Novello CN 59 Hf81
30020 Noventa di Piave VE 51 Nd75
35027 Noventa Padovana PD 50 Mf76
36025 Noventa Vicentina VI 50 Md77
41016 Novi di Modena MO 63 Lf79
61100 Novilara PU 75 Nf85
15067 Novi Ligure AL 60 Ie80
84060 Novi Velia SA 102 Qb107
36030 Novoledo VI 50 Md75
73051 Novoli LE 108 Ta106
25078 Nozza BS 48 Lc74
55100 Nozzano Castello LU 71 Lc85
91027 Nubia TP 118 Nd121
91025 Nuccio TP 118 Nc122
12070 Nucetto CN 68 Ia82
07029 Nuchis OT 132 Ka103
07010 Nughedu San Nicolò SS 132 Ka105
09080 Nughedu Santa Vittoria OR 134 If108
07010 Nule SS 132 Kb106
07032 Nulvi SS 132 Ie104
60026 Numana AN 81 Od87
95016 Nunziata CT 122 Qb122
98151 Nunziatella ME 116 Qd119
08100 Nuoro NU 133 Kb107
22010 Nuova CO 36 Kc72
83044 Nuova Bisaccia AV 98 Qc102
09070 Nurachi OR 134 Id109
08030 Nuragus NU 134 Ka110
08030 Nurallao NU 135 Ka110
09024 Nuraminis CA 137 Ka112
09010 Nuraxi Figus CI 136 Ic113
09170 Nuraxinieddu OR 134 Id109
09080 Nureci OR 134 If110
08035 Nurri CA 135 Kb110
11020 Nus AO 44 Hc74
83051 Nusco AV 103 Qa103
53013 Nusenna SI 78 Md88
46026 Nuvolato MN 63 Ma78
25080 Nuvolento BS 48 Lc75
25080 Nuvolera BS 48 Lc75
09010 Nuxis CI 136 Ie114

O

39059 Oberbozen = Soprabolzano BZ 39 Mc69
39044 Obereggen = San Floriano BZ 39 Md70
39054 Oberinn = Auna sopra BZ 39 Mc69
39030 Ober-Luttach = Lutago di Sopra BZ 29 Mf67
39030 Ober Olang = Valdaora di Sopra BZ 30 Na68
39030 Oberplanken = Planca di Sopra BZ 30 Nb68
39030 Ober Rasen = Rasun di Sopra BZ 30 Na68
39040 Oberthal = Val di Sopra BZ 29 Mc67
39038 Obervierschach = Versciaco di Sopra BZ 30 Nb68
39030 Obervintl = Vandoies di sopra BZ 29 Me68
39030 Oberwielenbach = Vila di sopra BZ 30 Na68
22020 Occagno CO 36 Ka73
13897 Occhieppo inferiore BI 45 Ia75
13898 Occhieppo superiore BI 45 Ia75
45030 Occhiobello RO 64 Md79
84096 Occiano SA 103 Pf104
15040 Occimiano AL 60 Id78
02016 Ocre RI 85 Nf93
67040 Ocre AQ 90 Oc95
15020 Odalengo Grande AL 59 Ib78
15020 Odalengo Piccolo AL 59 Ib78
31046 Oderzo TV 51 Nc74
25076 Odolo BS 48 Lc75
60020 Offagna AN 81 Oc87
26010 Offanengo CR 47 Ke76
63035 Offida AP 86 Oe91
25020 Offlaga BS 48 La76
23030 Oga SO 38 Lc70
28824 Oggebbio VB 35 Id73
21040 Oggiona Santo Stefano VA 46 Ie74
23848 Oggiono LC 47 Kc74
10080 Oglianico TO 44 He76
31015 Ogliano TV 40 Nb73
84100 Ogliara SA 103 Pe104
84061 Ogliastro Cilento SA 103 Qa106
84048 Ogliastro Marina SA 102 Pf107
25030 Ognato BS 48 La76
96100 Ognina SR 126 Qb127
95128 Ognina CT 122 Qa123
37060 Ognissanti VR 49 Lf76
28865 Oira VB 35 Ib71
75029 Olaca MT 111 Rc107
39030 Olang = Valdaora BZ 30 Mf68
07026 Olbia OT 133 Kc103
15074 Olbicella AL 60 Id81
13047 Olcenengo VC 45 Ib76
23826 Olcio LC 36 Kb73
24010 Olda BG 37 Kd73
13030 Oldenico VC 45 Ic76
28047 Oleggio NO 46 Id75
28040 Oleggio Castello NO 45 Id74
89020 Oleificio RC 117 Ra118
33044 Oleis UD 52 Oc72
50021 Olena FI 77 Mb87
28100 Olengo NO 46 Id76
24022 Olera BG 47 Ke74
27020 Olevano di Lomellina PV 46 Ie77
00035 Olevano Romano RM 90 Oa97
84062 Olevano sul Tusciano SA 103 Qa105
05016 Olevole TR 84 Na91
46040 Olfino MN 49 Le76
28856 Olgia VB 35 Id72
00123 Olgiata RM 89 Nc96
22077 Olgiate Comasco CO 46 If74
23887 Olgiate Molgora LC 47 Kc74
21057 Olgiate Olona VA 46 If75
23854 Olginate LC 47 Kc74
09040 Olia Speciosa CA 137 Kd113
08025 Oliena NU 135 Kc107
37014 Oliosi VR 49 Le76
88067 Olivadi CZ 115 Rc116
27050 Oliva Gessi PV 61 Kb79
98040 Olivarella ME 116 Qb119
98060 Oliveri ME 122 Qa120
89100 Oliveto RC 117 Qe120
02030 Oliveto RI 89 Nf95
52040 Oliveto AR 78 Me88
40050 Oliveto BO 63 Ma82
84020 Oliveto Citra SA 104 Qb104
23865 Oliveto Lario LC 36 Kb73
75010 Oliveto Lucano MT 105 Rb105
15030 Olivola AL 59 Ic78
09088 Ollastra OR 134 Ie109
08020 Ollolai NU 135 Kb107
11010 Ollomont AO 44 Hb73
31021 Olme TV 51 Nb75
07040 Olmedo SS 131 Ic105
26010 Olmeneta CR 48 La77
51039 Olmi PT 72 Lf85
31048 Olmi 51 Nc74
39040 Olmi = Hohlen BZ 39 Mc70
36051 Olmo VI 50 Mc75
31030 Olmo TV 50 Me74
14054 Olmo AT 59 Ia80
52040 Olmo AR 78 Mf88
35023 Olmo PD 50 Mf77
24010 Olmo al Brembo BG 37 Kd73
23015 Olonio Dubino SO 36 Kc72
25070 Olsano BS 48 Lc74
24013 Oltre il Colle BG 37 Ke73
24020 Oltressenda Alta BG 37 Kf73
19020 Oltre Vara SP 70 Ke83
21026 Oltrona al Lago VA 46 Ie74
22070 Oltrona di San Mamette CO 46 If74
29010 Olza PC 62 Kf78
08020 Olzai NU 135 Ka107
20041 Omate MI 47 Kc75
25050 Ome BS 48 La75
28887 Omegna VB 45 Ic73
84060 Omignano SA 102 Qa107
84060 Omignano Scalo SA 104 Qa107
39030 Onach = Onies BZ 29 Mf68
08020 Onani NU 133 Kc106
01010 Onano VT 84 Me92
35019 Onara PD 50 Me75
12030 Oncino CN 58 Hb80
18100 Oneglia 68 Ia85
24020 Oneta BG 47 Ke73
37040 Oni VR 49 Mc77
39030 Onies = Onach BZ 29 Mf68
08020 Onifai NU 133 Kd106
08020 Oniferi NU 135 Kb107
31040 Onigo TV 50 Mf73
67100 Onna AQ 90 Oc95
25070 Ono Degno BS 48 Lc74
24020 Onore BG 37 La73
25040 Ono San Pietro BS 38 Lb72
33050 Ontagnano UD 52 Ob73
17037 Onzo SV 68 Ia84
20090 Opera MI 46 Kb76
67030 Opi AQ 91 Oe98
37050 Oppeano VR 49 Mb77
07013 Oppia Nuova SS 132 If105
84022 Oppidi SA 104 Qa105
85015 Oppido Lucano PZ 105 Qf104
89014 Oppido Mamertina RC 117 Qf119
37100 Oppioli VR 49 Mb78
39040 Ora = Auer BZ 39 Mb70
08026 Orani NU 135 Kb107
28825 Orasso VB 35 Id72
86010 Oratino CB 97 Pd99
09010 Orbai CA 136 Ie113
10043 Orbassano TO 58 Hd78
58015 Orbetello GR 83 Mb94
58015 Orbetello Scalo GR 83 Mb94
33080 Orcenico Inferiore PN 52 Ne73
33080 Orcenico Superiore PN 52 Ne73
81044 Orchi CE 96 Of101
61038 Orciano di Pesaro PU 80 Nf86
56040 Orciano Pisano PI 76 Ld88
56030 Orciatico PI 77 Le88
17024 Orco-Feglino SV 68 Ib83
71040 Ordona FG 98 Qd101
32037 Oregne BL 40 Na72
56020 Orentano PI 72 Ld86
16040 Orero GE 70 Kb82
28060 Orfengo NO 45 Id76
53018 Orgia SI 78 Mb89
36040 Orgiano VI 50 Mc76
33031 Orgnano UD 52 Oa72
30038 Orgnano VE 51 Na76
33090 Orgnese PN 52 Ne71
08027 Orgosolo NU 135 Kc107
72024 Oria BR 108 Sd106
30030 Oriago VE 51 Nb76
67063 Oricola AQ 90 Oa96
21040 Origgio VA 46 Ka75
21030 Orino VA 46 Ie73
24050 Orio al Serio BG 47 Ke74
10010 Orio Canavese TO 44 Hf77
26863 Orio Litta LO 61 Kd78
27058 Oriolo PV 60 Ka78
87073 Oriolo CS 111 Rc108
01010 Oriolo Romano VT 88 Na96
39020 Oris = Eyrs BZ 28 Ld69
09170 Oristano OR 134 Id109
12078 Ormea CN 68 Hf84
31024 Ormelle TV 51 Nc74
20060 Ornago MB 47 Kc75
02030 Ornaro RI 89 Nf95
28877 Ornavasso VB 35 Ic73
24010 Ornica BG 37 Kd73
84090 Ornito SA 103 Pf104
06066 Oro PG 84 Na91
13900 Oropa BI 45 Hf75
08028 Orosei NU 133 Ke106
08020 Orotelli NU 132 Ka107
84060 Orria SA 104 Qb107
08030 Orroli NU 135 Kb110
31010 Orsago TV 41 Nc73
71027 Orsara di Puglia FG 98 Qb101
33040 Orsaria UD 52 Oc72
22030 Orsenigo CO 46 Kb74
88041 Orsi CZ 112 Rc114
89866 Orsigliadi VV 114 Qf117
66036 Orsogna CH 92 Pb95
87020 Orsomarso CS 110 Qf110
09040 Ortacesus CA 137 Ka111
81030 Orta di Atella CE 96 Pb103
71045 Orta Nova FG 99 Qe101
28016 Orta San Giulio NO 45 Ic74
01028 Orte VT 84 Nc94
73030 Ortelle LE 109 Tc108
01028 Orte Scalo VT 84 Nc94
89100 Orti RC 114 Qe120
37040 Orti VR 49 Mb77
96100 Ortigia SR 126 Qb126
52010 Ortignano-Raggiolo AR 78 Me86
50025 Ortimino FI 77 Ma87
39046 Ortisei = Sankt Ulrich BZ 40 Me69
84060 Ortodonico SA 102 Qa107
98100 Orto Liuzzo ME 114 Qc119
66026 Ortona CH 92 Pc94
67050 Ortona dei Marsi AQ 91 Oe97
19034 Ortonovo SP 71 La84
17037 Ortovero SV 68 Ia84
67050 Ortucchio AQ 91 Od97
08036 Ortueri NU 134 If108
08020 Orune NU 133 Kc106
05018 Orvieto TR 84 Na92
02035 Orvinio RI 90 Nf96
33047 Orzano UD 52 Oc72
25034 Orzinuovi BS 47 Kf76
25030 Orzivecchi BS 48 Kf76
33020 Osais UD 41 Ne69
10060 Osasco TO 58 Hc79
10040 Osasio TO 58 Hd79
06131 Oscano PG 79 Nc90
26020 Oscasale CR 47 Ke77
83044 Oscata AV 98 Qb102
07027 Oschiri OT 132 Ka104
08020 Osidda NU 133 Kb105
17010 Osiglia SV 68 Ib83
60027 Osimo AN 81 Oc88
60028 Osimo Stazione AN 81 Od88
08040 Osini Nuovo OG 135 Kc110
08040 Osini Vecchio OG 135 Kc110
24040 Osio Sopra BG 47 Kd75
24046 Osio Sotto BG 47 Kd75
21018 Osmate VA 46 Id74
23875 Osnago LC 47 Kc74
38050 Ospedaletto TN 39 Md72
36100 Ospedaletto VI 50 Md75
56121 Ospedaletto PI 76 Lc86
31036 Ospedaletto TV 51 Na75
47853 Ospedaletto RN 75 Nd85
83014 Ospedaletto d'Alpinolo AV 97 Pe103
35045 Ospedaletto Euganeo PD 50 Md77
26864 Ospedaletto Lodigiana 47 Kd78
06083 Ospedalicchio PG 79 Nd90
20021 Ospiate MI 46 Ka75
44012 Ospitale FE 64 Mc79
32010 Ospitale di Cadore BL 41 Nb71
25035 Ospitaletto BS 48 La75
46014 Ospitaletto MN 63 Ld78
41054 Ospitaletto MO 72 Lf82
26816 Ossago Lodigiano LO 47 Kd77
52044 Ossaia AR 79 Na89

38026 Ossana TN 38 Le71
91013 Ossario TP 118 Ne121
37014 Ossario VR 49 Le76
37020 Ossenigo VR 49 Lf74
07045 Ossi SS 131 Id104
25050 Ossimo BS 38 Lb73
26024 Ossolaro CR 47 Kf77
20010 Ossona MI 46 If75
22010 Ossuccio CO 36 Kb73
12030 Ostana CN 58 Hb80
44020 Ostellato FE 65 Mf80
89010 Ostello RC 115 Ra119
22010 Osteno CO 36 Ka72
60030 Osteria AN 80 Oa87
06023 Osteria di Morano PG 80 Ne89
47025 Osteria di Piavola FC 74 Na84
40024 Osteria Grande BO 73 Md82
61025 Osteria Nuova PU 75 Ne85
00120* Ostia RM 89 Nb98
00119 Ostia Antica RM 89 Nb98
26032 Ostiano CR 48 Lb77
46035 Ostiglia MN 64 Ma78
84060 Ostigliano SA 104 Qa107
60010 Ostra AN 80 Oa87
60010 Ostra Vetere AN 80 Oa87
72017 Ostuni BR 107 Sd104
73028 Otranto LE 109 Tc108
05030 Otricoli TR 85 Nc94
08020 Ottana NU 134 Ka107
84020 Ottati SA 104 Qb106
07100 Ottava SS 131 Ic104
00100 Ottavia RM 89 Nc97
80044 Ottaviano NA 102 Pc103
15038 Ottiglio AL 59 Ic78
08020 Ottiolu OT 133 Ke104
27030 Ottobiano PV 60 Ie78
29026 Ottone PC 61 Kb81
10056 Oulx TO 57 Gf78
15076 Ovada AL 60 Id81
25034 Ovanengo BS 48 Kf76
33025 Ovaro UD 41 Nf70
33025 Ovasta UD 41 Nf70
15026 Oviglio AL 60 Ic79
67046 Ovindoli AQ 90 Od96
08020 Ovodda NU 135 Ka108
33080 Ovoledo PN 41 Ne73
11010 Oyace AO 44 Hc73
10080 Ozegna TO 44 He76
07014 Ozieri SS 132 If105
40064 Ozzano dell'Emilia BO 73 Mc82
15039 Ozzano Monferrato AL 59 Ic78
43045 Ozzano Taro PR 62 La80
20080 Ozzero MI 46 If76

P

09030 Pabillonis MD 136 Ie111
98168 Pace ME 114 Qd119
96013 Paceca SR 125 Pf125
91027 Paceco TP 118 Nd121
98042 Pace del Mela ME 116 Qb119
37017 Pacengo VR 49 Le76
67030 Pacentro AQ 91 Of96
06060 Paciano PG 84 Na90
25080 Padenghe sul Garda BS 48 Ld75
38070 Padergnone TN 39 Lf72
29010 Paderna PC 62 Ke79
25022 Padernello BS 48 Kf76
31038 Padernello TV 51 Na74
32030 Paderno BL 40 Na72
31050 Paderno TV 51 Nb74
23877 Paderno d'Adda LC 47 Kc74
31017 Paderno del Grappa TV 50 Mf74
20037 Paderno Dugnano MI 46 Ka75
25050 Paderno Franciacorta BS 48 La75
26024 Paderno Ponchielli CR 47 Kf77
32040 Padola BL 30 Nc69
52035 Padonchia AR 79 Na88
35100* Padova PD 50 Mf76
07015 Padria SS 132 Id106
34016 Padriciano TS 53 Of75
07020 Padru OT 133 Kd104
08011 Padru Mannu NU 132 Ie106
84034 Padula SA 104 Qd106
06024 Padule PG 80 Nd89
82020 Paduli BN 97 Pf102
40010 Padulle BO 64 Mb81
12034 Paesana CN 58 Hb80
31038 Paese TV 51 Na74
84016 Pagani SA 103 Pd104
67016 Paganica AQ 90 Oc94
58048 Paganico GR 83 Mb91
02020 Paganico Sabino RI 90 Nf95
24040 Pagazzano BG 47 Ke75
16040 Paggi GE 70 Kc82
25040 Paghera BS 38 Lc73
91015 Pagliaia TP 118 Ne120
98020 Pagliara ME 116 Qc121
67050 Pagliara AQ 90 Ob96
67018 Pagliare AQ 90 Ob94
63036 Pagliare AP 87 Oe91
88837 Pagliarelle KR 113 Re114
24010 Pagliaro BG 47 Ke74
28100 Pagliate NO 46 Id76
66020 Paglieta CH 92 Pc96
33010 Pagnacco UD 52 Ob72
31011 Pagnano TV 50 Mf74
23833 Pagnona LC 36 Kc72
83020 Pago del Vallo di Lauro AV 103 Pd103
82020 Pago Veiano BN 97 Pf101
37010 Pai VR 49 Le75
10090 Paiere TO 58 Hc78
20034 Paina MB 46 Kb74
27015 Pairana PV 47 Kb77
25050 Paisco BS 38 Lb72
25080 Paitone BS 48 Lc75
24030 Paladina BG 47 Kd74
41046 Palagano MO 72 Ld83
74018 Palagianello TA 106 Rf105
74019 Palagiano TA 107 Sa105
95046 Palagonia CT 125 Pe125
56036 Palaia PI 77 Le87
43025 Palanzano PR 71 Lb82
40014 Palata BO 64 Mb80
86037 Palata CB 92 Pe97
07020 Palau OT 130 Kc101
40023 Palazza BO 64 Me82
24030 Palazzago BG 47 Kd74
96016 Palazzelli SR 125 Pf124
87010 Palazzello CS 112 Ra112
56121 Palazzi PI 76 Lc87
75018 Palazzine Santa Maria MT 105 Rb106
60011 Palazzo AN 80 Nf87
90030 Palazzo Adriano PA 119 Oc122
10010 Palazzo Canavese TO 45 Hf76
37010 Palazzolo VR 49 Le76
20037 Palazzolo MI 46 Ka75
96010 Palazzolo Acreide SR 125 Pf126
33056 Palazzolo dello Stella UD 52 Oa74
25036 Palazzolo sull'Oglio BS 47 Kf75
13040 Palazzolo Vercellese VC 59 Ib77
07015 Palazzo Minerva SS 131 Id106
53040 Palazzone SI 84 Mf91
26020 Palazzo Pignano CR 47 Kd76
85026 Palazzo San Gervasio PZ 105 Qf103
50035 Palazzuolo sul Senio FI 73 Md84
34070 Palchisce GO 53 Od73
66017 Palena CH 91 Pa97
88050 Palermiti CZ 115 Rc116
90100 Palermo PA 118 Nd122
90100* Palermo PA 119 Oc120
70057 Palese BA 100 Re102
37053 Palesella VR 49 Mb77
00036 Palestrina RM 89 Nf97
27030 Palestro PV 45 Id77
03018 Paliano FR 90 Oa98
46020 Palidano MN 63 Le79
00054 Palidoro RM 88 Nb97
87050 Palinudo CS 112 Rc114
84051 Palinuro SA 102 Qb108
89030 Palizzi RC 117 Qf121
89038 Palizzi Marina RC 117 Qf121
88818 Pallagorio KR 113 Rf113
28900* Pallanza VB 35 Id73
28884 Pallanzeno VB 35 Ib72
17043 Pallare SV 68 Ib83
15060 Pallavicino AL 61 Ka80
90147 Pallavicino PA 119 Ob119
91100 Palma TP 118 Nd121
80036 Palma Campania NA 103 Pd103
92020 Palma Di Montechiaro AG 123 Oe125
07100 Palmadula SS 131 Ib104
33057 Palmanova UD 52 Ob73
73020 Palmariggi LE 109 Tc108
00135 Palmarola Nuova RM 89 Nc97
09010 Palmas CI 136 Id114
09090 Palmas Arborea OR 134 Id109
89015 Palmi RC 114 Qf118
66050 Palmoli CH 92 Pd97
39040 Palmschoss = Plancios BZ 29 Me68
00055 Palo RM 88 Na97
17040 Palo SV 60 Id82
70027 Palo del Colle BA 100 Re102
70036 Palombaio BA 100 Rd102
00018 Palombara Sabina RM 89 Ne96
66010 Palombaro CH 91 Pb96
60020 Palombina Nuova AN 81 Oc87
60020 Palombina Vecchia AN 81 Oc87
84020 Palomonte SA 104 Qb105
24050 Palosco BG 47 Kf75
25055 Palotto BS 48 Lb74
33080 Palse PN 41 Nd73
37050 Palu VR 49 Ma77
38050 Palu del Fersina TN 39 Mc72
87060 Paludi CS 113 Re111
33053 Paludo di Latisano UD 52 Oa74
32020 Palue BL 40 Mf70
74029 Palumbo TA 107 Sb106
33026 Paluzza UD 41 Oa69
12087 Pamparato CN 68 Hf83
37060 Pampuro VR 63 Ma77
89864 Panaia VV 114 Qf117
45010 Panarella RO 65 Na79
10060 Pancalieri TO 58 Hd80
27050 Pancarana PV 60 Ka78
38030 Panchia TN 39 Md71
58054 Pancole GR 83 Mb92
26025 Pandino CR 47 Kd76
84085 Pandola SA 103 Pe104
16042 Panesi GE 70 Kc82
87050 Panettieri CS 112 Rc114
38037 Paneveggio TN 40 Me71
06064 Panicale PG 84 Na90
06061 Panicarola PG 79 Na90
89816 Pannaconi VV 115 Ra116
82017 Pannarano BN 97 Pe102
71020 Panni FG 98 Qb101
43010 Panocchia PR 62 Lb80
09010 Pantaleo CA 136 Ie114
61045 Pantana PU 80 Nf87
87030 Pantanolungo CS 112 Rb113
18020 Pantasina IM 68 Hf85
33036 Pantianicco UD 41 Oa72
20090 Pantigliate MI 47 Kc76
50022 Panzano FI 78 Mb87
87027 Paola CS 112 Ra112
64016 Paolantonio TE 86 Oe92
91025 Paolini TP 118 Nd122
82011 Paolisi BN 97 Pd102
89867 Papaglionti VV 114 Ra117
88843 Papanice KR 113 Sa114
91019 Paparella TP 118 Nd120
33050 Papariano UD 52 Oc74
33100 Paparotti UD 52 Ob72
06055 Papiano PG 84 Nc91
45010 Papozze RO 65 Na79
20015 Parabiago MI 46 If75
73052 Parabita LE 109 Ta108
98057 Paradiso ME 116 Qb119
89043 Paradiso RC 115 Rb118
33050 Paradiso UD 52 Oa73
98168 Paradiso ME 114 Qd119
89817 Paradisoni VV 115 Ra116
27026 Parasacco PV 46 If77
44100 Parasacco FE 65 Mf80
87020 Parasidero 110 Qf109
25030 Paratico BS 48 Kf75
89852 Paravati VV 115 Ra117
61043 Paravento PU 80 Ne87
39020 Parcines = Partschins BZ 28 Ma68
89032 Pardesca RC 117 Ra120
09036 Pardu Atzei MD 134 Id111
22020 Pare CO 46 Ka74
10010 Parella TO 44 He76
87040 Parenti CS 112 Rc114
81030 Parete CE 96 Pa103
15010 Pareto AL 59 Ic81
89861 Parghelia VV 114 Qf116
58045 Pari GR 78 Mb90
09010 Paringianu CI 136 Ic113
43100 Parma PR 62 Lb80
43055 Parmetta PR 62 Lc79
15060 Parodi Ligure AL 60 Ie80
43030 Parola PR 62 La79
12070 Paroldo CN 68 Ia82
43012 Paroletta PR 62 La79
83050 Parolise AV 97 Pf103
27020 Parona PV 46 Ie77
13010 Parone VC 45 Ib74
27040 Parpanese 61 Kc78
05010 Parrano TR 84 Na91
24020 Parre BG 47 Kf73
91025 Parrinelle TP 118 Nd122
91025 Parrini TP 118 Nc122
91020 Parrino TP 118 Nf123
91028 Partanna TP 119 Nf122
90040 Partanna-Mondello PA 119 Ob119
33086 Partidor PN 41 Ne72
55023 Partigliano LU 72 Lc85
90047 Partinico PA 119 Oa120
39020 Partschins = Parcines BZ 28 Ma68
28040 Paruzzaro NO 45 Id74
24060 Parzanica BG 48 La74
27020 Parzano PV 60 Ie78
32036 Pasa BL 40 Na72
10064 Pascaretto TO 58 Hc79
80023 Pascarola NA 96 Pb103
92100 Pasciuta AG 123 Oc124
32100 Pascoli BL 40 Nb71
33037 Pasian di Prato UD 52 Ob72
33087 Pasiano di Pordenone PN 51 Nd73
25050 Paspardo BS 38 Lc72
43040 Pasquali PR 62 La80
06084 Passaggio PG 85 Nd90
06081 Passaggio d'Assisi PG 85 Nd90
80040 Passanti NA 103 Pc104
30020 Passarella VE 51 Nd75
30016 Passarella di Sotto VE 51 Nd75
70040 Passarello BA 107 Sb103
26010 Passarera CR 47 Kd77
33033 Passariano UD 41 Oa73
60024 Passatempo AN 81 Oc88
06065 Passignano sul Trasimeno PG 79 Na89
62010 Passionisti 81 Od89
20017 Passirana MI 46 Ka75
25050 Passirano BS 48 La75
83036 Passo di Mirabella AV 97 Qa102
90100 Passo di Rigano PA 119 Ob120
60010 Passo di Ripe AN 80 Oa87
36031 Passo di Riva VI 50 Md75
62010 Passo di Treia MC 81 Ob89
89030 Passomasseria RC 117 Qf121
33037 Passons UD 52 Ob72
95012 Passopisciaro CT 116 Qa121
62020 Passo Sant'Angelo MC 81 Oc90
03020 Pastena FR 95 Oc100
82010 Pastene BN 97 Pe102
56040 Pastina PI 77 Ld88
06023 Pastina PG 80 Ne89
81050 Pastorano CE 96 Pb101
82010 Pastorano BN 97 Pd102
43013 Pastorello PR 62 Lb81
37010 Pastrengo VR 49 Le76
20080 Pasturago 46 Ka77
15060 Pasturana AL 60 Ie80
23818 Pasturo LC 36 Kc73
95047 Paternò CT 122 Pf123
85050 Paterno PZ 104 Qe106
60131 Paterno PZ 81 Oc87
62029 Paterno MC 81 Ob89
67051 Paterno AQ 90 Oc96
87040 Paterno Calabro CS 112 Rb113
83052 Paternopoli AV 97 Qa103
54029 Patigno MS 70 Ke82
38060 Patone TN 39 Ma73
03010 Patrica FR 95 Ob99
07016 Pattada SS 132 Ka105
84078 Pattano SA 102 Qb107
98066 Patti ME 116 Pf120
73053 Patu 109 Tc109
39027 Patzin = Pazzin BZ 28 Ld68
09090 Pau OR 134 Ie110
09020 Pauli Arbarei MD 134 If111
09070 Paulilatino OR 134 Ie108
20067 Paullo MI 47 Kc76
82030 Paupisi BN 97 Pd101
10020 Pavarolo TO 59 Hf78
27100 Pavia PV 46 Ka77
33050 Pavia di Udine UD 52 Ob73
13842 Pavignano BI 45 Ia75
00040 Pavona RM 89 Nd98
10018 Pavone Canavese TO 44 Hf76
15040 Pavone d'Alessandria AL 60 Id79
25020 Pavone del Mella BS 48 Lb77
41026 Pavullo nel Frignano MO 72 Le82
89040 Pazzano RC 115 Rc118
73059 Pazze LE 109 Ta109
51036 Pazzere PT 72 Lf86
39027 Pazzin = Patzin BZ 28 Ld68
56037 Peccioli PI 77 Le87
10080 Pecetto TO 44 He76
28876 Pecetto VB 34 Hf73
15040 Pecetto di Valenza AL 60 Ie79
10020 Pecetto Torinese TO 59 He78
32010 Pecol BL 40 Na70
29010 Pecorara PC 61 Kc79
42030 Pecorile RE 63 Ld81
98055 Pecorini 116 Pd117
87050 Pedace CS 112 Rb113
96013 Pedagaggi SR 125 Pf125
85040 Pedali PZ 110 Ra109
97013 Pedalino RG 126 Pd126
95030 Pedara CT 122 Qa123
63016 Pedaso AP 81 Of90
32034 Pedavena BL 40 Mf72
31051 Pedeguarda TV 40 Na73
37029 Pedemonte VI 49 Lf76
16010 Pedemonte GE 60 If81
36040 Pedemonte VI 39 Mb73
25030 Pedergnano BS 48 Kf75
39030 Pederoa BZ 29 Mf69
31040 Pederobba TV 50 Mf73
38060 Pederzano TN 39 Ma73
23010 Pedesina SO 37 Kd72
87050 Pedivigliano CS 112 Rb114
36040 Pedocchio VI 50 Mc76
39036 Pedraces = Petratsches BZ 29 Mf69
39036 Pedratsches 29 Mf69
24066 Pedrengo BG 47 Ke74
47040 Pedrolara RN 75 Nd85
39027 Pedros BZ 28 Ld68
24010 Peghera BG 47 Kd73
16155 Pegli GE 69 Ie82
22013 Peglio CO 36 Kb72
46020 Pegognaga MN 63 Lf79
40051 Pegola BO 64 Md80
30010 Pegolotte VE 50 Na77
24020 Peia BG 47 Kf74
38024 Peio 38 Le70
38024 Peio Terme TN 38 Ld70
50060 Pelago FI 73 Md86
28010 Pella NO 45 Ic74
84060 Pellare SA 102 Qb107
89100 Pellaro RC 117 Qd120
32026 Pellegai BL 40 Na72
37060 Pellegrina VR 49 Ma77
89011 Pellegrina RC 117 Qe119
98041 Pellegrino ME 114 Qc120
43047 Pellegrino Parmense PR 62 Kf80
84080 Pellezzano SA 103 Pe104
22020 Pellio Intelvi CO 36 Ka73
38020 Pellizzano TN 38 Le71
43050 Pelosa PR 70 Kd82
32040 Pelos di Cadore BL 41 Nc70
38079 Pelugo TN 38 Le72
14030 Penango AT 59 Ib78
38032 Penia TN 40 Me70
61016 Pennabilli PU 74 Nb86
66040 Pennadomo CH 92 Pb96
05028 Penna in Teverina TR 84 Nc94
66010 Pennapiedimonte CH 91 Pb96
62020 Penna San Giovanni MC 86 Oc90
65017 Penne PE 87 Of94
39058 Pennes = Pens BZ 29 Mc68
95024 Pennisi CT 122 Qa123
39040 Penon = Penone BZ 39 Mb71
39040 Penone = Penon BZ 39 Mb71
39058 Pens = Pennes BZ 29 Mc68
84084 Penta SA 103 Pe104
89063 Pentedattilo RC 117 Qe121
89051 Pentimele RC 114 Qd120
53012 Pentolina SI 77 Mb89
88050 Pentone CZ 113 Rd115
33010 Peonis UD 41 Oa71
40027 Pera BO 73 Me82
66040 Perano CH 92 Pc96
35010 Perarolo PD 50 Mf76
32010 Perarolo di Cadore BL 41 Nc70
39030 Perca = Percha BZ 30 Mf68
39030 Percha = Perca BZ 30 Mf68
00020 Percile RM 90 Nf96
33050 Percoto UD 52 Ob73
08046 Perdasdefogu OG 135 Kc110
09010 Perdaxius CI 136 Id114
09018 Perd 'e Sali CA 137 Ka114
84060 Perdifumo SA 103 Qa107
39050 Perdonig = Predonico BZ 39 Mb70
09015 Perdu Carta CI 136 Id112
20040 Peregallo MI 47 Kb75
23888 Perego LC 47 Kc74
58051 Pereta GR 83 Mb93
67064 Pereto AQ 90 Oa96
07034 Perfugas SS 132 If104
52020 Pergine Valdarno AR 78 Me88
38057 Pergine Valsugana TN 39 Mb72
85052 Pergola PZ 104 Qe106
61045 Pergola PU 80 Nf87
94100 Pergusa EN 121 Pb123
37020 Peri VR 49 Lf75
91025 Perino TP 118 Nd122
29021 Perino PC 61 Kd80
84060 Perito SA 104 Qa107
23828 Perledo LC 36 Kb72
12070 Perletto CN 59 Ib81
12070 Perlo CN 68 Ia83
89134 Pernasiti 117 Qe120
28067 Pernate NO 46 Ie76
12065 Perno CN 59 Hf81
89841 Pernocari VV 114 Ra117
35020 Pernumia PD 50 Me77
31030 Pero TV 51 Nc74

20016 Pero MI 46 Ka75
58024 Perolla GR 82 Lf90
10063 Perosa Argentina TO 58 Hb79
10010 Perosa Canavese TO 44 He76
10060 Perrero TO 58 Ha79
33030 Pers UD 52 Oa71
84044 Persano SA 103 Qa105
33050 Persereano UD 52 Ob73
15060 Persi AL 60 If80
30020 Persiana VE 52 Ne74
25080 Persone BS 48 Ld74
33050 Pertegada UD 52 Oa74
13030 Pertengo VC 45 Ic77
33040 Perteole UD 52 Oc73
17024 Perti 68 Ib83
25070 Pertica Alta BS 48 Lb74
25078 Pertica Bassa BS 48 Lb74
60041 Perticano AN 80 Ne88
61015 Perticara PU 74 Nb85
84030 Pertosa SA 104 Qc105
10080 Pertusio TO 44 Hd76
29024 Pertuso PC 61 Kd81
06100* Perugia PG 79 Nc90
39027 Perwarg BZ 28 Ld68
37059 Perzacco VR 49 Mb76
33020 Pesariis UD 41 Ne69
61100 Pesaro PU 75 Nf85
55064 Pescaglia LU 71 Lc85
52047 Pescaia AR 78 Me89
37026 Pescantina VR 49 Lf76
65100* Pescara PE 87 Pb94
26033 Pescarolo CR 48 Lb77
25043 Pescarzo BS 38 Lb73
67032 Pescasseroli AQ 91 Oe98
23855 Pescate LC 47 Kc74
86090 Pesche IS 96 Pb99
71010 Peschici FG 100 Ra97
75010 Peschiera MT 106 Rc106
20068 Peschiera Borromeo MI 47 Kb76
37019* Peschiera del Garda VR 49 Le76
25050 Peschiera Maraglio BS 48 La74
51017 Pescia PT 72 Le85
58011 Pescia Fiorentina GR 83 Mc94
01010 Pescia Romana VT 83 Mc94
67057 Pescina AQ 91 Od96
33080 Pescincanna PN 41 Ne73
87024 Pesco CS 112 Ra112
67033 Pescocostanzo AQ 91 Pa97
86097 Pescolanciano IS 92 Pb98
85020 Pescopagano PZ 104 Qc103
86080 Pescopennataro IS 92 Pb97
02024 Pescorocchiano RI 90 Oa95
82020 Pesco Sannita BN 97 Pe101
65020 Pescosansonesco PE 91 Of95
03030 Pescosolido FR 91 Od98
32020 Pescul BL 40 Na70
30030 Peseggia VE 51 Nb75
37013 Pesina VR 49 Le75
20060 Pessano MI 47 Kc75
26030 Pessina Cremonese CR 48 Lb77
10070 Pessinetto TO 44 Hc77
10023 Pessione TO 59 Hf79
28875 Pestarena VB 34 Ia73
09010 Pesus CI 136 Id114
86038 Petacciato CB 92 Pf96
39050 Petersberg = Monte San Pietro BZ 39 Mc70
88837 Petilia Policastro KR 113 Re114
84020 Petina SA 104 Qc105
90026 Petralia Soprana PA 120 Pa122
90027 Petralia Sottana PA 120 Pa122
39036 Petratsches = Pedraces BZ 29 Mf69
50051 Petrazzi FI 77 Ma87
67060 Petrella Liri AQ 90 Ob96
86024 Petrella Tifernina CB 92 Pe98
61020 Petriano PU 75 Ne86
58055 Petricci GR 83 Md92
06083 Petrignano PG 79 Nd90
06061 Petrignano PG 79 Mf90
62014 Petriolo MC 81 Oc89
63027 Petritoli FM 81 Od90
88060 Petrizzi CZ 115 Rc116
50068 Petrognano FI 73 Md85
53011 Petroio SI 78 Mb88
88050 Petrona CZ 113 Re114
91020 Petrosino TP 118 Nc122
83020 Petruro AV 103 Pe103
83010 Petruro Irpino AV 97 Pe102
39040 Petschied BZ 29 Me68
28028 Pettenasco NO 45 Ic74
13843 Pettinengo BI 45 Ia75
98070 Pettineo ME 121 Pb121
89100 Pettogallico RC 114 Qe119
86090 Pettoranello del Molise IS 96 Pb99
67034 Pettorano sul Gizio AQ 91 Of97
45010 Pettorazza Grimani RO 65 Mf78
21050 Peveranza VA 46 If74
32030 Pez BL 40 Mf72
31036 Pezzan TV 51 Na74
13010 Pezzana VC 45 Ic77
84090 Pezzano SA 103 Pf104
25060 Pezzaze BS 48 Lb74
72010 Pezze di Greco BR 107 Sc104
25056 Pezzo BS 38 Ld71
45010 Pezzoli RO 65 Mf78
98126 Pezzolo ME 116 Qc120
48026 Pezzolo RA 74 Na82
12070 Pezzolo Valle Uzzone CN 59 Ib81
25060 Pezzoro BS 48 Lb74
39030 Pfalzen = Falzes BZ 29 Mf68
39051 Pfatten = Vadena BZ 39 Mb70
39013 Pfelders = Plan BZ 28 Ma68
39049 Pfitscher Tal = Val di Vizze BZ 29 Md67
39030 Pflaurenz = Floronzo BZ 29 Mf68
39041 Pflersch = Fleres 29 Mc67
39010 Pflung = Vallone BZ 30 Na68
39030 Pfunders = Fundres BZ 29 Me67
17029 Pia SV 68 Ic83
29100 Piacenza PC 61 Ke78
35040 Piacenza d'Adige PD 64 Md78
26034 Piadena CR 62 Lc78
61030 Piagge PU 80 Nf86
06023 Piagge PG 80 Ne89
84065 Piaggine SA 104 Qc106
31010 Piai TV 41 Nc72
62011 Piammartino MC 81 Ob88
10080 Piamprato TO 44 Hd75
32020 Pian BL 40 Na70
06061 Piana PG 79 Na90
86020 Piana 97 Pc99
40042 Pianaccio BO 72 Lf84
17058 Piana Crixia SV 59 Ib82
90037 Piana Degli Albanesi PA 119 Ob121
81013 Piana di Monte Verna CE 96 Pb101
10090 Piana di San Raffaele TO 59 Hf78
28858 Piana di Vigezzo 35 Ic71
21040 Pianasca VA 46 If74
18020 Pianavia IM 68 Hf85
33056 Piancada UD 52 Oa74
50030 Piancaldoli FI 73 Mc83
25050 Pian Camuno BS 48 La73
29022 Piancasale PC 61 Kc80
53025 Piancastagnaio SI 83 Me91
33081 Piancavallo PN 41 Nd72
25052 Piancogno BS 38 Lb73
16040 Pian dei Ratti GE 70 Kb82
41044 Piandelagotti MO 71 Ld83
10052 Pian del Colle 57 Ge78
41029 Pian del Falco MO 72 Le83
02100 Pian de'Valli 85 Nf94
19020 Pian di Barca SP 70 Ke83
23026 Pian di Cavalli SO 37 La71
40065 Pian di Macina BO 73 Mc82
39030 Pian di Mazzes = Matzenboden BZ 30 Nc68
61026 Piandimeleto PU 79 Nc86
52026 Pian di Sco AR 78 Md87
01016 Pian di Spille VT 88 Me95
87050 Piane Crati CS 112 Rb113
63029 Piane di Falerone AP 81 Oc90
53019 Pianella SI 78 Mc88
65019 Pianella PE 87 Pa94
84021 Pianelle SA 104 Qb104
90026 Pianello PA 120 Pa122
61043 Pianello PU 79 Nd87
60010 Pianello AN 80 Oa87
60030 Pianello AN 80 Oa88
22010 Pianello del Lario CO 36 Kb72
29010 Pianello Val Tidone PC 61 Kc79
26010 Pianengo CR 47 Ke76
47010 Pianetto FC 74 Mf85
10080 Pianetto TO 44 Hd75
10044 Pianezza TO 58 Hd78
02016 Pianezza RI 85 Oa93
16044 Pianezza GE 70 Kb82
36060 Pianezze VI 50 Md74
32040 Pianezze BL 40 Nb70
18010 Piani IM 68 Hf85
24060 Pianico BG 48 La74
33020 Piani di Luzza UD 41 Ne69
30030 Pianiga VE 50 Na76
80051 Pianillo NA 103 Pd105
39052 Pianizza = Planitzing BZ 39 Mb70
39010 Pianlargo = Breitleben BZ 28 Mb68
38020 Piano TN 38 Le71
24060 Piano BG 47 Kf74
14057 Piano AT 59 Ib80
53049 Piano SI 78 Me89
91015 Piano Alastre TP 118 Ne120
98055 Pianoconte di Calogero 116 Pf118
95024 Piano d'Api CT 122 Qa123
33022 Piano d'Arta UD 41 Oa70
51020 Piano degli Ontani PT 72 Le84
66052 Piano dell'Ospedale CH 92 Pd96
55028 Piano di Coreglia LU 72 Lc84
19020 Piano di Follo SP 71 Kf84
80063 Piano di Sorrento NA 102 Pc105
67100 Pianola AQ 90 Oc95
91020 Piano Mezzapelle TP 118 Nd122
83036 Pianopantano AV 97 Pf102
88040 Pianopoli CZ 112 Rc115
40065 Pianoro BO 73 Mc82
40060 Pianoro Vecchio BO 73 Mc82
57034 Pianosa LI 82 La93
51024 Pianosinatico PT 72 Le84
95032 Piano Tavola CT 122 Pf123
84060 Piano Vetrale SA 104 Qb107
01010 Piansano VT 84 Me93
40023 Pianta BO 73 Md82
23010 Piantedo SO 36 Kc72
81044 Piantoli CE 96 Of100
80046 Pianura NA 102 Pb103
24020 Piario BG 37 Kf73
12026 Piasco CN 58 Hc81
51100 Piastre PT 72 Lf84
23020 Piateda SO 37 Kf72
23030 Piatta SO 38 Lc70
13844 Piatto BI 45 Ia75
39024 Piavenna = Plaven BZ 28 Ld68
31046 Piavon TV 51 Nd74
23030 Piazza SO 38 Lc70
24060 Piazza BG 48 La73
25081 Piazza BS 48 Lc75
53011 Piazza SI 78 Mb87
15010 Piazza AL 60 Id81
19020 Piazza SP 70 Ke83
80050 Piazza NA 103 Pd104
43022 Piazza PR 62 Lc80
55035 Piazza al Serchio LU 71 Lb83
94015 Piazza Armerina EN 124 Pc124
24014 Piazza Brembana BG 37 Ke73
84083 Piazza del Galdo SA 103 Pe104
83025 Piazza di Pandola AV 103 Pe104
55100 Piazzano LU 71 Lc85
15020 Piazzano AL 59 Ib78
42100 Piazza Nuova RE 63 Ld79
24010 Piazzatorre BG 37 Ke73
53040 Piazze SI 84 Mf91
10020 Piazzo TO 59 Hf78
35016 Piazzola sul Brenta PD 50 Me75
85050 Piazzolla PZ 104 Qe106
24010 Piazzolo BG 37 Kd73
09036 Piccalinna MD 136 Id111
65010 Piccianello PE 87 Of94
65010 Picciano PE 87 Of94
06080 Piccione PG 79 Nd89
39030 Piccolein = Piccolino BZ 29 Mf68
29021 Piccoli PC 61 Kd80
39030 Piccolino = Piccolein BZ 29 Mf68
85055 Picerno PZ 104 Qd105
03040 Picinisco FR 91 Of99
03020 Pico FR 95 Od100
14020 Piea AT 59 Ia78
02016 Piedelpoggio RI 85 Nf93
62030 Piè del Sasso MC 85 Nf91
13812 Piedicavallo BI 45 Hf74
62033 Pie di Colle MC 86 Ob90
06046 Piè di Colle PG 86 Oa91
28866 Piedilago VB 35 Ic71
05100 Piediluco TR 85 Ne93
02100 Piè di Moggio RI 85 Ne93
80070 Piedimonte NA 102 Of104
95017 Piedimonte Etneo CT 122 Qb122
81037 Piedimonte Massicano CE 96 Of101
81016 Piedimonte Matese CE 96 Pc100
03030 Piedimonte San Germano FR 96 Oe100
28885 Piedimulera VB 35 Ib72
62010 Piediripa MC 81 Oc89
06066 Piegaro PG 84 Na91
53026 Pienza SI 78 Me90
15028 Piepasso AL 59 Ic79
33020 Pierabec UD 31 Ne69
26017 Pieranica CR 47 Kd76
06019 Pierantonio PG 79 Nc89
34075 Pieris GO 52 Oc74
89040 Pietra RC 115 Rc118
35021 Pietra PD 65 Mf77
86085 Pietrabbondante IS 92 Pc98
16017 Pietrabissara GE 60 If81
18010 Pietrabruna IM 68 Hf85
64047 Pietracamela TE 86 Od93
86040 Pietracatella CB 97 Pf99
86020 Pietracupa CB 92 Pd98
83030 Pietradefusi AV 97 Pf102
27040 Pietra de'Giorgi 61 Kb78
53011 Pietrafitta SI 78 Mb88
87050 Pietrafitta CS 112 Rc113
06066 Pietrafitta PG 84 Nb91
03040 Pietrafitta CS 91 Oe98
16019 Pietrafraccia GE 60 If81
85016 Pietragalla PZ 105 Qf104
52044 Pietraia AR 79 Mf89
16014 Pietralavezzara GE 60 If81
39040 Pietralba = Weissenstein BZ 39 Mc70
17027 Pietra Ligure SV 68 Ib84
95047 Pietralunga CT 122 Pf123
06026 Pietralunga PG 79 Nc88
50030 Pietramala FI 73 Mc84
15040 Pietra Marazzi AL 60 Ie79
81051 Pietramelara CE 96 Pb101
71038 Pietramontecorvino FG 98 Qa99
38074 Pietramurata TN 39 Lf72
65020 Pietranico PE 91 Of95
82033 Pietraroia BN 97 Pd100
87060 Pietrapaola CS 113 Re112
89030 Pietrapennata RC 117 Ra121
85010 Pietrapertosa PZ 105 Ra105
94016 Pietraperzia EN 124 Pa124
50066 Pietrapiana FI 78 Md86
61023 Pietrarubbia PU 74 Nc86
55045 Pietrasanta LU 71 Lb85
67061 Pietrasecca AQ 90 Oa96
83015 Pietrastornina AV 97 Pe103
81040 Pietravairano CE 96 Pa101
42035 Pietre RE 62 Lc82
82020 Pietrelcina BN 97 Pf101
89015 Pietrenere RC 117 Qf118
91100 Pietretagliate TP 118 Nd121
88050 Pietro San a Magisano CZ 113 Rd114
39050 Pievalle = Bewaller BZ 39 Md70
19020 Pieve SP 70 Ke83
27030 Pieve Albignola PV 60 If78
52020 Pieve a Presciano AR 78 Me88
36030 Pievebelvicino VI 49 Mb74
62035 Pievebovigliana MC 85 Oa90
50065 Pievecchia FI 73 Mc86
32010 Pieve d'Alpago BL 41 Nc72
27037 Pieve del Cairo PV 60 Ie78
26030 Pieve Delmona, Gadesco- CR 48 La78
38085 Pieve di Bono TN 38 Le73
55100 Pieve di Brancoli LU 72 Ld85
40054 Pieve di Budrio BO 64 Md81
32044 Pieve di Cadore BL 41 Nc70
40066 Pieve di Cento BO 64 Mb80
52043 Pieve di Chio AR 79 Mf88
06023 Pieve di Compresseto PG 80 Ne89
25062 Pieve di Concesio BS 48 Lb75
46020 Pieve di Coriano MN 63 Ma78
38060 Pieve di Ledro TN 38 Le73
32020 Pieve di Livinallongo BL 40 Mf70
39030 Pieve di Marebbe = Plaiken BZ 29 Mf68
54016 Pieve di Monti MS 71 La83
50022 Pieve di Panzano FI 78 Mb87
56040 Pieve di Santa Luce PI 76 Ld88
10060 Pieve di Scalenghe TO 58 Hc79
31053 Pieve di Soligo TV 40 Nb73
18026 Pieve Di Teco IM 68 Hf84
25030 Pievedizio BS 48 La76
26040 Pieve d'Olmi CR 62 La78
29029 Pieve Dugliara PC 61 Kd79
20090 Pieve Emanuele MI 46 Kb76
62020 Pievefavera MC 80 Ob90
26854 Pieve Fissiraga LO 47 Kc77
55036 Pieve Fosciana LU 71 Lc84
16030 Pieve Ligure GE 69 Ka82
05010 Pievelunga TR 84 Na91
43010 Pieve Ottoville PR 62 La78
41027 Pievepelago MO 72 Ld83
27017 Pieve Porto Morone PV 61 Kc78
42011 Pieve Rossa RE 63 Le80
47013 Pieve Salutare FC 74 Mf84
26035 Pieve San Giacomo CR 62 Lb78
52010 Pieve San Giovanni AR 78 Me87
52036 Pieve Santo Stefano AR 79 Na86
52016 Pieve Socana AR 78 Me87
26033 Pieve Terzagni CR 48 Lb77
38050 Pieve Tesino TN 40 Md72
62036 Pieve Torina MC 85 Oa90
12070 Pievetta CN 68 Ia83
25074 Pieve Vecchia BS 48 Lc74
25080 Pieve Vecchia BS 48 Ld75
56040 Pieve Vecchia PI 76 Lc88
28886 Pieve Vergonte VB 35 Ib72
29020 Pigazzano PC 61 Kd79
03010 Piglio FR 90 Oa98
33030 Pignano UD 52 Nf71
60040 Pignano AN 80 Nf88
03040 Pignataro Interamna FR 96 Oe100
81052 Pignataro Maggiore CE 96 Pb101
85010 Pignola PZ 105 Qe105
19020 Pignone SP 70 Ke83
22020 Pigra CO 36 Ka73
06070 Pila PG 84 Nb90
45018 Pila RO 65 Nc79
13020 Pila VC 45 Ia74
Pila AO 44 Hb74
44012 Pilastri FE 64 Mb79
36040 Pilastro VI 50 Mc77
46010 Pilastro MN 63 Ld78
89100 Pilati RC 117 Qe121
38061 Pilcante TN 49 Lf74
13887 Piletta BI 45 Ia76
62020 Pilotti MC 86 Oc90
25049 Pilzone BS 48 La74
09020 Pimentel CA 137 Ka112
89014 Piminoro RC 114 Ra119
80050 Pimonte NA 103 Pc104
27040 Pinarolo Po PV 61 Kb78
10060 Pinasca TO 58 Hb79
45020 Pincara RO 64 Md79
10064 Pinerolo TO 58 Hc79
23035 Pineta di Sortenna SO 38 Lb70
81030 Pineta Grande CE 96 Of102
64025 Pineto TE 87 Pa93
31016 Pinidello TV 41 Nc73
32040 Pinie BL 41 Nc69
53049 Pino SI 78 Me89
14020 Pino d'Asti AT 59 Hf78
88825 Pino Grande KR 113 Re113
21010 Pino sulla Sponda del Lago Maggiore VA 35 Ie72
10025 Pino Torinese TO 59 He78
70015 Pin-Pen BA 107 Sa104
33094 Pinzano al Tagliamento PN 52 Nf71
38086 Pinzolo TN 38 Le72
61046 Piobbico PU 79 Nd87
12040 Piobesi d'Alba CN 59 Hf80
10040 Piobesi Torinese TO 58 Hd79
13020 Piode VC 45 Ia74
20096 Pioltello MI 47 Kb75
57025 Piombino LI 82 Ld91
35017 Piombino Dese PD 50 Mf75
84068 Pioppi SA 102 Qa107
90046 Pioppo PA 119 Ob120
62025 Pioraco MC 80 Nf89
06012 Piosina PG 79 Nb88
10045 Piossasco TO 58 Hc79
14026 Piova Massaia AT 59 Ia78
35028 Piove di Sacco PD 50 Na77
36013 Piovene-Rocchette VI 50 Mc74
15040 Piovera AL 60 Ie79
25080 Piovere BS 49 Le74
29010 Piozzano PC 61 Kc79
12060 Piozzo CN 59 Hf81
98060 Piraino ME 122 Pf120
95036 Pirao CT 116 Pf121
89041 Pirarelli RC 115 Rc118
87010 Piretto CS 112 Ra112
87040 Pirillo CS 112 Rc114
09042 Pirri CA 137 Ka113
56121* Pisa PI 76 Lc86
35047 Pisana PD 64 Me77
95019 Pisano NO 122 Qa123
28010 Pisano NO 45 Id74
10060 Piscina TO 58 Hc79
09010 Piscinas CA 136 Id114
30048 Piscino TN 30 Mb71
84066 Pisciotta SA 102 Qb108
98055 Piscita 114 Qb116
89900 Piscopio VV 115 Ra117
73029 Pisignano LE 108 Tb107
48015 Pisignano RA 74 Nb83
25055 Pisogne BS 48 La74
00020 Pisoniano RM 90 Nf97
06042 Pissignano PG 85 Ne91

75015 Pisticci MT 106 Rd106
75010 Pisticci Scalo MT 106 Rd106
51100 Pistoia PT 72 Lf85
06010 Pistrino PG 79 Na87
98128 Pistunina ME 114 Qd120
33020 Pìt da Pecol UD 41 Nf69
51100 Piteccio PT 72 Lf84
51020 Piteglio PT 72 Le84
19137 Pitelli SP 71 Kf84
60011 Piticchio AN 80 Nf87
58017 Pitigliano GR 83 Me93
06016 Pitigliano PG 79 Nb87
87050 Pittarella CS 112 Rb114
07026 Pittulongu OT 133 Kd103
39040 Pitzack = Pizzago BZ 29 Me69
46040 Piubega MN 48 Ld77
41010 Piumazzo MO 63 Ma81
23020 Piuro SO 36 Kc71
15060 Piuzzo AL 61 Ka80
10010 Piverone TO 45 Ia76
39040 Pizzago = Pitzack BZ 29 Me69
27050 Pizzale PV 60 Ka78
74010 Pizziferro Monsignore TA 106 Rf104
26026 Pizzighettone CR 47 Ke77
23030 Pizzini, Rifugio 38 Ld70
89851 Pizzinni VV 115 Ra117
24010 Pizzino BG 37 Kd73
89812 Pizzo VV 115 Ra116
66040 Pizzoferrato CH 92 Pb97
91026 Pizzolato TP 118 Nc122
37060 Pizzoletta VR 49 Le77
67017 Pizzoli AQ 86 Ob94
91016 Pizzolungo TP 118 Nd120
81040 Pizzone CE 96 Pa102
86071 Pizzone IS 91 Pa99
89834 Pizzoni VV 115 Rb117
89040 Placanica RC 115 Rc118
89023 Plaesano RC 117 Ra118
23030 Plaghera Alta SO 38 Lc70
39030 Plaiken = Pieve di Marebbe BZ 29 Mf68
33010 Plaino UD 52 Ob72
39048 Plan BZ 40 Me69
39013 Plan = Pfelders BZ 28 Ma68
39030 Planca di Sopra = Oberplanken BZ 30 Nb68
39030 Planca di Sotto = Unterplanken BZ 30 Nb68
39040 Plancios = Palmschoss BZ 29 Me68
39024 Planeil = Planol BZ 28 Ld68
39052 Planitzing = Pianizza BZ 39 Mb70
39024 Planol = Planeil BZ 28 Ld68
09010 Planu Sartu CI 136 Ic112
39022 Plars BZ 28 Ma68
33030 Plasencis UD 52 Oa72
39010 Plata = Platt BZ 28 Mb68
87070 Plataci CS 111 Rc109
07100 Platamona Lido SS 131 Ic104
88040 Platania CZ 112 Rb114
89039 Plati RC 117 Ra119
39010 Platt = Plata BZ 28 Mb68
39010 Platzers = Plazzoles BZ 39 Ma69
39024 Plaven = Piavenna BZ 28 Ld68
39010 Plazzoles = Platzers BZ 39 Ma69
13011 Plello VC 45 Ib74
25040 Plemo BS 38 Lb73
22010 Plesio CO 36 Kb72
07017 Ploaghe SS 132 Ie104
12060 Pocapaglia CN 59 Hf80
33050 Pocenia UD 52 Oa74
39040 Pochi = Buchholz BZ 39 Mb71
32043 Pocol BL 40 Na69
89100 Podargoni RC 114 Qe120
29027 Podenzano PC 61 Ke79
84040 Poderia SA 102 Qc108
12041 Podio CN 59 Hf81
09126 Poetto CA 137 Ka113
33080 Poffabro PN 41 Ne71
03026 Pofi FR 95 Oc99
67069 Poggetello AQ 90 Ob96
61040 Poggetto PU 80 Ne88
53024 Poggia alle Mura SI 83 Mc91
31039 Poggiana TV 50 Mf74
73037 Poggiardo LE 109 Tc108
53036 Poggibonsi SI 77 Ma88
58044 Poggi del Sasso GR 83 Mb91
55031 Poggio LU 71 Lc84
60044 Poggio AN 80 Oa88
61020 Poggio AN 81 Od87
40024 Poggio 73 Md82
47100 Poggio FC 74 Na83
18038 Poggio IM 68 He86
57030 Poggio LI 82 Lb92
59016 Poggio a Caiano PO 72 Ma86
47824 Poggio Berni RN 74 Nc84
02018 Poggio Bustone RI 85 Nf93
67013 Poggio Cancelli AQ 86 Ob93
58054 Poggio Cavallo GR 83 Mb92
67061 Poggio Cinolfo AQ 90 Oa96
52010 Poggio d'Acona AR 78 Mf87
06100 Poggio delle Corti PG 84 Nb90
64037 Poggio delle Rose TE 87 Oe93
47894 Poggio di Chiesanuova □ RSM 74 Nc85
06040 Poggiodomo PG 85 Nf92
95019 Poggiofelice 122 Qa122
58054 Poggioferro GR 83 Mc92
02100 Poggio Fidoni RI 85 Ne94
67069 Poggio Filippo AQ 90 Ob96
66030 Poggiofiorito CH 92 Pb95
71010 Poggio Imperiale FG 93 Qc98
52100 Poggiola AR 78 Me88
40023 Poggiolo BO 73 Mc83
80040 Poggiomarino NA 103 Pd104
02047 Poggio Mirteto RI 89 Ne95
02037 Poggio Moiano RI 89 Nf95
64027 Poggio Morello TE 87 Of92
58050 Poggio Murella GR 83 Md92
02030 Poggio Nativo RI 89 Ne95
67026 Poggio Picenze AQ 90 Od95
06043 Poggio Primocaso PG 85 Nf92
91020 Poggioreale TP 119 Oa122
80143 Poggioreale NA 102 Pb103
44028 Poggio Renatico FE 64 Mc80
70020 Poggiorsini BA 105 Rb103
46025 Poggio Rusco MN 63 Ma79
02030 Poggio San Lorenzo RI 89 Nf95
60030 Poggio San Marcello AN 80 Oa87
86086 Poggio Sannita IS 92 Pc98
62021 Poggio San Vicino MC 80 Oa88
02048 Poggio Sommavilla RI 89 Nd95
23020 Poggiridenti SO 37 Kf71
12073 Poggi San Siro CN 68 Ia82
12073 Poggi Santo Spirito CN 68 Ia82
52021 Pogi AR 78 Md88
20010 Pogliano MI 46 If75
54013 Pognana MS 71 La83
22020 Pognana Lario CO 46 Ka73
24040 Pognano BG 47 Kd75
28076 Pogno NO 45 Ic74
36026 Poiana Maggiore VI 50 Mc77
37030 Poiano VR 49 Ma76
10046 Poirino TO 59 Hf79
23010 Polaggia SO 37 Ke71
25060 Polaveno BS 48 La75
33070 Polcenigo PN 41 Nc72
36100 Polegge VI 50 Md75
26024 Polengo CR 48 Kf77
32020 Polentes BL 40 Nb72
36015 Poleo VI 49 Mb74
45038 Polesella RO 64 Me79
46020 Polesine MN 63 Le79
45018 Polesine Camerini RO 65 Nc79
43010 Polesine Parmense PR 62 La78
06019 Polgeto PG 79 Nb89
00010 Poli RM 89 Nf97
89813 Polia VV 115 Rb116
87010 Policastrello CS 110 Ra110
84070 Policastro Bussentino SA 110 Qd108
75025 Policoro MT 111 Re107
29010 Polignano PC 62 Kf78
70044 Polignano a Mare BA 101 Sb103
41040 Polinago MO 72 Le82
05030 Polino TR 85 Nf93
89024 Polistena RC 117 Ra118
90028 Polizzi Generosa PA 120 Of122
84035 Polla SA 104 Qc105
98050 Pollara ME 116 Pe117
15062 Pollastra AL 60 Ie79
11020 Pollein AO 44 Hc74
80040 Pollena-Trocchia NA 102 Pc103
62010 Pollenza MC 81 Oc89
12060 Pollenzo CN 59 Hf80
84068 Pollica SA 102 Qa107
88821 Polligrone KR 113 Rf113
90010 Pollina PA 121 Pa121
28818 Pollino VB 35 Id73
13814 Pollone BI 45 Hf75
66020 Pollutri CH 92 Pd96
12030 Polonghera CN 58 Hd80
25080 Polpenazze del Garda BS 48 Ld75
32014 Polpet BL 40 Nb71
52043 Polvano AR 79 Na88
58054 Polveraia GR 83 Mb92
35020 Polverara PD 50 Mf77
60020 Polverigi AN 81 Oc87
62032 Polverina MC 80 Oa90
84010 Polvica SA 103 Pd104
56045 Pomarance PI 77 Lf89
75016 Pomarico MT 106 Rd105
38060 Pomarolo TN 39 Ma73
15040 Pomaro Monferrato AL 60 Id78
28863 Pomat = Formazza VB 35 Ic70
28050 Pombia NO 46 Id75
00040 Pomezia RM 89 Nc98
80038 Pomigliano D'Arco NA 102 Pc103
57030 Pomonte LI 82 La92
06049 Pompagnano PG 85 Ne92
80045 Pompei NA 103 Pc104
18015 Pompeiana IM 68 Hf85
25030 Pompiano BS 48 Kf76
46030 Pomponesco MN 63 Ld79
44026 Pomposa FE 65 Nb80
09093 Pompu OR 134 Ie110
25020 Poncarale BS 48 Lb76
13875 Ponderano BI 45 Ia75
60010 Pongelli AN 80 Oa87
22020 Ponna CO 36 Ka73
56038 Ponsacco PI 77 Ld87
25055 Pontasio BS 48 La74
50065 Pontassieve FI 73 Mc86
10085 Pont Canavese TO 44 Hd76
25050 Ponte BS 38 Lc72
82030 Ponte BN 97 Pe101
81037 Ponte CE 96 Of101
28863 Ponte = Zumstäg VB 35 Ic70
50050 Ponte a Cappiano FI 77 Le86
33049 Ponteacco UD 53 Oc72
56024 Ponte a Egola PI 77 Le86
56028 Ponte a Elsa PI 77 Lf86
55022 Ponte al Serraglio LU 72 Ld84
04019 Ponte Alto LT 85 Oa94
55029 Ponte a Moriano LU 72 Ld85
38070 Ponte Arche TN 38 Lf72
84047 Ponte Barizzo SA 103 Qa106
91025 Ponte Biddusa 118 Ne122
91100 Ponte Binuara TP 118 Ne121
91010 Ponte Biro TP 118 Ne120
51019 Ponte Buggianese PT 72 Le85
25070 Ponte Caffaro BS 48 Ld74
84098 Pontecagnano-Faiano SA 103 Pf105
96100 Ponte Capocorso 125 Qb126
61023 Ponte Cappuccini PU 74 Nc86
35020 Pontecasale PD 50 Mf77
45030 Pontecchio Polesine RO 64 Me78
43041 Ponteceno PR 61 Kd81
12020 Pontechianale CN 57 Ha81
62039 Pontechiusita MC 85 Nf91
03037 Pontecorvo FR 95 Od100
30020 Ponte Crepaldo VE 51 Ne75
15055 Pontecurone AL 60 If79
18027 Pontedassio IM 68 Ia85
61044 Pontedazzo PU 80 Nd88
16100 Pontedecimo GE 60 If82
29028 Ponte dell'Olio PC 61 Kd79
56025 Pontedera PI 77 Ld87
36020 Ponte di Castagnero VI 50 Md76
91100 Ponte di Cuddia TP 118 Nd121
06035 Ponte di Ferro PG 85 Nd91
41040 Ponte di Gombola MO 72 Le82
25056 Ponte di Legno BS 38 Ld71
50050 Ponte di Masino FI 72 Le86
12078 Ponte di Nava CN 68 Hf84
31047 Ponte di Piave TV 51 Nc74
92018 Ponte Dragonara 119 Oa122
06077 Ponte Felcino PG 79 Nc90
00050 Ponte Galeria RM 89 Nb98
25020 Pontegatello BS 48 La76
28871 Pontegrande VB 35 Ia73
88100 Pontegrande CZ 113 Rd115
23026 Ponte in Valtellina SO 37 Kf71
44038 Pontelagoscuro FE 64 Md79
22037 Ponte Lambro CO 46 Kb74
82027 Pontelandolfo BN 97 Pe101
81040 Pontelatone CE 96 Pb101
62032 Pontelatrave MC 80 Oa90
35029 Pontelongo PD 50 Na77
00019 Ponte Lucano RM 89 Ne97
28865 Pontemaglio VB 35 Ib71
61031 Ponte Murello PU 75 Nf86
32014 Ponte nelle Alpi BL 40 Nb71
27050 Ponte Nizza PV 61 Ka79
24028 Ponte Nossa BG 47 Kf73
39050 Ponte Nova = Birchabruck BZ 39 Mc70
20013 Ponte Nuovo MI 46 If76
28078 Ponte Nuovo 45 Ib75
29010 Pontenure PC 62 Ke79
06100 Ponte Pattoli PG 79 Nc89
51028 Pontepetri PT 72 Lf84
37060 Pontepossero VR 49 Lf77
84010 Ponteprimario SA 103 Pd104
31040 Ponte Priula TV 51 Nb74
24010 Ponteranica BG 47 Ke74
61044 Pontericcioli PU 80 Nd88
44012 Ponte Rodoni FE 64 Mc79
40069 Ponte Ronca BO 64 Mb81
25012 Ponte Rosso BS 48 Lb76
25010 Ponte San Marco BS 48 Lc76
35020 Ponte San Nicolò PD 50 Mf76
41038 Ponte San Pellegrino MO 64 Ma79
24036 Ponte San Pietro MI 47 Kd74
33043 Ponte San Quirino UD 52 Oc72
98126 Ponte Santo Stefano ME 116 Qd120
24028 Ponte Selva BG 47 Kf73
15027 Pontestura AL 59 Ib78
32031 Ponte Tegorzo BL 40 Mf73
46018 Ponteterra MN 62 Lc79
21037 Ponte Tresa, Lavena VA 36 If73
28864 Pontetto VB 35 Ib72
20013 Ponte Vecchio MI 46 If76
25026 Pontevico BS 48 La77
11024 Pontey AO 44 Hd74
25068 Ponte Zanano BS 48 Lb74
15010 Ponti AL 59 Ic81
02030 Ponticelli RI 89 Ne95
80040 Ponticelli NA 102 Pb103
52020 Ponticino AR 78 Me88
39058 Ponticino = Bundschen BZ 29 Mc69
24030 Pontida BG 47 Kc74
04014 Pontinia LT 94 Oa100
17042 Pontinvrea SV 68 Ic82
24040 Pontirolo Nuovo BG 47 Kd75
46040 Ponti sul Mincio MN 48 Le76
25037 Pontoglio BS 47 Kf75
54027 Pontremoli MS 71 Kf82
11026 Pont-Saint Martin AO 44 He75
04027 Ponza LT 94 Nf103
50038 Ponzalla FI 73 Mc84
54035 Ponzanello MS 71 Kf84
64010 Ponzano TE 86 Oe92
40050 Ponzano BO 72 Ma82
63020 Ponzano di Fermo AP 81 Od90
19035 Ponzano Magra SP 71 Kf84
15020 Ponzano Monferrato AL 59 Ib78
00060 Ponzano Romano RM 89 Nd95
31050 Ponzano Veneto TV 51 Nb74
15010 Ponzone AL 60 Ic81
13835 Ponzone BI 45 Ib75
89041 Popelli RC 115 Rc118
51020 Popiglio PT 72 Le84
65026 Popoli PE 91 Of95
15030 Popolo AL 45 Ic78
52014 Poppi AR 78 Me86
21016 Poppino VA 36 Ie72
57025 Populonia LI 82 Lc91
38085 Por TN 38 Ld73
27050 Porana PV 60 Ka78
05010 Porano TR 84 Na92
55016 Porcari LU 72 Ld85
31040 Porcellengo TV 51 Na74
63034 Porchia AP 86 Od91
05022 Porchiano TR 84 Nc93
33080 Porcia PN 41 Nd73
33170 Pordenone PN 41 Nd73
06049 Poreta PG 85 Ne92
25080 Porle BS 48 Lc75
22018 Porlezza CO 36 Ka72
11020 Porliod AO 44 Hc74
12078 Pornassino CN 68 He84
18024 Pornassio IM 68 Hf84
05010 Pornello TR 84 Nb91
44044 Porotto FE 64 Md79
33050 Porpetto UD 52 Ob73
96010 Porrazzito SR 125 Qa125
40046 Porretta Terme BO 72 Lf84
14037 Portacomaro AT 59 Ib79
27040 Portalbera PV 61 Kb78
10060 Porte TO 58 Hb79
30020 Portegrandi VE 51 Nc75
90036 Portella di Mare PA 119 Oc120
25010 Portese BS 48 Ld75
95030 Porticelle Soprane CT 122 Pe121
95030 Porticelle Sottane CT 122 Pe121
98055 Porticello ME 116 Pf117
90017 Porticello PA 120 Od120
22070 Portichetto CO 46 Ka74
24050 Portici BG 47 Kf76
80055 Portici 102 Pb104
24060 Portico BG 47 Ke76
81050 Portico di Caserta CE 96 Pb102
47010 Portico di Romagna FC 74 Me84
47010 Portico e San Benedetto FC 73 Me84
89040 Portigliola RC 115 Rb119
41010 Portile MO 63 Lf81
46027 Portiolo MN 63 Lf78
85046 Porto PZ 110 Qe109
06061 Porto PG 79 Mf90
09079 Porto Alabe OR 134 Ic107
57036 Porto Azzurro LI 82 Lc92
09010 Porto Botte CI 136 Id114
31040 Portobuffolè TV 51 Nd73
86045 Portocannone CB 93 Qa97
21050 Porto Ceresio VA 36 If73
07021 Porto Cervo OT 130 Kd102
73010 Porto Cesareo LE 109 Sf107
48100 Porto Corsini RA 65 Nb82
20040 Porto d'Adda MI 47 Kc75
63037 Porto d'Ascoli AP 87 Of91
98055 Porto di Levante ME 116 Pf118
92014 Porto Empedocle AG 123 Od125
58018 Porto Ercole GR 83 Mb94
57037 Portoferraio LI 82 Lb92
16034 Portofino GE 70 Kb83
16038 Portofino Vetta GE 69 Kb83
09018 Porto Foxi CA 137 Ka114
48100 Porto Fuori RA 74 Nb82
44029 Porto Garibaldi FE 65 Nb80
30026 Portogruaro VE 52 Nf74
52044 Portole AR 79 Na89
44015 Portomaggiore FE 64 Me80
09070 Porto Mandriola OR 134 Ic108
46047 Porto Mantovano MN 49 Le77
30175 Porto Marghera VE 51 Nb76
18100 Porto Maurizio IM 68 Ia85
43017 Portone del Pizzo PR 62 Lb79
40059 Portonovo BO 64 Me81
09010 Porto Paglia CI 136 Ic113
09031 Porto Palma MD 134 Ic110
92013 Porto Palo AG 119 Nf123
62016 Porto Potenza Picena MC 81 Oe88
07028 Porto Pozzo OT 130 Kb101
07020 Porto Puddu OT 130 Kb101
07028 Porto Quadro OT 130 Kb101
62017 Porto Recanati MC 81 Od88
07026 Porto Rotondo OT 133 Kd102
98051 Portosalvo 122 Qb120
63822 Porto San Giorgio AP 81 Oe89
63821 Porto Sant'Elpidio AP 81 Oe89
58019 Porto Santo Stefano GR 83 Ma94
09010 Portoscuso CI 136 Ic113
45018 Porto Tolle RO 65 Nb79
07046 Porto Torres SS 131 Ic103
21010 Porto Valtravàglia VA 35 Ie73
19025 Portovenere SP 71 Ke84
44015 Portoverrara FE 64 Me80
09010 Portovesme CI 136 Ic113
45014 Porto Viro RO 65 Nb78
13833 Portula BI 45 Ia75
25024 Porzano BS 48 Lb76
08020 Posada NU 133 Ke105
24019 Poscante BG 47 Ke74
91018 Posillesi TP 118 Ne121
80100 Posillipo NA 102 Pb104
36010 Posina VI 49 Mb74
84017 Positano SA 103 Pc105
31054 Possagno TV 50 Mf73
02019 Posta RI 86 Oa93
03030 Posta Fibreno FR 91 Oe98
39014 Postal = Burgstall BZ 28 Mb69
23010 Postalesio SO 37 Ke71
75025 Posta Nuova delle Pecore MT 111 Rd107
70055 Posta Piana BA 99 Qf102
84026 Postiglione SA 104 Qb105
26010 Postino CR 47 Kd76
31040 Postioma TV 51 Na74
33098 Postoncicco PN 41 Nf72
73040 Posto Racale LE 109 Ta109
73040 Posto Rosso LE 109 Ta109
13010 Postua VC 45 Ib74
85100 Potenza PZ 105 Qe105
62018 Potenza Picena MC 81 Od88
89817 Potenzoni VV 114 Qf116
36020 Pove del Grappa VI 50 Me74
31050 Povegliano TV 51 Nb74
37064 Povegliano Veronese VR 49 Lf76
87054 Poverella CS 112 Rc113
42028 Poviglio RE 63 Ld79
36030 Povolaro VI 50 Md75
33040 Povoletto UD 52 Ob72
81040 Poza CE 96 Pa101

38036 Pozza di Fassa TN 40 Me70
02030 Pozzaglia Sabino RI 90 Nf96
26010 Pozzaglio CR 48 La77
33032 Pozzecco UD 52 Oa73
15020 Pozzengo AL 59 Ib78
89131 Pozzi RC 117 Qe120
86077 Pozzilli IS 96 Pa99
91018 Pozzillo TP 118 Nd121
95024 Pozzillo CT 122 Qb123
37057 Pozzo 49 Ma76
33095 Pozzo PN 41 Nf72
33033 Pozzo UD 41 Nf73
33087 Pozzo PN 51 Nd73
52047 Pozzo AR 78 Me89
61020 Pozzo Alto PU 75 Ne85
26038 Pozzo Baronzio CR 62 Lb78
31050 Pozzobon TV 50 Na74
20060 Pozzo d'Adda MI 47 Kd75
25010 Pozzolengo BS 48 Ld76
36050 Pozzoleone VI 50 Me75
15050 Pozzol Groppo AL 60 If79
46040 Pozzolo MN 49 Le77
15068 Pozzolo Formigaro AL 60 Ie80
07018 Pozzomaggiore SS 132 Id106
35020 Pozzonovo PD 50 Me77
52043 Pozzo Nuovo AR 79 Mf89
81020 Pozzovetere CE 96 Pc102
80078 Pozzuoli NA 102 Pa104
06061 Pozzuolo PG 79 Mf90
33050 Pozzuolo del Friuli UD 52 Ob73
20060 Pozzuolo Martesana MI 47 Kc75
12083 Pra CN 68 Hf83
35042 Pra PD 50 Md77
25080 Prabione BS 49 Le74
23037 Prà Campo SO 37 Lb71
51100 Pracchia PT 72 Lf84
32042 Praciadelan BL 41 Nc70
39016 Pracupola = Kuppelwies BZ 39 Lf69
38060 Prada TN 49 Lf74
26834 Prada LO 47 Kd77
48018 Prada RA 74 Na82
24020 Pradalunga BG 47 Ke74
33040 Pradamano UD 52 Ob72
39026 Prad am Stilfserjoch = Prato allo Selvio BZ 28 Ld69
38050 Prade 40 Me72
37060 Pradelle VR 63 Ma78
46039 Pradello MN 63 Lf78
23037 Pradil SO 37 Lb71
30026 Pradipozzo VE 51 Ne74
33090 Pradis di Sotto PN 41 Nf71
40053 Pragatto BO 64 Ma81
10060 Pragelato TO 57 Gf78
39030 Prags = Braies BZ 30 Na68
87028 Praia a Mare CS 110 Qe109
84010 Praiano SA 103 Pd105
25020 Pralboino BS 48 Lb77
10060 Prali TO 58 Ha79
10040 Pralormo TO 59 Hf79
13899 Pralungo BI 45 Ia75
30020 Pramaggiore VE 51 Ne74
10065 Pramollo TO 58 Hb79
25089 Prandaglio BS 48 Lc75
32028 Pranolz BL 40 Nb72
39015 Prantach = Prantago BZ 28 Mb68
39015 Prantago = Prantach BZ 28 Mb68
37020 Praole VR 49 Ma75
33040 Prapotnizza 53 Od72
11010 Prarayer AO 34 Hd73
13012 Prarolo VC 45 Ic77
10060 Prarostino TO 58 Hb79
15010 Prasco AL 60 Id81
38080 Praso TN 38 Ld73
23020 Prasomaso SO 37 Kf71
85040 Prastio PZ 110 Ra109
39030 Prastmann = Pratomagno BZ 30 Na66
58024 Prata GR 77 Lf90
23020 Prata Camportaccio SO 36 Kc71
67020 Prata d'Ansidónia AQ 91 Od95
33080 Prata di Pordenone PN 41 Nd73
83030 Prata di Principato Ultra AV 97 Pf103
33080 Prata di Sotto PN 41 Nd73
52100 Pratantico AR 78 Me88
81010 Prata Sannita CE 96 Pb100
81010 Pratella CE 96 Pb100
16046 Prati GE 70 Kc82
39049 Prati = Wiesen BZ 29 Mc67
42043 Praticello RE 63 Lc80
39035 Prati di Tesido = Wiesen BZ 30 Na68
64047 Prati di Tivo TE 86 Od94
23010 Prati Gaggio SO 37 Ke71
30020 Prati Nuovi VE 52 Nf74
42019 Pratissolo RE 63 Le81
59100 Prato PO 72 Ma85
42015 Prato RE 63 Le80
39038 Prato alla Drava = Winnebach BZ 30 Nc68
39050 Prato all' Isarco = Blumau BZ 39 Mc70
39026 Prato allo Selvio = Prad am Stilfserjoch BZ 28 Ld69
08023 Pratobello NU 135 Kb108
33020 Prato Carnico UD 41 Ne69
52018 Prato di Strada AR 78 Me86
10030 Pratoferro TO 45 Hf76
67035 Pratola Peligna AQ 91 Of96
83039 Pratola Serra AV 97 Pf103
50036 Pratolino FI 73 Mb85
39030 Pratomagno = Prastmann BZ 30 Na66
14016 Pratomorone AT 59 Ia79
84039 Prato Perillo SA 104 Qd106
58022 Prato Ranieri GR 82 Le91
23813 Prato San Pietro LC 36 Kc73
28077 Prato Sesia NO 45 Ic75
52015 Pratovecchio AR 73 Me86
13834 Pratrivero BI 45 Ib75
33080 Praturlone PN 41 Ne73
33076 Pravisdomini PN 51 Ne74
13867 Pray BI 45 Ib74
11020 Praz AO 44 Hd74
12028 Prazzo CN 58 Ha82
38060 Pre TN 49 Le73
36030 Preara VI 50 Md74
80069 Preazzano NA 102 Pc105
33050 Precenicco UD 52 Oa74
34011 Precenico 53 Oe74
47016 Predappio FC 74 Mf84
23010 Preda Rossa SO 37 Ke71
38037 Predazzo TN 40 Md71
07037 Predda Niedda SS 131 Id104
42030 Prediera RE 63 Ld81
39030 Predoi = Prettau BZ 30 Na66
39050 Predonico = Perdonig BZ 39 Mb70
24060 Predore BG 48 La74
15077 Predosa AL 60 Id80
31022 Preganziol TV 51 Nb75
38066 Pregasina TN 49 Le73
06019 Preggio PG 79 Nb89
38020 Preghena TN 39 Ma70
84013 Pregiato SA 103 Pe104
28865 Preglia VB 35 Ib72
20010 Pregnana Milanese MI 46 Ka75
27050 Pregola PV 61 Kb80
89844 Preitoni VV 114 Qf117
18020 Prelá IM 68 Hf85
23834 Premana LC 36 Kc72
33040 Premariacco UD 52 Oc72
28818 Premeno VB 35 Id73
20091 Premenugo MI 47 Kc76
21044 Premezzo VA 46 Ie74
28866 Premia VB 35 Ic71
47010 Premilcuore FC 74 Me85
24020 Premolo BG 47 Kf73
28803 Premosello Chiovenda VB 35 Ib72
32032 Pren BL 40 Mf72
33020 Preone UD 41 Nf70
38070 Preore TN 38 Le72
25050 Preottone BS 48 Lb74
33040 Prepotto UD 52 Oc72
95017 Presa CT 122 Qa122
11010 Pré-Saint-Didier AO 56 Gf74
53100 Presciano SI 78 Mc89
25070 Preseglie BS 48 Lc75
25074 Presegno BS 48 Lc74
81050 Presenzano CE 96 Pa100
24030 Presezzo BG 47 Kd74
73054 Presicce LE 109 Tb109
89841 Presinaci VV 114 Ra117
37040 Pressana VR 50 Mc77
38015 Pressano TN 39 Ma72
33040 Prestento UD 52 Oc72
25040 Prestine BS 38 Lb73
23021 Prestone SO 36 Kc70
39050 Presule = Prosels BZ 39 Mc70
81057 Preta CE 96 Pa101
63043 Pretare AP 86 Ob92
66010 Pretoro CH 91 Pa95
39030 Prettau = Predoi BZ 30 Na66
67010 Preturo AQ 86 Ob94
83025 Preturo 103 Pe104
25080 Prevalle BS 48 Lc75
38085 Prezzo TN 38 Ld73
12070 Priero CN 68 Ia82
84060 Prignano Cilento SA 103 Qa107
41048 Prignano sulla Secchia MO 72 Le82
23819 Primaluna LC 36 Kc73
00188 Prima Porta RM 89 Nc96
00168 Primavalle RM 89 Nc97
02032 Prime Case RI 89 Ne95
89016 Principe Serra-Gerace RC 117 Qf118
38010 Prio TN 39 Ma71
12040 Priocca CN 59 Ia80
33020 Priola UD 41 Nf69
12070 Priola CN 68 Ia83
96010 Priolo Gargallo SR 125 Qb126
00030 Priora Rocca RM 89 Ne98
89042 Prisdarello RC 115 Rc118
39010 Prissian = Prissiano BZ 39 Mb69
39010 Prissiano = Prissian BZ 39 Mb69
33021 Priuso UD 41 Ne70
04015 Priverno LT 95 Ob100
90038 Prizzi PA 119 Oc122
10070 Procaria TO 44 Hc77
57030 Procchio LI 82 Lb92
01020 Proceno VT 84 Me92
80079 Procida NA 102 Pa104
84040 Procoio SA 102 Qb107
05018 Prodo TR 84 Nb92
33078 Prodolone PN 41 Nf73
11024 Promiod AO 44 Hd74
16027 Propata GE 61 Kb81
34016 Prosecco TS 53 Oe74
39050 Prösels = Presule BZ 39 Mc70
22030 Proserpio CO 46 Kb74
04010 Prossedi LT 95 Ob99
23020 Prosto SO 36 Kc71
98053 Protonotaro ME 122 Qb120
37047 Prova VR 49 Mb76
25050 Provaglio d'Iseo BS 48 La75
25070 Provaglio Val Sabbia BS 48 Lc74
39040 Proveis = Proves BZ 39 Ma70
39040 Proves = Proveis BZ 39 Ma70
33095 Provesano PN 52 Nf72
86040 Provvidenti CB 92 Pe98
30010 Prozzolo VE 51 Na76
37020 Prun VR 49 Lf75
89063 Prunella RC 117 Qe121
51020 Prunetta PT 72 Le84
12077 Prunetto CN 59 Ia82
39040 Pruno = Elzenbaum BZ 29 Mc67
06061 Pucciarelli PG 79 Na90
25020 Pudiano BS 48 La76
25080 Puegnago del Garda BS 48 Ld75
39040 Pufels = Bulla BZ 40 Md69
29010 Puglia PC 61 Kd78
52100 Puglia AR 78 Mf87
82030 Puglianello BN 97 Pc101
81057 Pugliano CE 96 Pa101
84090 Pugliano SA 103 Pf104
84022 Puglietta SA 104 Qa105
71019 Pugnochiuso FG 100 Rb98
26040 Pugnolo CR 62 Lb78
33080 Puia PN 51 Nd73
09010 Pula CA 137 Ka114
04026 Pulcherini LT 96 Oe101
33046 Pulfero UD 52 Oc71
52100 Puliciano AR 78 Mf88
32030 Pullir BL 40 Mf72
74026 Pulsano TA 107 Sc106
24050 Pumenengo BG 47 Kf76
95016 Puntalazzo CT 122 Qa122
48100 Punta Marina RA 74 Nb82
30010 Punta Sabbioni VE 51 Nc76
32015 Puos d'Alpago BL 41 Nc72
91015 Purgatorio TP 118 Ne120
22030 Pusiano CO 47 Kb74
32030 Pusterno BL 40 Me73
07040 Putifigari SS 131 Ic105
56023 Putignano PI 76 Lc86
70017 Putignano BA 107 Sa103
09070 Putzu Idu OR 134 Ic108

Q

37060 Quaderni VR 49 Le77
00175 Quadraro RM 89 Nd97
83020 Quadrelle AV 97 Pd103
66040 Quadri CH 92 Pb97
83040 Quaglietta AV 104 Qb104
97012 Quaglio 126 Pd126
10010 Quagliuzzo TO 44 He76
80019 Qualiano NA 102 Pa103
33010 Qualso UD 52 Ob71
84014 Quarantano Inferiore RC 114 Qf118
14040 Quaranti AT 60 Ic80
41037 Quarantoli MO 63 Ma79
52040 Quarata AR 78 Me87
13854 Quaregna BI 45 Ia75
36070 Quargnenta 49 Mb75
15044 Quargnento AL 60 Ic79
28898 Quarna Sopra VB 45 Ic73
28896 Quarna Sotto VB 45 Ic73
13017 Quarona VC 45 Ib74
51039 Quarrata PT 72 Lf85
11020 Quart AO 44 Hc74
53030 Quartaia SI 77 Ma88
15027 Quarti AL 59 Ic78
26837 Quartiano LO 47 Kc76
14042 Quartino AT 59 Ic80
14100 Quarto AT 59 Ib79
29020 Quarto PC 61 Kd79
80010 Quarto NA 102 Pa103
30020 Quarto d'Altino VE 51 Nc75
40057 Quarto Inferiore BO 64 Mc81
09044 Quartucciu CA 137 Kb113
09045 Quartu Sant'Elena CA 137 Kb113
12078 Quarzina CN 68 Hf84
70020 Quasano BA 100 Rd103
10010 Quassolo TO 44 He75
15028 Quattordio AL 59 Ic79
29019 Quattro Cascine PC 61 Ke79
46025 Quattrocase 64 Ma79
26041 Quattro Case CR 63 Lc79
42020 Quattro Castella RE 63 Lc81
98055 Quattropani ME 116 Pf117
92021 Quattro Strade AG 123 Od124
56031 Quattro Strade PI 77 Ld86
50026 Quattro Strade, le 78 Mb87
56040 Querceto PI 77 Le89
57015 Quercianella LI 76 Lc88
32030 Quero BL 40 Mf73
17047 Quiliano SV 68 Ic83
11022 Quincod AO 44 He74
83020 Quindici AV 103 Pd103
46020 Quingentole MN 63 Ma78
33020 Quinis UD 41 Nf70
26017 Quintano CR 47 Kd76
20089 Quinto de'Stampi MI 46 Ka76
31055 Quinto di Treviso TV 51 Na75
37034 Quinto di Valpantena VR 49 Ma76
20153 Quinto Romano MI 46 Ka76
13030 Quinto Vercellese VC 45 Ic76
25020 Quinzanello BS 48 La76
40050 Quinzano BO 73 Mc83
25027 Quinzano d'Oglio BS 48 La77
09040 Quirra CA 137 Kd111
46026 Quistello MN 63 Lf78
13812 Quittengo BI 45 Ia75

R

38020 Rabbi TN 38 Lf70
29020 Rabbini PC 61 Ke80
39033 Rabenstein = Corvara BZ 29 Mc68
39020 Rabla = Rabland BZ 28 Ma68
39020 Rabland = Rabla BZ 28 Ma68
34015 Rabuiese 53 Oe75
73055 Racale LE 109 Ta109
92020 Racalmuto AG 123 Oe124
45038 Raccano RO 64 Me79
33040 Racchiuso UD 52 Ob72
12035 Racconigi CN 58 He80
98067 Raccuja ME 122 Pf120
39040 Racines = Ratschings BZ 29 Mb67
53017 Radda in Chianti SI 78 Mc88
95040 Raddusa CT 121 Pd124
39040 Radein = Redagno BZ 39 Mc70
53014 Radi SI 78 Mc89
53040 Radicofani SI 84 Me91
53030 Radicondoli SI 77 Ma89
71025 Radogna FG 98 Qc101
25080 Raffa BS 48 Ld75
92015 Raffadali AG 123 Od124
38080 Ragada 38 Ld72
95030 Ragalna CT 122 Pf123
43010 Ragazzola PR 62 Lb78
62032 Raggiano MC 80 Oa90
52010 Raggiolo AR 78 Me86
33030 Ragogna UD 52 Nf71
38070 Ragoli TN 38 Le72
89824 Ragona VV 115 Rc118
97100 Ragusa RG 125 Pe127
31020 Rai TV 51 Nc74
67027 Raiano AQ 91 Oe96
90038 Raia Striccatore PA 119 Oc122
37050 Raldon VR 49 Ma76
95040 Ramacca CT 125 Pe124
13039 Ramezzana VC 45 Ib77
42030 Ramiseto RE 71 Lb82
31037 Ramon TV 50 Mf74
91018 Rampingallotto TP 118 Ne122
91029 Rampinzeri TP 119 Nf122
22020 Ramponio CO 36 Ka73
33070 Ramuscello PN 52 Nf73
47027 Ranchio FC 74 Na85
21030 Rancio Valcuvia VA 36 Ie73
21020 Ranco VA 45 Id74
06134 Rancolfo PG 79 Nc89
95036 Randazzo CT 116 Pf121
31010 Rane TV 41 Nc72
24020 Ranica BG 47 Ke74
24060 Ranzanico BG 47 Kf74
33074 Ranzano 41 Nd73
43025 Ranzano PR 62 Lb82
38070 Ranzo TN 39 Lf72
18020 Ranzo IM 68 Hf84
38060 Raossi TN 49 Ma74
63025 Rapagnano FM 81 Od90
16035 Rapallo GE 70 Kb82
98043 Rapano ME 116 Qc119
66010 Rapino CH 91 Pb95
53040 Rapolano Terme SI 78 Md89
85027 Rapolla PZ 98 Qe103
85020 Rapone PZ 104 Qd103
91020 Rappareddi 118 Nd122
21100 Rasa di Varese VA 46 Ie73
32030 Rasai BL 40 Mf73
33040 Raschiacco 52 Oc72
39030 Rasen Antholz = Rasun Anterselva BZ 30 Na68
06034 Rasiglia PG 85 Nf91
33010 Raspano UD 52 Ob71
13020 Rassa VC 45 Ia74
52016 Rassina AR 78 Mf87
62024 Rastia MC 80 Oa89
40067 Rastignano BO 73 Mc82
39030 Rasun Anterselva = Rasen Antholz BZ 30 Na68
39030 Rasun di Sopra = Ober Rasen BZ 30 Na68
39030 Rasun di Sotto = Nieder Rasen BZ 30 Na68
23010 Rasura SO 37 Kd72
39020 Rateis BZ 28 Ma69
39020 Rateis = Rattisio BZ 28 Lf68
39040 Ratschings = Racines BZ 29 Mb67
39020 Rattisio = Rateis BZ 28 Lf68
33095 Rauscedo PN 52 Ne72
39050 Rauth = Novale BZ 39 Mc70
89100 Ravagnese RC 117 Qd120
92029 Ravanusa AG 123 Of125
41017 Ravarino MO 63 Ma80
33020 Ravascletto UD 41 Nf69
23886 Ravellino LC 47 Kc74
84010 Ravello SA 103 Pd105
48100 Ravenna RA 74 Nb82
33029 Raveo UD 41 Nf70
58023 Ravi GR 82 Lf91
81017 Raviscanina CE 96 Pb100
33040 Ravosa UD 52 Ob72
89036 Razza RC 117 Ra121
28856 Re VB 35 Id72
27040 Rea PV 61 Ka78
92010 Realmonte AG 123 Oc125
33010 Reana del Roiale UD 52 Ob72
32041 Reane BL 41 Nc69
10090 Reano TO 58 Hc78
07012 Rebeccu SS 132 Ie106
81020 Recale CE 96 Pb102
62019 Recanati MC 81 Od88
90027 Recattivo 120 Pa123
16036 Recco GE 70 Ka82
28060 Recetto NO 45 Ic76
36076 Recoaro Terme VI 49 Mb74
75023 Recoleta MT 106 Rd107
26030 Recorfano CR 62 Lc78
39040 Redagno = Radein BZ 39 Mc70
27050 Redavalle PV 61 Kb78
87047 Redipiano CS 112 Rb112
34070 Redipuglia GO 53 Oc73
33090 Redona PN 41 Ne71
46010 Redondesco MN 63 Ld77
14030 Refrancore AT 59 Ic79
31020 Refrontolo TV 40 Nb73
94017 Regalbuto EN 121 Pd123
90020 Regalgioffoli 120 Od122
50066 Reggello FI 78 Md86
71036 Reggente FG 98 Qc100
89100* Reggio Di Calabria RC 117 Qd120
42046 Reggiolo RE 63 Le79
42100 Reggio nell'Emilia RE 63 Ld80
87010 Regina CS 112 Ra112
96013 Regio 125 Qa125
23828 Regoledo LC 36 Kb72
26026 Regona CR 47 Ke77
82020 Reino BN 97 Pe101
39058 Reinswald = San Martino BZ 29 Mc68
39030 Rein-Taufers = Riva di Tures BZ 30 Na67
39031 Reischach = Riscone BZ 30 Mf68
98070 Reitano ME 121 Pc121
33047 Remanzacco UD 52 Ob72
25010 Remedello di Sopra BS 48 Lc77
25010 Remedello di Sotto BS 48 Lc77

27025 Remondo PV 46 Ie77
07020 Rena Majore OT 130 Kb102
20055 Renate MB 47 Kb74
44045 Renazzo FE 64 Mb80
53035 Rencine SI 77 Mb88
87036 Rende CS 112 Rb113
67050 Rendinara AQ 90 Oc97
36052 Rendole VI 40 Md73
21038 Reno VA 46 Id73
44042 Reno Centese FE 64 Mb80
41034 Reno Finalese MO 64 Mb80
39054 Renon = Ritten BZ 39 Mc69
14057 Repergo AT 59 Ib80
31023 Resana TV 50 Mf75
20027 Rescalda MI 46 If75
20027 Rescaldina MI 46 If75
39027 Reschen = Resia BZ 27 Ld68
39027 Resia = Reschen BZ 27 Ld68
32040 Resinego BL 40 Nb70
15050 Restegassi AL 60 Ka80
90146 Resuttana 119 Ob120
93010 Resuttano CL 120 Pa122
27050 Retorbido PV 60 Ka79
15077 Retorto AL 60 Id80
12036 Revello CN 58 Hc81
46036 Revere MN 63 Ma78
10024 Revigliasco TO 59 He78
14010 Revigliasco d'Asti AT 59 Ia79
31020 Revine-Lago TV 40 Nb72
28010 Revislate NO 45 Id74
38028 Revo TN 39 Ma70
22030 Rezzago CO 46 Kb73
29010 Rezzanello PC 61 Kd79
29013 Rezzano PC 62 Ke79
25086 Rezzato BS 48 Lb75
18026 Rezzo IM 68 Hf84
16048 Rezzoaglio GE 61 Kc81
11010 Rhemes Notre Dame 56 Ha75
11010 Rhêmes-Saint-Georges AO 44 Ha75
20017 Rho MI 46 Ka75
89040 Riace RC 115 Rc118
89064 Riace Capo RC 117 Qe121
89040 Riace Marina RC 115 Rd118
00060 Riano RM 89 Nd96
81053 Riardo CE 96 Pa101
92016 Ribera AG 123 Ob123
58027 Ribolla GR 82 Ma91
83028 Ribottoli AV 103 Pf103
89866 Ricadi VV 114 Qf117
91025 Ricalcata 118 Ne122
15010 Ricaldone AL 60 Ic80
40054 Riccardina BO 64 Md81
86016 Riccia CB 97 Pe100
52044 Riccio AR 79 Na89
47838 Riccione RN 75 Nd85
43045 Ricco PR 62 La80
19020 Riccò del Golfo di Spezia SP 70 Ke84
26010 Ricengo CR 47 Ke76
84020 Ricigliano SA 104 Qc105
39040 Ridanna = Ridnaun BZ 29 Mb67
39040 Ridnaun = Ridanna BZ 29 Mb67
39016 Ried = Novale BZ 29 Mc67
39049 Ried = Novale BZ 30 Na68
36100 Riello VI 50 Md75
31039 Riese Pio X TV 50 Mf74
93016 Riesi CL 124 Pa125
02100 Rieti RI 85 Nf94
39020 Rifair BZ 27 Lc69
39010 Riffian = Rifiano BZ 28 Mb68
39010 Rifiano = Riffian BZ 28 Mb68
25056 Rifugio Corno d'Aola 38 Ld71
23030 Rifugio Costa Sobretta SO 38 Lc70
23030 Rifugio Gavia SO 38 Ld70
06023 Rigali PG 80 Ne89
02020 Rigatti RI 90 Oa95
29021 Riglio PC 61 Ke80
56023 Riglione PI 76 Lc86
00068 Rignano Flaminio RM 89 Nc95
71010 Rignano Garganico FG 100 Qd98
50067 Rignano sull'Arno FI 78 Mc86
33020 Rigolato UD 41 Nf69
96010 Rigolizia SR 126 Pf127
53048 Rigomagno SI 78 Me89
24020 Rigosa BG 47 Ke74
43010 Rigoso PR 71 La82
96010 Rilevo SR 125 Qa125
91100 Rilievo TP 118 Nd121
13020 Rima VC 45 Hf73
43036 Rimale PR 62 La79
13026 Rimasco VC 45 Ia73
57027 Rimigliano LI 82 Ld90
47900 Rimini RN 75 Nd84
39030 Rina = Welschellen BZ 29 Mf68
95010 Rinazzo CT 122 Qa122
14026 Rinco AT 59 Ia78
98050 Rinella ME 116 Pe117
25050 Rino BS 38 Lc72
39058 Riobianco = Weißenbach BZ 29 Mc68
39030 Riobianco = Weissenbach BZ 29 Mf67
39037 Rio di Pusteria = Mühlbach BZ 29 Me68
00020 Riofreddo RM 90 Nf96
40030 Riola di Vergato BO 72 Ma83
09070 Riola Sardo OR 134 Id109
26900 Riolo LO 47 Kd76
41013 Riolo MO 63 Ma81
48025 Riolo Terme RA 73 Me83
41020 Riolunato MO 72 Ld83
19017 Riomaggiore SP 70 Ke84
57038 Rio Marina LI 82 Lc92
39030 Riomolino = Mühlbach BZ 30 Mf67
39019 Riomolino = Mühlbach BZ 28 Ma68
09010 Riomurtas CI 136 Ie113
57039 Rio nell'Elba LI 82 Lc92
85028 Rionero in Vulture PZ 104 Qe103
86087 Rionero Sannitico IS 91 Pa98
80049 Rione Trieste NA 102 Pc103
42010 Rio Saliceto RE 63 Le80
57020 Riotorto LI 82 Le91
67020 Ripa AQ 91 Od95
86040 Ripabottoni CB 92 Pe98
85020 Ripacandida PZ 104 Qe103
27040 Ripaldina PV 61 Kc78
86025 Ripalimosani CB 97 Pd99
71010 Ripalta FG 93 Qb97
60011 Ripalta AN 80 Nf87
26010 Ripalta Arpina CR 47 Ke77
26010 Ripalta Cremasca CR 47 Kd77
26010 Ripalta Guerina CR 47 Ke77
26010 Ripalta Nova CR 47 Ke77
05010 Ripalvella TR 84 Nb91
56046 Riparbella PI 77 Ld88
66010 Ripa Teatina CH 91 Pb94
63038 Ripatransone AP 87 Oe91
60010 Ripe AN 80 Oa86
62020 Ripe San Ginesio MC 81 Oc90
03027 Ripi FR 95 Oc99
56023 Ripoli PI 76 Lc86
95018 Riposto CT 122 Qb122
33050 Risano UD 52 Ob73
39031 Riscone = Reischach BZ 30 Mf68
58100 Rispescia GR 83 Ma92
10070 Ritornato 44 Hd76
39054 Ritten = Renon BZ 39 Mc69
29020 Riva PC 61 Kd79
25050 Riva BS 48 La75
10064 Riva TO 58 Hc79
18011 Riva IM 68 Hf85
18010 Riva IM 68 Ia85
40051 Rivabella BO 64 Mc81
40069 Rivabella BO 64 Mb82
47900 Rivabella RN 75 Nd84
74010 Riva dei Tessali TA 106 Rf106
38066 Riva del Garda TN 38 Lf73
22020 Riva di Faggeto CO 46 Ka73
24060 Riva di Solto BG 48 La74
39030 Riva di Tures = Rein-Taufers BZ 30 Na67
10090 Rivalba TO 59 Hf78
15040 Rivalba AL 60 Id78
15010 Rivalta Bormida AL 60 Id80
10040 Rivalta di Torino TO 58 Hd78
46040 Rivalta sul Mincio MN 63 Le77
32020 Rivamonte Agordino BL 40 Na71
27055 Rivanazzano PV 60 Ka79
10020 Riva presso Chieri TO 59 Hf79
10080 Rivara TO 44 Hd76
41038 Rivara MO 63 Mb79
10086 Rivarolo Canavese TO 44 He77
26036 Rivarolo del Re ed Uniti CR 63 Lc78
16159 Rivarolo Ligure GE 69 If82
46017 Rivarolo Mantovano MN 62 Lc78
15040 Rivarone AL 60 Ie79
10040 Rivarossa TO 44 He77
36055 Rivarotta VI 50 Me74
33050 Rivarotta UD 52 Oa74
28866 Rivasco VB 35 Ic71
13020 Riva Valdobbia VC 45 Hf74
48100 Riva Verde RA 65 Nb82
47831 Rivazzurra RN 75 Nd84
13030 Rive VC 45 Ic77
33030 Rive d'Arcano UD 41 Oa72
85040 Rivello PZ 110 Qe108
10040 Rivera TO 58 Hc78
29029 Rivergaro PC 61 Kd79
11020 Rives AO 44 Hc74
33050 Rivignano UD 52 Oa73
33039 Rivis UD 52 Nf72
67036 Rivisondoli AQ 91 Pa97
05100 Rivo TR 85 Nd93
33026 Rivo UD 41 Oa69
02010 Rivodutri RI 85 Nf93
10098 Rivoli TO 58 Hd78
37010 Rivoli Veronese VR 49 Le75
26027 Rivolta d'Adda CR 47 Kd76
25015 Rivoltella BS 48 Ld76
27030 Rivoltella PV 45 Id77
33033 Rivolto UD 41 Oa73
31050 Rizzardina TV 50 Na74
89016 Rizziconi RC 117 Qf118
32042 Rizzios BL 41 Nc70
29019 Rizzolo PC 61 Ke79
33010 Rizzolo UD 52 Ob72
98168 Rizzotti ME 114 Qd119
87050 Rizzuti CS 112 Rc114
87040 Rizzuto 112 Rb113
25012 Ro BS 48 Lc76
44030 Ro FE 64 Me79
38053 Roa 40 Me72
36010 Roana VI 50 Mc73
12073 Roascio CN 68 Ia82
13060 Roasio VC 45 Ib75
12044 Roata Chiusani CN 58 Hd82
12080 Roatta CN 68 Hf82
14018 Roatto AT 59 Ia79
10070 Robassomero TO 44 Hd77
23899 Robbiate LC 47 Kc74
27038 Robbio PV 46 Id77
20020 Robecchetto con Induno MI 46 Ie75
26010 Robecco d'Oglio CR 48 La77
27042 Robecco Pavese PV 61 Ka78
20087 Robecco sul Naviglio MI 46 If76
13039 Robella VC 45 Ib77
15010 Roboaro AL 60 Ic81
12080 Roburent CN 68 Hf83
73026 Roca Vecchia LE 108 Tc107
95030 Rocca 122 Pf123
32030 Rocca BL 40 Me73
15100 Rocca AL 60 Id79
43038 Rocca PR 62 Lb80
83016 Roccabascerana AV 97 Pe102
88835 Roccabernarda KR 113 Rf114
43010 Roccabianca PR 62 Lb78
12020 Roccabruna CN 58 Hc82
10070 Rocca Canavese TO 44 Hd77
00020 Rocca Canterano RM 90 Oa97
67030 Roccacasale AQ 91 Of96
12060 Rocca Ciglie CN 68 Hf82
84050 Rocca Cilento SA 103 Qa107
67031 Roccacinquemiglia AQ 91 Pa98
14030 Rocca d'Arazzo AT 59 Ib79
84069 Roccadaspide SA 104 Qb106
27040 Rocca de'Giorgi PV 61 Kb79
81040 Rocca d'Evandro CE 96 Of100
67066 Rocca di Botte AQ 90 Oa96
67047 Rocca di Cambio AQ 90 Oc95
00030 Rocca di Cave RM 90 Nf97
67048 Rocca di Mezzo AQ 90 Od95
88821 Rocca di Neto KR 113 Rf113
00040 Rocca di Papa RM 89 Ne98
53023 Rocca d'Orcia SI 83 Md90
65017 Roccafinadamo PE 87 Oe94
98030 Roccafiorita ME 116 Qb121
63049 Roccafluvione AP 86 Oc91
89060 Roccaforte Del Grego 117 Qf120
15060 Roccaforte Ligure AL 60 Ka80
74020 Roccaforzata TA 107 Sc106
25030 Roccafranca BS 47 Kf76
00020 Roccagiovine RM 89 Nf96
84060 Roccagloriosa SA 102 Qc108
04010 Roccagorga LT 95 Oa99
15078 Rocca Grimalda AL 60 Id80
03037 Roccaguglielma FR 95 Oe100
87074 Rocca Imperiale CS 111 Rd108
87074 Rocca Imperiale Marina CS 111 Rd108
58053 Roccalbegna GR 83 Md92
96010 Roccalta SR 125 Pf126
98027 Roccalumera ME 116 Qc121
86092 Roccamandolfi IS 96 Pc100
04010 Rocca Massima LT 90 Nf98
90040 Roccamena PA 119 Oa121
81035 Roccamonfina CE 96 Of101
65020 Roccamorice PE 91 Pa95
85036 Roccanova PZ 111 Rb107
02040 Roccantica RI 89 Ne95
90020 Roccapalumba PA 120 Od122
67030 Rocca Pia AQ 91 Of97
84013 Roccapiemonte SA 103 Pe104
32020 Rocca Pietore BL 40 Mf70
13010 Roccapietra VC 45 Ib74
00040 Rocca Priora AN 81 Oc87
80030 Roccarainola NA 97 Pd103
67037 Roccaraso AQ 91 Pa97
81051 Roccaromana CE 96 Pb101
02011 Roccasalli RI 86 Ob93
47017 Rocca San Casciano FC 73 Mf84
83050 Rocca San Felice AV 98 Qa103
66020 Rocca San Giovanni CH 92 Pc95
64010 Rocca Santa Maria TE 86 Oc92
00030 Rocca Santo Stefano RM 90 Oa97
66040 Roccascalegna CH 92 Pb96
03038 Roccasecca FR 95 Od99
04010 Roccasecca dei Volsci LT 95 Ob100
86080 Roccasicura IS 91 Pb98
02026 Rocca Sinibalda RI 90 Nf95
66050 Roccaspinalveti CH 92 Pc97
58036 Roccastrada GR 83 Ma90
27052 Rocca Susella PV 61 Ka79
16040 Roccatagliata GE 61 Kb82
58028 Roccatederighi GR 82 Ma90
98040 Roccavaldina ME 116 Qc119
14050 Roccaverano AT 59 Ib81
17017 Roccavignale SV 68 Ib82
86020 Roccavivara CB 92 Pd97
67050 Roccavivi AQ 90 Od98
91026 Roccazzello 118 Nd122
89047 Roccella Ionica RC 115 Rc119
98030 Roccella Valdemone ME 116 Qa121
88021 Roccelletta CZ 115 Rd116
15027 Rocchetta AL 59 Ib78
91022 Rocchetta TP 118 Nf123
06041 Rocchetta PG 85 Nf92
86070 Rocchetta a Volturno IS 96 Pa99
12050 Rocchetta Belbo CN 59 Ib81
17010 Rocchetta Cairo SV 68 Ib82
81042 Rocchetta e Croce CE 96 Pa101
15060 Rocchetta Ligure AL 60 Ka80
86070 Rocchetta Nuova IS 96 Pa99
14042 Rocchetta Palafea AT 59 Ic80
71020 Rocchetta Sant'Antonio FG 98 Qc102
14030 Rocchetta Tanaro AT 59 Ic79
58055 Rocchette GR 83 Md92
87036 Rocchi CS 112 Rb112
91026 Roccolino Soprano TP 118 Ne122
10014 Rodallo TO 44 Hf77
20090 Rodano MI 47 Kc76
12060 Roddi CN 59 Hf80
12050 Roddino CN 59 Ia81
33030 Rodeano UD 41 Oa72
12050 Rodello CN 59 Ia81
39037 Rodeneck = Rodengo BZ 29 Me68
25050 Rodengo BS 48 La75
39037 Rodengo = Rodeneck BZ 29 Me68
22070 Rodero CO 46 If74
71012 Rodi Garganico FG 100 Qf97
46040 Rodigo MN 48 Ld77
98059 Rodi-Milici 122 Qb120
84066 Rodio SA 102 Qb108
25077 Roe-Volciano BS 48 Lc75
84070 Rofrano SA 102 Qc107
23849 Rogeno LC 46 Kb74
87017 Roggiano Gravina CS 111 Ra111
89060 Roghudi RC 117 Qf120
87054 Rogliano CS 112 Rb113
27010 Rognano PV 46 Ka77
24060 Rogno BG 48 La73
23010 Rogolo SO 37 Kc72
39020 Roia = Rojen BZ 27 Lc68
00030 Roiate RM 90 Oa97
66040 Roio del Sangro CH 92 Pc97
11010 Roisan AO 44 Hb74
39020 Rojen = Roia BZ 27 Lc68
10060 Roletto TO 58 Hb79
13836 Rolino BI 45 Ib75
10054 Rollieres TO 57 Ge79
15027 Rollini AL 59 Ic78
42047 Rolo RE 63 Lf79
00100* Roma RM 89 Nc97
38100 Romagnano TN 39 Ma72
37023 Romagnano VR 49 Ma75
84020 Romagnano al Monte SA 104 Qc105
28078 Romagnano Sesia NO 45 Ic75
27050 Romagnese PV 61 Kb79
90123 Romagnolo PA 119 Oc120
38028 Romallo TN 39 Ma70
07010 Romana SS 132 Id106
26014 Romanengo CR 47 Ke76
22044 Romano Brianza CO 46 Kb74
10090 Romano Canavese TO 44 Hf76
36060 Romano d'Ezzelino VI 50 Me74
24058 Romano Di Lombardia BG 47 Ke75
46030 Romanore MN 63 Le78
33030 Romans UD 41 Oa73
34076 Romans d'Isonzo GO 52 Oc73
30020 Romanziol VE 51 Nd74
89841 Rombiolo VV 114 Ra117
06019 Romeggio PG 79 Nb89
38010 Romeno TN 39 Ma70
28068 Romentino NO 46 Ie76
98043 Rometta ME 116 Qc119
54013 Rometta MS 71 La83
98043 Rometta Marea ME 116 Qc119
50028 Romita FI 77 Mb87
19032 Romito SP 71 Kf84
50026 Romola FI 77 Ma86
22027 Ronago CO 46 If74
37030 Ronca VR 49 Mb76
39030 Roncaccio = Rungatsch BZ 29 Mf68
31056 Roncade TV 51 Nc75
25030 Roncadelle BS 48 La75
31024 Roncadelle TV 51 Nc74
26041 Roncadello CR 62 Lc79
18013 Roncagli IM 68 Ia85
35020 Roncaglia PD 50 Mf76
29100 Roncaglia PC 62 Ke78
35020 Roncaiette PD 50 Mf76
48010 Roncalceci RA 74 Na82
37060 Roncanova VR 63 Ma78
27010 Roncaro PV 47 Kb77
29012 Roncarolo PC 62 Kf78
38050 Roncegno TN 39 Mc72
20040 Roncello MI 47 Kc75
26020 Ronche CR 47 Kf76
38035 Ronchi TN 40 Me70
40014 Ronchi BO 64 Ma80
34077 Ronchi dei Legionari GO 52 Oc73
33040 Ronchis UD 52 Ob72
33050 Ronchis UD 52 Nf74
38050 Ronchi Valsugana TN 39 Mc72
01037 Ronciglione VT 88 Nb95
60019 Roncitelli AN 80 Oa86
29013 Ronco PC 61 Ke79
25064 Ronco BS 48 La75
25080 Ronco BS 48 Lc75
25040 Ronco BS 38 Lb71
13853 Ronco BI 45 Ib75
47100 Ronco FC 74 Na83
37055 Ronco all'Adige VR 49 Mb76
24010 Roncobello BG 37 Ke73
13845 Ronco Biellese BI 45 Ia75
40035 Roncobilaccio BO 73 Mb84
20050 Ronco Briantino MB 47 Kc75
43010 Ronco Campo Canneto PR 62 Lb79
10080 Ronco Canavese TO 44 Hd75
46037 Roncoferraro MN 63 Lf78
47020 Roncofreddo FC 74 Nb84
24030 Roncola BG 47 Kd74
37060 Roncoleva 49 Lf77
43010 Roncole Verdi PR 62 La79
38087 Roncone TN 38 Ld73
16019 Ronco Scrivia GE 60 If81
58022 Rondelli GR 82 Le91
10030 Rondissone TO 45 Hf77
81037 Rongolise CE 96 Of101
13036 Ronsecco VC 45 Ib77
38062 Ronzo TN 39 Lf73
38010 Ronzone TN 39 Ma70
33024 Roppa UD 41 Nd70
13883 Roppolo BI 45 Ia76
10060 Rora TO 58 Hb80
12020 Rore CN 58 Hb81
12062 Roreto CN 59 Hf81
36027 Rosa VI 50 Me74
89100 Rosali RC 114 Qe119
72017 Rosa Marina BR 107 Sd104
15060 Rosano AL 61 Ka81
45010 Rosapineta RO 65 Nb78
63100 Rosara AP 86 Od91
35020 Rosara PD 51 Na77
89065 Rosario Valle RC 117 Qe120
89025 Rosarno RC 117 Qf118
27030 Rosasco PV 45 Id77
20088 Rosate MI 46 Ka76
13815 Rosazza BI 45 Hf74
65020 Rosciano PE 91 Pa95
84070 Roscigno-Nuovo SA 104 Qc106
84020 Roscigno-Vecchio 104 Qc106
67062 Rosciolo dei Marsi AQ 90 Oc96
87040 Rose CS 112 Rb112
37060 Rosegaferro VR 49 Le76

66040 Rosello CH 92 Pc97
87070 Roseto Capo Spulico CS 111 Rd109
64026 Roseto degli Abruzzi TE 87 Pa92
71039 Roseto Valfortore FG 98 Oa100
53010 Rosia SI 77 Mb89
57016 Rosignano Marittimo LI 76 Lc88
15030 Rosignano Monferrato AL 59 Ic78
57016 Rosignano Solvay LI 76 Lc88
88842 Rosito 113 Sa115
45010 Rosolina RO 65 Nb78
96019 Rosolini SR 125 Pf128
10080 Rosone TO 44 Hc76
60030 Rosora AN 80 Oa88
25034 Rossa BS 48 Kf76
12020 Rossana CN 58 Hc81
87067 Rossano CS 111 Rd111
54029 Rossano MS 70 Ke83
87068 Rossano Stazione CS 111 Rd111
36028 Rossano Veneto VI 50 Me74
89030 Rossellina 115 Ra120
48012 Rossetta RA 65 Na82
16010 Rossiglione GE 60 Ie81
89023 Rosso RC 117 Ra118
10090 Rosta TO 58 Hc78
24037 Rota d'Imagna BG 47 Kd73
87010 Rota Greca CS 112 Ra112
42014 Roteglia RE 63 Le82
03030 Rotella AP 86 Od91
86040 Rotello CB 93 Qa98
85048 Rotonda PZ 110 Ra109
75026 Rotondella 111 Rd107
85046 Rotondella MT 110 Qe108
83017 Rotondi AV 97 Pd102
30020 Rotta VE 51 Ne74
30010 Rottanova VE 65 Na78
29010 Rottofreno PC 61 Kd78
36010 Rotzo VI 50 Mc73
10060 Roure TO 58 Ha79
23888 Rovagnate LC 47 Kc74
31048 Rovare TV 51 Nc74
13040 Rovasenda VC 45 Ib75
21040 Rovate VA 46 If74
25038 Rovato BS 48 Kf75
28804 Rovegro VB 35 Ic73
29029 Roveleto Landi PC 61 Kd79
87040 Rovella CS 112 Rb113
22069 Rovellasca CO 46 Ka74
22070 Rovello Porro CO 46 Ka75
16010 Roverazza GE 60 Ie82
31013 Roverbasso TV 51 Nc73
46048 Roverbella MN 49 Le77
37050 Roverchiara VR 49 Mb77
37050 Roverchiaretta VR 49 Mb77
45010 Roverdicre RO 64 Me78
67048 Rovere AQ 90 Od95
38030 Roverè della Luna TN 39 Mb71
33030 Roveredo UD 52 Nf73
37040 Roveredo di Gua VR 50 Mc77
33080 Roveredo in Piano PN 41 Nd72
38068 Rovereto TN 49 Ma73
26010 Rovereto CR 47 Kd77
44020 Rovereto FE 65 Mf80
37028 Rovere Veronese VR 49 Ma75
27040 Rovescala PV 61 Kc78
24020 Rovetta BG 37 Kf73
00027 Roviano RM 90 Nf96
17047 Roviasca SV 68 Ic83
45100 Rovigo RO 64 Me78
87050 Rovito CS 112 Rb113
25019 Rovizza BS 48 Ld76
35030 Rovolon PD 50 Md76
20089 Rozzano MI 46 Ka76
10065 Ruata TO 58 Hb79
35030 Rubano PD 50 Me76
63026 Rubbianello AP 86 Oe90
26010 Rubbiano CR 47 Kd77
36062 Rubbio VI 50 Md74
10040 Rubiana TO 58 Hc78
42048 Rubiera RE 63 Le81
98050 Rubino ME 122 Qb121
40018 Rubizzano BO 64 Mc80
60044 Rucce AN 80 Ne88
33050 Ruda UD 52 Oc73
91024 Ruderi di Gibellina TP 119 Nf122
91020 Ruderi di Poggioreale TP 119 Oa122
91020 Ruderi di Salaparuta TP 119 Nf122
25030 Rudiano BS 47 Kf76
10010 Rueglio TO 44 He76
73049 Ruffano LE 109 Tb109
12030 Ruffia CN 58 Hd80
47023 Ruffio FC 74 Nb84
38010 Ruffre 39 Mb70
38010 Ruffre-Mendola TN 39 Ma70
50068 Rufina FI 73 Mc86
73050 Ruggiano LE 109 Tb109
09085 Ruinas OR 134 If109
27040 Ruino PV 61 Kb79
28886 Rumianca VB 35 Ib73
38020 Rumo TN 39 Lf70
89040 Runci RC 114 Qe119
39030 Rungatsch = Roncaccio BZ 29 Mf68
55060 Ruota LU 72 Ld86
85056 Ruoti PZ 104 Qe104
34016 Rupingrande TS 53 Oe74
34010 Rupinpiccolo TS 53 Oe74
52100 Ruscello AR 78 Me88
48026 Russi RA 74 Na82
60020 Rustico AN 81 Oc87
70018 Rutigliano BA 101 Rf102
84070 Rutino SA 103 Qa107
81010 Ruviano CE 97 Pc101
85020 Ruvo del Monte PZ 104 Qd103
70037 Ruvo di Puglia BA 100 Rc102

S

09040 Sabadi CA 137 Kc113
04016 Sabaudia LT 94 Oa101
13020 Sabbia VC 45 Ib73
25070 Sabbio Chiese BS 48 Lc75
38063 Sabbionara TN 49 Lf74
44034 Sabbioncello San Vittore FE 64 Me79
46018 Sabbioneta MN 63 Lc79
44123 Sabbioni 64 Me79
36026 Sabbioni VI 50 Mc77
25070 Sabbio Sopra BS 48 Lc75
07026 sa Castanza OT 133 Kc104
25040 Sacca BS 38 Lb73
46044 Sacca MN 48 Ld77
29011 Sacchello PC 61 Kd78
38068 Sacco TN 39 Ma73
84070 Sacco SA 104 Qc106
39058 Sacco = Sack BZ 29 Md68
35030 Saccolongo PD 50 Me76
21052 Sacconago VA 46 If75
33077 Sacile PN 41 Nc73
33050 Saciletto UD 52 Oc73
39058 Sack = Sacco BZ 29 Md68
00054 Sacra RM 89 Nb98
00060 Sacrofano RM 89 Nc96
33070 Sacudello PN 52 Nf73
08030 Sadali NU 135 Kb110
09015 sa Duchessa CI 136 Id112
08010 Sagama OR 134 Id107
13816 Sagliano Micca BI 45 Ia75
34078 Sagrado GO 52 Oc73
38050 Sagron Mis TN 40 Mf71
09018 sa Grux 'e Marmuri CA 137 Ka114
25050 Saiano BS 48 La75
46029 Sailetto MN 63 Le78
11020 Saint Christophe AO 44 Hc74
11023 Saint Denis AO 44 Hd74
11020 Saint Jacques 44 He73
11020 Saint Marcel AO 44 Hc74
11010 Saint-Nicolas AO 56 Hb74
11014 Saint Oyen AO 44 Hb74
11010 Saint-Pierre AO 44 Hb74
11010 Saint Rhémy-en-Bosses AO 56 Ha73
11027 Saint Vincent AO 44 Hd74
27030 Sairano PV 60 Ka78
31036 Sala TV 51 Na74
83028 Sala AV 103 Pf103
43010 Sala PR 62 Lb79
47042 Sala FC 74 Nc84
32100 Sala 40 Nb72
43038 Sala Baganza PR 62 Lb80
13884 Sala Biellese BI 45 Hf75
40010 Sala Bolognese BO 64 Mb81
22010 Sala Comacina CO 36 Kb73
84036 Sala Consilina SA 104 Qd106
72015 Salamina BR 107 Sc104
15030 Sala Monferrato AL 59 Ic78
75017 Salandra MT 105 Rb105
91020 Salaparuta TP 119 Oa122
45030 Salara RO 64 Mc79
13040 Salasco VC 45 Ib77
10080 Salassa TO 44 He76
10050 Salbertrand TO 57 Gf78
35124 Salboro PD 50 Mf76
32100 Salce BL 40 Nb72
36040 Salcedo VI 50 Md74
86026 Salcito CB 92 Pd98
15045 Sale AL 60 Ie79
12070 Sale delle Langhe CN 68 Ia82
88060 Salella CZ 115 Rc117
25057 Sale Marasino BS 48 La74
91018 Salemi TP 118 Ne122
84070 Salento SA 102 Qb107
10010 Salerano Canavese TO 44 Hf76
26857 Salerano sul Lambro LO 47 Kc77
14041 Salere AT 59 Ib80
84100* Salerno SA 103 Pe105
34010 Sales TS 53 Oe74
12070 Sale San Giovanni CN 68 Ia82
13033 Saletta VC 45 Ic77
35010 Saletto PD 50 Mf76
39049 Saletto BZ 29 Md67
35046 Saletto PD 50 Md77
31030 Saletto di Piave TV 51 Nc74
31040 Salgareda TV 51 Nc74
88900 Salica KR 113 Sa114
98100 Salice ME 114 Qc119
87033 Salice CS 112 Ra113
89100 Salice Calabro RC 117 Qd119
73015 Salice Salentino LE 108 Sf106
27056 Salice Terme PV 60 Ka79
12079 Saliceto CN 68 Ib82
29010 Saliceto PC 62 Kf79
41100 Saliceto Panaro MO 63 Lf81
98060 Salina 122 Pf120
91100 Salina Grande TP 118 Nd121
36025 Saline VI 50 Md77
56048 Saline di Volterra PI 77 Le88
89060 Saline Ioniche RC 117 Qe121
02040 Salisano RI 89 Ne95
84096 Salitto SA 103 Qa104
13040 Sali Vercellese VC 45 Ib77
37056 Salizzole VR 49 Ma77
65020 Salle PE 91 Of95
06025 Salmaregia PG 80 Nf89
12040 Salmour CN 59 He81
25087 Salò BS 48 Ld75
39010 Salonetto = Schlaneid BZ 39 Mb69
39040 Salorno = Salurn BZ 39 Mb71
10022 Salsasio TO 59 He79
43039 Salsomaggiore Terme PR 62 Kf80
33040 Salt UD 52 Ob72
61030 Saltara PU 75 Nf86
39010 Saltaus = Saltusio BZ 28 Mb68
38010 Salter TN 39 Ma70
13027 Salterana VC 45 Ia74
50066 Saltino FI 78 Md86
10082 Salto TO 44 Hd76
31052 Saltore TV 51 Nb74
21050 Saltrio VA 46 If73
39010 Saltusio = Saltaus BZ 28 Mb68
47835 Saludecio RN 75 Nd85
13040 Saluggia VC 45 Ia77
39040 Salurn = Salorno BZ 39 Mb71
13885 Salussola BI 45 Ia76
12037 Saluzzo CN 58 Hc81
00166 Salva Candida RM 89 Nc97
31033 Salvarosa TV 50 Mf74
43011 Salvatico PC 62 Kf79
98168 Salvatore dei Greci ME 114 Qd119
31033 Salvatronda TV 50 Mf74
73050 Salve LE 109 Tb109
89048 Salvi RC 115 Rb119
05018 Salviano LI 76 Lc87
26010 Salvirola CR 47 Ke76
84020 Salvitelle SA 104 Qc105
10060 Salza di Pinerolo TO 58 Ha79
83050 Salza Irpina AV 103 Pf103
30030 Salzano VE 51 Na75
32030 Salzen BL 40 Me72
21017 Samarate VA 46 Ie75
09070 sa Marigosa OR 134 Ic108
09030 Samassi MD 136 If112
09020 Samatzai CA 137 Ka112
88048 Sambiase CZ 112 Rb115
43011 Samboseto PR 62 La79
50028 Sambuca FI 77 Mb87
92017 Sambuca di Sicilia AG 119 Oa123
51020 Sambuca Pistoiese PT 72 Lf84
66020 Sambuceto CH 87 Pb94
62010 Sambucheto MC 81 Oc88
00020 Sambuci RM 90 Nf97
31022 Sambughe TV 51 Nb75
33050 Sammardenchia UD 52 Ob73
70010 Sammichele di Bari BA 106 Rf103
89030 Samo RC 117 Ra120
23027 Samolaco SO 36 Kc71
10010 Samone TO 44 Hf76
27012 Samperone PV 46 Ka77
12020 Sampeyre CN 58 Hb81
16149 Sampierdarena GE 69 If82
97018 Sampieri RG 126 Pe128
90143 Sampolo 119 Oc120
09086 Samugheo OR 134 If109
22010 San Abbondio CO 36 Kb72
37015 San Ambrogio di Valpolicella 49 Le75
86080 San Angelo del Pesco 92 Pb97
12040 San Antonino CN 45 Ia77
24060 San Antonio BG 47 Kf74
30016 San Antonio VE 51 Nd75
38086 San Antonio di Mavignola TN 38 Le71
73030 Sanarica LE 109 Tc108
61030 San Bartolo PU 80 Nf86
24017 San Bartolomeo BG 37 Ke73
31030 San Bartolomeo TV 51 Nc74
14054 San Bartolomeo 59 Ia80
18016 San Bartolomeo al Mare IM 68 Ia85
44040 San Bartolomeo in Bosco FE 64 Md80
82028 San Bartolomeo in Galdo BN 97 Qa100
22010 San Bartolomeo Val Cavargna CO 36 Ka72
28822 San Bartolomeo Valmara VB 35 Ie72
87010 San Basile CS 111 Ra110
74010 San Basilio TA 106 Rf104
09040 San Basilio CA 137 Kb111
26020 San Bassano CR 47 Ke77
45020 San Bellino RO 64 Md78
19020 San Benedetto SP 70 Ke84
67020 San Benedetto 91 Oe95
09016 San Benedetto CI 136 Id112
39037 San Benedetto = Nauders BZ 29 Me68
12050 San Benedetto Belbo CN 59 Ia82
67058 San Benedetto dei Marsi AQ 91 Od96
63039 San Benedetto del Tronto AP 87 Of91
47010 San Benedetto in Alpe FC 73 Me85
46027 San Benedetto Po MN 63 Lf78
87040 San Benedetto Ullano CS 112 Ra112
40048 San Benedetto Val di Sambro BO 73 Mb83
10080 San Benigno Canavese TO 44 He77
48022 San Bernardino RA 65 Mf81
28804 San Bernardino Verbano VB 35 Id73
38020 San Bernardo TN 38 Lf70
10022 San Bernardo 58 He79
17100 San Bernardo SV 68 Ic82
98050 San Biagio ME 122 Qa120
25085 San Biagio BS 48 Lc75
85046 San Biagio PZ 110 Qe109
27026 San Biagio PV 46 If77
83028 San Biagio AV 103 Pf103
41038 San Biagio MO 63 Ma79
06055 San Biagio della Valle PG 84 Nb90
31048 San Biagio di Callalta TV 51 Nc74
92020 San Biagio Platani AG 123 Od123
03040 San Biagio Saracinisco FR 96 Of99
84052 San Biase SA 102 Qb107
89041 San Blasio RC 115 Rc118
29100 San Bonico PC 61 Ke78
37047 San Bonifacio VR 49 Mb76
37030 San Briccio 49 Ma76
66050 San Buono CH 92 Pd97
89842 San Calogero VV 114 Ra117
39038 San Candido = Innichen BZ 30 Nb68
34075 San Canzian d'Isonzo GO 52 Oc74
89030 San Carlo RC 117 Qf121
90033 San Carlo PA 119 Ob123
57027 San Carlo LI 77 Ld90
14011 San Carlo AT 59 Ic79
81037 San Carlo CE 96 Of101
44047 San Carlo FE 64 Mc80
47020 San Carlo FC 74 Nb84
22010 San Carlo CO 36 Kb72
28879 San Carlo VB 35 Ia73
71022 San Carlo d'Ascoli FG 99 Qe102
53040 San Casciano dei Bagni SI 84 Mf91
50026 San Casciano In Val Di Pesa FI 77 Mb87
73020 San Cassiano LE 109 Tb108
39030 San Cassiano = Sankt Kassian BZ 40 Mf69
23020 San Cassiano Valchiavenna SO 36 Kc71
81037 San Castrese CE 96 Of101
93017 San Cataldo CL 120 Of124
85021 San Cataldo PZ 104 Qe104
73100 San Cataldo LE 108 Tb106
46030 San Cataldo MN 63 Le78
00030 San Cesareo RM 89 Ne98
84044 San Cesareo SA 103 Qa105
73016 San Cesario di Lecce LE 108 Ta107
41018 San Cesario sul Panaro MO 63 Ma81
12020 San Chiaffredo CN 58 Hd82
85010 San Chirico Nuovo PZ 105 Ra104
85030 San Chirico Raparo PZ 110 Ra107
90040 San Cipirello PA 119 Ob121
31056 San Cipriano TV 51 Nc75
39050 San Cipriano = Sankt Cyprian BZ 39 Md70
81036 San Cipriano d'Aversa CE 96 Pa102
84099 San Cipriano Picentino SA 103 Pf104
27043 San Cipriano Po PV 61 Kb78
81044 San Clemente CE 96 Of100
84013 San Clemente SA 103 Pe104
81023 San Clemente CE 96 Pc102
47832 San Clemente RN 75 Nd85
25060 San Colombano BS 48 Lc74
50018 San Colombano FI 73 Ma86
16040 San Colombano GE 70 Kb82
47014 San Colombano FC 74 Na84
27010 San Colombano Al Lambro PV 61 Kc77
10080 San Colombano Belmonte TO 44 Hd76
98043 San Cono 114 Qc120
95040 San Cono CT 124 Pc125
89816 San Cono VV 114 Ra116
95024 San Cosmo CT 122 Qb123
87060 San Cosmo Albanese CS 111 Rc111
98060 San Costantino ME 122 Pf120
89817 San Costantino VV 114 Qf116
39050 San Costantino = Sankt Konstantin BZ 39 Md69
85030 San Costantino Albanese PZ 111 Rb108
89851 San Costantino Calabro VV 115 Ra117
61039 San Costanzo PU 75 Oa86
38057 San Cristoforo TN 39 Mb72
15060 San Cristoforo AL 60 Ie80
96011 San Cusumano 125 Qa125
17019 Sanda SV 69 Id82
56045 San Dalmazio PI 77 Lf89
53100 San Dalmazio SI 78 Mb88
20047 San Damiano MI 47 Kb75
29019 San Damiano PC 61 Ke79
47025 San Damiano FC 74 Nb85
27040 San Damiano al Colle PV 61 Kc78
14015 San Damiano d'Asti AT 59 Ia79
12029 San Damiano Macra CN 58 Hb82
33038 San Daniele del Friuli UD 41 Oa72
26046 San Daniele Po CR 62 Lb78
87069 San Demetrio Corone CS 111 Rc111
67028 San Demetrio ne'Vestini 90 Od95
14031 San Desiderio AT 59 Ib79
10050 San Didero TO 58 Hb78
13876 Sandigliano BI 45 Ia75
39032 Sand in Taufers = Campo Tures BZ 30 Mf67
03036 San Domenico 91 Od98
72025 San Donaci BR 108 Sf106
30027 San Donà Di Piave VE 51 Nd75
12056 San Donato CN 59 Ia81
32033 San Donato BL 40 Me72
55023 San Donato LU 72 Lc85
50021 San Donato FI 77 Mb87
50066 San Donato FI 78 Md86
81030 San Donato CE 96 Of101
74100 San Donato TA 107 Sb106
60044 San Donato AN 80 Nf88
58015 San Donato GR 83 Mb93
73010 San Donato di Lecce LE 109 Tb107
87010 San Donato di Ninea CS 110 Ra110
20097 San Donato Milanese MI 47 Kb76
03046 San Donato Val di Comino FR 91 Oe98
58015 San Donato Vecchio GR 83 Mb93
41100 San Donnino MO 63 Lf81
50013 San Donnino FI 72 Ma86

34018 San Dorligo della Valle TS 53 Of75
37014 Sandra VR 49 Le76
36066 Sandrigo VI 50 Md75
89029 Sandulli RC 114 Qf118
02024 San Elpidio RI 90 Ob95
90123 San Erasmo PA 119 Oc120
88841 San Fantino KR 113 Sa115
06061 Sanfatucchio PG 79 Na90
25070 San Faustino BS 48 Lc75
10020 San Fede TO 59 Ia78
17031 San Fedele SV 68 Ib84
22028 San Fedele Intelvi CO 36 Ka73
85020 San Fele PZ 104 Qd104
83010 San Felice AV 97 Pe103
39010 San Felice = Sankt Felix BZ 39 Ma70
81027 San Felice a Cancello CE 97 Pc102
24060 San Felice al Lago BG 47 Kf74
04017 San Felice Circeo LT 94 Oa101
25010 San Felice del Benaco BS 48 Ld75
86030 San Felice del Molise CB 92 Pe97
41038 San Felice sul Panaro MO 64 Ma79
06063 San Feliciano PG 79 Nb90
89025 San Ferdinando RC 117 Qf118
71046 San Ferdinando di Puglia BT 99 Ra101
32036 San Fermo BL 40 Na72
46040 San Fermo MN 48 Ld77
24060 San Fermo BG 48 Kf74
22020 San Fermo della Battaglia CO 46 Ka74
87037 San Fili CS 112 Ra112
89100 San Filippo RC 117 Qd120
50021 San Filippo FI 77 Ma87
87022 San Filippo CS 112 Qf111
98044 San Filippo del Mela ME 122 Qb119
98144 San Filippo-Inferiore ME 114 Qd120
98146 San Filippo-Superiore 116 Qd119
26848 San Fiorano LO 61 Ke78
31020 San Fior di Sopra TV 41 Nc73
31020 San Fior di Sotto TV 41 Nc73
37020 San Floriano VR 49 Lf75
33072 San Floriano PN 41 Nf73
31020 San Floriano TV 50 Mf74
39044 San Floriano = Obereggen BZ 39 Md70
34070 San Floriano del Collio GO 53 Od73
88021 San Floro CZ 115 Rd115
33080 San Foca PN 41 Ne72
73026 San Foca LE 108 Tc107
36030 San Fortunato VI 50 Md74
98060 San Francesco ME 122 Pf120
37028 San Francesco VR 49 Ma75
10070 San Francesco al Campo TO 44 Hd77
98075 San Fratello ME 121 Pd120
12040 Sanfre CN 59 He80
12030 Sanfront CN 58 Hb81
25082 San Gallo BS 48 Lb75
24010 San Gallo BG 47 Ke73
10090 Sangano TO 58 Hc78
27050 San Gaudenzio PV 60 Ka78
09037 San Gavino Monreale MD 136 Ie111
05029 San Gemini TR 85 Nd93
27010 San Genesio 46 Kb77
39050 San Genesio Atesino = Jenesien BZ 39 Mb69
55010 San Gennaro LU 72 Ld85
80040 San Gennaro Vesuviano NA 103 Pd103
13040 San Genuario VC 45 Ia77
15040 San Germano AL 60 Ic78
10065 San Germano Chisone TO 58 Hb79
36040 San Germano dei Berici VI 50 Mc76
13047 San Germano Vercellese VC 45 Ib76
25020 San Gervasio Bresciano BS 48 La77
12080 San Giacomo CN 68 Hf83
06048 San Giacomo PG 85 Ne92
87040 San Giacomo 112 Ra112
27011 San Giacomo PV 61 Kb78
13878 San Giacomo BI 45 Ia75
64032 San Giacomo TE 87 Of93
42016 San Giacomo RE 63 Ld79
66020 San Giacomo 92 Pd96
39050 San Giacomo = St. Jakob BZ 40 Me69
39030 San Giacomo = St.Jakob in Ahrn BZ 30 Na66
39055 San Giacomo = Sankt Jakob BZ 39 Mc70
39049 San Giacomo = Sankt Jakob in Pfitsch BZ 29 Md67
87060 San Giacomo d'Acri CS 112 Rc111
12034 San Giacomo d'Agliasco CN 58 Hb80
86030 San Giacomo degli Schiavoni CB 93 Pf97
46020 San Giacomo delle Segnate MN 63 Ma79
87060 San Giacomo di Chiesa 113 Re111
23038 San Giacomo di Fraele SO 38 Lb69
31020 San Giacomo di Veglia TV 41 Nb73
23020 San Giacomo Filippo CO 36 Kc70
41037 San Giacomo Roncole MO 63 Ma79
13030 San Giacomo Vercellese VC 45 Ib76
21038 Sangiano VA 46 Id73
10040 San Gillio TO 58 Hd78
53037 San Gimignano SI 77 Ma88
62026 San Ginesio MC 81 Ob90
87020 Sangineto CS 110 Qf111
87020 Sangineto Lido CS 110 Qf111
40050 San Giobbe BO 64 Mc81
91026 San Giorgio TP 118 Nd122
98063 San Giorgio ME 116 Qc120
94010 San Giorgio 121 Pc123
15050 San Giorgio AL 60 Ka80
13060 San Giorgio VC 45 Ib75
70045 San Giorgio BA 101 Rf102
47023 San Giorgio FC 74 Nb83
98063 San Giorgio 122 Pf119
39031 San Giorgio = Sankt Georgen BZ 29 Mf68
80046 San Giorgio a Cremano NA 102 Pb103
87060 San Giorgio Albanese CS 111 Rc111
03047 San Giorgio a Liri FR 96 Oe100
30020 San Giorgio al Tagliamento VE 52 Nf74
10090 San Giorgio Canavese TO 44 He76
33095 San Giorgio della Richinvelda PN 41 Nf72
35010 San Giorgio delle Pertiche PD 50 Mf75
82018 San Giorgio del Sannio BN 97 Pf102
30020 San Giorgio di Livenza VE 52 Ne75
27020 San Giorgio di Lomellina PV 60 Ie77
46030 San Giorgio di Mantova 49 Le77
33058 San Giorgio di Nogaro UD 52 Ob74
61030 San Giorgio di Pesaro PU 80 Nf86
40016 San Giorgio di Piano BO 64 Mc81
35010 San Giorgio in Bosco PD 50 Me75
35014 San Giorgio in Brenta PD 50 Me75
37060 San Giorgio in Salici VR 49 Le76
74027 San Giorgio Ionico TA 107 Sc106
82020 San Giorgio La Molara BN 97 Pf101
75027 San Giorgio Lucano MT 111 Rc108
15020 San Giorgio Monferrato AL 60 Ic78
89017 San Giorgio Morgeto RC 115 Ra118
42016 San Giorgio Pieve 63 Le79
20010 San Giorgio su Legnano MI 46 If75
10050 San Giorio di Susa TO 58 Hb78
89050 San Giovanni RC 117 Qe119
89852 San Giovanni VV 115 Ra117
10062 San Giovanni TO 58 Hb80
12062 San Giovanni CN 59 He81
10010 San Giovanni TO 44 He76
67012 San Giovanni AQ 86 Ob94
67067 San Giovanni AQ 90 Ob96
88050 San Giovanni CZ 113 Rd114
90026 San Giovanni PA 121 Pa122
53019 San Giovanni SI 78 Mc88
89868 San Giovanni VV 114 Qf116
33070 San Giovanni 41 Nd72
33072 San Giovanni PN 41 Nf73
28047 San Giovanni NO 46 Id75
82010 San Giovanni BN 97 Pe102
84070 San Giovanni SA 102 Qa107
44020 San Giovanni FE 65 Na80
22021 San Giovanni CO 36 Kb73
67028 San Giovanni AQ 91 Od95
23900 San Giovanni 47 Kc73
07037 San Giovanni SS 131 Id104
82030 San Giovanni BN 97 Pe102
98057 San Giovanni ME 116 Qb119
39030 San Giovanni = Sankt Johann BZ 30 Mf67
56016 San Giovanni alla Vena PI 77 Ld86
33048 San Giovanni al Natisone UD 52 Oc73
84070 San Giovanni a Piro SA 102 Qc108
24015 San Giovanni Bianco BG 47 Kd73
53020 San Giovanni d'Asso SI 78 Md90
46020 San Giovanni del Dosso MN 63 Ma79
58010 San Giovanni delle Contee GR 84 Me92
33077 San Giovanni del Tempio PN 41 Nd73
34013 San Giovanni di Duino TS 53 Od74
89040 San Giovanni di Gerace RC 115 Rb118
09072 San Giovanni di Sinis OR 134 Ic109
95123 San Giovanni Galermo 122 Qa123
92020 San Giovanni Gemini AG 120 Od123
37035 San Giovanni Ilarione VR 49 Mb75
03028 San Giovanni Incarico FR 95 Od99
26037 San Giovanni in Croce CR 62 Lc78
87055 San Giovanni in Fiore CS 113 Re113
86010 San Giovanni in Galdo CB 97 Pe99
47842 San Giovanni in Marignano RN 75 Ne85
40017 San Giovanni in Persiceto BO 64 Mb81
40061 San Giovanni in Triario BO 64 Md81
66050 San Giovanni Lipioni CH 92 Pd97
37057 San Giovanni Lupatoto VR 49 Ma76
95014 San Giovanni Montebello CT 122 Qa122
02100 San Giovanni Reatino RI 89 Nf94
71013 San Giovanni Rotondo FG 100 Qe98
09010 San Giovanni Suergiu CI 136 Id114
66020 San Giovanni Teatino CH 87 Pb94
52027 San Giovanni Valdarno AR 78 Md87
02016 San Giovenale RI 85 Oa93
96100 San Giuliano SR 125 Qa125
30030 San Giuliano VE 51 Nb76
29010 San Giuliano PC 62 Kf78
47900 San Giuliano a Mare RN 75 Nd84
86010 San Giuliano del Sannio CB 97 Pd100
86040 San Giuliano di Puglia CB 93 Pf98
20077 San Giuliano Milanese MI 47 Kb76
15100 San Giuliano Nuovo AL 60 Ie79
56017 San Giuliano Terme PI 71 Lc86
25038 San Giuseppe BS 48 Kf75
53045 San Giuseppe SI 84 Mf90
44022 San Giuseppe FE 65 Nb80
13020 San Giuseppe VC 45 Ia73
62029 San Giuseppe MC 81 Ob89
39030 San Giuseppe = Moos BZ 30 Nc68
90048 San Giuseppe Jato PA 119 Ob121
80047 San Giuseppe Vesuviano NA 103 Pd103
06016 San Giustino PG 79 Nb87
52020 San Giustino Valdarno AR 78 Me87
53019 San Giusto alle Monache SI 78 Mc88
10090 San Giusto Canavese TO 44 He77
50060 San Godenzo FI 73 Md85
29019 San Gorgio Piacentino PC 61 Ke79
33100 San Gottardo UD 52 Ob72
26900 San Grato LO 47 Kc77
89100 San Gregorio RC 117 Qd120
37040 San Gregorio VR 49 Mb76
22015 San Gregorio CO 36 Kb72
67100 San Gregorio 90 Oc95
09048 San Gregorio CA 137 Kc113
24034 San Gregorio BG 47 Kc74
00010 San Gregorio da Sassola RM 89 Nf97
95027 San Gregorio di Catania CT 122 Qa123
89853 San Gregorio d'Ippona VV 115 Ra117
84020 San Gregorio Magno SA 104 Qc105
81010 San Gregorio Matese CE 96 Pc100
32030 San Gregorio nelle Alpi BL 40 Na72
37058 Sanguinetto VR 64 Ma77
81030 San Ianni CE 96 Pa101
25088 Sanico BS 48 Ld75
39040 Sankt Andrä = Sant' Andrea in Monte BZ 29 Me68
39047 Sankt Christina in Gröden = Santa Cristina Valgardena BZ 40 Me69
39050 Sankt Cyprian = San Cipriano BZ 39 Md70
39010 Sankt Felix = San Felice BZ 39 Ma70
39031 Sankt Georgen = San Giorgio BZ 29 Mf68
39010 Sankt Gertraud = Santa Geltrude BZ 38 Ld69
39016 Sankt Gertraud = Santa Gertrude BZ 38 Lf70
39055 Sankt Jakob = San Giacomo BZ 39 Mc70
39050 Sankt Jakob = San Giacomo BZ 40 Me69
39030 Sankt Jakob in Ahrn = San Giacomo BZ 30 Na66
39049 Sankt Jakob in Pfitsch = San Giacomo BZ 29 Md67
39030 Sankt Johann BZ 29 Mb68
39058 Sankt Johann BZ 29 Mc68
39030 Sankt Johann = San Giovanni BZ 30 Mf67
39030 Sankt Kassian = San Cassiano BZ 40 Mf69
39050 Sankt Konstantin = San Costantino BZ 39 Md69
39042 Sankt Leonhard = San Leonardo BZ 29 Me68
39036 Sankt Leonhard = San Leonardo BZ 29 Mf69
39015 Sankt Leonhard in Passeier = San Leonardo in Passiria BZ 29 Mb68
39030 Sankt Lorenzen = San Lorenzo di Sebato BZ 29 Mf68
39040 Sankt Magdalena = Santa Maddalena BZ 29 Me69
39030 Sankt Magdalena in Gsies = Santa Maddalena Vallalta BZ 30 Nb67
39030 Sankt Martin = San Martino BZ 29 Mf68
39030 Sankt Martin = San Martino BZ 30 Mf67
39013 Sankt Martin am Schneeberg = San Martino Monteneve BZ 28 Mb67
39030 Sankt Martin in Gsies = San Martino in Casies BZ 30 Nb68
39010 Sankt Martin in Passeier = San Martino in Passiria BZ 28 Mb68
39030 Sankt Martin in Thurn = San Martino in Badia BZ 29 Mf68
39057 Sankt Michael i.E. = San Michele 39 Mb70
39016 Sankt Nikolaus = San Nicolo BZ 39 Lf69
39050 Sankt Nikolaus-Eggen = San Nicolò d'Ega 39 Md70
39010 Sankt Pankraz = San Pancrazio BZ 28 Ma69
39057 Sankt Pauls Berg = San Paolo Monte BZ 39 Mb70
39040 Sankt Peter = San Pietro BZ 29 Me69
39040 Sankt Peter = San Pietro BZ 29 Md69
39030 Sankt Peter = San Pietro BZ 30 Na66
39030 Sankt Sigmund = San Sigismondo BZ 29 Me68
39030 Sankt Stefan = Santo Stefano BZ 29 Mf68
39046 Sankt Ulrich = Ortisei BZ 40 Me69
39027 Sankt Valentin auf der Haide = San Valentino alla Muta 27 Ld68
39030 Sankt Veit = San Vito BZ 30 Na68
39022 Sankt Vigil = San Vigilio BZ 28 Ma69
39030 Sankt Vigil = San Vigilio BZ 29 Mf68
39016 Sankt Walburg = Santa Valburga BZ 39 Ma69
39027 Sankt Wendelin BZ 28 Ld68
26020 San Latino CR 47 Ke77
87013 San Lauro CS 110 Ra111
61034 San Lazzaro PU 80 Ne86
40068 San Lazzaro di Savino BO 64 Mc82
89134 San Leo RC 117 Qd120
61018 San Leo PU 74 Nc85
52021 San Leolino AR 78 Md88
91025 San Leonardo TP 118 Nc121
33040 San Leonardo UD 53 Od72
27010 San Leonardo PV 61 Kb78
86035 San Leonardo CB 93 Pf98
39042 San Leonardo = Sankt Leonhard BZ 29 Me68
39036 San Leonardo = Sankt Leonhard BZ 29 Mf69
09075 San Leonardo de Siete Fuentes OR 134 Id107
88842 San Leonardo di Cutro KR 113 Rf115
39015 San Leonardo in Passiria = Sankt Leonhard in Passeier BZ 29 Mb68
33080 San Leonardo Valcellina PN 41 Ne72
92100 San Leone AG 123 Od125
82010 San Leucio del Sannio BN 97 Pe102
30020 San Liberale VE 51 Nc75
82030 San Lorenzello BN 97 Pd101
28842 San Lorenzo 35 Ib72
89069 San Lorenzo 117 Qf120
24020 San Lorenzo BG 48 Kf73
33044 San Lorenzo UD 52 Oc73
12040 San Lorenzo TO 59 Hf80
67017 San Lorenzo AQ 86 Ob94
58031 San Lorenzo GR 83 Md91
05032 San Lorenzo TR 85 Nd94
33039 San Lorenzo 41 Nf73
33098 San Lorenzo PN 52 Ne73
31029 San Lorenzo TV 40 Nb73
20014 San Lorenzo MI 46 If75
04020 San Lorenzo LT 96 Oe101
84010 San Lorenzo SA 103 Pd104
41126 San Lorenzo MO 63 Lf81
29014 San Lorenzo PC 62 Kf79
48022 San Lorenzo RA 65 Mf82
33050 San Lorenzo UD 52 Oc74
07033 San Lorenzo SS 132 Id104
08020 San Lorenzo OT 133 Ke104
18017 San Lorenzo al Mare IM 68 Hf85
53015 San Lorenzo a Merse SI 78 Mb90
56026 San Lorenzo a Pagnatico PI 76 Lc86
87070 San Lorenzo Bellizzi CS 111 Rb109
16038 San Lorenzo della Costa GE 69 Kb82
87040 San Lorenzo del Vallo CS 111 Rb110
26038 San Lorenzo de'Picenardi 62 Lb78
39030 San Lorenzo di Sebato = Sankt Lorenzen BZ 29 Mf68
38078 San Lorenzo in Banale TN 39 Lf72
61047 San Lorenzo in Campo PU 80 Nf87
34070 San Lorenzo Isontino GO 53 Od73
82034 San Lorenzo Maggiore BN 97 Pd101
01020 San Lorenzo Nuovo VT 84 Mf92
81043 San Iorio CE 96 Pb102
89030 San Luca RC 115 Ra120
06036 San Luca PG 85 Ne91
87038 San Lucido CS 112 Ra113
82034 San Lupo BN 97 Pd101
09039 Sanluri MD 136 If111
21017 San Macario VA 46 Ie75

55100 San Macario in Piano LU 71 Lc85
84074 San Mango SA 103 Qa107
88040 San Mango d'Aquino CZ 112 Rb114
84090 San Mango Piemonte SA 103 Pe104
83050 San Mango sul Calore AV 97 Pf103
81030 San Marcellino CE 96 Pb103
62032 San Marcello MC 80 Oa90
60030 San Marcello AN 80 Ob87
51028 San Marcello Pistoiese PT 72 Le84
63023 San Marco 81 Oe89
91019 San Marco TP 118 Nd120
35030 San Marco PD 50 Me76
24019 San Marco BG 47 Ke74
67017 San Marco AQ 86 Ob94
33036 San Marco UD 52 Oa72
31023 San Marco TV 50 Mf75
13030 San Marco 45 Ib76
81057 San Marco CE 96 Pa101
81027 San Marco CE 97 Pc102
84048 San Marco SA 103 Pf107
84039 San Marco SA 104 Qc106
06100 San Marco PG 79 Nc90
95011 San Marco CT 122 Qb122
07041 San Marco SS 131 Ib105
89816 San Marco VV 114 Ra116
87018 San Marco Argentano CS 112 Ra111
98070 San Marco d'Alunzio ME 121 Pe120
82029 San Marco dei Cavoti BN 97 Pf101
81020 San Marco Evangelista CE 96 Pc102
71014 San Marco in Lamis FG 100 Qd98
71030 San Marco la Catola FG 97 Qa99
95038 San Maria Di Licodia CT 122 Pf123
06070 San Mariano PG 79 Nb90
60030 San Maria Nuova AN 81 Ob88
05010 San Marino TR 84 Nb92
47890 San Marino ◘ RSM 74 Nc85
41010 San Martino MO 63 Lf80
98048 San Martino ME 116 Qc119
89020 San Martino RC 114 Qf118
23010 San Martino SO 37 Kd71
02020 San Martino RI 90 Nf95
53035 San Martino SI 77 Ma87
33033 San Martino UD 52 Nf73
15030 San Martino AL 60 Ic78
27030 San Martino PV 60 Ie78
17044 San Martino SV 69 Id82
28069 San Martino NO 46 Ie76
26856 San Martino LO 47 Kd78
82018 San Martino BN 97 Pf102
84096 San Martino SA 103 Pf104
40023 San Martino BO 73 Me82
67026 San Martino AQ 90 Od95
66010 San Martino 91 Pb95
25079 San Martino BS 48 Ld74
39058 San Martino = Reinswald BZ 29 Mc68
39030 San Martino = Sankt Martin BZ 29 Mf68
39030 San Martino = Sankt Martin BZ 30 Mf67
01030 San Martino al Cimino VT 84 Na94
14010 San Martino Alfieri AT 59 Ia80
50018 San Martino alla Palma FI 77 Ma86
33098 San Martino al Tagliamento PN 52 Nf72
53013 San Martino al Vento SI 78 Mc88
81037 San Martino a Valogno CE 96 Of101
37036 San Martino Buon Albergo VR 49 Ma76
10010 San Martino Canavese TO 44 He76
85030 San Martino d'Agri PZ 110 Ra107
46010 San Martino dall'Argine MN 63 Ld78
32010 San Martino d'Alpago BL 41 Nc71
25015 San Martino del Battaglia BS 48 Ld76
26040 San Martino del Lago CR 62 Lb78
33081 San Martino di Campagna PN 41 Nd72
38058 San Martino di Castrozza TN 40 Me71
87010 San Martino di Finita CS 112 Ra112
35018 San Martino di Lupari PD 50 Mf75
33050 San Martino di Terzo UD 52 Ob74
45030 San Martino di Venezze RO 65 Mf78
40062 San Martino in Argine BO 64 Md81
39030 San Martino in Badia = Sankt Martin in Thurn BZ 29 Mf68
26022 San Martino in Beliseto CR 48 Kf77
39030 San Martino in Casies = Sankt Martin in Gsies BZ 30 Nb68
39010 San Martino in Passiria = Sankt Martin in Passeier BZ 28 Mb68
86046 San Martino in Pensilis CB 93 Qa97
42018 San Martino in Rio RE 63 Le80
40061 San Martino in Soverzano BO 64 Md81
26817 San Martino in Strada LO 47 Kd77
47100 San Martino in Strada FC 74 Na83
52014 San Martino in Tremoleto AR 78 Me86
39013 San Martino Monteneve = Sankt Martin am Schneeberg BZ 28 Mb67
27028 San Martino Siccomario PV 61 Ka78
52010 San Martino Sopr'Arno AR 78 Mf87
41037 San Martino Spino MO 64 Mb79
58014 San Martino sul Fiora GR 83 Md92
83018 San Martino Valle Caudina AV 97 Pd102
74020 San Marzano di San Giuseppe TA 107 Sd106
14050 San Marzano Oliveto AT 59 Ib80
14100 San Marzanotto AT 59 Ib79
16035 San Massimo GE 69 Kb82
86027 San Massimo CB 97 Pc100
37100 San Massimo all'Adige VR 49 Lf76
12042 San Matteo CN 59 Hf80
46030 San Matteo delle Chiaviche MN 63 Ld78
40014 San Matteo delle Decima BO 64 Mb80
84091 San Mattia SA 103 Pf105
13060 San Maurizio VC 45 Ib75
10077 San Maurizio Canavese TO 44 Hd77
28017 San Maurizio d'Opaglio NO 45 Ic74
50058 San Mauro FI 72 Ma86
64020 San Mauro TE 87 Oe92
84080 San Mauro SA 103 Pd104
62027 San Mauro MC 80 Oa89
90010 San Mauro Castelverde PA 121 Pb121
84070 San Mauro Cilento SA 102 Qa107
37030 San Mauro di Saline VR 49 Ma75
75010 San Mauro Forte MT 105 Rb106
84070 San Mauro la Bruca SA 102 Qb108
88831 San Mauro Marchesato KR 113 Rf114
47030 San Mauro Pascoli FC 74 Nc84
10099 San Mauro Torinese TO 59 He78
71010 San Menaio FG 100 Qf97
87027 San Miceli CS 112 Ra112
04100 San Michele LT 94 Nf100
88040 San Michele CZ 112 Rc115
30121 San Michele VE 51 Nc76
61040 San Michele PU 80 Nf87
48010 San Michele RA 74 Na82
39057 San Michele = Sankt Michael i. E. 39 Mb70
38010 San Michele all'Adige TN 39 Ma71
30028 San Michele al Tagliamento VE 52 Nf74
50018 San Michele a Torri 77 Ma86
43035 San Michele de'Gatti PR 62 Lb80
41049 San Michele dei Mucchietti MO 63 Le81
35010 San Michele delle Badesse PD 50 Mf75
95040 San Michele di Ganzaria CT 124 Pc125
31010 San Michele di Piave TV 51 Nc74
07037 San Michele di Plaianu SS 131 Id104
83020 San Michele di Serino AV 103 Pf103
43030 San Michele di Tiorre PR 62 Lb80
37100 San Michele Extra VR 49 Ma76
46010 San Michele in Bosco MN 63 Ld78
01020 San Michele in Teverina VT 84 Nb93
12080 San Michele Mondovi CN 68 Hf82
72018 San Michele Salentino BR 108 Sd105
56028 San Miniato PI 77 Lf86
56028 San Miniato Basso PI 77 Lf86
87060 San Morello CS 113 Rf112
54016 Sannaco MS 71 Kf83
84082 San Nazario SA 103 Pe104
84070 San Nazario SA 102 Qb108
29010 San Nazzaro PC 62 Kf78
43018 San Nazzaro PR 62 Lb79
27039 Sannazzaro de'Burgondi PV 60 If78
28060 San Nazzaro Sesia NO 45 Ic76
22010 San Nazzaro Val Cavargna CO 36 Ka72
70028 Sannicandro di Bari BA 100 Re102
71015 Sannicandro Garganico FG 100 Qd97
98040 San Nicola ME 114 Qc119
89031 San Nicola RC 114 Qe119
89030 San Nicola RC 115 Ra119
89041 San Nicola RC 115 Rc118
67049 San Nicola AQ 90 Ob95
84051 San Nicola SA 102 Qb108
73017 Sannicola LE 109 Ta108
87020 San Nicola Arcella CS 110 Qe109
83050 San Nicola Baronia AV 98 Qb102
89821 San Nicola da Crissa VV 115 Rb117
89844 San Nicola de Legistis VV 114 Qf117
88817 San Nicola dell'Alto KR 113 Rf113
71040 San Nicola di Tremiti FG 93 Qd96
90019 San Nicola l'Arena PA 120 Od120
81020 San Nicola la Strada CE 96 Pb102
82010 San Nicola Manfredi BN 97 Pe102
71010 San Nicola Varano FG 100 Qe97
95022 San Nicolo CT 122 Qa123
89866 San Nicolo 114 Qf117
23030 San Nicolo SO 38 Lc70
29010 San Nicolo 61 Kd78
44011 San Nicolo FE 64 Me80
39016 San Nicolo = Sankt Nikolaus BZ 39 Lf69
64020 San Nicolo a Tordino TE 87 Oe92
09097 San Nicolo d'Arcidano OR 134 Id110
39050 San Nicolò d'Ega = Sankt Nikolaus-Eggen 39 Md70
06053 San Nicolo di Celle PG 84 Nc90
32040 San Nicolo di Comelico BL 30 Nd69
09040 San Nicolo Gerrei CA 137 Kb112
46031 San Nicolo Po MN 63 Lf78
20080 San Novo MI 46 Ka76
38065 Sano TN 49 Lf73
25036 San Pancrazio BS 47 Kf75
10044 San Pancrazio TO 58 Hd78
50020 San Pancrazio FI 77 Ma87
48020 San Pancrazio RA 74 Na82
39010 San Pancrazio = Sankt Pankraz BZ 28 Ma69
72026 San Pancrazio Salentino BR 108 Sf106
67020 San Panfilo d'Ocre AQ 90 Oc95
07030 San Pantaleo SS 132 Ie104
07026 San Pantaleo OT 130 Kc102
89069 San Pantaleone RC 117 Qf121
98051 San Paolo ME 122 Qb120
25020 San Paolo BS 48 La76
33075 San Paolo PN 52 Nf73
27030 San Paolo PV 46 Id77
74015 San Paolo TA 107 Sb105
96017 San Paolo BS 125 Qa127
85030 San Paolo Albanese PZ 111 Rc108
80030 San Paolo Bel Sito NA 103 Pd103
13812 San Paolo Cervo BI 45 Ia75
24060 San Paolo d'Argon BG 47 Ke74
71010 San Paolo di Civitate FG 93 Qb98
60038 San Paolo di Jesi AN 80 Ob88
39057 San Paolo Monte = Sankt Pauls Berg BZ 39 Mb70
14010 San Paolo Solbrito AT 59 Hf79
07020 San Pasquale OT 130 Kb101
60027 San Paterniano AN 81 Oc87
67051 San Pelino AQ 90 Oc96
50033 San Pellegrino FI 73 Mc84
06023 San Pellegrino PG 80 Ne89
24016 San Pellegrino Terme BG 47 Kd73
37024 San Peretto VR 49 Lf75
89050 San Peri RC 114 Qe119
34070 San Pier d'Isonzo GO 52 Oc73
98045 San Pier Niceto ME 116 Qc120
50012 San Piero a Ema FI 78 Mb86
50013 San Piero a Ponti FI 72 Ma86
50037 San Piero a Sieve FI 73 Mb85
47026 San Piero in Bagno FC 74 Mf85
57034 San Piero In Campo LI 82 Lb92
52010 San Piero in Frassino AR 78 Me86
98068 San Piero Patti ME 116 Pf120
98057 San Pietro ME 116 Qb119
98055 San Pietro 114 Qa117
25032 San Pietro BS 47 Kf75
25040 San Pietro BS 48 Ld76
23817 San Pietro LC 37 Kc73
88841 San Pietro KR 113 Sa115
33030 San Pietro UD 52 Nf71
33033 San Pietro UD 52 Nf73
31016 San Pietro TV 40 Na73
30010 San Pietro VE 50 Na76
12040 San Pietro CN 59 Ia80
83026 San Pietro AV 103 Pe104
84010 San Pietro SA 103 Pd104
84013 San Pietro SA 103 Pe104
60011 San Pietro AN 80 Nf87
37030 San Pietro VR 49 Ma77
46041 San Pietro MN 48 Lc77
37030 San Pietro VR 49 Mb77
26030 San Pietro CR 62 La77
41030 San Pietro MO 63 Ma80
17051 San Pietro SV 68 Ia85
23027 San Pietro SO 36 Kc71
22018 San Pietro CO 36 Ka72
08020 San Pietro OT 133 Kd104
39040 San Pietro = Sankt Peter BZ 29 Me69
39040 San Pietro = Sankt Peter BZ 29 Md69
39030 San Pietro = Sankt Peter BZ 30 Na66
33049 San Pietro al Natisone UD 52 Oc72
20010 San Pietro all' Olmo MI 46 Ka76
84030 San Pietro al Tanagro SA 104 Qc106
88025 San Pietro A Maida CZ 115 Rc115
88025 San Pietro a Maida Scalo CZ 112 Rb115
88040 San Pietro Apostolo CZ 112 Rc114
86088 San Pietro Avellana IS 91 Pb98
56033 San Pietro Belvedere PI 77 Ld87
95030 San Pietro Clarenza CT 122 Qa123
32040 San Pietro di Cadore BL 41 Nd69
89020 San Pietro di Carida RC 117 Ra117
31020 San Pietro di Feletto TV 40 Nb73
37050 San Pietro di Morubio VR 49 Mb77
24015 San Pietro d'Orzio BG 37 Kd73
87030 San Pietro in Amantea CS 112 Ra114
74024 San Pietro in Bevagna TA 107 Se107
48100 San Pietro in Campiano RA 74 Nb83
37029 San Pietro in Cariano VR 49 Lf75
40018 San Pietro in Casale BO 64 Mc80
29010 San Pietro in Cerro PC 62 Kf78
29010 San Pietro in Corte PC 62 Kf78
03037 San Pietro in Curolis FR 95 Oe100
81049 San Pietro Infine CE 96 Of100
35010 San Pietro in Gu PD 50 Md75
87047 San Pietro in Guarano CS 112 Rb112
73010 San Pietro in Lama LE 108 Ta107
86090 San Pietro in Valle IS 97 Pc99
48020 San Pietro in Vincoli RA 74 Na83
28060 San Pietro Mosezzo NO 45 Id76
36070 San Pietro Mussolino VI 49 Mb75
45030 San Pietro Polesine RO 64 Mb78
36010 San Pietro Valdastico VI 39 Mc73
10060 San Pietro Val Lemina TO 58 Hb79
72027 San Pietro Vernotico BR 108 Sf106
35020 San Pietro Viminario PD 50 Me77
67020 San Pio delle Camere AQ 91 Od95
81016 San Polito Sannitico CE 96 Pc100
00010 San Polo del Cavalieri RM 89 Nf96
42020 San Polo d'Enza RE 62 Lc81
31020 San Polo di Piave TV 51 Nc74
50020 San Polo in Chianti FI 78 Mc86
86020 San Polo Matese CB 97 Pc100
10080 San Ponso TO 44 He76
41039 San Possidonio MO 63 Lf79
48022 San Potito RA 74 Mf82
83050 San Potito Ultra AV 103 Pf103
81054 San Prisco CE 96 Pb102
89020 San Procopio RC 117 Qf119
41030 San Prospero MO 63 Ma80
29017 San Protaso PC 62 Kf79
58010 San Quirico GR 84 Me92
51017 San Quirico PT 72 Le85
53027 San Quirico d'Orcia SI 83 Md90
33080 San Quirino PN 41 Ne72
10090 San Raffaele TO 59 Hf78
89050 San Roberto RC 114 Qe119
34015 San Rocco 53 Oe75
23030 San Rocco SO 37 La69
23036 San Rocco SO 38 La71
37020 San Rocco VR 49 Lf75
25018 San Rocco BS 48 Lc76
55064 San Rocco 71 Lc85
51036 San Rocco PT 72 Lf86
12046 San Rocco CN 59 Hf79
15010 San Rocco AL 60 Id80
43011 San Rocco 62 Kf79
46026 San Rocco MN 63 Ma79
28885 San Rocco VB 35 Ib72
66010 San Rocco CH 92 Pb95
16038 San Rocco GE 70 Ka82
26865 San Rocco al Porto LO 61 Ke78
53010 San Rocco a Pilli SI 78 Mb89
28866 San Rocco Cadarese VB 35 Ic71
56020 San Romano PI 77 Le86
55038 San Romano in Garfagnana LU 71 Lc83
60044 San Romualdo AN 80 Oa88
48100 San Romualdo RA 65 Nb82
64030 San Romualdo TE 87 Of93
40100 San Ruffillo BO 64 Mc82
84030 San Rufo SA 104 Qc106
35040 San Salvaro PD 50 Mc77
29022 San Salvatore PC 61 Kc80
26048 San Salvatore CR 62 Lb78
09072 San Salvatore OR 134 Ic109
98070 San Salvatore di Fitalia ME 122 Pe120
15046 San Salvatore Monferrato AL 60 Id79
82030 San Salvatore Telesino BN 97 Pc101
66050 San Salvo CH 92 Pe96
29023 San Savino PC 61 Kd80
06063 San Savino PG 79 Nb90
53045 San Savino SI 84 Mf90
47040 San Savino RN 75 Nd85
48010 San Savino RA 65 Mf82

67050 San Sebastiano AQ 91 Oe97
80040 San Sebastiano al Vesuvio NA 102 Pc103
15056 San Sebastiano Curone AL 60 Ka80
10020 San Sebastiano da Po TO 59 Hf78
81052 San Secondino CE 96 Pb101
13885 San Secondo BI 45 Ia76
10060 San Secondo di Pinerolo TO 58 Hb79
43017 San Secondo Parmense PR 62 Lb79
52037 Sansepolcro AR 79 Na87
00058 San Severa RM 88 Mf96
85030 San Severino Lucano PZ 111 Ra108
62027 San Severino Marche MC 80 Ob89
71016 San Severo FG 93 Qc98
48010 San Severo RA 74 Mf82
39030 San Sigismondo = Sankt Sigmund BZ 29 Me68
46010 San Silvestro MN 63 Le78
65129 San Silvestro PE 87 Pb94
24010 San Simone 37 Ke72
09040 San Simone MD 134 Ka111
20153 San Siro MI 46 Ka76
46027 San Siro MN 63 Lf78
35023 San Siro PD 65 Mf77
22010 San Siro CO 36 Kb72
61026 San Sisto PU 79 Nc86
87030 San Sisto dei Valdesi CS 112 Ra112
83028 San Sossio 103 Pf103
83050 San Sossio Baronia AV 98 Qb102
88060 San Sostene CZ 115 Rc117
87010 San Sosti CS 110 Ra111
09026 San Sperate CA 137 Ka112
89133 San Sperato 117 Qe120
30020* San Stino di Livenza VE 51 Ne74
05014 Santa Allerona TR 84 Na92
25056 Santa Apollonia 38 Lc71
98065 Santa Barbara ME 116 Qa120
93100 Santa Barbara CL 120 Pa123
87033 Santa Barbara CS 112 Ra113
84052 Santa Barbara SA 102 Qb107
97017 Santa Barbara 124 Pd128
50065 Santa Brigida FI 73 Mc85
24010 Santa Brigida BG 37 Kd73
36046 Santa Caterina VI 50 Md74
58053 Santa Caterina GR 83 Mc92
32014 Santa Caterina BL 41 Nc69
73048 Santa Caterina LE 109 Sf108
52044 Santa Caterina AR 79 Mf89
41033 Santa Caterina MO 63 Lf79
39020 Santa Caterina = Katharina-berg BZ 28 Lf68
87010 Santa Caterina Albanese CS 110 Ra111
88060 Santa Caterina dello Ionio CZ 115 Rd117
88060 Santa Caterina dello Ionio-Marina CZ 115 Rd117
09073 Santa Caterina di Pittinuri OR 134 Ic108
23030 Santa Caterina Valfurva SO 38 Lc70
93018 Santa Caterina Villarmosa CL 120 Pa123
73020 Santa Cesarea Terme LE 109 Tc108
09080 Santa Chiara OR 134 Ie108
23036 Santa Cristina SO 37 La71
27057 Santa Cristina PV 61 Kb80
28021 Santa Cristina NO 45 Ic74
27010 Santa Cristina-Bissone 61 Kc78
89056 Santa Cristina d'Aspromonte RC 114 Qf119
90030 Santa Cristina Gela PA 119 Ob121
39047 Santa Cristina Valgardena = Sankt Christina in Gröden BZ 40 Me69
38071 Santa Croce 38 Lf72
23020 Santa Croce SO 36 Kc71
24016 Santa Croce BG 47 Ke73
34011 Santa Croce TS 53 Oe74
81050 Santa Croce CE 96 Pb101
81030 Santa Croce CE 96 Of101
97017 Santa Croce Camerina RG 124 Pd128
82020 Santa Croce del Sannio BN 97 Pe100
86047 Santa Croce di Magliano CB 93 Pf98
56029 Santa Croce sull'Arno PI 77 Le86
09010 Santadi CI 136 Ie114
09010 Santadi Basso CA 136 Ie114
89862 Santa Domenica VV 114 Qf117
87020 Santa Domenica Talao CS 110 Qf110
98030 Santa Domenica Vittoria ME 116 Pf121
65100 Santa Filomena PE 87 Pb94
58037 Santa Fiora GR 83 Md91
52100 Santa Firmina AR 78 Mf88
90017 Santa Flavia PA 120 Od120
96010 Santa Foca 125 Qb126
31056 Santa Fosca TV 51 Nc75
86070 Sant' Agapito IS 96 Pb99
98166 Sant'Agata ME 117 Qd119
50038 Sant'Agata 73 Mb84
83029 Sant'Agata AV 103 Pe103
52044 Sant'Agata AR 79 Mf89
29010 Sant'Agata PC 62 La78
22010 Sant'Agata SO 36 Kc72
40019 Sant'Agata Bolognese BO 64 Ma81
82019 Sant'Agata De Goti BN 97 Pd102
89030 Sant'Agata del Bianco RC 117 Ra120
87010 Sant'Agata di Esaro CS 110 Qf111
71028 Sant'Agata di Puglia FG 98 Qc102
61019 Sant'Agata Feltria PU 74 Nb85
15050 Sant'Agata Fossili AL 60 If80
95030 Sant' Agata li Batt 122 Qa123
98076 Sant'Agata Militello 121 Pd120
80061 Sant'Agata sui Due Golfi NA 102 Pc105
48020 Sant'Agata sul Santerno RA 74 Mf82
39010 Santa Geltrude = Sankt Gertraud BZ 38 Ld69
39016 Santa Gertrude = Sankt Gertraud BZ 38 Lf70
89010 Santa Giorgia RC 117 Qf119
27046 Santa Giuletta PV 61 Kb78
45018 Santa Giulia RO 65 Nc79
17058 Santa Giulia SV 59 Ib82
09096 Santa Giusta OR 134 Id109
36045 Santa Giustina VI 49 Mc76
25014 Santa Giustina BS 48 Lb76
32035 Santa Giustina BL 40 Na72
47900 Santa Giustina RN 75 Nc84
35010 Santa Giustina in Colle PD 50 Mf75
80065 Sant'Agnello NA 102 Pc105
44047 Sant'Agostino FE 64 Mc80
27050 Sant'Albano PV 61 Kb79
12040 Sant'Albano Stura CN 59 He81
31059 Sant'Alberto TV 51 Na75
40018 Sant'Alberto BO 64 Mc80
48020 Sant'Alberto RA 65 Na81
27016 Sant'Alessio con Vialone PV 46 Kb77
89050 Sant'Alessio in Aspromonte RC 114 Qe119
98030 Sant'Alessio Siculo ME 116 Qc121
95010 Sant' Alfio CT 122 Qa122
56040 Santa Luce PI 77 Ld88
23030 Santa Lucia SO 38 Lc70
56025 Santa Lucia 77 Ld87
64020 Santa Lucia TE 87 Of92
84090 Santa Lucia SA 103 Pf105
75024 Santa Lucia MT 106 Rd105
70043 Santa Lucia BA 107 Sb103
06012 Santa Lucia PG 79 Nb88
46026 Santa Lucia 63 Ma78
08029 Santa Lucia NU 133 Ke105
98125 Santa Lucia ME 114 Qd120
98046 Santa Lucia Del Mela ME 116 Qb120
33070 Santa Lucia di Budoia PN 41 Nd72
31025 Santa Lucia di Piave TV 51 Nb73
83020 Santa Lucia di Serino AV 103 Pf103
39040 Santa Maddalena = Sankt Magdalena BZ 29 Me69
39030 Santa Maddalena Vallalta = Sankt Magdalena i Gsies BZ 30 Nb67
38061 Santa Margherita TN 49 Ma74
10024 Santa Margherita TO 59 He78
64032 Santa Margherita TE 87 Of93
43036 Santa Margherita 62 La80
09010 Santa Margherita CA 136 If115
35040 Santa Margherita d'Adige PD 50 Md77
92018 Santa Margherita Di Belice AG 119 Oa122
27050 Santa Margherita di Staffora PV 61 Kb80
16038 Santa Margherita Ligure GE 70 Kb82
89866 Santa Maria 114 Qf117
36035 Santa Maria VI 50 Mc74
36043 Santa Maria VI 50 Me75
37059 Santa Maria VR 49 Ma76
88100 Santa Maria CZ 113 Rd115
59024 Santa Maria PO 72 Ma85
33050 Santa Maria UD 52 Oa73
13060 Santa Maria VC 45 Ib75
95024 Santa Maria Ammalati CT 122 Qa123
81028 Santa Maria a Vico CE 97 Pc102
81055 Santa Maria Capua Vetere CE 96 Pb102
07030 Santa Maria Coghinas SS 132 If103
06081 Santa Maria degli Angeli PG 85 Nd90
26020 Santa Maria dei Sabbioni CR 47 Kf77
09030 Santa Maria de is Acquas MD 134 Ie111
87020 Santa Maria del Credo CS 110 Qe110
61100 Santa Maria dell'Arzilla PU 75 Nf85
98057 Santa Maria delle Grazie 116 Qb119
86096 Santa Maria del Molise IS 96 Pc99
21100 Santa Maria del Monte VA 46 Ie73
29019 Santa Maria del Rivo PC 61 Ke79
00100 Santa Maria del Soccorso RM 89 Nd97
43059 Santa Maria del Taro PR 70 Kc82
31040 Santa Maria di Campagna TV 51 Nd74
84084 Santa Maria di Castellabate SA 103 Pf107
00060 Santa Maria di Galeria RM 89 Nb96
25019 Santa Maria di Lugana BS 48 Ld76
81040 Santa Maria di Mortola CE 96 Of100
75022 Santa Maria d'Irsi MT 105 Rc104
30036 Santa Maria di Sala VE 50 Na75
35030 Santa Maria di Veggiano PD 50 Me76
23889 Santa Maria Hoe LC 47 Kc74
66030 Santa Maria Imbaro CH 92 Pc95
66054 Santa Maria Incoronata CH 92 Pe96
04026 Santa Maria Infante LT 95 Oe101
37142 Santa Maria in Stelle 49 Ma76
87046 Santa Maria la Castagna CS 112 Ra112
81050 Santa Maria la Fossa CE 96 Pa102
33050 Santa Maria la Longa UD 52 Ob73
07041 Santa Maria la Palma SS 131 Ib105
80040 Santa Maria la Scala NA 103 Pc104
87010 Santa Maria le Grotte CS 112 Ra112
45030 Santa Maria Maddalena RO 64 Md79
28857 Santa Maria Maggiore VB 35 Ic72
08040 Santa Maria Navarrese OG 135 Ke109
47023 Santa Maria Nova FC 74 Nb83
00166 Santa Maria Nuova RM 89 Nb97
47842 Santa Maria Pietrafitta RN 75 Ne85
22010 Santa Maria Rezzonico CO 36 Kb72
98057 Santa Marina ME 116 Qb119
84070 Santa Marina SA 110 Qd108
98050 Santa Marina Salina ME 116 Pf117
00058 Santa Marinella RM 88 Mf96
33030 Santa Marizza UD 52 Nf73
66010 Santa Marrucina 91 Pb95
21100 Sant'Ambrogio VA 46 Ie73
10057 Sant'Ambrogio di Torino TO 58 Hc78
03040 Sant'Ambrogio sul Garigliano FR 96 Of100
81050 San Tammaro CE 96 Pb102
80048 Sant'Anastasia NA 102 Pc103
31040 Sant'Anastasio TV 51 Ne74
06043 Sant'Anatolia PG 90 Ob96
06040 Sant'Anatolia di Narco PG 85 Nf92
31050 Santandra TV 51 Nb74
33048 Sant'Andrat UD 52 Oc73
33048 Sant'Andrat UD 52 Oa73
37100 Sant'Andrea VR 49 Ma75
33087 Sant'Andrea PN 51 Nd73
31033 Sant'Andrea TV 50 Mf75
81050 Sant'Andrea CE 96 Pa102
85020 Sant'Andrea PZ 104 Qd103
43011 Sant'Andrea PR 62 La79
47034 Sant'Andrea FC 74 Na83
21034 Sant'Andrea VA 46 Ie73
09045 Sant' Andrea CA 137 Kb113
43030 Sant'Andrea a Mane PR 62 Lb79
83028 Sant'Andrea Aposti AV 103 Pe103
88060 Sant'Andrea Apostolo dello Ionio CZ 115 Rd117
43040 Sant'Andrea Bagni PR 62 La80
91019 Sant'Andrea Bonagia TP 118 Nd120
81055 Sant'Andrea de'Lagni CE 96 Pb102
03040 Sant'Andrea del Garigliano FR 96 Of100
83053 Sant'Andrea di Conza AV 104 Qc103
16035 Sant'Andrea di Foggia GE 70 Kb82
09040 Sant'Andrea Frius CA 137 Kb112
39040 Sant' Andrea in Monte = Sankt Andrä BZ 29 Me68
50026 Sant' Andrea in Percussina FI 77 Mb86
98043 Sant'Andrea Maiorani ME 116 Qc119
89831 Sant' Angelo 115 Rb117
02016 Sant'Angelo RI 85 Oa93
01100 Sant'Angelo 84 Nb93
87022 Sant'Angelo CS 112 Qf111
30036 Sant'Angelo VE 50 Na75
85021 Sant'Angelo PZ 105 Qe104
60019 Sant'Angelo AN 80 Ob86
47030 Sant'Angelo FC 74 Nc84
80070 Sant'Angelo NA 102 Of104
82010 Sant'Angelo a Cupolo BN 97 Pe102
84027 Sant'Angelo a Fasanella SA 104 Qc106
83050 Sant'Angelo all'Esca AV 97 Pf102
83010 Sant'Angelo a Scala AV 97 Pe103
81017 Sant'Angelo d'Alife CE 96 Pb100
83054 Sant'Angelo dei Lombardi AV 104 Qb103
98060 Sant'Angelo di Brolo ME 122 Pf120
35020 Sant'Angelo di Piove di Sacco PD 50 Na76
53024 Sant'Angelo in Colle SI 83 Mc91
81043 Sant'Angelo in Formis CE 96 Pb102
61020 Sant'Angelo in Lizzola PU 75 Ne86
62020 Sant'Angelo in Pontano MC 81 Oc90
03043 Sant'Angelo in Theodice FR 96 Oe100
61048 Sant'Angelo in Vado PU 79 Nc87
85050 Sant'Angelo le Fratte PZ 104 Qd105
86020 Sant'Angelo Limosano CB 92 Pd98
26866 Sant'Angelo Lodigiano LO 47 Kc77
27030 Sant'Angelo Lomellina PV 46 Id77
92020 Sant'Angelo Muxaro AG 120 Od124
00010 Sant'Angelo Romano RM 89 Ne96
91029 Santa Ninfa TP 119 Nf122
60024 Sant'Anna KR 81 Ob88
89028 Sant'Anna RC 114 Qf119
88841 Sant'Anna KR 113 Sa114
92010 Sant' Anna KR 119 Ob123
92020 Sant'Anna AG 123 Oe124
09010 Sant'Anna Arresi CI 136 Id114
37020 Sant'Anna d'Alfaedo VR 49 Lf75
30020 Sant'Anna di Boccafossa VE 51 Ne75
50059 Sant'Ansano FI 72 Lf86
47835 Sant'Ansovino RN 75 Nd85
80029 Sant'Antimo NA 96 Pb103
09017 Sant'Antioco CI 136 Ic114
07014 Sant'Antioco di Bisarcio SS 132 If105
12040 Sant'Antonino CN 59 He81
31030 Sant'Antonino TV 51 Nb75
10050 Sant'Antonino di Susa TO 58 Hb78
21015 Sant'Antonino Ticino VA 46 Ie75
23030 Sant'Antonio SO 38 Lc70
33050 Sant'Antonio UD 52 Oc74
32040 Sant'Antonio BL 41 Nc69
32028 Sant'Antonio 40 Na72
12050 Sant' Antonio 59 Ia80
37040 Sant'Antonio VR 49 Mc77
37040 Sant'Antonio VR 49 Mb78
43047 Sant'Antonio PR 62 Kf80
40059 Sant'Antonio BO 64 Me81
91011 Sant' Antonio PA 119 Oa121
80057 Sant'Antonio Abate NA 103 Pd104
84098 Sant'Antonio a Picenzia SA 103 Pf105
07030 Sant'Antonio di Gallura OT 130 Kb103
09031 Sant'Antonio di Santadi OR 134 Ic110
41016 Sant'Antonio in Mercadello MO 63 Lf79
23030 Sant'Antonio Morignone SO 38 Lc70
26030 Sant'Antonio Negri CR 62 Lb77
96100 Santa Panagia SR 125 Qb126
83030 Santa Paolina AV 97 Pf102
03048 Sant'Apollinare FR 96 Oe100
66038 Sant' Apollinare CH 92 Pc95
25065 Sant'Apollonio BS 48 Lb75
85037 Sant'Arcangelo PZ 111 Rb107
47822 Santarcangelo di Romagna RN 74 Nc84
82021 Sant'Arcangelo Trimonte BN 97 Pf101
07028 Santa Reparata OT 130 Ka101
93100 Santa Rita 123 Pa124
81030 Sant'Arpino CE 96 Pb103
84037 Sant'Arsenio SA 104 Qc106
02010 Santa Rufina RI 85 Nf94
72012 Santa Sabina BR 108 Se104
88832 Santa Severina KR 113 Rf114
47018 Santa Sofia FC 74 Mf85
87048 Santa Sofia d'Epiro CS 112 Rb111
84090 Santa Tecla SA 103 Pf104
95024 Santa Tecla CT 122 Qb123
91022 Santa Teresa 118 Ne123
98028 Santa Teresa di Riva ME 116 Qc121
07028 Santa Teresa Gallura OT 130 Kb101
39016 Santa Valburga = Sankt Walburg BZ 39 Ma69
09122 Sant' Avendrace CA 137 Ka113
91025 Santa Venera TP 118 Nc122
95016 Santa Venera 122 Qb122
61100 Santa Veneranda PU 75 Nf85
95010 Santa Venerina CT 122 Qa122
98069 Santa Verena ME 122 Qb120
42044 Santa Vittoria RE 63 Ld79
07033 Santa Vittoria SS 132 Ie104
12069 Santa Vittoria d'Alba CN 59 Hf80
63028 Santa Vittoria in Matenano AP 86 Oc90
06080 Sant'Egidio PG 79 Nc90
47023 Sant'Egidio FC 74 Nb84
64016 Sant'Egidio alla Vibrata TE 86 Oe92
84010 Sant'Egidio del Monte Albino SA 103 Pd104
62027 Sant'Elena MC 80 Oa89
35040 Sant'Elena PD 50 Me77
86095 Sant'Elena Sannita IS 97 Pc99
89126 Sant'Elia 117 Qe120
89065 Sant'Elia RC 117 Qe121
88100 Sant'Elia CZ 113 Rd115
90017 Sant'Elia PA 120 Od120
09126 Sant'Elia CA 137 Ka113

86048 Sant'Elia a Pianisi CB 97 Pf99
03049 Sant'Elia di Fiumerapido 96 Of99
92020 Sant' Elisabetta 123 Od124
50066 Sant'Ellero FI 78 Mc86
63019 Sant'Elpidio a Mare AP 81 Oe89
63020 Sant'Elpidio Morico AP 86 Od90
67067 Sante Marie AQ 90 Ob96
10026 Santena TO 59 He79
95036 San Teodoro CT 116 Qa121
98030 San Teodoro ME 121 Pe121
08020 San Teodoro OT 133 Ke104
70029 Santeramo in Colle BA 106 Re104
62032 Sant'Erasmo MC 80 Oa90
30141 Sant'Erasmo VE 51 Nc76
48020 Santerno RA 74 Na82
65020 Sant' Eufemia a Maiella PE 91 Pa96
89027 Sant'Eufemia d'Aspromonte RC 114 Qf119
25100 Sant'Eufemia del Fonte BS 48 Lb75
88040 Sant'Eufemia Lamezia CZ 112 Rb115
88040 Sant'Eufemia Vetere CZ 112 Rb115
31030 Sant'Eulalia TV 50 Me74
66037 Sant'Eusanio del Sangro CH 92 Pb95
67020 Sant' Eusanio Forconese AQ 90 Od95
41014 Sant'Eusebio MO 63 Lf81
13048 Santhia VC 45 Ib76
04020 Santi Cosma e Damiano LT 96 Oe101
91025 Santi Filippo e Giacomo TP 118 Nd121
81013 Santi Giovanni e Paolo CE 96 Pc101
20014 Sant'Ilario MI 46 If75
85020 Sant'Ilario PZ 104 Qe104
89040 Sant'Ilario dello Ionio RC 115 Rb119
42049 Sant'Ilario d'Enza RE 62 Lc80
57034 Sant' Ilario in Campo LI 82 Lb92
02012 Santi Lorenzo e Flaviano RI 86 Ob93
29010 Sant'Imento PC 61 Kd78
87100 Sant'Ippolito CS 112 Rb113
61040 Sant'Ippolito PU 80 Nf86
73045 Sant'Isidoro LE 109 Sf107
09044 Sant'Isidoro CA 137 Kb113
98040 Santissimo Salvatore ME 116 Qc119
89824 San Todaro VV 115 Rc118
33030 Sant'Odorico UD 52 Nf72
67046 Santo Iona AQ 90 Od96
16010 Sant'Olcese GE 60 If82
03037 Sant'Oliva FR 95 Od100
25081 San Tomaso 48 Lc76
33030 San Tomaso UD 52 Oa71
32020 San Tomaso Agordino BL 40 Mf70
84020 Santomenna SA 104 Qb104
64027 Sant'Omero TE 87 Oe92
36033 San Tomio VI 50 Mc75
88049 San Tommaso CZ 112 Rc114
42011 San Tommaso RE 63 Le80
24038 Sant'Omobono Imagna BG 47 Kd74
00135 Sant'Onofrio RM 89 Nc97
89843 Sant'Onofrio VV 115 Ra116
64012 Sant'Onofrio TE 86 Oe92
03030 Santopadre FR 95 Od99
91025 Santo Padre delle Perriere TP 118 Nd122
95041 Santo Pietro CT 124 Pc126
00060 Sant'Oreste RM 89 Nd95
36014 Santorso VI 49 Mc74
38050 Sant'Orsola Terme TN 39 Mb72
38080 Santo Stefano TN 38 Le71
37040 Santo Stefano VR 49 Mc76
67067 Santo Stefano AQ 90 Ob96
33030 Santo Stefano UD 52 Oa71
60011 Santo Stefano AN 80 Nf88
48100 Santo Stefano RA 74 Nb83
86100 Santo Stefano IS 97 Pd99
39030 Santo Stefano = Sankt Stefan BZ 29 Mf68
18010 Santo Stefano al Mare IM 68 Hf85
12058 Santo Stefano Belbo CN 59 Ib80
16049 Santo Stefano d'Aveto GE 61 Kc81
83050 Santo Stefano del Sole AV 103 Pf103
98126 Santo Stefano-di Briga ME 116 Qc120
32045 Santo Stefano di Cadore BL 41 Nd69
98077 Santo Stefano Di Camastra ME 121 Pc120
87056 Santo Stefano di Rogliano CS 112 Rb113
67020 Santo Stefano di Sessanio AQ 91 Od94
89057 Santo Stefano in Aspromonte RC 114 Qe120
26849 Santo Stefano Lodigiano LO 61 Ke78
98135 Santo Stefano-Medio 116 Qc120
92020 Santo Stefano Quisquina AG 120 Oc123
12040 Santo Stefano Roero CN 59 Hf80
20010 Santo Stefano Ticino MI 46 If76
33050 Santo Stefano Udinese UD 52 Ob73
31022 San Trovaso TV 51 Nb75
17100 Santuario SV 68 Ic82
36015 Sant'Ulderico 49 Mc74
36075 Sant'Urbano VI 50 Mc75
35040 Sant'Urbano PD 64 Md78
42014 San Valentino RE 63 Le81
39027 San Valentino alla Muta = Sankt Valentin auf der Haide 27 Ld68
65020 San Valentino in Abruzzo Citeriore PE 91 Of95
39050 San Valentino in Campo = Gummer BZ 39 Mc70
84010 San Valentino Torio SA 103 Pd104
47100 San Varano FC 74 Na83
17058 Sanvarezzo SV 59 Ib82
40015 San Venanzio BO 64 Mc80
41053 San Venanzio MO 63 Lf82
05010 San Venanzo TR 84 Nb91
31020 San Vendemiano TV 41 Nc73
09088 San Vero Congius OR 134 Ie109
09070 San Vero Milis OR 134 Id108
33030 San Vidotto UD 41 Nf73
25060 San Vigilio BS 48 Lb75
39022 San Vigilio = Sankt Vigil BZ 28 Ma69
39030 San Vigilio = Sankt Vigil BZ 29 Mf68
57027 San Vincenzo LI 76 Ld90
98055 San Vincenzo ME 114 Qb116
40015 San Vincenzo BO 64 Mc80
50018 San Vincenzo a Torri FI 77 Ma86
87030 San Vincenzo la Costa CS 112 Ra112
67050 San Vincenzo Nuovo AQ 90 Od98
67050 San Vincenzo Valle Roveto AQ 90 Od97
80030 San Vitaliano NA 103 Pc103
02016 San Vito RI 85 Oa93
31049 San Vito TV 40 Mf73
31039 San Vito TV 50 Mf74
20083 San Vito MI 46 Ka76
83037 San Vito AV 98 Qa101
41057 San Vito MO 63 Lf81
09040 San Vito CA 137 Kd112
39030 San Vito = Sankt Veit BZ 30 Na68
33078 San Vito Al Tagliamento PN 52 Nf73
33050 San Vito al Torre UD 52 Oc73
66038 San Vito Chietino CH 92 Pc95
72019 San Vito dei Normanni BR 108 Se105
32046 San Vito di Cadore BL 40 Nb70
33030 San Vito di Fagagna UD 52 Oa72
36030 San Vito di Leguzzano VI 49 Mc74
05010 San Vito in Monte TR 84 Nb91
91010 San Vito Lo Capo TP 118 Ne119
00030 San Vito Romano RM 90 Nf97
61047 San Vito sul Cesano PU 80 Nf87
88067 San Vito sullo Ionio 115 Rc116
37030 San Vittore VR 49 Mb76
47020 San Vittore FC 74 Nb84
23020 San Vittore SO 36 Kc71
03040 San Vittore del Lazio FR 96 Of100
60040 San Vittore delle Chiuse AN 80 Nf88
67010 San Vittorino AQ 86 Ob94
50050 San Vivaldo FI 77 Lf87
84030 Sanza SA 110 Qd107
38010 Sanzeno TN 39 Ma70
37010 San Zeno VR 49 Mb76
37010 San Zeno di Montagna VR 49 Le75
25010 San Zeno Naviglio BS 48 Lb76
25060 San Zenone BS 48 La75
37046 San Zenone VR 49 Mc77
20070 San Zenone al Lambro MI 47 Kc77
27010 San Zenone al Po PV 61 Kc78
31020 San Zenone degli Ezzelini TV 50 Mf74
37060 San Zenone in Mozzo VR 49 Le77
35020 Saonara PD 50 Mf76
38079 Saone TN 38 Le72
07020 sa Pedrabianca OT 133 Kd105
98047 Saponara ME 114 Qc119
32047 Sappada BL 41 Ne69
60020 Sappanico AN 81 Oc87
84073 Sapri SA 110 Qd108
87010 Saracena CS 111 Ra110
00020 Saracinesco RM 90 Nf96
53040 Saragiolo SI 83 Md91
96010 Saramico SR 125 Qa125
36030 Sarcedo VI 50 Md74
38072 Sarche TN 39 Lf72
85050 Sarconi PZ 110 Qf107
38040 Sardagna TN 39 Ma72
09030 Sardara MD 134 Ie111
15060 Sardigliano AL 60 If80
36040 Sarego VI 50 Mc76
39058 Sarentino = Sarnthein BZ 29 Mc69
12021 Saretto 57 Gf82
15050 Sarezzano AL 60 If79
25068 Sarezzo BS 48 Lb75
46014 Sarginesco MN 63 Ld77
29025 Sariano PC 61 Ke79
45020 Sariano RO 64 Mc78
21010 Sarigo VA 35 Ie73
60131 Saring BZ 28 Ma69
29028 Sarmata PC 61 Ke79
29010 Sarmato PC 61 Kc78
37032 Sarmazza VR 49 Mb76
31026 Sarmede TV 41 Nc73
36040 Sarmego VI 50 Me76
35030 Sarmeola PD 50 Me76
62028 Sarnano MC 86 Ob90
39042 Sarnes = Sarns BZ 29 Md68
24067 Sarnico BG 48 Kf74
84087 Sarno SA 103 Pd104
38011 Sarnonico TN 39 Ma70
39042 Sarns = Sarnes BZ 29 Md68
39058 Sarnthein = Sarentino BZ 29 Mc69
33070 Sarone PN 41 Nc73
21047 Saronno VA 46 Ka75
11010 Sarre AO 44 Hb74
95019 Sarro 122 Qa122
09018 Sarroch CA 137 Ka114
88056 Sarrottino CZ 112 Rd115
47027 Sarsina FC 74 Na85
87010 Sartano CS 112 Rb111
53047 Sarteano SI 84 Mf91
27020 Sartirana Lomellina PV 60 Id78
29011 Sarturano PC 61 Kd79
08020 Sarule NU 135 Ka107
19038 Sarzana SP 71 Kf84
45100 Sarzano RO 64 Me78
56040 Sassa PI 77 Le89
54010 Sassalbo MS 71 Lb83
84038 Sassano SA 104 Qd106
07100 Sassari SS 131 Id104
17046 Sassello SV 60 Ic82
59024 Sasseta PO 73 Ma84
57020 Sassetta LI 77 Ld90
55020 Sassi LU 71 Lc84
82026 Sassinoro BN 97 Pd100
36010 Sasso VI 50 Md73
62039 Sasso VI 86 Oa91
81040 Sasso CE 96 Pb101
39049 Sasso = Stein BZ 29 Md67
61028 Sassocorvaro PU 75 Nc86
85050 Sasso di Castalda PZ 104 Qe106
60041 Sassoferrato AN 80 Nf88
58029 Sassofortino GR 83 Ma90
40020 Sassoleone BO 73 Mc83
40037 Sasso Marconi BO 73 Mb82
09094 Sassu OR 134 Id110
41049 Sassuolo MO 63 Le81
88060 Satriano CZ 115 Rc116
85050 Satriano di Lucania PZ 104 Qd105
58014 Saturnia GR 83 Md93
74020 Saturo TA 107 Sb106
33020 Sauris UD 41 Ne70
33020 Sauris di Sopra UD 41 Ne70
33020 Sauris di Sotto UD 41 Ne70
10054 Sauze di Cesana TO 57 Gf79
10050 Sauze d'Oulx TO 57 Gf78
74028 Sava TA 107 Sd106
13878 Savagnasco BI 45 Ia75
51100 Savaiana PT 72 Lf84
48020 Savarna RA 65 Na81
72010 Savelletri BR 107 Sc103
06046 Savelli KR 86 Oa92
88825 Savelli KR 113 Re113
14019 Savi AT 59 Hf79
80039 Saviano NA 103 Pd103
12038 Savigliano CN 58 Hd81
61010 Savignano PU 74 Nc85
38060 Savignano TN 39 Ma73
83030 Savignano Irpino AV 98 Qb101
41056 Savignano sul Panaro MO 63 Ma82
47039 Savignano sul Rubicone FC 74 Nc84
16010 Savignone GE 60 If81
48015 Savio RA 74 Nb83
25050 Saviore dell' Adamello BS 38 Lc72
98038 Savoca ME 116 Qc121
33040 Savogna UD 53 Od72
34070 Savogna d'Isonzo GO 53 Od73
85050 Savoia di Lucania PZ 104 Qd105
17100 Savona SV 68 Ic83
41046 Savoniero MO 72 Ld82
33070 Savorgnano PN 52 Nf73
33040 Savorgnano del Torre UD 52 Ob72
10056 Savoulx TO 57 Ge78
88050 Savuci CZ 113 Rd114
87030 Savuto CS 112 Ra114
23026 Sazzo SO 37 Kf72
95019 Scacchieri 122 Qa123
47046 Scacciano RN 75 Nd85
65027 Scafa PE 91 Of95
84018 Scafati SA 103 Pd104
00053 Scaglia RM 88 Me96
12070 Scagnello CN 68 Hf83
02012 Scai RI 86 Ob93
98168 Scala ME 114 Qd119
56028 Scala PI 77 Lf86
98041 Scala SA 116 Qc119
98066 Scala ME 122 Qa120
87060 Scala Coeli CS 113 Rf112
96100 Scala Greca SR 125 Qb126
27020 Scaldasole PV 60 If78
87029 Scalea CS 110 Qe110
10060 Scalenghe TO 58 Hc79
39040 Scaleres = Schalders BZ 29 Md68
98029 Scaletta Superiore ME 116 Qc120
98029 Scaletta Zanclea ME 116 Qc120
71043 Scalo dei Saraceni FG 99 Qf99
30030 Scaltenigo VE 51 Na76
83050 Scampitella AV 98 Qb102
88831 Scandale KR 113 Rf114
14020 Scandeluzza AT 59 Ia78
42019 Scandiano RE 63 Le81
50018 Scandicci FI 77 Mb86
26040 Scandolara Ravara CR 62 Lb78
26047 Scandolara Ripa d'Oglio CR 48 La77
06034 Scandolaro PG 85 Ne91
02038 Scandriglia RI 89 Nf96
26020 Scannabue CR 47 Kd76
67038 Scanno AQ 91 Of97
09078 Scano di Montiferro OR 134 Id107
58054 Scansano GR 83 Mb92
67067 Scanzano AQ 90 Ob96
06034 Scanzano PG 85 Ne91
75020 Scanzano Jonico MT 111 Re107
24020 Scanzorosciate BG 47 Ke74
12051 Scaparone CN 59 Hf80
60019 Scapezzano AN 80 Ob86
86070 Scapoli IS 96 Pa99
87024 Scarcelli CS 112 Ra112
96011 Scardina SR 125 Qb125
45018 Scardovari RO 65 Nc79
22024 Scaria CO 36 Ka73
84070 Scario SA 110 Qc108
58020 Scarlino GR 82 Lf91
58020 Scarlino Scalo GR 82 Lf91
10010 Scarmagno TO 44 Hf76
12030 Scarnafigi CN 58 Hd80
85040 Scarpaleggia PZ 110 Ra109
50038 Scarperia FI 73 Mc85
25020 Scarpizzolo BS 48 La76
04028 Scauri LT 95 Oe101
91017 Scauri TP 118 Na128
61016 Scavolino PU 74 Nb86
27040 Scazzolino PV 61 Kb78
39017 Scena = Schenna BZ 28 Mb68
64025 Scerne TE 87 Pa93
66020 Scerni CH 92 Pd96
39042 Scezze = Tschotsch BZ 29 Md68
39040 Schabs, Natz- = Sciaves, Naz- BZ 29 Md68
39040 Schaldern = Le Laste BZ 29 Me67
39040 Schalders = Scaleres BZ 29 Md68
06027 Scheggia PG 80 Nd88
39017 Schenna = Scena BZ 28 Mb68
06025 Schiagni PG 80 Ne90
21045 Schianno VA 46 If74
80030 Schiava NA 97 Pd103
66045 Schiavi di Abruzzo CH 92 Pc98
89031 Schiavo 115 Rb119
33077 Schiavoi PN 41 Nd73
36060 Schiavon VI 50 Md74
28841 Schieranco, Antrona- VB 35 Ia72
61029 Schieti PU 75 Nd86
22020 Schignano CO 36 Ka73
24020 Schilpario BG 37 La72
36015 Schio VI 49 Mc74
98035 SchisÒ ME 116 Qb122
46020 Schivenoglia MN 63 Ma79
39028 Schlanders = Silandro BZ 28 Le69
39010 Schlaneid = Salonetto BZ 39 Mb69
39024 Schleis = Clusio BZ 27 Ld68
39020 Schlinig = Slingia BZ 27 Lc68
39034 Schluderbach = Carbonin BZ 30 Nb69
39020 Schluderns = Sluderno BZ 28 Ld69
39030 Schmieden = Ferrara BZ 30 Na68
39020 Schnals = Senales BZ 28 Lf68
39040 Schnauders = Snodres BZ 29 Md68
39100 Schönau = Belprato BZ 28 Ma67
92019 Sciacca AG 119 Oa123
91025 Sciacca TP 118 Nd122
25051 Scianica BS 38 Lc72
90020 Sciara PA 120 Oe121
39040 Sciaves, Naz- = Schabs, Natz- BZ 29 Md68
97018 Scicli RG 125 Pe128
89817 Sciconi VV 115 Ra116
89010 Scido RC 114 Qf119
87057 Scigliano CS 112 Rb114
98027 Sciglio ME 116 Qc121
89058 Scilla RC 117 Qe119
90020 Scillato PA 120 Of121
95024 Scillichenti CT 122 Qb123
10090 Sciolze TO 59 Hf78
06028 Scirca PG 80 Ne88
90020 Sclafani Bagni PA 120 Of122
33050 Sclaunicco UD 52 Oa73
33084 Sclavons PN 41 Ne73
97010 Scoglitti RG 124 Pc127
31015 Scomigo TV 40 Nb73
13027 Scopa VC 45 Ia74
91014 Scopello TP 118 Ne120
13028 Scopello VC 45 Ia74
67019 Scoppito AQ 86 Ob94
66020 Scorciosa CH 92 Pc95
95048 Scordia CT 125 Pf125
53031 Scorgiano SI 77 Ma88
73020 Scorrano LE 109 Tb108
46031 Scorzarolo MN 63 Le78
30037 Scorze VE 51 Na75
84029 Scorzo SA 104 Qb105
61030 Scotaneto PU 75 Ne86
45018 Scovetta RO 65 Nb79
89030 Scrisa RC 117 Ra120
91015 Scurati 118 Ne120
67068 Scurcola Marsicana AQ 90 Oc96
38050 Scurelle TN 39 Md72
14030 Scurzolengo AT 59 Ib79
38063 Sdruzzina TN 49 Lf74
59011 Seano PO 72 Ma86
92010 Seccagrande AG 123 Ob124
97017 Secca Punta RG 124 Pc128
61043 Secchiano PU 80 Nd87
67029 Secinaro AQ 91 Oe96
73050 Secli LE 109 Ta108
80144 Secondigliano NA 102 Pb103
26826 Secugnago LO 47 Kd77

09016 Seddas Moddizzis CI 136 Id113
33039 Sedegliano UD 41 Nf72
25017 Sedena BS 48 Lc76
32036 Sedico BL 40 Na72
07035 Sedini SS 132 Ie103
33080 Sedrano PN 41 Nd72
20018 Sedriano MI 46 If76
24010 Sedrina BG 47 Kd74
62025 Sefro MC 80 Nf90
37010 Sega VR 49 Le75
32040 Sega Digon BL 30 Nd69
09040 Segariu MD 136 If111
58038 Seggiano GR 83 Md91
36010 Seghe VI 49 Mc74
89833 Segheria di B. Reggio VV 115 Rb117
33017 Segnacco UD 52 Ob71
00037 Segni RM 90 Oa98
38010 Segno TN 39 Ma71
17047 Segno SV 68 Ic83
46025 Segonda 64 Ma79
38047 Segonzano TN 39 Mb71
20090 Segrate MI 47 Kb76
31040 Segusino TV 40 Mf73
39040 Seis = Siusi BZ 39 Md69
09047 Selargius CA 137 Ka113
02040 Selci RI 89 Nd95
06016 Selci PG 79 Nb87
09040 Selegas CA 137 Ka111
39040 Sella = Söll BZ 39 Mb70
67019 Sella di Corno AQ 86 Ob94
06030 Sellano PG 85 Nf91
24060 Sellere BG 48 La74
25050 Sellero BS 38 Lb72
88050 Sellia CZ 113 Rd115
88050 Sellia Marina CZ 113 Re115
38056 Selva TN 39 Mb72
24060 Selva BG 47 Kf74
58037 Selva GR 83 Md92
33086 Selva PN 41 Nd72
66044 Selva CH 92 Pc96
40054 Selva BO 64 Md81
39030 Selva dei Molini = Mühlwald BZ 29 Mf67
31040 Selva dell Montello TV 51 Na74
32020 Selva di Cadore BL 40 Na70
72015 Selva di Fasano BR 107 Sb104
37030 Selva di Progno VR 49 Ma75
36070 Selva di Trissino VI 49 Mb75
39048 Selva di Val Gardena = Wolkenstein in Gröden BZ 40 Me69
35030 Selvazzano Dentro PD 50 Me76
13841 Selve Marcone BI 45 Ia75
24020 Selvino BG 47 Ke74
07010 Semestene SS 132 Ie106
27020 Semiana PV 60 Ie78
89028 Seminara RC 117 Qf118
29010 Semino 61 Kc79
16012 Semino GE 60 If81
66010 Semivicoli CH 91 Pb95
23038 Semogo SO 38 Lb70
06024 Semonte BG 79 Nd88
31030 Semonzetto TV 50 Me74
58055 Semproniano GR 83 Md92
20030 Senago MI 46 Ka75
39020 Senales = Schnals BZ 28 Lf68
39010 Senale-San Felice = Unsere liebe Frau im Walde-St. Felix BZ 39 Ma69
70031 Senarico BT 99 Rb102
09070 Seneghe OR 134 Id108
83050 Senerchia AV 104 Qb104
25020 Seniga BS 48 Lb77
60019 Senigallia AN 80 Ob86
09080 Senis OR 134 If110
85038 Senise PZ 111 Rb108
26856 Senna Lodigiana LO 61 Kd78
09078 Sennariolo OR 134 Id107
07036 Sennori SS 132 Id104
89040 Senoli RC 117 Ra119
09040 Senorbì CA 137 Ka111
38070 Seo TN 38 Lf72
86017 Sepino CB 97 Pd100
28843 Seppiana VB 35 Ib72
62025 Seppio MC 80 Oa89
33090 Sequals PN 52 Ne72
38055 Serafini TN 40 Md72
55047 Seravezza LU 71 Lb85
32040 Serdes BL 40 Nb70
09040 Serdiana CA 137 Ka112
20038 Seregno MI 46 Kb75
32030 Seren del Grappa BL 40 Mf73
26010 Sergnano CR 47 Ke76
24068 Seriate BG 47 Ke74
24017 Serina BG 47 Ke73
83028 Serino AV 103 Pf103
46041 Seriola MN 48 Lc77
25080 Serle BS 48 Lc75
46028 Sermide MN 64 Mb78
04013 Sermoneta LT 94 Nf99
01024 Sermugnano VT 84 Na93
31020 Sernaglia della Battaglia TV 51 Na73
23030 Sernio SO 37 Lb71
14050 Serole AT 59 Ib81
15020 Serra AL 59 Ib78
83039 Serra AV 97 Pf103
83038 Serra AV 97 Pf102
47833 Serra RN 75 Nd85
15028 Serra AL 59 Ic79
71010 Serracapriola FG 93 Qa98
87030 Serra d'Aiello CS 112 Ra114
84022 Serradarce SA 104 Qa105
60030 Serra de'Conti AN 80 Oa87
75018 Serra della Croce MT 105 Rc106
70024 Serra della Stella BA 106 Rc104
60044 Serradica AN 80 Nf89
93010 Serradifalco CL 120 Of124
87050 Serradipiro CS 112 Rc114
13844 Serralunga BI 60 Id81
12050 Serralunga d'Alba CN 59 Hf81
15020 Serralunga di Crea AL 59 Ib78
09038 Serramanna MD 136 If112
41028 Serramazzoni MO 72 Le82
84070 Serramezzana SA 103 Qa107
65025 Serramonacesca PE 91 Pa95
73020 Serrano LE 109 Tc107
87050 Serra Pedace CS 112 Rc113
62020 Serrapetrona MC 80 Ob89
80070 Serrara-Fontana NA 102 Of104
16010 Serra Ricco GE 60 If81
89822 Serra San Bruno VV 115 Rb117
60048 Serra San Quirico AN 80 Oa88
61040 Serra Sant'Abbondio PU 80 Ne88
88040 Serrastretta CZ 112 Rc114
89020 Serrata RC 117 Ra117
53022 Serravalle SI 78 Mc90
14100 Serravalle AT 59 Ia79
44030 Serravalle FE 65 Na79
47899 Serravalle □ RSM 75 Nc85
38061 Serravalle all'Adige TN 49 Ma74
46030 Serravalle a Po MN 63 Ma78
61042 Serravalle di Carda PU 79 Nc87
62038 Serravalle di Chienti MC 80 Nf90
12050 Serravalle Langhe CN 59 Ia81
51030 Serravalle Pistoiese PT 72 Le85
15069 Serravalle Scrivia AL 60 If80
13037 Serravalle Sesia VC 45 Ib74
84028 Serre SA 104 Qb105
09027 Serrenti MD 136 If112
08030 Serri NU 135 Ka110
98049 Serro ME 114 Qc119
62020 Serronchia MC 80 Oa88
03010 Serrone FR 90 Oa97
87030 Serrone CS 112 Ra113
61030 Serrungarina PU 80 Nf86
88054 Sersale CZ 113 Re114
63029 Servigliano AP 81 Oc90
32030 Servo BL 40 Me72
81037 Sessa Aurunca CE 96 Of101
84074 Sessa Cilento SA 103 Qa107
14058 Sessame AT 59 Ic80
86097 Sessano del Molise IS 92 Pb99
52038 Sestino AR 79 Nb86
39030 Sesto = Sexten BZ 30 Nc68
33079 Sesto al Reghena PN 52 Ne73
21018 Sesto Calende VA 46 Id74
86078 Sesto Campano IS 96 Pa100
26028 Sesto Cremonese CR 62 Kf77
26028 Sesto ed Uniti CR 47 Kf77
50019 Sesto Fiorentino FI 73 Mb85
40026 Sesto Imolese BO 64 Me82
41029 Sestola MO 72 Le83
20099 Sesto San Giovanni MI 46 Kb75
20098 Sesto Ulteriano MI 46 Kb76
10058 Sestriere TO 57 Gf79
16039 Sestri Levante GE 70 Kc83
09028 Sestu CA 137 Ka113
20090 Settala MI 47 Kc76
00131 Settecamini RM 89 Nd97
03040 Settefrati FR 91 Of98
39018 Settequerce = Siebeneich BZ 39 Mb69
50135 Settignano FI 73 Mb86
29020 Settima PC 61 Kd79
14020 Settime AT 59 Ia79
50041 Settimello FI 73 Mb85
37026 Settimo VR 49 Lf76
30020 Settimo VE 51 Ne73
20019 Settimo Milanese MI 46 Ka76
10010 Settimo Rottaro TO 45 Hf76
09040 Settimo San Pietro CA 137 Kb113
10036 Settimo Torinese TO 59 He78
10010 Settimo Vittone TO 44 Hf75
88040 Settingiano CZ 112 Rd115
09029 Setzu MD 134 If110
08037 Seui OG 135 Kb109
08030 Seulo NU 135 Kb109
09040 Seuni CA 137 Ka111
33050 Sevegliano UD 52 Ob73
20030 Seveso MB 46 Ka75
39030 Sexten = Sesto BZ 30 Nc68
33020 Sezza UD 41 Oa70
15079 Sezzadio AL 60 Id80
04018 Sezze LT 94 Oa100
90040 Sferracavallo PA 119 Ob119
95040 Sferro CT 122 Pe123
62010 Sforzacosta MC 81 Oc89
24044 Sforzatica BG 47 Kd75
27029 Sforzesca PV 46 If77
38010 Sfruz TN 39 Ma70
27054 Sgarbina PV 61 Ka79
34010 Sgonico TS 53 Oe74
03010 Sgurgola FR 90 Oa98
09070 Siamaggiore OR 134 Id109
09080 Siamanna OR 134 Ie109
88100 Siano CZ 113 Rd115
84088 Siano SA 103 Pe104
09080 Siapiccia OR 134 Ie109
87011 Sibari CS 111 Rc110
84029 Sicignano degli Alburni SA 104 Qb105
38040 Sicina TN 39 Mc71
92010 Siculiana AG 123 Oc124
92010 Siculiana Marina AG 123 Oc124
09020 Siddi MD 134 If110
89048 Siderno RC 115 Rb119
89048 Siderno Superiore RC 115 Rb119
89038 Sideroni RC 117 Qf121
39018 Siebeneich = Settequerce BZ 39 Mb69
50065 Sieci FI 73 Mc86
53100 Siena SI 78 Mb89
72017 Sierre BR 107 Sc104
84090 Sieti SA 103 Pf104
33020 Sigilletto UD 31 Ne69
06028 Sigillo PG 85 Oa94
06028 Sigillo PG 80 Ne89
50058 Signa FI 72 Ma86
10056 Signols TO 57 Ge78
31040 Signoressa TV 51 Na74
96016 Sigona Grande SR 125 Pf124
39028 Silandro = Schlanders BZ 28 Le69
08017 Silanus NU 134 If107
31057 Silea TV 51 Nb75
09170 Silì OR 134 Id109
07040 Siligo SS 132 Ie105
09010 Siliqua CA 136 Ie113
09040 Silius CA 137 Kb111
84038 Silla SA 104 Qd106
55030 Sillano LU 71 Lb83
28064 Sillavengo NO 45 Ic75
55036 Sillico LU 72 Lc84
87050 Silvana Mansio CS 112 Rd113
15060 Silvano d'Orba AL 60 Ie80
27050 Silvano Pietra PV 60 If78
33030 Silvella UD 52 Oa72
64028 Silvi TE 87 Pa93
64028 Silvi Marina TE 87 Pa93
09090 Simala OR 134 Ie110
09088 Simaxis OR 134 Ie109
89822 Simbario VV 115 Rc117
88050 Simeri-Crichi CZ 113 Rd115
04020 Simonelli LT 95 Oe101
39040 Sinablana = Tanna BZ 39 Ma70
98069 Sinagra ME 122 Pf120
53048 Sinalunga SI 78 Me89
30023 Sindacale VE 52 Nf74
98161 Sindaro Marina ME 114 Qc119
08018 Sindia NU 134 Id107
11028 Singlin AO 34 Hd73
09090 Sini OR 134 If110
39010 Sinich = Sinigo BZ 28 Mb69
39010 Sinigo = Sinich BZ 28 Mb69
12050 Sinio CN 59 Ia81
08029 Siniscola NU 133 Ke105
09048 Sinnai CA 137 Kb113
89020 Sinopoli RC 117 Qf119
89050 Sinopoli Vecchio RC 117 Qf119
01020 Sipicciano VT 84 Nb93
81044 Sipicciano CE 96 Of101
96100 Siracusa SR 126 Qb126
09010 Sirai CI 136 Ic113
90046 Sirignano 119 Nf121
09090 Siris OR 134 Ie110
25019 Sirmione BS 48 Ld76
60020 Sirolo AN 81 Od87
23844 Sirone LC 47 Kb74
38054 Siror TN 40 Mf71
09013 Sirri CI 136 Id113
23896 Sirtori LC 47 Kb74
09040 Sisini CA 137 Ka111
15060 Sisola AL 60 Ka80
43018 Sissa PR 62 Lb79
34011 Sistiana TS 53 Od74
89050 Sitizano RC 117 Qf119
32015 Sitran BL 41 Nc72
09040 Siurgus-Donigala CA 135 Kb111
39040 Siusi = Seis BZ 39 Md69
25050 Siviano BS 48 La74
27010 Siziano PV 46 Kb77
28070 Sizzano NO 45 Ic75
39020 Slingia = Schlinig BZ 27 Lc68
39020 Sluderno = Schluderns BZ 28 Ld69
38010 Smarano TN 39 Ma70
39040 Snodres = Schnauders BZ 29 Md68
61016 Soanne PU 74 Nb85
29010 Soarza PC 62 La78
37038 Soave VR 49 Mb76
46047 Soave MN 49 Le77
80046 Soccavo NA 102 Pb103
32011 Soccher BL 41 Nb71
33020 Socchieve UD 41 Nf70
98046 Soccorso 116 Qb120
52010 Soci AR 78 Me86
09080 Soddi OR 134 If108
52044 Sodo AR 79 Mf89
32013 Soffranco BL 40 Nb71
47030 Sogliano al Rubicone FC 74 Nb84
73010 Sogliano Cavour LE 109 Tb108
14020 Soglio AT 59 Ia79
16040 Soglio GE 70 Kb82
56030 Soiana PI 77 Ld87
25080 Soiano del Lago BS 48 Ld75
32100 Sois BL 40 Na72
24058 Sola BG 47 Ke76
36020 Solagna VI 50 Me74
09048 Solanas CA 137 Kc114
09072 Solanas OR 134 Id109
89011 Solano Inferiore RC 117 Qe119
89058 Solano Superiore RC 114 Qe119
41030 Solara MO 63 Ma80
96010 Solarino SR 125 Qa126
29024 Solaro PC 61 Kc80
20020 Solaro MI 46 Ka75
25080 Solarolo BS 48 Ld75
46044 Solarolo MN 48 Ld77
48027 Solarolo RA 73 Mf82
26045 Solarolo Monasterolo CR 62 Lb78
26030 Solarolo Rainerio CR 62 Lc78
09077 Solarussa OR 134 Ie109
52021 Solata AR 78 Md88
22070 Solbiate CO 46 If74
21048 Solbiate Arno VA 46 Ie74
21058 Solbiate Olona VA 46 If75
28040 Solcio NO 45 Id74
39029 Solda = Sulden BZ 38 Ld69
39029 Solda di fuori = Außersulden BZ 38 Ld69
09040 Soleminis CA 137 Kb112
15029 Solero AL 60 Id79
35047 Solesino PD 64 Me77
73010 Soleto LE 109 Tb108
06134 Solfagnano PG 79 Nc89
46040 Solferino MN 48 Ld76
95012 Solicchiata CT 116 Qa121
54013 Soliera MS 71 La83
41019 Soliera MO 63 Lf80
43040 Solignano PR 62 Kf81
41014 Solignano Nuovo MO 63 Lf81
31010 Soligo TV 40 Na73
33090 Solimbergo PN 52 Ne71
08020 Solità OT 133 Ke104
39040 Söll = Sella BZ 39 Mb70
31030 Soller TV 40 Nb73
83029 Solofra AV 103 Pf104
28010 Sologno NO 45 Id75
42030 Sologno RE 71 Lc82
15020 Solonghello AL 59 Ib78
82036 Solopaca BN 97 Pd101
24060 Solto Collina BG 48 La74
24030 Solza BG 47 Kc74
23028 Somaggia SO 36 Kc71
26867 Somaglia LO 61 Kd78
12060 Somano CN 59 Ia81
24030 Sombreno BG 47 Kd74
24019 Somendenna BG 47 Ke74
28838 Someraro VB 35 Id73
37066 Sommacampagna VR 49 Lf76
21019 Somma Lombardo VA 46 Ie74
12048 Sommariva del Bosco CN 59 He80
12040 Sommariva Perno CN 59 Hf80
93019 Sommatino CL 123 Of125
80049 Somma Vesuviana NA 102 Pc103
37010 Sommavilla VR 49 Le74
27048 Sommo PV 60 Ka78
55051 Sommocolonia LU 72 Lc84
38020 Somrabbi TN 38 Le70
37060 Sona VR 49 Lf76
26029 Soncino CR 47 Kf76
23035 Sondalo SO 38 Lb71
23100 Sondrio SO 37 Kf71
24020 Songavazzo BG 48 Kf73
25048 Sonico BS 38 Lc72
04010 Sonnino LT 95 Ob100
39058 Sonvigo = Aberstückl BZ 29 Mc68
39059 Soprabolzano = Oberbozen BZ 39 Mc69
38100 Sopramonte TN 39 Ma72
13834 Soprana BI 45 Ib75
25085 Sopraponte BS 48 Lc75
03039 Sora FR 91 Od98
39030 Sorafurcia = Geiselsberg BZ 30 Mf68
38030 Soraga TN 40 Md70
43019 Soragna PR 62 La79
58010 Sorano GR 83 Me92
12060 Sorano CN 59 Hf81
41030 Sorbara MO 63 Ma80
81037 Sorbello CE 96 Of101
67069 Sorbo AQ 90 Ob96
62039 Sorbo MC 86 Oa91
43058 Sorbolo PR 62 Lc79
88050 Sorbo San Basile CZ 113 Rd114
83050 Sorbo Serpico AV 103 Pf103
13817 Sordevolo BI 45 Hf75
26858 Sordio LO 47 Kc76
26015 Soresina CR 47 Kf77
37060 Sorga VR 49 Lf77
08038 Sorgono NU 135 Ka108
16030 Sori GE 69 Ka82
89831 Sorianello VV 115 Rb117
89831 Soriano Calabro VV 115 Rb117
01038 Soriano Nel Cimino VT 84 Nb94
22010 Sorico CO 36 Kc71
06025 Sorifa PG 80 Ne90
36053 Sorio VI 49 Mc76
28010 Soriso NO 45 Ic74
24010 Sorisole BG 47 Kd74
22030 Sormano CO 46 Kb73
09080 Sorradile OR 134 If108
98066 Sorrentini ME 116 Pf120
80067 Sorrento NA 102 Pc105
32030 Sorriva BL 40 Me72
16010 Sorrivi GE 60 Ka81
47020 Sorrivoli FC 74 Nb84
07037 Sorso SS 131 Id104
62030 Sorti MC 85 Oa91
62025 Sorti MC 80 Nf90
96010 Sortino SR 125 Qa126
25080 Sorzana BS 48 Lc75
26048 Sospiro CR 62 La78
32037 Sospirolo BL 40 Na72
36040 Sossano VI 50 Md76
07020 sos Sonorcolos SS 133 Kc105
27010 Sostegno PV 61 Kc78
13868 Sostegno BI 45 Ib75
56020 Sottili PI 77 Ld86
32044 Sottocastello BS 41 Nc70
24010 Sottochiesa BG 37 Kd73
24039 Sotto il Monte Giovanni XXIII BG 47 Kc74
30015 Sottomarina VE 51 Nb77
33092 Sottomonte PN 41 Ne71
58010 Sovana GR 83 Md93
28011 Sovazza NO 45 Ic74
38048 Sover TN 39 Mb71
88068 Soverato CZ 115 Rd116
88068 Soverato Marina CZ 115 Rd116
88068 Soverato Superiore CZ 115 Rd116
24060 Sovere BG 48 La74
89013 Sovereto RC 117 Qf118
70038 Sovereto BA 100 Rd102
88049 Soveria Mannelli CZ 112 Rc114
88050 Soveria Simeri CZ 113 Re115
31038 Sovernigo TV 51 Na74
32010 Soverzene BL 40 Nb71
53018 Sovicille SI 77 Mb89
20035 Sovico Macherio MB 46 Kb75
36050 Sovizzo VI 50 Mc75

32030 Sovramonte BL 40 Me72
28060 Sozzago NO 46 Ie76
41019 Sozzigalli MO 63 Lf80
30020 Spadacenta VE 51 Ne74
98048 Spadafora ME 116 Qc119
47900 Spadarolo RN 75 Nd84
89822 Spadola VV 115 Rc117
91020 Spano 118 Nd122
81056 Sparanise CE 96 Pa101
10080 Sparone TO 44 Hd76
98100 Sparta ME 114 Qd119
73040 Specchia LE 109 Tb109
73027 Specchiagallone LE 109 Tc108
74024 Specchiarica TA 108 Se107
56030 Spedaletto PI 77 Le88
02029 Spedino RI 90 Ob95
06038 Spello PG 85 Ne91
63043 Spelonga AP 86 Ob92
38059 Spera TN 39 Md72
31050 Spercenigo TV 51 Nc75
58100 Spergolaia GR 83 Ma92
94010 Sperlinga EN 121 Pc122
04029 Sperlonga LT 95 Oc101
91010 Sperone TP 118 Ne120
12060 Sperone CN 59 Hf80
83020 Sperone AV 97 Pd103
32016 Spert BL 41 Nc72
35010 Spessa PD 50 Me75
27010 Spessa PV 61 Kc78
19100* Spezia, La SP 71 Ke84
72015 Speziale BR 107 Sc104
87019 Spezzano Albanese CS 111 Rb110
87019 Spezzano Albanese Terme CS 111 Rb110
87058 Spezzano della Sila CS 112 Rc113
87050 Spezzano Piccolo CS 112 Rc113
71019 Spiaggia Scialmarino FG 100 Ra97
84085 Spiano SA 103 Pe104
37013 Spiazzi VR 49 Lf75
38088 Spiazzo Montagne TN 38 Le72
50028 Spicciano FI 77 Mb87
15018 Spigno Monferrato AL 59 Ic81
04020 Spigno Saturnia LT 95 Oe101
04020 Spigno Saturnia Superiore LT 95 Oe101
41057 Spilamberto MO 63 Ma81
33097 Spilimbergo PN 41 Nf72
89864 Spilinga VV 114 Qf117
06055 Spina PG 84 Nb91
00128 Spinaceto RM 89 Nc98
26020 Spinadesco CR 62 Kf78
70058 Spinazzola BT 99 Ra103
30038 Spinea VE 51 Na76
31039 Spineda TV 50 Mf74
26030 Spineda CR 63 Ld78
95033 Spinelli 122 Pf123
24020 Spinelli BG 37 Kf73
88824 Spinello KR 113 Rf113
84091 Spineta Nuova SA 103 Pf105
86020 Spinete CB 97 Pc99
63036 Spinetoli AP 87 Oe91
15050 Spineto Scrivia AL 60 If79
15100 Spinetta Marengo AL 60 Ie79
39037 Spinga = Spinges BZ 29 Md68
39037 Spinges = Spinga BZ 29 Md68
37040 Spinimbecco VR 64 Mc78
39027 Spinn BZ 27 Ld68
26016 Spino d'Adda CR 47 Kc76
24060 Spinone al Lago BG 47 Kf74
85039 Spinoso PZ 105 Qf107
24050 Spirano BG 47 Ke75
28825 Spoccia VB 35 Id72
39020 Spodigna = Spondinig BZ 28 Ld69
06049 Spoleto PG 85 Ne92
65010 Spoltore PE 87 Pa94
39020 Spondinig = Spondigna BZ 28 Ld69
73038 Spongano LE 109 Tc108
43041 Spora PR 61 Kd81
38010 Spormaggiore TN 39 Ma71
38010 Sporminore TN 39 Ma71
10050 Sportinia TO 57 Gf78
17028 Spotorno SV 68 Ic83
38045 Spre TN 39 Ma72
31027 Spresiano TV 51 Nb74
23020 Spriana SO 37 Kf71
89036 Spropolo RC 117 Ra121
88069 Squillace CZ 115 Rd116
83016 Squillani AV 97 Pe102
73018 Squinzano LE 108 Ta106
39020 Staben = Stava BZ 28 Lf69
32020 Stabie BL 41 Nd70
89822 Stabilimento di Santa Maria VV 115 Rb117
89054 Stabilimento Termale RC 115 Ra118
32041 Stabingrande BL 41 Nb69
32041 Stabiziane BL 41 Nb69
56020 Staffoli PI 72 Le86
60039 Staffolo AN 80 Ob88
53035 Staggia SI 77 Mb88
41030 Staggia MO 63 Ma80
26049 Stagno Lombardo CR 62 La78
89030 Staiti RC 117 Ra121
88069 Staletti CZ 115 Rd116
37020 Stallavena VR 49 Ma75
24020 Stalle Moschel BG 37 La73
39040 Stanga = Stange BZ 29 Mc67
39040 Stange = Stanga BZ 29 Mc67
35048 Stanghella PD 64 Me78
34079 Staranzano GO 53 Od74
16040 Statale GE 70 Kc82
81050 Statigliano CE 96 Pb101
74010 Statte TA 107 Sb105
39020 Stava = Staben BZ 28 Lf69
11020 Stával 44 He73
90044 Stazione di Carini 119 Ob120
91026 Stazione di San Nicola di Mazara TP 118 Ne123
91025 Stazione di Spagnuola TP 118 Nc121
88815 Stazione Marina di Strongoli KR 113 Sa113
52044 Stazione-Terontola AR 79 Na89
91100 Stazioni di Milo 118 Nd121
15060 Stazzano AL 60 If80
55040 Stazzema LU 71 Lb85
95024 Stazzo CT 122 Qb123
22010 Stazzona CO 36 Kb72
88842 Steccato KR 113 Rf115
89843 Stefanaconi VV 115 Ra116
19035 Stefano Santo di Magra SP 71 Kf84
39049 Stein = Sasso BZ 29 Md67
39053 Steinegg = Collepietra BZ 39 Mc70
39030 Steinhaus = Cadipietra BZ 30 Mf67
17044 Stella SV 68 Ic82
84070 Stella Cilento SA 102 Qa107
17020 Stellanello SV 68 Ia85
44012 Stellata FE 64 Mc79
89023 Stellatanone RC 117 Ra118
39029 Stelvio = Stilfs BZ 27 Ld69
38070 Stenico TN 38 Lf72
39030 Stern = La Villa BZ 29 Mf69
73010 Sternatia LE 109 Tb107
39049 Sterzing = Vipiteno BZ 29 Mc67
15030 Stevani AL 60 Ic78
33070 Stevena PN 41 Nc73
24040 Stezzano BG 47 Kd75
52017 Stia AR 73 Me86
55040 Stiava LU 71 Lb85
58036 Sticciano GR 83 Ma91
58036 Sticciano Scalo GR 83 Ma91
53018 Stigliano SI 77 Mb89
75018 Stigliano MT 105 Rb106
62027 Stigliano SI 80 Oa89
89040 Stignano RC 115 Rc118
39040 Stilfes = Stilves BZ 29 Mc67
39029 Stilfs = Stelvio BZ 27 Ld69
89049 Stilo RC 115 Rc118
26030 Stilo de'Mariani 48 Lb78
39040 Stilves = Stilfes BZ 29 Mc67
02048 Stimigliano RI 89 Nd95
62028 Stinco MC 86 Ob90
89064 Stino RC 117 Qe121
07040 Stintino SS 131 Ib103
84075 Stio SA 104 Qb107
71047 Stornara FG 99 Qe101
71048 Stornarella FG 99 Qe101
38089 Storo TN 48 Ld73
30039 Strà VE 50 Na76
89038 Stracia RC 117 Qf121
26049 Straconcolo CR 62 La78
17057 Strada SV 68 Ia83
62011 Strada MC 80 Ob88
91018 Strada di Salemi TP 118 Nd122
50027 Strada in Chianti FI 78 Mb87
27049 Stradella PV 61 Kb78
30031 Stradona VE 51 Na76
37040 Stradone VR 49 Mc77
10010 Strambinello TO 44 He76
10019 Strambino TO 44 Hf76
81040 Strangolagalli CE 96 Pb101
03020 Strangolagalli FR 95 Oc99
89041 Strano RC 115 Rc118
89100 Straorini RC 114 Qe120
91020 Strasatti TP 118 Nd122
33050 Strassoldo UD 52 Ob73
08020 Straulas OT 133 Kd104
38073 Stravino TN 39 Lf72
33040 Stregna UD 53 Od72
38080 Strembo TN 38 Le72
28838 Stresa VB 45 Id73
30020 Stretti VE 51 Ne75
55045 Strettoia LU 71 Lb84
15019 Strevi AL 60 Id80
80040 Striano NA 103 Pd104
38059 Strigno TN 39 Md72
39023 Strimmhof BZ 28 Le69
98050 Stromboli ME 114 Qb116
13823 Strona BI 45 Ib75
05039 Stroncone TR 85 Nd94
88816 Strongoli KR 113 Sa113
36056 Stroppari VI 50 Me74
13010 Stroppiana VC 45 Ic77
12020 Stroppo CN 58 Ha81
09025 Strovina CI 136 If111
24030 Strozza BG 47 Kd74
73029 Struda LE 108 Tb107
10046 Stuerda TO 59 Hf79
41017 Stuffione MO 63 Ma80
39010 Stulles = Stuls BZ 28 Mb68
39010 Stuls = Stulles BZ 28 Mb68
10060 Stupinigi TO 58 Hd79
33046 Stupizza UD 52 Oc71
83055 Sturno AV 98 Qa102
33090 Sualdin PN 41 Nf71
27030 Suardi PV 60 Ie78
08020 Suaredda OT 133 Kd104
52010 Subbiano AR 78 Mf87
00028 Subiaco RM 90 Oa97
67020 Succiano AQ 91 Od95
42030 Succiso RE 71 Lb82
81030 Succivo CE 96 Pb103
25040 Sucinva BS 38 Lb73
23835 Sueglio LC 36 Kc72
09040 Suelli CA 137 Ka111
23867 Suello LC 47 Kb74
05018 Sugano TR 84 Na92
50050 Sughera FI 77 Lf87
04021 Suio LT 96 Of101
24040 Suisio BG 47 Kd75
20050 Sulbiate Inferiore MI 47 Kc75
20050 Sulbiate Superiore MI 47 Kc75
39029 Sulden = Solda BZ 38 Ld69
39040 Sulfner BZ 28 Mb69
67039 Sulmona AQ 91 Of96
25058 Sulzano BS 48 La74
21040 Sumirago VA 46 Ie74
30020 Summaga VE 52 Ne74
83010 Summonte AV 97 Pe103
08010 Suni OR 134 Id107
28019 Suno NO 45 Id75
10020 Superga TO 59 He78
73040 Supersano LE 109 Tb108
03019 Supino FR 95 Ob99
73030 Surano LE 109 Tc108
73010 Surbo LE 108 Ta106
07041 Surigheddu SS 131 Ic105
38057 Susa TN 39 Mb72
10059 Susa TO 58 Ha78
33030 Susans UD 52 Oa71
31058 Susegana TV 51 Nb73
04018 Suso LT 94 Oa99
16030 Sussisa GE 70 Ka82
46030 Sustinente MN 63 Ma78
37052 Sustinenza VR 49 Mb78
93010 Sutera CL 123 Oe123
01015 Sutri VT 88 Nb95
33020 Sutrio UD 41 Nf69
57028 Suvereto LI 77 Le90
19020 Suvero SP 70 Ke83
53014 Suvignano SI 78 Mc89
46029 Suzzara MN 63 Le79

T

91025 Tabaccaro TP 118 Nc122
73040 Tabarono LE 109 Ta109
46030 Tabellano MN 63 Le78
43014 Tabiano Bagni PR 62 La80
39020 Tablà = Tabland BZ 28 Lf69
39020 Tabland = Tablà BZ 28 Lf69
75022 Taccone MT 105 Ra104
23837 Taceno LC 36 Kc72
09080 Tadasuni OR 134 If108
18018 Taggia IM 68 Hf85
67069 Tagliacozzo AQ 90 Ob96
24010 Tagliata BG 47 Ke73
35022 Taglio PD 65 Mf78
45019 Taglio di Po RO 65 Nb78
15070 Tagliolo Monferrato AL 60 Ie81
24060 Tagliuno BG 47 Kf75
39040 Tagusa = Tagusens BZ 29 Md69
39040 Tagusens = Tagusa BZ 29 Md69
32027 Taibon Agordino BL 40 Na71
32040 Tai di Cadore BL 41 Nc70
20082 Tainate MI 46 Ka76
21020 Taino VA 46 Id74
38012 Taio TN 39 Ma71
39035 Taisten, Welsberg- = Tesido, Monguelfo- BZ 30 Na68
39020 Tal = Valle 38 Le69
61022 Talacchio PU 75 Ne86
61015 Talamello PU 74 Nb85
23018 Talamona SO 37 Kd72
58010 Talamone GR 83 Ma93
08040 Talana NU 135 Kc108
81027 Talanico CE 97 Pc102
53036 Talciona SI 77 Mb88
24010 Taleggio BG 37 Kd73
50026 Talente 77 Ma86
52010 Talla AR 78 Me87
33030 Talmassons UD 52 Oa73
31040 Talponada TV 51 Nc74
74029 Talsano TA 107 Sb106
33070 Tamai PN 41 Nd73
44030 Tamara FE 64 Me79
08020 Tamarispa OT 133 Kd104
32010 Tambre BL 41 Nc72
39024 Tanai = Thanai BZ 28 Le68
39023 Tanas BZ 28 Ld69
08020 Tanaunella OT 133 Ke104
07021 Tanca Manna OT 130 Kc102
09071 Tanca Regia OR 134 Ie108
42043 Taneto RE 62 Lc80
39040 Tanna = Sinablana BZ 39 Ma70
98039 Taormina ME 116 Qb121
28010 Tapigliano NO 45 Id74
33040 Tapogliano UD 52 Oc73
02040 Tarano RI 89 Nd94
66018 Taranta Peligna CH 91 Pb96
12020 Tarantasca CN 58 Hd82
74100 Taranto TA 107 Sb106
39024 Tarces = Tartsch BZ 28 Ld68
33046 Tarcetta 52 Oc72
95030 Tarderia 122 Qa123
37063 Tarmassia VR 49 Ma77
01016 Tarquinia VT 88 Me95
01016 Tarquinia Lido VT 88 Me95
39020 Tarres = Tarsch BZ 28 Lf69
39020 Tarsch = Tarres BZ 28 Lf69
87040 Tarsia CS 111 Rb111
43050 Tarsogno PR 70 Kd82
23010 Tartano SO 37 Ke72
39024 Tartsch = Tarces BZ 28 Ld68
61043 Tarugo PU 80 Ne87
31020 Tarzo TV 40 Nb73
29010 Tassara PC 61 Kb79
15060 Tassarolo AL 60 Ie80
38010 Tassullo TN 39 Ma70
58024 Tatti GR 82 Ma90
39032 Taufers = Tures BZ 30 Mf67
39020 Taufers im Münstertal = Tubre BZ 27 Lc69
83020 Taurano AV 103 Pd103
83030 Taurasi AV 97 Pf102
33090 Tauriano PN 41 Nf72
89029 Taurianova RC 114 Ra118
73056 Taurisano LE 109 Tb109
33010 Tavagnacco UD 52 Ob72
10010 Tavagnasco TO 44 He75
50028 Tavarnelle Val di Pesa FI 77 Mb87
50023 Tavarnuzze FI 77 Mb86
26838 Tavazzano LO 47 Kc77
86030 Tavenna CB 92 Pe97
96014 Taverna SR 125 Qa126
88055 Taverna CZ 113 Rd114
47854 Taverna RN 75 Nd85
66045 Taverna CH 92 Pc98
81050 Taverna CE 96 Pa101
83051 Taverna di Frasca AV 103 Qa103
29010 Tavernago PC 61 Kc79
62038 Taverne MC 85 Nf90
06068 Tavernelle PG 84 Na90
61030 Tavernelle PU 80 Nf86
54016 Tavernelle MS 71 La83
40011 Tavernelle d'Emilia BO 64 Mb81
22038 Tavernerio CO 46 Ka74
10040 Tavernette TO 58 Hc79
24060 Tavernola Bergamasca BG 48 La74
25060 Tavernole sul Mella BS 48 Lb74
73057 Taviano LE 109 Ta109
13811 Tavigliano BI 45 Ia75
59014 Tavola PO 72 Ma85
61020 Tavoleto PU 75 Nd85
38010 Tavon TN 39 Ma70
61010 Tavullia PU 75 Ne85
85032 Teana PZ 111 Ra108
81057 Teano CE 96 Pa101
84039 Teggiano SA 104 Qd106
84021 Teglia SA 104 Qb104
28877 Teglià VB 35 Ic73
25079 Teglie BS 48 Lc75
23036 Teglio SO 37 La71
30025 Teglio Veneto VE 52 Nf74
39043 Teis = Tiso BZ 29 Md69
39020 Tel = Töll BZ 28 Ma68
82037 Telese Terme BN 97 Pd101
39040 Telfes = Telves BZ 29 Mc67
24060 Telgate BG 47 Kf75
07020 Telti OT 133 Kc103
38050 Telve TN 39 Mc72
38050 Telve di Sopra TN 39 Mc72
39040 Telves = Telfes BZ 29 Mc67
38069 Tempesta 49 Lf73
31010 Tempio TV 51 Nc74
07029 Tempio Pausania OT 132 Ka103
25050 Temu BS 38 Lc71
05020 Tenaglie TR 84 Nb93
35030 Tencarola PD 50 Me76
38050 Tenna TN 39 Mb72
38060 Tenno TN 38 Lf73
39031 Teodone = Dietenheim BZ 30 Mf68
47014 Teodorano FC 74 Na84
33050 Teor UD 52 Oa73
83056 Teora AV 104 Qb103
64100 Teramo TE 86 Oe93
16029 Tercesi GE 61 Ka82
28070 Terdobbiate NO 46 Ie76
55020 Tereglio LU 72 Ld84
03040 Terelle FR 96 Oe99
39030 Terenten = Terento BZ 29 Me68
39030 Terento = Terenten BZ 29 Me68
33050 Terenzano UD 52 Ob72
07030 Tergu SS 132 Ie103
16030 Teriasca GE 69 Ka82
38070 Terlago TN 39 Ma72
39018 Terlan = Terlano BZ 39 Mb69
39018 Terlano = Terlan BZ 39 Mb69
70038 Terlizzi BA 100 Rd102
92019 Terme AG 119 Oa123
61032 Terme 75 Nf86
39041 Terme di Brennero = Brennerbad BZ 29 Mc67
02010 Terme di Cotilia RI 85 Oa94
50100 Terme di Firenze FI 77 Mb86
41049 Terme di Salvarola MO 63 Le81
87020 Terme Luigiane CS 112 Qf112
38020 Termenago TN 38 Le71
39040 Termeno sulla Strada del Vino = Tramin an der Weinstraße BZ 39 Mb70
91014 Terme Segestane 119 Nf121
98050 Terme Vigliatore ME 122 Qa120
67012 Termine AQ 86 Ob94
80061 Termini NA 102 Pc105
90018 Termini Imerese PA 120 Oe121
02100 Terminillo RI 85 Nf94
19020 Termo SP 71 Kf84
86039 Termoli CB 93 Pf97
38010 Termon TN 39 Ma71
10046 Ternavasso TO 59 Hf79
13844 Ternengo BI 45 Ia75
05100 Terni TR 85 Nd93
24030 Terno d'Isola BG 47 Kd74
52040 Terontola AR 79 Na89
04019 Terracina LT 95 Ob101
81059 Terracorpo CE 96 Pa101
47011 Terra del Sole FC 74 Mf83
84046 Terradura SA 102 Qb108
38060 Terragnolo TN 49 Ma73
09098 Terralba OR 134 Id110
67048 Terranera AQ 90 Od95
15030 Terranova AL 45 Id78
84029 Terranova SA 104 Qb105
87010 Terranova Da Sibari CS 111 Rc111
26827 Terranova dei Passerini LO 47 Kd77
85030 Terranova di Pollino PZ 111 Rb109
89010 Terranova Sappo Minulio RC 114 Ra119
52028 Terranuova Bracciolini AR 78 Md87
16011 Terrarossa GE 69 Ie82
27031 Terrasa PV 45 Id77
09010 Terraseo CI 136 Id113
90049 Terrasini PA 119 Oa120
35020 Terrassa Padovana PD 50 Mf77
87035 Terrati CS 112 Ra114
87060 Terravecchia CS 113 Rf112
37040 Terrazzo VR 64 Mc77
91025 Terrenove 118 Nd122
38010 Terres TN 39 Ma71
89100 Terreti RC 117 Qe120
56030 Terricciola PI 77 Le87
37030 Terrossa VR 49 Mb76
09010 Terrubia CA 136 Ie113
15030 Terruggia AL 60 Ic78
08047 Tertenia OG 135 Kd110

A B C D E F G H I J K L M N O P Q R S T U V W X Y Z

71032 Tertiveri FG 98 Qb100
80040 Terzigno NA 103 Pc104
33028 Terzo UD 41 Oa70
15010 Terzo AL 60 Ic80
33050 Terzo d'Aquileia UD 52 Oc74
38027 Terzolas TN 39 Lf70
02016 Terzone San Pietro RI 85 Oa93
18010 Terzorio IM 68 Hf85
38038 Tesero TN 39 Md71
39035 Tesido, Monguelfo- = Taisten, Welsberg- BZ 30 Na68
39010 Tesimo = Tisens BZ 28 Mb69
33099 Tesis PN 52 Ne72
87045 Tessano CS 112 Rb113
01010 Tessennano VT 84 Me94
96100 Testa d'Acqua SR 126 Pf127
17020 Testico SV 68 Ia84
08030 Teti NU 135 Ka108
10098 Tetti TO 58 Hd78
12025 Tetti CN 58 Hb82
12040 Tetti Chiaramelli 59 He81
23032 Tettoia del Palone SO 38 Lc70
12020 Tettorosso CN 58 Hc82
09019 Teulada CA 136 Ie115
24020 Teveno BG 37 La73
81031 Teverola Carinaro CE 96 Pb103
36071 Tezze VI 49 Mc75
25080 Tezze 48 Lc76
38055 Tezze 40 Md73
31028 Tezze TV 51 Nc74
36056 Tezze sul Brenta VI 50 Me74
39024 Thanai = Tanai BZ 28 Le68
36016 Thiene VI 50 Mc74
07047 Thiesi SS 132 Ie105
11016 Thovex AO 56 Gf74
10054 Thures TO 57 Ge79
87011 Thurio CS 111 Rc110
08020 Tiana NU 135 Ka108
38060 Tiarno di Sopra TN 38 Le73
38060 Tiarno di Sotto TN 38 Le73
26020 Ticengo CR 47 Ke76
15040 Ticineto AL 60 Id78
38065 Tierno TN 49 Lf73
39050 Tiers = Tires BZ 39 Md70
33088 Tiezzo PN 41 Ne73
73030 Tiggiano LE 109 Tc109
16010 Tiglieto GE 60 Id81
14016 Tigliole AT 59 Ia79
25080 Tignale BS 49 Le74
50021 Tignano FI 77 Mb87
40033 Tignano BO 73 Mb82
26020 Tigozzi Cava CR 62 Kf78
39042 Tiles = Tils BZ 29 Md68
39042 Tils = Tiles BZ 29 Md68
33020 Timau UD 31 Oa69
75100 Timmari MT 106 Rc105
36014 Timonchio VI 49 Mc74
91010 Timpone SA 118 Ne120
95031 Timpone CT 122 Pf122
84073 Timpone SA 110 Qd108
10030 Tina TO 45 Hf76
75010 Tinchi MT 106 Rd106
08010 Tinnura OR 134 Id107
23033 Tiolo SO 38 Lb71
67020 Tione degli Abruzzi AQ 91 Od95
38079 Tione di Trento TN 38 Le72
98076 Tiranni ME 121 Pd120
23037 Tirano SO 37 Lb71
23030 Tirano di Villa SO 37 La71
39050 Tires = Tiers BZ 39 Md70
88056 Tiriolo CZ 112 Rd115
58040 Tirli GR 82 Lf91
46049 Tirolo MN 48 Ld77
39019 Tirolo = Dorf Tirol BZ 28 Ma68
56100 Tirrenia PI 76 Lb87
39010 Tisens = Tesimo BZ 28 Mb69
32020 Tiser BL 40 Na71
39043 Tiso = Teis BZ 29 Md69
33050 Tissano UD 52 Ob73
07040 Tissi SS 131 Id104
32020 Titele BL 40 Mf71
85050 Tito PZ 104 Qe105
00019 Tivoli RM 89 Ne97
43028 Tizzano Val Parma PR 62 Lb81
42010 Toano RE 72 Ld82
36020 Toara VI 50 Md76
51037 Tobbiana PT 72 Ma85
01100 Tobia VT 88 Na94
39034 Toblach = Dobbiaco BZ 30 Nb68
82030 Tocco Caudio BN 97 Pd102
65028 Tocco da Casauria PE 91 Of95
32021 Toccol BL 40 Na71
28858 Toceno VB 35 Ic72
06059 Todi PG 84 Nc92
02039 Toffia RI 89 Ne95
32020 Toffol BL 40 Na70
11020 Toffoz AO 44 He74
33040 Togliano UD 52 Oc72
50059 Toiano FI 72 Lf86
56036 Toiano PI 77 Le87
53018 Toiano SI 78 Mb89
17055 Toirano SV 68 Ib84
23030 Tola SO 38 Lc70
40038 Tole 72 Ma83
62029 Tolentino MC 81 Ob89
00059 Tolfa RM 88 Mf96
39020 Töll = Tel BZ 28 Ma68
29019 Tollara PC 61 Ke79
13818 Tollegno BI 45 Ia75
66010 Tollo CH 92 Pb94
33028 Tolmezzo UD 41 Oa70
85017 Tolve PZ 105 Ra104
88041 Tomaini CZ 112 Rb114
33036 Tomba UD 52 Oa72
00100 Tomba di Nerone RM 89 Nc97
37055 Tombazosana VR 49 Mb77
35019 Tombolo PD 50 Me75
90040 Tommaso Natale PA 119 Ob119
32032 Tomo BL 40 Mf72
38010 Ton TN 39 Ma71
38054 Tonadico TN 40 Mf71
08039 Tonara NU 135 Kb108
14039 Tonco AT 59 Ib78
10035 Tonengo TO 45 Hf77
14023 Tonengo AT 59 Ia78
36040 Tonezza del Cimone VI 49 Mc73
91010 Tonnara del Secco TP 118 Ne119
91019 Tonnara di Bonagia TP 118 Nd120
09014 Tonnare CI 136 Ib113
98054 Tonnarella ME 122 Qa120
91010 Tonnarella dell'Uzzo TP 118 Ne120
02024 Tonnicoda RI 90 Oa95
16010 Tonno GE 61 Ka81
98057 Tono ME 116 Qb119
33090 Toppo PN 52 Ne71
81044 Tora e Piccilli CE 96 Pa100
02029 Torano RI 90 Ob96
87010 Torano CS 112 Ra111
64010 Torano Nuovo TE 87 Oe92
25030 Torbole BS 48 La75
38060 Torbole, Nago- TN 49 Lf73
80061 Torca NA 102 Pc105
38050 Torcegno TN 39 Mc72
30142 Torcello VE 51 Nc76
84076 Torchiara SA 103 Qa107
63013 Torchiaro AP 81 Oe90
72020 Torchiarolo BR 108 Ta106
83026 Torchiati AV 103 Pe104
25026 Torchiera BS 48 La77
38045 Torchio TN 39 Mb72
55041 Torcigliano LU 71 Lc85
06081 Tor d'Andrea PG 85 Nd90
64010 Tordinia TE 86 Od93
83057 Torella dei Lombardi AV 98 Qa103
86028 Torella del Sannio CB 92 Pd99
84090 Torello SA 103 Pf104
06089 Torgiano PG 85 Nc90
11020 Torgnon AO 44 Hd74
10100* Torino TO 58 Hd78
66020 Torino di Sangro CH 92 Pd95
66020 Torino di Sangro Marina CH 92 Pd95
70020 Toritto BA 100 Re103
26017 Torlino Vimercati CR 47 Kd76
36100 Tormeno VI 50 Md75
37060 Tormine VR 49 Le77
28070 Tornaco NO 46 Ie76
66046 Tornareccio CH 92 Pc96
26030 Tornata CR 62 Lc78
60024 Tornazzano AN 81 Oc88
67049 Tornimparte AQ 90 Ob95
85040 Torno PZ 110 Ra109
22020 Torno CO 46 Ka73
86018 Toro CB 97 Pe99
08020 Torpe NU 133 Ke105
84030 Torraca SA 110 Qd108
07048 Torralba SS 132 Ie105
33070 Torrate PN 52 Ne73
27025 Torrazza PV 46 If77
18100 Torrazza IM 68 Hf85
27050 Torrazza Coste PV 61 Ka79
10037 Torrazza Piemonte TO 45 Hf77
91010 Torrazzo TP 118 Ne119
13884 Torrazzo BI 45 Hf76
25080 Torre BS 48 Lc75
52021 Torre AR 78 Md88
62011 Torre MC 81 Ob88
75015 Torre Accio 106 Rd106
90049 Torre Alba PA 119 Oa120
01021 Torre Alfina VT 84 Mf92
70045 Torre a Mare BA 101 Rf102
80058 Torre Annunziata NA 102 Pc104
33040 Torreano UD 52 Oc72
33040 Torreano UD 52 Oa72
95018 Torre Archirafi CT 122 Qb122
10010 Torre Balfredo TO 45 Hf76
36036 Torrebelvicino VI 49 Mb74
91014 Torre Bennisti TP 118 Ne120
27030 Torre Beretti PV 60 Ie78
24020 Torre Boldone BG 47 Ke74
66050 Torrebruna CH 92 Pd97
91026 Torre Busala TP 118 Nd122
03010 Torre Cajetani FR 90 Ob98
06024 Torre Calzolari PG 80 Nd89
91026 Torre Campana TP 118 Ne123
10010 Torre Canavese TO 44 He76
98076 Torrecandele ME 121 Pd120
72015 Torre Canne BR 107 Sc103
74026 Torre Castelluccia TA 107 Sc106
89014 Torre Cillea RC 117 Qf119
74024 Torre Colimena TA 108 Se107
82030 Torrecuso BN 97 Pe101
27010 Torre d'Arese PV 47 Kb77
23806 Torre de Busi LC 47 Kc74
91026 Torre dei Gesuiti TP 118 Nd123
80059 Torre Del Greco NA 102 Pc104
55049 Torre del Lago Puccini LU 71 Lb85
91010 Torre dell'Impiso TP 118 Ne120
73026 Torre dell'Orso LE 109 Tc107
73028 Torre del Serpe LE 109 Td108
27011 Torre de'Negri PV 61 Kc78
65020 Torre de' Pàsseri 91 Of95
26038 Torre de'Picenardi CR 62 Lb78
24060 Torre de' Roveri BG 47 Ke74
91026 Torre di Balsamo TP 118 Nd122
89030 Torre di Capo Bruzzano RC 117 Ra120
30020 Torre di Fine VE 51 Ne75
89040 Torre di Gerace RC 115 Rb119
27010 Torre di Mangano PV 46 Ka77
97013 Torre di Mastro RG 126 Pd127
91100 Torre di Mezzo TP 118 Nc121
30020 Torre di Mosto VE 51 Ne74
97010 Torre di Piombo RG 124 Pc127
88060 Torre di Ruggiero CZ 115 Rc117
23020 Torre di Santa Maria SO 37 Kf71
27020 Torre d'Isola PV 46 Ka77
02024 Torre di Taglio RI 90 Ob95
89040 Torre Ellera RC 115 Rd118
07040 Torre Falcone SS 131 Ib103
98164 Torre Faro ME 117 Qd119
00133 Torre Gaia RM 89 Nd97
35038 Torreglia PD 50 Me76
91026 Torre Granatelli TP 118 Nd122
98040 Torregrotta ME 116 Qc119
73010 Torre Lapillo LE 108 Sf107
83030 Torre le Nocelle AV 97 Pf102
81041 Torre Lupara CE 96 Pa102
71017 Torremaggiore FG 93 Qb98
91025 Torre Marcubbo TP 118 Nd122
88900 Torre Mariedda KR 113 Sb114
88814 Torre Melissa KR 113 Sa113
27058 Torremenapace PV 60 If78
91022 Torre Mendolia 119 Nf123
90045 Torre Molinazzo PA 119 Oa119
12080 Torre Mondovi CN 68 Hf82
73059 Torre Mozza LE 109 Ta109
98070 Torremuzza ME 121 Pb120
90044 Torre Muzza PA 119 Oa119
53028 Torrenieri SI 78 Md90
00133 Torrenova RM 89 Nd97
98070 Torrenova 121 Pe120
91027 Torre Nubia 118 Nc121
07041 Torre Nuova SS 131 Ib105
57027 Torre Nuova Scalo LI 76 Kf88
04017 Torre Olevola LT 95 Oa101
84077 Torre Orsaia SA 102 Qc108
73049 Torrepaduli LE 109 Tb109
73050 Torre Pali LE 109 Tb109
24050 Torre Pallavicina BG 47 Kf76
47812 Torre Pedrera RN 75 Nc84
10066 Torre Pellice TO 58 Hb80
07040 Torre Pelosa SS 131 Ib103
15060 Torre Ratti AL 60 If80
89041 Torre San Fili RC 115 Rc118
72020 Torre San Gennaro BR 108 Ta105
12030 Torre San Giorgio CN 58 Hd80
73059 Torre San Giovanni 109 Ta109
73053 Torre San Gregorio LE 109 Tb110
61040 Torre San Marco PU 80 Nf87
63010 Torre San Patrizio AP 81 Od89
72028 Torre Santa Susanna BR 108 Se106
91025 Torre Scibiliana TP 118 Nc122
30026 Torresella VE 52 Nf74
35017 Torreselle PD 50 Na75
12070 Torresina CN 68 Ia82
72015 Torre Spaccata BR 107 Sc104
73040 Torre Suda LE 109 Ta109
91020 Torre Triglia TP 118 Nd122
88812 Torretta KR 113 Sa112
90040 Torretta PA 119 Ob120
45030 Torretta VR 64 Mb78
56043 Torretta LI 76 Lc87
60131 Torrette AN 81 Oc87
73040 Torre Vado LE 109 Tb110
00168 Torrevecchia RM 89 Nc97
87020 Torrevecchia CS 112 Qf111
27010 Torrevecchia Pia PV 47 Kb77
66010 Torrevecchia Teatina CH 87 Pb94
53018 Torri SI 77 Mb89
48010 Torri RA 65 Na82
18023 Torria IM 68 Hf85
46030 Torriana MN 63 Ma78
47825 Torriana RN 74 Nc85
03020 Torrice FR 95 Oc99
87065 Torricella CS 111 Rd111
33098 Torricella PN 41 Nf73
74020 Torricella TA 107 Sc106
61030 Torricella PU 80 Ne87
46020 Torricella MN 63 Le78
43018 Torricella PR 62 Lb79
26040 Torricella del Pizzo CR 62 Lb78
02030 Torricella in Sabina RI 89 Nf95
66019 Torricella Peligna CH 92 Pb96
64010 Torricella Sicura TE 86 Od93
27050 Torricella Verzate PV 61 Kb78
37010 Torri del Benaco VR 49 Le75
36040 Torri di Quart 50 Md75
16029 Torriglia GE 61 Ka81
02049 Torri in Sabina RI 89 Nd94
43056 Torrile PR 62 Lb79
00054 Torrimpietra RM 88 Nb97
13039 Torrione VC 45 Ic77
28060 Torrione Rossignoli NO 45 Ic77
53049 Torrita di Siena SI 78 Me90
00060 Torrita Tiberina RM 89 Nd95
33050 Torsa UD 52 Oa73
36062 Tortima VI 50 Md74
08048 Tortoli OG 135 Kd109
15057 Tortona AL 60 If79
87020 Tortora CS 110 Qe109
84030 Tortorella San Basile SA 110 Qd108
91025 Tortorelle 118 Nd122
64018 Tortoreto TE 87 Of92
64019 Tortoreto Lido TE 87 Of92
98078 Tortorici ME 122 Pe120
90032 Tortorici PA 119 Ob122
27035 Tortorolo PV 60 Ie78
04100 Tor Tre Ponti LT 94 Nf99
00040 Tor Vaianica RM 94 Nc99
33050 Torviscosa UD 52 Ob74
40050 Toscanella BO 73 Md82
95030 Toscano CT 122 Qa123
25088 Toscolano-Maderno BS 48 Ld75
64049 Tossicia TE 86 Od93
64043 Tottea TE 86 Oc93
07040 Tottubella SS 131 Ic104
31030 Tovena TV 40 Nb73
32030 Tovio BL 40 Me73
23030 Tovo di Sant'Agata SO 38 Lb71
17020 Tovo San Giacomo SV 68 Ib83
90019 Trabia PA 120 Od121
07046 Trabuccato SS 131 Ib102
24010 Trabuchello BG 37 Ke73
91017 Tracino TP 118 Nb128
21049 Tradate VA 46 If74
24020 Trafficanti BG 47 Ke74
28822 Traffiume VB 35 Ie72
39020 Trafo = Trafoi BZ 38 Ld69
39020 Trafoi = Trafo BZ 38 Ld69
80050 Tralia NA 103 Pd104
07041 Tramariglio SS 131 Ia105
09070 Tramatza OR 134 Id108
38068 Trambileno TN 49 Ma73
39040 Tramin an der Weinstraße = Termeno sulla Strada del Vino BZ 39 Mb70
15060 Tramontana AL 60 Ie81
84010 Tramonti SA 103 Pd104
33090 Tramonti di Sopra PN 41 Ne71
33090 Tramonti di Sotto PN 41 Ne71
41037 Tramuschio MO 63 Ma79
85057 Tramutola PZ 105 Qe107
10090 Trana TO 58 Hc78
70059 Trani BT 100 Rc101
38054 Transacqua TN 40 Me71
39020 Transacqua = Ennewasser BZ 38 Le69
23019 Traona SO 37 Kd72
91100 Trapani TP 118 Nd120
90040 Trappeto PA 119 Oa120
95037 Trappeto CT 122 Qa123
89024 Trappeto Bambino RC 117 Ra118
28826 Trarego Viggiona VB 35 Id72
47859 Trarivi RN 75 Nd85
67059 Trasacco AQ 90 Od97
16021 Traso GE 69 Ka82
28868 Trasquera VB 35 Ib71
55020 Trassilico LU 71 Lc84
09010 Tratalias CI 136 Id114
33020 Trava UD 41 Nf70
25039 Travagliato BS 48 La75
21028 Travedona Monate VA 46 Ie74
50030 Traversa FI 73 Mb84
10060 Traverses TO 57 Gf79
43029 Traversetolo PR 62 Lc81
33090 Travesio PN 52 Nf71
36027 Travettore VI 50 Me74
29020 Travo PC 61 Kd79
35010 Trebaseleghe PD 50 Na75
62035 Trebbia 86 Oa90
40100 Trebbo di Reno BO 64 Mb81
34016 Trebiciano TS 53 Oe74
87075 Trebisacce CS 111 Rd109
00048 Tre Cancelli RM 94 Ne100
43010 Trecasali PR 62 Lb79
80040 Trecase NA 102 Pc104
95039 Trecastagni CT 122 Qa123
28069 Trecate NO 46 Ie76
85049 Trecchina PZ 110 Qe108
20060 Trecella MI 47 Kc75
45027 Trecenta RO 64 Mc78
39040 Tre Chiese = Dreikirchen BZ 29 Md69
06065 Trecine PG 79 Nb89
01010 Tre Croci VT 88 Na95
47019 Tredozio FC 73 Me84
43010 Trefiumi PR 71 La82
91021 Tre Fontane TP 118 Ne123
20050 Tregasio MB 47 Kb74
38028 Tregiovo TN 39 Ma70
81050 Treglia CE 96 Pb101
66030 Treglio CH 92 Pc95
37039 Tregnago VR 49 Mb75
53011 Tregole SI 78 Mb88
62010 Treia MC 81 Ob89
23836 Tremenico LC 36 Kc72
04026 Tremensuoli LT 95 Oe101
98128 Tremestieri ME 114 Qd120
95030 Tremestieri Etneo CT 122 Qa123
22019 Tremezzo CO 36 Kb73
71040 Tremiti, San Nicola di FG 93 Qd96
67069 Tremonti AQ 90 Ob96
25010 Tremosine BS 49 Le74
39040 Trens BZ 29 Mc67
87050 Trenta CS 112 Rc113
84070 Trentinara SA 104 Qa106
38100 Trento TN 39 Ma72
47023 Trentola FC 74 Nb84
81038 Trentola-Ducenta CE 96 Pb103
25030 Trenzano BS 48 La76
23030 Trepalle 37 Lb69
51020 Treppio PT 72 Ma84
33020 Treppo Carnico UD 41 Oa69
33010 Treppo Grande UD 52 Oa71
73019 Trepuzzi LE 108 Ta106
53020 Trequanda SI 78 Md89
27051 Tre Re PV 61 Ka78
38010 Tres TN 39 Ma71
54012 Tresana MS 71 Kf83
24069 Trescore Balneario BG 47 Kf74
26017 Trescore Cremasco CR 47 Kd76
23030 Tresenda SO 37 La70
23036 Tresenda SO 37 La72
44039 Tresigallo FE 65 Mf80
23020 Tresivio SO 37 Kf71
09079 Tresnuraghes OR 134 Id107
42014 Tressano RE 63 Le81
06018 Trestina PG 79 Nb88
38013 Tret TN 39 Ma70

36015 Tretto 49 Mc74
24027 Trevasco BG 47 Ke74
37060 Trevenzuolo VR 49 Lf77
06039 Trevi PG 85 Ne91
83058 Trevico AV 98 Qb102
24047 Treviglio BG 47 Kd75
31040 Trevignano TV 50 Na74
43025 Trevignano PR 71 Lb82
00069 Trevignano Romano RM 89 Nb96
31033 Treville TV 50 Mf75
15030 Treville AL 59 Ic78
03010 Trevi nel Lazio FR 90 Ob97
24048 Treviolo BG 47 Kd74
31100 Treviso TV 51 Nb74
25070 Treviso Bresciano BS 48 Lc74
29010 Trevozzo PC 61 Kc79
20060 Trezzano Rosa MI 47 Kc75
20090 Trezzano sul Naviglio MI 46 Ka76
26010 Trezzolasco CR 47 Ke76
22010 Trezzone CO 36 Kc71
20056 Trezzo Sull'Adda MI 47 Kd75
12050 Trezzo Tinella CN 59 Ia80
58053 Triana GR 83 Md92
23100 Triangia SO 37 Ke71
35020 Tribano PD 50 Me77
20067 Tribiano MI 47 Kc76
33040 Tribil di Sopra UD 53 Od72
16030 Tribogna GE 70 Kb82
75019 Tricarico MT 105 Ra105
73039 Tricase LE 109 Tc109
73039 Tricase Porto LE 109 Tc109
13038 Tricerro VC 45 Ib77
33019 Tricesimo UD 52 Ob72
32028 Trichiana BL 40 Na72
08040 Triei OG 135 Kd108
34121* Trieste TS 53 Oe75
81041 Triflisco CE 96 Pb102
70044 Triggianello BA 107 Sb103
70019 Triggiano BA 100 Rf102
84070 Triglio SA 102 Qc107
64045 Trignano TE 86 Oe93
26018 Trigolo CR 47 Ke77
12049 Trinita CN 59 He81
84036 Trinita SA 104 Qd106
42026 Trinita RE 62 Lc81
07038 Trinita d'Agultu e Vignola OT 132 If103
71049 Trinitapoli FG 99 Ra100
39030 Trinkstein = Fonte alla Roccia BZ 30 Na66
13039 Trino VC 45 Ib77
89900 Triparni VV 115 Ra116
98060 Tripi ME 116 Qa120
06040 Triponzo PG 85 Nf92
91022 Triscina TP 118 Ne123
15070 Trisobbio AL 60 Id81
36070 Trissino VI 49 Mc75
89020 Tritanti RC 115 Ra118
70010 Trito BA 107 Sc104
20050 Triuggio MB 46 Kb75
26845 Triulza LO 47 Ke78
86029 Trivento CB 92 Pd98
13835 Trivero BI 45 Ia74
30174 Trivignano VE 51 Nb75
33050 Trivignano Udinese UD 52 Oc73
23037 Trivigno SO 37 Lb71
85018 Trivigno PZ 105 Qf105
98155 Trivio ME 114 Qd119
06045 Trivio PG 85 Nf93
04023 Trivio LT 95 Od101
27020 Trivolzio PV 46 Ka77
89100 Trizzino RC 117 Qe120
28819 Trobaso VB 35 Id73
39040 Trodena = Truden BZ 39 Mc71
62010 Trodica MC 81 Od89
10028 Trofarello TO 59 He79
27010 Trognano PV 47 Kb77
71029 Troia FG 98 Qb100
94018 Troina EN 121 Pd122
27020 Tromello PV 46 If77
45030 Trona di Sopra RO 65 Mf78
28859 Trontano VB 35 Ic72
21010 Tronzano Lago Maggiore VA 35 Ie72
13049 Tronzano Vercellese VC 45 Ib76
89861 Tropea VV 114 Qf116
62011 Troviggiano MC 81 Ob88
27020 Trovo PV 46 Ka77
20060 Truccazzano MI 47 Kc76
39040 Truden = Trodena BZ 39 Mc71
74020 Truglione TA 107 Sc107
39020 Tschars, Kastelbell- BZ 28 Lf69
39020 Tschengls = Cengles BZ 28 Ld69
39010 Tscherms = Cermes BZ 28 Ma69
39025 Tschirland = Cirlano BZ 28 Lf69
39049 Tschöis = Ceves BZ 29 Mc67
39042 Tschötsch = Scezze BZ 29 Md68
39040 Tschovas = Cevas BZ 29 Md69
25059 Tu BS 38 Lc71
33023 Tualis UD 41 Nf69
39020 Tubre = Taufers im Münstertal BZ 27 Lc69
90020 Tudia PA 120 Of122
38019 Tuenno TN 39 Ma71
86010 Tufara CB 97 Pf100
00100 Tufello RM 89 Nd97
66050 Tufillo CH 92 Pd97
80030 Tufino NA 97 Pd103
04026 Tufo LT 96 Oe101
83010 Tufo AV 97 Pe102
67061 Tufo Alto AQ 90 Oa96
67061 Tufo Basso AQ 90 Oa96
73058 Tuglie LE 109 Ta108
09029 Tuili MD 134 If110
07010 Tula SS 132 If104
81050 Tuoro CE 96 Pa101
81029 Tuoro CE 96 Pc102
06069 Tuoro sul Trasimeno PG 79 Na89
27010 Turago Bordone PV 46 Kb77
02020 Turania RI 90 Oa96
25080 Turano BS 48 Ld74
26828 Turano Lodigiano LO 47 Kd77
22078 Turate CO 46 Ka75
20029 Turbigo MI 46 Ie75
36032 Turcio VI 50 Md73
39032 Tures = Taufers BZ 30 Mf67
70010 Turi BA 106 Sa103
21020 Turo VA 46 Id73
89041 Turonio RC 115 Rc118
09020 Turri MD 134 If110
34070 Turriaco GO 52 Oc74
33039 Turrida UD 41 Nf72
23032 Turripiano SO 38 Lc70
65020 Turrivalignani PE 91 Pa95
29027 Turro PC 61 Ke79
75028 Tursi MT 106 Rc107
98079 Tusa ME 121 Pb121
01017 Tuscania VT 84 Mf94
67020 Tussio AQ 91 Od95
73039 Tutino LE 109 Tc109
72100 Tuturano BR 108 Sf105

U

24010 Ubiale-Clanezzo BG 47 Kd74
21040 Uboldo VA 46 Ka75
98060 Ucria ME 122 Pf120
33100 Udine UD 52 Ob72
90145 Uditore PA 119 Ob120
73059 Ugento LE 109 Ta109
73020 Uggiano la Chiesa LE 109 Tc108
74024 Uggiano Montefusco TA 107 Sd106
22029 Uggiate Trevano CO 46 If74
62027 Ugliano MC 80 Oa89
08040 Ulassai OG 135 Kc110
09080 Ula Tirso OR 134 If108
39013 Ulfas BZ 28 Mb68
56010 Uliveto Terme PI 76 Ld86
91018 Ulmi TP 118 Ne121
39016 Ulten = Ultimo BZ 39 Ma69
39016 Ultimo = Ulten BZ 39 Ma69
06019 Umbertide PG 79 Nb89
88823 Umbriatico KR 113 Rf112
39050 Umes = Ums BZ 39 Md69
39050 Ums = Umes BZ 39 Md69
39010 Unsere Liebe Frau im Walde-St. Felix = Senale-San Felice BZ 39 Ma69
39020 Unserfrau in Schnals = Madonna di Senales BZ 28 Lf68
39040 Untergasse BZ 30 Na68
39054 Unterinn = Auna di sotto BZ 39 Mc69
39030 Untermoi = Antermoia BZ 29 Mf68
39030 Unterplanken = Planca di Sotto BZ 30 Nb68
39038 Untervierschach = Versciaco di Sotto BZ 30 Nc68
25127 Urago 48 La75
25030 Urago d'Oglio BS 47 Kf75
09099 Uras OR 134 Ie110
35040 Urbana PD 50 Mc77
61049 Urbania PU 79 Nd86
17048 Urbe SV 60 Id82
61029 Urbino PU 80 Nd86
62010 Urbisaglia MC 81 Oc89
24059 Urgnano BG 47 Ke75
07040 Uri SS 131 Ic105
98154 Urni 116 Qd119
89041 Ursini RC 115 Rc118
86049 Ururi CB 93 Qa98
43024 Urzano PR 62 Lb81
08040 Urzulei OG 135 Kd108
33090 Usago PN 52 Nf71
16030 Uscio GE 70 Ka82
09090 Usellus OR 134 If110
06012 Userna PG 79 Nb88
58053 Usi GR 83 Mc92
56035 Usigliano PI 77 Ld87
07049 Usini SS 131 Id105
20040 Usmate Velate MB 47 Kc75
09020 Ussana CA 137 Ka112
09020 Ussaramanna MD 134 If110
08040 Ussassai OG 135 Kc110
10060 Usseaux TO 57 Ha78
10070 Usseglio TO 44 Hb77
11024 Ussel AO 44 Hd74
11028 Ussin AO 44 Hd73
62039 Ussita MC 86 Oa91
90010 Ustica PA 118 Ob116
39030 Uttenheim = Villa Ottone BZ 30 Mf67
51010 Uzzano PT 72 Le85

V

27010 Vaccarizza PV 61 Kb78
95100 Vaccarizzo CT 125 Qa124
87046 Vaccarizzo CS 112 Ra112
87060 Vaccarizzo Albanese CS 111 Rc111
25015 Vaccarolo BS 48 Ld76
31030 Vacil TV 51 Nb74
33097 Vacile PN 41 Nf72
02040 Vacone RI 85 Nd94
66010 Vacri CH 91 Pb95
57018 Vada LI 76 Lc88
38086 Vadaione TN 38 Le72
39051 Vadena = Pfatten BZ 39 Mb70
87033 Vadi CS 112 Ra114
55040 Vado LU 71 Lb85
40040 Vado BO 73 Mb83
53022 Vadossi SI 78 Mc90
37020 Vaggimal VR 49 Lf75
50036 Vaglia FI 73 Mb85
53019 Vagliagli SI 78 Mc88
81045 Vaglie CE 96 Of100
42039 Vaglie RE 71 Lb83
14010 Vaglierano AT 59 Ia79
85010 Vaglio Basilicata PZ 105 Qf104
14049 Vaglio Serra AT 59 Ic80
55030 Vagli Sopra LU 71 Lb84
55030 Vagli Sotto LU 71 Lb84
39040 Vahrn = Varna BZ 29 Md68
26833 Vaiano LO 47 Kc76
59021 Vaiano PO 72 Ma85
26010 Vaiano Cremasco CR 47 Kd76
10050 Vaie TO 58 Hb78
26019 Vailate CR 47 Kd76
27018 Vairano PV 46 Kb77
81058 Vairano Patenora CE 96 Pa100
81059 Vairano Scalo CE 96 Pa101
43025 Vairo PR 71 Lb82
33080 Vajont PN 41 Ne72
39050 Valas = Flaas BZ 29 Mb69
91022 Valasuso 118 Nf123
35034 Valbona PD 50 Md77
24020 Valbondione BG 37 La72
24030 Valbrembo BG 47 Kd74
16010 Valbrevenna GE 60 Ka81
22039 Valbrona CO 47 Kb73
24020 Valcanale BG 37 Kf73
12087 Valcasotto CN 68 Hf83
38047 Valcava TN 39 Mb71
23806 Valcava LC 47 Kd74
29010 Valconasso PC 62 Ke79
95032 Valcorrente CT 122 Pf123
38030 Valda TN 39 Mb71
36078 Valdagno VI 49 Mb75
39030 Valdaora = Olang BZ 30 Mf68
39030 Valdaora di Mezzo = Mittero-lang BZ 30 Na68
39030 Valdaora di Sopra = Ober Olang BZ 30 Na68
39030 Valdaora di Sotto = Nieder Olang BZ 30 Na68
12078 Valdarmella CN 68 Hf84
36040 Valdastico VI 49 Mc73
10040 Val della Torre TO 58 Hc78
91019 Valderice TP 118 Nd120
90043 Valdibella PA 119 Oa121
55045 Valdicastello Carducci LU 71 Lb85
23038 Valdidentro SO 38 Lb70
39040 Val di Mezzo = Mittertal BZ 29 Mc67
36075 Valdimolino VI 50 Mc75
98040 Valdina ME 116 Qc119
12078 Valdinferno CN 68 Hf83
27050 Val di Nizza PV 61 Ka79
37021 Valdiporro VR 49 Ma75
39040 Val di Sopra = Oberthal BZ 29 Mc67
23030 Valdisotto SO 38 Lc70
43010 Valditacca PR 71 La82
39049 Val di Vizze = Pfitscher Tal BZ 29 Md67
28863 Valdo = Wald VB 35 Ic70
11025 Valdóbbia 44 Hf74
31049 Valdobbiadene TV 40 Mf73
55023 Valdottavo LU 72 Lc85
13018 Valduggia VC 45 Ib74
39058 Valdurna = Durnholz BZ 29 Mc68
27020 Valeggio PV 60 If78
37067 Valeggio Sul Mincio VR 49 Le76
01018 Valentano VT 84 Me93
15048 Valenza AL 60 Id78
14100 Valenzani AT 59 Ib79
70010 Valenzano BA 100 Rf102
26859 Valera Fratta LO 47 Kb77
33090 Valeriano PN 52 Nf71
06029 Valfabbrica PG 80 Nd90
14017 Valfenera AT 59 Hf79
38040 Valfloriana TN 39 Mc71
23030 Valfurva SO 38 Lc70
21050 Valganna VA 36 If73
24020 Valgoglio BG 37 Kf73
23857 Valgreghentino LC 47 Kc74
11010 Valgrisenche AO 56 Ha75
94019 Valguarnera Caropepe EN 121 Pc124
53045 Valiano SI 79 Mf90
31039 Valla TV 50 Mf74
32020 Vallada Agirdina 40 Mf70
32020 Vallada Agordina BL 40 Mf70
41033 Vallalta 63 Ma79
13847 Vallanzengo BI 45 Ia75
39030 Vallarga = Weitental BZ 29 Me67
38060 Vallarsa TN 49 Ma74
83059 Vallata AV 98 Qb102
62028 Vallato MC 86 Ob90
25050 Valle BS 38 Lc72
36040 Valle VI 50 Mc76
23010 Valle SO 37 Ke72
32040 Valle BL 30 Nd69
33010 Valle UD 52 Ob72
15100 Valle AL 60 Id79
83012 Valle AV 97 Pd102
39020 Valle = Tal 38 Le69
81010 Valle Agricola CE 96 Pb100
39030 Valle Aurina = Ahrntal BZ 29 Mf66
64020 Valle Canzano TE 87 Oe93
55045 Vallecchia LU 71 Lb85
50025 Vallecchio FI 77 Ma87
06024 Vallecchio PG 79 Nc88
03020 Vallecorsa FR 95 Oc100
02026 Vallecupola RI 90 Oa95
84070 Valle dell'Angelo SA 104 Qc106
32040 Valle di Cadore BL 41 Nb70
39030 Valle di Casies = Gsies BZ 30 Nb68
81020 Valle di Maddaloni CE 97 Pc102
61010 Valle di Teva PU 75 Nc85
67020 Valle d'Ocre AQ 90 Oc95
90029 Valledolmo PA 120 Oe122
07039 Valledoria SS 132 Ie103
25072 Valle Dorizzo BS 48 Lc73
88050 Vallefiorita CZ 115 Rc116
03040 Vallegrande FR 96 Of99
27020 Valle Lomellina PV 60 Id78
89821 Vallelonga VV 115 Rb117
03049 Valleluce FR 96 Of99
70059 Valleluna BT 100 Rc101
93010 Vallelunga Pratameno CL 120 Oe122
03040 Vallemaio FR 96 Oe100
02010 Vallemare RI 86 Oa94
67050 Vallemora AQ 91 Oe97
13825 Valle Mosso BI 45 Ia75
37020 Vallene VR 49 Lf75
33170 Vallenoncello PN 41 Nd73
16010 Vallenzona GE 60 Ka81
00020 Vallepietra RM 90 Ob97
29100 Vallera PC 61 Kd78
00128 Valleranello RM 89 Nc98
01030 Vallerano VT 84 Nb94
60044 Valleremita AN 80 Nf89
09010 Vallermosa CA 136 Ie112
58053 Vallerona GR 83 Mc92
03040 Vallerotonda FR 96 Of99
39037 Valles = Vals BZ 29 Md68
83050 Vallesaccarda AV 98 Qb102
46024 Valle San Martino MN 63 Lf79
13847 Valle San Nicola BI 45 Ia75
39034 Valle San Silvestro = Wahlen BZ 30 Nb68
10028 Valle Sauglio TO 59 He79
27044 Valle Scuropasso PV 61 Kb78
32040 Vallesella BL 41 Nc70
32040 Vallesina BL 41 Nb70
55020 Vallico LU 71 Lc84
36030 Valli del Pasubio VI 49 Mb74
00020 Vallinfreda RM 90 Nf96
25080 Vallio Terme BS 48 Lc75
39030 Vallming = Valmigna BZ 29 Mc67
10010 Vallo TO 45 Hf77
84078 Vallo della Lucania SA 102 Qb107
50066 Vallombrosa FI 78 Md86
36063 Vallonara VI 50 Md74
60019 Vallone AN 80 Ob86
39010 Vallone = Pflung BZ 30 Na68
35020 Vallonga PD 51 Na77
63100 Vallorano AP 86 Od91
26862 Valloria LO 61 Kd78
10070 Vallo Torinese TO 44 Hc77
14048 Vallumida AT 59 Ib80
02016 Vallunga 85 Nf93
15040 Valmacca AL 60 Id78
15100 Valmadonna AL 60 Id79
23868 Valmadrera LC 47 Kc73
13010 Valmaggia VC 45 Ib74
24060 Valmaggiore BG 48 Kf74
12020 Valmala CN 58 Hc81
31050 Valmareno TV 40 Na73
23010 Val Masino SO 37 Kd71
39030 Valmigna = Vallming BZ 29 Mc67
00038 Valmontone RM 90 Nf98
22070 Valmorea CO 46 If74
32020 Valmorel BL 40 Nb72
43050 Valmozzola PR 62 Ke81
24010 Valnegra BG 37 Ke73
81037 Valogno CE 96 Of101
11010 Valpelline AO 44 Hb74
10087 Valperga TO 44 Hd76
14016 Valperosa AT 59 Ia79
24017 Valpiana BG 47 Ke73
58024 Valpiana GR 82 Lf90
33020 Valpicetto UD 41 Nf69
10080 Valprato Soana TO 44 Hd75
55041 Valpromaro LU 71 Lc85
22010 Val Rezzo CO 36 Ka72
23023 Val Rosera SO 37 Kf71
39037 Vals = Valles BZ 29 Md68
35030 Valsanzibio PD 50 Me77
11010 Valsavarenche AO 44 Hb75
24030 Valsecca BG 47 Kc74
75029 Valsinni MT 111 Rc108
22010 Valsolda CO 36 Ka72
32020 Val Soppera BL 40 Mf70
36020 Valstagna VI 50 Md73
28897 Valstrona VB 35 Ic73
39015 Valtina = Walten BZ 29 Mb68
06030 Valtopina PG 85 Ne90
24010 Valtorta BG 37 Kd73
11028 Valtournenche AO 44 Hd73
84020 Valva SA 104 Qb104
33098 Valvasone PN 41 Nf73
95028 Valverde CT 122 Qa123
27050 Valverde PV 61 Kb79
24020 Valzurio BG 37 Kf73
36040 Vancimuglio VI 50 Md75
39030 Vandoies = Vintl BZ 29 Me68
39030 Vandoies di sopra = Obervintl BZ 29 Me68
39030 Vandoies di sotto = Niedervintl BZ 29 Me68
38040 Vaneze TN 39 Ma72
39054 Vanga = Wangen BZ 39 Mc69
20020 Vanzaghello MI 46 Ie75
20010 Vanzago MI 46 If75
73029 Vanze LE 108 Tb107
35020 Vanzo PD 50 Me77
24033 Vanzone BG 47 Kc74
28879 Vanzone VB 35 Ia73
20069 Vaprio d'Adda MI 47 Kd75
28010 Vaprio d'Agogna NO 45 Id75
31052 Varago TV 51 Nb74
13019 Varallo VC 45 Ib74
28040 Varallo Pombia NO 46 Id74
38062 Varano TN 49 Lf73
60044 Varano AN 80 Nf89
60021 Varano AN 81 Od87
21020 Varano Borghi VA 46 Ie74
43040 Varano de'Melegari PR 62 La80
89010 Varapodio RC 117 Qf119
21033 Vararo 35 Id73
17019 Varazze SV 69 Id82
85040 Varco PZ 117 Ra109
02020 Varco Sabino RI 90 Oa95
32020 Varda BL 40 Mf69
20039 Varedo MB 46 Ka75
38030 Varena TN 39 Mc71

15020 Varengo AL 59 Ib78
23829 Varenna LC 36 Kb72
21100 Varese VA 46 Ie74
19028 Varese Ligure SP 70 Kd82
33031 Variano UD 52 Oa72
15060 Variano AL 60 If80
17029 Varigotti SV 68 Ic83
33030 Varmo UD 52 Nf73
50050 Varna FI 77 Lf87
39040 Varna = Vahrn BZ 29 Md68
82016 Varoni AV 97 Pd102
43049 Varsi PR 62 Kf81
27057 Varzi PV 61 Kb80
28868 Varzo VB 35 Ib71
01030 Vasanello VT 84 Nc94
60019 Vasari AN 81 Ob87
02010 Vasche RI 85 Oa94
12080 Vasco CN 68 He82
31050 Vascon TV 51 Nb74
18020 Vasia IM 68 Hf85
25012 Vaso BS 48 Lc76
23865 Vassena LC 36 Kb73
73030 Vaste LE 109 Tc108
66054 Vasto CH 92 Pe96
86089 Vastogirardi IS 92 Pb98
84060 Vatolla SA 103 Qa107
38049 Vattaro TN 39 Mb73
11010 Vaud AO 44 Hb73
10070 Vauda Canavese TO 44 Hd77
02100 Vazia RI 85 Nf94
89834 Vazzano VV 115 Rb117
31028 Vazzola TV 51 Nc73
56019 Vecchiano PI 71 Lc86
43010 Vecciatica PR 71 La82
17034 Vecersio SV 68 Ia84
20057 Vedano al Lambro MB 46 Kb75
21040 Vedano Olona VA 46 If74
21010 Veddasca VA 36 Ie72
31050 Vedelago TV 50 Na74
24010 Vedeseta BG 37 Kd73
43052 Vedole PR 62 Lc79
40060 Vedrana BO 64 Md81
42026 Vedriano RE 62 Lc81
40024 Vedriano BO 73 Md82
20050 Veduggio MB 46 Kb74
35030 Veggiano PD 50 Me76
12062 Veglia CN 59 He80
73010 Veglie LE 108 Sf106
13824 Veglio BI 45 Ia75
22020 Veglio d'Intelvi CO 36 Ka73
17046 Veirera SV 60 Id82
01010 Vejano VT 88 Na95
21100 Velate VA 46 Ie73
22020 Veleso CO 36 Kb73
27020 Velezzo Lomellina PV 46 Ie78
32032 Vellai BL 40 Mf72
17033 Vellego SV 68 Hf84
00049 Velletri RM 89 Ne98
27010 Vellezzo Bellini PV 46 Ka77
36010 Velo d'Astico VI 49 Mc74
37030 Velo Veronese VR 49 Ma75
39040 Velturno = Feldthurns BZ 29 Md69
16030 Velva GE 70 Kd83
95017 Vena CT 122 Qa122
88025 Vena CZ 112 Rc115
86079 Venafro IS 96 Pa100
63100 Venagrande AP 86 Od91
89900 Vena Media VV 115 Ra116
10078 Venaria Reale TO 58 Hd78
63040 Venarotta AP 86 Oc91
12020 Venasca CN 58 Hc81
32040 Venas di Cadore BL 40 Nb70
89900 Vena Superiore VV 115 Ra117
60041 Venatura AN 80 Ne88
10050 Venaus TO 57 Ha78
33010 Vendoglio UD 52 Oa71
17032 Vendone SV 68 Ia84
21040 Venegono Inferiore VA 46 If74
21040 Venegono Superiore VA 46 If74
37058 Venera VR 63 Mb77
67057 Venere AQ 91 Od97
98040 Venetico ME 116 Qc119
98040 Venetico Marina ME 116 Qc119
30121* Venezia VE 51 Nb76
22070 Veniano CO 46 If74
85029 Venosa PZ 99 Qe103
11020 Venoz AO 44 Hc74
83030 Venticano AV 97 Pf102
90020 Ventimiglia di Sicilia PA 120 Od121
57029 Venturina LI 82 Ld90
20050 Verano Brianza MB 46 Kb74
45030 Veratica RO 64 Mc79
52031 Verazzano AR 79 Na88
28900* Verbania VB 35 Id73
87020 Verbicaro CS 110 Qf110
22013 Vercana CO 36 Kb72
23020 Verceia SO 36 Kc71
13100 Vercelli VC 45 Ic77
06034 Verchiano PG 85 Nf91
23808 Vercurago LC 47 Kc74
24040 Verdellino BG 47 Kd75
24049 Verdello BG 47 Kd75
23879 Verderio Inferiore LC 47 Kc75
23878 Verderio Superiore LC 47 Kc74
38080 Verdesina TN 38 Le72
90026 Verdi PA 121 Pa122
39040 Verdins BZ 29 Mc67
39017 Verdins BZ 28 Mb68
12060 Verduno CN 59 Hf81
18038 Verezzo IM 68 He85
40038 Vergato BO 72 Ma83
47028 Verghereto FC 74 Na86
21029 Vergiate VA 46 Ie74
90142 Vergine Maria 119 Oc120
61040 Vergineto PU 80 Nf86
21030 Vergóbbio 35 Ie73
38030 Verla TN 39 Ma72
20080 Vermezzo MI 46 If76
88841 Vermica KR 113 Sa115
38029 Vermiglio Pizzano TN 38 Le71
39020 Vernago = Vernagt BZ 28 Lf68
39020 Vernagt = Vernago BZ 28 Lf68
29010 Vernasca PC 62 Kf80
20080 Vernate MI 46 Ka77
39017 Vernaun = Vernone BZ 28 Mb68
19018 Vernazza SP 70 Ke84
55027 Verni LU 71 Lc84
59024 Vernio PO 73 Ma84
73029 Vernole LE 108 Tb107
39017 Vernone = Vernaun BZ 28 Mb68
25028 Verolanuova BS 48 La77
25029 Verolavecchia BS 48 La77
10038 Verolengo TO 45 Hf77
03029 Veroli FR 90 Oc98
37100 Verona 49 Lf76
37040 Veronella VR 49 Mb77
11020 Verrayes AO 44 Hd74
67060 Verrecchie AQ 90 Ob96
11029 Verrès AO 44 He75
27053 Verretto PV 61 Ka78
13871 Verrone BI 45 Ia75
27040 Verrua Po PV 61 Kb78
10020 Verrua Savoia TO 59 Ia78
54013 Verrucola MS 71 La83
34070 Versa GO 52 Oc73
81057 Versano CE 96 Pa101
39010 Verschneid = Frassineto BZ 39 Mb69
39038 Versciaco di Sopra = Obervierschach BZ 30 Nb68
39038 Versciaco di Sotto = Untervierschach BZ 30 Nc68
22070 Vertemate CO 46 Ka74
24029 Vertova BG 47 Kf74
47826 Verucchio RN 74 Nc85
28010 Veruno NO 45 Id74
23030 Vervio SO 38 Lb71
38010 Vervo TN 39 Ma71
29100 Verza PC 61 Ke78
33020 Verzegnis UD 41 Nf70
88819 Verzino KR 113 Rf113
12039 Verzuolo CN 58 Hc81
06034 Vescia PG 85 Ne91
53016 Vescovado SI 78 Mc89
43056 Vescovado PR 62 Lb79
35040 Vescovana PD 64 Me78
26039 Vescovato CR 62 La77
14059 Vesime AT 59 Ib81
29020 Vesimo PC 61 Kb81
25010 Vesio BS 49 Le74
28079 Vespolate NO 46 Ie76
18026 Vessalico IM 68 Hf84
65010 Vestea PE 87 Of94
37030 Vestenanova VR 49 Mb75
62020 Vestignano MC 80 Ob90
10030 Vestigne TO 45 Hf76
25078 Vestone BS 48 Lc74
23822 Vestreno LC 36 Kb72
30036 Veternigo VE 50 Na75
01019 Vetralla VT 88 Na95
38056 Vetriolo Terme TN 39 Mb72
84010 Vettica SA 103 Pd105
84010 Vettica Maggiore SA 103 Pd105
13040 Vettigne VC 45 Ib76
42020 Vetto RE 62 Lc82
58043 Vetulonia GR 82 Lf91
28100 Veveri NO 46 Id76
52010 Vezza AR 78 Me87
12040 Vezza d'Alba CN 59 Hf80
25059 Vezza d'Oglio BS 38 Lc71
39028 Vezzan = Vezzano BZ 28 Le69
54013 Vezzanello MS 71 La83
38070 Vezzano TN 39 Lf72
39028 Vezzano = Vezzan BZ 28 Le69
19020 Vezzano Ligure SP 71 Kf84
42030 Vezzano sul Crostolo RE 63 Ld81
81044 Vezzara CE 96 Of101
28836 Vezzo VB 45 Id73
42011 Vezzola RE 63 Le80
26034 Vho CR 62 Lc78
46019 Viadana MN 63 Ld79
24060 Viadanica BG 47 Kf74
95029 Viagrande CT 122 Qa123
52031 Viaio AR 79 Na87
14010 Viale AT 59 Ia79
15020 Viale Cerrina AL 59 Ib78
10090 Vialfrè TO 44 He76
43040 Vianino PR 62 Kf80
38057 Viarago TN 39 Mb72
55049 Viareggio LU 71 Lb85
14030 Viarigi AT 59 Ic79
43010 Viarolo PR 62 Lb79
33020 Viaso UD 41 Nf70
48010 Via Tagliata RA 74 Na82
43040 Viazzano PR 62 La80
84079 Vibonati SA 110 Qd108
89811* Vibo Valentia VV 115 Ra116
89811 Vibo Valentia Marina VV 115 Ra116
57019 Vicarello LI 76 Lc87
90020 Vicari PA 120 Od122
50039 Vicchio FI 73 Mc85
05014 Viceno TR 84 Na92
36100 Vicenza VI 50 Md75
52040 Viciomaggio AR 78 Me88
51016 Vico BS 72 Le85
25070 Vico BS 48 Lc74
29010 Vicobarone PC 61 Kc79
26041 Vicoboneghisio CR 62 Lc78
71018 Vico del Gargano FG 100 Qf97
50021 Vico d'Elsa FI 77 Ma87
80069 Vico Equense NA 102 Pc105
43100 Vicofertile PR 62 Lb80
12080 Vicoforte CN 68 Hf82
65010 Vicoli PE 91 Of94
28060 Vicolungo NO 45 Ic76
26040 Vicomoscano CR 62 Lc79
27040 Vicomune PV 61 Kb78
21031 Viconago, Cadegliano- VA 36 If73
03010 Vico nel Lazio FR 90 Oc98
55021 Vico Pancellorum LU 72 Le84
56010 Vicopisano PI 77 Ld86
00029 Vicovaro RM 89 Nf96
43010 Vidalenzo PR 62 La78
26866 Vidardo LO 47 Kc77
07030 Viddalba SS 132 If103
26042 Vidiceto CR 62 Lb78
40049 Vidiciatico BO 72 Lf83
27018 Vidigulfo PV 46 Kb77
31020 Vidor TV 50 Na73
10080 Vidracco TO 44 He76
33030 Vidulis UD 41 Nf72
02016 Viesci RI 85 Oa93
71019 Vieste FG 100 Rb97
85058 Vietri di Potenza PZ 104 Qd105
84019 Vietri sul Mare SA 103 Pe104
28841 Viganella VB 35 Ib72
20083 Vigano MI 46 Ka76
24060 Vigano San Martino BG 47 Kf74
44049 Vigarano Mainarda FE 64 Mc79
44018 Vigarano Pieve FE 64 Md79
37068 Vigasio VR 49 Lf77
43010 Vigatto PR 62 Lb80
27029 Vigevano PV 46 If77
85040 Viggianello PZ 110 Ra109
85059 Viggiano PZ 105 Qf106
28826 Viggiona VB 35 Ie72
21059 Viggiu VA 46 If73
20019 Vighignolo MI 46 Ka76
25018 Vighizzolo BS 48 Lc76
26030 Vighizzolo CR 62 Lb78
22063 Vighizzolo 46 Ka74
35040 Vighizzolo d'Este PD 64 Md77
28873 Vigino VB 35 Ib72
13856 Vigliano Biellese BI 45 Ia75
14040 Vigliano d'Asti AT 59 Ib79
73030 Vignacastrisi LE 109 Tc108
91022 Vignale TP 118 Ne122
28100 Vignale NO 46 Id76
84099 Vignale SA 103 Pf104
15049 Vignale Monferrato AL 59 Ic78
96011 Vignali 125 Qb125
01039 Vignanello VT 84 Nb94
20060 Vignate MI 47 Kc76
05035 Vigne TR 85 Nd94
81037 Vigne CE 96 Of101
41058 Vignola MO 63 Ma82
22010 Vignola CO 36 Kb72
07020 Vignola OT 130 Ka102
38062 Vignole TN 39 Lf73
32100 Vignole BL 40 Na72
15060 Vignole Borbera AL 60 If80
28823 Vignone VB 35 Id73
37045 Vigo VR 64 Mb77
38010 Vigo Anaunia TN 39 Ma71
35010 Vigodarzere PD 50 Mf76
32040 Vigo di Cadore BL 41 Nc70
38039 Vigo di Fassa TN 40 Me70
24060 Vigolo BG 48 La74
38070 Vigolo Baselga TN 39 Ma72
38070 Vigo Lomaso TN 38 Lf72
38049 Vigolo-Vattaro TN 39 Mb72
29020 Vigolzone PC 61 Ke79
38040 Vigo Meano TN 39 Ma72
10067 Vigone TO 58 Hc79
33074 Vigonovo PN 41 Nd73
30030 Vigonovo VE 50 Na76
35010 Vigonza PD 50 Mf76
27010 Vigonzone PV 47 Kb77
38080 Vigo Rendena TN 38 Le72
15058 Viguzzolo AL 60 If79
39030 Vila di sopra = Oberwielenbach BZ 30 Na68
17058 Villa 59 Ib82
25040 Villa 38 Lb73
25070 Villa BS 48 Lc74
25060 Villa BS 48 Lb74
25064 Villa BS 48 La75
25087 Villa 48 Ld75
37024 Villa VR 49 Lf75
33020 Villa UD 41 Nf70
32010 Villa BL 40 Na70
84084 Villa SA 103 Pe104
38059 Villa Agnedo TN 39 Md72
53019 Villa a Sesta SI 78 Mc88
07041 Villa Assunta SS 131 Ib104
65021 Villa Badessa PE 91 Pa94
73010 Villa Baldassarri LE 108 Sf106
38070 Villa Banale TN 38 Lf72
37049 Villa Bartolomea VR 49 Mc78
55019 Villa Basilica LU 72 Ld85
39039 Villabassa = Niederdorf BZ 30 Na68
90039 Villabate PA 119 Oc120
15048 Villabella AL 60 Id78
91016 Villa Belvedere 118 Nd120
62035 Villa Bentivoglio MC 86 Ob91
96010 Villa Bibbia 125 Qa126
27035 Villa Biscossi PV 60 Ie78
64030 Villa Bozza TE 87 Of93
32032 Villabruna BL 40 Mf72
33050 Villacaccia UD 52 Oa73
89844 Villa Caffaro VV 114 Qf117
95018 Villa Calanna CT 122 Qb122
66026 Villa Caldari CH 92 Pc95
86081 Villa Canale IS 92 Pc98
25069 Villa-Carcina BS 48 Lb75
72029 Villa Castelli BR 107 Sc105
25030 Villachiara BS 47 Kf76
90046 Villa Ciambra PA 119 Ob120
09039 Villacidro MD 136 Ie112
06021 Villa Col de'Canali PG 80 Ne88
91012 Villa Coppola TP 118 Ne120
51038 Villa Cordopatri RC 114 Qf118
20020 Villa Cortese MI 46 If75
24030 Villa d'Adda BG 47 Kc74
40034 Villa d'Aiano BO 72 Lf83
24018 Villa d'Alme BG 47 Kd74
33084 Villa d'Arco 41 Nd72
15020 Villadeati AL 59 Ib78
35020 Villa del Bosco PD 50 Na77
13868 Villa del Bosco BI 45 Ib75
74023 Villa del Castelletto TA 107 Sc105
35010 Villa del Conte PD 50 Mf75
89024 Villa De Leonardis RC 117 Ra118
36040 Villa del Ferro VI 50 Mc76
01010 Villa delle Fontane VT 84 Me93
61030 Villa del Monte PU 80 Nf86
51100 Villa di Baggio PT 72 Lf85
81030 Villa di Briano CE 96 Pa103
23029 Villa di Chiavenna SO 37 Kc71
24020 Villa di Serio BG 47 Ke74
92019 Villa Di Stefano AG 119 Oa123
31016 Villa di Villa TV 41 Nc73
24020 Villa d'Ogna BG 37 Kf73
33074 Villadolt PN 41 Nd73
39030 Villa Dorfl BZ 30 Na67
94010 Villadoro EN 121 Pb122
09018 Villa d'Orri CA 137 Ka114
45010 Villadose RO 65 Mf78
21020 Villadosia VA 46 Ie74
28844 Villadossola VB 35 Ib72
35040 Villa Estense PD 64 Me77
12020 Villafalletto CN 58 Hd81
18010 Villa Faraldi IM 68 Ia85
90049 Villa Fassini PA 119 Oa120
61100 Villa Fastiggi PU 75 Nf85
37050 Villafontana VR 49 Ma77
40059 Villa Fontana BO 64 Md82
45021 Villafora RO 64 Md78
20060 Villa Fornaci MI 47 Kc75
41036 Villafranca MO 63 Ma80
14018 Villafranca d'Asti AT 59 Ia79
47010 Villafranca di Forlì FC 74 Na83
37069 Villafranca Di Verona VR 49 Lf76
54028 Villafranca in Lunigiana MS 71 Kf83
35010 Villafranca Padovana PD 50 Me76
10068 Villafranca Piemonte TO 58 Hd80
92020 Villafranca Sicula AG 119 Ob123
98049 Villafranca Tirrena ME 116 Qc119
90030 Villafrati PA 120 Oc121
36021 Villaga VI 50 Md76
25030 Villagana BS 47 Kf76
36020 Villaganzerla VI 50 Md76
46037 Villa Garibaldi MN 63 Lf78
71014 Villaggio Amendola FG 99 Qe99
92014 Villaggio Bellavista AG 123 Oc125
73048 Villaggio Boncore LE 108 Sf107
81030 Villaggio Coppola CE 96 Of103
89027 Villaggio De Leo 114 Qf119
00053 Villaggio del Fanciullo RM 88 Me96
88841 Villaggio dello Stumio KR 113 Sa115
09043 Villaggio Giuriati CA 137 Kd112
88055 Villaggio Mancuso CZ 113 Rd114
93010 Villaggio Masaniello CL 120 Oe124
71042 Villaggio Moschella FG 99 Qf102
92100 Villaggio Mose AG 123 Od125
88055 Villaggio Racise CZ 112 Rd114
33050 Villaggio Roma UD 52 Ob73
00121 Villaggio San Francesco RM 89 Nb98
89040 Villaggio Ziia RC 115 Rc118
57016 Villagio Aniene LI 76 Lc88
40049 Villagio Europa BO 72 Lf83
95038 Villa Girgenti 122 Pf123
67049 Villagrande AQ 90 Ob95
32020 Villagrande BL 40 Na71
61024 Villagrande PU 75 Nf86
66026 Villa Grande CH 92 Pc95
08049 Villagrande Strisaili OG 135 Kd109
90126 Villagrazia 119 Ob120
90044 Villa Grazia di Carini PA 119 Ob120
09024 Villagreca CA 137 Ka112
19020 Villagrossa SP 71 Ke83
46039 Villagrossa MN 63 Lf78
22079 Villa Guardia CO 46 Ka74
91014 Villa Impastato 119 Nf121
11017 Villair AO 56 Ha74
89015 Villa Italia RC 114 Qf118
38060 Villa Lagarina TN 39 Ma73
67030 Villalago AQ 91 Of97
03040 Villa Latina FR 96 Of99
93010 Villalba CL 120 Of123
66020 Villalfonsina CH 92 Pd96
81039 Villa Literno CE 96 Pa102
35010 Villalta PD 50 Me75
47042 Villalta FC 74 Nc83
17020 Villalunga SV 68 Ia84
15050 Villalvernia AL 60 If80
56048 Villamagna PI 77 Lf88
66010 Villamagna 92 Pb95
83050 Villamaina AV 98 Qa103
09020 Villamar MD 134 If111
45030 Villamarzana RO 64 Me78
09010 Villamassargia CI 136 Id113
42030 Villa Minozzo RE 72 Lc82
84079 Villammare SA 110 Qd108
36060 Villa Molvena VI 50 Md74
39040 Villanders = Villandro BZ 29 Md69
39040 Villandro = Villanders BZ 29 Md69
37010 Villanova VR 49 Le75
02011 Villanova RI 86 Ob92
50053 Villanova FI 77 Lf86
32040 Villanova BL 40 Nb70
33038 Villanova UD 41 Nf72
30025 Villanova VE 52 Nf74
31036 Villanova TV 51 Na75
29010 Villanova PC 61 Kd80

27023 Villanova PV 46 Ie76
06055 Villanova PG 84 Nc90
26036 Villanova CR 62 Lc78
41100 Villanova MO 63 Lf80
48012 Villanova RA 74 Na82
65012 Villanova PE 87 Pa94
10070 Villanova Canavese TO 44 Hd77
17038 Villanova d'Albenga SV 68 Ia84
27030 Villanova d'Ardenghi PV 60 Ka77
14019 Villanova d'Asti AT 59 Hf79
83030 Villanova del Battista AV 98 Qa102
45020 Villanova del Ghebbo RO 64 Md78
33048 Villanova dello Judrio UD 52 Oc73
26818 Villanova del Sillaro LO 47 Kc77
35010 Villanova di Camposampiero PD 50 Mf76
09020 Villanovaforru MD 134 If111
09020 Villanovafranca MD 134 If111
46030 Villanova Maiardina MN 49 Lf77
45030 Villanova Marchesana RO 65 Mf79
15030 Villanova Monferrato AL 60 Ic77
07019 Villanova Monteleone SS 131 Ic105
12030 Villanova Solaro CN 58 Hd80
08049 Villanova Strisaili OG 135 Kc109
29010 Villanova sull' Arda PC 62 La78
09084 Villanova Truschedu OR 134 Ie109
08030 Villanova Tulo NU 135 Kb110
12039 Villanovetta CN 58 Hc81
27019 Villanterio PV 47 Kc77
24050 Villanuova BG 48 Kf76
24050 Villanuova BG 47 Kf76
25089 Villanuova sul Clisi BS 48 Lc75
95048 Villa Ogliastro 125 Pf125
65020 Villa Oliveti 91 Pa94
34016 Villa Opicina TS 53 Oe74
33031 Villaorba UD 52 Oa72
39030 Villa Ottone = Uttenheim BZ 30 Mf67
46010 Villa Pasquali MN 63 Ld79
09010 Villaperuccio CA 136 Ie114
91025 Villapetrosa 118 Nd122
20015 Villapia MI 46 If75
87076 Villapiana CS 111 Rc109
87070 Villapiana Lido CS 111 Rc110
87070 Villapiana Scalo CS 111 Rc110
32040 Villapiccola BL 41 Nc69
06131 Villa Pitignano PG 79 Nc89
46020 Villa Poma MN 63 Ma79
26839 Villa Pompeiana LO 47 Kc76
62010 Villa Potenza MC 81 Oc89
94010 Villapriolo EN 121 Pb123
09040 Villaputzu CA 137 Kd112
92019 Villa Quisisana AG 119 Oa123
12020 Villar CN 58 Ha81
40048 Villa Ranuzzi BO 73 Mb84
36064 Villaraspa VI 50 Md74
37041 Villaraspa VR 49 Mb77
10090 Villarbasse TO 58 Hc78
13030 Villarboit VC 45 Ic76
10040 Villar Dora TO 58 Hc78
10030 Villareggia TO 45 Hf77
27010 Villareggio PV 46 Kb77
65012 Villareia PE 91 Pa94
38080 Villa Rendena TN 38 Le72
10060 Villaretto TO 58 Ha78
12031 Villaretto CN 58 Hb80
10050 Villar Focchiardo TO 58 Hb78
80010 Villaricca NA 102 Pb103
26030 Villarocca CR 48 Lb77
66026 Villa Rogatti CH 92 Pc95
15050 Villaromagnano AL 60 If79
66030 Villa Romagnoli CH 92 Pc95
67061 Villa Romana AQ 90 Oa96
94010 Villarosa EN 121 Pb123
64014 Villa Rosa TE 87 Of91
42010 Villarotta RE 63 Le79
10060 Villar Pellice TO 58 Ha80
10069 Villar Perosa TO 58 Hb79
12020 Villar San Costanzo CN 58 Hc82
56036 Villa Saletta PI 77 Le87
09040 Villasalto CA 137 Kc112
23857 Villa San Carlo LC 47 Kc74
89018 Villa San Giovanni RC 117 Qd119
01010 Villa San Giovanni in Tuscia VT 88 Na95
89100 Villa San Giuseppe RC 114 Qe119
66026 Villa San Leonardo CH 92 Pc95
48020 Villa San Martino RA 74 Mf82
86089 Villa San Michele IS 91 Pb98
09010 Villa San Pietro CA 136 If114
67069 Villa San Sebastiano AQ 90 Ob96
14020 Villa San Secondo AT 59 Ia78
20058 Villasanta MB 47 Kb75
09025 Villasanta MD 136 If111
39031 Villa Santa Caterina = Aufhofen BZ 30 Mf68
81015 Villa Santa Croce CE 96 Pb101
03030 Villa Santa Lucia FR 96 Oe99
67020 Villa Santa Lucia d'Abruzzo 91 Oe95
66047 Villa Santa Maria CH 92 Pc97
67020 Villa Sant'Angelo AQ 90 Od95
63100 Villa Sant'Antonio AP 86 Oe91
33029 Villa Santina UD 41 Nf70
09080 Villa S.Antonio OR 134 If109
03020 Villa Santo Stefano FR 95 Ob99
46020 Villa Saviola MN 63 Le78
48024 Villa Serraglio RA 64 Me82
92100 Villaseta AG 123 Od125
09049 Villasimius CA 137 Kd114
96010 Villasmundo SR 125 Qa125
09034 Villasor CA 136 If112
09010 Villaspeciosa CA 136 If113
20010 Villastanza MI 46 If75
10029 Villastellone TO 59 He79
02100 Villa Stoli RI 85 Nf94
06061 Villastrada PG 84 Na90
46030 Villastrada MN 63 Ld79
13010 Villata VC 45 Ic76
18020 Villatalla IM 68 Hf85
23823 Villatico LC 36 Kc72
09080 Villaurbana OR 134 Ie109
67050 Villavallelonga AQ 91 Od97
64046 Villa Vallucci TE 86 Od93
09090 Villa Verde OR 134 Ie110
36030 Villaverla VI 50 Mc75
47827 Villa Verucchio RN 74 Nc84
26838 Villavesco LO 47 Kc77
18027 Villa Viani IM 68 Hf85
33059 Villa Vicentina UD 52 Oc74
11029 Villaz AO 44 He74
54012 Villecchia MS 71 Kf83
25060 Ville di Marmentino BS 48 Lb74
11020 Villefranche AO 44 Hc74
11018 Villeneuve AO 44 Hb74
02021 Villerose RI 90 Ob95
34070 Villesse GO 52 Oc73
11020 Ville-sur Nuss AO 44 Hc74
39030 Villetta = Dorf BZ 29 Me68
67030 Villetta Barrea AQ 91 Of98
28856 Villette VB 35 Id72
46039 Villimpenta MN 63 Ma78
95032 Villino Platania CT 122 Pf122
39042 Villnöß = Funes BZ 29 Md69
29020 Villò PC 61 Kd79
24060 Villongo BG 47 Kf74
31020 Villorba TV 51 Nb74
50039 Villore FI 73 Md85
33081 Villotta PN 41 Nd72
33083 Villotta 51 Ne73
24020 Vilminore di Scalve BG 37 La72
39010 Vilpian = Vilpiano BZ 39 Mb69
39010 Vilpiano = Vilpian BZ 39 Mb69
20059 Vimercate MB 47 Kc75
40030 Vimignano BO 72 Ma83
20090 Vimodrone MI 47 Kb75
54013 Vinca MS 71 La84
86019 Vinchiaturo CB 97 Pd100
14040 Vinchio AT 59 Ib80
50059 Vinci FI 72 Lf86
88065 Vinciarello CZ 115 Rd118
89100 Vinco RC 117 Qe120
88050 Vincolise CZ 113 Rd114
02016 Vindoli RI 85 Oa93
32040 Vinigo BL 40 Nb70
10048 Vinovo TO 58 Hd79
39030 Vintl = Vandoies BZ 29 Me68
28060 Vinzaglio NO 45 Id77
12070 Viola CN 68 Hf83
25050 Vione BS 38 Lc71
10060 Viotto TO 58 Hc79
12078 Viozene CN 68 He84
39049 Vipiteno = Sterzing BZ 29 Mc67
33032 Virco UD 52 Oa73
46030 Virgilio MN 63 Le78
54028 Virgoletta MS 71 Kf83
96015 Virgonello SR 125 Pf125
25086 Virle VR 48 Lb75
10060 Virle Piemonte TO 58 Hd79
25010 Visano BS 48 Lc77
10030 Vische TO 45 Hf77
81042 Visciano CE 96 Pa101
80030 Visciano NA 103 Pd103
33040 Visco UD 52 Oc73
47811 Viserba RN 75 Nd84
47811 Viserbella RN 75 Nd84
91015 Visicari TP 118 Ne120
56023 Visignano PI 76 Lc86
31028 Visna TV 51 Nc73
31027 Visnadello TV 51 Nb74
32020 Visome BL 40 Nb72
15010 Visone AL 60 Id81
33031 Vissandone UD 52 Oa72
62039 Visso MC 85 Oa91
25050 Vissone BS 48 La74
27010 Vistarino PV 47 Kb77
10080 Vistrorio TO 44 He76
91010 Vita TP 118 Ne121
50059 Vitalini FI 72 Lf86
36046 Vitarolo VI 50 Md74
01100 Viterbo VT 84 Na94
55025 Vitiana LU 72 Ld84
03040 Viticuso FR 96 Of99
50022 Vitigliano FI 78 Mb87
73020 Vitigliano LE 109 Tc108
00127 Vitinia RM 89 Nc98
89122 Vito 117 Qe120
33090 Vito d'Asio PN 41 Nf71
01030 Vitorchiano VT 84 Nb94
41045 Vitriola MO 72 Ld82
97019 Vittoria RG 124 Pd127
55042 Vittoria Apuana LU 71 La85
31029 Vittorio Veneto TV 40 Nb73
67030 Vittorito AQ 91 Oe96
20010 Vittuone MI 46 If76
82038 Vitulano BN 97 Pd101
81041 Vitulazio CE 96 Pb102
10070 Viu TO 44 Hc77
36031 Vivaro VI 50 Md75
33099 Vivaro PN 52 Ne72
00020 Vivaro Romano RM 90 Oa96
27010 Vivente PV 47 Kb77
13886 Viverone BI 45 Ia76
53020 Vivo d'Orcia SI 83 Md91
07100 Vizilu SS 131 Ic104
51028 Vizzaneta PT 72 Le84
95049 Vizzini CT 125 Pe126
21010 Vizzola Ticino VA 46 Ie75
20070 Vizzolo Predabissi MI 47 Kc76
36040 Vò VI 50 Mc76
35030 Vo PD 50 Md77
25079 Vobarno BS 48 Ld75
16010 Vobbia GE 60 Ka81
13020 Vocca VC 45 Ib74
32040 Vodo Cadore BL 40 Nb70
44019 Voghenza FE 64 Me80
27058 Voghera PV 60 Ka79
28805 Vogogna VB 35 Ib72
38060 Volano TN 39 Ma73
37020 Volargne VR 49 Le75
21016 Voldomino VA 35 Ie73
80040 Volla NA 102 Pc103
39011 Völlan = Foiana BZ 28 Ma69
42035 Vologno RE 71 Lc82
37059 Volon VR 49 Ma76
26030 Volongo CR 48 Lb77
31040 Volpago del Montello TV 51 Na74
27047 Volpara PV 61 Kb79
15060 Volpara AL 61 Ka80
84069 Volparo SA 104 Qa106
15059 Volpedo AL 60 If79
06034 Volperino PG 85 Nf91
10088 Volpiano TO 44 He77
37040 Volpino VR 49 Mb76
39050 Völs am Schlern = Fie allo Sciliar BZ 39 Mc69
15060 Voltaggio AL 60 If81
32020 Voltago Agordino BL 40 Na71
46049 Volta Mantovana MN 48 Ld77
48028 Voltana RA 65 Mf81
56048 Volterra PI 77 Lf88
26030 Voltido CR 62 Lb78
45010 Volto RO 65 Nb78
06023 Voltole PG 80 Ne89
47012 Voltre FC 74 Na84
16158 Voltri GE 69 Ie82
71030 Volturara Appula FG 97 Qa100
83050 Volturara Irpina AV 103 Pf103
71030 Volturino FG 98 Qa100
10040 Volvera TO 58 Hd79
39100 Vorderkaser = Casera di fuori BZ 28 Lf68
85040 Voscari PZ 111 Ra109
38063 Vo Sinistro TN 49 Lf74
12020 Vottignasco CN 58 Hd81

W

39034 Wahlen = Valle San Silvestro BZ 30 Nb68
39040 Waidbruck = Ponte Gardena BZ 29 Md69
39010 Waldinger BZ 29 Mc68
39015 Walten = Valtina BZ 29 Mb68
39054 Wangen = Vanga BZ 39 Mc69
39058 Weißenbach = Riobianco BZ 29 Mc68
39030 Weissenbach = Riobianco BZ 29 Mf67
39040 Weissenstein = Pietralba BZ 39 Mc70
39050 Weißlahnbad = Bagni di Lavina Bianca BZ 39 Md70
39030 Weitental = Vallarga BZ 29 Me67
39035 Welsberg-Taisten = Monguelfo-Tesido BZ 30 Na68
39030 Welschellen = Rina BZ 29 Mf68
39030 Welschmontal = Mantena BZ 29 Mf68
39056 Welschnofen = Nova Levante BZ 39 Mc70
39030 Wengen = la Valle BZ 29 Mf69
39040 Wezlaun BZ 39 Ma70
39049 Wieden BZ 29 Md67
39049 Wiesen = Prati BZ 29 Mc67
39035 Wiesen = Prati di Tesido BZ 30 Na68
39038 Winnebach = Prato alla Drava BZ 30 Nc68
39059 Wolfsgruben = Costalovara BZ 39 Mc69
39048 Wolkenstein in Gröden = Selva di Val Gardena BZ 40 Me69

X

93100 Xirbi CL 120 Pa123
91100 Xitta TP 118 Nd121

Z

89867 Zaccanopoli VV 114 Qf117
95019 Zafferana Etnea CT 122 Qa122
98126 Zafferia-Inferiore ME 114 Qd120
29028 Zaffignano PC 61 Ke79
88050 Zagarise CZ 113 Rd114
00039 Zagarolo RM 89 Ne97
24017 Zambla BG 37 Ke73
89868 Zambrone VV 114 Qf116
89900 Zammaro VV 115 Ra117
45030 Zampine RO 64 Md79
25060 Zanano BS 48 Lb75
33090 Zancan PN 52 Nf71
15020 Zanco AL 59 Ia78
24060 Zandobbio BG 47 Kf74
36010 Zane VI 50 Mc74
26023 Zanengo CR 47 Kf77
13882 Zanga BI 45 Ia76
88046 Zangarona CZ 112 Rc115
24050 Zanica BG 47 Ke75
43011 Zapparola PC 62 Kf79
26010 Zappello CR 47 Ke77
71030 Zapponeta FG 99 Qf100
27059 Zavattarello PV 61 Kb79
27010 Zeccone PV 46 Kb77
09070 Zeddiani OR 134 Id109
30174 Zelarino VE 51 Nb75
22020 Zelbio CO 36 Kb73
38079 Zeller TN 38 Le72
33058 Zellina 52 Ob74
45020 Zelo RO 64 Mc78
26839 Zelo Buon Persico LO 47 Kc76
20080 Zelo Surrigone MI 46 If76
27030 Zeme PV 46 Id77
40065 Zena BO 73 Mc82
40017 Zenerigolo BO 64 Mb81
27049 Zenevredo PV 61 Kb78
31050 Zenson di Piave TV 51 Nc74
39013 Zepbichl BZ 28 Ma68
48024 Zeppa RA 64 Mf82
09091 Zeppara OR 134 Ie110
01027 Zepponami VT 84 Na93
29020 Zerba PC 61 Kb81
29012 Zerbio PC 62 Kf78
27017 Zerbo PV 61 Kc78
27020 Zerbolo PV 46 Ka77
09070 Zerfaliu OR 134 Ie109
54029 Zeri MS 70 Ke82
31050 Zeriolo TV 51 Na75
36050 Zermeghedo VI 49 Mc76
31059 Zero Branco TV 51 Na75
37059 Zevio VR 49 Ma76
30030 Zianigo VE 51 Na75
38030 Ziano di Fiemme TN 39 Md71
29010 Ziano Piacentino PC 61 Kc78
43010 Zibello PR 62 La78
27010 Zibido al Lambro PV 47 Kb77
20080 Zibido San Giacomo MI 46 Ka76
98045 Zifronte 116 Qb119
19020 Zignago SP 70 Ke83
37040 Zimella VR 49 Mc77
13887 Zimone BI 45 Ia76
27030 Zinasco PV 60 Ka78
27030 Zinasco Nuovo PV 60 If78
27030 Zinasco Vecchio PV 60 Ka78
88822 Zinga KR 113 Rf113
24040 Zingonia BG 47 Kd75
09010 Zinnigas CA 136 Ie113
17100 Zinola Vado Ligure SV 68 Ic83
33047 Ziracco UD 52 Oc72
90138 Zisa PA 119 Ob120
16030 Zoagli GE 70 Kb82
41059 Zocca MO 72 Lf82
87010 Zoccalia CS 111 Rb110
96010 Zocco 125 Pf126
25036 Zocco Spina BS 47 Kf75
24019 Zogno BG 47 Ke74
40069 Zola Predosa BO 64 Mb82
32010 Zoldo Alto BL 40 Na70
83016 Zolli AV 97 Pe102
73010 Zollino LE 109 Tb107
89010 Zomaro RC 115 Ra119
88060 Zombarella CZ 115 Rc117
33033 Zompicchia UD 41 Oa73
25050 Zone BS 48 La74
31020 Zoppe TV 51 Nc73
32010 Zoppe di Cadore BL 40 Nb70
33080 Zoppola PN 41 Ne73
92021 Zorba 123 Od124
26841 Zorlesco LO 47 Kd77
24060 Zorzino BG 48 La74
32030 Zorzoi BL 40 Me72
33020 Zovello UD 41 Nf69
37010 Zuane 49 Le75
13888 Zubiena BI 45 Ia76
89064 Zuccala RC 117 Qe121
38079 Zuclo TN 38 Le72
32043 Zuel BL 40 Na69
36030 Zugliano VI 50 Md74
33050 Zugliano UD 52 Ob72
33020 Zuglio UD 41 Oa70
13848 Zumaglia BI 45 Ia75
25080 Zumie BS 48 Ld74
87040 Zumpano CS 112 Rb113
83030 Zungoli AV 98 Qb102
89867 Zungri VV 114 Qf117
81056 Zuni CE 96 Pa101
84029 Zuppino SA 104 Qb105
42023 Zurco RE 63 Ld80
09080 Zuri OR 134 If108
25030 Zurlengo BS 48 Kf76
39030 Zwischenwasser = Longega BZ 29 Mf68

Printed in China
EVERBEST PRINTING INVESTMENT LTD.
10/F, Block C, Seaview Estate, 2-8 Watson Road, North Point, Hong Kong
© 2024 MairDumont GmbH & Co. KG, Marco-Polo-Straße 1, D-73751 Ostfildern (10.)
→ 2028

Kartographie: © KOMPASS-Karten GmbH, Karl-Kapferer-Straße 5, A-6020 Innsbruck
unter Verwendung von Kartendaten: © MairDumont, D-73751 Ostfildern

(UK) Our offer contains references (links) to external websites, on whose contents we have no influence. The respective provider or operator is always responsible for the content of the websites mentioned. MairDumont can therefore accept no responsibility for the content of external websites.

This work including all parts underlies the Copyright Act. Any use in violation of copyright law without the prior consent of the publisher is prohibited and punishable by law. This applies in particular to any reproductions, translations, imitations, microfilming, storage and processing in electronic systems existing now or hereafter invented.

Each edition is always revised according to the latest data and taking into account the current political de facto administrations (or affiliations). This may cause discrepancies from the situation under international law. Errors can nevertheless not be ruled out.

We would be pleased to receive your comments at our postal address or by e-mail (**korrekturhinweise@mairdumont.com**).

(D) Unser Angebot enthält Verweise (Links) auf externe Webseiten, auf deren Inhalte wir keinen Einfluss haben. Für die Inhalte der genannten Webseiten ist stets der jeweilige Anbieter oder Betreiber verantwortlich. MairDumont kann deshalb für die Inhalte externer Webseiten keine Gewähr übernehmen.

Das Werk einschließlich aller seiner Teile ist urheberrechtlich geschützt. Jede urheberrechtswidrige Verwertung ist ohne Zustimmung des Verlages unzulässig und strafbar. Das gilt insbesondere für Vervielfältigungen, Übersetzungen, Nachahmungen, Mikroverfilmungen und die Einspeicherung und Verarbeitung in elektronischen Systemen.

Jede Auflage wird stets nach neuesten Unterlagen und unter Berücksichtigung der aktuellen politischen De-facto-Administrationen (oder Zugehörigkeiten) überarbeitet. Dies kann dazu führen, dass die Angaben von der völkerrechtlichen Lage abweichen. Irrtümer können trotzdem nicht ausgeschlossen werden.

Ihre Hinweise nehmen wir gerne postalisch oder per E-Mail (**korrekturhinweise@mairdumont.com**) entgegen.

(F) Notre site web contient des références (liens) vers des sites Web externes, sur le contenu desquels nous n'avons aucune influence. Le fournisseur ou l'opérateur respectif est toujours responsable du contenu des sites Web mentionnés. MairDumont ne peut donc assumer aucune responsabilité quant au contenu des sites externes.

L'œuvre, y compris l'ensemble de ses parties, est protégée par les droits d'auteur. Toute utilisation en violation des droits d'auteur sans le consentement de la maison d'édition est inadmissible et passible de poursuites. Cela s'applique en particulier aux reproductions, traductions, imitations, microfilmages ainsi qu'à l'enregistrement et au traitement dans des systèmes électroniques.

Chaque édition est toujours révisée sous prise en compte de la documentation la plus récente et en tenant compte des administrations (ou affiliations) de facto politiques actuelles. Il peut en résulter que les informations diffèrent de la situation en vigueur en droit international. Néanmoins, des erreurs ne peuvent être exclues.

Nous acceptons volontiers vos indications par voie postale ou électronique (**korrekturhinweise@mairdumont.com**).

(I) La nostra offerta contiene collegamenti (link) a siti Internet esterni con contenuti che esulano dal nostro campo di influenza. Per i contenuti di tali siti Internet è responsabile il rispettivo offerente o gestore. MAIRDUMONT non può quindi assumersi alcuna responsabilità per i contenuti di siti Internet esterni.

L'opera, comprensiva di tutte le sue parti, è protetta da copyright. In mancanza dell'autorizzazione dell'editore, qualsiasi utilizzo che violi i diritti di copyright è vietato e penalmente perseguibile. Ciò vale in particolare per qualsiasi riproduzione, traduzione, imitazione, copia su microfilm, salvataggio ed elaborazione su sistemi elettronici.

Tutte le edizioni sono sempre riviste in base alla documentazione più recente e tenendo conto delle attuali amministrazioni (o affiliazioni) politiche de facto. Per questo, le informazioni possono discostarsi da quelle indicate dal diritto internazionale. Ciò nonostante, non possiamo escludere errori.

Riceviamo volentieri i vostri commenti per posta o per e-mail (**korrekturhinweise@mairdumont.com**).

Photo Credit:

Cover Photo: Mystic landscape of the harbor with colorful houses and the boats in Porto Venero, Italy, Liguria in the evening in the light of lanterns. (anko_ter – stock.adobe.com)

MARCO POLO Highlights:

- ★ Bolzano, Trentino/Alto Adige (Udo Bernhart)
- ★ Cattedrale di San Giorgio Martire, Ferrara, Emilia Romagna (huber-images/Guido Cozzi)
- ★ Riomaggiore, Parco Nazionale delle Cinque Terre, Cinque Terre, Liguria (huber-images/Stefano Brozzi)
- ★ Cattedrale e Campanile di Giotto, Firenze, Toskana (huber-images/Pietro Canali)
- ★ Historic Centre of Siena, UNESCO World Heritage, Toscana (mauritius images/ Hiroshi Higuchi)
- ★ Monte Bolza, Campo Imperatore, Parco Nazionale Gran Sasso,Provincia L'Aquila (huber-images/Vincenzo Mazza)
- ★ Santissimo Nome di Maria Church e Colonna Traiana, Foro Romano, Rome, Latio (huber-images/Pietro Canali)
- ★ Castel del Monte, Andria, Apulia (mauritius images/imageBROKER/Martin Jung)
- ★ Villa of the Mysteries, Pompeii, Campania (mauritius images/AGF/Lanzellotto Antonello)
- ★ Stromboli volcano, Eolian Islands (mauritius images/Alamy/Tom Pfeiffer)

© MairDumont, D-73751 Ostfildern · Printed in China
01-30-130700-014